Scientia Poetica

Jahrbuch für Geschichte
der Literatur und der Wissenschaften/
Yearbook for the History
of Literature, Humanities, and Sciences

Band 15/2011

Herausgegeben von
Lutz Danneberg, Andreas Kablitz,
Wilhelm Schmidt-Biggemann, Horst Thomé
und Friedrich Vollhardt

De Gruyter

Anschriften der Herausgeber:

Prof. Dr. Lutz Danneberg, Humboldt-Universität zu Berlin, Philosophische Fakultät II, Hegelplatz 2, Haus 3, D-10117 Berlin

Prof. Dr. Andreas Kablitz, Universität Köln, Philosophische Fakultät, Romanisches Seminar, Albert-Magnus-Platz, D-50923 Köln.

Prof. Dr. Wilhelm Schmidt-Biggemann, Freie Universität Berlin, Institut für Philosophie (WE 1), Habelschwerdter Allee 30, D-14195 Berlin

Prof. Dr. Horst Thomé, Universität Stuttgart, Institut für Literaturwissenschaft, Keplerstraße 17, D-70174 Stuttgart (Redaktion)

Prof. Dr. Friedrich Vollhardt, Ludwig-Maximilians-Universität München, Institut für Deutsche Philologie, Schellingstraße 3 RG, D-80799 München

ISBN 978-3-11-023628-6

e-ISBN 978-3-11-023629-3

ISSN 1431-5041

Bibliografische Information der Deutschen Nationalbibliothek

Die Deutsche Nationalbibliothek verzeichnet diese Publikation in der Deutschen Nationalbibliografie; detaillierte bibliografische Daten sind im Internet über http://dnb.d-nb.de abrufbar.

© 2011 Walter de Gruyter GmbH & Co. KG, Berlin/Boston

Cover-Illustration: Christopher Schneider, Laufen
Druck: Hubert & Co. GmbH & Co. KG, Göttingen
∞ Gedruckt auf säurefreiem Papier

Printed in Germany

www.degruyter.com

INHALT

Renate Schlesier

Presocratic Sappho

Her Use of Aphrodite for Arguments about Love and Immortality[1]

Abstract: In the archaic period of Greek antiquity, the pessimistic view of an unbridgeable gap between mortals and immortals was challenged by the mystery cults and the Presocratic philosophers. But these were not the first to do so: the poetess Sappho had preceded them. As the main ally for a claim to a privileged fate in the afterlife, exclusively reserved to her and analogous to the mode of existence of the immortal gods, she chooses the goddess of love, conceived by her as an almost omnipotent power. Aphrodite actually serves as the alter ego of Sappho's poetic persona much more than the Muse(s). Against the background of other archaic, including philosophical, poetry, the article investigates a series of instances in which Sappho insinuates arguments justifying this bold claim, a feature which foreshadows comparable attempts by both the Presocratics and Plato. Recent papyrological evidence (›the New Sappho‹) is taken into account.

Whoever attempted to write a history of Presocratic philosophy,[2] from antiquity to the present day, felt no need to take Sappho, the most famous ancient poetess, into consideration. In what follows, I will not argue that this has been a failure. I am suggesting, however, that a closer inspection of Sappho's poetry could contribute to a further evaluation of some Presocratic philosophers – if not of Socrates himself, let alone Plato – since it

---

[1] A provisory version of this paper was presented at the 4th Symposium Presocraticum on the topic »Philosophy and Religion in the Presocratic Age«, held in September 2009 at the Central European University in Budapest. I would like to thank the organizers for the invitation and the participants for their comments.

[2] Some of the most influential modern handbooks are *The Presocratic Philosophers*, ed. by Geoffrey S. Kirk and John E. Raven. Cambridge 1957 (2nd ed., with Malcolm Schofield, 1983); Jonathan Barnes: *The Presocratic Philosophers*. London 1979 (rev. ed. 1982). For more recent assessments, see now especially *The Oxford Handbook of Presocratic Philosophy*, ed. by Patricia Curd and Daniel W. Graham. Oxford 2008. The canon of the Presocratics has been established by the collection *Die Fragmente der Vorsokratiker*, ed. by Hermann Diels and Walther Kranz (1st ed. Berlin 1903); my quotations [DK] reproduce the 14th ed. Dublin–Zürich 1969; the editors start their collection of testimonia and quotations with the legendary poet Orpheus.

1

would turn out that several of their philosophical ideas and poetical strategies might be considered as prefigured in Sappho's work. In other words: these philosophers used resonances not only from epic tradition, but also from Sappho's poetry and put them into other frameworks of thinking and composing. This means, generally speaking, that they adopted a technique of engaging with previous poetic tradition which had been invented and developed by the earliest ancient poets, in particular by Sappho. Yet in the following investigation, I will focus less on writings of the Presocratic philosophers than on Sappho's poetry itself, since it is its philosophical quality which is at stake.

To be sure, such a quality has not passed completely unnoticed. Already in antiquity, in the realm of the second Sophistic, an author gave heed to the opinion that Sappho actually was a Presocratic, in the sense of a forerunner of Socrates, at least concerning his practice and theory of love: This is Maximos of Tyre, a philosophical orator of the 2nd c. AD, who in one of his public lectures, presumably delivered at Rome, presents her as such. His argument seems mainly justified by an alleged biographical and pragmatic analogy, which has been heavily exploited in recent scholar-ship, since it was included as a testimonium in some of the most widespread contemporary editions of Sappho:[3]

> Ὁ δὲ τῆς Λεσβίας τί ἂν εἴη ἄλλο, ἢ αὐτό, ἡ Σωκράτους τέχνη ἐρωτική; Δοκοῦσιν γάρ μοι τὴν καθ' αὐτὸν ἑκάτερος φιλίαν, ἡ μὲν γυναικῶν, ὁ δὲ ἀρρένων, ἐπιτηδεῦσαι. Καὶ γὰρ πολλῶν ἐρᾶν ἔλεγον, καὶ ὑπὸ πάντων ἁλίσκεσθαι τῶν καλῶν· ὅ, τι γὰρ ἐκείνῳ Ἀλκιβιάδης καὶ Χαρμίδης καὶ Φαῖδρος, τοῦτο τῇ Λεσβίᾳ Γύριννα καὶ Ἀτθίς < καὶ > Ἀνακτορία· καὶ ὅ, τι περ Σωκράτει οἱ ἀντίτεχνοι, Πρόδικος καὶ Γοργίας καὶ Θρασύμαχος καὶ Πρωταγόρας, τοῦτο τῇ Σαπφοῖ Γοργὼ καὶ Ἀνδρομέδα· νῦν μὲν ἐπιτιμᾷ ταύταις, νῦν δὲ ἐλέγχει, καὶ εἰρωνεύεται αὐτὰ ἐκεῖνα τὰ Σωκράτους·

> What else could one call the love of the Lesbian woman than the Socratic art of Love? For they seem to me to have practised love after their own fashion, she the love of women, he of men. For they said they loved many, and were captivated by all things beautiful. What Alcibiades and Charmides and Phaedrus were to

---

[3] Max. Tyr. Or. 18.9. The text is from the *Thesaurus Linguae Graecae* [TLG online source] = test. 20 in: *Greek Lyric,* with an English translation by David A. Campbell, *vol. 1: Sappho Alcaeus.* Cambridge/Mass.–London 1982 (Loeb Classical Library) [Sappho ed. Campbell]; cf. test. 219 in: *Sappho et Alcaeus Fragmenta,* ed. by Eva-Maria Voigt. Amsterdam 1971 [Sappho ed. Voigt], p. 167. – For Maximos' Orations see: *Maximvs Tyrivs Philosophvmena,* ed. by George Leonidas Koniaris. Berlin–New York 1995; Engl. translation: Maximus of Tyre: *The Philosophical Orations,* ed. by Michael B. Trapp. Oxford 1997.

him, Gyrinna and Atthis and Anactoria were to her; what the rival craftsmen Prodicus and Gorgias and Thrasymachus and Protagoras were to Socrates, Gorgo and Andromeda were to Sappho. Sometimes she censures them, at other times she cross-examines them, and she uses irony just like Socrates.

Since I am not concerned with biographical and pragmatic problems or speculations here (let alone with the wretched question of Sappho as alleged ›schoolmistress‹ of a circle of girls preparing for marriage),[4] I will rather draw attention to the context of this passage in Maximos' lecture. This context evokes analogies between Socrates and Sappho in more theoretical terms, emphasizing the common discursive quality of their sayings. After the passage just cited, Maximos continues with nine quotations from Sappho's work, most of them attested only by him.[5] The cited formulations of Sappho do not so much illustrate biographical concerns, but rather serve to establish a parallelism between Socrates' and Sappho's theories of love. At first they include innovative and analytical one-word characterizations of the god Eros, as »sweet-bitter« (γλυκύπικρο[ς], fr. 130), »pain-giver« (ἀλγεσίδωρο[ς], fr. 172), and »tale-weaver« (μυθοπλόκο[ς], fr. 188), as well as Aphrodite's »servant« (θεράπων, fr. 159, in an address to Sappho by the goddess herself), and also a description of his violent effect on the mind of the poetic persona by means of a comparison: »Eros shook my mind like a wind falling on oaks on a mountain« (ὁ ἔρως ἐτίναξεν [μοι] τὰς / φρένας, ὡς ἄνεμος κατ' ὄρος δρυσὶν ἐμπεσών, fr. 47). In addition, Maximos identifies Sappho's use of irony and mockery of other women (fr. 155; fr. 57)[6] with that of Socrates against »rival craftsmen« (ἀντίτεχνοι). Furthermore, it is mostly to prove that both share a positive view of their own death and to point out the

---

[4] This is still the most widespread opinion on Sappho, despite attempts to challenge it, especially by Holt N. Parker: »Sappho Schoolmistress«, in: *Transactions of the American Philological Association* 123 (1993), pp. 309–351.

[5] Maximos' nine Sappho citations are: fr. 47, 150, 155, 159, 172, 188 (fragments quoted only by him), and fr. 49, 57, 130 (fragments quoted also by other authors, with fuller text). In my paper, the text of these citations reproduces the one of Max. Tyr. in the TLG. – Here and elsewhere, the numbering of the fragments transmitted from Sappho's work, and generally also the text, follow *Poetarum Lesbiorum Fragmenta* [PLF], ed. by Edgar Lobel and Denys Page. Oxford 1955 [TLG online source], largely adopted also by Campbell and Voigt.

[6] Irony: Sappho, fr. 155, πολλά μοι τὰν Πωλυανακτίθαο παῖδα χαίρειν. For other blame of female members of the family of Polyanax, see also Sappho, fr. 99; 213A (b). Mockery of the rustic garment of her ›rival‹ Andromeda: fr. 57, τίς δὲ ἀγροιῶτιν ἐπεμμένα στολήν (in modern editions of this fragment, two other verses cited by Athenaios, Deipn. 1 = 21bc, have been added to it).

3

analogy to Socrates' rebuke of his wife Xanthippe just before he dies, that he cites Sappho's address to her daughter (fr. 150): »For it is not right that there should be lamentation in the house of those who serve the Muses. That would not be fitting for us«.[7]

As for the characterizations of Eros by Sappho, Maximos takes much care to mention what he considers a Socratic parallel, using especially Plato's dialogues *Phaidros* and the *Symposion* as textual examples. But most of all, Maximos draws a parallel between Sappho's wordings and those of Diotima, who was introduced by the Socrates of the *Symposion* as a priestess from Arcadic Mantineia and whose teachings about love the philosopher pretends to recite literally to the other banqueters.[8] Little attention has as yet been given to the fact that Maximos, already two chapters before the one just referred to, gives both women the credit for Socrates' »theoretical statements on love« (ἐρωτικοὶ λόγοι) and confesses being unable to decide who of them – Diotima (as in Plato's *Symposion*) or Sappho (as Maximos later emphasizes himself) – was »the mother of the argument« (ἡ τοῦ λόγου μήτηρ, that is, of Socrates' theory of love).[9] Because there is not the slightest proof that Diotima could have been something other than a character invented by Plato, this leaves us to look at the scattered and mutilated work of Sappho for more enlightenment about Maximos' contention.

Instead of doing so immediately, I rather want to approach the issue first in a broader and more contextualised manner. This implies that I can not avoid giving a brief survey of some well-known facts, since they tend to be left out in most literary criticism of Sappho. If Sappho is to be considered a Presocratic in the sense of a forerunner of Socrates, she should

---

[7] Sappho, fr. 150: οὐ γὰρ θέμις ἐν μουσοπόλων οἰκίᾳ / θρῆνον εἶναι· οὐκ ἄμμι πρέποι τάδε. Cf. also below, note 58. – This fragment is included in the section (pp. 50–55) devoted to Sappho in: *Poetica Pre-Platonica. Testimonianze e frammenti*, ed. by Giuliana Lanata. Firenze 1963; the only other fragments chosen by Lanata are fr. 55, 128, 160.

[8] Plat. Symp. 201d–212a; e. g. 203c, Eros: Aphrodite's θεράπων, as in Sappho, fr. 159.

[9] Max. Tyr. Or. 18.7. Cf. Helene P. Foley: »›The Mother of the Argument‹: Eros and the Body in Sappho and Plato's *Phaedrus*«, in: *Parchments of Gender. Deciphering the Bodies of Antiquity*, ed. by Maria Wyke. Oxford 1998, pp. 39–70. See now also Elizabeth E. Pender: »Sappho and Anacreon in Plato's *Phaedrus*«, in: *Leeds International Classical Studies* 6.4 (2007), pp. 1–57. – On the concept of argument in general cf. Jonathan Barnes: »Argument in ancient philosophy«, in: *The Cambridge Companion to Greek and Roman Philosophy*, ed. by David Sedley. Cambridge 2003, pp. 20–41.

also be seen as a forerunner of the Presocratics themselves. Plato is said to have called her »wise«,[10] but what could that mean? Among the very little secure informations we have about her biography[11] figures the one that her lifetime goes from the second half of the 7th c. until sometimes before the middle of the 6th c. (ca. 630–550 BC). This corresponds approximately to the lifetime of Anaximander. Again in terms of chronology, the subsequent philosophers counted among the Presocratics were too young to be renowned already during Sappho's lifetime (Anaximenes, Xenophanes, Pythagoras) or were born only after her death (Heraklitos, Parmenides, Anaxagoras, Empedokles, Protagoras, Gorgias, Demokritos). And it should be noted, that some of them – Xenophanes, Parmenides, Empedokles – composed elegiac poetry (Xenophanes) or used at least the metrical form common to epic and elegy, hexameter, for the presentation of their ideas (Parmenides, Empedokles). The question why they did so has been much disputed, but it is probably safe to say that they adopted a poetical mode of expression traditionally strongly connected with divine truth and legitimized by a privileged relationship with the Muses. In any case, posterity has proven philosophical verse »to be more memorable than prose«.[12]

---

[10] Plato's designation of Sappho as »wise«, »sage« (σοφή) is reported by Aelian = Sappho, test. 4 (here and in the following, the numbering of the testimonia corresponds to Sappho ed. Campbell). In Plato's transmitted work, however, Sappho is only designated (Phaedr. 235c) as »beautiful« (καλή); this does not seem to be confined to a physical quality. – On the semantic range of the adjective σοφός see Friedrich Maier: *Der ΣΟΦΟΣ-Begriff. Zur Bedeutung, Wertung und Rolle des Begriffes von Homer bis Euripides.* Augsburg 1970; cf. also, on the »Seven Sages«: below, note 13; Sappho as a »sage« in Aristotle: below, note 36.

[11] One of the most balanced approaches to Sappho's biography and the social implications of her poetry is Gregory O. Hutchinson: *Greek Lyric Poetry. A Commentary on Selected Larger Pieces.* Oxford 2001, pp. 139–149.

[12] Edwin D. Floyd: »Why Parmenides Wrote in Verse«, in: *Ancient Philosophy* 12 (1992), pp. 251–265, here 251. For an attempt at more specific explanations, cf. Glenn W. Most: »The poetics of early Greek philosophy«, in: *The Cambridge Companion to Early Greek Philosophy*, ed. by Anthony A. Long. Cambridge 1999, pp. 332–362, here 350–359 (pointing also to the poetical language of Heraklitos).

On the other hand, already the Seven Sages[13] – successful politicians in their cities, men famous for their wisdom, and at times for other practical skills as well, some of them worshipped as heroes after their death – regularly expressed their thinking in poetry. All of them – Thales of Miletos, Periander of Korinth, Kleoboulos from Lindos, Pittakos of Mytilene, Solon of Athens, Bias of Priene and Chilon of Sparta – were actually Sappho's contemporaries, and at least one of them, Solon, has been presented in antiquity as an enthusiastic admirer of her poetry.[14] Pittakos, in particular, was a political reformer on Sappho's native island Lesbos and was violently attacked by her other famous contemporary and compatriot, the lyric poet Alkaios, for whose exile he was held responsible. Pittakos actually belonged to aristocratic circles opposed by Sappho as well. Significantly, she attacked a woman connected with Pittakos' family[15] and was herself expelled from Lesbos for several years (during an indefinite period between 605 and 591).[16] She spent her exile in Sicily where she was honoured with a statue, just as, in her native Lesbos, she was represented on coins of the city of Mytilene.[17]

In order to acknowledge the possible connections between the earliest Greek philosophy and archaic poetry in general, and Sappho in particular, one should emphasize that their modes of expression, and some of the content, overlap a great deal. Gnomic and elegiac poetry or symposiastic skolia were no less a means of expression for the Seven Sages (particularly Solon and Chilon, but also Pittakos, Kleoboulos and arguably the oth-ers as well) or later for the Presocratic Xenophanes than they were for most of the archaic poets preceding Sappho: first her compatriot Terpan-

---

[13] Diels-Kranz (*Die Fragmente der Vorsokratiker* [see note 2]) included them in their collection of the Presocratic fragments. Useful introductions into the problems of transmission are especially Wolfgang Rösler: »Die Sieben Weisen«, in: *Weisheit. Archäologie der literarischen Kommunikation III*, ed. by Aleida Assmann. München 1991, pp. 357–365, and Richard P. Martin: »The Seven Sages as Performers of Wisdom«, in: *Cultural Poetics in Archaic Greece. Cult, Performance, Politics*, ed. by Carol Dougherty and Leslie Kurke. Cambridge 1993, pp. 108–128.

[14] Aelian apud Stobaios = Sappho, test. 10.

[15] Sappho, fr. 71 (an Oxyrhynchus papyrus); for blame of women from other aristocratic families, cf. above, n. 6. On the political impact of Sappho's poetry see Holt Parker: »Sappho's Public World«, in: *Women Poets in Ancient Greece and Rome*, ed. by Ellen Greene. Norman 2005, pp. 3–24.

[16] Exile: Sappho, test. 5 (= Parian Marble), when she already was famous: test. 6 (= Eusebios).

[17] Statue: Sappho, test. 24 (= Cicero); coins: test. 11 (= Pollux), confirmed by archaeology.

der, and then Kallinos of Ephesos, Tyrtaios of Sparta, Semonides of Amorgos, Archilochos of Paros, or her contemporary Mimnermos of Kolophon. And this is also true for Sappho, although textual testimonies for this are almost lost in her case. But still in the Byzantine period, elegies, epigrams and iambic poetry of hers were known,[18] and this has also been attested by an Oxyrhynchus papyrus. The invective (elegiac and/or iambic) quality of some of her poetry, illustrated already by Maximos Tyrios,[19] has been confirmed by nine or more fragments of papyri,[20] to be compared with at least the same number of further fragments, equally containing insult, blame, irony or contempt, which were transmitted by scholarly tradition.[21]

Since unfortunately our knowledge is very limited as a result of the poor state of the transmitted texts, it is still impossible to decide if Sappho's personal polemics were mainly aimed at rivals in the sense of intellectual or poetical opponents (comparable to the sophists mentioned by Maximos in the case of Socrates), or, as it is mostly assumed in recent scholarship, at rivals in love affairs with other women or girls – although the one of course does not necessarily exclude the other. But if the composition of (shorter) elegies, no less than those of iambic poetry or skolia, always presupposes their performance at symposia,[22] it would be safe to say that Sappho might have performed[23] at least some of her poetry

---

[18]   According to the Suda lexicon: Sappho, test. 2; cf. test. 1 (an Oxyrhynchus papyrus from the 2nd or 3rd c. AD).

[19]   = Sappho, fr. 155 and 57: above, n. 6.

[20]   See e. g. Sappho, fr. 3, 7, 26, 68, 71, 90, 99, 213, 213A.

[21]   Sappho fr. 37, 55, 91, 121, 131, 133(a), 144, 178, 202; cf. test. 18 (= Horace); but see also fr. 120. The aggressive or ironic nature of a considerable amount of Sappho's transmitted poetry is often ignored by scholarship.

[22]   So Ewen L. Bowie: »Early Greek Elegy, Symposium and Public Festival«, in: *Journal of Hellenic Studies* 106 (1986), pp. 13–35; for the performance of Sappho's poetry by »excellent singers and lyre-players of both sexes« at Roman symposia cf. test. 53 (= Aulus Gellius); in Athens since the classical period: Dimitrios Yatromanolakis: *Sappho in the Making. The Early Reception.* Cambridge/Mass.–London 2007.

[23]   Sappho as performer at (all-female?) banquets or symposia, according to Martin L. West: »Other early poetry«, in: *Ancient Greek Literature*, ed. by Kenneth J. Dover. Oxford 1980, pp. 29–49, here p. 38; cf. Parker: »Sappho Schoolmistress« (see note 4), pp. 344–346. The idea seems unconceivable to Gregory Nagy: »Did Sappho and Alcaeus Ever Meet? Symmetries of Myth and Ritual in Performing the Songs of Ancient Lesbos«, in: *Literatur und Religion I. Wege zu einer mythisch-rituellen Poetik bei den Griechen*, ed. by Anton Bierl et al. Berlin–New York 2007, pp. 211–269; his explanation (here p. 225), and not least its logic and its prudish

»amidst friends [...] in such a semi-formal setting« eventually removed from public cult. That is to say: in the same kind of environment as her contemporary or later poetic colleagues – whether more philosophically in-clined, such as Solon and Xenophanes (or later Parmenides and Empe-dokles)[24] or less so, like the earlier archaic poets mentioned above or her contemporary Alkaios, or again a new generation of authors like Theognis, Ibykos, Simonides and Anakreon who would all strongly draw upon Sappho's poetical inventions. Given the agonistic flair of symposiastic performances, it should not come as a surprise that some of these authors tried to outdo some others, without respecting an alleged clear-cut separation between poets and philosophers put forward often by modern scholarship: Solon, for instance, set out to refute his contemporary Mimnermos,[25] and the poet Simonides, for his part, set out to refute two of the Seven Sages, Pittakos and Kleoboulos,[26] even a century after their lifetime. To some extent, then, »the ancient quarrel between philosophy and poetry« (παλαιὰ τις διαφορὰ φιλοσοφίᾳ τε καὶ ποιητικῇ),[27] to which

---

formulation, is telling: »only women of questionable character could be imagined as attending [a symposium]. So a sympotic role for Sappho could not have been performed by Sappho even in the time of Sappho.« On archaic symposia – which where, despite the contention of many contemporary scholars (obviously not including Nagy), generally not all-male venues – as a probable performative, poetic and social context for Sappho's poetry, cf. my article »Symposion, Kult und früh-griechische Dichtung: Sappho im Kontext«, to be published in: *Medien der Geschichte*, ed. by Susanne Muth et al. (in print).

[24] On Presocratics performing their poetry at the archaic symposion, cf. Rosalind Thomas: »The place of the poet in archaic society«, in: *The Greek World*, ed. by Anton Powell. London–New York 1995, pp. 104–129, here p. 111.

[25] Solon, fr. 20 West (apud Diogenes Laertios), referring to Mimnermos, fr. 6 West, cf. *Greek Elegiac Poetry, from the Seventh to the Fifth Centuries BC*, ed. and translated by Douglas E. Gerber. Cambridge/Mass.–London 1999, pp. 140–141. Mimnermos has been detected as a likely target of Sappho in her fr. 58 by Vincenzo Di Benedetto: »Il tema della vecchiaia e il fr. 58 di Saffo«, in: *Quaderni Urbinati di Cultura Classica* 48 (1985), pp. 145–163; cf. now Johnson (below, note 44).

[26] Against Pittakos: Simonides, fr. 542 (apud Plato, Prot. 339a–346d); against Kleoboulos: Simonides, fr. 581 (apud Diogenes Laertios). Cf. *Greek Lyric, vol. III: Stesichorus, Ibycus, Simonides, and others*, ed. and translated by David A. Campbell. Cambridge, Mass.–London 1991, pp. 434–436; 464–465.

[27] Plat. Rep. 607b. – On Plato's use of poetry in the context of the ancient cultural habit of quoting and emulating poetry cf. Stephen Halliwell: »The Subjection of Muthos to Logos: Plato's Citations of the Poets«, in: *Classical Quarterly* 50 (2000), pp. 94–112. On Plato's construction of the mad poet in order to justify his clear-cut distinction between poetry and philosophy see Renate Schlesier: »Platons Erfindung des

Plato gave an almost proverbial quality, consisted obviously in a quarrel among poets, competing over authority.

However, philosophical ambitions from the 7th to the 5th c. did not always imply poetical composition. It is well known that most Presocratics, probably starting with Anaximander and continuing with Anaximenes, Heraklitos, Anaxagoras, Protagoras, Gorgias and Demokritos, choose the prose form for the display of their ideas. Conversely, those who clung to poetry confined themselves to the dactylic hexameter, the epic meter, or to elegiac poetry and therefore linked up with the tradition of Homer and Hesiod or of poets like Kallinos, Tyrtaios and Mimnermos. This included a distinction with regard to those archaic poets who preferred iambic poetry (like Archilochos, Semonides and Hipponax) or choral poetry (like Alkman). Yet one should stress the fact that this implied, particularly, that the poets among the Presocratic philosophers did not enter into a competition with the most versatile archaic poet, Sappho, who was equally famous for her monodic as for her choral poetry and who, according to ancient tradition, excelled no less in iambic and elegiac poetry or in epigrams. And a closer investigation of her poetry could show that she constantly set out to refute ideas professed by her predecessors or contemporaries (some examples will be mentioned later).

Before finally coming back to the question of Sappho's presumedly Presocratic theory of love, let us consider briefly some other theoretical statements to be found in her poetry. Those are, in themselves, not necessarily a Presocratic endeavour, given the fact that gnomic declarations claiming a general value inform ancient Greek poetic tradition from its very beginning, that is the epics of Homer and Hesiod. Thus the use of hexameter, the epic metre, gave later elegiac poets the opportunity to pretend to a similar or even higher authority than the epic poets, a pretension particularly necessary with respect to new ethical, aesthetic or theological issues. Sappho, for her part, rarely used the hexameter,[28] not even in some short gnomic or aphoristic statements that have not escaped the attention of scholars from late antiquity. Three of these epigrammatic sayings, using the two-verse form of the distichon, are clearly ethically informed and analytically conceived. Their themes first appear in the Homeric epics,

---

wahnsinnigen Dichters. Ekstasis und Enthusiasmos als poetisch-religiöse Erfahrung«, in: *Zeitschrift für Ästhetik und Allgemeine Kunstwissenschaft* 51/1 (2006), pp. 44–60.

[28] But cf. Sappho, test. 35 = Anthologia Palatina. Campbell ad loc. refers to Sappho's use of hexameters in at least six short fragments.

are taken over already by early archaic poets and reflect values which remain dear to aristocratic and elitist poets or philosophers at least until Plato: the »good« man (*agathos*) as resulting in the »beautiful« (*kalos*) – and not vice versa;[29] »wealth« (*ploutos*) as source of happiness (*eudaimonia*) only in connection with »(aristocratic) virtue« (*aretê*);[30] the necessity of keeping silent in case of an assailing anger (*orgê*).[31] A doubtless more autonomous theoretical idea – and this one very relevant for her arguments about love – emerges from her authoritative sentence »according to me, the most beautiful thing is whatsoever someone loves« (κάλλιστον, ἔγω δὲ κῆν’ ὄττω τις ἔραται),[32] presented in the form of a priamel as the contention of Sappho's poetical I. The much disputed fragment in which this statement, based on the example of Helen, occurs has already sometimes been taken seriously as a philosophical reflection[33] and has even been regarded as a Presocratic »proof of aesthetic relativity« to be included in the history of philosophy.[34]

---

[29] Sappho, fr. 50, transmitted by Galen: ὁ μὲν γὰρ κάλος ὄσσον ἴδην πέλεται κάλος, / ὁ δὲ κἄγαθος αὔτικα καὶ κάλος ἔσσεται.

[30] Sappho, fr. 148, transmitted in a Pindar scholion: ὁ πλοῦτος ἄνευ ἀρέτας οὐκ ἀσίνης πάροικος / ἀ δ’ ἀμφοτέρων κρᾶσις εὐδαιμονίας ἔχει τὸ ἄκρον. Cf. also fr. 204.

[31] Sappho, fr. 158, transmitted by Plutarch: σκιδναμένας ἐν στήθεσιν ὄργας / πεφύλαχθαι γλῶσσαν μαψυλάκαν.

[32] Sappho, fr. 16 (from an Oxyrhynchus papyrus), v. 3–4.

[33] First, as far as I can see, by Glenn W. Most: »Sappho Fr. 16. 6-7 LP«, in: *Classical Quarterly* N. S. 31 (1981), pp. 11–17, as an argument from authority, pointing to Aristotle's Rhet. 2.23.12 = 1398b19–1399a6; on Sappho's »philosophical language« in this fragment, cf. Page DuBois: »Sappho and Helen«, in: *Arethusa* 11/1–2 (1978), pp. 89–99. For a critical assessment of diverging interpretations of fr. 16 as prefiguring sophistry or (Platonic) philosophy cf. Foley: »›The Mother of the Argument‹: Eros and the Body in Sappho and Plato's *Phaedrus*« (see note 9), pp. 58–62.

[34] So Harold M. Zellner: »Sappho's Alleged Proof of Aesthetic Relativity«, in: *Greek, Roman, & Byzantine Studies* 47 (2007), pp. 257–270. For a re-evaluation of some of Sappho's poetry as a »philosophical endeavor« (p. 153), in the light of the ›New Sappho‹ (see below), cf. now Ellen Greene: »Sappho 58. Philosophical Reflections on Death and Aging«, in: *The New Sappho on Old Age. Textual and Philosophical Issues*, ed. by Ellen Greene and Marilyn B. Skinner. Cambridge/Mass.–London 2009, pp. 147–161.

After a rather oblique reference to the impact of Sappho on his philosophy in Plato's *Phaidros*,[35] his pupil Aristotle[36] gives credit to Sappho
for a convincing philosophical argumentation, based upon traditional theology: he quotes it in his *Rhetoric* as follows: »Sappho says that death is
an evil: the gods have so decided, otherwise they would die.«[37] In substance, this is clearly a refutation of a militaristic statement professed in
an elegy by Tyrtaios,[38] to be compared with the anti-militaristic mood of
the love theory expressed by Sappho in fr. 16 mentioned before. But above all, it is a statement that separates, in a radical way, the mortal human
condition, as something fundamentally ›*kakon*‹, from the mode of existence of the immortal gods, considered as the opposite. This reflection
becomes even more intriguing in the light of the ›New Sappho‹, scraps of
papyri recently found in the collection of the University of Cologne
which allow a much fuller reading of fr. 58 (previously published on account of an Oxyrhynchus papyrus). And this, somehow surprisingly perhaps, eventually leads us back to Sappho's theory of love.

Since the editio princeps of the ›New Sappho‹ in 2004, including especially an almost complete poem of 12 verses, much has already been written about it, and there is an ongoing debate, culminating provisionally in
a collective volume, with the title *The New Sappho on Old Age*, which
has been published in 2009.[39] After an opening section of two verses, still

---

[35] Taken again into account – after William W. Fortenbaugh: »Plato Phaedrus 235C3«,
in: *Classical Philology* 61 (1966), pp. 108–109 – only much later, e. g. by the detailed investigations of Foley: »›The Mother of the Argument‹: Eros and the Body in
Sappho and Plato's *Phaedrus*« (see note 9) and Pender: »Sappho and Anacreon in
Plato's *Phaedrus*« (see note 9).

[36] He mentions her (with Archilochos, Homer, Chilon, Pythagoras and Anaxagoras,
i. e. poets and Presocratics), referring to an argument of Alkidamas, as an example of
publicly honored »sages« (Arist. Rhet. 1398b).

[37] Sappho, fr. 201 (= Arist. Rhet. 1398b): Σαπφώ, ὅτι τὸ ἀποθν᾽ σκειν κακόν· οἱ θεοὶ
γὰρ οὕτω κεκρίκασιν· ἀπέθνησκον γὰρ ἄν. Cf. Harold M. Zellner: »Sappho's Proof
that Death is an Evil«, in: *Greek, Roman, & Byzantine Studies* 46 (2006), pp. 333–
337. – See also the quotation in Arist. Rhet. 1367a (= Sappho, fr. 137).

[38] Tyrtaios, fr. 10 West.

[39] This volume (*The New Sappho on Old Age* [see note 34]), published after the writing
of my paper, but before finishing the footnotes, includes two surveys (by Dirk Obbink and Jürgen Hammerstaedt) about the new papyrus (from an anthology of the
3rd c. BC), its discovery and its text (two fragments of Sappho: a new one and a different version of Sappho, fr. 58 – the »Tithonus poem« in 12 verses –, as well as an
anonymous poem of the hellenistic period). In the following, I reproduce the last (by
now almost complete) 10 verses of the »Tithonus poem« as restored by Martin West
(cf., with his translations, ibid., pp. 14–15, and in: *TLS*, June 24, 2005, p. 8).

badly transmitted, which talk about »the beautiful gifts of violet-brea-sted« (ἰ]οκ[ό]λπων κάλα δῶρα) goddesses[40] and the »song-loving clear-toned lyre« (φιλάοιδον λιγύραν χελύνναν), the poetic persona of Sappho starts to describe, without further ado, the lamentable physical state of her own old age. This section of four verses results in a personal comment, occupying one verse, and is capped by another verse containing a gnomic sentence of laconic brevity, before the mythical exemplum of Tithonos is suddenly introduced, which occupies the last four verses of the poem:

ἔμοι δ'ἄπαλον πρίν] ποτ' [ἔ]οντα χρόα γῆρας ἤδη
ἐπέλλαβε, λεῦκαι δ' ἐγ]ένοντο τρίχες ἐκ μελαίναν·

βάρυς δέ μ' ὀ [θ]ῦμος πεπόηται, γόνα δ' [ο]ὐ φέροισι,
τὰ δή ποτα λαίψηρ' ἔον ὄρχησθ' ἴσα νεβρίοισι.

τὰ <μὲν> στεναχίσδω θαμέως· ἀλλὰ τί κεν ποείην;
ἀγήραον ἄνθρωπον ἔοντ' οὐ δύνατον γένεσθαι.

καὶ γάρ π[ο]τα Τίθωνον ἔφαντο βροδόπαχυν Αὔων
ἔρωι φ . . αθεισαν βάμεν' εἰς ἔσχατα γᾶς φέροισα[ν,

ἔοντα [κ]άλον καὶ νέον, ἀλλ' αὐτον ὔμως ἔμαρψε
χρόνωι πόλιον γῆρας, ἔχ[ο]ντ' ἀθανάταν ἄκοιτιν.

[But my once tender] skin old age now
[has seized,] my hair is turned [white] instead of black;

my heart is made heavy, my knees will not carry me,
that once were nimble for dance like fawns.

This state I oft bemoan; but what should I do?
Being human, it is not possible to become ageless.

For even Tithonos once, they said, rose-armed Dawn,
love-smitten, carried off to the world's end,

---

[40] Up to now, scholars interpret these goddesses as Muses and include them verbatim in the text. In my view, however, these should be rather the Graces than the Muses (as the communis opinio would have it); Sappho uses the adjective ›ἰόκολπος‹ else-where mainly for Aphrodite, fr. 103, v. 6/7; fr. 21, v. 13; cf., for a bride: fr. 30, v. 5. See also below, note 50.

when he was beautiful and young, but still overtook him
in time grey age, he himself having an immortal wife.

To date, little attention has been given, with respect to this poem, to comparable other, more or less gnomic, formulations of Sappho about the difference between mortals and immortals,[41] and there is even much less awareness of the fact that such formulations occur almost exclusively in a context intricately associated with the poetic persona of Sappho herself and especially with her particularly close relationship to the goddess of love, Aphrodite. I shall come back to this soon. Clearly enough, the new poem equally approaches the issue of mortality versus immortality with respect to Sappho's persona and to love as well. Sappho's use of the mythical exemplum of the love of Dawn, the goddess Eos, for the mortal Trojan youth Tithonos is a traditional feature that has been treated by her several times,[42] occurs already in a Homeric formulaic verse[43] and has been particularly dear to early Greek elegiac poets, like her predecessors Tyrtaios and Mimnermos.[44] The remarkable prominence of this exemplum in archaic poetry is well documented, since in the *Homeric Hymn to Aphrodite*, almost certainly composed before Sappho's lifetime, it has been presented exhaustively by Aphrodite to a human being, her beloved Anchises, the princely Trojan cowboy.[45] Aphrodite there reassures Anchises that she, for her part, would not commit the mistake of her divine colleague Eos who obtained immortality for her beloved Tithonos and forgot to ask equally for eternal youth for him.

While Tyrtaios and Mimnermos referred to the example of Tithonos in a rather conventional and very restricted way – Tyrtaios does no more than mentioning him for his once famous grace (›*charis*‹), and Mimnermos briefly judges his immortal old age worse than death –, Sappho treats the topic in a much more sophisticated manner than her elegiac colleagues. Far from confining herself to the repelling idea of a proverbially

---

[41] As in the testimony of Aristotle (= Sappho, fr. 201 [see note 37]). To my knowledge, its relationship to the ›New Sappho‹ has not been analyzed so far.

[42] At least according to the transmission of Eos' name in some very short fragments: Sappho, fr. 103, v. 13 (= first line of an otherwise not preserved poem); 123; 157; 175.

[43] Hom. Il. 11.1 = Od. 5.1; cf. Il. 20.237.

[44] Tithonos in Tyrtaios: fr. 12, v. 5 West; Mimnermos: fr. 4 West. On Sappho and Mimnermos, in the light of the ›New Sappho‹, cf. now Marguerite Johnson: »A Reading of Sappho Poem 58, Fragment 31 and Mimnermus«, in: *The New Sappho on Old Age* (see note 34), pp. 162–175.

[45] Hom. Hymn. 5, v. 218–240.

beautiful young man doomed to eternal decrepitude, she obliquely insists on the more general message about erotics and relations between a goddess and a human being which is contained in the story. In her poem, Tithonos cannot be simply an example of the human condition[46] which generally excludes the eternal youth reserved to the immortal gods. His fate rather points to the specific mistake of a goddess who, under the influence of eros, is not in control of her mind and therefore fails to take eternal youth into account, as a further prerequisite of complete divine immortality. In the context of the stories told by Aphrodite in the *Homeric Hymn*, Zeus himself turns out to be much smarter than Eos, when he makes his beloved Ganymede immortal without forgetting to make him eternally youthful as well. Significantly, the Aphrodite of the hymn ostensibly alludes to her own awareness of the necessary combination of both characteristics for a fully divine status, although she explicitly refrains from promising it to Anchises. And if the goddess of dawn is just under the spell of a disturbing if not maddening love, Aphrodite, who dominates and encompasses this spell, has obviously retained her rational control and her rhetorical capacity even in a state of most passionate love, as is demonstrated in the *Homeric Hymn*.

Why does Sappho then, before she turns to the story of Eos and Tithonos, express the deplorable truth that it is not possible for a human being to become ageless? She certainly must have been well aware of the traditional examples of humans made immortal, and ageless as well, by the gods, like Ganymede and others, who seem to invalidate her gnomic statement. If she insists so much on it and even adds to it an authoritative example, this makes only sense when it is understood as an argument. In fact, she introduces it, in the form of a rhetorical question, by the insight that she herself is unable to change this doom. And this of course implies that gods, unlike humans such as herself, are in fact able to immortalize mortals, as it will be immediately demonstrated by her exemplum. But

---

[46] However, this interpretation is still the ›communis opinio‹. One of the few scholars contesting it is Richard Rawles: »Notes on the Interpretation of the ›New Sappho‹«, in: *Zeitschrift für Papyrologie und Epigraphik* 157 (2006), pp. 1–13, here p. 3: »Tithonus would seem a good exemplum to illustrate the harshness of old age, but not a very good one to illustrate its inevitability«. In order to find another justification for Sappho's example, Rawles (and other scholars, cf. now also the articles in *The New Sappho on Old Age* [see note 34]) points to a relationship of Tithonos to music in later tradition. Without excluding such a reading, the example seems to me more connected with the issue of the availability of immortality explicitly claimed by the poetic voice of Sappho in other fragments (see below).

simultaneously, the story of Eos and Tithonos obliquely alludes to the successful immortalization – actually including eternal youth – in the homoerotic story of Zeus and Ganymede, which preceeds Sappho's exemplum in the *Homeric Hymn*. And last but not least, Sappho's mentioning of Eos and Tithonos elusively refers to the intelligence, the will and the power of the goddess of love who in the *Homeric Hymn* tells these stories deliberately without granting her heterosexual beloved such an immortality in the full sense. As a matter of fact, that is certainly not to deny that Aphrodite would have been able to do this, had she wanted to.[47]

Sappho's argument, interwoven in her poetical discourse, therefore seems to run in the following direction: If the human condition necessarily includes aging, as illustrated before in the poem by the symptoms of her own old age, and if immortality is not necessarily linked to eternal youth, as demonstrated by the story of Tithonos, immortality is actually within the reach of an aged human being: provided that this human being is loved by a goddess whose love is not necessarily triggered by youthful physical beauty and likewise not necessarily connected with sexual union. This reflection on specific conditions implied by this story in fact makes much sense as an argument not only ›ad hominem‹ but also ›pro domo‹, used by Sappho for her own sake. But who would be the goddess who could grant immortality to her as a result of a love that is not provoked by physical beauty and does not presuppose physical intercourse? The answer is clearly given by a series of other poems of Sappho: this is no other than the goddess of love herself, Aphrodite, whose exceptional and lasting[48] love of the poetess is presented in her poems as triggered by nothing else than her poetry itself. Many interpreters have rightly emphasized that Sappho displays in her love poetry, as in her hymnic prayer to

---

[47] According to Jenny Strauss Clay: *The Politics of Olympus. Form and Meaning in the Major Homeric Hymns*. Princeton/New Jersey 1989, pp. 152–201, here p. 191, Aphrodite's two exempla create the result, within the narrative structure of the hymn, that »man is henceforth consigned to his mortality«. However, according to Ann L. T. Bergren: »*The Homeric Hymn to Aphrodite*: Tradition and Rhetoric, Praise and Blame«, in: *Classical Antiquity* 8 (1989), pp. 1–41, here p. 35, this is not the case, since »Aphrodite can always pursue the option she omits now« (i. e. »chosing immortality« for a mortal she loves, see Hom. Hymn. 5, v. 239–240: ἑλοίμην / ἀθάνατόν τ' εἶναι).

[48] I see no justification of the hypothesis advanced by Eva Stehle: »›Once‹ and ›Now‹. Temporal Markers and Sappho's Self-Representation«, in: *The New Sappho on Old Age* (see note 34), pp. 118–130, that Sappho was »once« loved by Aphrodite, but is »now« (by the time of writing fr. 58) not loved by her anymore.

Aphrodite in fr. 1 which remains to be considered,[49] a singularly rational and gnomic but nonetheless passionate attitude. Few have noticed, however, that in doing so, Sappho ultimately follows the example of the Aphrodite of the *Homeric Hymn* who is passionately in love but still in full control of her mind and her speech. And to my knowledge, no interpreter of Sappho has taken into account that this presentation of the goddess' characteristics – shared by the poetic voice of Sappho – is connected with examples which prove that immortality is actually within human reach.

To be sure, Aphrodite does not explicitly appear in the new Sappho poem, although for intertextual reasons she ultimately lurks in the background. Yet one could even refer to other fragments (corresponding to much more mutilated papyri), likewise approaching the topic of old age by using similar phraseology, where Aphrodite actually seems to have been mentioned.[50] In my view, the impact of Aphrodite on Sappho's poetry can scarcely be overestimated.[51] She is by far the divinity the most frequently mentioned in her transmitted work – in approximately 30 fragments from around 130 consisting of more than one single word – and besides Hera (fr. 17) and the Muse Kalliope (fr. 124), each of whom appears once,[52] the only single divinity she addresses by name and in direct speech (at least 14 poems seem to have been composed in the form of a prayer or a ›*hymnos kletikos*‹ to Aphrodite.[53] Eros occurs much less often[54] and is never directedly addressed, although his impact on the poetic voice itself is sometimes stressed, and occasionally his name seems to have been used as incipit of a poem, always referring to the loving poetess herself.[55] He is clearly subordinated to Aphrodite, designated by the goddess herself as her »servant« (θεράπων, fr. 159). Even less frequent are references to groups of goddesses in Sappho's transmitted poetry, and

---

[49] But no less in Sappho, fr. 16, 31, 94, 96, all of them equally famous.

[50] E. g. Sappho, fr. 21, v. 13: τὰν ἰόκολπον. Cf. (relating fr. 21 to fr. 58) Di Benedetto: »Il tema della vecchiaia e il fr. 58 di Saffo« (see note 25).

[51] For the (ancient) view that all of Sappho's poetry was dedicated to Aphrodite, cf. Sappho, test. 50 (= Himerios).

[52] Hermes was probably addressed in Sappho, fr. 95, v. 8 (in a narrative).

[53] Cf., in comparison with other hymns of invocation by other archaic poets, Sappho, test. 47 (= Menander Rhetor).

[54] Eros is mentioned 10 times in Sappho's transmitted poetry, mostly without detailed context: fr. 44A (a), v. 11; 47, v. 1; 130, v. 1; 159; cf. also fr. 54; 67b, v. 7; 188; and (Eros or *eros*?) fr. 23, v. 1; 58, v. 26; 112, v. 4.

[55] Eros as incipit: Sappho, fr. 47, v. 1; 130, v. 1. – On Sappho, fr. 130, cf. Renate Schlesier: »Der bittersüße Eros. Ein Beitrag zur Geschichte und Kritik des Metapherbegriffs«, in: *Archiv für Begriffsgeschichte* 30 (1986/87), pp. 70–83.

these are to be found mostly in addresses, too: the Nereids once, together with Aphrodite, the Charites five times and likewise the Muses, the last two groups in connection with one another three times.[56] There is no unambiguous testimony that Sappho traced her poetry exclusively back to the Muses;[57] the Charites and Aphrodite are equally probable and sometimes even additional candidates.

But what about immortality? The idea of a better afterlife reserved for Sappho thanks to her poetry occurs at times in a context which contains, in a significantly indirect way, a hint to the Muses.[58] Yet nowhere in her transmitted work is this idea or hope presented as a discursive topic or as an object of negotiation in a dialogue between the poetic voice and the Muse(s).[59] It is striking, then, that just this repeatedly takes place in the encounters between the poetess and Aphrodite which Sappho dramatizes in her poetry, as if she transfers to Aphrodite a rôle that tradition reserved to the Muses.[60] After Hesiod in the proem of his *Theogony* and before Parmenides, no ancient author except Sappho has given a poetical account of a conversation experienced with divinities, no one else has boa-

---

[56] Address to the Nereids: Sappho, fr. 5, v. 1; address to the Charites alone: fr. 53; Charites mentioned alone: fr. 81, v. 6; address to the Charites together with the Muses: fr. 103, v. 8; 128; Muses mentioned with the Charites: fr. 44A (b), v. 5–6; address to the Muses alone: fr. 127; Muses mentioned alone: fr. 187. Cf. below, n. 57.

[57] With reference to the testimonium of Aelius Aristides, fr. 193, the anonymous goddesses in fr. 32 (»who made me honoured by the gift of their works«, αἴ με τιμίαν ἐπόησαν ἔργα / τὰ σφὰ δοῖσαι) have been identified by modern scholars as the Muses. This does not seem self-evident to me.

[58] Sappho, fr. 150, quoted by Maximos Tyrios (see note 7), and fr. 55 (below, note 66), with the testimonium of Ael. Aristid. = fr. 193. Mainly on the basis of this testimonium and the two genuine fragments – rather implicitly alluding to the Muses –, many interpreters of the ›New Sappho‹ conjecture twice a mentioning of the Muses in the text of the papyrus: as addressed in the singular, in the first poem (previously unknown) which remains to be cited below (note 67), and as mentioned in the plural, in the first line of the »Tithonus poem« (for the reasons of my scepticism, see above, note 40). However, in the transmitted work of Sappho the only testimony for a Muse in the singular is a very short fragment addressing Kalliope: fr. 124 (»and you yourself, Calliope«, αὖτα δὲ σὺ Καλλιόπα = Hephaistion), whilst the term ›Muse‹ (singular) is nowhere documented.

[59] Not taken into account by Alex Hardie: »Sappho, the Muses, and Life after Death«, in: *Zeitschrift für Papyrologie und Epigraphik* 154 (2005), pp. 13–32.

[60] This point has already been stressed by Marilyn B. Skinner: »Aphrodite Garlanded: Eros and Poetic Creativity in Sappho and Nossis«, in: *Rose di Pieria*, ed. by Francesco de Martino. Bari 1991, pp. 77–96; cf. Emmet Robbins: »Sappho, Aphrodite, and the Muses«, in: *Ancient World* 26 (1995), pp. 225–239.

17

sted of having been directly addressed by a god or reported such an address to someone else. Yet in her case, differing in this respect from Hesiod or Parmenides, it is Aphrodite, and not the Muses or an anonymous goddess, who addresses her, and not only once but in countless situations embracing long periods of time.[61]

The singularity of this honor dedicated to her by Aphrodite is further emphasized by the fact that Sappho makes the goddess address her even by her name, Psappho, which is attested at least in three of her poems.[62] By this token, she entrusts Aphrodite with her own ›sphragis‹,[63] her personal verbal seal, thus preventing herself from being confounded with another author and, most of all, thus guaranteeing a lasting memory of her fame beyond her lifetime. Her name and its glorious implications are therefore divinely sanctioned and authorized, because it is the goddess and not just the subjective poetic voice who pronounces it and singles it out. Significantly, this occurs not least in a fragment where Aphrodite herself apparently announces a better afterlife to the poetess:[64]

Ψάπφοι, σεφίλ[	Sappho, I love you [
Κύπρωι β[α]σίλ[	at Cyprus the queen [
καίτοι μέγα δ.[	yet great [
ὅ]σσοις φαέθων[	all whom (the sun) shining [
πάνται κλέος [	everywhere glory [
καί σ᾽ ἐνν Ἀχέρ[οντ	and you at the Acheron

---

[61] Aphrodite herself addressing ›Psappho‹ by name: in Sappho, fr. 1, v. 20 (suggesting iterative occasions), fr. 65, v. 5 (see below, with note 64), and (below, note 82) fr. 133b (= Hephaistion); but cf. also fr. 159 (according to Maximos Tyrios an address to the poetess – paralleled with Eros – by Aphrodite).

[62] See note 61. The only other fragment where ›Psappho‹ is addressed by name (fr. 94, v. 5) does not allow an identification of the speaker.

[63] On this poetic concept, cf. the survey by Walther Kranz: »SPHRAGIS. Ichform und Namensiegel als Eingangs- und Schlußmotiv antiker Dichtung«, in: *Rheinisches Museum* N. F. 104 (1961), pp. 3–46, 97–124. According to Andrew L. Ford: »The Seal of Theognis: The Politics of Authorship in Archaic Greece«, in: *Theognis of Megara. Poetry and the Polis*, ed. by Thomas J. Figueira and Gregory Nagy. Baltimore–London 1985, pp. 82–95, Theognis' ›sphragis‹ does not denote a claiming of personal authorship. This does not preclude such a claim in the case of Sappho.

[64] Sappho, fr. 65, 5–10 (transl.: David Campbell, slightly modified); before and after, the papyrus is almost completely unreadable. In the light of the ›New Sappho‹ (especially the new fragment unknown before, see below, note 67), Martin West: »The New Sappho«, in: *Zeitschrift für Papyrologie und Epigraphik* 151 (2005), pp. 1–9, combines it with Sappho ed. Voigt, fr. 66c.

Unmistakably, Sappho here presents herself as experiencing a privileged treatment by Aphrodite (the divine queen in charge of the island of Cyprus): the goddess declares her love for her and arguably designates her as surrounded with »glory everywhere«. And this, it seems, will not end, as it notoriously does in the case of other human beings under the sun, at the contact with the Acheron, the river of the underworld.⁶⁵ If this is a possible reading, such an affirmation comes very close to an exceptional existence after her death, conferred to Sappho by Aphrodite herself, an existence analogous to the one of the immortal gods and distancing her radically from human beings in general.

Yet this is by no means an isolated testimony. The idea that Sappho's poetry bestows on her divine privileges, including even an exemption from the gloomy existence of ordinary people after death, is clearly expressed in an invective to an anonymous woman who is denied »sharing the roses of Pieria« (obviously referring to the gifts of the Muses, themselves to be located in Pieria). Because of the remarkably bold, if not foolhardy self-esteem expressed here, this statement attracted the interest of several authors from late antiquity.⁶⁶ By now, we are even in the position to know in some detail how Sappho actually imagined her blessed afterlife in Hades, since on the new papyrus including a fuller version of fr. 58, this is preceded by some mutilated verses of another poem, previously unknown, in which she declares that she expects for herself »beneath the earth /... having honor, as is fitting /... like now above the earth, when I, taking up / the clear-ringing lyre, /... I sing in the chambers (below)«.⁶⁷ But as fr. 65 (treated above) makes explicit, Sappho obviously

---

⁶⁵ For Sappho's idea of a blissful Acheron reserved for her, see also fr. 95, v. 11–13; cf. Deborah D. Boedeker: »Sappho and Acheron«, in: *Arktouros. Hellenic Studies presented to Bernard M. W. Knox on the occasion of his 65th birthday*, ed. by Glen W. Bowersock et al. Berlin–New York 1979, pp. 40–52.

⁶⁶ Sappho, fr. 55: κατθάνοισα δὲ κείσηι οὐδέ ποτα μναμοσύνα σέθεν / ἔσσετ' οὐδὲ †ποκ'†ὔστερον· οὐ γὰρ πεδέχηις βρόδων / τὼν ἐκ Πιερίας· ἀλλ' ἀφάνης κἀν Ἀίδα δόμωι / φοιτάσηις πεδ' ἀμαύρων νεκύων ἐκπεποταμένα. The text has been quoted by Stobaios, Plutarch and Clemens of Alexandria; cf. also Sappho, fr. 193.

⁶⁷ »New Poem«, v. 4–8:]νέρθε δὲ γᾶς γε[/] ν ἔχοισαν γέρας ὡς [ἔ]οικεν /] οιεν ὡς νῦν ἐπὶ γᾶς ἔοισαν /] λιγύραν, [α]ῖ κεν ἔλοισα πᾶκτιν /].... α.αλαμοις ἀείδω (with Martin West, I take θαλάμοισ' = »chambers« for a possible reading). Cf. Obbink's apparatus criticus to the text (see note 39). Most scholars today conjecture κάλα, Μοῖς' (»beautiful things« combined with an address to the »Muse«) in the last verse (see also note 58). For a justification of »chambers«, cf. Helena Rodríguez Somolinos: »Los nuevos versos de Safo y el tema de la inmortalidad por la poesía

considered this blissful existence in the underworld not as a gift of the Muses, but as the result of the love of the goddess of love especially for her love poetry. Thus it was apparently not just hagiographic exaggeration when ancient tradition ascribed immortality to her – even in a factual sense, not just as a metaphor – and stressed the impact of Aphrodite and Eros on her even more than that of the Muses with whom she is rather sometimes identified.[68]

Significantly, Sappho refrains completely from including other humans besides herself in this ambitious perspective. She never expresses the wish that a mortal beloved is to share her blissful afterlife existence. Despite occasional descriptions of some humans as »equal« to gods or to goddesses,[69] there is no hint that she thought Aphrodite would grant another human being, let alone the numerous beloved ones of the poetess, the same blessing as Sappho.[70] She seems to reserve this godlike fate exclusively to herself, comparable to the conviction of Empedokles concerning his singular immortality[71] rather than to the collective eschatological hopes of a blissful afterlife ventured by the initiates of the Eleusian and especially of the Orphic or the Bacchic mystery cults that started their career in the Greek world during Sappho's lifetime.[72] Thus

---

(PKöln.inv.21351re fr.1.1–8)«, in: *KOINOS LOGOS. Homenaje al profesor José García López*, ed. by E. Calderón et al. Murcia 2006, pp. 897–903.

[68] Claim of immortality: Sappho, test. 28 (put into the mouth of Sappho, with reference to the Muses, Anth. Pal. = Tullius Laurea); cf. test. 58 (Sappho as equal to the Muses and being one of the Blest, thanks to her companionship with Aphrodite lamenting Adonis, Anth. Pal. = Dioskorides); cf. also the testimonium in fr. 193 = Ael. Aristid.; in test. 27 (Anth. Pal. = Antipater of Sidon), Sappho is called »mortal Muse«, for having been reared by Aphrodite and Eros.

[69] Of a man, Sappho, fr. 31, v. 1 (cf. also fr. 111, v. 5: a groom equal to Ares); of the couple of Hector and Andromeda, fr. 44, v. 21/34; of a woman: fr. 96, v. 4.

[70] It seems improbable to me that Sappho, fr. 147 (= Dio Chrysostomos: μνάσασθαί τινά φαιμι †καὶ ἕτερον† ἀμμέων, »someone, I say, will remember us in the future«) should be taken as a common initiatory hope for underworld bliss, as some scholars (with Hardie: »Sappho, the Muses, and Life after Death« [see note 59]) would have it.

[71] Empedokles, fr. B 112 DK, v. 4 (but cf. fr. B 147; B 146, on e. g. *hymnopoloi* becoming gods). The issue at stake in these fragments is not approached in Oliver Primavesi: »Empedocles: Physical and Mythical Divinity«, in: *Oxford Handbook of Presocratic Philosophy* (see note 2), pp. 250–283.

[72] On the transmission of these cults, starting with the 6th c. BC, see Walter Burkert: *Antike Mysterien. Funktionen und Gehalt* [= revised version of the original Engl. ed. of 1987]. München 1990. On the textual evidence of the bacchic gold-leaves and their controversial interpretation, cf. Renate Schlesier: »Dionysos in der Unterwelt.

Sappho's convictions about her exceptional blessing are even more elitist than those of the initiates of the mysteries and may be seen to foreshadow Socrates' (or perhaps rather Plato's) claims to a private philosophical mystery cult practically reserved exclusively to the philosopher.

As far as I can see, not only when Sappho makes Aphrodite address her, but also when she invokes the goddess in her poetical prayers, she is regularly concerned with the idea of a blissful life analogous to that of the immortal gods,[73] although there is perhaps one exception. At first glance, this exception seems to be found in fr. 1,[74] her most famous prayer to Aphrodite (significantly not mentioned by Maximos Tyrios who focused only on drawing a parallel between Socrates' and Sappho's Eros), which I will discuss now briefly at the end of my paper. This poem highlights her extremely intimate bonds with the goddess, whom she addresses and by whom she is addressed in return. Its 28 verses form the only extant poem of hers which has been transmitted from antiquity in its entirety (quoted by the orator Dionysios of Halikarnassos of the 1st c. BC in his work on composition as outstanding example of a melodious, elegant, interwoven and somehow clair-obscure style):[75]

> ποικιλόθρον' ἀθανάτ' Ἀφρόδιτα,
> παῖ Δίος δολόπλοκε, λίσσομαί σε,
> μή μ' ἄσαισι μηδ' ὀνίαισι δάμνα,
> πότνια, θῦμον,
>
> ἀλλὰ τυίδ' ἔλθ', αἴ ποτα κἀτέρωτα
> τὰς ἔμας αὔδας ἀίοισα πήλοι

Zu den Jenseitskonstruktionen der bakchischen Mysterien«, in: *Konstruktionen von Wirklichkeit. Bilder im Griechenland des 5. und 4. Jahrhunderts v. Chr.*, ed. by Ralf von den Hoff and Stefan Schmidt. Stuttgart 2001, pp. 157–172.

[73] See especially Sappho, fr. 2 (the Florentine ostrakon, 3rd c. BC); cf. also fr. 33 (= Apollonios Dyskolos: αἴθ' ἔγω, χρυσοστέφαν' Ἀφρόδιτα, / τόνδε τὸν πάλον λαχοίην, »Golden-crowned Aphrodite, if only I could obtain this lot«), an invocation of Aphrodite which possibly points to a better after-life (comparable with Aphrodite's address to Sappho, fr. 65, with n. 64 above); see also fr. 133b (below, n. 82). The connections of the idea of blessings in the underworld with direct speeches between the poetic voice and Aphrodite in Sappho's work are systematically ignored by Hardie (above, n. 59).

[74] For phrasings similar to Sappho, fr. 1: cf. fr. 60; 86, and also fr. 5; 15; 76.

[75] The translation is my own, as well as the text in the beginning of v. 19, where the letters are badly preserved (numerous conjectures have been suggested, all differing from mine). Lobel-Page (*Poetarum Lesbiorum Fragmenta* [see note 5]) produce ..σάγην. The transmission of Dion. Halik. de comp. verb. VI 23.11 gives και. The further testimony of an Oxyrhynchus papyrus has ...σ, αγη.

ἔκλυες, πάτρος δὲ δόμον λίποισα
χρύσιον ἦλθες

ἄρμ' ὑπασδεύξαισα· κάλοι δέ σ' ἆγον
ὦκεες στροῦθοι περὶ γᾶς μελαίνας
πύκνα δίννεντες πτέρ' ἀπ' ὠράνωἄθε-
ρος διὰ μέσσω·

αἶψα δ' ἐξίκοντο σὺ δ', ὦ μάκαιρα,
μειδιαίσαισ' ἀθανάτωι προσώπωι
ἦρε' ὄττι δηὖτε πέπονθα κὦττι
δηὖτε κάλημμι

κὦττι μοι μάλιστα θέλω γένεσθαι
μαινόλαι θύμωι· τίνα δηὖτε πείθω
καί σ' ἄγην ἐς σὰν φιλότατα; τίς σ', ὦ
Ψάπφ', ἀδικήει;

καὶ γὰρ αἰ φεύγει, ταχέως διώξει,
αἰ δὲ δῶρα μ δέκετ', ἀλλὰ δώσει,
αἰ δὲ μὴ φίλει, ταχέως φιλήσει
κωὐκ ἐθέλοισα.

ἔλθε μοι καὶ νῦν, χαλέπαν δὲ λῦσον
ἐκ μερίμναν, ὄσσα δέ μοι τέλεσσαι
θῦμος ἰμέρρει, τέλεσον, σὺ δ' αὖτα
σύμμαχος ἔσσο.

You with artful coloured throne, immortal Aphrodite,
child of Zeus, weaver of cunnings, I implore you,
neither with surfeits nor with afflictions, don't tame me,
mistress, the heart,

but come here, if in the past also in another situation
hearing my voice from afar
you listened, and leaving the father's house,
the golden one, you came,

after having yoked a chariot. And they led you, beautiful
rapid sparrows above the black earth,
whirling their tight wings, from heaven
through the midst of the air,

and quickly they arrived. And you, o blessed one,
smiling with immortal face

asked, what I have suffered again this time and what
I am calling for again this time

and what I most want to happen to me,
the heart in madness: »Whom should I persuade again this time
to lead you as well into your love? Who, o
Sappho, is unjust to you?

For even if she flees, soon she will pursue,
and if she does not accept gifts, yet she will be giving,
and if she does not love, soon she will love,
even unwillingly.«

Come to me now also, and deliver from hard
sorrows, and what as fulfillment for me
the heart desires, fulfill, and you yourself
shall be comrade-in-arms.

Is this, as modern scholars have claimed almost unanimously, just a prayer for help in an unhappy love-affair? Or is it even an edifying pedagogi-
cal message to her entourage (imagined by most critics as exclusively
consisting of girls)?[76] To be sure, the poem makes clear that Aphrodite
had in fact successfully been invoked by the poetess in the past with respect to her permanently repeated love-affairs, and five of seven strophes
of the poem recall former appearances of the goddess to Sappho in order
to talk to her and to assist her like a therapist or even a procuress in her
recurrent erotic longings and sufferings. But is the present occasion necessarily the same as those in the past? And is the poetess necessarily ask-
ing for the same kind of intervention from the goddess than she has asked
for so many times before? It seems to me that this poem is implicitly concerned with old age, because the extensive memory section presents the
poetic I as a ›veteran lover‹[77] (and simultaneously as a veteran love poet
as well), who after the mixed blessings of so many erotic experiences in
the past has presently attained an almost insupportable, serious state of

---

[76] Parker: »Sappho Schoolmistress« (see note 4) has demonstrated, against this ›communis opinio‹, that apart from Sappho's wedding songs, the females mentioned in
many of her poems are never unambiguously designated as girls.

[77] On the wide-spread topic of the ›veteran lover‹ in archaic poetry cf. Sarah T. Mace:
»Amour, Encore! The Development of δηὖτε in Archaic Lyric«, in: *Greek, Roman,
& Byzantine Studies* 34 (1993), pp. 335–364, here p. 338, and, with respect to Sap-
pho, fr. 1, especially p. 358.

»surfeit«.[78] Is she through with love, since in such a state of disgust a new passion would rather be improbable, or even impossible? As a matter of fact, the teaching of the goddess in the strophe which caps the section narrating the past in a remarkably abrupt manner, is, in my view, far from consoling (despite the astonishing contention of most modern scholars who understand it that way): After the poetess' recalling of the cyclical structure of all her indeterminate and repetitive love-affairs, the message of Aphrodite authoritatively stresses the general anthropological rule of continual peripeties in love matters, transforming love subjects into love objects and vice versa, without any influence of human will[79] and without any guarantee of happiness and harmonious reciprocity, let alone of lasting gratifications.

What could be the result of such a disillusion? Yes, as the last strophe puts it, the goddess should now also come to Sappho, but the aim is by no means clearly specified; it remains elliptic and sounds emphatically, or even ominously, enigmatic. Perhaps a comparison with other addresses to Aphrodite by Sappho and other addresses to her by the goddess could provide a clue, in addition to the fact that the terminology of the last strophe of this poem actually includes a repetitive phrasing[80] that resembles later descriptions of initiation into mystery cults associated with afterlife

---

[78] Sappho, fr. 1, v. 3: ἄσα (in the plural), a term repeatedly used, with the strong physiological sense of surfeit or nausea, in the *Corpus Hippocraticum* (for instance: De morb. sacr. 15.3; Aphor. 5.61). The terminology also appears elsewhere in Sappho (fr. 3, v. 7; fr. 91; fr. 103, v. 11), where it seems to be associated with heavy disgust (in scholarship, however, it is normally rendered by mitigating translations, like »annoying«, cf. Campbell: *Greek Lyric* [see note 3]).

[79] For the authoritative speech of Aphrodite, Sappho uses here (fr. 1, v. 21–24) a terminology and formulae connected with love magic in later tradition, cf. especially Christopher A. Faraone: »Aristophanes, Amphiaraus, Fr. 29 (Kassel-Austin): Oracular Response or Erotic Incantation?«, in: *Classical Quarterly* N. S. 42 (1992), pp. 320–327, here p. 323.

[80] Sappho, fr. 1, v. 26–27: τέλεσσαι ... τέλεσον (»the fulfilling ... fulfill«). Similar phrasing occurs in magic spells, cf. Faraone: »Aristophanes, Amphiaraus, Fr. 29 (Kassel-Austin): Oracular Response or Erotic Incantation?« (see note 79), p. 324. The wording not necessarily conveys an erotic meaning. I suspect it could here be seen in the context of death wishes (or near-death experiences) expressed elsewhere in Sappho's poetry: fr. 94, v. 1; fr. 31, v. 15–16; or, even connected with the hope of a paradisiac underworld: fr. 95, v. 11.

hopes.[81] At least in Aphrodite's address to Sappho in fr. 65,[82] the goddess is presented as an ally of the poetess in her aspirations for a blissful after-life. Could this also be the meaning of the ›*telos*‹ emphasized here, a ›*te-los*‹ that Sappho's ›*thymos*‹ is longing for to be fulfilled, hoping to be strongly assisted by the divine comrade-in-arms (that is: not just a kind of therapist or go-between) who loves her most intimately and without res-ervation? It is my contention that a careful analysis of this poem would confirm such a reading.[83] Anyhow, it does not seem to be a coincidence that the immortality of this goddess, obviously presented in this context as her alter ego,[84] is here, oddly enough, stressed twice by Sappho.

I suspect that at least some of the Presocratic philosophers, especially Parmenides and Empedokles, could have understood this poem of Sappho in such a way and felt inspired by it, when they placed themselves in a state of divine revelation.[85] Hence Parmenides' or Empedokles' chariot, like Plato's in the *Phaidros*, is likely to be a transformed resonance pre-cisely from Sappho, as some critics have already recently noticed.[86] Cor-

---

[81] Cf. e. g. Herodot. Hist. 4.79.5: ἐπετέλεσε τὴν τελετήν (about the Scythian king Sky-les), literally: »he completely fullfilled the fulfillment«; Herodotos points here to Skyles' initiation into the mysteries of Dionysos (these mysteries promised an im-mortalization of humans in the underworld, cf. above, note 72).

[82] See note 64. Cf. also the address of »Psappho« by Aphrodite in Sappho, fr. 133b: Ψάπφοι, τί τὰν πολύολβον Ἀφροδίταν ...; (»Sappho, why [do you ...] Aphrodite rich in blessings?«).

[83] A more detailed interpretation of this poem is attempted in my article »Aphrodite reflétée. À propos du fragment 1 (LP/V) de Sappho«, in: *Dans le laboratoire de l'historien des religions. Mélanges offerts à Philippe Borgeaud*, ed. by Francesca Prescendi and Youri Volokhine. Genève 2011, 416-429.

[84] Cf. in this respect Phaon as beloved one of Aphrodite and/or Sappho: fr. 211, or Sappho's compositions of laments for Aphrodite's eventually resurrected lover Ado-nis: fr. 117B (b) ed. Voigt; fr. 140; 168.

[85] However, in their poems it is not Aphrodite, like mostly in Sappho, but a Muse who is addressed (Empedokles, fr. B 3 DK, v. 3; cf. B 4, v. 2; and B 131, where the im-mortal Muse is identified as Kalliope), or an anonymous goddess is addressing the poetic voice (Parmenides, fr. B 1 DK). See, however, the address of Kalliope in Sap-pho, fr. 124 (above, n. 58). – For Plato (Phaedr. 259d), the Muse Kalliope presides (with the Muse Ourania) over philosophy.

[86] Divine chariot (ἅρμα): Sappho, fr. 1, v. 9; Parmenides, fr. B 1 DK, v. 5; Empedok-les, fr. B 3 DK, v. 5. Cf. Svetla Slaveva-Griffin: »Of Gods, Philosophers, and Charioteers: Content and Form in Parmenides' Proem and Plato's *Phaedrus*«, in: *Transactions of the American Philological Association* 133 (2003), pp. 227–253; Pender: »Sappho and Anacreon in Plato's *Phaedrus*« (see note 9). Greene: »Sappho 58. Philosophical Reflections on Death and Aging« (see note 34) confines herself to

respondingly, Empedokles' ›*philia*‹ or ›*philotês*‹ as a female cosmological power would have taken the cue from Sappho's cosmological Aphrodite rather than from Hesiod's Eros.[87] In any case: the idea »that all except the gods are ephemeral and that change overtakes everything else in the end« – which was the pessimistic view of Greek poets since Homer[88] – had not only been challenged by the Presocratic philosophers[89] in the first place, but previously by Sappho. She already struggled against it and attempted to develop alternative scenarios. These included rational reflections of her maddening and mainly painful erotic experiences no less than rhetorical and theological arguments which reach beyond such emotional experiences and take, in a theoretical way, former tradition into account. And yet, she was apparently the first to develop the elitist concept of a godlike state restricted to her as a particularly privileged individual in her post-mortem future as in the present while still alive, an immortal condition granted to her thanks to a singular proximity to a divinity and by means of her own divinely sanctioned poetical ›*logoi*‹. In this respect, the wisdom definitely put forward in her poetry appears as not so far removed from the Presocratics as is generally assumed.

This is of course not to deny the gap that separates Sappho from the programmatic ethics of austerity if not asceticism professed by her philosophical successors and foreshadowed by some of her male elegiac colleagues. A particular significant testimony of these ethics is to be found in Xenophanes' violent rebuke[90] of Lydian ›*habrosyne*‹ adopted, as he contemptuously stresses, by Greeks of Asia Minor in oligarchic times. As a

---

some general remarks about Sappho touching philosophical themes explored by Thales, Anaximander and Heraklitos (p. 148; pp. 154–155) and (with Foley: »›The Mother of the Argument‹: Eros and the Body in Sappho and Plato's *Phaedrus*« [see note 9]) to the idea of a Platonic foreshadowing in Sappho.

[87] For Empedokles' primordial divine queen Aphrodite, peacefully venerated, see fr. B 128 DK which uses Sappho's innovative vocabulary for cultic plants (especially frankinsense), associated by her with Aphrodite (fr. 2, v. 4). To my knowledge, this intertextual coincidence, implying a deliberate transformatory gesture of Empedokles with respect to Sappho, has not yet been noticed by scholarship, including the recent commentary of Jean Bollack: *Empédocle, Les purifications. Un projet de paix universelle*. Paris 2003, ad loc. (pp. 86–88).

[88] Geoffrey S. Kirk: »Sense and Common-sense in the Development of Greek Philosophy«, in: *Journal of Hellenic Studies* 81 (1961), pp. 105–117, here p. 109.

[89] On their more ›optimistic‹ outlook cf. James H. Lesher: »The Humanizing of Knowledge in Presocratic Thought«, in: *Oxford Handbook of Presocratic Philosophy* (see note 2), pp. 458–484.

[90] Xenophanes, fr. B 3 DK.

26

matter of fact, no conceptual term expresses more emblematically than
›*habrosyne*‹ the voluptuous eastern luxury and delicacy cultivated by
Sappho among other rich inhabitants of Lesbos and repeatedly praised in
her poetry, providing it with a specific ethic-aesthetical aristocratic
touch.[91] This term figures prominently in a papyrus fragment first transmitted in connection with the poem on old age and on Tithonos, but
which now, after the discovery of the ›New Sappho‹, could be seen as
belonging to another poem: »But I love delicacy [...] love has obtained for
me the brightness and beauty of the sun«.[92] It is a safe guess that a privileged afterlife, including even immortality, without the ›*habrosyne*‹ she
refers to so intensively in her work,[93] would have appeared as totally
senseless to her, just as eventually, her blissful existence in the underworld would explicitly include[94] the artful practice of her songs exclusively by herself.

Thus, she obviously did not identify with Orpheus,[95] the prototypical
male singer and sage, whose isolated head, after his dismemberment by
maddened women,[96] was said to continue to sing while traversing the sea

---

[91] Cf. Leslie Kurke: »The Politics of ἁβροσύνη in Archaic Greece«, in: *Classical Antiquity* 11 (1992), pp. 91–120.

[92] Sappho, fr. 58, v. 25–26 ed. Voigt: ἔγω δὲ φίλημμ' ἀβροσύναν,   ] τοῦτο καί μοι /
τὸ λάμπρον ἔρως ἀελίω καὶ τὸ κάλον λέ[λ]ογχε. The translation is from Campbell.
Other translations have been suggested recently; on the reading of these verses and
on their relationship to fr. 58, cf. now, with respect to the ›New Sappho‹ which does
not contain them, the discussions for instance by the authors of the volume *The New
Sappho on Old Age* (see note 34), with further bibliography. – Athenaios (Deipn. 15
= 687b) cites the two verses independently, after characterizing Sappho as a sage
female poet: »a woman being in accordance with truth and a poetess« (γυνὴ μὲν
πρὸς ἀλήθειαν οὖσα καὶ ποιήτρια).

[93] See especially Sappho, fr. 2, v. 14, where Aphrodite is summoned to act ›ἄβρως‹,
next to the poetic I invoking her, in an incensed, paradisiac environment.

[94] According to the first poem, unknown before, in the new Sappho papyrus (see note
67).

[95] It is striking, however, and calls for closer investigation of the ancient reception of
Sappho's work after her lifetime, that the anonymous hellenistic poem added to the
two Sappho fragments in the ›New Sappho‹ arguably points to such an identification
of Sappho with Orpheus, cf. Dee Clayman: »The New Sappho in a Hellenistic Poetry
Book«, in: *The New Sappho on Old Age* (see note 34), pp. 131–146.

[96] On the ancient tradition of Orpheus' dismemberment see now Renate Schlesier:
»Orpheus, der zerrissene Sänger«, in: *Die Erfahrung des Orpheus*, ed. by Armen
Avanessian et al. München 2010, pp. 45 60.

until it reached actually the island of Lesbos, of all places,[97] but whose ultimate passage into the underworld (at least according to Ovid)[98] made him finally there, in the company of his wife, completely mute. Instead, Sappho seems to argue for an existence as blessed kitharist and singer dominating a festive atmosphere even in the underworld – but only for her own poetic voice[99] focussed on love and privileged by the goddess Aphrodite herself, the specifically personal Muse and alter ego of the poetess. And this distinguishes her radically from the rather reformatory and austere endeavors of later intellectuals like the Presocratic poets Xenophanes, Parmenides and Empedokles or like Socrates and his pupil Plato, all of them aiming at emulating and surpassing Sappho in the field of poetically skilled philosophy.[100]

---

[97] Narrated by the poet Phanokles, in: *A Hellenistic Anthology*, ed. by Neil Hopkinson. Cambridge 1988, pp. 45–46.

[98] Ovid. Met. 11.61–66.

[99] In antiquity at least, nobody presumed the immortality or the posthumous superhuman bliss of Sappho's female companions. Such a blessing was obviously considered to surpass even Orpheus' power and to remain her own extraordinary poetic share.

[100] A stay at the Institute for Advanced Study at Princeton, during the spring and summer 2009, contributed significantly to the research upon which this article is based.

Remigius Bunia

Empirie

Zu Francis Bacon, zur Geschichte der mathematisierten Physik und der statistischen Methode sowie zur Hermeneutik als empirischer Wissenschaft

Abstract: Empirical research is nowadays usually identified with statistical retrieval of data. Likewise the philosophical concept of empiricism, opposed to rationalism, stresses sensual information and observation. However, these notions do not sufficiently take into account how empirical research emerged by questioning what the unity of a phenomenon is and how it can be accessed by means of thought and communication. The article reassesses the history of empirical research, and it demonstrates that this history starts with Francis Bacon distrusting words and the power of verbal description. Empirical research challenges the equation of language and thought, but it does not attack rationalism or logic. The article eventually claims that this equation persists to be taken for valid in the humanities, which is the major obstacle to finding an adequate hermeneutical groundwork for philosophical and literary theory.

I. Einleitung

Es ist nicht zu leugnen: wer – gerade als Literaturwissenschaftler – über Empirie spricht, begibt sich auf vermintes Terrain. Als empirische Forschung weist sich die ›echte‹ Naturwissenschaft aus; sie wird von der ›seriösen‹ Soziologie betrieben; die Linguistik arbeitet teilweise empirisch. Nicht empirisch arbeiten jedenfalls die (meisten) Philosophen und die (meisten) Literaturwissenschaftler. Speziell die Fraktionen, die sich mit poetologischen oder theoretischen Fragen beschäftigen, liegen weitab der Empirie. Und weitab der Empirie zu liegen heißt, dieser Vorwurf schwingt immer mit, eigentlich keine rechte Wissenschaft zu betreiben.

Aber was bedeutet das Wort ›empirisch‹? Inwiefern heißt ›empirisch‹ nicht einfach ›welthaltig‹? Wie kann überhaupt Erkenntniswille nicht empirisch sein? Zunächst kann hierauf eine einfache Antwort gegeben werden, die das Schisma zwischen empirischer und nichtempirischer Forschung hinreichend charakterisiert. Empirische Forschung zeichnet sich demnach dadurch aus, daß sie anhand von Experimenten und Messungen ihre elementaren Daten sammelt und die Stimmigkeit der Daten mittels statistischer Methoden prüft. Nichtempirische Forschung hingegen kommt ohne Labor aus und verwendet ihre Informationen über Wirklichkeit, so sie denn überhaupt an realen Dingen interessiert ist, ohne statistische Validierung. Empirische Forschung betreiben so die Naturwissenschaften, aber auch Teile der Linguistik und der Soziologie. Unter den nichtempirischen Wissenschaften befinden sich sehr unterschiedliche: Mathematik und Informatik, die Geschichtswissenschaft, die Rechtswissenschaft und nicht zuletzt die Literaturwissenschaften. Bei letzteren beiden wird gelegentlich sogar in Zweifel gezogen, daß die Gegenstände ihrer Untersuchung real sind. Schließlich handele es sich um pure Worte.

Ich möchte im vorliegenden Beitrag etwas genauer schauen, was ›Empirie‹ bedeutet. Denn weder die Wort- noch die Wissenschaftsgeschichte legen nahe, hinter Empirie Statistik zu vermuten. Das 17. Jahrhundert jedenfalls kennt die Statistik im Sinne der heutigen Empirie noch nicht; daher wäre es schon historisch eine Verkürzung und Vereinfachung, empirische Forschung mit statistisch absichernder gleichzusetzen. Und wenn man genauer auf Wortgeschichte und -gebrauch blickt, stellt sich heraus, daß der Ausdruck in seiner modernen Bedeutung erst um 1800 aufkommt und bis dahin pejorativ für nicht schulgerecht praktizierende Ärzte benutzt worden ist. Ähnlich verhält es sich mit der physikalischen Theoriebildung: was heute als Newtons Physik bezeichnet ist, muß erst auf die Mathematik des späten 18. und des 19. Jahrhunderts warten. Ich will angesichts dieser Merkwürdigkeiten die Geschichte der Empirie nachzeichnen und darlegen, wie sich die moderne Vorstellung von ihr zusammengefügt hat.

Wenn die Gleichsetzung von Empirie und Statistik verkehrt sein sollte, stellt sich schließlich die Frage, was an Empirie im Kern historisch und systematisch ist. Ihr Charakteristikum ist sicherlich im Respekt gegenüber den Idiosynkrasien tatsächlicher Phänomene zu finden. Aber ich vermute, daß es zudem in einer bestimmten Form von Theorieskepsis liegt, der ich genauer nachgehen will. Des weiteren läßt sich in dem philologischen Respekt vor den Singularitäten eines dichterischen Textes eines der wichtigen Momente empirischen Denkens aufspüren; dieses will ich suchen und ausführlich beleuchten. In diesem Sinne kann sich zeigen, daß die Literaturwissenschaft durchaus Anteil an der empirischen Wissenschaftstradition hat. Der vorliegende Beitrag ist mit dieser Haltung mitnichten apologetisch. Es geht nicht darum zu zeigen, daß die Literaturwissenschaft sich besser fühlen solle, weil sie ›ja auch‹ ›zumindest irgendwie‹

empirisch sei. Auch wünscht er sich keine Bekehrung der Literaturwissenschaft zu mehr Statistik, Positivismus oder Logik. Ganz im Gegenteil behauptet er, daß Welthaltigkeit und Faktensättigung angesichts sprachlicher Gegenstände auf andere Weise zu erzielen ist, als es namentlich naturwissenschaftliche Disziplinen leisten.

Um sowohl die Anfänge der Empirie als auch ihren Kerngedanken zu ergründen, will ich das *Novum Organum* von Francis Bacon lesen, das zu Recht als Gründungsdokument der empirischen Forschung gilt. Bei ihm stehen die Sammlung von Fakten und der Umgang mit ihnen im Mittelpunkt seiner Aufmerksamkeit. Bacon spricht von einer ›Interpretatio Naturae‹, die von den Fakten ausgeht und eine gesicherte Theorie findet. Es geht ihm mithin um eine Deutung des gewonnenen Faktenwissens.

Zwischen Bacon und der Gegenwart ist – vielleicht infolge philosophischer Purismusbemühungen in den Auseinandersetzung mit rationalistischen Idealen – hingegen lange an der Zementierung eines Gegensatzes zwischen empirischen und hermeneutischen Wissenschaften gearbeitet worden. Worin dieser Gegensatz bestehen soll, ist hingegen nicht recht deutlich geworden, und erst in Latours Bemühen, die Opposition aufzugeben, wird ihr Zweck deutlich, methodische – das heißt vor allem: praktische – Stabilität in den einzelnen Disziplinen zu etablieren.[1] Bei Bacon jedenfalls gibt es weder einen Begriff der Empirie noch der Statistik, wohl aber der Deutung. Er formuliert allerdings, wie zu zeigen sein wird, die Forderung nach der Isolation von Phänomenen, die der Deutung vorangehen muß, und hierin wird sich das Spezifische der statistischen Empirie im Laufe der Jahrhunderte etablieren.

Ob wir Fakten über Worte oder über physikalische Ereignisse zusammengetragen haben, bildet – so kann das Auge mit neu gewonnener Un-

---

[1]   Vgl. Bruno Latour: *Reassembling the Social. An Introduction to Actor-Network-Theory.* Oxford–New York 2005, S. 83. Schließlich: »What is meant by interpretations, flexibility, and fluidity is simply a way to register the vast outside to which every course of action has to appeal in order to be carried out. This is not true for just human actions, but for every activity. Hermeneutics is not a privilege of humans but, so to speak, a property of the world itself. The world is not a solid continent of facts sprinkled by a few lakes of uncertainties, but a vast ocean of uncertainties speckled by a few islands of calibrated and stabilized forms.« (Ebd., S. 245) Es wird sich im weiteren Verlauf der Überlegungen zeigen, daß diese Position recht nah an Bacon ist und punktuelle Ähnlichkeiten zu Haltungen von Dilthey und Gadamer besitzt; schließlich soll sichtbar werden, daß die Geschichte der Selbstkorrektur in den Naturwissenschaften zur Ausbildung einer ihnen eigenen ›unhermeneutischen‹ Empirie geführt hat.

schuld heute wieder erkennen – für sich genommen noch keinen Unterschied im faktenseitigen Teil des Verfahrens, sondern bloß einen im Gegenstand. Der Gegenstand ist aus empirischer Sicht keineswegs einfach gegeben, sondern das empirische Weltbild verlangt Achtung vor den Idiosynkrasien wirklicher Phänomene. Daß ein Gegenstand keineswegs leichtfertig zu konstruieren ist, ist der erste Grundsatz der empirischen Forschung. Dies gilt für einen Text genauso wie für das physikalische Phänomen. Die Empirie, so will ich zeigen, bietet eine Option an, zwischen Realismus und Konstruktivismus zu vermitteln, indem sowohl die Härte der Wirklichkeit als auch die grundsätzliche Unzulänglichkeit der Sprache zur Beschreibung dieser Wirklichkeit anerkannt werden. Der erste Grundsatz der Empirie richtet sich gegen die rationalistische Vorstellung, eine geeignete Ordnung, die Worte und Dinge zueinander in ein bequemes Verhältnis setze, sei möglich. Der Akt der Deutung (mit Mitteln der Sprache) hat, so werde ich am Ende formulieren, immer ein vergleichsweise prekäres Verhältnis zu den Fakten selbst. Dies konstatiert Bacon in aller Schärfe. Ich will auf diesen Umstand eingehen und hier Unterschiede zwischen namentlich der Physik und der Literaturwissenschaft nicht nivellieren, sondern betonen. Aber daß die Physik heute eine exakte Wissenschaft ist und die Literaturwissenschaft eine solche nicht sein kann, möchte ich anders begründen. Doch eile ich voraus.[2]

Damit ergeben sich drei Gesichtspunkte, unter denen ich die Geschichte der Empirie untersuchen möchte: erstens ihre ›Wortgeschichte‹, zweitens die Zielsetzung empirischer Forschung, wie sie Bacon entwirft, und drittens die Geschichte praktischer empirischer Forschung am Beispiel der Mechanik, die sich aus Bacons Ideen entwickelt hat. Dieser Dreischritt mündet in die Frage, bis zu welchem Grad und in welchen ihrer Erscheinungen die Literaturwissenschaft am empirischen Ethos teilhat.

II. Zur Wortgeschichte

Der Ausdruck ›Empirie‹ geht geradewegs auf das lateinische Wort ›empiricus‹ zurück. Dies ist vom griechischen Adjektiv ›εμπειρικός‹ (auch ›ἔμπειρος‹) entlehnt, das ›kundig‹ und ›erfahren‹ heißt, aber ursprünglich meint, daß jemand ein Wagnis auf sich nimmt, etwas probiert und so Erfahrungen sammelt. Der Stamm ist ›peira‹ und verweist auf Wagnis, Versuch, Erfahrung. Ähnlich verhalten sich Gefahr und Erfahrung zueinan-

---

[2]   Ich danke an diese Stelle für wertvolle Hinweise Merja Mahrt, Jens Vogelsang, Mirco Limpinsel und Roman Kuhn.

der, selbst wenn die deutsche Wurzel ›*fahr‹ wider den etymologischen Anschein einen anderen indogermanischen Ursprung – nämlich den gleichen wie griechisch ›πέρᾱν‹ – besitzt. Aus ›peira‹ ist über andere Umwege – nämlich über das Italienische – auch der moderne ›Pirat‹ geworden, der auch das eine oder andere Wagnis unternimmt.

Im Griechischen und dann im Lateinischen hatte ein ›empiricus‹ jedoch nur wenig mit moderner Empirie zu tun. Es handelte sich um einen Arzt, der nicht auf die aktuellen Erkenntnisse der Heilkunde vertraute, sondern durch Beobachtung und aufgrund seiner eigenen Erfahrungen Therapien konzipierte. Heute würde man von einem Abweichen von der Schulmedizin sprechen. Nicht umsonst ist in der frühen Neuzeit bis in die Aufklärung hinein ein ›empirique‹ im Französischen und ein ›empiric‹ im Englischen nichts anderes als ein Quacksalber gewesen.

Diderots und d'Alemberts *Encyclopédie* sieht bereits Anlaß, sich dem Begriff ›empirique‹ ausführlicher zu widmen. Natürlich ist auch für den Enzyklopädisten de Jaucourt ein ›empirique‹ zuallererst ein »charlatan«.[3] Es ist hier indessen bezeichnend, daß die »observation«[4] im Vordergrund steht, die Ereignisse als zusammengehörig begreift, weil sie hintereinander eintreten, selbst wenn es keine Begründung dafür gibt. Man erkennt erst beim Ausdeuten von de Jaucourts Ausführungen, daß der Akzent gar nicht auf sinnlicher Wahrnehmung, sondern auf dem Verzicht auf Kausalitäten liegt, da er wie folgt zur Kritik der Empiristen schreitet: »il ne faut pas pour cela négliger la recherche des causes cachées«;[5] die richtig praktizierenden Ärzte müssen wie folgt sein:

> instruits par une théorie lumineuse, & attentifs à observer exactement les différentes causes, les différens caracteres, les différens états, les différens accidens des maladies, & les effets des remedes.[6]

Die Empiriker lehnen also die Theorie ab, die eine bestimmte Form von Kausalität voraussetzt. Auch laut Zedlers Enzyklopädie werden ›Empirici‹ »diejenigen Gelehrten genennet, welche mit Hindansetzung einer wohlgegründeten Theorie durch die Erfahrung alleine zu einer wahren Erkenntniß gelangen wollen.«[7] Der Zedler schließlich wendet sich so-

---

[3] *Encyclopédie ou Dictionnaire raisonné des sciences, des arts et des métiers.* Faksimile. 3 Bde. Stuttgart-Bad Cannstatt 1966–1967, hier Bd. I, 5, S. 586.

[4] Ebd., S. 586.

[5] Ebd., S. 587.

[6] Ebd. Vgl. auch S. 588.

[7] *Grosses vollständiges Universal-Lexikon Aller Wissenschaften und Künste [1734].* Halle–Leipzig 1961, Bd. 8, Sp. 1012.

gleich der ›richtigen‹ Medizin zu und rät von der Erkenntnistechnik der ›Empirici‹ ab.

Solche Formulierungen des späten 18. Jahrhunderts können – trotz der durchgängig pejorativen Konnotationen des Wortes – für Immanuel Kant den Anreiz dafür gegeben haben, den Ausdruck ins Positive zu deuten. Er akzentuiert die Beobachtung und die sinnlich gegebene Erfahrung. Allen Belegen nach ist Kant allein die Umwertung des Ausdrucks zu verdanken.[8] Sein Begriff des Empirischen prägt die Verwendungsweise im Laufe des 19. Jahrhunderts auch im Englischen und Französischen; die Ausdrücke ›empiric‹ und ›empirique‹ ändern erst dann ihre Bedeutung. Kant selbst führt seinen Begriff des Empirismus auf Ideen von John Locke zurück, der sich von Francis Bacon beeinflußt fühlt. Aber es begegnen bei Locke das Wort ›Empirick‹[9] und bei Bacon das Wort ›empiricus‹ bloß als mißbilligende Klassifikation unredlicher Wissenschaft (vgl. NO 128, #62[10]).[11]

---

[8] Vgl. *Historisches Wörterbuch der Philosophie*, hg. v. Joachim Ritter. Darmstadt 1972, Bd. 2, Sp. 478. Vgl. auch *Etymologisches Wörterbuch des Deutschen*, hg. v. Wolfgang Pfeifer. 2. Aufl. Berlin 1993, Bd. 1, S. 282. Siehe Immanuel Kant: *Kritik der reinen Vernunft [1787]*. Stuttgart 1995, S. 858 (B 882/A 854). Tatsächlich benutzt aber Christian Wolff den lateinischen Ausdruck ›empiricus‹ in einem neutralen Sinn einige Jahrzehnte früher. Wolff definiert die ›Psychologia empirica‹ als diejenige Wissenschaft, die sich mit der Verfügbarmachung von Erfahrung für die Ratio beschäftigt. [Christian Wolff]: *Philosophia rationalis sive logica*. Verb. Aufl. Frankfurt–Leipzig 1732, S. 50f. Es ist wahrscheinlich, daß Kant dessen Entgegensetzung von ›rational‹ und ›empirisch‹ als Anregung genommen hat.

[9] »Men are forced, at a venture, to be of the Religion of the Country; and must therefore swallow down Opinions, as silly People do Empiricks Pills, without knowing what they are made of, or how they will work«. John Locke: *An Essay concerning Human Understanding [1689]*, hg. v. Peter H. Nidditch. Oxford 1979, S. 709 (#4.20.4).

[10] Ich zitiere Bacon mittels der Sigle NO nach folgender Ausgabe: Francis Bacon: *Neues Organon/Novum Organum [1620]*, hg. v. Wolfgang Krohn. 2 Bde. Hamburg 1990. Die beiden Bände sind durchgehend paginiert.

[11] Interessant ist, daß Goethe und Schiller 1797 den Ausdruck in beiden Verwendungsweisen schon gekannt haben. So spotten sie in zwei Distichen aus dem *Xenien*-Umfeld wie folgt. »Empiriker«: »Daß ihr den sichersten Pfad gewählt, wer möchte das leugnen? / Aber ihr tappet nur blind auf dem gebahntesten Pfad.« Und direkt darauf folgt »Letzte Zuflucht«: »Vornehm schaut ihr im Glück auf den blinden Empiriker nieder, / Aber seid ihr in Not, ist er der delphische Gott.« Johann Wolfgang Goethe: »Empiriker« und »Letzte Zuflucht«, in: ders.: *Werke. Hamburger Ausgabe*, hg. v. Erich Trunz. 14 Bde. München 1988, Bd. 1, S. 222. Zu diesem Zeitpunkt handelt es sich, wie der Hinweis auf Apoll belegt, um die ›medizinischen‹ Empiriker, die zuse-

Mich wird nicht das interessieren, was zur Länge untersucht worden ist: der Empirismus als philosophische Richtung und als Oberbegriff für eine sehr spezielle wissenschaftstheoretische Diskussion. Da es jedoch nicht ganz redlich und allzu kühn wäre, Empirie und Empirismus völlig zu trennen, gehe ich nun in einigen wenigen Sätzen auf ihr Verhältnis zueinander ein.[12] Ich bin dazu auch verpflichtet, weil durch Kants Begriff des Empirismus überhaupt die Empirie ›Empirie‹ heißt. Die Empirie und der Empirismus gehen gemeinsam davon aus, daß man durch Beobachtung der Natur und letztlich durch die sinnliche Wahrnehmung die Fakten über die Welt sammelt. Doch da endet bereits die Verwandtschaft. Denn der Empirismus versteht sich in erster Linie als philosophische Disziplin, bei der das Verhältnis von Sinneswahrnehmung und Tatsachenfeststellung genauer hinterfragt wird. Während der radikale Empirismus von einer automatischen korrekten Übersetzung von Sinneswahrnehmung in Sprache ausgeht, vermutet der radikale Rationalismus die Ordnung im sprachlichen Denken, die auf die täuschungsanfällige Sinneswahrnehmung bloß angewandt wird. Seit Kant herrschen Mischformen zwischen beiden vor. (Das heißt auch, daß die Zuordnung zum Empirismus quasi ex post vorgenommen wird, der Ausdruck ›Empirist‹ also seit seinen Anfängen eine Fremdzuschreibung ist, die angesichts seiner Versöhnung mit dem Rationalismus auch bei Kant abwertend ist.) Die Mischformen unterscheiden sich darin, wieviel Gewicht sie theoretischer Arbeit zumessen, wie sie Korrekturen von Sinnestäuschungen beschreiben und in welchem Maß sie soziale Faktoren – etwa der ›peer pressure‹ in der ›scientific community‹ – einbeziehen. Sie gleichen sich jedoch darin, daß sie heimlich der Sprache eine zentrale Bedeutung im Denken zuweisen.

Am Ausgangspunkt des empirischen Denkens hat bei Bacon eine Sprachkritik gestanden, eine Kritik, die jedoch der philosophische Empirismus zu keinem Zeitpunkt ernstgenommen hat.[13] Wohl hat aber die mo-

---

hends einen besseren Ruf genossen haben. In Goethes Brief an Schiller vom 17. August 1797 und in der Antwort vom 14. September 1797 bezieht sich die Diskussion um die »Hydra der Empirie« jedoch augenscheinlich bereits auf das neuere wissenschaftliche Konzept.

[12] Zu einer Übersicht zur Geschichte des Empirismus vgl. Len Doyal u. Roger Harris: *Empiricism, Explanation and Rationality. An Introduction to the Philosophy of the Social Sciences*. London 1986. Die Diskussion des Verhältnisses von Empirie und Empirismus wird dadurch kompliziert, daß im Englischen beide als ›empiricism‹ bezeichnet werden.

[13] Locke unterscheidet beispielsweise zwischen unpräzisem (›civil‹) und präzisem (›philosophical‹) Sprachgebrauch, vgl. Locke: *An Essay* (wie Anm. 9), S. 476

35

derne Empirie – die praktizierenden Naturwissenschaften – sie ernstgenommen. Sie besteht in einer prinzipiellen Kritik an der Präzisionsfähig-
keit der Sprache, in einem Unglauben daran, daß Sprache überhaupt etwas mit Denken zu tun haben muß. Aus diesem Grunde beteiligen sich
diese Disziplinen an den sprachphilosophischen Diskussionen bis heute
selten, ja, blicken mit einem gewissen Erstaunen auf sie. Pulte vermutet
hingegen die Ursache für die ›Philosophiefeindlichkeit‹ der Naturwissenschaft darin, daß sie möglicherweise eine Reaktion auf den Idealismus
speziell Hegelscher Prägung sein könnte;[14] wahrscheinlicher scheint mir
aber zu sein, daß ›die‹ Naturwissenschaften bisweilen auf ›die‹ Geisteswissenschaften herabblicken, weil letztere nicht genügend das Verhältnis
von Sprache und Denken kritisch hinterfragt haben. Diese Herablassung
wäre demnach nicht das Ergebnis mangelnder Selbstinfragestellung, sondern einer durchgreifenden Selbstkritik, genauer einer Skepsis gegenüber
Sprache überhaupt als einem Werkzeug der Wissenschaft (nicht aber als
einem ihrer Gegenstände). Das Selbstbewußtsein der Naturwissenschaften ist dabei das Produkt einer umfangreichen Methodenkritik, an deren
Ende unter anderem die statistische Methode gestanden hat. Genau dieser
Geschichte wende ich mich nun zu.

III. Francis Bacon

Wenn ich im folgenden also untersuche, wie sich die heutige Vorstellung
von Empirie über die Jahrhunderte aufgeschichtet hat, muß ich bei Bacon
beginnen; doch sollte man sich nicht allzu sehr wundern, daß für die moderne Empirie bei Bacon nur einige Fundamente zu finden sind, auf denen andere Vorstellungen errichtet worden sind. Es ist bekannt, daß Bacon die sinnliche Wahrnehmung in den Vordergrund rückt (vgl. auch
NO 26): »omnis Interpretatio Naturae incipiat a sensu«[15] (NO 468,
#2.38). Aber es wäre verkehrt, in der sinnlich gegebenen Information den
Ausgangspunkt seiner Wissenschaftstheorie zu sehen. Auch er weiß um
mögliche Sinnestäuschungen und vertraut den Sinnen nicht blind. Aber er

---

(#3.9.3). Vgl. dazu Barbara J. Shapiro: *Probability and Certainty in Seventeenth-
Century England. A Study of the Relationships between Natural Science, Religion,
History, Law, and Literature*. Princeton 1983, S. 240.

[14] Vgl. Helmut Pulte: *Axiomatik und Empirie. Eine wissenschaftstheoriegeschichtliche
Untersuchung zur Mathematischen Naturphilosophie von Newton bis Neumann*.
Darmstadt 2005, S. 363.

[15] Übersetzung: »Jede Deutung der Natur soll bei der sinnlichen Wahrnehmung beginnen.« Alle Übersetzungen sind von mir.

kritisiert, wenn die Erfahrung durch Lektüre ersetzt wird. Zweifelsfrei ähnelt diese Kritik auch derjenigen, die Descartes äußert, wenn er sich dagegen wendet, daß zu viel auf Autoritäten gegeben worden sei.[16] Der Unterschied zum rationalistischen Weltbild liegt in der Kritik an der sprachlichen Beschreibung der Welt.

Bacon wendet sich mit aller Vehemenz gegen den Wortgebrauch, der gar dem Verstand Gewalt antue: »verba plane vim faciunt intellectui, et omnia turbant« (NO 102, #43).[17] Er führt weiter aus, daß der Schaden nicht zuletzt darin liegt, daß gerade der Sprache eine sozialisierende Kraft innewohnt, die dazu führt, daß sich Menschen, die zusammenleben, möglichst ähnlicher Sprache bedienen – doch damit auch ungeprüft falsche Auffassungen übernehmen, nur um sich nicht allein zu fühlen. Doch die Hauptkritik zielt darauf, daß der Mensch dazu neige, sich Theorien anzufertigen. »Intellectus humanus ex proprietate sua facile supponit majorem ordinem et aequalitatem in rebus quam invenit« (NO 104, #45).[18] Bacon behauptet also, daß die Ordnung der Dinge nicht in den Dingen selbst liege, sondern in dem menschlichen Bedürfnis oder seiner Eigenart (›proprietas‹), mittels einer Ordnung sich Übersicht zu verschaffen. Der menschliche Verstand wird also gerade dazu neigen, die Singularitäten in der Welt nicht in ihrer Einzigartigkeit zur Kenntnis zu nehmen, sondern lieber einer allgemeinen Gesetzmäßigkeit unterzuordnen. Selbst das mathematische Denken ist Bacon gelegentlich zu abstrakt (vgl. NO 82, #5); die Mathematik ist nur als Hilfsmittel gestattet. Der menschliche Geist strebt insgesamt »ad abstracta« (NO 114, #51), zu abstrakten Dingen; ihm fällt schwer, sich der Konkretion des Einzelfalls zuzuwenden. Es ist die Konkretion des Einzelfalls, der sich Bacon verschreibt; und sie gilt es, zu erfahren.

Die menschliche Neigung zur Abstraktion führt zu Theorien. Theorien erscheinen Bacon schädlich für wahre Erkenntnis: »theoria [...] experimenta magis perturbat quam juvat« (NO 156, #73).[19] Dabei vergleicht er das theoretische Argumentieren ausgerechnet mit der Dichtung: »super

---

[16] Sobald Descartes konnte, entschied er sich dazu, »de sortir de la suietion de mes Precepteurs«. René Descartes: *Discours de la méthode [1637]*. Faksimile. Osnabrück 1973, S. 11.

[17] Übersetzung: »Worte tun dem Verstand deutlich Gewalt an, und sie bringen alles durcheinander«.

[18] Übersetzung: »Der menschliche Verstand vermutet aus seiner Anlage heraus in den Dingen mehr Ordnung und Gleichmäßigkeit, als er tatsächlich vorfindet«.

[19] Übersetzung: »Die Theorie [...] bringt die Experimente eher durcheinander, als ihnen zu helfen«

phaenomena aetheris plura themata coeli confingi possunt« (NO 128, #62),[20] und das ist ähnlich (»similiter«) der Beschäftigung mit »narrationes fictae«, die »poetarum usu« entstehen. Die Kritik richtet sich ausdrücklich an die Dialektik, also an das Schließen von Tatsachen aus bestehenden Tatsachenbeschreibungen. Genau hierin wendet er sich gegen Aristoteles (genauer gegen die Aristoteles-Rezeption). Und eine Wissenschaft, wie sie Descartes wenige Jahre später im *Discours de la méthode* entwerfen soll, schlägt in der Tat aus seiner Sicht die falsche Richtung ein. Es ließen sich mehrere Stellen anführen, an denen er das logische Schließen angreift. Bündig weist er es auf folgende Weise zurück: »De Inductione vero Dialectici vix serio cogitasse videntur« (NO 42).[21]

Zunächst sind Daten zu sammeln. Genau hier aber geht Bacon nicht davon aus, daß die sinnliche Erfahrung schon hinreichend Wissen liefert, sondern im Gegenteil: man muß den Scharfsinn nutzen, um die Möglichkeit einer irreführenden Erfahrung auszuschließen.

> Sensus enim per se res infirma est et aberrans; neque organa ad amplificandos sensus aut acuendos multum valent; sed omnis verior interpretatio naturae conficitur per instantias, et experimenta idonea et apposita; ubi sensus de experimento tantum, experimentum de natura et re ipsa judicat.[22] (NO 112, #50)

Der Komparativ ›verior‹ ist bezeichnend, denn er drückt genau diese Steigerungsfähigkeit aus; er entspricht nicht dem dialektisch-logischen Wahrheitsbegriff, der keinerlei Steigerung zuläßt, sondern nur eine klare, nicht gradierbare Opposition zwischen Wahr und Falsch. Ein weiterer Unterschied zum scholastischen, aber auch zum späteren rationalistischen und schließlich sprachanalytischen Modell besteht darin, der Bezeichnungskraft von Wörtern nicht restlos zu vertrauen; die Gegenstände der Welt definieren sich nicht durch Merkmallisten, sondern die Merkmale sind überhaupt erst durch Untersuchung zu isolieren. Bezeichnungen sind daher unbelebt, leer: Auf der einen Seite stehen leere Bezeichnungen und

---

[20] Übersetzung: »Zu den Phänomenen des Äthers können verschiedene Theorien des Himmels erdacht werden«. Man beachte, daß ›confingi‹ auf ›Fiktion‹ verweist.

[21] Übersetzung: »Mittels dialektischer Induktion jedoch scheint kaum ernsthaft Erkenntnis zu gewinnen zu sein«.

[22] Übersetzung: »Die Sinneswahrnehmung ist nämlich für sich eine unzuverlässige und irreführende Sache. Die Organe taugen nicht viel dazu, die Sinneswahrnehmung zu verstärken oder zu verfeinern. Sondern jede wahrere Deutung der Natur wird ausgehend von Einzelfällen und geeigneten und angepaßten Experimenten gewonnen; darin urteilt die Sinneswahrnehmung nur über das Experiment, und erst das Experiment über die Natur und den eigentlichen Sachverhalt.«

Merkmallisten, auf der anderen die Beobachtungen: »inter placita quae-
dam inania et veras signaturas atque impressiones factas in creaturis,
prout inveniuntur«[23] (NO 90, #23). Bemerkenswert ist der schriftnahe
Begriff der ›signatura‹, der auf positive Weise dasjenige meint, was durch
Erfahrung in der Welt gefunden werden kann; es kommt Bacon darauf an
zu vermeiden, durch Abstraktionen vermeintliche Erkenntnisse zu gewinnen. Bacons Kritik an Theorie ähnelt durchaus der Grundposition der
antiken und frühneuzeitlichen empirischen Ärzte, die die konkrete tat-
sächliche Fallbeobachtung über die abstrakte Rekonstruktion von Krank-
heitsursachen gestellt haben.

Das Verfahren, das Bacon in dem längeren Passus vorschlägt, ist das
Experiment. Es dient dazu, die Einzelfälle, die ›instantias‹, so zusammen-
zustellen, daß an ihnen eine Regelmäßigkeit sichtbar und ein Fehler in der
Messung bemerkbar wird. Die Experimente müssen sich nach »ordo« und
»methodus« richten (NO 218, #100), dürfen also keineswegs willkürlich
vorgenommen werden. Die Ordnung muß also vorausgesetzt werden, aber
sie besteht darin, möglichst stark ein bestimmtes Phänomen von anderen
Phänomenen zu scheiden. Wenn ein Phänomen durch geschickte Experimente – und Bacon macht im zweiten Buch des neuen *Organons* eine
Reihe konkreter Vorschläge für Versuchsreihen – von anderen Phänomenen herausgelöst wird, so entsteht eine neuartige Tatsache. Deswegen
kann Bacon sogar behaupten: »inventa quasi novae creationes sunt«
(NO 268, #129).[24]

Aus literaturwissenschaftlicher Sicht sind diejenigen Einzelfälle faszi-
nierend, die wenig Allgemeingültiges verraten, denn literarische Texte
bilden vielleicht genau solche Einzelfälle. Bacon erwägt die Möglichkeit,
daß es solche Singularitäten gibt. Sie verraten zunächst nichts über allgemeine Gesetzmäßigkeiten: »scimus nullum de rebus raris aut notabilibus
judicium fieri posse« (NO 246, #119).[25] Doch an anderer Stelle spricht er
die Möglichkeit an, daß es Einzelfälle gibt. Sie heißen bei ihm die »*Instantias Monodicas*«, synonym »*Irregulares*« oder »*Heteroclitas*«
(NO 406, #2.28). Für sie gilt: »videntur esse extravagantia et quasi abrup-
ta in natura, et minime convenire cum aliis rebus ejusdem generis«

---

[23] Übersetzung: »zwischen [auf der einen Seite] gewissen unsinnigen Lehrmeinungen
und [auf der anderen Seite] wahren Signaturen und Eindrücken, die in den Geschöp-
fen hinterlassen sind, genau so wie sie vorgefunden werden«.

[24] Übersetzung: »Alles, was man findet, ist gleichsam jeweils eine neue Schöpfung«.

[25] Übersetzung: »Wir wissen, daß nichts anhand von seltenen und merkwürdigen Dingen beurteilt werden kann«.

(NO 408, #2.28).[26] Solche Dinge erscheinen Bacon tatsächlich nur als Ausnahmen von der Regel:[27] »contemplationes hominum [...] ponant hujusmodi res pro secretis et magnalibus naturae, et tanquam incausabilibus, et pro exceptionibus regularum generalium« (NO 408, #2.28).[28] Aber in Wirklichkeit darf man auch hier die Suche nach dem allgemeinen Gesetz nicht verschmähen: »Neque enim desistendum ab inquisitione donec proprietates et qualitates [...] reducantur et comprehendantur sub aliqua Forma sive Lege certa« (NO 408, #2.28).[29] Es gilt zu erreichen, »ut irregularitas sive singularitas omnis reperiatur pendere ab aliqua Forma Communi« (NO 408, #2.28).[30] Um aus der Singularität eine wissenschaftlich nutzbare Tatsache zu machen, muß man den Einzelfall zu wiederholen suchen: »Plurimi autem faciendae sunt hujusmodi instantiae«[31] (NO 408, #2.28).[32] Es gibt also für Bacon keine Phänomene, die nicht als Phänomene von anderen Phänomenen zu scheiden sind (und seien es seltene, ungewöhnliche) und damit dem Experiment nicht zugänglich wären.

Also soll die Wissenschaft Erkenntnis über Gesetzmäßigkeiten erlangen; und diese Gesetzmäßigkeiten sind durchaus auch abstrakt zu formulieren.[33] Am Ende soll ein Wissen stehen, das nicht aus zusammenhanglosem Wissen von Einzelfällen besteht. Dies ist, was Bacon unter ›interpretatio naturae‹ versteht: sobald man von Tatsachen ausgeht, kann

---

[26] Übersetzung: »Es scheint Ungewöhnliches und gleichsam Abruptes in der Natur zu geben, das kaum mit anderen Dingen gleicher Art zusammenzubringen ist«.

[27] Vgl. Lorraine Daston u. Katherine Park: *Wonders and the Order of Nature, 1150–1750.* New York 2001, S. 228.

[28] Übersetzung: »Die Mutmaßungen der Menschen [...] führen dazu, solche Dinge für Geheimnisse und Wunder der Natur zu halten, die geradezu keine Ursache haben, und für Ausnahmen von den allgemeinen Regeln«.

[29] Übersetzung: »Und es ist nämlich nicht von einer Untersuchung abzusehen, bis die Eigentümlichkeiten und Beschaffenheiten [...] unter eine bestimmte gesicherte Form oder ein Gesetz subsumiert und so begriffen werden«.

[30] Übersetzung: »daß jede Irregularität oder Singularität als [eigentlich] von eine allgemeinen Form abhängig entdeckt wird«.

[31] Übersetzung: »Man muß jedoch viele solche Einzelfälle herstellen«.

[32] Weniger bedenklich sind gar die abweichenden Fälle, die »Instantias Deviantes« (NO 410, #2.29). Zu ihnen zählen die kleinen irrtümlichen Abweichungen von der Regel – etwa Monstren –, in denen sich aber gerade die Allgemeingültigkeit der Regel zeigen muß.

[33] Daher muß die Tatsache nicht überraschen, daß Bacon in seinem *Novum Organum* ausschließlich theoretisch und allein mit Worten argumentiert. Da der Mensch im Abstrakten denkt, gibt es für Bacon so etwas wie richtige Abstraktion.

man zu einer Beschreibung der Natur gelangen.[34] Das Ideal des Verfahrens wird meist als ›Induktion‹ bezeichnet, doch Ian Hacking betont zu Recht, daß Bacon eher an dasjenige dachte, was zwei Jahrhunderte später bei Peirce ›abduction‹ heißen würde.[35] Der ›interpretatio naturae‹ steht gegenüber die ›anticipatio mentis‹, die antizipierende Theoriebildung (vgl. NO 76). Dabei äußert er, bevor er die Minderwertigkeit des theoretischen Zugriffs doch wieder postuliert, die Möglichkeit eines fruchtbaren Austausches: »alia scientias colendi, alia inveniendi ratio« (NO 76);[36] dabei sind die Theoretiker diejenigen, die die Wissenschaften pflegen, während die Experimentierenden die Tatsachen isolieren und dann zusammentragen. Kurz behauptet Bacon eine Gleichwertigkeit beider Tätigkeiten und rät ihnen zur engen Zusammenarbeit. Schließlich erklärt er jedoch, daß Theoretiker den schwächeren Geist (»ob mentis infirmitatem«), also – modern formuliert – eine geringere Intelligenz, besitzen. Schließlich aber läßt Bacon offen, worin die positive ›interpretatio‹ bestehen mag, wenn sie nicht Theorie sein soll und dennoch mehr als eine Sammlung raffiniert ermittelter Tatsachen.

IV. Die Charakteristika der Empirie

Weil Bacon die Antwort schuldig bleibt und sich die Strategien der Deutung je nach Disziplin und damit je nach Phänomen unterscheiden, ist scharf zwischen Empirie und Deutung zu trennen. Bei Bacon ist die Erklärung der ›Interpretatio‹ die deutlichste Leerstelle, die von seinen unmittelbaren Nachfolgern in England und von seinen Gegnern immer wieder kritisiert worden ist. Er fordert ja sowohl die Deutung der Wirklichkeit als auch ein Absehen von Theorie; dabei weiß er genau, daß das reine Sammeln von Fakten noch zu keiner Weltaneignung führt und kritisiert gerade die aristotelische Induktion, die zu einer endlosen und unkontrollierten Sammlung von Daten gehört.[37] Dieser Widerspruch läßt sich nur

---

[34] In diesem Sinne soll die Wissenschaft dann auch Kausalitäten beschreiben können: »The End of our Foundation is the knowledge of Causes, and secret motions of things.« Francis Bacon: *New Atlantis [1627]*. Faksimile. Stuttgart-Bad Cannstatt 1963 (The Works of Francis Bacon, Bd. 3), S. 119–166, hier S. 156.

[35] Vgl. Ian Hacking: *The Emergence of Probability. A Philosophic Study of Early Ideas about Probability, Induction, and Statistical Inference*. 2. Aufl. Cambridge u. a. 2006, S. 76.

[36] Übersetzung: »das eine Verfahren, die Wissenschaften zu pflegen, das andere Verfahren, die Entdeckungen zu machen«.

[37] Vgl. Daston u. Park: *Wonders and the Order of Nature* (wie Anm. 27), S. 236f.

mit dem Verweis auflösen, daß das Prinzip der Empirie an erster Stelle etwas über die Schaffung von Weltkontakt aussagt und darin ihre besondere Leistung liegt. Die Empirie führt gerade noch nicht zu einem geschlossenen Weltbild, zu einer Weltaneignung im Sinne einer theoretischen oder anschaulichen Repräsentation der Strukturen der Welt. Sie liefert lediglich diejenigen Bausteine, über die man sich nicht hinwegsetzen kann; und dies genau ist vielleicht das Definiens des Faktums: man kann sich über sein schieres In-der-Welt-Sein nicht hinwegsetzen. Da sich das Faktum nicht von sich aus gibt, sondern förmlich aus den Phänomenen herausgeschält werden muß, ist das Experiment als Methode der Isolation von Phänomenen das entscheidende empirische Verfahren.[38]

An dem Punkt hingegen, an dem die Deutung beginnt, sind ganz unterschiedliche Theorietechniken entstanden, die sich mit den Schlagwörtern ›Deduktion‹, ›Induktion‹ und selbst ›Abduktion‹ wenn überhaupt nur grobschlächtig beschreiben lassen.[39] En détail sind Methoden und Theorierahmen in den Einzeldisziplinen entstanden, die die Fakten einer Weltaneignung zuführen. In den Unterdisziplinen verfeinern sich Methoden und Theorien immer weiter. Die Schaffung wissenschaftlicher Tatsachen vollzieht sich in den Naturwissenschaften möglichst wenig unter Rückgriff auf Sprache. Ich will auf diese Auffälligkeit im letzten Abschnitt dieses Beitrags eingehen. Für die Geschichte der Naturwissenschaft ist an dieser Stelle aber zu bemerken, daß man dort einen skrupulösen Umgang mit Sprache seltenst findet. Einige Geisteswissenschaftler antworten auf

---

[38] Dies hat auch Dilthey so gesehen und hier die Probleme der psychologischen Theorie in gar nicht so großer Ferne zu Husserl geortet (zumindest in den verworfenen Vorarbeiten zum zweiten Teil der *Einleitung in die Geisteswissenschaften*): »Was Tatsache sei und was Theorie, darüber ist kein Streit, wenn es sich um physikalische Untersuchungen handelt. Experimentelle Untersuchung und theoretische Entwicklung grenzen sich klar voneinander ab. In der Psychologie ist die Deskription und Analyse der psychischen Tatsachen gänzlich zu sondern von den Versuchen der Erklärung. Denn nur so kann eine Verifikation der theoretischen Betrachtung stattfinden, welche ein unbedingtes Erfordernis jeder strengeren Methode ist.« Wilhelm Dilthey: »Philosophie der Erfahrung: Empirie, nicht Empirismus«, in: ders.: *Grundlegung der Wissenschaften vom Menschen, der Gesellschaft und der Geschichte: Ausarbeitungen und Entwürfe zum zweiten Band der Einleitung in die Geisteswissenschaften*, hg. v. Helmut Johach u. Frithjof Rodi. Göttingen 1982 (Gesammelte Schriften, Bd. 19), S. 17–38, hier S. 38.

[39] Damit hängt zusammen, daß schnell klar war, daß ein Sammeln von Daten nach Bacons Vorschlag selbst noch keine schlüssige Gesetzmäßigkeit liefert. Vgl. Shapiro: *Probability and Certainty in Seventeenth-Century England* (wie Anm. 13), S. 24.

diesen Befund mit Überheblichkeit: nur sie seien zu angemessener methodischer und theoretischer Selbstkritik fähig. So heißt es manchmal, gerade die Geisteswissenschaft sei einer Reflexion auf ihre Bedingungen fähig. Gegen jede ›geisteswissenschaftliche Überheblichkeit‹ will ich mich im folgenden entschieden wenden. Denn die Geschichte der Naturwissenschaft, wie ich am Beispiel der Physik und der statistisch abgesicherten Empirie zeigen will, besteht aus einer Vielzahl an methodischen Korrekturen und Anpassungen; da die Sprache der Physik die Mathematik ist, besteht die Selbstkritik darin, die Mathematik fortzuentwickeln und das Verhältnis zwischen dieser und physikalischen Erscheinungen zu untersuchen.

Zur Fehleinschätzung trägt massiv eine Wissenschaftsgeschichtsschreibung in der Tradition von Thomas S. Kuhn bei;[40] zwar kann und soll nicht bestritten werden, daß einzelne Naturwissenschaftler geradezu jeweils revolutionäre Erkenntnisse gestiftet haben, aber sie betten sich viel stärker in eine eher langsam gedeihende Entwicklung von Konzepten ein. Im vorliegenden Beitrag will ich am Beispiel der Empirie und speziell am Beispiel der klassischen Mechanik darlegen, daß die scheinbar so klaren Brüche in der Wissenschaftsgeschichte eher Zuschreibungen sind, die ex post um der Übersichtlichkeit willen meist von den Wissenschaften selbst vorgenommen worden sind. Ähnlich wie Bacon nie an die moderne Empirie gedacht hat, als deren Erfinder er heute manchen gilt, so ist das, was heute Newtons Mechanik heißt, in der heute vorliegenden Form nie so von Newton gedacht worden.

Der Ausdruck ›Empirie‹ bezeichnet die Haltung, die Ermittlung von Fakten möglichst skrupulös zu betreiben. Einer damit gehen die Trennung von Wahrnehmung und Fakten sowie die Trennung von Fakten und Erklärung (›interpretatio‹). Die empirische Haltung zeichnet sich also dadurch aus, daß sie der Evidenz des einfach gegebenen Phänomens mißtraut – was sich schön darin zeigt, daß sich im Wissenschaftsenglisch die Bedeutung von ›evidence‹ von ›evidentia‹ hin zu ›statistisch gesicherte Tatsache‹ verschoben hat. Will man es etwas schematisch formulieren, so erkennt das (mathematisch und naturgeschichtlich forschende) 17. Jahrhundert, daß nicht jede Lebenserfahrung und nicht jede autoritative Beschreibung der Welt schon Fakten konstituiert, sondern daß Fakten mühevoll der Wirklichkeit zu entlocken sind, und daß Fakten selbst nicht vorgeben, wie sie zu deuten sind.

---

[40] Vgl. Thomas S. Kuhn: *The Structure of Scientific Revolutions*. Chicago 1962.

Die Sprachkritik des 17. Jahrhunderts hat zu zwei Verfahren geführt. Das erste besteht in der Schaffung einer philosophisch klaren Sprache, wie sie besonders in der ›Logique de Port-Royal‹ gefordert worden ist.[41] Diesem Weg sind vor allem die Wissenschaften gefolgt, die später in den Geisteswissenschaften oder den ›Humanities‹ aufgegangen sind. Das zweite Verfahren, das die empirische Forschung eingeschlagen hat, besteht darin, den Worten und ihrer Bezeichnungskraft zu mißtrauen. Wie ich sogleich am Beispiel der klassischen Mechanik zeigen will, ist die Geschichte der empirischen Forschung eine der Prüfung der Möglichkeiten der Kommunikation, die in der Wahl nicht genuin sprachlicher Ausdrucksmittel mündet.[42] Unter diesen nichtsprachlichen Ausdrucksmitteln werde ich die Mathematik und das statistisch ermittelte Faktum ausführlich vorstellen; aber hierzu zählen gleichermaßen die Schaffung eines autonomen und nicht mehr im engeren Sinne sprachlichen Bezeichnungswesens etwa in der Chemie (bei der sich komplexe ›Wörter‹ auch besser lesen und nur noch sehr konventionalisiert aussprechen lassen).[43]

Damit garantiert aber das statistische Verfahren gerade noch nicht, daß es Fakten sichert. Bis heute ist genau dasjenige Verfahren nicht-empirisch, das die Fakten setzt, statt sie zu suchen. Das statistische Verfahren

---

[41] Dies ist, was für Foucault das klassische Zeitalter auszeichnet: »En sa perfection, le système des signes, c'est cette langue simple, absolument transparente qui est capable de nommer l'élémentaire; c'est aussi cet ensemble des opérations qui définit toutes les conjonctions possibles.« Michel Foucault: *Les mots et les choses. Une archéologie des sciences humaines [1966]*. Paris 1995, S. 76.

[42] Insofern ist Foucault zu widersprechen, der die »auto-analyse de la raison« (Foucault: *Les mots et les choses* [wie Anm. 41], S. 264) erst für die Zeit ab dem späten 18. Jahrhundert ansetzt. Richtig ist aber, daß in der Philosophie und in der Kunst ein Unbehagen mit dem rationalistischen Modell der Sprache und der Zeichenhaftigkeit sich massiv zu artikulieren begann – ein Protest, der bis heute anhält. Dies wiederum läßt sich bei Foucault ähnlich finden: »La grande tâche à laquelle s'est voué Mallarmé, et jusqu'à la mort, c'est elle qui nous domine maintenant; dans son balbutiement, elle enveloppe tous nos efforts d'aujourd'hui pour ramener à la contrainte d'une unité peut-être impossible l'être morcelé du langage.« (Ebd., S. 316) Diese Anstrengungen unternimmt aber nicht die empirische Forschung, und das ist, was sie in der Gegenwart gelegentlich so verheißungsvoll erscheinen läßt.

[43] Für die Medizin spricht Fleck sehr treffend von der »präzisen Herausmeißelung der Krankheitseinheit«, die (im Falle der von ihm diskutierten Syphilis jahrhundertelangen) Aufwand bereitet. Ludwik Fleck: *Entstehung und Entwicklung einer wissenschaftlichen Tatsache. Einführung in die Lehre von Denkstil und Denkkollektiv*, hg. v. Lothar Schäfer u. Thomas Schnelle. Frankfurt a. M. 1999, S. 11. Er verweist in anderem Zusammenhang darauf, daß vorempirische Forschung sich sehr mit Worten (Etymologien etc.) und nicht mit Phänomenen befaßt habe, vgl. ebd., S. 177–179.

für sich genommen ist eben noch nicht Ausweis einer empirischen Gesinnung. Denn auch statistische Verfahren können sich den Vorwurf zuziehen, nicht empirisch zu verfahren, wenn sie die statistisch zu sammelnden Daten durch allzu großes Vertrauen in alltagssprachlichen Bestimmungen ermitteln, ein Problem, das – angesichts Husserls berühmter Kritik[44] – die Psychologie nur dann umschifft, wenn sie die sprachlichen Äußerungen selbst zum untersuchenswürdigen Phänomen erklärt und sich weigert, die hinter den Bezeichnungen liegenden ›Zustände‹ zu ontologisieren.

Die zurückliegenden Krisen der Physik und die Entstehung der Demoskopie werden also zeigen, daß gängig als empirisch bezeichnete Wissenschaften sehr wohl der Selbstkritik fähig sind. Das moderne empirische Verfahren ist sogar vielmehr ein Produkt solcher Selbstkritik. Ich möchte die Geschichte dieser Selbstkritik an zwei Beispielen ausführen, an der Mathematisierung der Mechanik und an der Nutzung von Statistik und Mittelwerten in der Ermittlung von Daten.

V. Die mathematisierte Physik

Die Physik als die am ehesten exakte Naturwissenschaft hat sich der philosophischen Diskussion um den Empirismus nicht in nennenswerter Weise zugewandt. Zentral für sie ist vielmehr eine Theorietechnik geworden, die, einen schwer überbietbaren Beitrag zur Wissenschafts- und Denkgeschichte leistend, Newton umgesetzt hat. Das Neuartige bestand darin, die Gesetzmäßigkeiten der Natur mathematisch auszudrücken. Newtons Mechanik beruhte auf einem kleinen Perspektivwechsel, den bereits Galilei angepeilt hatte, als er erklärte, die Natur sei in der ›Sprache der Mathematik‹ geschrieben.[45] Während ›Zahlen‹, Meßgrößen und

---

[44] Vgl. Edmund Husserl: *Philosophie als strenge Wissenschaft*. Frankfurt a. M. 1965.

[45] »La filosofia è scritta in questo grandissimo libro che continuamente ci sta aperto innanzi a gli occhi (io dico l'universo), ma non si può intendere se prima non s'impara a intender la lingua, e conoscer i caratteri, ne' quali è scritto. Egli è scritto in lingua matematica, e i caratteri son triangoli, cerchi, ed altre figure geometriche, senza i quali mezi è impossibile a intenderne umanamente parola; senza questi è un aggirarsi vanamente per un oscuro laberinto.« [Galileo Galilei]: »Il saggiatore« [1623], in: *Le Opere di Galileo Galilei*. Nuova ristampa della edizione nazionale. Firenze 1968, Bd. 6, S. 232. Übersetzung: »Die Wissenschaft ist in diesem überaus großartigen Buch niedergeschrieben, das uns beständig vor unseren Augen aufgeschlagen vorliegt (ich spreche vom Universum); aber man kann es nicht verstehen, falls man nicht zuerst lernt, die Sprache zu verstehen und die Buchstaben kennenzulernen, in denen es geschrieben ist. Es ist in der mathematischen Sprache verfaßt,

Quantitäten – und insofern Mathematik – schon seit der Antike für die Beschreibung der Natur genutzt werden, wird bei Newton die mathematische Beziehung zur Beschreibung der physikalischen Gesetzmäßigkeit selbst. Bemerkenswert ist umgekehrt, daß es ihm auf konkrete Meßgrößen gar nicht ankommt, sondern er nur Proportionsgesetze formuliert.[46]

Das Experiment in der Tradition Bacons dient dabei dazu, hinreichend überschaubare Zustände zu schaffen, um an ihnen Messungen oder Phänomenbeobachtungen vornehmen zu können. Denn es lassen sich sehr viele Aspekte eines Phänomens messen und beobachten; im Experiment versucht man, so viele Meßgrößen, wie bekannt sind, zu kontrollieren. Die Empirie, der die Klassische Mechanik zugrundeliegt, verlangt daher keinesfalls die sinnliche Wahrnehmung, sondern nur diejenige Beobachtung, die sich am Ende mit den Vorhersagen der mathematischen Gesetzmäßigkeit deckt. Newton nennt die Empirie ›Philosophia Experimentalis‹, experimentelle Wissenschaft.[47] Weil sie sich auf Mathematik stützt,

---

und die Buchstaben sind Dreiecke, Kreise und andere geometrische Figuren. Ohne diese ist es ein vergebliches Herumirren in einem dunklen Labyrinth.« Es ist zu bemerken, daß Galilei noch nicht in Gleichungen denkt, wie man es heute gewohnt ist. Allerdings setzt er ganz im Sinne der Empirie die Methode über die metaphysische Theorie; dies ist der Grund dafür, daß Descartes für Galilei keinerlei Sympathie aufbringen kann, und worin sich am ehesten ein ›Gegensatz zwischen Rationalismus und Empirismus‹ greifen läßt; vgl. Jürgen Mittelstraß: *Neuzeit und Aufklärung. Studien zur Entstehung der neuzeitlichen Wissenschaft und Philosophie*. Berlin–New York 1970, S. 312f. u. 328.

[46] Vgl. I. Bernhard Cohen: »Newton's concepts of force and mass, with notes on the Laws of Motion«, in: *The Cambridge Companion to Newton*, hg. v. dems. Cambridge u. a. 2002, S. 57–84, hier S. 73.

[47] Im berühmten *Scholium Generale* heißt es: »Rationem vero harum Gravitatis proprietatum ex Phænomenis nondum potui deducere, & Hypotheses non fingo. Quicquid enim ex Phænomenis non deducitur, *Hypothesis* vocanda est; & Hypotheses seu Metaphysicæ, seu Physicæ, seu Qualitatum occultarum, seu Mechanicæ, in *Philosophia Experimentali* non locum habent. In hac Philosophia Propositiones deducuntur ex Phænomenis, & redduntur generales per Inductionem. Sic impenetrabilitas, mobilitas, & impetus corporum & leges motuum & gravitatis innotuerunt. Et satis est quod Gravitas revera existat, & agat secundum leges a nobis expositas, & ad corporum cœlestium & maris nostri motus omnes sufficiat.« Isaac Newton: *Philosophiae Naturalis Principia Mathematica [1687]*. Amsterdam 1714, S. 484. Übersetzung: »Ich kann aber aus den Phänomenen noch nicht den Grund dieser Eigenschaften der Schwere herleiten, und Hypothesen erdichte ich nicht. Was immer nämlich sich aus Phänomenen nicht herleiten lässt, ist *Hypothese* zu nennen; und Hypothesen, seien es metaphysische, physische, solche versteckter Eigenschaften oder mechanische, haben in der *experimentellen Wissenschaft* keinen Platz. In einer solchen Wissenschaft

ist sie aber keineswegs antirationalistisch.[48] Newton überbietet Descartes vielmehr, wie seine vielfachen Anspielungen belegen;[49] er radikalisiert mit seinem mathematischen Zugang sogar den kartesianischen Zugang, der teilweise mathematische Grundlagen geschaffen hat, die Newton nützlich sind. Einen Gegensatz zwischen Empirie und Rationalismus daraus herzuleiten ist vielleicht eine Verkürzung, die die wissenschaftsphilosophische Tradition entwickelt hat, um den ihr wichtigen Unterschied zwischen Logik und Sinnlichkeit zu untersuchen.[50]

Die Mathematisierung der Physik im Sinne von Galilei und Newton erlaubt, auf Kausalitätszuschreibungen klassischer Art zu verzichten.[51] Sie besteht in Zustandsbeschreibungen von Systemen, aus denen berechnet werden kann, wie das System zu einem späteren Zeitpunkt aussehen muß. Für Descartes kann Bewirkung nur durch den Kontakt zweier Körper gedacht werden. Bei Newton hingegen hat die Gravitation eine Fernwirkung; Gravitation wird nicht durch direkten Stoß vermittelt. Newton ist selbst nicht ganz glücklich gewesen, solche Fernwirkungen annehmen zu müssen, weswegen seine neuartige Theorietechnik ihm selbst ergän-

---

werden Aussagen aus den Phänomenen hergeleitet und durch Induktion verallgemeinert. So ist die Kenntnis von Undurchdringlichkeit, Bewegung und Stoß der Körper sowie die Gesetze der Bewegungen und der Gravitation erlangt worden. Und es genügt, daß die Gravitation tatsächlich existiert und sich gemäß den von uns dargelegten Gesetzen verhält und für alle Bewegungen der Himmelskörper und unseres Ozeans ausreicht.« Zur Deutung von ›fingere‹ und ›hypothesis‹ vgl. I. Bernahrd Cohen: »The *Principia*, the Newtonian Style, and the Newtonian Revolution in Science«, in: *Action and Reaction. Proceedings of a Symposium to Commemorate the Tercentenary of Newton's* Principia, hg. v. Paul Theerman u. Adele F. Seeff. New York–London–Toronto 1993, S. 61–104, hier S. 75.

[48] Vgl. Mittelstraß: *Neuzeit und Aufklärung* (wie Anm. 45), S. 299.

[49] Schon mit dem Titel *Philosophiae Naturalis Principia Mathematica* verweist Newton auf Descartes' *Principia Philosophiae*, in welcher Schrift unter anderem Ort und Ausdehnung erörtert werden. Daß sich die Anspielung im Peritext der Erstausgabe deutlich kommuniziert, analysiert Cohen ausführlich, indem er Abbildungen verschiedener Ausgaben der *Principia* vergleicht. Vgl. Cohen: »The *Principia*, the Newtonian Style, and the Newtonian Revolution in Science« (wie Anm. 47), S. 61–72.

[50] Dabei kritisiert Bacon sowohl Logik als auch blindes Vertrauen auf die Sinne, wie ich weiter oben ausgeführt habe.

[51] Der mathematische Beweis erzwingt Zustimmung und ist in England zu einer bevorzugten Theorietechnik geworden, vgl. Shapiro: *Probability and Certainty in Seventeenth-Century England* (wie Anm. 13), S. 32. Freilich hat es bis zur Grundlagenkrise der Mathematik gedauert, bis der mathematische Beweis selbst einer durchdringenden Kritik unterzogen worden ist.

zungswürdig erschienen ist.[52] Für ihn ist zugleich – ganz abstrakt – Kraft das Gleiche wie Ursache.[53] Er liefert eine exakte mathematische Beschreibung, gerade weil es möglich ist, diese präzise und ohne Rückgriff auf bloß sprachlich-logische und somit willkürliche Kausalkonstruktionen zu formulieren. Für Newton fielen mathematische Beschreibung und Erklärung vielleicht also nicht in eins, aber eine Mathematik, die Prognosen gestattet, gilt ihm als das (vielleicht einzig) sicher prüfbare Wissen.

Heute werden mit Newtons Mechanik Differentialgleichungen identifiziert, in denen Vektoren Verwendung finden. Das jedoch ist eine Zuschreibung an Newton, die historisch verkehrt ist;[54] sie besitzt einen ›richtigen Kern‹, der darin besteht, daß in der Tat Newtons Erkenntnisse über Jahrhunderte neu formuliert wurden, bis sie die heutige (von Albert Einstein allerdings in ihrer Allgemeingültigkeit widerlegte) Form annahmen. Newton entwickelte in seiner Fluxionsrechnung durchaus eine Analysis, aber er wandte sie nicht systematisch für seine Mechanik an. Diese war vor allem geometrisch formuliert; in ihr spielte dabei eine Rolle, was passiert, wenn man, wie die frühe Analysis formuliert hätte, (vielleicht unendlich) kleine Zeit- und Raumeinheiten betrachtet.[55] Da diese Überlegung zentral war, ließ sich bei Newton durchaus der analytische Grundgedanke ausmachen. Zunächst mußte jedoch Leonhard Euler aus Newtons

---

[52] Vgl. Cohen: »Newton's concepts of force and mass« (wie Anm. 46), S. 63 u. S. 80. Zur neuen Kausalitätsvorstellung vgl. auch Hacking: *The Emergence of Probability* (wie Anm. 35), S. 37, und Mittelstraß: *Neuzeit und Aufklärung* (wie Anm. 45), S. 324 (der sie etwas später ansetzt). Vgl. auch Newtons eigene Worte in Anm. 47.

[53] »Causæ, quibus motus veri & relativi distinguuntur ab invicem, sunt Vires in corpora impressæ ad motum generandum.« Newton: *Philosophiae Naturalis Principia Mathematica* (wie Anm. 47), S. 8. Übersetzung: »Die Ursachen, mittels derer wahre und relative Bewegungen voneinander unterschieden werden, sind die Kräfte, die auf die Körper wirken, um Bewegung zu erzeugen.« Entsprechende Formulierungen finden sich später (etwa bei Euler und Lagrange) wieder.

[54] Sie wird selbst von Mittelstraß noch vorgenommen, wiewohl er an anderen Stellen sehr vorsichtig rekonstruiert. Vgl. Mittelstraß: *Neuzeit und Aufklärung* (wie Anm. 45), S. 288.

[55] Vgl. hierzu ausführlich I. Bernard Cohen: »A Guide to Newton's *Principia*«, in: Isaac Newton: *The* Principia. *Mathematical Principles of Natural Philosophy*, hg. und neu übersetzt v. I. Bernard Cohen u. Anne Whitman. Berkeley–Los Angeles–London 1999, S. 1–370, hier S. 334–345. Newton spricht an der hier von Cohen kommentierten Stelle von einem »dato tempore quam minimo« (Newton: *Philosophiae Naturalis Principia Mathematica* [wie Anm. 47], S. 117), also einer gegebenen kleinstmöglichen Zeit. Cohen zeigt so, daß es durchaus gerechtfertigt ist, die grundlegenden Ideen zur analytischen Beschreibung der Mechanik Newton zuzuschreiben.

Proportionalitätsaussagen ›richtige‹ Gleichungen gewinnen; er formulierte etwa die wohlvertraute Kraftgleichung (als Gleichungssystem).[56] In einem weiteren Schritt gelang es Joseph-Louis Lagrange in seiner *Méchanique Analitique* (1788), die Mechanik algebraisch und analytisch zu formulieren und auf diese Weise auf metaphysische oder auch bloß geometrische Anschauungen zu verzichten.[57] Die Vektorrechnung schließlich wurde erst Mitte des 19. Jahrhunderts von Hermann Graßmann erfunden; erst mit ihr konnte die Idee der Richtung elegant formuliert werden und Gleichungssysteme (die Terme für jede einzelne Raumdimension vorsehen) in einfache eingängige Formeln gebracht werden. Seitdem existieren die Gleichungen in der Gestalt, in der sie heute als Newtons Gleichungen bezeichnet werden.

---

[56] »Donc, comme x marque la distance du corps à un de ces plans, soient y & z les distances aux deux autres plans: & aprés avoir décomposé toutes les forces qui agissent sur le corps, suivant des directions perpendiculaires à ces trois plans, soit P la force perpendiculaire qui en résulte sur le premier, Q sur le second, & R sur le troisième. Supposons que toutes ces forces tendent à eloigner le corps de ces trois plans; car en cas qu'elles tendent à le rapprocher, on n'auroit qu'à faire des forces negatives. Cela posé, le mouvement du corps sera contenu dans les trois formules suivantes: I. $2\mathrm{M}ddx = \mathrm{P}dt^2$; II. $2\mathrm{M}ddy = \mathrm{Q}dt^2$; III. $2\mathrm{M}ddz = \mathrm{R}dt^2$. [...] Par conséquent le principe que je viens d'etablir contient tout seul tous les principes qui peuvent conduire à la connoissance du mouvement de tous les corps, de quelque nature qu'ils soient.« Leonhard Euler: »Découverte d'un nouveau principe de mécanique«, in: *Mémoires de l'Académie royale des sciences et belles lettres* 6 (1752), S. 185–217, hier S. 196f. Heute schreibt man dieselbe Beziehung, für deren Erkenntnis heute Oberstufenmathematik genügt, kurz als $F = m\ddot{s}$. Ich zitiere in voller Länge, um erstens Eulers Selbstbewußtsein und zweitens das schmerzliche Fehlen der Vektorrechnung zu zeigen. Der Faktor 2 bei Euler ist bloß einer anderen Skalierung der Größen geschuldet. Zur Verlagerung von Fragen der Metaphysik zu Fragen der formalen Gestaltung der Theorie im 18. Jahrhundert vgl. Pulte: *Axiomatik und Empirie* (wie Anm. 14), S. 155f.

[57] »On a déja plusieurs Traités de Méchanique, mais le plan de celui-ci est entiérement neuf. Je me suis proposé de réduire la théorie de cette Science, & l'art de résoudre les problêmes qui s'y rapportent, à des formules générales, dont le simple développement donne toutes les équations nécessaires pour la solution de chaque problème. [...] Les méthodes que j'y expose ne demandent ni constructions, ni raisonnemens géométriques ou méchaniques, mais seulement des opérations algébriques, assujetties à une marche réguliere & uniforme.« [Joseph Louis] de la Grange: *Méchanique analitique*. Paris 1788, S. Vf. Zu Lagranges Indifferenz gegenüber der Metaphysik vgl. Pulte: *Axiomatik und Empirie* (wie Anm. 14), S. 203. Zu der Radikalität des angeführten Zitats vgl. Mittelstraß: *Neuzeit und Aufklärung* (wie Anm. 45), S. 299. Mittelstraß unterschätzt allerdings vielleicht die Länge des Entwicklungswegs von Newton zu Lagrange.

Besieht man diese kurze geschichtliche Skizze, fällt schon am vermeintlich vertrauten Beispiel der Klassischen Mechanik auf, daß Newtons Arbeiten keineswegs der Umschlagpunkt gewesen sind, an dem die Klassische Mechanik in der heute bekannten Form entstanden wäre. Auch gibt es keinen klaren Gegensatz zwischen Empirismus und Rationalismus; gerade die moderneren Formulierungen beruhen nicht allein auf Experimenten. Im Mittelpunkt des empirischen Verfahrens stehen vielmehr zwei Anliegen: die Schaffung einer eleganten, kompakten und prognosefähigen Theorie auf der einen und die Konturierung abgrenzbarer Phänomene durch das Experiment auf der anderen Seite.

Für die Phänomene, die man nunmehr als physikalische bezeichnet, hat sich die Mathematik als Fundament der Theorie durchgesetzt; das physikalische Experiment wiederum erlaubt die Isolierung meßbarer Phänomene. Die Sprache der Physik ist nun in der Tat in einer Radikalität, die sich Galileo vermutlich nicht ausgemalt hätte, die Mathematik. Die Geschichte der gegen die eigenen Formulierungen gerichteten Sprachkritik der Physik zeigt an, wie skrupulös die Forschung gewesen ist, wieviel Zeit sie aber auch letztlich gebraucht hat.

In dieser Radikalität mathematisierte sich nur die Physik. In anderen Naturwissenschaften führen mathematische Modelle nach wie vor ein Nischendasein, und sie ersetzen selten die fachsprachlich oder diagrammatisch formulierte Erklärung. Die Sprache beispielsweise der Biologie ist nicht die Mathematik, und angesichts des geringeren Grades an Formalisierung verwendet die Biologie eine ›weichere Ausdrucksweise‹ als die Physik. Aber ihr Gegenstand, den sie in Experimenten gleichermaßen herausschält, läßt sich nicht in Meßwerte übersetzen; die Fragen, die sich stellen, verlangen einen ganz andersartigen Bezug zum Gegenstand. Sehr oft ist die Feststellung eines Phänomens selbst bereits eine anspruchsvolle Aufgabe. Das Experiment dient dazu, eine Tatsache zu ermitteln. Beispielsweise bei Wirkzusammenhängen – eine Substanz löst im Körper einen bestimmten Effekt aus – zieht man sich auf das reine Konstatieren der Reaktion (mit Signifikanz) zurück, wenn man über den Wirkmechanismus noch nicht einmal Vermutungen anstellen kann. Die Biologie hat wie alle Wissenschaften sehr lange gebraucht, bis sie elegante und überzeugende Theorien gefunden hat. Zu ihnen zählen die Evolution und die Biochemie, wobei jene ohne diese heute schwierig zu verstehen wäre. Es ist denkbar, daß ohne wissenschaftsgeschichtliche Kenntnisse Darwins ursprüngliche Formulierungen dereinst so schwierig wie heute Newtons zu deuten sein werden, während ihre biochemische Formulierung in aller Munde sein wird.

Die Entwicklung einer Wissenschaft ist selten geradlinig und nicht unbedingt in sich konsistent, wie sich beispielsweise an der Geschichte der Ablehnung von Darwins Theorie zeigen ließe. Nicht nur bei Erklärungen, sondern auch schon bei Tatsachenfeststellungen können verschiedene Ansätze zu verschiedenen Ergebnissen kommen oder – ganz gegen Bacons Protest – seit Jahrzehnten bestehende Lehrmeinungen mangels Überprüfung bestehen bleiben, obwohl sie falsch sind.

VI. Zur Statistikgeschichte

Empirie erschöpft sich, schaut man sich allein die Physikgeschichte an, nicht in Statistik und nicht im Vertrauen auf durch Sinneswahrnehmung gefundene Daten. Um so merkwürdiger erscheint es dann, daß die Statistik heute als zentrales Charakteristikum der Empirie gilt. Die Abstraktion vom Einzelfall ist ja nicht schon Statistik. Das Problem der exakten Messung im Experiment ist bereits der antiken Astronomie vertraut: zwei Messungen gleichen einander nie. Galileo Galilei ist wohl der erste, der die Merkwürdigkeit ausdrücklich benennt.[58] Auch Newton ist das Phänomen wohl bekannt: wenn man ein und denselben Gegenstand mehrere Male vom selben Punkt zur Erde fallen läßt und die Zeit mißt, bis er auf den Boden trifft, erhält man unterschiedliche Meßwerte. Man geht bei diesem so genannten Zufallsfehler davon aus, daß es einen tatsächlich richtigen Wert gibt, dieser aber durch kontingente Umstände nicht unbedingt präzise gemessen werden kann. Die Statistik wird erst im 18. Jahrhundert endgültig die Aufgabe übernehmen, immer feinere Antworten auf die Frage zu finden, wie man mit dem Zufallsfehler umgehen soll. Sie ist aber nicht aus physikalischen oder sonstigen naturwissenschaftlichen Fragen hervorgegangen. Bevor ich also auf die Wiederholbarkeit eines Experiments und auf den Zufallsfehler eingehe, wende ich mich der Frage zu, wo die Statistik ihren Ursprung genommen hat.

Der Begriff Statistik geht auf den italienischen ›statista‹ zurück, der zunächst nichts weiter als ein Staatsbeamter ist (zu italienisch ›stato‹). Es ist zuallererst der Staat, der sich Gedanken darüber macht, wer was wie oft tut; dabei stehen an vorderster Stelle des Interesses Geburten und Todesfälle. Es kommt nicht von ungefähr, daß die ersten Schriftfunde darauf hindeuten, daß die Schrift ausgerechnet für Buchhaltung und Verwaltung

---

[58] Vgl. Anders Hald: *A History of Mathematical Statistics from 1750 to 1930*. New York u. a. 1998, S. 34.

erfunden worden ist.[59] Damit stoßen Philologie und Statistik in ihrem sehr alten Stammbaum auf gemeinsame Ahnen. Bis heute teilen sie sich die Leidenschaft für das Sammeln – lateinisch heißt nicht umsonst ›legere‹ sowohl ›sammeln‹ als auch ›lesen‹.

Der Erfinder der modernen Statistik ist John Graunt, der 1662 existierende, von der Verwaltung gepflegte Tabellen von Todesfällen und Geburten für London zusammenstellte und deutete. Es gibt starke Hinweise darauf, daß sich Graunt in großem Maße von Bacons Ideen leiten ließ; beispielsweise hielt er die genaue Aufzeichnung von Vorfällen für eine wichtige Voraussetzung für die Statistik.[60] Graunt ersann zwei Neuerungen. Erstens schuf die Auswertung von Tabellen die Erkenntnis neuer Tatsachen. In den Tabellen waren also nicht einzelne Tatsachen verzeichnet, sondern erst ihre Auswertung – erst der Blick auf die Gesamtlage der Daten – führte zu Tatsachenwissen. So ermittelte Graunt das genaue Geburtenverhältnis zwischen Jungen und Mädchen. Seine Tabellen wurden schnell für die ersten Berechnungen von Lebenserwartungen genutzt und fanden als Tatsachenwissen Eingang in den Gerichtssaal.[61] Zweitens aber waren die Tabellen selbst anhand des gewonnenen Tatsachenwissens korrigierbar. Graunt nahm also die mögliche Fehlerhaftigkeit der Tabellen an: wenn in einem einzelnen Jahr die Geburten- oder die Todesrate nicht im Einklang mit der ermittelten Gesetzmäßigkeit stand, entschied sich Graunt dafür, sie als fehlerhaft anzusehen und zu korrigieren. Gerade am Beginn der statistischen Empirie steht also das Mißtrauen gegenüber den Daten selbst.

Ich wende mich wieder dem physikalischen Experiment zu. Im Experiment herrscht Mißtrauen gegen die einzelne Messung, weil Messungen unterschiedlich ausfallen. Bis Mitte des 18. Jahrhunderts glaubte man, den idealen unverfälschten Meßwert am besten dadurch zu ermitteln, daß man aus einer Versuchsreihe dasjenige Experiment auswählte, das unter günstigsten Bedingungen stattgefunden hatte.[62] Läßt man also einen Gegenstand mehrfach fallen, nimmt man das Meßergebnis, bei dem es am wenigsten Wind gegeben hat. Doch erst Thomas Simpson konnte 1757

---

[59] Vgl. Maryanne Wolf: *Proust and the Squid. The Story and Science of the Reading Brain*. New York 2007, S. 51–56.

[60] Vgl. Philip Kreager: »New Light on Graunt«, in: *Population Studies* 42.1 (1988), S. 129–140. Zur Aufzeichnung bei Bacon vgl. NO 218, #101, und zum Aussortieren schlechter Daten vgl. NO 224, #105.

[61] In der Literatur wird meist *De usu artis conjectandi in jure* (1709) von Nicolas Bernoulli genannt.

[62] Vgl. Hald: *A History of Statistics from 1750 to 1930* (wie Anm. 58), S. 36f.

zeigen, daß es besser ist, aus vielen Werten den Mittelwert zu bilden.[63] Simpson kam zu diesem Ergebnis, indem er die Verteilung von Zufallsvariablen analysierte; er kombinierte Erkenntnisse aus der Wahrscheinlichkeitsrechnung und der Statistik. So konnte er mathematisch beweisen, daß es am wahrscheinlichsten ist, nahe am idealen Wert zu sein, wenn man den Durchschnitt aller Meßergebnisse bildet. Das war ein Durchbruch. Denn nun war das mehrfache Durchführen eines Experiments nicht mehr der Versuch, die perfekten Bedingungen zu schaffen, sondern das beste Mittel, um sich dem idealen Wert zu nähern. Selbst die Wahrscheinlichkeit, beim richtigen Wert zu landen, ließ sich ermitteln. Carl Friedrich Gauß verallgemeinerte die zugrundeliegenden Regeln elegant und erlaubte eine Anwendung auf alle typischen Fälle.

Zusammenfassend läßt sich sagen, daß erst Graunts Arbeit eine empirische demographische Faktenfeststellung erlaubt und daß erst mit Simpsons Erkenntnis systematisch angelegte Versuchsreihen in der Naturwissenschaft sinnvoll werden. Aus der elementaren Demographie schließlich ist im 19. und 20. Jahrhundert die empirische Sozialforschung entstanden. Die Grundlage dieser Formen von Empirie ist allerdings, daß die jeweilig untersuchten Phänomene – Geburtenrate oder Gravitation – sich immer wieder gleich ereignen. Die Wiederholbarkeit der Situation und die Gleichartigkeit der Fälle – der ›instantiae‹ in Bacons Terminologie – ist essentielle Voraussetzung für eine solche Form der Empirie.

VII. Die Empirie in den Literaturwissenschaften
und Texte als Singularitäten

Was passiert mit ›instantiae‹, mit Einzelphänomenen, die nicht wiederholbar sind, mit unwahrscheinlichen Ereignissen, mit echten Singularitäten also? In der Physik sind sie selten: man findet höchstens den Urknall.[64] Ist dagegen nicht jeder literarische Text ein Einzelfall, der anderen Dichtungen unvergleichbar ist? Nun hat es durchaus nicht an

---

[63] Vgl. ebd. – Galilei hat laut Hacking auch schon bisweilen auf Mittelwerte zurückgegriffen, vgl. Hacking: *The Emergence of Probability* (wie Anm. 35), S. 53.

[64] Der Begriff ›Singularität‹ ist in Physik und Mathematik anders besetzt. Es ist grundsätzlich problematisch, auch für den Urknall anzunehmen, er sei eine völlig einzigartige Erscheinung gewesen. Die gegenwärtigen Versuche am CERN dienen gerade dem Versuch, die Bedingungen zu reproduzieren, die für die Physik der unmittelbaren Phase nach dem Urknall charakteristisch gewesen sein müßten. Es geht also auch hier um die Prüfung reproduzierbarer Phänomene.

Ideen gemangelt, in der Literatur oder im Umgang mit ihr Wiederholungen zu finden oder sie experimentell herzustellen. Beispielsweise kann man Worthäufigkeiten in einem Text oder Leserreaktionen auf einen Text statistisch analysieren.

Indessen ist jeder anspruchsvolle ästhetische Text ›auf bestimmte Weise‹ einmalig, eine Singularität, ein Einzelfall, während es ›die‹ Tomate vielfach, allerorts und beliebig reproduzierbar gibt. Was aber diese Bestimmtheit der Singularität auszeichnet, liegt keineswegs auf der Hand. Man könnte einwenden, hier würden zwei Ebenen der Generalisierung vermischt. Schließlich ist jede einzelne Tomate einzigartig; denn selbst wenn man ein genetisches Ebenbild mit genau demselben Wachstumszeitpunkt bei gleichen Lebensbedingungen haben sollte, ist es möglich, jede individuelle Tomate allein durch den Ort, an dem sie sich befindet, zu identifizieren. Umgekehrt kann man die Eigenschaften des einzelnen Textes verallgemeinern und beispielsweise sagen, Dantes *Göttliche Komödie* sei ein erzählender Text wie so viele andere auch. Etwas weniger grundsätzlich argumentiert kann man sogar darauf verweisen, daß es zu den Charakteristika gedruckter Bücher gehört, daß sie in recht hoher Auflage erscheinen – im Gegensatz zu Werken der bildenden Kunst, die es wirklich nur einmal in der Welt gibt, im Gegensatz aber auch zu Künstlerbüchern, die Plastiken ähnlicher sind als Taschenbüchern.

Will man etwas über das Spezifische eines einzelnen Textes erfahren und sucht eine Versuchsanordnung mit hohen Fallzahlen, kann man wie angedeutet literarische Texte von Probanden lesen lassen und diesen danach Fragen stellen. Was passiert, wenn man hundert repräsentativ ausgewählte Probanden Dantes Epos lesen läßt? In solchen Rezeptionsstudien wird jedoch das Singuläre jedes literarischen Textes besonders sinnfällig: Wählt man Probanden, die der Literatur nicht besonders kundig sind, so erfährt man etwas über allgemeine Gesetzmäßigkeiten im Umgang mit Sprache und Schrift, so erhält man soziologisches Wissen über Kunst, aber nichts oder höchstens wenig hingegen über die spezifischen Eigenarten der jeweils vorliegenden Dichtung.[65] Versucht man wie jüngst Franco Moretti, eine breite Datenlage verschiedener Lektüren zu gewinnen, so muß man sich auf die hermeneutischen Anstrengungen einzelner

---

[65] Insofern handelt es sich nicht um bloße »Individualhermeneutik«. Vgl. Joachim Küpper: »Zu den Schwierigkeiten einer Wissenschaft vom literarischen Text«, in: *Germanisch-Romanische Monatsschrift* 59 (2009), S. 119–127, hier S. 125.

Leser verlassen.[66] Damit läßt sich durchaus Wissen über einen einzelnen Text gewinnen, doch hängt ein solches Wissen doch in erster Linie von den ursprünglichen Lektüren ab.

Hermeneutische Verfahren und statistisch sichere Faktenermittlungen schließen einander offenbar aus. Denn hermeneutische Lektüren sind das Produkt einer mit Aufwand eingeübten Praxis.[67] Es geht um die Beobachtung ungewöhnlicher und durch Kommunikation spezialisierter Verhal-

---

[66] Sein Projekt verweigert sich allerdings elementaren empirischen Grundsätzen: er stellt nämlich die Abstrakta an den Anfang und führt statistische Auswertungen seiner analytischen Artefakte durch, indem er Gattungsnamen, Orte etc. voraussetzt. In einer Anmerkung gibt er zu erkennen, daß er das Problem sieht: »See here how a quantitative history of literature is also a profoundly [sic] formalist one – especially at the beginning and at the end of the research process. At the end, for the reasons we have just seen; and at the beginning, because a formal concept is usually what makes quantification possible in the first place: since a series must be composed of homogeneous objects, a morphological category is needed – ›novel‹, ›anti-Jacobin novel‹, ›comedy‹, etc – to establish such homogeneity.« Franco Moretti: *Graphs, Maps, Trees. Abstract Models for Literary History*. London–New York 2007, S. 25, Anm. 14.

[67] Dabei geht es mir nicht um eine ›praxeologische‹ Beschreibung der Literaturwissenschaft, die in meinen Augen zu sehr den Gemeinschaftscharakter in den Vordergrund rückt und sich damit der Kritik aussetzt, die schon Bacon formuliert: man hört einander bloß zu, weil man der gleichen Clique angehört, nicht aber weil man Neues lernen will. Deswegen gründet sich mein Begriff der Praxis auf Handeln, das sich aus Neugierde speist. Insofern erschiene mir unbehaglich, wenn die akademische Sozialisation darin bestünde, »bestimmte Verhaltensformen im Umgang mit literarischen Gegenständen sowie mit Kolleginnen und Kollegen und deren Schriften und Reden auszubilden.« Steffen Martus u. Carlos Spoerhase: »Praxeologie der Literaturwissenschaft«, in: *Geschichte der Germanistik* 35/36 (2009), S. 89–96, hier S. 91. Genauso problematisch ist es, von einer »community« gemeinsamen freudvollen Genießens zu sprechen, wie Küpper: »Zu den Schwierigkeiten einer Wissenschaft vom literarischen Text« (wie Anm. 65), S. 125 u. 127, nahelegt. Für universitär und gemeinschaftlich praktizierten Genuß tritt auch ein Hans U. Gumbrecht: *The Production of Presence. What Meaning Cannot Convey*. Stanford 2004. Dabei steht auf einem ganz anderen Blatt, daß ich das gemeinsame Genießen an deutschen Universitäten gar nicht vorfinde; längst bedroht nämlich die Divergenz im Urteil über angemessene Gegenstände der ›Forschung‹ die Einheit der Disziplin. Sondern das gemeinsame freudvolle Genießen würde, wenn man es anträfe, immer drohen, intellektuelle Begeisterungsfähigkeit zugunsten eines unreflektierten Hedonismus zu verdrängen. Umgekehrt heißt natürlich Neugierde auch nicht unbedingt Streben nach positivem Wissen und nach Formalisierung – im Gegenteil. Verstünde man sich als Gemeinschaft der Neugierigen, so gehörte man auch ungleich unfraglicher zu Nachbarn der Ameisenbiologen und der Urknallphysiker

tensweisen. Auch die Durchführung eines Laborexperimentes ist eine solche Verhaltensweise; sie wird erlernt und in Kommunikation gelehrt. Es drängt sich der Verdacht auf, daß die hermeneutische Lektüre in der Tat eine gewisse weitläufige Verwandtschaft mit dem Experiment besitzt. Diesem Verdacht will ich gleich nachgehen.

Nichts spricht freilich dagegen, das Interesse an der hermeneutischen Eigentümlichkeit eines Textes aufzugeben und ein ganz anderes Erkenntnisinteresse zu befriedigen, also andere faszinierende Phänomene, die die Literatur betreffen, experimentell zu isolieren. Dazu zählen beispielsweise die psychologischen Grundlagen der Verarbeitung von Fiktion.[68] Es ist möglich, mit geradezu beliebigen fiktionalen Texten psychologische Experimente durchzuführen, die Aufschluß darüber geben, ob und wie das Wissen um die Fiktionalität eines Textes die emotionale Reaktion eines Rezipienten beeinflußt. Hierzu sind problemlos sogar statistisch auswertbare Versuchsreihen möglich. Das so gewonnene Wissen kann auch für hermeneutische Lektüren eingesetzt werden. Es spricht daher viel dafür, solche Fragestellungen nicht nur im Bereich der Literaturwissenschaft freundlich zur Kenntnis zu nehmen, sondern einen regen Austausch zu unternehmen, ›Interdisziplinarität‹ also dort zu suchen, wo die verschiedenen Verfahren, Phänomene abzugrenzen, genau dabei helfen, die eigenen Phänomene zu isolieren.

Weil Hermeneutik sich nicht für eine von Expertise unabhängige Wiederholbarkeit interessiert, stehen hermeneutische Lektüre und experimentelle Wiederholbarkeit tatsächlich in einem spannungsreichen Verhältnis. Die Existenz singulärer Erkenntnisgegenstände hat Ende des 19. Jahrhunderts beispielsweise Windelband dazu angeregt, eine idiographische Wissenschaft von einer nomothetischen zu unterscheiden; die idiographische richtet sich auf den singulären Sachverhalt, die nomothetische auf allgemeingültige Gesetze.[69] Wilhelm Dilthey versucht, seine Hermeneutik in

[68] Vgl. Richard Gerrig: *Experiencing Narrative Worlds. On the Psychological Activities of Reading.* New Haven–London 1993.

[69] »So dürfen wir sagen: die Erfahrungswissenschaften suchen in der Erkenntniss des Wirklichen entweder das Allgemeine in der Form des Naturgesetzes oder das Einzelne in der geschichtlich bestimmten Gestalt; sie betrachten zu einem Teil den die immer sich gleichbleibende Form, zum anderen Teil den einmaligen, in sich bestimmten Inhalt des wirklichen Geschehens. Die einen sind Gesetzeswissenschaften, die anderen Ereignisswissenschaften; jene lehren, was immer ist, diese, was einmal war. Das wissenschaftliche Denken ist – wenn man neue Kunstausdrücke bilden darf – in dem einen Falle nomothetisch, in dem andern idiographisch.« Wilhelm Windelband: *Geschichte und Naturwissenschaft. Rede zum Antritt des Rectorats der*

dieser Kreuzung auf Seiten der Singularität zu verorten,[70] sieht jedoch zugleich die Verschränkung des Singulären und Generalisierbaren.[71] Der Dichter – im Beispiel Diltheys ist es Goethe – »wirkte durch unerhörte Wortbildungen«,[72] also durch einen ungewöhnlichen, singulären Sprachgebrauch. Bedenkt man den impliziten Verweis auf Aristoteles' *Poetik*,[73] der mitschwingt, ist die Idee eines einzigartigen (unerhörten, also noch nie so gehörten) Moments in der Dichtung fester Traditionsbestand der Hermeneutik und der Beschäftigung mit Literatur.[74] Die Aufmerksamkeit

Kaiser-Wilhelms-Universität Strassburg gehalten am 1. Mai 1894. Straßburg 1900, S. 12. Eine offensichtlich mögliche Kritik dieses Vorschlags will ich ersparen.

[70] Vgl. Alwin Diemer: *Was heißt Wissenschaft?* Meisenheim/Glan 1964, S. 23. Dilthey formuliert so: »Unser Handeln setzt das Verstehen anderer Personen überall voraus; ein großer Teil menschlichen Glückes entspringt aus dem Nachfühlen fremder Seelenzustände; die ganze philologische und geschichtliche Wissenschaft ist auf die Voraussetzung gegründet, daß dies Nachverständnis des Singulären zur Objektivität erhoben werden könne. [...] [Die Geisteswissenschaften] sind in ihrer Sicherheit davon abhängig, ob das Verständnis des Singulären zur Allgemeingültigkeit erhoben werden kann. So tritt uns an der Pforte der Geisteswissenschaften ein Problem entgegen, das ihnen im Unterschiede von allem Naturerkennen eigen ist.« Wilhelm Dilthey: »Die Entstehung der Hermeneutik« [1900], in: ders.: *Die geistige Welt: Einleitung in die Philosophie des Lebens; Hälfte 1: Abhandlungen zur Grundlegung der Geisteswissenschaften*, hg. v. Georg Misch. 8. Aufl. Stuttgart–Göttingen 1990 (Gesammelte Schriften, Bd. 6), S. 317–338, hier S. 317.

[71] »Gibt es doch im entwickelten Menschen nur wenige Vorstellungen, die nicht allgemeine Elemente in sich faßten, und in der Menschenwelt ist vermöge der Wirkung allgemeiner sozialer Verhältnisse und psychologischer Verhaltungsweisen kein Individuum, welches nicht zugleich unter den verschiedenen Gesichtspunkten repräsentativ wäre, kein Schicksal, welches nicht einzelner Fall eines allgemeineren Typus von Lebenswendungen wäre. Diese Bilder von Menschen und Schicksalen werden unter dem Einfluß der denkenden Betrachtung so gestaltet, daß sie, ob sie gleich nur einen einzelnen Tatbestand darstellen, doch von dem Allgemeinen ganz gesättigt und solchergestalt repräsentativ für dasselbe sind.« Wilhelm Dilthey: *Das Erlebnis und die Dichtung. Lessing – Goethe – Novalis – Hölderlin*, hg. v. Gabriele Malsch. Göttingen 2005 (Gesammelte Schriften, Bd. 26), S. 120f.

[72] Dilthey: *Das Erlebnis und die Dichtung* (wie Anm. 71), S. 122.

[73] Vgl. Aristoteles: *Poetik*. Griechisch/deutsch, übersetzt und hg. v. Manfred Fuhrmann. Stuttgart 2001, S. 28f. (1494b). Es ist allerdings strikt zwischen der Singularität des Texts und der Singularität mancher seiner Lektüren zu unterscheiden, die sich umgekehrt gerade der Pluralität der möglichen Auslegungen schuldet.

[74] Dies wird bis heute variiert: »The singularity of a cultural object consists in its difference from all other such objects, not simply as a particular manifestation of general rules but as a peculiar nexus within the culture that is perceived as resisting or exceeding all pre-existing general determinations. Singularity, that is to say, is gen-

für die unerhörten Details zu entwickeln, deren die Hermeneutik bedarf, entspricht für Dilthey der Entwicklung des Experiments in den Naturwissenschaften: »Diese Kunst der Interpretation hat sich nun ganz so allmählich, gesetzmäßig und langsam entwickelt, als etwa die der Befragung der Natur im Experiment.«[75]

Da, wie hier zuvor dargelegt worden ist, eine allgemeine Wissenschaftstheorie wenig fruchtbar ist, da sie den Blick für Phänomene eher verdunkelt als schärft,[76] will ich auf eine neue Variation von Windelbands Unterscheidung verzichten. Das Empirische der Literaturwissenschaft soll gerade nicht in der Einzigartigkeit ihrer jeweiligen Gegenstände vorgefunden werden. In der hermeneutischen Praxis mag es Einzigartigkeiten im Werk geben, doch ist die Beobachtung der Einzigartigkeiten eine zu reproduzierende Leistung.[77] Ähnlich wie im Labor physikalische Phänomene isoliert und reproduziert werden, können in der Lektüre semantische und rhetorische Auffälligkeiten erkannt und benannt werden.

Diltheys und meine Identifikation von Experiment und Lektüre zielen einzig und allein darauf, im Experiment eine Technik zu sehen, ein bestimmtes Phänomen zu isolieren. Welche weiteren Rückschlüsse das Phä-

---

erated [...] by a configuration of general properties that, in constituting the entity (as it exists in a particular time and place), go beyond the possibilities pre-programmed by a culture's norms«. Derek Attridge: *The Singularity of Literature*. London–New York 2004, S. 63.

[75] Dilthey: »Die Entstehung der Hermeneutik« (wie Anm. 70), S. 320. Dilthey übersetzt ›interpretatio naturae‹ mit »Verstehen der Natur« (ebd., S. 318) – eine bemerkenswerte Anspielung auf Bacon, welche die vorliegende Gegenüberstellung von Bacon und Dilthey weiter motiviert.

[76] Vgl. auch Niklas Luhmann: *Die Wissenschaft der Gesellschaft [1990]*. Frankfurt a. M. 1998, S. 460f. Er spricht dort von einer »bedauerlichen Selbstisolierung der philosophischen Erkenntnistheorie«. (Ebd., S. 460)

[77] Wenn ich behaupte, die Dante-Lektüre sei nicht mittels statistischer Verfahren zu beschreiben, so argumentiere ich auch, daß Laborexperimente nicht ihrerseits experimentell zu untersuchen sind. Das alles gilt natürlich nur auf der Stufe, auf der das zu untersuchende Phänomen die Natur oder der Text ist. In dem Augenblick, in dem man sich wissenschaftssoziologisch oder -historisch oder aber psychologisch oder fehlertheoretisch mit nunmehr der Lektüre und dem Laborexperiment beschäftigt, können statistische Untersuchungen von Lektüren und Laborexperimenten durchaus von Belang sein. Aber der Gegenstand ist dann die Wissenschaft selbst. Die Frage lautet immer, welche Methode welchem Gegenstand angemessen ist; und das Problem ist, daß es keine Methode gibt, die die Richtigkeit einer Methode garantieren könnte. Hier zählt nur die Erfahrung und die Tatsache, daß sich bestimmte Methoden ganz praktisch besser bewähren als andere.

nomen letztlich läßt, also auf welche physikalische Gesetzmäßigkeit im Falle des Labors oder auf welche hermeneutische Singularität im Falle der Lektüre, läßt es offen. Das Experimentelle liegt lediglich darin, die Abgrenzbarkeit von Phänomenen nicht als gegeben hinzunehmen, sondern mit Mühe herzustellen, um dann zu – offenen – Ergebnissen zu gelangen.

In der philologischen Praxis erlernt man den Umgang mit einem hermeneutisch anspruchsvollen Text in der Diskussion im Seminar. Die Seminardiskussion simuliert aber nur die Entdeckung neuer Texteigenarten.[78] Zwar sprechen faktisch alle Beteiligten Beobachtungen aus, die vor ihnen immer wieder in Seminaren und Beiträgen geleistet worden sind, doch gibt man gemeinsam vor, man lese originell. Tatsächlich handelt es sich um eine Einübung, die dem Laborpraktikum der Naturwissenschaften ähnlich ist: man praktiziert als Student etwas, um in der Lage zu sein, selbständig auch unbekannte Texte zu – im emphatischen Sinne – lesen. Auf diese Weise erweist sich das praktische Verfahren als zentral für das jeweilige wissenschaftliche Arbeiten.[79] Insofern ist die Lektüre im Seminar (so wenig wie das Experiment während des Laborpraktikums) die wirklich offene Suche nach neuen Erkenntnissen, aber es erlaubt die Schärfung der Aufmerksamkeit für Phänomene und ihre Deutung.

---

[78] Es ist anhand der Beobachtung der Praxis zu prüfen, ob tatsächlich Verstehen und Auslegen untrennbar verbunden sind, wie Gadamer als zentrale und unhintergehbare Erkenntnis der Romantik formuliert. Vgl. Hans-Georg Gadamer: *Wahrheit und Methode. Grundzüge einer philosophischen Hermeneutik [1960]*. 6. Aufl. Tübingen 1990, S. 312f. Es zeigt sich – vielleicht im Einklang mit den jüngeren gebrauchsbasierten und kognitiven Theorien –, daß Verstehen und Anwenden voneinander nicht zu trennen sind, das Auslegen aber gerade in der Praxis besteht, die Anwendung zu beobachten, zu reproduzieren und einer Beschreibung zuzuführen. Für die Dichtung und die Kunst überhaupt bedeutet das, Kunstwerke in einem viel grundlegenderen Sinne verständlicher werden zu lassen. Gadamers Hermeneutik wird sich im Laufe der weiteren Ausführungen als ›kompatibel‹ mit dem empirischen Ethos erweisen.

[79] Gerade in diesem Sinne orientiert sich die Literaturwissenschaft an Erfahrung im Sinne Diltheys und auch im Sinne Luhmanns. Luhmann hebt hervor, daß Empirie – im Sinne der Unterscheidung empirisch/transzendental – schon dann vorliegt, wenn Sachverhalte in der Welt beobachtet werden: »Aber die Beobachtung ist selbst ja eine empirische Operation, belegt dadurch, daß sie selbst beobachtbar ist. Jede Art von Konstruktivismus muß auf einer solchen Empirie aufruhen, und dem Subjekt kann nur die Möglichkeit offengehalten werden, im Unbeobachtbaren zu verschwinden, à Dieu!« Luhmann: *Die Wissenschaft der Gesellschaft* (wie Anm. 76), S. 61, siehe auch S. 97 u. 517.

Als Methode[80] hat alles zu gelten, das Erscheinungen zu isolieren hilft; dies gehorcht (im Einklang mit dem Gestus der bisherigen Ausführungen) einem empirischen Ethos. Zur Untersuchung eines Textes ist die philologische Aussonderung einzelner Textstellen oder auffälliger Textmaterialitäten (etwa der Typographie) erforderlich. Die Lektüre besteht also in einer Isolierung von Auffälligkeiten, von unerhörten Bildungen. Die methodische Isolierung von Auffälligkeiten kann aber nur dann erfolgen, wenn man weiß, worin die Ungewöhnlichkeiten bestehen. Das gleiche Problem haben alle Wissenschaften; man muß in der Gemengelage der Phänomene herausfinden, was eine sehr spezifische Auffälligkeit besitzt (also beispielsweise die Gravitation vom Luftwiderstand ›trennen‹). Um die Ungewöhnlichkeiten benennen zu können, sind Kenntnisse besonders der Literaturgeschichte und der Rhetorik vonnöten; zur Rhetorik gehört auch die Spezialisierung auf Erzählungen, die heute etwas pompös ›Narratologie‹ genannt wird. Genauso sind Kenntnisse der Regelmäßigkeiten der Sprachverarbeitung hilfreich; linguistisches Wissen ist unabdinglich. Historische Kenntnisse sind wichtig, denn Semiotik ist immer nur historische Semantik.

Dies ist in weiten Teilen der Baconsche Geist, in dem die Literaturwissenschaft empirisch ist, wenn sie Texteigenarten isoliert.[81] Sich akribisch den Details eines Textes zuzuwenden zeichnet indessen die Philologie aus, die eine Aufmerksamkeit für die Gegebenheiten der Welt ist, wie Bacon sie fordert. Das Empirische der literaturwissenschaftlichen Verfahren besteht damit aber sicherlich nicht darin, daß sie sich Singularitäten zuwenden. Die Singularitäten sind allerdings interessant, weil zu erklären ist, wie sie sich in ihrer Besonderheit und in ihrer Abweichung von (sozial bedingten) Erwartbarkeiten durchsetzen. Auf diese Weise unterscheidet sich die literaturwissenschaftliche Empirie ganz grundsätzlich von der naturwissenschaftlichen. Weder kann die Literaturwissenschaft Bacon dann über den Weg Simpsons folgen und statistische Auswertungen sin-

---

[80] Die ehemals latente und heute manifeste Verwechslung von Theorie und Methode in den Literaturwissenschaften endet langsam: man sieht beispielsweise in der Dekonstruktion und in der Analytischen Philosophie nunmehr ›nur‹ Theorien, nicht aber konkrete Leseanleitungen.

[81] Ein Problem ist allerdings durchaus, inwiefern die Publikationen der Philologie nützlich sind und sich zu Veröffentlichungen zählen dürfen, die beispielsweise mit physikalischen Papers konkurrieren können. Bacon äußert Verachtung für das intensive Lesen älterer wissenschaftlicher Publikationen und lobt die Logophagie: man soll sie bloß »in transitu« (NO 38) lesen, da es auf die eigene Fähigkeit zur Prüfung ankomme.

gulärer Ereignisse betreiben, noch steht ihr der Weg über eine mathematische Formalisierung ihrer Erkenntnisse offen.

VIII. Jenseits der Sprache

Im Zentrum jeder Empirie, auch der philologischen, steht die Aufforderung, den Gebrauch von Sprache zu hinterfragen. Die bisherige geisteswissenschaftliche Kritik an der Präzisierungsfähigkeit der Sprache ist meist negativ geblieben: die Frühromantiker, Friedrich Nietzsche und Jacques Derrida haben wenig dazu beigetragen, ein positives Verständnis der Ungenauigkeit von Sprache zu erlangen, selbst wenn sie mit gewissem Erfolg verdeutlicht haben, daß Sprache unweigerlich Ungenauigkeit erzeugt und Verständnishindernisse schafft. Ludwig Wittgenstein hat in seiner Skizze einer Gebrauchstheorie der Bedeutung (in den *Philosophischen Untersuchungen*) einen wichtigen Versuch unternommen, der allerdings im wesentlichen eine Idee bloß skizziert. Die Kritik seitens der empirischen Forschung hingegen hat zur Entwicklung von speziellen Kommunikationsformen geführt, die mit natürlichen Sprachen nicht mehr viel gemein haben – insbesondere die Mathematik.[82] Alles in allem hat das Fehlen einer hermeneutischen Theorie, einer positiven Formulierung der ›Sprachkritik‹ auch seitens der Geisteswissenschaften, dazu geführt, daß die Resultate der Literaturwissenschaft derselben Unklarheit verhaftet geblieben sind, wie sie ihre Gegenstände aufweisen.

Dennoch hat es Bemühungen um eine Annäherung an bestimmte Vorgaben empirischer Forschung gegeben. Namentlich die Philosophie hat sich seit Kant – vielleicht mit dem Höhepunkt bei Merleau-Ponty – um eine Versöhnung von Rationalismus und Empirismus bemüht. Sie hat aber faktisch einen ganz anderen Zugang zur Empirie gewählt, als es Bacon eigentlich vorgeschwebt hat. Der Grund ist einfach zu benennen: Schon seit der Antike wird der Mensch als dasjenige Tier angesehen, das sich dank seiner Fähigkeit zur Sprache von den übrigen Wesen unterscheidet. Das ›animal rationale‹ ist das ›ζῷον λόγον ἔχον‹:[83] Denken und

---

[82] Die Feststellung, das gegenwärtige Wissenschaftsenglisch der Naturwissenschaftler habe mit dem ursprünglichen Englisch wenig gemeinsam, findet hierin ihre gewisse Berechtigung, insofern die Schlüsselwörter, auf die es ankommt, nicht in besonders sorgsamem Englisch eingebettet werden müssen und oft sogar von Personen verstanden werden, die in einem englischsprachigen Land keine Brötchen kaufen könnten.

[83] Die genannte Umformulierung geht wohl auf Heidegger zurück; bei Aristoteles lautet die Formulierung aber praktisch identisch: »λόγον δὲ μόνον ἄνθρωπος ἔχει

Sprechen sind in der westlichen Philosophietradition eins. Gegen nichts weniger als diesen Traditionsstrang hat sich Bacon in aller Vehemenz gewandt, und ihm ist die Naturwissenschaft mit großem Gewinn gefolgt. Die Philosophie – und mit ihr weite Teile der Geisteswissenschaften – hat aber diese Kritik nicht gesehen und ist der Sprache verhaftet geblieben.[84] Das Problem der mangelnden Empirie der Geisteswissenschaften ist nicht so sehr der Tatsache geschuldet, daß ihre Gegenstände Texte sind, sondern daß die Sprache allzu unbefangen als höchster Ausdruck menschlichen Denkens und Abstrahierens gewertet wird.[85]

Dies ist die fundamentale Kritik, die die antiken ›Empirici‹ und Bacon formulieren: eine Kritik an Theorie und an sprachlichen Erklärungen. Bacon verspottet aristotelisches und speziell dialektisches (syllogistisches) Denken, indem er sagt: »et verba gignunt verba« (NO 120, #59).[86] Die Kritik an der Dialektik, aus der nicht zuletzt im französischen Rationalismus die moderne Logik hervorgehen soll, richtet sich gegen die Schaffung von Fakten aufgrund selbstgenügsamer Theoriebildung, die bloß auf innere Stimmigkeit, nicht aber auf eine Sättigung mit Fakten abzielt.

Bacons Kritik an den vorempirischen Verfahren beruht auf dem Vorwurf, daß die Theorie über die Tatsachen gestellt wird, ohne daß sie einen Rückhalt in den Tatsachen findet. Es kommt namentlich in der Naturwissenschaft gar nicht auf das ›schmutzige Labor‹ an, auf das die heutige Wissenschaftsgeschichte gerne hinweist,[87] sondern auch der theoretische

---

τῶν ζῴων«. *Aristotelis Politica*, hg. v. William D. Ross. Oxford 1964, S. 3 (1253a 9–10).

[84] Eine der anspruchsvollsten Abgrenzungen hat Gadamer unternommen, indem er zwar das Verstehen des Seins in die Sprache setzt (vgl. Gadamer: *Wahrheit und Methode* [wie Anm. 78], S. 478), aber die Möglichkeit einer schlicht gegebenen Repräsentation von Welt durch Sprache in Frage stellt; die Möglichkeit einer einfach gegebenen Repräsentation legitimiert schließlich die Hermeneutik (vgl. ebd., S. 442–478). Problematisch bleibt aber Gadamers Ineinssetzung von Verstehen und Auslegen (vgl. Anm. 78).

[85] Dies ändert sich inzwischen, selbst wenn die zentralen Anregungen zu einer Kritik nicht aus den Geisteswissenschaften selbst kommen. Langacker verneint die Frage, die er ausdrücklich ausspricht: »Is thought itself language-like at all levels?« Ronald W. Langacker: *Cognitive Grammar. A Basic Introduction*. New York 2008, S. 32, Anm. 5. Vgl. auch Michael Tomasello: *Constructing a Language. A Usage-Based Theory of Language Acquisition*. Cambridge–London 2003, S. 32–35; Georg W. Bertram u. a.: *In der Welt der Sprache*. Frankfurt a. M. 2008. Die Diskussion berührt kaum die ›Sapir-Whorf-Hypothese‹.

[86] Übersetzung: »und Worte bringen Worte hervor«.

[87] Vgl. Latour: *Reassembling the Social* (wie Anm. 1), S. 109–115.

Physiker, der am Schreibtisch Daten zusammenfügt und deutungsintensive Meßergebnisse (wie etwa Detektorbilder) auswertet,[88] arbeitet sprachfern und empirisch. Es ist eine ausdrückliche Kritik an der Sprache, die zur Theoriebildung auch ohne Tatsachenbindung anstiftet; und Bacon stellt fest, daß die Sprache zur einfachen Tatsachenbehauptung einlädt, weil in der Sprache alles leicht seine Bezeichnung findet, Tatsachen also im vorempirischen Denken nicht erst aus den von sich aus bloß unscharf abgegrenzten Phänomenen präpariert werden müssen, sondern als evident vorausgesetzt werden können. Wie auch die voraufklärerische Medizinschule der Empiriker wendet Bacon sich gegen eine falsche Art und Weise der Theoriebildung: nicht empirisch ist demnach eine Wissenschaft, die die Theorie über die Tatsachenbehauptungen stellt. Eine Theorie ist nur dann statthaft, wenn sie die vorhandenen Details und Tatsachen zur Beschreibung einer Gesetzmäßigkeit vereint. Die Wege dahin mögen dabei unterschiedlich sein, so wie sich die Theoriebildungen der Physik und der Biologie bereits kräftig voneinander unterscheiden.

Daß hingegen Sprache ihrerseits ein reales Phänomen ist, ist bereits Bacon durchaus bewußt. Es zeigt sich nicht allein in Bacons faktisch soziologischer Analyse der Funktion von Sprache in Wissensgemeinschaften, sondern auch in seiner Sympathie für Quellensammlungen; unter dem Eindruck seiner Schriften hat sich in England die Anwendung (alt-)philologischer Techniken verbreitet, deren empirisches Ethos Anerkennung gefunden hat.[89] (Einen namentlich bedeutenden Teil der Schaffung von Fakten leistet die Literaturwissenschaft bis heute im Rahmen ihrer Teildisziplin der Editionsphilologie.) Und nicht nur Sprache ist eine Realität, sondern es ist ebensowenig zu bezweifeln, daß literarische Texte Fakten sind, die in der Welt aufgefunden und gedeutet werden können.

Einem empirischen Ethos folgt die Literaturwissenschaft in der Art und Weise, wie sie Phänomene isoliert. Allerdings ist unklar, inwieweit ihre Theoriebildung und die Deutung der Phänomene – also die ›interpretatio verborum‹ – tatsächlich auf eine Weise vollzogen wird, die dem empirischen Ideal entspricht, denn literaturwissenschaftliche Faktenbeschreibung und Theoriebildung sind durch und durch sprachverhaftet. Man muß dies freilich nicht als Mangel ansehen. Denn es gibt im Moment nicht

---

[88] Vgl. Peter Galison: »Specific Theory«, in: *Critical Inquiry* 30 (2004), S. 379–383, hier S. 379f.; ders.: *Image and Logic. A Material Culture of Microphysics.* Chicago–London 1997.

[89] Vgl. Shapiro: *Probability and Certainty in Seventeenth-Century England* (wie Anm. 13), S. 121.

einmal eine Idee eines Kommunikationsmediums, das eine sprachferne Kommunikation über Sprache ermöglichen würde; und ob dereinst die Sprachanalysen der Linguisten und Informatiker in der Lage sein werden, hilfreiche Beiträge zu einer Hermeneutik der Literatur zu liefern, ist gegenwärtig nicht einmal in die Form einer wohlformulierten Frage zu bringen. Unstreitig ist lediglich, daß die Literaturwissenschaft Gesetzmäßigkeiten oder Singularitäten weder in der Form einer Differenzialgleichung (wie in der Physik) oder eines Wirkmechanismus (wie in der Biochemie) ausdrücken kann. Bis zur Schaffung einer solchen hermeneutischen Theorie bleibt eine gewisse theoretische Unterbestimmtheit unvermeidlich. Natürlich lassen sich Phänomene wie Fiktion und Paratextualität abstrakt und damit greifbar beschreiben; gerade hier ist im Einklang mit Bacons Überlegungen die Betrachtung der ›instantiae heteroclitae‹ und ›deviantes‹ hilfreich, denn erst die Kenntnis der Extremfälle zeigt oft an, wo die Gesetzmäßigkeit liegt. Dennoch liegen die jeweiligen Theorien in keinem Kommunikationsmedium vor, das Mißverständnisse ausschließen könnte und das die Klarheit eines Formalismus hätte.

Es seien drei spekulative Anmerkungen erlaubt. Erstens könnte es sein, daß eine sprachferne Theorie der Sprache gar nicht möglich ist (aufgrund struktureller Besonderheiten der Sprache oder des menschlichen Denkens). Sollte dies der Fall sein, wird der Beweis dieser Erkenntnis allerdings auch unmöglich bleiben, denn wenn ein so grundlegendes Phänomen keinen Ausdruck in einem Kommunikationsmedium finden kann, kann es seine Erklärung erst recht nicht. Anders als die Mathematik, die, wie Kurt Gödel gezeigt hat, in sich selbst hinreichende Strukturen aufweist, um ihre Unvollständigkeit zu beweisen, ist dies in der Sprache nicht möglich. Zweitens erlaubt die Deutbarkeit der Deutungen in den Geisteswissenschaften, daß sich neuere Lektüren immer wieder von älteren Lektüren überraschen lassen können – also auch von theoretischen Texten. Daß man immer wieder aufs neue Aristoteles und Augustinus, Novalis und Nietzsche, vielleicht dereinst Langacker und Luhmann lesen und deuten kann, besitzt den Seiteneffekt, daß die Pflege und Tradierung sehr vielfältiger Texte – nicht nur der genuin ästhetischen – zu den Kernaufgaben der Philologie zählen wird. Hieraus erwächst eine lange Folge wichtiger und anregender Texte, die allesamt für sich weder einen Endpunkt noch einen sicheren Ausgangspunkt für Erkenntnisstreben abgeben, aber in ihrem Fluß selbst Ausdruck des Erkenntnisstrebens sind. Drittens ist das Vorhandensein eines präzisen Kommunikationsmediums natürlich nicht die Voraussetzung dafür, daß eine Erkenntnis wertvoll ist. Sonst hätte es bis ins 17. Jahrhundert keine wertvolle Erkenntnis gegeben; und die Medizin tut sich bis heute mit präzis gefaßten Ergebnissen methodisch schwer – und liefert doch wertvollste Erkenntnis. Für die Geisteswissenschaft stets unangenehme Konsequenz wäre aber, daß sie unweigerlich in der Nähe der Dichtung verharrte, egal wie ambitioniert ihre Begriffsbildungen auch ausfielen.

Ich kehre abschließend zum empirischen Ethos der Lektüre zurück, zu den Techniken also, bestimmte Phänomene zu isolieren. Immerhin existiert hier eine Theorie und Wissenschaft mit langer Tradition, die die empirisch beobachtbaren Unerhörtheiten zu beschreiben imstande ist und die die Analogie von Experiment und Lektüre rechtfertigt: die Rhetorik. Nicht von ungefähr bewunderte sie Bacon (im Gegensatz zu den Rationalisten, die die Sprache ohnehin als beliebig präzisionsfähig ansehen und Rhetorik daher als unnötigen Schmuck oder gar als Manipulationstechnik abtun):

> Now we descend to that part which concerneth the illustration of tradition, comprehended in that science which we call rhetoric, or art of eloquence; a science excellent, and excellently well laboured.[90]

Gerade die Rhetorik versteht sich als Theorie des Singulären (als Theorie der Regularität im Unregulierbaren) und damit als das wichtigste Hilfsmittel, um die ästhetische Erfahrung in der Dichtung zu beschreiben und die besonderen Techniken der Verlebendigung und Darstellung in auch nichtästhetischen sprachlichen und nichtsprachlichen Kommunikationsformen zu beschreiben. Es ist eine Wissenschaft, die mit in nicht geringem Maße empirischem Geist sich immer einzelnen ›instantiae‹ der Sprache zuwendet.[91] Die rhetorische Theorie schenkt stets dem konkreten Fall, der realen Einzigartigkeit, mehr Aufmerksamkeit als der vermeint-

---

[90] Francis Bacon: »Of the Proficience and The Advancement of Learning Divine and Human« [1605], in: ders.: *The Advancement of Learning and New Atlantis*, hg. v. Arthur Johnston. Oxford 1974, S. 3–212, hier S. 139. Zur Rhetorik äußert sich Bacon an mehreren Stellen, an dieser allerdings ausführlich (vgl. ebd., S. 139–143, Buch 2, Kap. 18). Selbstverständlich besitzt die Rhetorik nicht den Rang richtigen Wissens und schafft keine Erkenntnisse, aber sie ist diejenige Wissenschaft, die für die jeweiligen Adressatengruppen die geeignete Präsentation von Wissen und Erkenntnis ermöglicht; Rhetorik ist also auch Wissenschaftlern gegenüber nötig und sinnvoll. Zu Bacons Verhältnis zur Rhetorik vgl. Shapiro: *Probability and Certainty in Seventeenth-Century England* (wie Anm. 13), S. 235.

[91] Die Hermeneutik ist mangels dieses konkreten Sprachbezugs bislang nur das Versprechen einer genuin literaturwissenschaftlichen Theorie geblieben.

lich möglichen Generalisierung. Dies ist eine Erkenntnis, die schon Quintilian bündig formuliert:

> mihi semper moris fuit quam minime alligare me ad praecepta, quae καθολικά vocitant, id est, ut dicamus quo modo possumus, *universalia* vel *perpetualia*; raro enim reperitur hoc genus, ut non labefactari parte aliqua et subrui possit.[92]

---

[92] Quintilian: Inst. orat., II, 13, 14; zitiert wird die Ausgabe *Ausbildung des Redners*, hg. v. Helmut Rahn. 2 Bde. Darmstadt 1995, Bd. 1, S. 226. Übersetzung: »Es ist mir immer eine feste Regel gewesen, mich so wenig wie möglich auf Regeln zu verlassen, die καθολικά heißen, das heißt, um es so gut wie möglich zu übersetzen, *allgemeingültig* und *stets anwendbar*; denn selten trifft man nur auf eine solche Art [von Gesetz], die nicht an irgendeinem Punkte erschüttert oder zertrümmert werden kann.«

Haim Mahlev

Der Spinozismus vor Spinoza

Johann Franz Buddes Erwiderung auf Johann Georg Wachters *Der Spinozismus im Jüdenthumb*

Abstract: This paper explores Johann Franz Buddeus' reaction to Johann Georg Wachter's *Der Spinozismus im Jüdenthumb* (1699). In his *Dissertatio philosophica de Spinozismo ante Spinozam* (1701) Buddeus strives to present a concrete, stable, and in essence ›a-historical‹ definition of ›spinozism‹, which he uses to detect ›spinozistic‹ thought from ancient Greek Philosophy to Christianity. The specific definition of the term also bears implications on Buddeus' attitude toward Platonism as well as Judaism: a process of historicization which enables him to differentiate between the original stream of thought and its historical developments, thereby exonerating both ancient Platonism and ancient Judaism from the accusation of atheism and spinozism.

Die Betrachtung ideengeschichtlicher Vorgänge und Entwicklungen führt häufig zu dem Ergebnis, daß sich Absichten und Meinungen am ergiebigsten bei Auseinandersetzungen entfalten. Ein Buch, dessen ideengeschichtlicher, philosophischer, theologischer oder gesellschaftlicher Wert vielleicht fraglich gewesen wäre und möglicherweise zu seinem Vergessen beigetragen hätte, bekommt durch Auseinandersetzung und Disputation eine besondere intellektuelle Rolle, die es eventuell in den Status eines autoritativen Textes erhebt. Eine Absicht, die sonst unentwickelt geblieben wäre, wird durch Polemik und Apologetik gezwungen, sich zu entfalten, und bekommt somit eventuell bedeutenden Einfluß auf spätere Generationen. Solche Auseinandersetzungen deuten also auf einen kontinuierlichen Diskurs und somit auf eine historische Bedeutung hin; Rezeption als ideengeschichtliches Ereignis geschieht nicht nur durch Übernahme und Affirmation, sondern – und vielleicht vor allem – durch Ablehnung und Widerlegung.

Solch eine Auseinandersetzung, die bedeutenden Einfluß auf die Spinozarezeption in der deutschen Frühaufklärung ausübte, läßt sich zwischen Johann Georg Wachter (1673–1757) und Johann Franz Budde (1667–1729) finden. Budde war einer der ersten, der auf Wachters *Der*

Spinozismus im Jüdenthumb[1] (1699) reagierte; seine Reaktion setzte eine Auseinandersetzung in Gang, die Wachter in der Folge zu radikalen Ansichten bezüglich der Philosophie Spinozas und der Kabbala führte. Die Gegner Wachters bis zur späten Frühaufklärung beriefen sich hauptsächlich auf Buddes Argumente,[2] während Autoren, die eine eher positive Haltung gegenüber Wachter einnahmen, die Buddeschen Angriffe abwehren mußten.[3] Wirkungen dieser Disputation, die zwei entgegengesetzte Positionen hervorbrachte – im Falle Buddes akademisch und institutionell, mit Rücksicht auf eine bestimmte akademische Forschungsmethode verfaßt, im Falle Wachters hingegen vernakular und außerakademisch, undogmatisch und polemisch – lassen sich durch die deutsche Aufklärung bis zum berühmten ›Pantheismusstreit‹ finden.

In den letzten Jahrzehnten wird Wachters Rolle in der Spinozarezeption in der Aufklärung vermehrt Aufmerksamkeit gewidmet.[4] Mittlerweile ist bekannt geworden, daß nicht nur der *Spinozismus im Jüdenthumb*, sondern auch andere Schriften Wachters wie der *Elucidarius Cabalisticus* (1702, veröffentlicht 1706) bedeutenden Einfluß auf die Behandlung Spi-

---

[1] *Der SPINOZISMUS im Jüdenthumb / Oder / die von dem heutigen Jüdenthumb / und dessen Geheimen Kabbala Vergötterte Welt / An MOSE GERMANO sonsten JOHANN PETER SPEETH / von Augspurg gebürtig / Befunden und widerleget von JOHANN GEORG WACHTER.* AMSTERDAM / Bey JOHANN WOLTERS, Buchhändlern auff dem Wasser, 1699.

[2] So z. B. Jacob Brucker in der Betrachtung der stoischen Lehre in seiner *Historia critica philosophiae.*

[3] So z. B. Jakob Friedrich Reimmann in der Diskussion über Spinoza in seinem *Versuch einer Einleitung in die Historie der Theologie insgemein und der Jüdischen Theologie insbesondere* (1717), wo er die von Budde erwähnten Differenzierungen zwischen ›Cabbala vetus‹ und ›recentior‹ ablehnt. Siehe unten Anm. 59. Reimmanns eher positive Haltung gegenüber Wachter wird später durch eine höchst kritische ersetzt.

[4] Siehe z. B. David Bell: *Spinoza in Germany from 1670 to the Age of Goethe.* London 1984; Winfried Schröder: *Spinoza in der deutschen Frühaufklärung.* Würzburg 1987; Jonathan I. Israel. *Radical Enlightenment: Philosophy and the Making of Modernity (1650–1750).* New York 2001; ders.: *Enlightenment Contested: Philosophy, Modernity, and the Emancipation of Man 1670–1752.* New York 2006; Martin Mulsow: *Moderne aus dem Untergrund: Radikale Frühaufklärung in Deutschland 1680–1720.* Hamburg 2002. Ältere und zum Thema der Spinozarezeption wichtige Publikationen sind: Leo Baeck: *Spinozas erste Einwirkung auf Deutschland.* Berlin 1895; Max Grundwald: *Spinoza in Deutschland.* Berlin 1897; Hans-Joachim Schoeps: *Philosemitismus im Barock. Religions- und geistesgeschichtliche Untersuchungen.* Tübingen 1952; ders.: *Barocke Juden, Christen, Judenchristen.* Bern–München 1965.

nozas während der Aufklärung im allgemeinen und der Frühaufklärung im besonderen ausübten. Doch die Mehrheit der Forschung zur Spinozarezeption in der deutschen Frühaufklärung beschränkt sich hauptsächlich auf bestimmte Verfasser, deren Radikalität sie als außerordentliches Beispiel hervorhebt.[5] Diese Tatsache führt gelegentlich zu dem Eindruck, die deutsche Frühaufklärung werde künstlich als eine Kette von solchen radikalen (oder von der Forschung her radikalisierten) Einzelfällen ausgeformt, während der institutionellen Auseinandersetzung mit Spinoza zu jener Zeit keine ernsthafte Betrachtung zuteil wird – auch wenn die Forschung sich schon einig ist, daß die Frühaufklärung nicht ausschließlich auf radikale Schriften zu beschränken sei.[6] Diese Selektivität führt m. E. manchmal zu einer einseitigen und bisweilen verfälschten Ansicht der Aufklärung im allgemeinen und der Spinozarezeption im besonderen. Die institutionelle Auseinandersetzung mit Spinoza ist nicht minder fruchtbar als die ›radikale‹: Sie ist, meiner Meinung nach, in ihrer Wirkung manchmal bedeutender als die freidenkerische Literatur oder die ›littérature clandestine‹ – in vielen Fällen ist sie in ihrer maskierten Subversion gegenüber dogmatischen Aussagen sogar radikaler.

Im folgenden möchte ich also diese Tendenz durch eine Darstellung eines institutionellen Aufsatzes ersetzen – Johann Franz Buddes *Dissertatio philosophica de Spinozismo ante Spinozam*. In diesem Aufsatz läßt sich die ausführliche Erwiderung Buddes auf Wachters *Spinozismus im Jüdenthumb* finden, samt einer interessanten und in ideengeschichtlicher Hinsicht äußerst wichtigen Behandlung der Philosophie Spinozas. Im besonderen soll auf den nächsten Seiten gezeigt werden, wie Budde einen ahistorischen Spinozismus-Begriff, der durch Historisierung definiert wird, als Maßstab für die Betrachtung verschiedener Denkströmungen verwendet, was ihn zu in seiner Zeit umstrittenen Schlußfolgerungen bezüglich der platonischen Philosophie und der hebräischen Kabbala führt.

---

[5] Häufig erörtert werden Ehrenfried Walter von Tschirnhaus, Friedrich Wilhelm Stosch, Theodor Ludwig Lau und Johann Christian Edelmann.

[6] Siehe z. B. *Strukturen der deutschen Frühaufklärung 1680–1720*, hg. v. Hans-Erich Bödeker. Göttingen 2008, S. 18: »Die Aufklärung kann nicht mehr länger als ein sich kontinuierlich steigender Prozeß der Radikalisierung interpretiert werden. Bereits in der frühen Aufklärung gab es neben der dominierenden moderaten Strömung einen minoritären radikalen Flügel.« Jonathan Israel bezeichnet Samuel Pufendorf und Christian Thomasius, denen eine erhebliche Rolle in der deutschen Aufklärung verliehen wird, als zum »Moderate Mainstream« gehörige Denker. Israel: *Radical Enlightenment* (wie Anm. 4), S. 11.

Johann Franz Budde (Buddeus) war einer der prominentesten akademischen Figuren seiner Zeit. 1667 in Anklam geboren, lehrte er seit 1689 in der philosophischen Fakultät in Jena. 1692 wurde er zum Professor der griechischen und lateinischen Sprache in Coburg ernannt, folgte aber bereits 1693 der Berufung an die neugegründete Universität Halle, wo er als Professor für Moralphilosophie und seit 1704 für Theologie wirkte. Seine bedeutendsten theologischen Schriften bis zu seinem Tod 1729 verfaßte er als ordentlicher Professor für Theologie in Jena.

Die 1701 geschriebene *Dissertatio philosophica de Spinozismo ante Spinozam*[7] gehört einer Reihe von Beiträgen an, die mit der 1695 erschienen Schrift *De erroribus Stoicorum in philosophia morali* begann und mit den *Theses theologicae de atheismo et superstitione* (1716; dt. 1717) einen gewissen Höhepunkt erreicht hat, der aber Buddes Interesse an antiken Glaubenssystemen nicht erschöpfte. Der eklektischen Forschungsmethode Rechnung tragend[8] strebt Budde in dieser Dissertation an, ein breites Spektrum von ideengeschichtlichen Absichten aufzuzeigen und auszuforschen, doch der enge Rahmen des kurzen Aufsatzes verhindert unvermeidlich ein umfassendes geschichtliches Bild: Es handelt sich hier um eine philosophische Dissertation, die einen bestimmten Aspekt, nämlich die Nähe verschiedener philosophischer Denkströmungen zum spinozistischen Denken, betrachtet; moralische, gesellschaftliche und politische Folgen werden nur im Hintergrund angedeutet.

Aus ideengeschichtlicher Perspektive befindet sich diese *Dissertatio* an einem interessanten Knotenpunkt: In der Betrachtung griechischer Philosophie beruht sie hauptsächlich auf Jacob Thomasius, insbesondere auf seiner *Exercitatio de stoica mundi exustione* (1676), wenn auch z. T. mit offensichtlicher Selektivität.[9] Die Verbindung zwischen Spinoza und der antiken Philosophie wurde in Pierre Bayles *Dictionnaire historique et critique* erfolgreich durchgesetzt: Der ›Spinoza‹-Artikel, der u. a. auch die Absichten von Jacob Thomasius in sich einverleibte, dient Budde als

---

[7] *DISSERTATIO PHILOSOPHICA de SPINOZISMO ANTE SPINOZAM*, [...] PRAESIDE IO. FRANCISCO BVDDEO [...] A. D. IVN. A. M. DCC. I. [...] *Submittit IOANNES FRIDERICUS VVERDER, Postamiensis Meso-Marchicus*. Recusa HALÆ MAGDEBURGICÆ, Typis CHR. HENCKELII, Acad. Typogr. 1706.

[8] Zu Buddes Darstellung des Eklektizismus als adäquateste Forschungsmethode siehe: Martin Mulsow: »Eclecticism or Skepticism? A Problem of the Early Enlightenment«, in: *Journal of the History of Ideas* 58 (1997), S. 465–477.

[9] Thomasius setzt sich in diesem Aufsatz dem Neu-Stoizismus von Justus Lipsius entgegen. Vgl. dazu Christopher Brooke: »How the Stoics became Atheists«, in: *The History Journal* 49 (2006), S. 387–402.

autoritativer Text während der ganzen Dissertation. Die Diskussionen über die platonische Philosophie und die hebräische Kabbala sind, wie wir gleich sehen werden, im Lichte der ›Philosophia Perennis‹-Debatte zu lesen. Vor allem aber ist die kleine Schrift eine Antwort auf Wachter, die die Behandlung mit Spinoza angeblich zu dem philosophischen Diskussionsrahmen zurückführen will.

I. Zur Definition des Spinozismus

Die *Dissertatio* beginnt mit einer rhetorischen Entwürdigung Spinozas: Benedictus de Spinoza, Jude von Geburt, hatte seine Religion aufgegeben und war, nachdem er zum Christentum konvertieren wollte, schließlich dem Atheismus verfallen, der sein Leben bis zu seinem Tod beherrschte.[10] Das Fehlen einer Definition von ›Atheismus‹ in dem Aufsatz möge darauf hinweisen, daß Budde die übliche lutherische Ansicht vertritt, die den atheistischen Akt als ein bewußtes, im Grunde genommen absichtliches Verbrechen (›crimen‹) gegenüber Gott betrachtet.[11] Obwohl Budde ein nicht ganz negatives Bild von Spinoza zeichnet – er würdigt ihn, durch Erwähnung verschiedener biographischer Daten aus dem Leben des Philosophen,[12] als ernsthaften Denker, der trotz seines Eifers aber keine

---

[10] Buddeus: *Dissertatio philosophica de Spinozismo* (wie Anm. 7), S. 4: »Benedictvs de Spinoza, natione Iudaeus, religionis, cui innutritus erat, desertor, christianus equidem videri voluit, sed ingenii haud infoecundi commentis nimium indulgendo, in Atheum tandem degenerauit, [...] ad mortem vsque retinuit, quae XXIII. Febr. A. M. DC. LXXVII. aetatis XLIV. ei obtigit.«

[11] Vgl. dazu Winfried Schröder: »Einleitung«, in: Jakob Friedrich Reimmann: *Historia universalis Atheismi et Atheorum falso et merito suspectorum (1725)*. Stuttgart-Bad Cannstatt 1992, S. 7–17; Michael Czelinski-Uesbeck: *Der tugendhafte Atheist. Studien zur Vorgeschichte der Spinoza-Renaissance in Deutschland*. Würzburg 2007, S. 35–37. Es handelt sich nämlich um die dogmatische Verpflichtung des ›Consensus gentium‹-Arguments, das Budde in anderen Schriften erörtert, wie beispielsweise in seinen *Theses theologicae de atheismo et superstitione* (1716), wo er zwischen zwei Hauptgruppen von Atheisten unterscheidet: denen, die die Existenz Gottes schamlos oder aus ›male fide‹ verleugnen, und denen, die ein Denksystem einrichten, aus dem man schließen kann, daß es keinen Gott gäbe. In beiden Fällen handelt es sich um ein bewußtes Handeln. Siehe Brooke: »How the Stoics became Atheists« (wie Anm. 9).

[12] Budde beruft sich auf die kurze Lebensbeschreibung Spinozas in Pierre Bayles ›Spinoza‹-Artikel in seinem *Dictionnaire historique et critique*, der seinerseits die biographischen Daten von dem von Jarig Jelles geschriebenen Vorwort zu Spinozas

vorzügliche Lehre hervorgebracht habe –, läßt das Hauptargument, das unmittelbar nachfolgt, keinen Zweifel zu: Nichts sei gefährlicher für das echte Christentum als die Lehre Spinozas; eine Tatsache, die viele in ihrer Verteidigung oder gar in ihrem Lob des Philosophen aus Mißverständnis seiner Lehre oder aus reiner Ruhmsucht übersehen.[13] Sowohl die Erwähnung von Spinozas religiöser Herkunft als auch der Tatsache, daß er seine Religion aufgegeben hat, sind hier mehr als ein biographisches Detail: Sie stellen schon von Anfang an eine für die nachfolgenden Diskussionen wichtige Barriere zwischen Spinoza und dem Judentum dar.

In der Auswertung von Spinozas Atheismus äußert Budde die Meinung, Spinoza vermische (›confundit‹) Gott und Welt, oder vielmehr: Spinoza vertausche Gott mit einem Ding, das Gott überhaupt nicht ähnelt und dessen Namen es nicht würdig ist.[14] Dies beweist er, wie üblich in Schriften gegen Spinoza am Ende des 17. Jahrhunderts, aus der *Ethik*.[15] Im Gegensatz aber zu anderen Schriften, die die berühmte ›Deus sive Natura‹-Formel aus dem vierten Teil der *Ethik* herausziehen,[16] beschränkt

---

Opera Posthuma (1677) übernimmt. Vgl. dazu Czelinski-Uesbeck: *Der tugendhafte Atheist* (wie Anm. 11), S. 69–71.

[13] Buddeus: *Dissertatio philosophica de Spinozismo* (wie Anm. 7), S. 4: »Nullum autem licet videatur peritioribus, mentisque compositae & vera Christianismi indole praeditis lectoribus, ab hocce viro eiusque scriptis imminere periculum […]. Tanta enim proh dolor! multorum est vesania, vt, haud raro sententiam aut laudent aut defendant, quam ipsi équidem non satis intelligunt, sed quam tamen magnae cuiusdam famae viro tribui vident.« Bemerkenswert ist hier, daß Budde sich in acht nimmt, die ›vesania multorum‹ nicht kritisch zu beurteilen, da er auch nicht deutlich erklärt, auf wen er es abgesehen hat.

[14] Buddeus: *Dissertatio philosophica de Spinozismo* (wie Anm. 7), S. 5: »Nos hic eam ipsius designamus sententiam, qua Deum cum natura ipsi turpiter confundit, vel potius Deum in eiusmodi ens transmutat, quod nihil minus quam nomen titulumque Dei promeretur.«

[15] Timothy Hochstrassers Ansicht, daß »in the late seventeenth and early eighteenth centuries, when Buddeus read Spinoza, the text that was most readily available was the *Tractatus Theologico-Politicus*, where the radical thought of Spinoza's religious views was most evident. The *Ethica*, which provided the metaphysical foundations of the system, was far less well known […]«, ist für den deutschsprachigen Raum nicht zutreffend, da sich sehr viele Schriften gegen Spinoza, wie Christian Kortholts *De Tribus Impostoribus Magnis* (1680) und Gottfried Arnolds *Unparteyische Kirchen und Ketzerhistorie* (1699), um zwei bedeutende Beispiele zu nennen, bei der Widerlegung auch auf die *Ethik* berufen. Siehe Timothy J. Hochstrasser: *Natural Law Theories in the Early Enlightenment*. Cambridge 2000, S. 156.

[16] So z. B. in Christian Kortholts *De Tribus Impostoribus magnis liber*. Kiloni, Liters & Sumptibus Joachimi Reumanni, Acad. Typog. 1680, S. 176, als auch in Gottfried

sich Budde hauptsächlich auf die sieben ersten Lehrsätze des ersten Teils, während er die Beweisführung in sozusagen regressiver Weise aufbaut, die mit dem anscheinenden Beweis von Spinozas Vergötterung der Welt anfängt und dann die dazu führenden Argumente nachvollzieht.[17] Die Beweisführung von Spinozas Spinozismus beginnt also mit dem siebten Lehrsatz des ersten Teils (»Zur Natur der Substanz gehört zu existieren«[18]), samt dem Beweis, daß eine Substanz von einer anderen nicht hervorgebracht werden kann. Danach erwähnt Budde den sechsten Lehrsatz (samt entsprechendem Beweis), der behauptet, eine Substanz kann nicht von einer anderen Substanz hervorgebracht werden, und zitiert den Folgesatz zu jenem Lehrsatz, nämlich, daß es in der Natur der Dinge nur Substanzen und ihre Affektionen gibt. Ferner wendet er sich dem fünften Lehrsatz und Beweis zu (»In der Natur der Dinge kann es nicht zwei oder mehrere Substanzen derselben Natur d. h. desselben Attributes geben«), leitet elegant zum zweiten Lehrsatz über (»Zwei Substanzen, die verschiedene Attribute haben, haben nichts miteinander gemein«), während er auch den dritten (»Von Dingen, die nichts miteinander gemein haben, kann das eine nicht die Ursache des anderen sein«) zu erwähnen nicht verpaßt.

Im Rahmen einer akademischen Dissertatio philosophica, die einen bestimmten pädagogischen Zweck hat, wirkt diese Beweisführung merkwürdig: Vor allem schwächt sie das ursprüngliche Argument Spinozas ab, indem durch die Rückläufigkeit der Argumentation verschiedene Argumente redundant werden, während andere durch den Mangel an einer philosophischen Argumentation bzw. Erklärung axiomatisch als wahr angenommen werden müssen. Der siebte Lehrsatz, der die Beweisführung in Bewegung setzt, schließt die Behauptung des sechsten Lehrsatzes in sich ein und wird in der *Ethik* als eine logische Folgerung davon gestaltet; bei Budde hingegen taucht der Beweis des siebten Lehrsatzes als eine

---

Arnolds *Kirchen- und Ketzer-Historie, Vom Anfang des Neuen Testaments Bis auf das Jahr Christi 1688*. Franckfurt am Mayn, Bey Thomas Fritschens sel. Erben 1699–1700, S. 1085.

[17] Diese Art der Beweisführung übernimmt Budde aus Henry Mores *DEMONSTRATIONIS DUARUM PROPOSITIONUM, [...] quae pracipuae apud SPINOZIUM Atheismi sunt Columnae, brevis solidáque CONFUTATIO*, die am Ende der *Dissertatio* ausführlich erörtert wird. Zu Mores Aufsatz siehe Alexander Jacob: *Henry More's Refutation of Spinoza*. Hildesheim 1991.

[18] Baruch de Spinoza: *Ethik in geometrischer Ordnung dargestellt*. Neu übersetzt, hg., mit einer Einleitung versehen v. Wolfgang Bartuschat. Hamburg 1999, S. 13. Folgende Zitate aus der *Ethik* werden aus dieser Übersetzung übernommen.

Erklärung auf, deren Wahrheitswert axiomatisch als wahr angenommen werden muß, der dann durch die Erwähnung des sechsten Lehrsatzes gewahrt wird. Begriffe wie ›Substanz‹ und ›Attribut‹, die in der Beweisführung eine erhebliche Rolle spielen, werden von Budde nicht definiert, weder durch einen Hinweis auf Spinozas eigene Definitionen noch durch eine eigenständige Erklärung. Die Beweisführung ist also philosophisch schwach; in rhetorischer Hinsicht ist sie aber klar: Budde beginnt den ›ordo philosophandi‹ mit der Natur, und nicht – wie Spinoza – mit Gott.[19] Das Fehlen einer Definition von Substanz führt den Leser unvermeidlich zur Annahme der von Budde angedeuteten (und aus theologischer Sicht partiellen) Verwendung: Substanz hieße dann nicht die Ursache seiner selbst, wie sie von Spinoza definiert wird, sondern der ›Naturstoff‹, was zu der unausweichlichen Schlußfolgerung führt, daß es »außer der Substanz der natürlichen Dingen, die existieren, [...] keine andere Substanz [gibt], die sie geschöpft hat, oder die ihre Ursache sein könnte, es gibt eben auch keinen Gott.«[20]

Budde zieht also den Begriff ›Gott‹ von dem Begriff ›Substanz‹ durch teleologische Argumentationsweise ab: Was man unmittelbar als gegenwärtig existierend betrachten kann, sind die ›substantiae rerum naturalium‹, also die Natur. Spinozas Gleichsetzung von jenen Substanzen und Gott führt also zur Ablehnung der Existenz Gottes,[21] nicht eben zur Ablehnung der Existenz der Natur, was zu einer Ablehnung der Existenz

---

[19] Dies scheint eine übliche Kritik in Schriften gegen Spinoza zu sein. Wachter schreibt in seinem *Spinozismus im Jüdenthumb* (wie Anm. 1), III. Theil, S. 21: »Aber nun will er [Spinoza] fliegen ehe er Flügel hat / und von Gott dem höchsten anfahen / da er das niedrigste noch nicht kennet; und nachdem er sich einige Principien von Gott gemacht hat / wil er uns erst lehren / was wir in uns fühlen / gleich ob müste sich unser Gefühl nach seiner Metaphysic richten.« Spinoza äußert übrigens seine Meinung diesbezüglich im Scholium zum zehnten Lehrsatz im zweiten Teil der *Ethik*: »Die Ursache hiervon ist, glaube ich, daß die [rechte] Ordnung des Philosophierens nicht eingehalten haben. Denn die göttliche Natur, die sie vor allem anderen hätten betrachten müssen, weil sie sowohl der Erkenntnis wie der Natur nach das erste ist, hielten sie für das letzte im Gang der Erkenntnis, und die Dinge, die man Gegenstände der Sinne nennt, für das erste, das allem vorangeht.« Spinoza: *Ethik* (wie Anm. 18), S. 119.

[20] Buddeus: *Dissertatio philosophica de Spinozismo* (wie Anm. 7), S. 6: »[...] praeter eam substantiam rerum naturalium, quae existunt, nullam dari aliam substantiam, quae creauerit illas, vel quae earum causa esse potuerit, nullumque adeo dari Deum.«

[21] Diese Schlußfolgerung ist an sich nicht eigenartig: Sie taucht u. a. als Hauptargument in Christian Kortholts *De Tribus Impostoribus Magnis Liber* auf, das Budde höchstwahrscheinlich bekannt war.

überhaupt führen würde. Gott verliert bei Spinoza seine eigene, selbständige Definition durch die Aussage, daß keine Substanz eine andere hervorbringen kann, wie auch durch das Beharren darauf, daß sowohl
»[a]ußer Gott [...] es keine Substanz geben und keine begriffen werden
[kann]« (Lehrsatz 14), als auch daß »[w]as auch immer ist, [...] in Gott
[ist], und nichts [...] ohne Gott sein oder begriffen werden [kann]« (Lehrsatz 15). Oder in anderen Worten: Gott verliert seine eigene Existenz in
dem Moment, als er als eine transzendente ›causa efficiens‹ zu fungieren
aufhört.[22] Spinoza setzt also Gott und Natur in einer Weise gleich, daß es
nichts außer der Natur gäbe, was man als Gott betrachten kann oder
soll.[23] ›Gott‹ bei Spinoza ist ein seiner selbstständigen Definition beraub-
ter Begriff: Er ist in der Tat nicht mehr als ein »fictitius Deus«.[24]

In anderen Diskussionen zu Buddes Zeit führt eine solche Gleichsetzung von Gott und Natur zu einer Reihe philosophischer, gesellschaftlicher und moralischer Folgerungen. Budde beschränkt sich auf eine wichtige Betrachtung, die im Laufe des Aufsatzes mehrmals auftaucht: das
Verhältnis zwischen Freiheit und Notwendigkeit. Theoretisch könnte behauptet werden, daß, auch wenn Gott neben der Natur existiert, er sich
ungezwungen und frei, unbeeinflußt und selbständig verhalten kann.[25]
Sobald aber eine Gleichsetzung von Gott und Natur stattfindet, werden
die beiden miteinander verbunden. Lehrsatz 17 (»Gott handelt allein nach
den Gesetzen seiner Natur und von niemanden gezwungen«), worüber
Budde hohnlacht, stellt unausweichlich das Verhalten Gottes als notwendig und gezwungen dar: In solch einer Gleichsetzung muß die ›ex solis
naturae suae legibus‹ als ›ex solis naturae legibus‹, als ›nach den Gesetzen der Natur‹ ausgelegt werden. Gott kann nicht als frei betrachtet wer-

---

[22] Die Aufhebung der bewirkenden Ursache bei Spinoza, die in der aristotelischen
Theologie grundsätzlich als transzendent definiert wird, wird in der deutschen Frühaufklärung ausführlich erörtert. Die meisten Diskussionen berufen sich auf den
18. Lehrsatz des ersten Teils der *Ethik*, in dem Spinoza behauptet: »Gott ist die im-
manente, nicht aber die übergehende (transiens) Ursache alle Dinge«, was aber Gott
als bewirkende Ursache nicht verleugnet: Lehrsatz 25 besagt deutlich, daß »Gott [...]
nicht nur die bewirkende Ursache (causa efficiens) der Existenz von Dingen, sondern auch die ihrer Essenz [ist].«

[23] Buddeus: *Dissertatio philosophica de Spinozismo* (wie Anm. 7), S. 7: »Quod sane
perinde est, ac si aperte dixisset, tota rerum natura, Deus est, & praeter eam nihil est,
quod Deus vocari aut possit aut debeat.«

[24] Ebd., S. 7.

[25] Dies scheint in der folgenden Erörterung der platonischen Philosophie ein Mittelweg
zu sein, der Budde die angedeutete Loslösung des Platonismus vom Atheismusvorwurf ermöglicht. Ich werde auf dieses Thema zurückkommen.

den, wenn er irgendeinem Gesetz folgen muß, sei es auch seinem eigenen.[26]

Den Rahmen der Diskussion setzt also der Spinozismus als eine
Gleichsetzung von Gott und Natur – eine Gleichsetzung, der man im Falle
Spinozas beipflichten muß. Diese Definition dient folglich als kritischer
Maßstab in der Auswertung verschiedener Denksysteme, von der vorso-
kratischen Philosophie bis zur Entstehung des Christentums. Jede Denkströmung wird sich folglich dem Spinozismus nähern oder sich davon
distanzieren, während der Spinozismus als Maßstab unentwickelt bleibt:
Die Philosophie Spinozas wird als der Höhepunkt eines solchen Atheismus konstituiert; ein gleichsam noch spinozistischeres System als das des
Spinoza läßt sich nicht finden. Der Weg zur Definition des ›Spinozismus‹
lässt sich also in vier Stufen einteilen:

(1.) Der hier zu erörternde Atheismus setzt Gott und Natur gleich und
nimmt alle aus dem Hauptargument abgeleiteten Schlußfolgerungen (einzige Substanz, die eine andere nicht hervorbringen kann und die gezwungen handelt) in Anspruch.

(2.) Spinoza ist, nach seinen Schriften, in vollen Zügen von diesem
Atheismus betroffen. Dieser Atheismus soll daher ›Spinozismus‹ genannt
werden.

(3.) Es ist möglich, daß dieser besondere Atheismus schon vor Spinoza
auftauchte.

(4.) Man soll die vor Spinoza entstandenen Strömungen, die Gott mit
der Natur in einer bestimmten Weise gleichsetzen, als spinozistisch bezeichnen.

Der vierte Punkt ist für die historiographische Forschung besonders innovativ: Dadurch wird die Unterscheidung zwischen Spinoza und Spinozismus ermöglicht und durchgesetzt. Der Spinozismus wird zwar mit Hilfe der Lehre Spinozas expliziert, wird dabei aber zu einem selbständigen,
von Spinoza getrennten intellektuellen Phänomen, das als intellektueller
Maßstab fungieren kann. Spinozismus wäre in dieser Hinsicht kein ana-

---

[26] Der Meinung von Charles Kors, daß für Budde die ›Deus sive Natura‹-Formel für
den Atheismusvorwurf gegen Spinoza nicht ausreichend sei, stimme ich nicht ganz
zu: Die von Budde erwähnten drei Hauptargumente, nämlich daß nur eine Substanz
existieren kann, daß eine Substanz eine andere nicht hervorbringen kann und daß die
Substanz aus Notwendigkeit handelt, münden in einer Gleichsetzung von Gott und
Natur, auch wenn hier die berühmte Formel nicht wörtlich auftaucht. Vgl. Alan
Charles Kors: *Atheism in France, 1650–1729.* Vol. 1: *The Orthodox sources of Dis-
belief.* New Jersey 1990, S. 231f. Es ist aber wichtig anzumerken, daß diese Formel
in Schriften gegen Spinoza in der Frühaufklärung nicht häufig benutzt wird.

chronistischer Begriff, sondern eine Vertretung eines besonderen Falls von Atheismus, nämlich der, der Gott und Natur gleichsetzt, und der Gott bzw. die Natur als gezwungen darstellt. Die Diskussion ist daher ihrem Wesen nach phänomenologisch oder ideengeschichtlich: Budde strebt nicht danach, die Wurzeln von Spinozas Atheismus zu identifizieren und somit zu behaupten, Spinoza sei ein Stoiker gewesen, sondern er behauptet, daß die Stoa vom Spinozismus geplagt worden war.[27] Dabei muß aber die Definition des Spinozismus stabil und unentwickelt bleiben: Sie wird also, wie jeder intellektuelle Maßstab, ahistorisch konstituiert.

Es handelt sich in der Tat um eine klassische Historisierung des Begriffs ›Spinozismus‹ – das ist, ein Versuch, einen bestimmten Begriff getrennt von seinem geschichtlichen Kontext zu betrachten, um seine ideengeschichtliche Herkunft aufzusuchen. Nachdem Budde den Spinozismus aus seiner geschichtlichen Umgebung löst und ihn als ein intellektuelles Phänomen setzt, versucht er, seine ideengeschichtliche Herkunft durch Rekontextualisierung herauszufinden. Die Kluft zwischen der Herkunft und der zeitgenössischen Verwendung des Begriffs bemüht er sich dann durch ein ideengeschichtliches Narrativ zu erklären, während der Begriff selbst historisch unentwickelt bleibt.[28]

Bevor wir einige Beispiele aus dem Text untersuchen, soll hervorgehoben werden, daß Atheismus und Spinozismus nicht als gleichbedeutend zu verwechseln sind: die von Budde oft verwendete Formulierung ›et Spinozismus et Atheismus‹ deutet nicht auf eine Gleichsetzung der beiden Begriffe hin, sondern auf die reine Tatsache, daß Spinozismus immer als atheistisch definiert wird. Spinozismus ist zwar atheistisch, nicht aber alle Fälle von Atheismus sind spinozistisch. Im Laufe des Textes vertritt Budde die Ansicht, daß, während alle griechischen Denkströmungen von Atheismus geplagt waren, nur besondere Sekten – die Eleaten und die Stoa – in der Tat als spinozistisch gelten.

---

[27] Dies an sich scheint die Frage bezüglich der Einwirkung der stoischen Lehre auf Spinoza sowohl für Budde als auch für spätere Diskussionen, die Buddes Ansicht übernehmen, irrelevant zu machen. Zum Thema des Verhältnisses zwischen Spinoza und der Stoa, das mit Wilhelm Dilthey an Bedeutung gewann, siehe den Sammelband *Stoizismus in der europäischen Philosophie, Literatur, Kunst und Politik.* Berlin 2008, Bd. 2; ferner Israel: *Enlightenment Contested* (wie Anm. 4), S. 457–470.

[28] Zum Mechanismus der Historisierung siehe den Sammelband *Historicization – Historisierung*, hg. v. Glenn W. Most. Göttingen 2001,

II. Der Spinozismus vor Spinoza

Wie oben ausgeführt, wird die akademische *Dissertatio* in vielen Fällen als pädagogisches Mittel ausgeformt. In dieser Rolle bemüht sie sich, ein breites Spektrum von verschiedenen Ansichten und Positionen unparteiisch – d. h. nicht aus polemischer Perspektive – darzustellen. Im Laufe der *Dissertatio* beruft sich Budde mehrmals auf frühere Schriften, ohne neuere Argumente zur Diskussion beizutragen. Ein charakteristisches Beispiel dafür – hier die Berufung auf Pierre Bayles erste Ausgabe des *Dictionnaire historique et critique* – findet sich schon in der ersten philosophischen Betrachtung nach der Definition des Spinozismus, die Straton von Lampsakos gewidmet wird. In dem berühmten ›Spinoza‹-Artikel zitiert Bayle Ciceros Meinung, Straton glaube daran, daß »alle göttliche Kraft ganz einfach in der Naturkraft ruht, die in sich zwar die Ursachen zu allem Entstehen, Wachsen und Abnehmen trägt, aber jeder Empfindung und Gestalt ermangeln soll«.[29] Noch schreibt Bayle, daß, obwohl er nicht zweifelsfrei zu sagen wisse, ob Straton die Welt oder Natur als eine einzige Substanz betrachtet hätte, er doch zu behaupten wisse, daß Straton an eine unbelebte (›inanimée‹) Welt glaube, als auch, daß er keinen anderen Gott außer der Natur anerkannte.[30] Dazu wird ein Zitat von Seneca hinzugefügt, das besagt, Straton verneine den Geist, Platon hingegen die Materie. Solche ›Entgeistigung‹ der Schöpfung, argumentiert Bayle, deute auf einen ähnlichen Materialismus wie denjenigen Spinozas hin. Daraus läßt sich schließen, daß Straton der Philosophie Spinozas näher

---

[29] Marcus Tullius Cicero: *Vom Wesen der Götter*, hg., übersetzt u. erläutert v. Wolfgang Gerlach u. Karl Bayer. Darmstadt 1990, S. 45. Bayle erwähnt Straton hinsichtlich des Straton-Diskurses bei den Cambridger Neoplatonisten, der mit Cudworths *True Intellectual System of the Universe* einen Höhepunkt erreicht hat. Cudworth beschäftigt sich in dem Buch mit zwei wesentlichen Formen des Atheismus: der »Atomick or Democritical« und der »Hylozoick or Stratonical«. Siehe dazu Ralph Cudworth: »The True Intellectual System of the Universe«, in: *Collected Works of Ralph Cudworth*. Hildesheim 1977, vol. 1, S. 114; ferner *Platonism at the Origins of Modernity: Studies on Platonism and Early Modern Philosophy*, hg. v. Douglas Hedley u. Sarah Hutton. Dordrecht 2008, S. 113–129.

[30] *Dictionnaire Historique et Critique par Monsieur Bayle*. A Rotterdam, Chez Reinier Leers, 1697, Bd. II, S. 1083: »Je n'oserois dire que Straton Philosophe Peripateticien ait eu la même opinion; car je ne sai pas s'il enseignoit que l'Univers ou la Nature fût un être simple, & une substance unique: je sai seulement qu'il la faisoit inanimée, & qu'il ne reconoissoit d'autre Dieu que la Nature.«

steht als die Atomisten, da es möglich wäre, daß die Atomisten die Welt als geschaffen betrachtet haben.[31]

Diese Beweisführung übernimmt Budde fast vollständig: Der Straton-Paragraph beginnt mit demselben Zitat aus Cicero.[32] Dazu fügt Budde ein Zitat von Plutarch hinzu, das behauptet, Straton leugne die Geistigkeit der Natur. Ferner erscheint das Seneca-Zitat mit Buddes Behauptung, Straton schreibe alles Göttliche der Materie zu. Dann erscheint die von Bayle vertretene Meinung, Straton stehe dem Spinozismus näher als die Atomisten, bis auf einen Einwand: Da Straton sich in mancher Hinsicht von Spinoza unterscheidet, wäre es unmöglich, seine Nähe zum Spinozismus zweifellos festzulegen.

Während Straton wegen eines begründeten Zweifels vom Spinozismus abgesetzt wird, werden die Eleaten mit Eifer verurteilt. Hier tauchen Bayle, Cicero und Minucius Felix als Quellen auf: Xenophanes wird die Absicht zugeschrieben, es sei eine einzige Substanz in der Natur, die mit Gott als ›mens‹ und folglich unendlich gleichgesetzt wird. Anaxagoras' Beschreibung von Xenophanes' Lehre als »Unum esse omnia« führt Budde zu der Behauptung, bei Xenophanes fungieren alle Naturstoffe als Modifikationen der einzigen Substanz.[33] Diese Lehre wird als völlig spinozistisch verurteilt. Die nachfolgenden Diskussionen über Parmenides, Leucippus und Democritus zeigen für Budde, daß »tota Eleatica hoc veneno fuisse infecta« (S. 10), obwohl Democritus, der als Stellvertreter der atomistischen Lehre benannt wird, zwar als Atheist, nicht aber als Spinozist aufgrund der Tatsache verurteilt wird, daß die Atomisten die Entstehung unabhängiger, voneinander getrennter Variationen (wörtlich ›Mutationes‹) der Substanz erlauben.[34]

In der Auswertung der sokratischen und nachsokratischen Philosophie – die Budde als ›griechische Philosophie‹ bezeichnet – basiert er auf Ja-

---

[31] Ebd.: »On a même lieu de croire qu'il [Straton] n'enseignoit pas, comme faisoient les Atomistes, que le monde fût une ouvrage nouveau, & produit par le hazard; mais qu'il enseignoit, comme font les Spinozistes, que la nature l'a produit necessairement & de toute éternite.« In der Diskussion über die Epikureer schreibt Budde, daß die atomistische Lehre aufgrund der Entstehung vieler, voneinander getrennter Substanzen vom Spinozismus abzugrenzen sei. Siehe Buddeus: *Dissertatio philosophica de Spinozismo* (wie Anm. 7), S. 13.

[32] Buddeus: *Dissertatio philosophica de Spinozismo* (wie Anm. 7), S. 8.

[33] Ebd., S. 10: »Ecce! Spinozismus manifectus, *vnum esse omnia*, hoc est vnam saltem esse substantiam, rerum autem quam percipere videmur varietatem, nihil aliud esse quam vnius, siue substantiae modificationes.«

[34] Ebd., S. 13.

cob Thomasius' Einteilung in vier Sekten: Platonische, Aristotelische, Stoische und Epikureische.[35] Hier wird ein neuer Maßstab ins Spiel gebracht, nämlich das Verhältnis von Gott und Materie: Budde argumentiert, auch hier nach Thomasius, daß, je mehr sich die Materie Gott nähert, desto mehr nähert sich dieses Denksystem dem, was Thomasius als Materialismus und was Budde als Spinozismus bezeichnet. Oder vielmehr: je mehr sich die Definition der Materie von der Definition Gottes unterscheidet, desto mehr ist Gott die Freiheit zugesprochen.[36] Obzwar Budde die griechische Philosophie vom Atheismus und Spinozismus nicht ganz loslösen kann oder darf – diese Philosophie, »quanta quanta fuit, & atheismi & Spinozismi labe fuisse infectam« (S. 24), stellt er die epikureische Weltanschauung mehr atheistisch als spinozistisch, die der Stoa hingegen als höchst atheistisch und spinozistisch dar.[37] Und da er sich der Darstellung des Aristotelismus als ›philosophia perennis‹ sowie dem Neu-Aristotelismus seiner Zeit entgegenzusetzen scheint, deutet er auf angeblich atheistische und spinozistische Hinsichten in der Philosophie von Aristoteles hin, ohne aber seine Absicht diesbezüglich klar zu äußern. Die einzige philosophische Sekte, die laut Budde sowohl vom Spinozismus als auch vom (allgemeinen) Atheismus de facto abzusetzen wäre, sei die platonische.

III. Wege zur ›Philosophia Perennis‹ I: Platonismus

In der *Dissertatio* setzt sich Budde zweimal mit Wachters *Spinozismus im Jüdenthumb* auseinander: einmal auf indirektem Weg in der Diskussion

---

[35] Ebd., S. 16: »IACOBVS THOMASIVS, vir doctissimus, [...] discrimen quatuor secatrum Graecanicarum praecipuarum Platonicae, Aristotelicae, Stoicae, & Epicuraeae [...].« Neben einer solch groben Einteilung läßt sich auch eine raffiniertere finden: Joachim Lange erwähnt in seiner *Medicina Mentis* von 1718 sechs Hauptströmungen (Pythagoräer, Platoniker, Aristoteliker, Stoiker, Epikureer und Skeptiker), während Thomas Stanley in seiner im Stil von Diogenes Laertius' *Vitae philosophorum* geschriebenen *The History of Philosophy* (1655–1656) elf Strömungen beachtet.

[36] Buddeus: *Dissertatio philosophica de Spinozismo* (wie Anm. 7), S. 17: »Deo libertatem tanto minorem quemque, quanto arctius eam materiae connecteret, aut immergeret profundius. [...] Ergo vero nunc hinc porro infero, eos quam longissime a Spinozismo recedere, qui quam maximam Deo libertatem tribuunt, eumque quam accuratissime a materia remouent.«

[37] In der Betrachtung der Stoa setzt sich Budde dem Neustoizismus des Justus Lipsius entgegen. Siehe ebd., S. 22f.

über den Platonismus und einmal direkt in der Darstellung der Kabbala. Wenden wir uns zuerst der Platonismus-Diskussion zu.

In *Spinozismus im Jüdenthumb* stellt Wachter die ›theologia naturalis‹, als deren bezeichnenden Stellvertreter er Platon erwähnt, in einem höchst positiven Licht dar. Auf Johann Peter Späths Vorwurf, die christliche Religion berufe sich auf heidnische Prinzipien und sei deswegen von der Rolle einer Quelle reinen, von Gott übermittelten Wissens gänzlich zu denunzieren, reagiert Wachter mit einer überraschenden Anwendung des sonst höchst pejorativen Adjektivs ›heidnisch‹ auf sich selbst und dadurch auf das ganze Christentum. »Wir Heyden«, schreibt er an Späth, »sahen aus dem Licht der Vernunfft daß ein Gott sey / das ist / ein ewig / groß / weiß und heilig Wesen [...].«[38] Die Demonstrationen über Gott und die Natur, die mit Hilfe des Lichts der Vernunft erreicht werden[39] – das zu Wachters Zeit oft verwendete ›Consensus gentium‹-Argument[40] – werden Platon, Trismegistus (in dieser Folge) »und alle[n] vernünfftigen Heyden / welche dem Licht der Vernunfft [..] platz geben wollen«,[41] zugeschrieben. Diese ›natürliche Religion‹ wird dann als Anfangspunkt in einem Überlieferungsprozeß des Wissens gesetzt, der mit dem Christentum kulminiert. Die Offenbarung Christi stellt Wachter dann als Affirmation zur natürlichen Religion dar:

> Wir aber / weilen wir dessen Lehre in der That eine Bestättigung unserer natürlichen Religion befunden / mit Freuden angenommen und empfangen haben; Wodurch wir aus selbstgewachsenen / zu Christen und Kindern Gottes gemachet sind.[42]

Die Offenbarung fungiert bei Wachter als intellektuelles Mittel, das der vernünftige Heide von seinem von Natur aus gewachsenen Zustand einer natürlichen Theologie zu einem durch den Intellekt ermöglichten Zustand einer übernatürlichen Theologie, also zum Christen, entwickelt. Es han-

---

[38] Wachter: *Der Spinozismus im Jüdenthumb* (wie Anm. 1), S. 14.

[39] Wachter bezeichnet die Empfindungen der (vernünftigen) Heiden durch das Licht der Vernunft mit den Verben ›sehen‹ und ›erblicken‹ und als gleichgeschehene. Die Fortsetzung des oben erwähnten Zitats lautet (S. 14): »und in demselben Augenblick [...] sahen wir zugleich / daß dieser Gott oder Jehovah / ein außerwelltiger Geist [...] seyn müsse.« Ferner auf S. 15: »Dieweilen wir aber das Universum vor uns sahen / so sahen wir zugleich [...]« usw.

[40] Zum ›Consensus gentium‹ siehe »Consensus omnium, consensus gentium«, in: *Historisches Wörterbuch der Philosophie*, hg. v. Joachim Ritter u. Karlfried Gründer. 13 Bde. Basel 1971–2007, hier Bd. 1, S. 1032.

[41] Wachter: *Der Spinozismus im Jüdenthumb* (wie Anm. 1), S. 15f.

[42] Ebd., S. 16.

delt sich allerdings nur um solche Heiden wie Pythagoras oder Platon (oder gar Trismegistus), die durch das Licht der Vernunft geleitet worden sind und die im Text als Gegenbild zu Heiden wie beispielsweise Ägyptern, Philistern und Orphikern erscheinen, die als unvernünftig dargestellt werden.[43] Damit äußert Wachter seine deutliche Meinung sowohl zu der langdiskutierten Debatte bezüglich des Einflusses des Platonismus auf das antike Christentum als auch zur Betrachtung des Platonismus als Quelle der ›philosophiae perennis‹:[44] Er bemüht sich, den vernünftigen Platonismus als die (einzige) ursprüngliche intellektuelle Quelle des Christentums zu bezeichnen, während er die hebräische Kabbala und folglich das Judentum als atheistisch und spinozistisch denunziert. »Die ersten Christlichen Philosophen«, heißt es in der Betrachtung der neunten Eigenschaft Gottes im zweiten Teil des *Spinozismus im Jüdenthumb*, sind eben nicht Anhänger jüdischer verdorbener Gesetze, sondern »meistens Platoniker und Pythagoristen gewesen / deren Grundlehre war / Aus Nichts wird Nichts«.[45]

Im Gegensatz zu Wachters klarer Absicht in *Spinozismus im Jüdenthumb* wird der perennialische Zusammenhang in Buddes *Dissertatio* nur angedeutet. Dieser Zusammenhang spielt aber eine wesentliche Rolle sowohl in der Loslösung des ursprünglichen Platonismus vom Atheismusverdacht als auch in Buddes Verteidigung der ursprünglichen Kabbala.[46]

Es ist offensichtlich, daß jeder Versuch, irgendeine Philosophie als ›philosophia perennis‹ zu bestätigen, ihre völlige Distanzierung vom Atheismus (und Spinozismus) so weit wie möglich verlangt. Im Fall des

---

[43] Die sozusagen unvernünftigen Heiden tauchen in der Diskussion über die Kabbala als Quellen atheistischen Wissens auf, das auf der Basis der hebräischen Religion steht. Siehe ebd., S. 69f. Vgl. aber Winfried Schröder: »Einleitung«, in: Johann Georg Wachter: *Der Spinozismus im Jüdenthum (1699)*. Mit einer Einleitung hg. v. Winfried Schröder. Stuttgart-Bad Cannstatt 1994.

[44] Zur ›Philosophia Perennis‹ siehe Wilhelm Schmidt-Biggemann: *Philosophia Perennis. Historische Umrisse abendländischer Spiritualität in Antike, Mittelalter und Früher Neuzeit*. Frankfurt a. M. 1998.

[45] Wachter: *Der Spinozismus im Jüdenthumb* (wie Anm. 1), S. 179f. Kurz vorher erwähnt Wachter die ›Philosophia Perennis‹ wörtlich: »Daß sie bekennen / daß dieses Principium [ex nihilo nihil fit] zur Philosophia Perenni gehöre / ist wol und löblich gethan.« (Ebd., S. 179)

[46] Zur Debatte über die platonische und neuplatonische Philosophie in der Frühaufklärung siehe Israel: *Enlightenment Contested* (wie Anm. 4), S. 436–470; *Platonism at the Origins of Modernity* (wie Anm. 29); Mulsow: *Moderne aus dem Untergrund* (wie Anm. 4), S. 261–307.

Platonismus wird dies Budde durch eine Beschränkung auf eine sehr begrenzte Perspektive ermöglicht – das Verhältnis von Gott und Materie. Nachdem er den Zusammenhang zwischen Platonismus und schwärmerischen Denkströmungen bestreitet, zitiert er Thomasius' Meinung: »Platoni maxime, sed ut inter Gentiles philosopho, liber Deus«. Dies führt ihn unmittelbar zur Schlußfolgerung, daß »Plato inter omnes gentiles philosophos, saltem Graecanicos, a Spinozismo quam maxime recessit«.[47] Dazu läßt sich Thomasius' Ansicht fügen, daß bei Platon die ewige Existenz der Welt abgelehnt werden kann, was bei Aristoteles und den Stoikern unmöglich wäre.

Die Selektivität Buddes in Bezug auf den Thomasiusschen Text ist auffällig: Buddeus vermeidet absichtlich Thomasius' höchst negative Meinung bezüglich des Einflusses der Platonischen Philosophie – und, Justus Lipsius' Neostoizismus zufolge, auch der Stoa oder des Aristotelismus[48] – auf das antike Christentum und beschränkt sich auf die positiven Betrachtungen des Platonismus im Vergleich zu anderen Denkströmungen.[49] In der nachfolgenden Diskussion über die platonische Dreiheit (›Trinitas Platonica‹) beweist Budde die Freiheit Gottes bei Platon, indem er argumentiert (auch hier nach Thomasius), daß die platonische Definition der Ausschließlichkeit Gottes in sich selbst als ›Deus summus‹ auf eine Hier-

---

[47] Buddeus: *Dissertatio philosophica de Spinozismo* (wie Anm. 7), S. 17. Einige Forscher behaupten, die Ansicht Buddes bezüglich des Platonismus sei gefälliger als die von Thomasius, daß aber Budde nichtsdestoweniger wegen der dogmatischen Ansicht gezwungen war, die sokratische Philosophie als atheistisch festzulegen. Vgl. Kors: *Atheism in France, 1650–1729* (wie Anm. 26), S. 232f.; Mulsow: *Moderne aus dem Untergrund* (wie Anm. 4), S. 296f. Dagegen steht die Tatsache, daß einige Stellen in Thomasius' *Exercitatio de stoica mundi exustione* Platon in einem (relativ) positiven Licht darstellen, was Budde schließlich zu einer faktischen Loslösung Platons von dem Atheismusvorwurf führt. Siehe unten Anm. 49.

[48] Siehe dazu Brooke: »How the Stoics became Atheists« (wie Anm. 9), S. 392f.

[49] Solche lassen sich in Thomasius' *Exercitatio* leicht finden: »[29] Platonem maximè, sed ut inter Gentiles Philosopho, liber Deus. Credidit enim Mundum ex libero Dei cum Materiâ congressu extitisse. [...] [32] Plato in illâ experte principii aeternitate maximis intervallis Deum seclusit à Materiâ [...]. [36] Plato Deum dixit causam Mundi voluntariam [...]. [37] De Mundo sententia Platonis haec fuit: conditum fuisse à Deo non ab aeterno, sed cùm ipsi videretur: qvoniam verò Deus, qvi optimus esset, omniq[ue] careret invidiâ, cuperet opus qvoqve perfectissimam elaborare, beneficio ejus non modò pulcherrimum extitisse mundum, sed tam firmum qvoqve, ut coppumpi, nisi à Deo, non posset [...].« *EXERCITATIO DE STOICA MUNDI EXUSTIONE* [...] Dissertationes XXI. Autore M. JACOBO THOMASIO Eloq. in Acad. Lips. Prof. P. LIPSIAE/ Sumptibus Haeredum FRIDERICI LANCKISII/ Typis CHRISTIANI MICHAELIS ANNO M DC LXXVI.

archie zwischen Gott und Welt hingewiesen habe. Die Betrachtung des Verhältnisses von ›Anima‹ und ›Mundus‹ bei Platon, Plotin und Aristoteles ermöglicht ihm, auf verschiedene Stufen des Atheismus hinzudeuten. Hier benutzt er eine rhetorische Technik, die mit Recht als Überschwemmung mit Zitaten und Quellen bezeichnet werden darf, auch für eine eklektische Forschungsmethode: Die lange Diskussion über den Platonismus und Aristotelismus beruht auf Jacob Thomasius, Clemens von Alexandria, Andreas Caesalpinus, Samuel Parker, Pierre Bayle, Gerhard Vossius und anderen, deren verschiedene Ansichten, hauptsächlich hinsichtlich des Aristotelismus, von Budde erwähnt sind, allerdings ohne sich einer davon grundsätzlich zu verpflichten. Doch die generelle Absicht ist aus dem verdichteten Text ziemlich einfach zu rekonstruieren: Denn Budde meint nicht nur, daß sich der Platonismus vom Spinozismus am weitesten distanziert, sondern vielmehr, je mehr Plato sich vom Spinozismus absetze, desto mehr scheint sich Aristoteles dem Spinozismus zu nähern.[50]

Die unmittelbare Gefahr einer Verurteilung bzw. Loslösung eines Platonismus oder Aristotelismus vom Atheismus- bzw. Spinozismusverdacht liegt darin, daß jeder solcher Schritt Konsequenzen für die Gestalt des antiken Christentums in sich birgt. Doch in der laufenden, am Ende des 17. Jahrhunderts zum Teil übermütigen Diskussion über den Atheismus des Platonismus und Aristotelismus scheint Budde eine klare Meinung zu vertreten. Während der Atheismusverdacht bezüglich der griechischen Philosophie grundsätzlich nicht beseitigt werden darf, ist es doch möglich, auf verschiedene, spätere atheistische Denkströmungen hinzuweisen, die sich platonische oder aristotelische Aspekte einverleiben, ohne aber der ursprünglichen Lehre ganz zu entsprechen. Oder anders gesagt: Es gilt zu untersuchen, ob der Atheismus- und Spinozismusvorwurf nicht *historisch* durch Gegenüberstellung verschiedener späterer Denkströmungen mit der Hauptquelle zu beschränken wäre. Sowohl in der Betrachtung des Platonismus als auch in der des Aristotelismus weist Budde auf solch eine Historisierung hin: Plotin wird als der (zumeist spinozistische) Nachfolger Platons bezeichnet, die Scholastiker hingegen – insbesondere Pierre Abaillard – als die (zumeist spinozistischen) Nachfolger des Aristoteles.[51] Damit betrachtet Budde die Hauptströmungen unabhängig von

---

[50] Vgl. Buddeus: *Dissertatio philosophica de Spinozismo* (wie Anm. 7), S. 18.

[51] In Bezug auf Plotin stimmt Budde übrigens auch hier mit Bayle überein, der im *Dictionnaire* schreibt: »[...] & il semble qu'en certains points ce Philosophe [Plotin] ne s'éloignoit pas beaucoup de Spinosisme. Il n'y a presque point de siècle où le senti-

ihren Nachfolgern, was ihm ermöglicht, den Atheismus-Spinozismusvorwurf zu verschieben oder zumindest abzuschwächen. Bemerkenswert ist, daß diese Historisierungsmethode in der *Dissertatio* nur in der Diskussion über den Platonismus, Aristotelismus, und, wie wir gleich sehen werden, die jüdische Kabbala verwendet wird; andere Sekten wie die Stoa und Epikureer werden als ideengeschichtlich unentwickelte Denksysteme dargestellt.[52]

Es läßt sich also schließen, daß Budde als Lutheraner nicht imstande ist, den Atheismusverdacht des Platonismus de jure gänzlich auszuräumen, der, wie alle griechische Philosophie »& atheismi & Spinozismi« gewissermaßen infiziert ist; de facto aber schreibt er: »Platonica nec atheismo fauet, nec Spinozismo«.[53] Die Historisierung des Platonismus ermöglicht ihm, Platon vom ahistorischen Begriff des Spinozismus zu distanzieren.

IV. Wege zur ›Philosophia Perennis‹ II: Kabbala

In Bezug auf Platon stimmt Budde in groben Zügen mit Wachters Darstellung des Platonismus als einer vernünftigen, natürlichen Religion überein.[54] Doch die direkte Auseinandersetzung zwischen Wachter und Budde entfaltet sich in der Betrachtung der ›philosophia Ebraeorum‹: Hier erwähnt Budde Wachter ausdrücklich und wirft ihm vor, er habe

---

ment de Spinosa n'a été enseigné. [...] Que vouloit dire Plotin quand il fit deux livres pour prouver, unum & idem ubique totum simul adesse? N'étoit-ce pas enseigner que l'être qui est par tout est une seule & même chose? Spinoza n'en demande pas davantage.« Bayle: *Dictionnaire Historique et Critique* (wie Anm. 30), Bd. II, S. 855. Über die Scholastiker schreibt Budde: »Sed inter, Scholasticos quoque forsan, Aristotelis, vt videri volunt, discipulos, reperientur, qui a Spinoziana impietate non adeo procul fuerunt remoti«. Buddeus: *Dissertatio philosophica de Spinozismo* (wie Anm. 7), S. 21.

52 Unmittelbar nach der langen Platonismus-Aristotelianismus-Diskussion schreibt Budde: *Dissertatio philosophica de Spinozismo* (wie Anm. 7), S. 22: »De Platone hactenus atque Aristotele dictum, disputatumque, quo iure illorum philosophia Spinozismi arguatur. Nunc Stoicos quoque in medium producimus, quos inter omnes Graecorum philosophos quam proxime ad Spinozismum accedere, iam supra asseruimus.«

53 Ebd., S. 25.

54 Obwohl Wachter keine Historisierung des Platonismus anstellt, ist er im zweiten Teil von *Spinozismus im Jüdenthumb* bestrebt, die platonische Philosophie – hauptsächlich hinsichtlich des ›Ex nihilo nihil fit‹-Prinzips – so weit wie möglich vom Atheismusvorwurf abzusetzen.

›gesündigt‹, als er die Meinungen der neueren (›recentior‹) Kabbalisten von denen der ›veterum philosophorum Ebraeorum‹ nicht unterschieden habe.[55] Dieser Vorwurf entspricht der Meinung, die von Budde schon in der zusammen mit Christian Thomasius edierten *Observationes selectae* geäußert wurde; sie läßt sich kristalliert in seiner zur Zeit der *Dissertatio* verfaßten *Introductio ad Historiam Philosophiae Hebraeorum* finden.[56] Ein Abschnitt über die *Introductio,* der 1702 in den von Valentin Ernst Löscher herausgegebenen *Unschuldigen Nachrichten* erschien, möge als eine skizzenhafte Darstellung der für uns wichtigen Argumente dienen:

> Der hochgelahrte Auctor dieses Buchs/ [...] wolle zeigen [...] 2) Daß viel in der Philosophie nicht aus der Vernunfft/ sondern aus der Tradition der alten/ müsse genommen werden [...]. Den Anfang macht derselbe mit der Philosophie des Hebräischen Volcks/ welche er von Adam herführet/ auch an Seth/ Noah/ Abraham/ David/ Salomon/ Daniel und andern betrachtet [...]. Etliche hätten auch die Cabbalistiche Philosophie erneuret, wie R. Joseph Gecatilia, R. Shem Tof und andre/ welche doch meistentheils nach dem Herrn auctoris Worten [...] Fabeln auff Fabeln setzen. Hierauff wird erzehlet/ wie Picus Mirandularius, Reuchlinus, Riccius, H. Morus, und Baron Knorr von Rosenroth die Cabbalistische Philosphie hätten wieder an das Licht bringen wollen. [...] Es folgt ferner eine wohl verfertigte Nachricht von der Cabbalisten Lehre/ ihren 10. Sephiroth, und vier Welten/ welche der Auctor nicht vor gar reine halten/ iedoch auch nicht gar verwerffen will; Ingleichen eine Nachricht von der Lehre der Physicae, Ethicae und Politicae Mosaicae exotericae.[57]

Henry Mores Einfluß auf Budde ist entscheidend: Er erwähnt Mores Ansicht, daß die alten Kabbalisten den ›Adam Kadmon‹ als zweite Person in der Dreieinigkeit bezeichnen und der zweiten Sephira, also ›Chochma‹, zugeschrieben hatten.[58] Da die ›Chochma‹ (›Sapientia‹) den Intellekt in sich einschließt, läßt sie sich mit dem platonischen ›Logos‹ identifizieren. Dies zeigt laut Budde ohne Zweifel, daß die alten Kabbalisten auf einen logischen Unterschied zwischen Gott und Adam Kadmon und auf einen

---

[55] Buddeus: *Dissertatio philosophica de Spinozismo* (wie Anm. 7), S. 25: »[...] hoc fecit IO. GEORGIVS WACHTERVS, quem in eo pecasse, quod recentiorum Cabbalistarum placita a sententia veterum philosophorum Ebraeorum non distinxerit [...].«

[56] *IO. Francisci Buddei Introductio ad Historiam Philosophiae Ebraeorum* [...]. Halae Saxonum/ Impensis orphanotrophei Glaucha-Halensis 1702.

[57] *Unschuldige Nachrichten von Alten und Neuen Theologischen Sachen.* Leipzig 1702, S. 683.

[58] Buddeus: *Introductio ad Historiam Philosophiae Ebraeorum* (wie Anm. 56), S. 387: »Existimat [Henricus Morus] autem, veteres kabalistas per Adam Kadmon nihil aliud quam secundam trinitatis personam, quam & Chochmah vocent [...] designasse.«

ontologischen Unterschied zwischen Adam Kadmon und der Welt hingewiesen haben, wobei Adam Kadmon dann als der Eingeborene und die
Welt, die durch Adam Kadmon geschöpft wird, als die Erstgeborene betrachtet werden sollen. Es handelt sich in der Tat um eine Hierarchie, die
mit der christlichen ›subordinatio‹ in Einklang zu bringen wäre.[59] Diese
Anschauung wird aber von den neueren Kabbalisten gänzlich verworfen,
indem sie, von gnostischen Elementen beeinflußt, die Welt als eine notwendige Emanation von Gott darstellen, was sowohl der Freiheit Gottes
als auch der ›creatio ex nihilo‹ widerspricht. Man soll also die alte, ursprüngliche Kabbala, die von Budde als ›Cabbala vetus‹ oder ›vera‹ bezeichnet wird, mit der neueren ›Cabbala recentior‹ nicht verwechseln –
eine Differenzierung, die Budde schon bei Johannes Rittangel findet,[60]
höchstwahrscheinlich aber von Paul Berger übernimmt.[61] Die ›Cabbala
recentior‹ teilt sich demzufolge in eine Strömung, die von der heidnischen
Philosophie beeinflußt, doch davon nicht ganz verdorben worden, und in
eine Strömung, die von der ›prisca sapientia‹ ganz abgewichen sei. Hier
werden Schriften im Stil der lurianischen Kabbala heftig kritisiert: Die
Introductio zweifelt im Grunde an der Authentizität des Wissens der meisten Beiträge in der von Christian Knorr von Rosenroth zusammen mit
Franciscus Mercurius van Helmont herausgegebenen *Kabbala denudata*.[62]

---

[59] Vgl. aber Mulsow: *Moderne aus dem Untergrund* (wie Anm. 4), S. 285. Daß Budde
die ›Subordinatio‹-Idee skeptisch betrachtet, hindert ihn nicht daran, diese in der
Dissertatio in einem zumeist positiven Licht zu erwähnen.

[60] Rittangel behauptet im Vorwort zu seiner lateinischen Übersetzung zum *Liber Iezirah*, daß die Lehre der alten Rabbiner mit den »modernorum Iudeorum institutione &
deliriis« nicht zu verwechseln sei. Siehe *Sefer Iezirah, id est, Liber Iezirah qui Abra-
hamo patriarchae adscribitur: unà cum commentario Rabi Abraham F. D super 32
semitis Sapientiae, à quibus liber Iezirah incipit / translatus & notis illustratus à Jo-
anne Stephano Rittangelio.* Amstelodami: apud Ioannem & Iodocum Ianssonios, M
DC XLII., S. 27.

[61] Vgl. Buddeus: *Introductio ad Historiam Philosophiae Ebraeorum* (wie Anm. 56),
S. 511. Vgl. auch die Meinung Jakob Friedrich Reimmanns in seinem *Versuch einer
Einleitung in die Historie der Theologie insgemein und der Jüdischen Theologie ins
besondere.* Magdeburg–Leipzig 1717, S. 373: »Denn es ist uns nicht unbewust, wie
übel die Distinction inter Cabbalam antiquam & novem bey dem Paulo Bergero in
seinem Cabbalismo Judaico-Christiano c. 1 §12 p. 15 angeschrieben […].«

[62] Buddeus: *Introductio ad Historiam Philosophiae Ebraeorum* (wie Anm. 56),
S. 321f. Die *Kabbala denudata sive Doctrina Hebraeorum transcendentalis et me-
taphysica atque Theologica* wurde zwischen 1677 und 1684 in Sulzbach veröffentlicht, und stellte die erste größere Zohar-Übersetzung ins Lateinische, neben ver-

Kehren wir zur *Dissertatio* zurück: Das Hauptargument Wachters beruht laut Budde auf der irrtümlichen Ansicht, die Kabbala lehre, daß alles von Gott sei, wobei Gott als die Ursache aller Dinge ›per emanationem‹ fungiere.[63] Budde strebt hingegen danach zu zeigen, daß die alten Kabbalisten (hier ›Theosophen‹) auf eine ›creatio ex nihilo‹ und folglich auf einen wesentlichen Unterschied zwischen Gott und Materie hindeuteten. Hier begnügt er sich nicht mit einem Entgegensetzen von Kabbala und Spinozismus, sondern kehrt zur Betrachtung des Verhältnisses von Gott und Materie bei Spinoza zurück. Während Spinoza Gott als ein »grobes Wesen«, das »notwendigerweise mit der Materie zusammengebunden ist«, darstellt,[64] schreiben die Kabbalisten Gott einen vollkommenen Intellekt und eine Freiheit des Willens zu. Es ist daher offensichtlich, daß die alten Kabbalisten sowohl zwischen Gott und ›mens‹ als auch zwischen Gott und der ›anima mundi‹ unterschieden hatten. Wenn wir doch argumentieren wollten, daß die ›spiritus universi‹ in der Kabbala nicht als das göttliche Wesen an sich, sondern als eine von jenem Wesen getrennte Substanz zu verstehen wäre, dann würden wir die hebräische Philosophie dem Platonismus, allerdings aber nicht dem Spinozismus annähern.[65]

Der Vorwurf an Wachter liegt also darin, daß er die Kabbala als eine homogene, konsekutive Strömung betrachte und die atheistischen Absichten der jüngeren Kabbalisten der ganzen Kabbala zurechne, was unvermeidlich zum Brandmarken der Kabbala als spinozistisch führt. Hätte Wachter die verschiedenen historischen (Ver-)Wandlungen der Kabbala besser gekannt, würde er auch mit einer Differenzierung zwischen der echten alten und der neueren verdorbenen Kabbala übereinstimmen.[66]

Es steht natürlich ein intellektuelles Programm hinter dem relativ positiven Verhältnis Buddes zur alten jüdischen Theologie. Die Loslösung des alten Judentums vom Spinozismusvorwurf ist ihm hauptsächlich aus drei miteinander verbundenen Gründen wichtig: Seinen Aufsatz schreibt er, während die Debatte über die Möglichkeit, die Juden durch die christliche Kabbala – d. h. durch das Bemühen, die Prinzipien des Christentums in der als die ›Theologie der Juden‹ betrachtenden Kabbala – festzulegen, einen Höhepunkt erreicht, insbesondere nach der Herausgabe der *Kabba-*

---

schiedenen kabbalistischen Traktaten und Aufsätzen im Stil der christlichen Kabbala, dar.

[63] Buddeus: *Dissertatio philosophica de Spinozismo* (wie Anm. 7), S. 26.

[64] Ebd., S. 26.

[65] Ebd., S. 27.

[66] Die ausführliche Erwiderung Wachters auf Buddes Vorwürfe ist in den ersten und letzten Kapiteln seines *Elucidarius Cabalisticus* (1702; erschien 1706) enthalten.

la denudata. Buddes Ansicht bezüglich der christlichen Kabbala ist ambivalent: Obschon er dem perennialischen Wert der alten ursprünglichen Kabbala beipflichtet, zweifelt er an der Authentizität des Wissens, das die neueren Modelle der Kabbala als ursprünglich und rein vorstellen.[67] In anderen Schriften strebt Budde danach, den Wert der *Bibel* als Korpus einer ›prisca sapientia‹ zu bewahren, schon im literarischen Sinne des Textes; diese Biblizität setzt er den Tendenzen, die den literarischen Sinn zugunsten eines mystischen aufheben, entgegen.[68] Die Bewahrung der Bibel als perennialischer Text verlangt, das Korpus so weit wie möglich von atheistischen Aspekten zu befreien – dem *Spinozismus im Jüdenthumb* zufolge auch von Spinozas Lehre. Wichtig ist, daß Budde hier nur die Ansicht Wachters bezüglich der Kabbala, genauer der ursprünglichen Kabbala, bestreitet, während er mit Wachters Auslegung der Philosophie Spinozas übereinzustimmen scheint: Nirgendwo schreibt er, daß Wachter die Lehre Spinozas – oder der Kabbala – mißversteht, sondern bloß, daß er zwischen Alt und Neu nicht unterscheidet. Nicht zuletzt ist das Bestreben Buddes – zumindest in der *Dissertatio* – auffällig, das antike (ursprüngliche) Judentum mit dem antiken (ursprünglichen) Platonismus in Beziehung zu bringen und durch diese Beziehung darauf hinzudeuten, daß beide Denkströmungen als Quellen reinen Wissens betrachtet werden können: Der Name Platons taucht schon im dritten Satz des Abschnitts auf, wo Budde meint, ein Spinozismusvorwurf gegen das antike Judentum wäre genauso wie gegen den Platonismus aufzuheben.[69] Formulierungen wie »Cabbala Ebraeorum atque philosophia Platonica« oder »Platonica aut Cabbalista« dienen im Text als indirektes, rhetorisches Verknüpfen der Kabbala mit dem Platonismus. Genau wie die platonische Philosophie von dem Spinozismus abzusetzen sei, ist die hebräische Kab-

---

[67] Über die *Kabbala denudata* schreibt er: »[...] confusum et obscurum opus, in quo necessaria cum non necessaribus, utila cum inutilibus, confusi sunt, et unam velut chaos conjecta.« Buddeus: *Introductio ad Historiam Philosophiae Ebraeorum* (wie Anm. 56), S. 104.

[68] Siehe Wilhelm Schmidt-Biggemann: »Die Historisierung der ›Philosophia Hebraeorum‹ im frühen 18. Jahrhundert. Eine philosophisch-philologische Demontage«, in: *Historicization – Historisierung* (wie Anm. 28), S. 104–128, hier S. 109. In der Auslegung der Kabbala bevorzugt Budde die ›Physica Mosaica‹ vor der ›Cabbala Symbolica‹.

[69] Buddeus: *Dissertatio philosophica de Spinozismo* (wie Anm. 7), S. 25: »Sed vt Platonicis atque Ebraeis, saltem veteribus, perperam Spinozismus imputatur ita dubito sane, an hoc nomine merito tam male audiant, qui ex Cabbala Ebraeorum atque philosophia Platonica sua haussise creduntur, quique Mysticorum ac Theosophicorum nomine vulgo insigniuntur.«

bala von diesem Verdacht zu befreien. Während Wachter also die platonische Philosophie als eine natürliche Religion und Quelle der ›philosophiae perennis‹ darstellt, die Kabbala aber als atheistisch (und spinozistisch) verwirft, stellt Budde die platonische Philosophie wie auch die alte Kabbala als natürliche Religionen dar, die als Einflußquellen für das antike Christentum betrachtet werden können.

Fassen wir zusammen: Der Spinozismus wird von Budde als Auftauchen eines besonderen Atheismus dargestellt und dann als Mittel zur Gegenüberstellung von verschiedenen Denkströmungen benutzt. Der Spinozismus fungiert dabei als ein Begriff, nicht als eine Denkströmung. Als solcher bleibt er unentwickelt und im Wesen ahistorisch. In der Betrachtung verschiedener Denkströmungen werden zwei als vom Spinozismus wesentlich unterschieden festgelegt – der Platonismus und die hebräische Philosophie bzw. Kabbala. Ein Vorgang der Historisierung ermöglicht Budde, die ursprünglichen Quellen als nicht-atheistisch und nicht-spinozistisch festzulegen. Daß die Betrachtung der pythagoräischen Philosophie fehlt, ist merkwürdig sowohl aufgrund der Tatsache, daß die *Dissertatio philosophica* andere vorsokratische Philosophien erörtert, als auch weil Pythagoras eine erhebliche Rolle in der christlichen Kabbala, insbesondere bei Johannes Reuchlin, spielt. Der Grund dafür mag sich in der ambivalenten Haltung Buddes bezüglich der Bezeichnung des Pythagoras als Kabbalist finden.[70] Nichtsdestoweniger wird im Rahmen einer philosophischen Dissertation das Fehlen einer Betrachtung der pythagoräischen Philosophie dazu führen, diese mit der platonischen zu verbinden, was der generellen Absicht Buddes nicht ganz zu widerstreiten scheint.[71]

Zum Schluß kann festgehalten werden, daß die Ermangelung einer ernsthaften Diskussion über die christliche Religion kaum verwunderlich ist: Budde spielt zwar auf den ›elenden Zustand‹ des Christentums schon zu Luthers Zeit an,[72] und seine geübte Kritik an der Scholastik ist scharf und deutlich, doch im Rahmen einer Betrachtung griechischer, heidnischer, hebräischer und chinesischer Philosophien hat eine ausführliche Darstellung des Christentums keinen Platz. Dennoch mag der philosophische Diskussionsrahmen täuschen: Der Aufsatz Buddes ist grundsätzlich christlich-apologetisch und bemüht sich, durch eine Betrachtung verschiedener Philosophien auf die echten und verbindlichen Quellen des

[70] Vgl. dazu Schmidt-Biggemann: »Die Historisierung der ›Philosophia Hebraeorum‹« (wie Anm. 68), S. 115.
[71] Siehe Mulsow: *Moderne aus dem Untergrund* (wie Anm. 4), S. 299f.
[72] Buddeus: *Dissertatio philosophica de Spinozismo* (wie Anm. 7), S. 30.

Christentums hinzudeuten. Der Mangel an einer festen Definition des Begriffs ›Atheismus‹, die Beweisführung und die Selektivität im Text mögen schon auf die theologisch-apologetische Grundlage des Aufsatzes hindeuten. Budde disputiert also öffentlich mit Wachter und nutzt die Gelegenheit, eine apologetische Antwort auf die Darstellung des Platonismus und der Kabbala als atheistische Denkströmungen zu formulieren. Dies wird hier vor allem durch die Auseinandersetzung mit dem ›Spinozismus‹ geführt: Dadurch erweitert Budde die institutionelle Antwort auf die Philosophie Spinozas und ebnet somit den Weg für spätere Diskussionen, sowohl über Spinoza als auch über die griechische Philosophie, bis zur Spätaufklärung.

Sebastian Susteck

Die Flucht der Poesie

Der Streit zum Konsens bei Jürgen Habermas und Johann Christoph Gottsched und die Bedingungen aufklärerischer Kommunikation[*]

Abstract: In the past decades, Jürgen Habermas has been depicted as a thinker whose theory of communication is overly concerned with agreement and consensus. This is surprising, if one considers that Habermas stands in the tradition of enlightenment philosophy that can be associated with argument and controversy. The article discusses the role controversy and consensus play in Habermas' works and in the works of literary critic Johann Christoph Gottsched. It argues that controversy and consensus are closely linked in enlightenment thought and that this thought does not have difficulties with controversy, but the refusal to engage in argument and debate.

I. Der Streit zum Konsens

Wenn die Literaturwissenschaft von Johann Christoph Gottsched spricht, gehört zu ihren regelmäßig angerufenen Referenzstellen jene Passage aus *Dichtung und Wahrheit*, die vom Treffen Gottscheds und Goethes im Jahr 1766 erzählt.[1] Was Goethe schildert, wird gewöhnlich als Zeichen einer tiefen, sich aus zahlreichen Differenzen erklärenden Kluft zwischen Autorengenerationen gedeutet. Diese Deutung ist mindestens doppelt zutreffend, wenn sie eine Entfremdung diagnostiziert, die sich aus einer Einprägung epochaler Verschiebungen in individuelle Biographien ergibt, und wenn sie darauf hinweist, daß es Goethe beim Schreiben offenkundig darum ging, rhetorisch den Eindruck von Distanz zu erzeugen. Sie greift andererseits zu kurz, wenn sie darauf verzichtet, die Darstellungstechni-

---

[*]   Die Überlegungen des folgenden Beitrags haben ihren Ursprung in einem Kolloquium zu ›Utopien des Einvernehmens‹, das Tobias Rausch, Alexander Schmitz, Carlos Spoerhase und Dirk Werle 2004 an der Humboldt-Universität Berlin organisierten.

[1]   Vgl. Johann Wolfgang Goethe: *Aus meinem Leben. Dichtung und Wahrheit*, hg. v. Erich Trunz. Hamburg 1955 (Goethes Werke. Hamburger Ausgabe in 14 Bänden, Bd. 9), S. 267f.

ken und -interessen Goethes näher zu befragen und insbesondere nicht beachtet, wie Goethe in einer knappen Passage einen überlegenen Abstand zu Gottsched sichtbar zu machen sucht.

Festzuhalten ist dabei zuvörderst, daß die biographische Darstellungsform eine argumentative Auseinandersetzung mit Überlegungen Gottscheds kaum zuläßt, die indes 1812 bereits unnötig erschienen sein mag. Die Distanzierungsgesten nutzen vielmehr Fragen des Stils und Verhaltens. Es ist die Verkopplung mehrerer Darstellungselemente, durch die Goethe erzeugt, was man ›Humor‹ nennen muß. Hierzu gehört unter anderem seine Fähigkeit, den ›Weltweisen‹ Gottsched in häuslichen Zusammenhängen zu zeigen, aber auch die Fähigkeit, Gottsched Bewegungsabläufe zuzuschreiben, die nachgerade grazil wirken und mit dem gravitätischen Bild des ›poeta doctus‹ kollidieren, als der Gottsched mit Recht galt und als der er sich selbst verstand. Zugleich werden diese Bewegungsabläufe auf weitere Weisen in Kontexte eingestellt, in die sie nicht zu gehören scheinen, wenn sie mit einer routinierten Gewaltausübung Gottscheds verbunden sind, der nicht nur als »große[r], breite[r], riesenhafte[r] Mann«[2] erscheint, sondern der auch seinem Bedienten »eine Ohrfeige [gibt], so daß dieser, wie es im Lustspiel zu geschehen pflegt, sich zur Türe hinaus wirbelte«.[3]

Daß die Aufklärung auch eine Zeit eines Zwangs und einer Gewaltsamkeit gewesen sei, die nach außen wirken und zugleich als Selbstzwang und rigide Behandlung des Selbst auftreten, wird heute kaum bestritten werden. Der Zwang und die Gewaltsamkeit der Aufklärung ergeben sich nicht allein aus der Unbedingtheit des aufklärerischen Projekts, sondern in ihnen spiegelt sich eine feindliche Außenwelt, die diesem Projekt entgegensteht und die die Schärfe und Beharrlichkeit des aufklärerischen Bemühens mit bedingt. Wo sie aus Goethes Perspektive 1812 historisch geworden ist, war sie für Gottsched unzweifelhaft schon früh existentiell relevant und wirkte in existenzbedrohenden Eindrücken trotz großer akademischer Erfolge sein gesamtes Leben nach. Schlagwortartig hervorzuheben ist in diesem Kontext nicht nur die 1724 stattfindende Flucht des bereits Magistrierten nach Leipzig, sondern mehr noch die Ausweisung seines Lehrers Christian Wolff aus Preußen, die nur ein Jahr zuvor erfolgte und bekanntermaßen mit dem Vorwurf des Atheismus begründet wurde.

---

[2] Goethe: *Aus meinem Leben. Dichtung und Wahrheit* (wie Anm. 1), S. 268.
[3] Ebd.

Es nimmt vor solchem Hintergrund nicht Wunder, daß Gottscheds Denken Züge trägt, die ihn im Urteil der Nachwelt als intellektuellen Despoten erscheinen lassen. Joseph von Eichendorff verwendet in seiner 1857 publizierten »Geschichte der poetischen Literatur Deutschlands« zur Charakterisierung des Gottschedschen Handelns und Schreibens nicht ohne Grund eine Reihe von Metaphern der Gewalt und des Zwangs, wenn er feststellt, Gottsched habe »Lohenstein überwunden«, die »Theateranarchie gebrochen«, Gegner ›unterjocht‹[4] und als »stolze[r] Fabrikherr«[5] die systematische Herstellung mustergültiger Trauerspiele erzwungen. Es ist andererseits bemerkenswert, daß Gottsched in den 1970er Jahren von der Literaturwissenschaft als früher Vertreter einer verständnis- wie verständigungsorientierten Kommunikationstheorie verstanden und damit in gegensätzlicher Weise gedeutet wurde.[6] Dabei äußert sich in einer solchen Deutung der Einfluß der Überlegungen Jürgen Habermas', dessen Texte in den 1970er Jahren überaus gewichtig waren. Dies gilt nicht nur für eigentlich historische Ausführungen Habermas', die sich mit der aufklärerischen Kritik und jener Figur des ›Kunstrichters‹ befassen, den auch Gottsched verkörperte.[7] Es gilt mehr noch für Habermas' Entwurf einer Kommunikations- und Diskurstheorie, die in seinen historischen Ausführungen partiell angelegt scheint, jedoch deutlich darüber hinausgeht, und die in literaturwissenschaftlichen Anverwandlungen geschichtlich nach hinten verlängert werden konnte.

Zugleich haben die konfligierenden Interpretationen Gottscheds mit dem zu tun, was man das ›basale aufklärerische Kommunikationsmodell‹ nennen mag, und jedenfalls mit der Abarbeitung der Aufklärung an Konzepten von Dissens und Konsens, von Auseinandersetzung, Kontroverse und der Kraft des Arguments. Erst die hiermit verknüpften Schwierigkeiten machen verständlich, daß ausgerechnet Habermas, der Grundannahmen der Aufklärung unübersehbar folgt, im Deutschland des späten 20. Jahrhunderts mit dem Vorwurf konfrontiert ist, ein harmonisierender

---

[4]   Joseph von Eichendorff: »Geschichte der poetischen Literatur Deutschlands«, in: ders.: *Geschichte der Poesie. Schriften zur Literaturgeschichte*, hg. v. Wolfgang Frühwald, Brigitte Schillbach u. Hartwig Schultz. Frankfurt a. M. 1990 (Werke in sechs Bänden, Bd. 6), S. 805–1074, hier S. 929.

[5]   Ebd., S. 930.

[6]   Vgl. für die wohl sorgfältigste Analyse der Werke Gottscheds in diesem Sinne Hans Freier: *Kritische Poetik. Legitimation und Kritik der Poesie in Gottscheds Dichtkunst*. Stuttgart 1973.

[7]   Vgl. Jürgen Habermas: *Strukturwandel der Öffentlichkeit. Untersuchungen zu einer Kategorie der bürgerlichen Gesellschaft*. Frankfurt a. M. 1990, bes. S. 103f.

und unzulässig konsensorientierter Denker zu sein, welcher die produktive Kraft des Dissenses verkannt habe. Bekanntermaßen sind entsprechende Vorwürfe insbesondere von Niklas Luhmann erhoben worden, der in seinem Werk wieder und wieder auf Habermas' Vorstellung von Kommunikation eingeht und unter anderem fragt, ob Kommunikation, die beständig in Konsens auslaufe, »nicht schon längst zu Ende wäre«.[8] Nicht Einigung, sondern Uneinigkeit treibe den kommunikativen Prozeß an. Wo behauptet wird, Habermas verkenne die Bedeutung des Dissenses, ist impliziert, daß die Rigidität des aufklärerischen Projekts – die sich früh als existentielle Bedrängnis und Dunkelheit der Gottschedschen Schriften zeigt – im Lauf von 200 Jahren verlorengegangen sei. Eine Rückprojektion Habermasscher Überlegungen auf Gottsched aber bedeutet nichts Geringeres als die These, daß solche Rigidität nie Teil der Aufklärung gewesen wäre.

Nun ist die Verbindung zwischen Habermas und Gottsched auf den ersten Blick denkbar schwach. Tatsächlich erwachsen aus den Debatten des 20. Jahrhunderts jedoch perspektivische Gewinne für die Betrachtung der Frühaufklärung. Mehr noch lassen sich in den einander scheinbar entrückten Werken Habermas' und Gottscheds ähnliche Argumentationsmuster erkennen, deren Befragung zumal dann Sinn macht, wenn sie systematisch zugespitzt wird und unter anderem auf Fragen nach Konsens und Dissens, der Auseinandersetzung und ihrem Ende bezogen wird. Das Problem des aufklärerischen kommunikativen Modells mit seiner Betonung eines – wie immer verfaßten – ›Zwangs‹ des Arguments besteht gerade in der Verknüpfung von Konsens und Dissens, von Kontroverse und Entscheidung oder von Streit und Beendigung des Streits durch rationale Überwindung einer Partei. Es sind Aufkündigungen dieser Verbindung, die eigentlich hinter der Betonung einer produktiven Kraft des Dissenses stehen, weil diese Aufkündigungen die Macht des Dissenses entgrenzen und damit verstärken. Tatsächlich kann man dem aufklärerischen Projekt weder in Jürgen Habermas' Schriften noch in Texten der Frühaufklärung vorwerfen, Kontroversen und Auseinandersetzungen faktisch und theoretisch ausgewichen zu sein. Charakteristisch ist für die Aufklärung jedoch das Bemühen, in den Dissens die Vision einer Entscheidung und eines Konsenses einzutragen, wodurch scheinbar oppositionelle Konzepte angenähert werden. Der entsprechende Sachzusammenhang zeigt sich dabei auch als Zeitzusammenhang, wenn das Ziel argumentativer Klärung ver-

---

[8] Niklas Luhmann: *Einführung in die Theorie der Gesellschaft*. Heidelberg 2005, S. 104.

treten und doch permanent in die Zukunft verlagert wird, ohne daß davon ausgegangen wird, »irgendwann« zeige sich »die Notwendigkeit«, den Versuch der Entscheidung und Einigung »zu beenden und sich anderen Dingen zuzuwenden.«[9] Das Andere der Übereinkunft ist nicht schlicht die Auseinandersetzung, der Streit oder die Kontroverse, sondern der ungeklärt bleibende Dissens, das wechselseitige Verfehlen im Austausch oder eine Sprachlosigkeit, die im aufklärerischen Projekt marginalisiert sind. Der Vorwurf, die Bedeutung des Dissenses werde verkannt, zielt nicht auf diesen Dissens an sich, sondern auf eine Beharrlichkeit des Dissenses, seine unterschiedlich begründbare Verstetigung, welche soweit reichen kann, daß der Dissens und die Auseinandersetzung als solche kaum noch erkennbar sind.

II. Jürgen Habermas

Als primäres Beispiel einer ›konsensorientierten‹ Kommunikationstheorie gilt seit der Kontroverse zwischen Jürgen Habermas und Niklas Luhmann[10] die Theorie von Jürgen Habermas selbst. Verständigung und Konsens werden von Habermas in gleich doppelter Weise funktional besetzt. Zum einen wird hier ein wesentliches Ziel des kommunikativen Prozesses gesehen. In diese Richtung deutet unter anderem Habermas' berühmte Formulierung: »Verständigung wohnt als Telos der menschlichen Sprache inne.«[11] Zum anderen ist Konsens Habermas ein Wahrheitskriterium, wie er bereits 1973 ausführt, wenn er schreibt,

> Bedingung für die Wahrheit von Aussagen ist die potentielle Zustimmung aller anderen. Jeder andere müßte sich überzeugen können, daß ich dem Gegenstand x das Prädikat p berechtigterweise zuspreche, und müßte mir dann zustimmen können. *Wahrheit meint das Versprechen, einen vernünftigen Konsensus zu erzielen.*[12]

---

[9] Niklas Luhmann: *Soziale Systeme. Grundriß einer allgemeinen Theorie.* Frankfurt a. M. 1984, S. 315.

[10] Vgl. Jürgen Habermas u. Niklas Luhmann: *Theorie der Gesellschaft oder Sozialtechnologie.* Frankfurt a. M. 1971.

[11] Jürgen Habermas: *Theorie des kommunikativen Handelns.* Bd. 1: *Handlungsrationalität und gesellschaftliche Rationalisierung.* Frankfurt a. M. 1985, S. 387. ›Konsens‹ ist mit ›Verständigung‹ natürlich nicht unmittelbar gleichzusetzen. Die Brücke bildet der Begriff des ›Einverständnisses‹. Vgl. hierzu die Zitate auf S. 4.

[12] Jürgen Habermas: »Wahrheitstheorien«, in: *Wirklichkeit und Reflexion*, hg. v. Helmut Fahrenbach. Pfullingen 1973, S. 211–265, hier S. 219 (meine Hervorhebung).

Habermas' Entwurf einer an der Sprechakttheorie geschulten ›Universal-pragmatik‹[13] haftet auf den ersten Blick etwas Idyllisierendes an. Es ist andererseits festzuhalten, daß alle Betonung des ›Konsensus‹ nicht dar-über hinwegtäuschen kann, daß die Habermassche Theorie Auseinander-setzung und Streit nicht ausschließt und daß sie durch beide tatsächlich nicht gefährdet, sondern ermöglicht wird.

Habermas' Theorie der Kommunikation ist historisch in gleich doppel-ter Weise präfiguriert. ›Idyllische‹ Impulse bezieht sie vor allem aus einer Texttradition, in der das kommunikative Modell einer ›freien Gesellig-keit‹ konturiert wurde,[14] welche ein Ideal des vermeintlich mit sich iden-tischen, ganzen Menschen gegen die Zumutungen einer fragmentierten, partialisierten Alltagswelt nominiert und dieses Ideal im ungezwungenen Austausch unter Gleichen zu bewähren hofft. Exemplarisch für einen in dieser Weise vertretenen »vorsoziologischen Optimismus«[15] ist bekannt-lich Friedrich Schleiermachers Fragment gebliebener »Versuch einer Theorie des geselligen Betragens«. »Es muß«, so Schleiermacher 1799,

> [...] einen Zustand geben, der [...] die Sphäre eines Individui in die Lage bringt,
> daß sie von den Sphären Anderer so mannigfaltig als möglich durchschnitten
> werde, und jeder seiner eignen Grenzpunkte ihm die Aussicht in einer andere und
> fremde Welt gewähre [...]. Diese Aufgabe wird durch den freien Umgang ver-
> nünftiger sich unter einander bildender Menschen gelöst.[16]

Als eine zweckfreie[17] Verbindung austauschbedürftiger Individuen biete die Gesellschaft einzelnen die Möglichkeit, sich »auf eine Zeit lang aus ihren bürgerlichen Verhältnissen herauszusetzen, [...] einem freien Spiel

---

[13] Vgl. grundlegend: Jürgen Habermas: »Was heißt Universalpragmatik?«, in: *Sprach-pragmatik und Philosophie*, hg. v. Karl-Otto Apel. Frankfurt a. M. 1976, S. 174–272.

[14] Vgl. knapp nur Detlef Kremer: *Romantik*. Stuttgart–Weimar 2003, S. 29–33. Zur Theorie ›freier Geselligkeit‹ auch Markus Schwering: »Romantische Theorie der Gesellschaft«, in: *Romantik-Handbuch*, hg. v. Helmut Schanze. Stuttgart 1994, S. 508–540, bes. S. 513–516.

[15] Niklas Luhmann: »Interaktion in Oberschichten. Zur Transformation ihrer Semantik im 17. und 18. Jahrhundert«, in: ders.: *Gesellschaftsstruktur und Semantik 1*. Frank-furt a. M. 1980, S. 72–161, hier S. 161.

[16] Friedrich Daniel Ernst Schleiermacher: »Versuch einer Theorie des geselligen Betra-gens«, in: ders.: *Schriften aus der Berliner Zeit 1796–1799*, hg. v. Hans-Joachim Birkner u. a. Berlin–New York 1984 (Kritische Gesamtausgabe, Erste Abt., Bd. 2) S. 163–184, hier S. 165.

[17] Vgl. ebd., S. 169.

ihrer intellectuellen Thätigkeit Raum zu geben«[18] und so wechselseitige Bildung zu realisieren.

Analog propagiert Habermas eine Idee »herrschaftsfreie[r] Diskussion«,[19] die als »ideale Sprechsituation« dort anzunehmen sei, wo »Kommunikation überhaupt möglich sein soll«.[20] In seiner frühen Schrift über »Vorbereitende Bemerkungen zu einer Theorie der kommunikativen Kompetenz« bestimmt er die ›ideale Sprechsituation‹ durch »strukturelle Merkmale einer Situation möglicher Rede, nämlich durch die symmetrische Verteilung der Chancen, Dialogrollen wahrzunehmen und Sprechakte auszuführen«.[21] Die ideale Sprechsituation ist für Habermas freilich nicht empirisch existent. Vielmehr handelt es sich um eine Annahme, die das Handeln von Kommunikationspartnern leiten muß, wo Verständigung gesucht wird.

> Die formale Vorwegnahme des idealisierten Gesprächs (als einer in Zukunft zu realisierenden Lebensform?) garantiert das »letzte« tragende [...] kontrafaktische Einverständnis, das die potentiellen Sprecher/Hörer vorgängig verbinden muß und über das eine Verständigung nicht erforderlich sein darf, wenn anders Kommunikation überhaupt möglich sein soll.[22]

Den Verweis auf die Utopie einer noch »zu realisierenden Lebensform« hat Habermas in späteren Arbeiten eingezogen,[23] sein Modell der Kommunikation jedoch beibehalten und weiter ausgebaut. Auch das schon von Schleiermacher im Anschluß an die ästhetische Theorie aus Kants *Kritik der Urteilskraft* betonte Konzept der ›Zweckfreiheit‹ hinterläßt bei Habermas Spuren. In der *Theorie des kommunikativen Handelns* trennt er konsequent vor allem erfolgs- von verständigungsorientierten Handlungstypen.[24] Als Repräsentant der zweiten Kategorie entstehe kommunikatives Handeln, »wenn die Handlungspläne der beteiligten Aktoren nicht über egozentrische Erfolgskalküle, sondern über Akte der Verständigung koordiniert werden. Im kommunikativen Handeln sind die Beteiligten

---

[18] Ebd., S. 176.
[19] Jürgen Habermas: »Vorbereitende Bemerkungen zu einer Theorie der kommunikativen Kompetenz«, in: Habermas u. Luhmann: *Theorie der Gesellschaft oder Sozialtechnologie* (wie Anm. 10), S. 101–141, hier S. 138.
[20] Ebd., S. 140.
[21] Ebd., S. 139.
[22] Ebd., S. 140.
[23] Vgl. Walter Reese-Schäfer: *Jürgen Habermas*. Frankfurt a. M.–New York 2001, S. 27f.
[24] Vgl. das Schema in Habermas: *Theorie des kommunikativen Handelns* (wie Anm. 11), S. 384.

nicht primär am eigenen Erfolg orientiert.«[25] Unter ›Verständigung‹ faßt Habermas einen »Prozeß der Einigung unter sprach- und handlungsfähigen Subjekten.«[26] »Verständigungsprozesse zielen auf ein Einverständnis, welches den Bedingungen einer rational motivierten Zustimmung zum Inhalt einer Äußerung genügt.«[27]

Zentral für Habermas' Kommunikationsmodell ist insbesondere der Begriff des ›Geltungsanspruchs‹. Er bezeichnet nichts anderes, als die von Sprechern mit ihren Äußerungen verknüpfte Hoffnung, sie sollten von einem Kommunikationspartner als gültig akzeptiert werden. Wo ein Geltungsanspruch im Rahmen verständigungsorientierten Handelns indessen angefochten werde oder umstritten sei, entstehe die Notwendigkeit, einen ›Diskurs‹ zu führen, der der idealen Sprechsituation bedürfe, um »vernünftige«[28] Resultate zu zeitigen. Im »Normalfall« diene der Diskurs »der Begründung von problematisierten Geltungsansprüchen«.[29] »In Diskursen suchen wir ein problematisiertes Einverständnis, das im kommunikativen Handeln bestanden hat, durch Begründung wiederherzustellen: in diesem Sinne spreche ich fortan von (diskursiver) *Verständigung.*«[30]

Auch wenn Habermas' Modell Impulse aus Vorstellungen zweckfreier ›Geselligkeit‹ bezieht, steht seine Theorie primär in einer anderen, genuin aufklärerischen Tradition. Dies zeigt sich vor allem, wenn man auf den Dissens und die Auseinandersetzung fokussiert und vor solchem Hintergrund die Habermassche Theorie exemplarisch mit dem Entwurf Schleiermachers vergleicht. Schleiermacher ist erkennbar am Ideal wohltemperierter Kontrolle kommunikativer Beiträge orientiert,[31] die eigentliche Meinungsverschiedenheiten kaum aufkommen läßt, sondern sie in einem – freilich wechselseitiger Bildung dienenden – Perspektivismus auflöst,

---

[25] Ebd., S. 385.

[26] Ebd., S. 386.

[27] Ebd., S. 387.

[28] Habermas: »Wahrheitstheorien« (wie Anm. 12), S. 257. Vgl. auch Habermas: »Vorbereitende Bemerkungen zu einer Theorie der kommunikativen Kompetenz« (wie Anm. 19), S. 140.

[29] Habermas: »Vorbereitende Bemerkungen zu einer Theorie der kommunikativen Kompetenz« (wie Anm. 19), S. 121.

[30] Ebd., S. 115.

[31] Bzw. – um aus der Perspektive der Luhmannschen Kritik zu sprechen – an einer Kommunikation, »um die Gemeinsamkeit der friedlichen Absicht des Zusammenseins zu dokumentieren.« Luhmann: *Einführung in die Theorie der Gesellschaft* (wie Anm. 8), S. 104.

der zwar möglichst unterschiedliche Zugangsweisen zu einem Gegenstand fordert, daraus aber keine Auseinandersetzung entwickeln will.

> Es gehört gradehin zur Vollkommenheit einer Gesellschaft, daß ihre Mitglieder in ihrer Ansicht des Gegenstandes und ihrer Manier ihn zu behandeln, so mannigfaltig als möglich von einander abweichen, weil nur so der Gegenstand in Beziehung auf die Geselligkeit erschöpft und der Charakter der Gesellschaft völlig ausgebildet werden kann.[32]

In der Gesellschaft, so Schleiermacher denn auch, solle keineswegs eine »Einsicht methodisch erworben werden.«[33] Für Habermas hingegen besteht ein zentrales Ziel von Diskursen nicht nur in der Etablierung von Wahrheit, wobei der Begriff der Wahrheit keineswegs relativistisch zur Kennzeichnung für ein »komparatives Verhältnis«[34] zu verwenden sei. Darüber hinaus ist gerade das methodische Vorgehen in der Argumentation ein ausschlaggebendes Merkmal von Diskursen im Habermasschen Sinne.

Habermas nimmt auf diese Weise das Vorhandensein von Dissens und Streit an, der in Konsens und Verständigung erst in einer Bewegung überführt wird, die von einer im Oxymoron des »zwanglose[n] Zwang des besseren Argumentes«[35] mühsam entschärften Anstrengung kündet. In seiner Auseinandersetzung mit unterschiedlichen Wahrheitstheorien hält er fest: »Die Konsensustheorie der Wahrheit beansprucht den eigentümlich zwanglosen Zwang des besseren Argumentes durch formale Eigenschaften des Diskurses zu erklären«[36]. Es gehe, so Habermas, um die »Maxime«, »daß sich, wann immer wir in der Absicht, einen Diskurs zu führen, eine Kommunikation aufnehmen und nur lange genug fortsetzen würden, ein Konsensus ergeben müßte, der per se wahrer Konsensus wäre.«[37] Es ist zumal der zeitliche Vorbehalt dieses Satzes, der den Prozeß, in dem der Konsens entsteht, permanent verlängerbar, die Verständigung immer aufs Neue vertagbar zu machen verspricht, der verdeutlicht, daß das Gewicht konfligierender Standpunkte relativiert wird und doch kaum

---

[32] Schleiermacher: »Versuch einer Theorie des geselligen Betragens« (wie Anm. 16), S. 175.

[33] Ebd., S. 169.

[34] Habermas: »Wahrheitstheorien« (wie Anm. 12), S. 235.

[35] Habermas: »Vorbereitende Bemerkungen zu einer Theorie der kommunikativen Kompetenz« (wie Anm. 19), S. 137.

[36] Habermas: »Wahrheitstheorien« (wie Anm. 12), S. 240.

[37] Habermas: »Vorbereitende Bemerkungen zu einer Theorie der kommunikativen Kompetenz« (wie Anm. 19), S. 139.

zu relativieren ist. Zwar ist evident, daß die Verhandlung von Dissens und Streit in Habermas' Schriften nur geringen Raum einnimmt. Lediglich vereinzelt geht Habermas eigens darauf ein.[38] Logisch hat der Dissens jedoch für Habermas' Entwürfe einen zentralen Stellenwert. Diese Entwürfe legitimieren sich letztlich über die Notwendigkeit beständiger Klärung im Bereich konfligierender Ansichten und Ansprüche.

Was Habermas vorführt, ruht auf nicht weniger als der Annahme, daß kommunikativer Konsens erreichbar und wünschenswert sei, dies jedoch Dissens stets voraussetze. Auch eine Theorie der Kommunikation, die um Einigung und Verständigung kreist, muß so kommunikativen Dissens, Streit und Auseinandersetzung berücksichtigen und ihnen Raum geben. Utopien des kommunikativen Konsenses sind damit zunächst in Auseinandersetzung und Streit verfangen. Was die ›konsensorientierte‹ Theorie im Inneren zusammenhält, ist nicht der Konsens allein, sondern auch der Dissens, dessen ›vernünftige‹ Überwindung Entscheidungen und Übereinstimmungen erst begründet. Offen bleibt jedoch die Frage, ob Konsens und Einigung nicht eigentlich durch etwas gefährdet sind, was mit Begriffen wie ›Kontroverse‹ und ›Dissens‹ nicht hinlänglich erfaßt ist und was daher nicht in den Blick gerät, solange zweiseitig operiert wird. Diese Frage aber begleitet das aufklärerische Projekt von Beginn an und deutet sich schon in der Frühaufklärung an.

III. Johann Christoph Gottsched

Die bisherigen Überlegungen lassen sich in ihrer Relevanz am Beispiel der Schriften Gottscheds bewähren. Offenkundig hat Gottsched nie Probleme damit gehabt, in Leben und Schreiben mit Dissens konfrontiert zu sein. Mag ihn dies mit Habermas verbinden,[39] gilt zugleich, daß er weit stärker als Habermas Kontroversen als potentiell existentiell bedrohlich wahrnehmen mußte. Weitab von Frankfurter Subtilität tritt er in seinen Texten martialischer auf als Habermas, verzichtet er auf Gleichheitsprätentionen und auf als solche explizierte Kommunikationsideale. Als ein führender Denker des mittleren Drittels des 18. Jahrhunderts, Verfasser

---

[38] Vgl. z. B. Habermas: *Theorie des kommunikativen Handelns*, Bd. 1 (wie Anm. 11), S. 444 u. 447; ders.: *Theorie des kommunikativen Handelns.* Bd. 2: *Zur Kritik der funktionalistischen Vernunft.* Frankfurt a. M. 1985, S. 184f.

[39] »Habermas' Denken läßt sich auch als Abfolge von großen Debatten verstehen«, meint Reese-Schäfer: *Jürgen Habermas* (wie Anm. 23), S. 15 (Hervorhebung getilgt).

der »wichtigsten Normpoetik der deutschen Aufklärung«[40] und ›Weltweiser‹ steht Gottsched aus heutiger Sicht jenseits des epistemologischen Bruchs, der sich im späten 18. Jahrhundert vollzieht und in zahlreichen epistemologischen Großerzählungen markiert und dramatisiert worden ist. Tatsächlich zeugt Gottscheds zumal an den Überzeugungen des frühaufklärerischen Philosophen Christian Wolff geschultes[41] Denken vielfach von jenem ›Anderen‹, das dem heutigen Blick fremd gegenübersteht. Gottsched steht fest auf dem Grund einer Ontologie, die seit dem späten 18. Jahrhundert nur noch gebrochen aufscheint und in Habermas' Schriften allenfalls noch schwach reflektiert ist. Auch geht es in seinen poetologischen Schriften keineswegs um eine moderne ›Literatur‹ genialen Selbstausdrucks, sondern um eine ›Poesie‹, die regelgebundenen, generalisierten Verfahrensweisen aufsitzen soll, welche ihrerseits in gelehrten Poetiken[42] abgelegt und aufbewahrt sind. Die Amalgamierung allgemeiner theoretischer Überlegungen mit normativer Literaturkritik und normativen Anweisungen zum Verfassen literarischer Werke hat ein genuin vormodernes Profil, dessen Schicksal am Erfolg von Gottscheds Schriften selbst abgelesen werden kann, der spätestens ab der Mitte des 18. Jahrhunderts erodiert.

Der Dramatik epistemologischer Brüche und »Katastrophen«[43] ungeachtet, ist Gottsched einem aufklärerischen Kommunikationsmodell verpflichtet, das einen kommunikativen Konsens und eine durch die Vernunft erwirkte Entscheidung zugunsten des überlegenen Argumentes für möglich hält, all diesem aber zugleich Unstimmigkeit und Streit vorausschickt. Dem Bemühen, einer Vielzahl konfligierender Meinungen vernünftige Entscheidungen zu entbergen, denen man rational nur zustimmen kann, sind weite Teile des Gottschedschen Œuvres gewidmet, wobei eine explizite Reflexion damit verbundener Schwierigkeiten eher punktuell erfolgt. Gegenüber der differenzierten Gedankenarbeit Habermas' wirken Gottscheds Ausführungen zwar holzschnittartig. Zugleich jedoch sind starke Parallelen unübersehbar. Auffällig ist u. a. eine zeitliche Programmierung, die eine Zerdehnung des Zustands der Zerfallenheit und des Dissenses andeutet, vor der der Konsens und die Entscheidung sich in eine nie erreichte Zukunft zu verflüchtigen droht. Gottscheds aufkläreri-

---

[40] Peter-André Alt: *Tragödie der Aufklärung*. Tübingen–Basel 1994, S. 14.

[41] Vgl. Joachim Birke: »Gottscheds Neuorientierung der deutschen Poetik an der Philosophie Wolffs«, in: *Zeitschrift für deutsche Philologie* 85 (1966), S. 560–575.

[42] Vgl. grundlegend Ingo Stöckmann: *Vor der Literatur. Eine Evolutionstheorie der Poetik Alteuropas*. Tübingen 2001.

[43] Niklas Luhmann: *Beobachtungen der Moderne*. Opladen 1992, S. 48.

sches Werk ist allgemein mit Ankündigungen eines noch Kommenden wesentlich beschäftigt. »Die Besserung des menschlichen Herzens ist fürwahr kein Werk, welches in einer Stunde geschehen kann«, hält er u. a. in der 1729 gehaltenen Rede »Die Schauspiele, und besonders die Tragödien sind aus einer wohlbestellten Republik nicht zu verbannen« fest (IX/2, 499).[44] Überhaupt aber sind ihm Fortschritte im Bereich von Erkenntnis und ›besserem Argument‹ ein mühsames Geschäft, entwickeln sie sich nur stufenweise und übersteigen sie die Kräfte einzelner Menschen oder Generationen. So schreibt er:

> Wer sich rühmet, daß er alle seine Erkenntniß selbst erfunden, und nichts von andern gelernet habe, der kennet gewiß die engen Schranken des menschlichen Verstandes nicht [...]. Man weis wohl, daß alles stuffenweise geht. Die ersten Erfinder brachen nur ihren Nachfolgern die Bahn: diese gehen weiter, und setzen wiederum was hinzu. (V/2, S. 327f. [§ 496])

IV. Dissens

Solange der Prozeß der ›Aufklärung‹ noch nicht beendet ist, scheut Gottsched keine Auseinandersetzung. 1737 läßt er in Leipzig in einer im Wortsinne bühnenwirksamen Aktion die Hanswurst-Figur vom Theater treiben und setzt so die von ihm initiierte Theaterreform in Szene.[45] In seinen Schriften wendet er sich gegen »Reimschmiede« (VI/1, 17), »eingebildete Poeten« (VI/1, 124) und die Annahme »Versmacher-Kunst und Poesie« seien eins (VI/2, 400), gegen »willkührliche Grillen« (V/2, 31), »Halbgelehrte«, die in »Vernunftschlüssen keinen festen Fuß fassen« können (IX/2, 406, vgl. ähnlich V/1, 132 [§22]), schließlich gegen einen ›Pöbel‹, der die »Ungebildeten aller Stände«[46] umfaßt, was Vertreter des Adels mit einschließt, bei denen das »niederträchtigste Werk [...]« seine

---

[44] Gottscheds Werke werden im folgenden wenn immer möglich mit Band- und Seitenzahl zitiert nach: Johann Christoph Gottsched: *Ausgewählte Werke*, hg. v. Joachim Birke u. Phillip M. Mitchell. 12 Bde. Berlin–New York 1968–1995. Die verwendeten Bände dieser Ausgabe enthalten: I: *Gedichte und Gedichtübertragungen*; II: *Sämtliche Dramen*; V/1–V/4: *Erste Gründe der gesammten Weltweisheit (nach der siebten Auflage von 1762)*; VI/1–VI/4: *Versuch einer Critischen Dichtkunst (nach der dritten Auflage von 1742)*; IX/1–IX/2: *Gesammelte Reden*; X/1–X/2: *Kleinere Schriften*.

[45] Vgl. Peter-André Alt: *Aufklärung*. Stuttgart–Weimar 1996, S. 186.

[46] Gunter E. Grimm: *Literatur und Gelehrtentum in Deutschland. Untersuchungen zum Wandel ihres Verhältnisses vom Humanismus bis zur Frühaufklärung*. Tübingen 1983, S. 679.

eifrige Verfechter« (VI/1, 188) finde und die eine Abwendung von »den einfältigen Scribenten, dem ungelehrten Adel, und den affectirten Hofleuten« (VI/1, 46, Anm. 21) nötig machten. Er wettert gegen die Reden »besoffener Bauern« (VI/2, 311) und rühmt sich – in Gedichtform – öffentlicher Auftritte mit dem Ziel, »den Geschmack des Pöbelvolks [zu] verwerfen« (I, 366). In die Literaturgeschichte geht er wesentlich durch Streitigkeiten ein, und zwar bekanntermaßen vor allem durch die Auseinandersetzung mit den Schweizern Bodmer und Breitinger um das ›Wunderbare‹, die in ihrer literarhistorischen Bedeutung im Rückblick freilich überschätzt wirkt.[47]

Das Wissen um konfligierende Meinungen erweist sich für Gottsched als Erfahrung, auf die auch theoretisch reagiert werden muß. An verstreuten Stellen seines Werkes tut er dies zunächst in einer Weise, die überraschen mag, wenn man mit Eichendorff in Gottsched einen Vertreter des »literarischen Absolutismus«[48] sieht oder ihm mit Wieland ein Wirken mit »bleiernem Zepter«[49] attribuiert. Durchaus scheint Gottsched einem Relativismus des Meinens das Wort zu reden, der Dissens unproblematisch motiviert, ihn bestehen läßt bzw. ihn entschärft, indem er ihn auf eine unhintergehbare Vielfalt von Perspektiven zurückführt.

Theoretisch relevant wird Gottsched dies speziell auch im Falle von Meinungsdivergenzen zwischen Gelehrten, d. h. vor allem: Poetologen. 1754 notiert er bezüglich der Poesie: »Die Uneinigkeit der Kunstrichter und Liebhaber macht [...] zweifelhaft; einem gefällt der deutliche Homer, dem andern der dunkle Lykophron; diesem der natürliche Vergil und Terenz, jenem der schwülstige Lucan und Seneca.«[50] Auch in der *Critischen Dichtkunst* hält er die Erfahrung fest, daß die »Meynungen der Critikverständigen [...] uneins« sind (VI/1, 237).

Bereits in der »Vorrede« zur zweiten Auflage der *Critischen Dichtkunst* erklärt er konsequent, daß seine Überlegungen nicht als alternativlos zu denken seien, sondern zur Diskussion stünden. Mit Bezug auf Kritiker seiner Poetik notiert er:

> Ob ich aber bey diesem, meinem Ausschreiben, wie es ferner heißt, über die unrechten Bücher gerathen; das ist gleichfalls eine Sache, die ich lediglich dem

---

[47] Vgl. Stöckmann: *Vor der Literatur* (wie Anm. 42), S. 340–363.

[48] Eichendorff: »Geschichte der poetischen Literatur Deutschlands« (wie Anm. 4), S. 931.

[49] Zit. nach Alt: *Aufklärung* (wie Anm. 45), S. 68.

[50] Johann Christoph Gottsched: *Auszug aus des Herrn Batteux, öffentlichen Lehrers der Redekunst zu Paris, Schönen Künsten, aus dem einzigen Grundsatze der Nachahmung hergeleitet.* Leipzig 1754, S. 28.

Urtheile meiner Leser und allen Verständigen überlasse. Es kann seyn, daß der tiefsinnige Richter, der mir dergestalt den Stab gebrochen, hierinn eine bessere Einsicht hat [...]. Es kann seyn, *daß er die Schriften* [...] *nach einem andern Probiersteine beurtheilet; nach welchem er dasjenige schlecht findet, was ich mit so vielen andern hochschätze.* (VI/1, 16, meine Hervorhebung)

Durch Veränderung der Beobachtungsperspektive, so die unmißverständliche Aussage, ergeben sich Eindrücke, die die Wahl dieser Perspektive in Frage stellen. Auch wenn man Ironie und taktische Überlegungen in Rechnung stellt, die Gottsched bei der Formulierung der »Vorrede« geleitet haben mögen, wird evident, daß er selbst die eigene Perspektive nicht schlicht zur einzig möglichen erklären kann.

Noch deutlicher in Richtung einer relativistischen Position bewegt sich Gottsched in einer »Akademischen Rede zur Vertheidigung Gottes und des menschlichen Geschlechts«, die er 1730 hält. Hier steigert er sich zu Aussagen, die jene der *Critischen Dichtkunst* noch überbieten.[51]

> Kein Ding ist zu finden, welches nicht auf eine gewisse Art betrachtet, schön, angenehm, nützlich und gut seyn sollte. Aber im Gegentheile ist auch nichts zu erdenken, was nicht von einer andern Seite schlecht, verwerflich, schädlich und böse zu nennen wäre. Kurz, nach dem Gesichtspunkte der Menschen, ändern sich auch ihr Urtheile von Dingen: so, wie sich die Zeichnungen eines Malers ändern, der seinen Gegenstand bald von dieser, bald von einer andern Seite her betrachtet. (IX/2, 415)

Die immer zu konzedierende Möglichkeit von Perspektiven, die der eigenen Perspektive widersprechen und neben ihr bestehen, wird hier zum Wahrnehmungsprinzip erhoben. Die Qualitäten der Dinge erscheinen als vom (menschlichen) Beobachter und seiner Position abhängig. Gottsched bemüht sich sogar, diese Erkenntnis in ein ›ethisches‹ Programm zu überführen, das an konstruktivistische Hoffnungen des 20. Jahrhunderts gemahnt.[52]

> Dieses Erkenntniß hat keinen geringen Nutzen. Es machet uns behutsam und bescheiden, in Beurtheilung verschiedener Meynungen. Wir werden nicht so leicht eines andern Lehrsätze für ungereimt und falsch erklären, wenn wir erwegen; daß

---

[51] Vgl. für interessante Anmerkungen zur Beobachtungsperspektive bei Gottsched: Peter Borjans-Heuser: *Bürgerliche Produktivität und Dichtungstheorie. Strukturmerkmale der poietischen Rationalität im Werk von Johann Christoph Gottsched.* Frankfurt a. M.–Bern 1981, S. 74–80.

[52] Vgl. beispielhaft Paul Watzlawick: »Epilog«, in: ders.: *Die erfundene Wirklichkeit. Wie wissen wir, was wir zu wissen glauben? Beiträge zum Konstruktivismus.* München–Zürich 1997, S. 310–315, hier S. 311f.

wir vielleicht eben so, wie er, urtheilen würden; wenn wir an seiner Stelle stünden. (IX/2, 416)

V. Konsens, Entscheidung

Scheinbar relativistischen Beteuerungen zum Trotz hält Gottsched letztlich an der Auflösung des Dissenses zugunsten einer einzigen, überlegenen Perspektive fest. Garant dafür wird ihm die Existenz Gottes, der eine Perspektive einnimmt, die die »Gesichtspunkte des Menschen« transzendiert, Vehikel eine menschliche Vernunft, mit der diese Perspektive rekonstruiert werden soll. Daß Gott alles »nach Zahl, Maaß und Gewicht geschaffen« (VI/1, 183) habe, weiß die *Critische Dichtkunst*. Es ist in diesem Kontext, daß Gottsched die berühmten Sätze formuliert:

> Die Regeln nämlich, die auch [!] in freyen Künsten eingeführet worden, kommen nicht auf den bloßen Eigensinn der Menschen an; sondern sie haben ihren Grund in der unveränderlichen Natur der Dinge selbst; in der Übereinstimmung des Mannigfaltigen, in der Ordnung und Harmonie. Diese Gesetze nun, die durch langwierige Erfahrung und vieles Nachsinnen untersuchet, entdecket und bestätiget worden, bleiben unverbrüchlich und feste stehen (VI/1, 174).

Der feste Wille, konfligierende Meinungen zugunsten einer einzigen, ›wahren‹ Perspektive aufzulösen, entspricht den Grundlagen einer von Gottsched vertretenen Ontologie, die als einen von zwei logischen Hauptsätzen den auf Aristoteles zurückweisenden[53] Satz des Widerspruchs kennt. In der Gottschedschen Formulierung lautet dieser Satz: »Ein Ding kann nicht zugleich seyn, und nicht seyn. [...] A ist A, und kein B.« (V/1, 228 [§ 221]) Aussagen bewegen sich stets entweder auf der Seite des Seins oder des Nicht-Seins, sind aber nie dazwischen aufzusuchen und können sich dieser Alternative nicht entziehen. »Unser Erkenntniß ist entweder mit den Dingen selbst einstimmig, oder nicht. Im ersten Falle wird es wahr, im andern aber falsch genennet.« (V/1, 203 [§ 157]) Noch 1754 weiß Gottsched: »Widersprüche können nicht beste-

---

[53] Aristoteles notiert im VI. Buch der *Metaphysik*: »[E]s ist nicht möglich, daß dasselbe demselben in derselben Beziehung zugleich zukomme und nicht zukomme [...]. Es ist nämlich unmöglich, daß jemand annimmt, dasselbe sei und sei nicht«. Aristoteles: *Metaphysik. Schriften zur ersten Philosophie*, hg. v. Franz F. Schwarz. Stuttgart 1970, S. 89 [1005b].

hen. Entweder ein Kunstwerk ist gut und schön, oder nicht. Der es also lobet, und der es verachtet, können unmöglich gleich recht haben.«[54]

Gottsched beläßt es nun weder in seinen poetologischen noch seinen allgemeinphilosophischen Schriften bei solchen Grundsatzüberlegungen. Vielmehr macht er sich daran auszubuchstabieren, wie konfligierende Meinungen zugunsten einer richtigen, und dies heißt letztlich geradezu: konsenspflichtigen Perspektive aufzulösen sind. Sein Denken erweist sich an dieser systematischen Stelle in besonderer Schärfe als Denken im Kontext einer vormodernen, stratifikatorischen Gesellschaftsstruktur klarer Standesdifferenzen. Als zentrale Denkfigur ist das Modell der Hierarchie in Gottscheds Schriften eingelassen. Ordnung ist hierarchisch strukturiert und anders kaum vorstellbar. Divergenzen und kommunikativer Dissens sind dabei gerade deshalb zugelassen, weil unterschiedliche Positionen in paralleler Existenz von Anfang an als ungleich ausgewiesen sind.

Das System von Begriffen, das Gottsched in dem Versuch entwirft, zur Auflösung von Meinungsunterschieden hierarchische Ordnungen aufzubauen, kann hier nicht entschlüsselt, sondern allenfalls angedeutet werden. Wesentliche Teile der entsprechenden Überlegungen entwickelt Gottsched in Abhängigkeit von Gedanken Christian Wolffs in der Schrift *Erste Gründe der gesammten Weltweisheit*.

Skizzenhaft lassen sich drei Hierarchien trennen, die aufeinander abzubilden sind, eine Hierarchie der Aussagetypen, eine Hierarchie der Verstandeskräfte sowie eine Hierarchie von Sprechern. Den Zusammenhang deutet das folgende Schema an:

H. der Aussagetypen		H. der Verstandeskräfte		H. der Sprecher
Wahre Aussagen, Wissen	resultieren aus → ←begründen	Ausgebildete(n) Verstandeskräfte(n), Wissenschaft	finden sich bei→ ← verfügen über	Gelehrte(n), (Gebildete(n))
Irrtümer, bloße Meinungen	resultieren aus → ←begründen	Unausgebildete(n) Verstandeskräfte(n)	finden sich beim→ ← verfügt über	›Pöbel‹

---

[54] Gottsched: *Auszug aus des Herrn Batteux, öffentlichen Lehrers der Redekunst zu Paris, Schönen Künsten, aus dem einzigen Grundsatze der Nachahmung hergeleitet* (wie Anm. 50), S. 28.

Bezüglich der Aussagetypen trennt Gottsched insbesondere zwischen ungewissen ›Meinungen‹ und gewissem ›Wissen‹. Aufgabe zumal des Gelehrten ist es, sich durch »überwundene Ungeheuer seltsamer Meynungen« hindurchzukämpfen, damit ihm die Wahrheit »desto schöner ins Auge« (IX/2, 405) falle. Schon für Christian Wolff entstehen Meinungen aus einem »Mangel der Vernunft«,[55] der besonders durch die Wissenschaft zu überwinden sei, über die Gottsched vermerkt, sie sei »ein gründliches Erkenntniß eines Dinges; oder die Fertigkeit des Verstandes, alles, was man behauptet, *unwidersprechlich* darzuthun.« (V/1, 123 [§4], meine Hervorhebung) Die Herstellung kommunikativer Einheit wird in die Definition von ›Wissenschaft‹ selbst eingeschaltet.

Die Hierarchie der Verstandeskräfte schreitet von der (primär sinnlichen) ›Empfindungskraft‹ über das ›Urteil‹ aufwärts zur ›Vernunft‹, die als Fähigkeit zu schließen »aus zweyen Urtheilen das dritte« herleite (V/1, 154 [§ 77]). Eine Reihe spezifizierender Ausführungen und zusätzlicher Kategorien macht den Entwurf dieser Hierarchie zu einem besonders komplexen Unterfangen mit einer Reihe von Problemen, auf die hier nicht näher eingegangen werden kann.

Schließlich unterscheidet die Hierarchie der Sprecher besonders auf »verborgene Wahrheiten« (IX/1, 99) zielende Gelehrte von Ungelehrten, wobei zumal an diesem Punkt Gottscheds eigener sozialer Standort deutlich wird und seine Überlegungen eine gewisse Ambivalenz entfalten. Denn obwohl an seinen Schriften – einerseits – bereits eine wissenschaftliche Eigenlogik ablesbar ist, die letztlich ohne Ansehen der Person zu operieren vorgibt, suspendiert Gottsched diese Logik – andererseits – immer wieder, um emphatisch Differenzen des Wissens als soziale Differenzen zu bestimmen. Die *Critische Dichtkunst* etwa weiß über die Beurteilung von Kunstwerken zu vermerken: »Der Pöbel hat sich allezeit ein Recht *zueignen wollen*, von poetischen Scribenten zu urtheilen: [...] dieses ist [...] lächerlic[h], da ihm die Beurteilung prosaischer Schriften *niemals zugestanden* worden.« (VI/1, 143, meine Hervorhebung) Zwar gehört es zu Gottscheds Leistungen, für die Hebung des Bildungsniveaus der gesamten Bevölkerung eingetreten zu sein. Daß dies jedoch nicht bedeuten sollte, daß eine grundsätzliche Asymmetrie zwischen Gelehrten

---

[55] Christian Wolff: *Vernünfftige Gedancken von Gott, der Welt und der Seele des Menschen, auch allen Dingen überhaupt [= Metaphysik]* [1. Aufl. 1720]. Faksimiledruck der 11. Auflage (1751), hg. v. Jean Ecole u. a. Hildesheim–Zürich–New York 1983 (Gesammelte Werke, I. Abt., Bd. 2), S. 236 (§ 385); vgl. inhaltsidentisch Gottsched V/1, 204 (§ 160).

und ›Pöbel‹ aufgehoben werde, macht mustergültig noch 1760 die Vorrede des von Gottsched publizierten *Handlexicons* deutlich. »Ist es im gemeinen Leben nicht allemal angenehmer«, so Gottsched aus der Perspektive des Gelehrten,

> auch mit Leuten, die etwas, als die gar nichts wissen, umzugehen? Nicht die Handvoll wahrer und gründlicher Gelehrten, die unsre Universitäten bewohnen, machen die Welt gescheid [...]: sondern größtentheils die so genannten Ungelehrten, die aber von den freyen Künsten und Wissenschaften, etwas wissen. [...] Welch ein elendes Leben würde selbst ein Gelehrter führen, wenn er mit lauter vollkommenen Idioten umgehen müßte?[56]

Bezüglich der Poesie nimmt die höchste Position in der Hierarchie der ›Criticus‹ ein, der die »Wissenschaft der Regeln« (II, 4) der freien Künste beherrscht. Die »Critick«, so Gottsched, sei »eine Beurtheilungskunst [...], welche nothwendig eine Prüfung oder Untersuchung eines Dinges nach seinen gehörigen Grundregeln, zum voraus setzet.« (VI/2, 395) Diese Kunst, die mühsam erlernt werden muß, bringt zur Beurteilung von Kunstwerken die Vernunft in Anschlag, die es prinzipiell jedem Menschen ermöglicht, im Falle konfligierender Meinungen die richtige Ansicht zu ermitteln. Insofern die meisten Menschen einen schwachen Verstand haben bzw. schlicht ungebildet sind, ist es zugleich jedoch Zeichen von Vernunft, sich den Urteilen eines ausgewiesenen Gelehrten zu fügen. Das »scharfsichtige critische Auge eines Kunstverständigen«, so Gottsched, »sieht auf das innerste Wesen einer Sache; da hergegen der unverständige Pöbel, die Helden, Gesetzgeber und Prinzen, ja auch die Menge der Halbgelehrten dergleichen Werk nur obenhin ansieht, und weder alle Schönheiten, noch alle Fehler derselben wahrzunehmen, im Stande ist.« (VI/2, 279f.)

Allerdings erwägt Gottsched – wie oben gezeigt – durchaus auch die Möglichkeit von Streitigkeiten zwischen Gelehrten und Kritikern, die ein sein System gefährdendes Problem darstellt. Auf solche Streitigkeiten findet er in seinen Schriften letztlich keine andere Antwort als die Annahme, Dissens zeuge in diesem Fall von temporären Beurteilungsunsicherheiten, die zumal aus fehlerhafter Anwendung von Regeln des Denkens resultierten.

Im Rahmen einer Theorie des Geschmacks – der, kurz gesagt, spontane Urteile über Kunstwerke anleitet – buchstabiert Gottsched den Weg von

---

[56] Johann Christoph Gottsched: *Handlexicon oder Kurzgefaßtes Wörterbuch der schönen Wissenschaften und freyen Künste* [1. Aufl. 1760]. Faksimiledruck. Hildesheim–New York 1970, o. A.

Dissens und Kontroverse zu Konsens und Überwindung des Streits noch einmal schematisch aus:

> [Es folgt] 1) daß Leute, die nach dem bloßen Geschmacke urtheilen, sehr uneins seyn können: 2) Daß beyde Urtheile zugleich nicht wahr seyn können; [...] daß endlich 3) dasjenige Urtheil dem andern vorzuziehen sey, das mit den Regeln [...] und dem Ausspruche eines Meisters in dieser Wissenschaft einstimmig ist. (VI/1, 173)

Gottsched geht es jedoch nicht nur um die Anleitung zu schlichtem Beobachten des Kunstwerks. Die Urteile des ›Criticus‹ sollen auch Anleitungsrelevanz für den schaffenden Künstler entfalten. Zumal »Anfänger in den Stand gesetzt« zu haben, poetische Werke »auf untadelige Art zu verfertigen« (VI/1, 23), ist der Stolz des Poetologen, wie Gottsched nicht nur im Vorwort zur dritten Auflage der *Dichtkunst* weiß.

VI. Die Flucht der Poesie

Der Streit, der eine Station auf dem Weg zur Einigung unter dem Signum des Vernünftigen ist, wird in Gottscheds Schriften – und zumal dies sollten die vorausgehenden Erläuterungen verdeutlicht haben – letztlich ohne Schwierigkeiten beherbergt. Zwar benötigt Gottsched immer wieder einen großen Reflexionsaufwand, um Dissens zu plausibilisieren und Wege zu seiner Schlichtung zu finden und zu kartographieren. In Gottscheds aufklärerischem Programm greifen hierbei Mechanismen, die Niklas Luhmann allgemein für das an der Differenz von Sein und Nicht-Sein orientierte ontologische Denken benannt hat, wenn er vermerkt, die »Ontologie beschränkt mithin das Beobachten von Beobachtern auf zwei Funktionen: auf Kritik und auf Lernen.«[57] Grundsätzlich hat Gottsched jedoch keine Probleme damit, den Konsens im Dissens erst finden zu müssen. Vielmehr verhandelt er Meinungsdivergenzen als integralen Bestandteil eines kommunikativen Prozesses zur Übereinkunft und Entscheidung, dem eine Eigendynamik unterstellt wird, die ihrerseits nicht Gegenstand der Diskussion ist.

Eine grundsätzliche Bedrohung der Gottschedschen Kommunikationsvorstellung entsteht statt dessen vor allem durch ein Drittes, das in Gottscheds Schriften nur am Rande reflektiert und das dennoch von großer Signifikanz ist. Sinnbildliche Darstellung findet es möglicherweise schon

---

[57] Niklas Luhmann: »Ich sehe was, was Du nicht siehst«, in: ders.: *Soziologische Aufklärung 5*. Opladen 1990, S. 228–234, hier S. 229.

früh auf der Bühne. Hier sieht Gottsched sich Anfang der 1740er Jahre ausgerechnet von der einst mit ihm verbündeten Theatertruppe unter der Leitung von Caroline Neuber verspottet, die ihn zur Hauptfigur eines satirischen Vorspiels macht. Gottsched erscheint als »Nacht in einem Sternenkleide mit Fledermausflügeln, hat eine Blendlaterne und eine Sonne von Flittergold um den Kopf«.[58] Aus historischer Distanz ist der Sinn des Schauspiels ohne Zweifel schwer zu deuten und es ist insbesondere schwer zu erklären, in welchem Verhältnis Nacht, Blendlaterne und Sonne stehen. Geht es um die Vorstellung eines Lichtträgers, der leuchtet, wo die Sonne bereits aufgeht? In diesem Fall läge auch eine Kritik an Gottscheds aufklärerischem Anspruch vor. Der ›Aufklärer‹ nämlich, der im strahlenden Tageslicht die Laterne trägt, macht deutlich, wie sehr sein Licht unnütz parallel zu einer weiteren Lichtquelle existiert. Er leuchtet an Orten, an denen er nichts zu erhellen hat und an denen seine Bemühung letztlich als insignifikant zu gelten hat.

Auch ohne Ausdeutung von Sinnbildern läßt sich indessen die These formulieren, daß es nicht der Streit ist, den Gottsched fürchten muß, sondern eine Vermeidung des Streites, die sich – wie man behelfsweise formulieren könnte – als ›interdiskursive Sprachlosigkeit‹ artikuliert. Dabei geht es um mehr als um ein – noch von Habermas gefürchtetes – »Fehlen« der Bereitschaft, »einen Diskurs unter kontingenten Bedingungen aufzunehmen«,[59] um mehr also als den Rückzug des Diskussionspartners in empirischen Einzelfällen. Es geht um eine systematische wechselseitige Unzugänglichkeit von Diskursen und um unüberwindbare Klüfte in der Landschaft der Reden.

Im Falle Gottscheds zeigt sich dieses Problem vor allem im Hinblick auf das Verhältnis von Poetik und faktisch existenter Poesie. Gottscheds Behauptung, in der Poetik seien die Regeln abgelegt, nach denen Kunst beurteilt und geschaffen werden müsse, kann nicht darüber hinwegtäuschen, daß die reale Poesie bereits des 18. Jahrhunderts diesen Regeln vielfach nicht entspricht und hinsichtlich zahlreicher Ausdrucksmöglichkeiten von diesen Regeln nicht erfaßt wird. Dies ist solange unproblematisch, wie es Gottsched gelingt, die Machart von ihm abgelehnter poetischer Werke als Abweichung von eigenen Regeln zu begreifen und dabei jenen Dissens zu konstruieren, der unter Einsatz der Vernunft aufgelöst

---

[58] Heinz Kindermann: *Theatergeschichte Europas.* Bd. IV: *Von der Aufklärung zur Romantik (1. Teil).* Salzburg 1961, S. 492.

[59] Habermas: »Vorbereitende Bemerkungen zu einer Theorie der kommunikativen Kompetenz« (wie Anm. 19), S. 139, Anm. 33.

werden soll. Problematisch wird es jedoch dort, wo evident wird, daß die Poesie einer Rationalität folgt, auf die die Poetik keinerlei Zugriff hat.

Daß eine Poesie, die den Vorstellungen der Poetik nicht entspricht, existiert, ist für Gottsched nicht grundsätzlich und in jeder Hinsicht ein Problem. Diese Poesie nämlich bietet sich Gottscheds Bemühungen an, die deutsche Literatur gegenüber der Literatur europäischer Nachbarländer aufzuwerten.[60] So ignoriert Gottscheds Versuch, die überkommenen deutschen Dramen in einem *Nöthigen Vorrath zur Geschichte der deutschen dramatischen Dichtkunst* zu versammeln, die Frage nach der Regelhaftigkeit der aufgenommenen Werke und stellt diese Frage zugunsten einer bloß quantitativen Argumentation zurück, die Gottsched 1757 in der »Vorrede« zum *Vorrath* entwirft:

> Ich weis es ganz wohl: die Menge schlechter Sachen ist freylich ein sehr seichter Grund des Lobes für eine Nation: solange man nicht mit Gegnern zu thun hat, die auch von ihrer Seite mit einer großen Menge von Sachen pralen. Das thun aber alle obbemeldte Geschichtschreiber der italienischen, französischen, holländischen, englischen und spanischen Schaubühnen. Sie rühmen sich 1500 bis 2000 dramatische Stücke aufweisen zu können [...]. Soll es nun bey so gestalten Sachen [...] nicht auch erlaubet seyn, unsern Reichthum zu zeigen?[61]

Bereits in seiner *Critischen Dichtkunst* kennt Gottsched indes die Aussagekraft einer Argumentation mit Mengen, die die deutsche Poesie neben der Poesie der Franzosen, Italiener und Holländer als gewichtig etablieren will (vgl. VI/1, 135; kritischer VI/2, 346 u. 359).

Nun wird der kritische Anspruch, der die *Dichtkunst* auszeichnen soll, Gottsched im Rahmen einer solchen Argumentation zu einer Belastung. Die Mühe, die er sich mit dem *Nöthigen Vorrath* gemacht habe, »auf einmal niederzuschlagen«, schreibt er 1757 gegen das eigene kompilatorische Projekt, müsse allen »Kunstrichter[n]«[62] zum Ziel der Kritik werden. Auf die bloße Registrierung einer existenten Poesie ist die Poetik in ihrer kritischen Form offenbar nur schlecht eingerichtet, insofern sie diese Poesie an den eigenen Vorgaben messen muß und sich die Frage nach dem Sinn einer Sammlung nicht-regelkonformer Poesie stets aufdrängt.

---

[60] Vgl. zu diesem Projekt nur Werner Rieck: *Johann Christoph Gottsched. Eine kritische Würdigung seines Werkes.* Berlin (Ost) 1972, S. 93–96, und Volkmar Braunbehrens: *Nationalbildung und Nationalliteratur. Zur Rezeption der Literatur des 17. Jahrhunderts von Gottsched bis Gervinus.* Berlin 1974, S. 13–29.

[61] Johann Christoph Gottsched: *Nöthiger Vorrath zur Geschichte der deutschen Dramatischen Dichtkunst. 1. und 2. Teil.* Faksimile. Hildesheim–NewYork 1970, o. A.

[62] Ebd., o. A.

Tatsächlich finden sich bei Gottsched in völlig konträrer Stellung zu seinen Bemühungen, überkommene Texte zu archivieren, auch Bemühungen, die existierende Poesie nicht nur als schlecht abzulehnen, sondern ihr den Status der Poesie abzusprechen. In den *Vernünfftigen Tadlerinnen* formuliert Gottsched schon 1726, daß man

> den Arcadischen Schäfern zu viel Ehre antue: wenn man sie für Erfinder dieser fürtrefflichen Kunst [der Ode] ausgeben will. Es mag seyn, daß sie bey ihrer Sackpfeiffe ein paar barbarische Liebeslieder gesungen: *deswegen waren sie noch keine Poeten.*[63]

In der »Vorrede« zur zweiten Auflage der *Critischen Dichtkunst* registriert Gottsched befriedigt, man habe aufgehört »alle Reimschmiede für Poeten anzusehen« (VI/1, 17). Daß diese Reimschmiede nur »eingebildet[e] Poeten« seien, betont er an anderer Stelle (VI/1, 124). Und schließlich notiert er, wer »die Fähigkeit nicht besitzt, gute Fabeln zu erfinden, der verdient den Namen eines Poeten nicht« (VI/1, 202).

Nun wird der performative Widerspruch zwischen der kulturpolitisch motivierten Archivierung existierender Poesie und dem Versuch, sie zu kritisieren und ihr gar den Status der Poesie zu verweigern, durch einen zweiten, noch gewichtigeren Widerspruch flankiert. Es ist dieser zweite Widerspruch, der zum Problem des aufklärerischen Kommunikationsmodelles und der Frage nach Dissens und Konsens sowie zur Auseinandersetzung und zur Kraft des Arguments zurückführt. Gottscheds brachialem Versuch, von der Warte der Poetik aus zu entscheiden, was Poesie sei, steht nämlich schon im 18. Jahrhundert die Tatsache gegenüber, daß die literarische Produktion sich dem Regelungsanspruch von Poetik und Philosophie verschließt und sich ihm entzieht. Allerdings kann das Problem einer wechselseitigen Abschließung von Poetik und Poesie im Rahmen einer stratifikatorischen Gesellschaftsordnung theoretisch gering gehalten werden, insofern Poetik und Poesie auf die Protektion durch Vertreter der hohen Stände angewiesen sind, beide wenigstens idealiter also auf eine ihnen extern bleibende Instanz ausgerichtet sind. Dennoch wäre es eine lohnende Untersuchung herauszufinden, inwiefern historisch das Gespräch zwischen Gottschedscher Poetik und zeitgenössischer Poesie nach Anfangserfolgen Gottscheds in ein Selbstgespräch der Poetik übergeht, das vor allem mit der Fiktion operiert, in der Poesie Wirkungen zu erzeugen. Daß eine solche Entwicklung möglich ist, ist Gottsched in jedem

---

[63] Gottsched zit. nach Hans P. Herrmann: *Naturnachahmung und Einbildungskraft. Zur Entwicklung der deutschen Poetik von 1670 bis 1740.* Bad Homburg–Berlin–Zürich 1970, S. 110 (meine Hervorhebung).

Falle früh bewußt. Reflektiert wird ein solches Szenario bereits 1734 im Rahmen von Gottscheds Auseinandersetzung mit der Oper. In den *Zufälligen Gedanken von dem Bathos in den Opern* zitiert der überzeugte Operngegner[64] Gottsched hier den englischen Anhänger der Oper John Dennis, der drei Jahre zuvor vermerkt hatte: »[Die Oper] ist keinen poetischen Gesetzen unterworfen. Sie verachtet die Gewalt oder die Einschränkungen eines ganzen Parlaments von Critikverständigen, oder Kunstrichtern, und besteht ganz und gar durch sich selbst und ihren eigenen unstreitigen Vorzug.« (X/1, 50) Diese Erklärung provoziert Gottscheds Zorn: »Der Verfasser [...] giebt [den Kunstrichtern] alles zu, was sie sagen, und macht es wie die alten Scythen und Parther, die im Fliehen stritten. Aber wie? schlecht genug. Er entzieht die Singspiele der critischen Gerichtsbarkeit.« (X/1, 52) Gottscheds Erregung zeigt die Anstrengung des Versuchs, der Poetik eine ›poetische Hoheit‹ gegenüber einer Literatur zu behaupten, die nicht mit ihr identisch ist. Voraussetzung für die Erhaltung dieser Hoheit ist zuerst, daß die poetologischen Regeln eine von der Poesie selbst als signifikant angesehene Beurteilungsrelevanz für diese bewahren. Erst wo der Streit durch ›Flucht‹ vermieden wird, wird auch der Konsens vermieden, kollabiert das aufklärerische Kommunikationsmodell. Die wahre Bedrohung für Konsensvorstellungen und Utopien argumentativer Entscheidung ist schon bei Gottsched nicht der Dissens und die Kontroverse, sondern eine Form der Kommunikation, die andere Kommunikationsmodi beobachtet, welche ihr unerreichbar bleiben und in die ein Eingreifen kaum möglich ist. Es ist eine Eigenlogik auseinandergefallener Diskurse oder ein Autismus der Systeme, die bereits in der Frühaufklärung und vor der viel beschworenen und dramatisierten Schwelle zur Moderne in den Schriften Gottscheds aufflackert.

---

[64] Vgl. John D. Lindberg: »Gottsched gegen die Oper«, in: *German Quarterly* XL (1966), S. 673–683.

Wiebke Hemmerling

Versprochene Früchte, leere Schalen

Zur Journaldebatte des frühen 18. Jahrhunderts in Deutschland

Abstract: When towards the end of the 17th century the medium of the learned journal was introduced in Germany, the members of the ›nobilitas litteraria‹ didn't take long to start a public discourse about the potential authority of journalists and the value of their journals. In particular, the journals devoted to the critical analysis of the contemporary scientific book market significantly influenced the ensuing lengthy dispute about the medium. The establishment of a continuing critical and public reflection on the contemporary book market can be considered as a new development, which equally required a new and adequate approach to the public sphere. The following article is an attempt to investigate the controversy surrounding these journals.

Gegen Ende des 17. Jahrhunderts hielt das Medium der Rezensionszeitschrift mit einer gewissen Saumseligkeit gegenüber Frankreich, England und Italien auch in Deutschland Einzug. Mit diesem Zeitschriftentyp wurde der Leserschaft das Angebot eines Vademecum für den Gelehrten und angehenden Gelehrten von Welt unterbreitet, das die traditionellen Formen gelehrter Informationsvermittlung, wie etwa die gelehrte Korrespondenz, wissenschaftliche Veröffentlichungen, Bücherverzeichnisse und Meßkataloge, komprimieren und ergänzen sollte. Die periodische Erscheinungsweise schien dabei ein zweckdienliches Mittel zu sein, den als beschleunigt empfundenen Entwicklungen in den Wissenschaften und der allenthalben beklagten Bücherflut hinlänglich entgegenkommen zu können.[1] Mit diesen gelehrten Journalen konstituierte sich in Deutschland eine neue Rezensionskultur, die öffentliche und kontinuierliche Begleitung der aktuellen Buchproduktion.[2]

Doch es dauerte nicht lange, bis unter den Mitgliedern der Gelehrtenrepublik eine rege Diskussion über den denkbaren Aufgabenbereich des

---

[1] Vgl. Thomas Habel: *Gelehrte Journale und Zeitungen der Aufklärung. Zur Entstehung, Entwicklung und Erschließung deutschsprachiger Rezensionszeitschriften des 18. Jahrhunderts*. Bremen 2007, S. 48.

[2] Vgl. Herbert Jaumann: *Critica. Untersuchungen zur Geschichte der Literaturkritik zwischen Quintilian und Thomasius*. Leiden 1995, S. 21.

Journalisten und die Nützlichkeit seines Journals entbrannte. Anlaß zu den jahrelangen Auseinandersetzungen um das Medium, die in ihrer Gesamtheit als eine ›Journaldebatte‹ verstanden werden können, gaben einzelne Zeitschriften, die sich nicht darauf beschränkten, innerhalb der Rezensionen die wichtigsten Gedankengänge der Neuerscheinungen zu extrahieren, sondern sich auf die kritische Auswertung der aktuellen wissenschaftlichen Buchproduktion verlegten und dabei nicht selten »leere Schalen« unter den »versprochenen Früchten« zu Tage förderten.[3] Die in den Rezensionen vorgenommene Kommentierung und Beurteilung der Bücher in aller Öffentlichkeit stellte ein Novum dar, das dementsprechend auch einen neuen und adäquaten Umgang mit dieser Öffentlichkeit erforderte. So kann es kaum verwundern, daß diese Innovation innerhalb der ›Respublica litteraria‹ Streitigkeiten hervorrief. Die öffentliche Kritik, deren Maßstab und Methode mehr oder weniger undurchschaubar blieb, ließ die Frage nach der Legitimität des selbsterwählten Richteramtes der Journalisten aufkommen. Daß die Journale und damit die Buchkritiken überwiegend anonym publiziert wurden, erregte insbesondere bei den Autoren der rezensierten Schriften aus einsichtigen Gründen einiges Mißtrauen, und in Anbetracht divergierender Buchkritiken in den Zeitschriften wurden deutliche Zweifel an der Integrität der Journalisten erhoben. Auf diesem Weg gerieten die anonymen ›Durchhechler‹[4] selbst in das Kreuzfeuer der Kritik, denn auch hinsichtlich der Journale galt es nun ›die Spreu vom Weizen zu trennen‹.

Zu beobachten ist, daß infolge der Problematisierung der Rezensionspraxis ergänzend über entsprechende Normen nachgedacht werden mußte. Was war unter einem gerechtfertigten ›Iudicium‹ zu verstehen? Welche Anforderungen sollte ein Rezensent erfüllen müssen? Welchen Grad an Gelehrsamkeit mußte er erreicht haben? Wie waren öffentliche Kritik und die Einhaltung des ›Decorum‹ unter den Gelehrten miteinander zu vereinbaren? Und waren Buchkritik und Gelehrtenkritik voneinander zu

---

[3]   *Acta Semi-Eruditorum Das ist: Nachricht und Urtheile Von Unnützen/ schädlichen/ und grobe Fehler und Irrthümer mit sich führenden Büchern, Übelgerathnen Dissertationibus, unbedachtsamten Übersetzungen, nichts würdigen Chartequen Und andern Schrifften und Piecen, deren Uhrheber nicht geschickt gewesen sind/ selbige so/ wie sie hätten seyn sollen und können/ zu verfertigen. Der 1. Theil. o. O. 1718,* S. A4ᵛ.

[4]   Es sei an dieser Stelle bemerkt, daß es sich dabei um eine äußerst markante Metapher handelt, denn eine Hechel konnte neben ihrer eigentlichen Bestimmung als ein Werkzeug zur Reinigung (!) von Flachs- und Hanffasern im Bedarfsfall auch als Folterinstrument eingesetzt werden.

trennen? In Anbetracht dieser und weiterer Fragen ging mit der Diskussion über die Buchkritik in den Journalen notwendig auch eine grundlegende Reflexion des Gelehrtenstandes einher. Ziel der nachfolgenden Erörterungen ist es, einen ersten Überblick über die an der Kontroverse beteiligten Personen und Organe zu gewähren und im Anschluß einige Kernprobleme der Auseinandersetzungen innerhalb dieser Journaldebatte der Frühaufklärung zu benennen.

Es erweist sich als ein recht ausuferndes Unternehmen, all jene Texte berücksichtigen zu wollen, die sich vom späten 17. bis in das frühe 18. Jahrhundert hinein mit dem Medium der Rezensionszeitschrift öffentlich auseinander gesetzt haben. Das Konglomerat der in Frage kommenden Quellen erstreckt sich von Journalbeiträgen über Bibliographien, Vorreden, Streitschriften, Dissertationen und Abhandlungen bis hin zu Journalen über Journale. Nur selten bieten diese Texte eine generelle Grundlagenreflexion über das Medium, denn die Debatte verlief keineswegs in einem luftleeren Raum. Vielmehr waren es ganz konkrete, durch Rezensionen ausgelöste Streitigkeiten, die es zu erörtern und auszudiskutieren galt. Erst die Vielzahl dieser Dispute, durch welche gewissermaßen ein Fundus an einzelnen Kritikpunkten und Argumentationsmustern bereitgestellt wurde, schuf letztlich die Basis dafür, daß schließlich auch in genereller Form medientheoretische Überlegungen erwogen wurden.

Die Auseinandersetzungen um die Rezensionszeitschrift sind so alt wie das Medium selbst. Als im Jahr 1665 in Frankreich die erste gelehrte Zeitschrift, das *Journal des Sçavans*, als ein angehender ›Exportschlager‹ von dem Pariser Parlamentsrat Denys de Sallo gegründet wurde, dauerte es nur drei Monate bis der Herausgeber durch die »allzugrosse Freyheit« seiner Rezensionen den Zorn einiger Gelehrter und vor allem des päpstlichen Nuntius auf sich zog.[5] Nach 13 Ausgaben wurde de Sallo deshalb die Fortführung seines Journals untersagt. Daraufhin übernahm de Sallos Mitarbeiter, der Abbé Jean Gallois, die Redaktion der Zeitschrift und führte sie erfolgreich weiter, was im übrigen auch auf den Verzicht der kritischen Buchbesprechungen zurückgeführt wurde. Eben dieser Verzicht auf die über den ›Extract‹ hinausgehende Beurteilung der Bücher scheint auch das Erfolgsrezept der 1682 in Leipzig gegründeten *Acta Eruditorum* gewesen zu sein und mag als Erklärung dafür gelten, warum

---

[5] Johann Heinrich Zedler: *Grosses vollständiges Universal-Lexicon Aller Wissenschafften und Künste, Welche bishero durch menschlichen Verstand und Witz erfunden und verbessert worden.* [...] Drey und Dreyßigster Band: S–San. Leipzig–Halle 1742, Sp. 967.

die Journaldebatte in Deutschland, soweit es sich feststellen ließ, nicht mit dieser ersten deutschen allgemeinwissenschaftlichen Zeitschrift eröffnet wurde.[6] Es sind die mit dem Jahr 1688 erscheinenden Thomasischen *Monatsgespräche*, die die Journaldebatte in Deutschland einläuten. Mit ihnen entspinnt sich die erste öffentliche Kontroverse um ein deutsches Journal. Thomasius' anfangs noch in fiktiven Gesprächen vorgebrachten Buchkritiken sorgten bei den Zeitgenossen für einigen Wirbel, wie sich etwa aus den gegen die Zeitschrift gerichteten Streitschriften Johann Ludwig Praschs[7] und Hiob Ludolphs[8] ersehen läßt. Ein Wirbelsturm erhob sich über Leipzig, nachdem Thomasius im Dezember 1688 einiges gegen das Buch *Interesse principum circa religionem Evangelicam* des königlich-dänischen Hofpredigers Hektor Gottfried Masius eingewendet hatte.[9] Wenig später erschien eine unter dem Namen Peter Schipping verfaßte Gegenschrift mit dem Titel *Abgenöthigtes Gespräch von dem Bande der Religion und Societät*, die als eine Art Parodie der Thomasischen Gespräche angelegt war. Sie wurde 1689 in den Monaten Mai und Juni der *Monatsgespräche* abgedruckt und mit einem spöttischen Kommentar versehen. Daraufhin brachte Masius die Angelegenheit vor den dänischen König, der sich seinerseits noch im Juni 1689 bei dem Kurfürsten von Sachsen über Thomasius beschwerte und dessen Zeitschrift schließlich im März 1691 in Kopenhagen öffentlich verbrennen ließ. Die Auseinandersetzungen um einen Journalbeitrag hatten so eine Streitfrage aus der Gelehrtenrepublik zu einer Staatsaffäre werden lassen. Thomasius selbst, der auch durch andere Publikationen beim Dresdner Hof in Mißgunst geraten war, wurde 1690 mit einem Lehr- und Publikationsverbot belegt und ließ sich, aus Leipzig vertrieben, im kurbrandenburgischen Halle nieder.

---

[6] Vielmehr werden die *Acta Eruditorum* in den späteren journalkritischen Schriften fortwährend ausdrücklich ausgeklammert.

[7] Vgl. Johann Ludwig Prasch: *Kurtze Gegen-Antwort/ auf Herrn Christian Thomas Einwürffe/ wider seine Schrifft/ Vom Gesetz der Liebe. Ingleichen J. L. Praschens Sendschreiben An Herrn Joachim Feller/ betreffend Herrn Christian Thomasen Meynung Vom Gesetz der Liebe.* Leipzig 1689.

[8] Vgl. Hiob Ludolph: *Bedencken über die schertz- und ernsthaffte, albere und unvernünfftige Gedancken einer seltzamen Gesellschaft der Müßigen.* [Leipzig] 1690.

[9] Vgl. Frank Grunert: »Zur aufgeklärten Kritik am theokratischen Absolutismus. Der Streit zwischen Hector Gottfried Masius und Christian Thomasius über Ursprung und Begründung der summa potestas«, in: *Christian Thomasius (1655–1728). Neue Forschungen im Kontext der Frühaufklärung*, hg. v. Friedrich Vollhardt. Tübingen 1997, S. 51–77.

Doch wie ernst die Folgen seines Unternehmens für Thomasius auch geworden waren, sein Modell machte Schule. Wilhelm Ernst Tentzel war offenbar der erste, der noch im Januar 1689 eine weitere deutschsprachige gelehrte Zeitschrift in Gesprächsform herausbrachte, die *Monatlichen Unterredungen*. Auch dieses Journal betrieb Buchkritik, »sich wenig bekümmernde/ ob lose Mäuler ihre gifftige Zähne daran reiben«,[10] und sah sich bald mit der Kritik Caspar Heunischs, Johann Reiskes und Johann Justus Winckelmanns konfrontiert, zu der er jeweils ausgiebig Stellung in seiner Zeitschrift bezog. Darüber hinaus nahm Tentzel nicht nur Buchbesprechungen vor, sondern kommentierte das Jahr 1689 hindurch die Thomasischen Rezensionen und stellte auf diese Weise Thomasius' Zeitschrift öffentlich zur Diskussion. Thomasius reagierte deutlich verärgert auf Tentzels Anmerkungen, die er als offensichtliche Provokation verstand, welche allein dem Zweck eines für die Buchdrucker sehr lukrativen öffentlichen Schlagabtauschs mit Tentzel dienen sollte.[11] Da er nicht gewillt war, Tentzel diesen Gefallen zu tun, schwieg Thomasius drei Jahre lang bis ihm Tentzel 1692 im Märzheft der *Monatlichen Unterredungen* öffentlich bescheinigte, daß er von Metaphysik nichts verstehe. Daraufhin gab Thomasius zwei Gegenschriften heraus und veröffentlichte schließlich einen umfangreichen Kommentar zu den (penibel aufgelisteten) Anmerkungen Tentzels.[12] Der mutmaßlich erste Streit unter Journalisten hatte sich in Deutschland zusammengebraut.

Ebenfalls im Jahr 1692 erschien mit Christian Junckers *Schediasma historicum, de Ephemeridibus sive Diariis Eruditorum* in Leipzig eine erste reine Zeitschriftenbibliographie und schon in dieser frühen Darstellung der *Historia ephemeridum* wurde eigens auf die verschiedenen, durch die

---

[10] *Monatliche Unterredungen Einiger Guten Freunde Von Allerhand Büchern und andern annehmlichen Geschichten.* [Thorn] 1689, Januarius, S. 3.

[11] Vgl. Christian Thomasius: *Weitere Erleuterung durch unterschiedene Exempel des ohnlängst gethanen Vorschlags wegen der neuen Wissenschafft/ Anderer Menschen Gemüther erkennen zu lernen/ Auff Anleitung der nöthigen und gründlichen Beantwortung derer vielfältigen über drey Jahr hero continuirten Zunöthigungen Hr. M. W. E. Tentzels publiciert.* Halle 1692, S. 4.

[12] Es handelt sich um die *Weitere Erleuterung* (vgl. Anm. 11) und *Von der Kunst Vernünfftig und Tugendhafft zu lieben [...] Nebst einer Vorrede, In welcher unter andern der Verfertiger der curiösen Monatlichen Unterredungen freundlich erinnert und gebeten wird, von Sachen die er nicht verstehet, nicht zu urtheilen, und den Autorem dermahleinst in Ruhe zu lassen.* Halle 1692.

Journale verursachten Kontroversen verwiesen.[13] Darüber hinaus waren Junckers Bibliographie auch bewertende Einschätzungen der einzelnen Journale zu entnehmen – eine Eigenheit, die auch den nachfolgenden Zeitschriftenbibliographien weitestgehend erhalten blieb.[14] Hatten die Auseinandersetzungen um das Journalwesen im 17. Jahrhundert im wesentlichen in Leipzig ihren Mittelpunkt gehabt, so verlagerte sich das Zentrum der Kontroversen im frühen 18. Jahrhundert nach Halle. Fast könnte man meinen, die Debatte wäre Thomasius in seine neue Heimat nachgeeilt. Hier gab nun nicht nur Thomasius neue buchkritische Periodika heraus, sondern ebenso sein Schüler Nicolaus Hieronymus Gundling, der gleich mit mehreren Journalen maßgeblich zur Diskussionsgrundlage der Journaldebatte beitrug.

Schon Gundlings erster Ausflug in die Zeitschriftenlandschaft im Jahr 1702 endete damit, daß prompt zu Beginn des 18. Jahrhunderts ein Journal von einer Universität verboten wurde. Allem Anschein nach hatte sich der Dekan der juristischen Fakultät in Halle, Samuel Stryk, in Gundlings *Neuen Unterredungen* diskreditiert gesehen, woraufhin das Zeitschriftenunternehmen bereits nach der dritten Ausgabe eingestellt werden mußte.[15] Ebenso brachten es Gundlings 1706 erschienene *Otia* auf lediglich drei Ausgaben, und auch hier fand sich ein Widersacher gleich mit der ersten

---

[13] So beschreibt Juncker die Wortwechsel zwischen Thomasius und Prasch (vgl. Leipzig 1692, S. 254), wie auch zwischen Tentzel und Heunisch bzw. Reiske (vgl. Leipzig 1692, S. 267–269).

[14] Im Jahr 1704 werden die Journale in der zweiten wichtigen Bibliographie, der *Introductio in notitiam rei litterariae et usum bibliothecarum* von Burkhard Gotthelf Struve als ein Teil der *Historia litteraria* verstanden und mit einem eigenen Kapitel versehen, das in den späteren fünf Auflagen immer wieder aktualisiert wird. Auch Struve, der im übrigen in dieser Zeit auch mit Thomasius und Gundling in Halle verkehrte, deutet mit dem Satz »Controvertitur a multis, an etiam usum praestent eiusmodi ephemerides« (ebd., S. 77) die Debatte, hier bereits um den allgemeinen Nutzen der Journale, an und verweist auf die jeweiligen Streitschriften.

[15] Doch schon mit seiner ersten Unterredung hatte sich Gundling eine Streitschrift eingehandelt. Die vermutlich aus Nürnberg stammende Schrift *Der eröffnete Janus-Tempel/ oder Unvermuthlich entstandener Feder-Krieg/ bey Gelegenheit des gar zu hitzigen Januarii in denen darinnen gehaltenen Neuen Unterredungen: denen Gelehrt- und Ungelehrten ohnpartheylich vorgestellet/ und allen bescheidenen Gemüthern zu selbst-beliebiger Beurtheilung untergeben* (Ranstadt auf dem Wege nach Lützen 1702) war als eine Art Parodie in Form eines Gesprächs verfaßt, in welchem die *Neuen Unterredungen* ausgiebig rezensiert wurden. Hier wurde Gundlings Hauptfigur Cardenio als Möchtegern-Diktator und als eine Gefahr für die Gelehrtenrepublik betrachtet.

Nummer.[16] Vornehmlich beanstandet wurde eine in den *Otia* zu Tage tretende unangebrachte Überheblichkeit wie auch Gundlings Narzißmus, und so bescheinigte man ihm gleichsam eine ausgeprägte Profilneurose.[17] Gundling seinerseits reagierte auf die Anschuldigungen mit dem Hinweis, daß mit der Freiheit der Gelehrtenrepublik unabdingbar auch die Freiheit des Raisonnements verbunden sein müsse und gab zu bedenken, daß eine bescheiden geäußerte Kritik oft Anlaß zu ersprießlichen Gedanken gäbe.[18] Doch mit der moderaten Äußerung von Kritik scheint sich auch die im Jahr 1709 in Halle gegründete *Neue Bibliothec* bisweilen schwer getan zu haben, deren Herausgabe Gundling von 1711 bis 1715 übernahm. Da sich die Zeitschrift über etliche Jahre und verschiedene Herausgeber hinweg mit einer stattlichen Anzahl von Streitschriften auseinandersetzen mußte, zählt sie zu den aufschlußreichsten Quellen hinsichtlich der Frage nach den in der Praxis realisierten Aushandlungsprozessen der Debatte. In ihr finden sich diverse Vorreden, Beiträge, Antwortschreiben an Kritiker und sogar selbstkritische Einschätzungen, die durchaus als ein andauernder öffentlicher Kommentar zum Problem der Buchkritik und als Reflexion der eigenen Methoden und des Selbstverständnisses zu lesen sind. Als Rezensionszeitschrift verstand sich die *Neue Bibliothec* nicht nur als Informationsmedium, sondern vielmehr als Selektionsinstrument für ihre Leserschaft.[19] Mit dieser Zielsetzung waren gewisse Schwierigkeiten jedoch von vornherein abzusehen:

> Daß ein Iournaliste dadurch Feinde bekommt/ kan nicht anders seyn. Wenn zum Exempel jemand öffentlich in der Messe auf den Marckt hinstehen/ und den Leuten die Fehler/ welchen dieses oder jenes Stücke Tuch/ Seyde/ Drap d'or hat/ anzeigen wolte/ damit sie nicht betrogen werden möchten/ so kan es freylich nicht

---

[16] Vgl. [Anonym]: *Erbauliche Gedancken über D. Nicol. Hieron. Gundlings Otia, So Von einem Liebhaber der Warheit Wohlmeynend Dem Leser und sonderlich dem Herrn Doctori hiermit eröffnet worden.* Nürnberg 1706.

[17] Vgl. ebd., S. 2^r.

[18] Vgl. *Otia Deren II. Auflage Von vielen andern solle begleitet werden.* Frankfurt–Leipzig 1706, S. A3^v.

[19] Ebenso wie die *Neue Bibliothec* erschien mit dem Jahr 1709 die *Acta Semi-Eruditorum oder Kurtzer Auszug aus denen Halb gelehrten Schrifften und Chartequen mit welchen die Buchläden ausstaffiret.* o. O. 1709 [1. Stück], S. A6^r, die es sich als erste Zeitschrift zur Aufgabe machte, nur Schriften anzuzeigen, die »ein Hochgelehrter gar wohl entbehren kan«, und es mit diesem Konzept auf ganze zwei Ausgaben brachte.

fehlen/ die Verleger dieser Waaren müssten dadurch auf das allerempfindlichste touchiret werden.[20]

Die hier anklingenden uneigennützigen Maßnahmen zum ›Verbraucher-schutz‹ wurden freilich stark angezweifelt. Nachdem über den Aspekt der Legitimität von Buchkritiken schon seit längerem diskutiert worden war, rückten im zweiten Dezennium des 18. Jahrhunderts Überlegungen zu einer nicht auszuschließenden Parteilichkeit von Journalisten und zur Fragwürdigkeit ihrer Methode in der Debatte immer stärker in den Vordergrund.

Bedenken dieser Art teilte auch die ab 1714 von Christian Gottfried Hoffmann herausgegebene Zeitschrift *Auffrichtige und Unpartheyische Gedancken, Über Die Journale, Extracte und Monaths-Schrifften/ Worinnen Dieselben extrahiret/ wann es nützlich suppliret und wo es nöthig emendiret werden*, die sich, wie der Titel bereits andeutet, als Rezensionsorgan der überall »herumfliegenden Journals«[21] verstand. Seinen Ansatz formulierte Hoffmann dabei folgendermaßen:

> Ich kam auf die Gedancken mich gegen diese Scribenten dergleichen Freyheit zu gebrauchen deren sie sich gegen andere angemasset hatten [...].[22]

Über ein Jahr lang untersuchte Hoffmann, der zu dieser Zeit vermutlich in unmittelbarer Nähe von Thomasius und Gundling seinen Doktorgrad in Halle erwarb, in seinem Journal die Arbeit anderer Journalisten aus ganz Europa und begründete damit gewissermaßen ein erstes deutsches Meta-periodikum. Schon in der ersten seiner insgesamt 25 ausführlichen Vorreden präsentierte Hoffmann einen ganzen Katalog von Kritikpunkten. So bemängelte er neben der Parteilichkeit die häufige Inkompetenz der Journalisten, deren Rezensionen durch Unwissen und unsaubere Methoden oft »wie die Urtheile eines Blinden von der Farbe«[23] seien. Doch im Gegenzug sah sich Hoffmann durch einige korrespondierende Streitschriften ebenso mit der Infragestellung seines eigenen Urteilsvermögens und sei-

---

[20] *Neue Bibliothec Oder Nachricht und Urtheile von neuen Büchern Und allerhand zur Gelehrsamkeit dienenden Sachen.* Frankfurt–Leipzig 1716, (51. Stück), S. 20.

[21] *Auffrichtige und Unpartheyische Gedancken, Über Die Journale, Extracte und Monaths-Schrifften/ Worinnen Dieselben extrahiret/ wann es nützlich suppliret und wo es nöthig emendiret werden.* Freyburg–[Leipzig] 1714, (1. Stück), S. 13.

[22] *Aufrichtige und Unpartheyische Gedancken Über Die wichtigsten Materien, Welche in denen Journalen, Extracten und Monaths-Schrifften vorgetragen werden.* Freyburg–[Leipzig] 1717, (24. Stück), S. 886.

[23] *Auffrichtige und Unpartheyische Gedancken* (wie Anm. 21), S. 10.

ner Kompetenz konfrontiert.[24] Der Kreislauf der Kritik wird an dieser
Stelle greifbar. Ein Kritiker von Kritikern blieb nichtsdestotrotz ein Kritiker. Überdies wurde er als solcher mit der Veröffentlichung seiner Kritik
gleichermaßen ein Autor und war in eben dieser Rolle wiederum kritisierbar. Überdies ging Hoffmann 1715 dazu über, seinem Journal nun
auch selbst Rezensionen verschiedener Bücher einzuverleiben, was ihm
flugs einige Auseinandersetzungen und den spöttischen Titel eines »Ge-
neral-Censor[s]«[25] einbrachte. So gab Hoffmann der Debatte als Journal-
kritiker, wie auch als Journalist, einigen Aufwind, und es bleibt festzuhalten, daß sein Zeitschriftenunternehmen als eine erste ausführliche
Grundlagenreflexion des Mediums in Deutschland gelten kann.

Im Jahr 1716 kulminierten die Auseinandersetzungen um das Medium
endgültig, als Julius Bernhard von Rohr anonym eine Abhandlung unter
dem Titel *L'Esprit des Journaus; Oder Unpartheyische Gedancken Über
die so häuffig edirten und jetzo aufs höchste gestiegene Journale, Durch
welche Dererselben Betrug gebührend entdecket/ Der Nutzen und Schaden so sie bringen erwogen/ Und Ob sie in wohlbestellten Republiquen zu
dulten/ Kürtzlich untersuchet wird* veröffentlichte. In dieser eigenstän-
digen Abhandlung über die Rezensionszeitschriften schilderte Rohr seine
Kritik an den Journalen in allen Einzelheiten und stellte erstmals in der
Debatte den Nutzen des gesamten Mediums ernstlich in Frage. Ferner gab
Rohr zu bedenken, ob Journalisten überhaupt als taugliche Mitglieder der
Gelehrtenrepublik bezeichnet werden könnten und ob es nicht an der Obrigkeit sei, die Journale ganz verbieten zu lassen. Doch obwohl Rohr betont hatte, seine Gedanken über die Journale »mit unpartheyischer Fe-
der«[26] zu Papier gebracht zu haben, konnten über seine Beweggründe zur

---

[24] Vgl. *Der raisonnirende Juriste, Welcher Seine Raisonnements aus den Reguln der
    Klugheit/ und dem vernünfftigen Rechte/ wie auch denen Römischen und Teutschen
    Antiquitaeten über die Stücke der Rechts-Gelehrsamkeit ergehen lässet.* o. O. [Jena]
    1714, (3. Stück), S. 4ᵛ.

[25] Julius Bernhard von Rohr: *Unterricht Von der Kunst der Menschen Gemüther zu
    erforschen, Darinnen gezeiget, In wie weit man aus eines Reden / Actionen und an-
    derer Leute Urtheilen, eines Menschen Neigungen erforschen könne, Und überhaupt
    untersucht wird, Was bey der gantzen Kunst wahr oder falsch, gewiß oder ungewiß
    sey. Die andere Auflage. Nebst einer neuen Vorrede, in welcher zweyer Journalisten
    ungebührende Censuren beantwortet werden.* Leipzig 1715, S. A3ᵛ.

[26] [Julius Bernhard von Rohr]: *L'Esprit des Journaus; Oder Unpartheyische Gedank-
    ken Über die so häuffig edirten und jetzo aufs höchste gestiegene Journale, Durch
    welche Dererselben Betrug gebührend entdecket / Der Nutzen und Schaden so sie*

Abfassung der Schrift nur wenig Zweifel bestehen. Seit die ersten (nicht gerade euphorischen) Rezensionen zu seinem 1714 herausgegebenen *Unterricht Von der Kunst der Menschen Gemüther zu erforschen* durch die Zeitschriften gegangen waren, hatte er vor allem mit seinen ›Antagonisten‹ Gundling und Hoffmann noch eine Rechnung offen. Das nicht ganz spannungsfreie Verhältnis zu diesen beiden Journalisten ging allerdings sogar noch weiter zurück, denn auch Rohr hatte in Halle studiert – allerdings als Schüler von Christian Wolff, der sich in Halle bekanntermaßen einige Feinde, darunter auch Gundling, gemacht hatte. Schon in der fast 100 Seiten umfassenden Vorrede zur zweiten Auflage seines *Unterrichts* (1715) hatte Rohr zu den Rezensionen Stellung genommen, was wiederum vor allem von Hoffmann als Thema für einen weiteren Journalbeitrag dankbar aufgegriffen worden war. Als das Ergebnis dieser Reibereien ist Rohrs *L'Esprit des Journaus* anzusehen, das weitere öffentliche Auseinandersetzungen nach sich zog.

Die von Rohr vorgebrachten generellen Erwägungen gegen das Journal blieben nicht lange unkommentiert. Die *Neue Bibliothec* nahm seine Abhandlung zum Anlaß, im Juli desselben Jahres einen langen Dialog mit dem Titel *Gespräch zwischen Journalifacio, einem Journalisten/ und Bonifacio, einem von seinen guten Freunden* abzudrucken, der sehr wahrscheinlich Gundling zum Urheber hatte. In diesem Gespräch wurde Rohrs *L'Esprit des Journaus* nicht nur rezensiert, sondern auch die darin enthaltenen Klagen über das Journalwesen im einzelnen untersucht. Dabei ließ es sich Gundling natürlich nicht nehmen, auf die Hintergründe der Schrift zu verweisen und Rohrs Parteilichkeit in dieser Angelegenheit zur Sprache zu bringen.[27] Die von Rohr gegebene Anregung zum Verbot der Journale bewertete Gundling als einen lächerlichen Versuch, sich gegenüber Hoffmann zu behaupten. Die vorgebrachte Kritik an den Journalen hingegen sah Gundling durchaus nicht als unberechtigt an, wobei er jedoch die undifferenzierte Darstellung Rohrs bemängelte. Seiner Auffassung nach hatte Rohr das Kind mit dem Bade ausgeschüttet, indem er nur auf den Mißbrauch der Journale verwiesen hatte.

Wesentlich hoffnungsvoller als Gundling und Rohr sah der bis heute unbekannt gebliebene Autor der ebenfalls im Jahr 1716 veröffentlichten Abhandlung *Kurtze Und gründliche Anleitung/ Wie man die Journal- Quartal- und Annual- Schrifften Ohne Versäumung seiner Studiorum zu*

---

bringen erwogen / Und Ob sie in wohlbestellten Republiquen zu dulten / Kürtzlich untersuchet wird. Berlin 1716, S. A4^r.

[27] Vgl. *Neue Bibliothec* (wie Anm. 20), S. 6.

bequemer Zeit und mit grossen Nutzen lesen kan das Journal als Sinnbild eines »güldenen Seculi«,[28] das an Gelehrsamkeit kaum noch überboten werden konnte. Denn seiner Einschätzung nach hatte das Journal mit seiner universalen Ausrichtung eine Lücke gefüllt, die entstanden war, als die fortschreitende Entwicklung der einzelnen Wissenschaften es den Gelehrten zunehmend erschwerte, sich über ihre eigene Disziplin hinaus mit anderen Teilen der Gelehrsamkeit zu beschäftigen. Überaus differenziert wurde ferner erörtert, welche Leser, mit welchem Interesse, welche Journale, zu welchem Zweck mit großem Nutzen lesen könnten. Auch zu den vollkommen entgegengesetzten Ausführungen des *L'Esprit des Journaus* wurde Stellung genommen. Die von Rohr beschriebenen vordringlichen Probleme wies der Autor in aller Bescheidenheit mit dem Hinweis auf die Mündigkeit der Leser zurück, die letztlich so oder so dazu führe, daß sich der Markt ganz ohne Eingriff der Obrigkeit selbst regulieren könne. In einer ähnlichen Weise wurde außerdem der von Rohr vorgebrachte Einwand entkräftet, daß die Buchkritiken in Journalen ihren Lesern meist ein unzureichendes oder sogar falsches Bild der Bücher vermittelten und damit großen Schaden anrichten würden. Auch in dieser Frage wurde dem Leser genügend Kompetenz unterstellt, sich über die behandelten Gegenstände im Journal ein eigenes Urteil bilden zu können. Mit seinem seitenlangen Plädoyer für die Nützlichkeit der Journale versuchte der Autor der *Kurtzen Und gründlichen Anleitung* eine möglichst unverblendete Antwort auf die insbesondere von Rohr geäußerte Journalkritik zu geben, und faßte auf diesem Weg die bis dahin dargelegten wesentlichen Argumentationen der Journaldebatte zusammen.

Die ›Frühzeit des Zeitschriftenwesens‹ neigte sich ihrem Ende zu.[29] Einen vorläufig letzten Rückblick auf die Entwicklungsgeschichte der Zeitschrift, der auch die Kontroversen um das Medium mit einbezog, bot die im Jahr 1718 von Heinrich Ludwig Goetten veröffentlichte Zeitschriftenbibliographie *Gründliche Nachricht Von den Frantzöischen, Lateini-*

---

[28] [I. H.]: *Kurtze Und gründliche Anleitung/ Wie man die Journal-, Quartal- und Annual-Schrifften Ohne Versäumung seiner Studiorum zu bequemer Zeit und mit grossen Nutzen lesen kan/ Wobey hinzugefüget Ein unpartheyisches Urtheil Von dem Tractat, L'Esprit des Iournaus, Oder Gedancken über die so häuffig edirte und itzo aufs höchste gestiegene Journale.* o. O. 1716, S. 2ᵛ.

[29] Joachim Kirchner setzt in seinem 1942 in Leipzig erschienenen Buch *Das deutsche Zeitschriftenwesen, seine Geschichte und seine Probleme* für diese Phase der Entwicklung und Ausdifferenzierung des Mediums einen Zeitraum von 1670 bis 1720 an.

125

schen und Deutschen Journalen. Im Gegensatz zu Huhold, der seine Bibliographie in Anbetracht der Vielzahl der Zeitschriften alphabetisch nach dem Titel der Zeitschriften geordnet hatte, knüpfte Goetten mit seiner Darstellung an die erste Zeitschriftenbibliographie von Juncker an und konnte die darin nachgezeichnete Geschichte der Journale um ein Vierteljahrhundert ergänzen. Über die Angaben zu Herausgebern und den Erscheinungsverlauf der einzelnen Zeitschriftenprojekte hinaus war bei Goetten auch eine bewertende Kommentierung zu finden, die die jeweilige Diskussion um das Medium nicht unberücksichtigt ließ. Ein gesteigertes Interesse an diesen Auseinandersetzungen zeigte sich ebenso in der Vorrede Goettens, in der beispielsweise auch der von Rohr aufgeworfenen Frage der Nützlichkeit von Journalen nachgegangen wurde. In diesem Zusammenhang machte er ferner darauf aufmerksam, daß im Grunde nicht das Medium selbst zu einem Problem erklärt werden könne, sondern lediglich der Umgang mit dem Medium kritisierbar sei.[30] Im übrigen beklagte zwar auch Goetten die übermäßige Zahl der Zeitschriften, doch seiner Ansicht nach war die Ära der Journale ohnehin schon wieder im Niedergang begriffen.

Diese Prognose wurde durch die nachfolgenden Entwicklungen nicht unbedingt bestätigt. Interessant scheint jedoch zu sein, daß binnen weniger Jahre das neue Genre der Moralischen Wochenschriften auf dem Zeitschriftenmarkt immer größeren Anklang fand. Dieser Geschmackswandel mag seinen Anteil daran gehabt haben, daß die Debatte um die allgemeinwissenschaftlichen Rezensionszeitschriften nach 1720 erst einmal zum Erliegen kam. Die Diskussion um die Berechtigung und Methode der Buchkritik war damit natürlich längst nicht beendet. In der Folgezeit nahmen sich zunächst vorrangig die Verfasser von Moralischen Wochenschriften, wie Johann Christoph Gottsched, Johann Jakob Bodmer und Johann Jakob Breitinger, der Problematik an und schlugen mit ihren Überlegungen zu einer möglichen Aufgabe der ›Kunstrichter‹ die Brücke zur heute so verstandenen Literaturkritik.

Doch wie läßt sich der innerhalb der Debatte zusammengestellte Katalog der Klagen und Befürchtungen differenzieren und welche Argumente für und wider das Rezensionswesen lassen sich aus der Kontroverse gewinnen?

---

[30] Vgl. [Heinrich Ludwig Goetten]: *Gründliche Nachricht von den Frantzösischen, Lateinischen und Deutschen Journalen, Ephemeridibus, Monatlichen Extracten, oder wie sie sonsten Nahmen haben mögen, nach ihrem Anfang und Fortgang biß auf gegenwärtige Zeit.* Leipzig 1718, S. A4ᵛ.

Bereits seit Anbeginn des Journals war es ein offenes Geheimnis, daß es sich bei dem öffentlichen Rezensieren und Kritisieren der Schriften von noch lebenden Gelehrten um einen Drahtseilakt handelte. Die Grenze zwischen Buchkritik und Gelehrtenkritik konnte kaum als trennscharf bezeichnet werden und demgemäß war der Rezensent immer nahe daran, das zwischen den Gelehrten zu beachtende ›Decorum‹ zu verletzen. Scheinbar um des Lesers willen begab sich der Journalist so in manch vorhersehbaren ›Federkrieg‹. Als diejenigen Zeitschriften, die durch das Veröffentlichen beurteilender Rezensionen maßgeblich zu Streitschriften und damit auch zu einer Journaldebatte in Deutschland Anlaß gegeben haben, können die *Monatsgespräche* (1688–1690), die *Monatlichen Unterredungen* (1689–1698), die *Auserlesenen Anmerckungen über allerhand wichtige Materien und Schrifften* (1704–1707), die *Otia* (1706–1707), die *Acta Semi-Eruditorum* (1709), die *Neue Bibliothec* (1709–1721), die *Gelehrte Fama* (1711–1718), die *Aufrichtigen und Unpartheyischen Gedancken* (1714–1717) und das *Neu-eröffnete Museum* (1714–1719) angeführt werden. Für diese Journale dürfte es sich als eine vertrackte Aufgabe erwiesen haben, die Interessen einer nicht näher zu bestimmenden Gruppe von Lesern zu vertreten, da doch Teile dieser Leserschaft durch ihre eigenen Publikationen wesentlich zum Inhalt der Journale beitrugen.

Dessen ungeachtet sollten neben dem auch sonst für die Zeitschriften für gewöhnlich konstatierten Nutzen einer kostengünstigen, komfortablen, schnellen und thematisch vielseitigen Informationsvermittlung die folgenden Argumente für eine kritische Revision der Neuerscheinungen sprechen:

Durch die kritische Begutachtung des vorwiegend aktuellen Buchmarktes sollte der Leser sowohl Zeit als auch Geld sparen können.[31]

Bei der einzusparenden Zeit handelte es sich einerseits um jene, die benötigt wurde, um sich überhaupt einen Überblick über die neu herauskommenden Bücher zu verschaffen, als andererseits um die Zeit, die der Leser gegebenenfalls mit der Lektüre schlecht verfaßter Schriften, den ›Chartequen‹, hätte zubringen müssen. Überdies sollte jenes Geld einge-

---

[31] Vgl. *Acta Semi-Eruditorum Das ist: Nachricht und Urtheile Von Unnützen/ schädlichen/ und grobe Fehler und Irrthümer mit sich führenden Büchern, Übelgerathnen Dissertationibus, unbedachtsamten Übersetzungen, nichts würdigen Chartequen Und andern Schrifften und Piecen, deren Uhrheber nicht geschickt gewesen sind/ selbige so/ wie sie hätten seyn sollen und können/ zu verfertigen.* o. O. 1718, (1. Theil), S. 5ʳ.

spart werden können, daß der Journalleser sonst für den Kauf von ihm nur dem Namen nach bekannten Büchern aufgewendet haben würde, die womöglich seinen Erwartungen über den Inhalt oder die Qualität nicht entsprochen hätten. Um die Plausibilität dieses Gedankens unterstreichen zu können, bemühte man sich im Rahmen der Journalvorreden mitunter um recht lebensweltliche Vergleiche:

> Der Hauffe derer Gelehrten ist groß; die Anzahl derer Bücher noch grösser. Darunter aber giebts viele/ welche zwar einen schönen Klang und gut Gewichte/ dabey aber eine schlechte Materie haben. [...] Wilstu nicht betrogen seyn/ so mustu/ nach Art kluger Freyer/ nicht bloß mit den Augen/ sondern vornehmlich mit denen Ohren kauffen [...].[32]

Doch neben diesen ökonomischen und praktischen Erwägungen, die dem einzelnen Journalleser zum Vorteil gereichen sollten, wurden mit der periodischen Buchkritik auch ›höhere Ziele‹ verfolgt.

Durch die Überprüfung des Wahrheitsgehaltes des durch die Bücher vermittelten Wissens sollte eine gründlichere Gelehrsamkeit erreicht werden.[33]

In der kritischen Untersuchung der Bücher auf beispielsweise eventuelle ›Praeiudicia‹, also vorschnelle Schlußfolgerungen, hin wurde eine der spezifischen Leistungen der bewertenden Rezensionen gesehen. Darüber hinaus erschien es erstrebenswert, das Urteilsvermögen der Leserschaft durch die Journallektüre zu schärfen. Ferner ließ die für den einzelnen Gelehrten nicht mehr überschaubare ›Bücherflut‹ deren gewissenhafte Musterung ohnehin als notwendig erscheinen.[34] Vor diesem Hintergrund wurde der Journalist zu einem Arzt des übergewichtigen Buchmarktes,

---

[32] *Der Unpartheyische Bibliothecarius. Welcher Die Urtheile derer Gelehrten von Gelehrten und ihren Schrifften auffrichtig entdecket.* Leipzig 1713, (1. Theil), S. 1ᵛ.

[33] Vgl. *Auserlesene Anmerckungen Über allerhand wichtige Materien und Schrifften.* Frankfurt–Leipzig 1704, S. 2ᵛ.

[34] Die Rede von der ›Bücherflut‹ kann dabei als ein durch die Zeiten wandernder Topos verstanden werden. Nach Gustav Schwetschkes den Meßkatalogen der damaligen Zeit entnommenen Angaben war die Zahl der Publikationen von 1680 bis 1720 zwar tatsächlich um etwa ein Drittel angestiegen, allerdings war man damit gerade erst auf dem Weg, sich den vor dem Dreißigjährigen Krieg erreichten Publikationszahlen wieder anzunähern. Vgl. Gustav Schwetschke: *Codex Nundinarius Germaniae Literatae Bisecularis. Meß-Jahrbücher des Deutschen Buchhandels von dem Erscheinen des ersten Meß-Katalogs im Jahre 1564 bis zu der Gründung des ersten Buchhändler-Vereins im Jahre 1765.* Halle 1850.

der ohne Rücksicht auf Höflichkeiten bei dem Patienten eine Krankheit diagnostizierte.[35]

Durch ein effektives Abraten vom Kauf sollten sich die Abnahme von ›Chartequen‹ und damit eine Förderung der Wissenschaften als nützliche Konsequenz ergeben.[36]

Man erhoffte sich vermittels der öffentlichen Buchbesprechungen sowohl die Verleger als auch den einen oder anderen ›Charlatan‹ vom leichtfertigen Publizieren halbgelehrter ›Chartequen‹ abhalten zu können.[37] Wer konnte einem »Wachsthum der Wissenschafften« mehr im Wege stehen als jene Autoren, die den pedantischen Schein einer Gelehrsamkeit mit fremden Termini, unbekannten Wörtern und schweren Definitionen in obskuren und weitschweifigen Texten zu wahren versuchten und damit den Buchmarkt anfüllten?[38]

Dem Vorteil einer mutmaßlichen Qualitätssicherung stand allerdings eine Reihe von Ungewißheiten gegenüber. Die Kritik an der Rezensionspraxis läßt sich dabei zu drei grundsätzlichen Überlegungen gegen die Journale und insbesondere die Journalisten zusammenfassen: Erstens wurde dahingehend argumentiert, daß die von den Journalisten abgefaßte Buchkritik als illegitimes Unternehmen in der Gelehrtenrepublik zurückgewiesen werden konnte. Zweitens wurde zu bedenken gegeben, daß von der so oft angeführten Unparteilichkeit der Journalisten faktisch kaum ausgegangen werden konnte. Und drittens wurde der Nutzen der Journale grundlegend in Frage gestellt.

Der Verdacht auf die Illegitimität der Buchkritik, die in den Journalen vorgenommen wurde, basierte dabei hauptsächlich auf dem Problem der anonymen Verfasserschaft der Rezensionen. Die Anonymität der Beiträge gab offenbar genügend Anlaß, die Kompetenz der Rezensenten in Zweifel ziehen zu können. Eine derartige Skepsis brachte vor allem Julius Bern-

---

[35] Vgl. *Neue Bibliothec Oder Nachricht und Urtheile von neuen Büchern Und allerhand zur Gelehrsamkeit dienenden Sachen.* Frankfurt–Leipzig 1714, (31. Stück), S. 3ᵛ.

[36] Vgl. *Neue Bibliothec Oder Nachricht und Urtheile von neuen Büchern Und allerhand zur Gelehrsamkeit dienenden Sachen.* Frankfurt–Leipzig 1715, (45. Stück), S. 399.

[37] Vgl. *Neue Bibliothec Oder Nachricht und Urtheile von neuen Büchern Und allerhand zur Gelehrsamkeit dienenden Sachen.* Frankfurt–Leipzig 1716, (51. Stück), S. 17f.

[38] Vgl. *Aufrichtige und Unpartheyische Gedancken.* Freyburg–[Leipzig] 1717, (21. Stück), S. 621 und *Aufrichtige und Unpartheyische Gedancken.* Freyburg–[Leipzig] 1715, (15. Stück), S. 80–85.

hard von Rohrs *L'Esprit des Journaus* umfassend zum Ausdruck, worin der so rätselhaften Gestalt des Journalisten eine aufschlußreiche Kontur verliehen wurde:

> Die meisten heutigen teutschen Journalisten/ oder Autores derer in unserer lieben teutschen Frau Mutter-Sprache geschriebenen und meist auf dem Sächsischen Boden jung gewordenen monathlichen Chartequen sind/ so viel mir bewust/ dürfftige Studenten/ oder/ wenns hoch kommt/ Magistri oder Dorff-Priester [...].[39]

Mit dem Hinweis auf die anzunehmende kurze akademische Laufbahn, auf die ein gewöhnlicher Rezensent mutmaßlich zurückblicken konnte, ging die Infragestellung seiner Eignung für die Buchkritik einher.[40] Bemerkenswerterweise scheint um das Jahr 1708 herum eine neue und deutlich jüngere Generation von Journalisten ihre Arbeit aufgenommen zu haben, so daß Studenten und junge Magister in einem Alter zwischen 18 und 22 Jahren unter den Rezensenten in der Tat keine Ausnahme bildeten.[41] Den Argwohn, daß die ›halbgelehrten‹ Journalisten den Anforderungen einer respektablen Gelehrtenzeitschrift nicht gewachsen seien, sah man durch folgende Umstände erhärtet:

Journalisten, die nur wenige Jahre an Universitäten zugebracht hatten, konnten unmöglich einen Umgang und eine kontinuierliche Korrespondenz mit hinreichend vielen Gelehrten pflegen, was jedoch als das Fundament der gelehrten Journale verstanden wurde. Daher schienen sie auf Nachrichten aus zweiter Hand angewiesen, womit die Qualität ihrer Zeitschriften in Frage stand.[42]

Sie konnten unmöglich über die nötigen Fremdsprachenkenntnisse verfügen, um über französische, italienische oder englische Neuerscheinungen zu informieren, was jedoch als eine wichtige Aufgabe der gelehrten Journale verstanden wurde. Daher schienen sie auf fachunkundige Über-

---

[39] [von Rohr]: *L'Esprit des Journaus* (wie Anm. 26), S. B5^v.

[40] Die in Sachsen publizierten deutschsprachigen Rezensionszeitschriften, die man 1716 hätte erwerben können, waren die *Neue Bibliothec*, der *Neue Bücher-Saal der gelehrten Welt*, *Die gelehrte Fama*, die *Deutsche Acta Eruditorum*, *Der Unpartheyische Bibliothecarius*, die *Vergnügung müßiger Stunden*, die *Aufrichtigen und Unpartheyischen Gedancken*, das *Neu-eröffnete Museum*, die *Umständliche Bücher-Historie* und die *Summarischen Nachrichten*.

[41] Hier wäre zum Beispiel an Justus Gotthard Rabener, Gottfried Tilgner, Adam Friedrich Glafey, Johann Georg Walch, Christian Gottlieb Jöcher oder Christian Gottfried Hoffmann zu denken.

[42] Vgl. [von Rohr]: *L'Esprit des Journaus* (wie Anm. 26), S. B6^v.

setzer für die Erstellung der Exzerpte angewiesen, womit die Qualität der Rezensionen fremdsprachiger Schriften in Frage stand.[43]

Sie konnten unmöglich die notwendige Vertrautheit mit der ›Historia litteraria‹ erreicht haben, die als die wichtigste Eignungsvoraussetzung zu einem guten Journalisten verstanden wurde.[44]

Journalisten, die am Anfang eines jeden Monats ein neues Journal in die Buchläden bringen mußten, konnten aus Mangel an Zeit unmöglich die zu rezensierenden Bücher über die Vorrede und allenfalls die kursorische Lektüre der Kapitel hinaus studiert haben, um ein ausgewogenes Urteil über sie zu fällen.[45] Daher stand ebenso die Qualität der Rezensionen deutscher Schriften in Frage.

Allerdings wurden die Schwierigkeiten, was die erforderlichen ›Berufsvoraussetzungen‹ eines Journalisten und die Frage der Legitimität von Buchkritiken anbetraf, von Seiten der Rezensenten gar nicht gesehen. Ihrer Auffassung nach mußten sich die Veröffentlichungen ohnehin der Beurteilung eines jeden einzelnen Lesers stellen. Diese Urteile zum Gegenstand einer weiteren Veröffentlichung zu machen, schien dabei im Hinblick auf die Gedankenfreiheit der Gelehrten keinerlei Erlaubnis zu bedürfen – und bei welcher Instanz hätte diese in der nicht hierarchisch strukturiert gedachten Gelehrtenrepublik auch eingeholt werden sollen?[46] Überdies wurden die aus einer Beurteilung eventuell resultierenden Konsequenzen als unerheblich aufgefaßt, denn schließlich war niemand gezwungen, dem Urteil eines Rezensenten auch zuzustimmen.[47]

Doch abgesehen davon, ob die Buchkritik in Journalen überhaupt als legitim bezeichnet werden konnte, wurde auch über die Motive der Journalisten spekuliert. Von welchen Faktoren war seine Beurteilung tatsächlich abhängig? Ob das Urteil über eine Schrift innerhalb von Rezensionen nun gut oder schlecht ausfiel, der Gedanke, daß sich die Einschätzung der Journalisten nicht allein aus der Betrachtung des Textes ergab, drängte sich angesichts divergierender Kritiken in den Journalen förmlich auf. So

---

[43] Vgl. ebd., S. B2^v.

[44] Vgl. ebd., S. B6^v.

[45] Vgl. ebd., S. B7^v.

[46] Vgl. *Neue Bibliothec Oder Nachricht und Urtheile von neuen Büchern Und allerhand zur Gelehrsamkeit dienenden Sachen.* Frankfurt–Leipzig 1712, (17. Stück), S. 606.

[47] Vgl. *Neue Bibliothec Oder Nachricht und Urtheile von neuen Büchern Und allerhand zur Gelehrsamkeit dienenden Sachen.* Frankfurt–Leipzig 1715, (46. Stück), S. 483.

wurde das Andeuten persönlicher Differenzen zwischen Journalisten und Autoren, die zu parteiischen Rezensionen geführt hätten, mehr oder weniger ein fester Bestandteil der Streitschriften, die sich mit einzelnen Buchkritiken auseinandersetzten. Die Sorge galt ungerechtfertigten Urteilen parteiischer Journalisten, deren Parteilichkeit auf folgende Beweggründe zurückgeführt werden konnte:

Der Journalist agierte nicht allein und mußte aller Wahrscheinlichkeit nach auf die Interessen seines Verlegers Rücksicht nehmen. Es war nicht auszuschließen, daß auch die schlechtesten Bücher aus dessen Sortiment das Lob des Journalisten fanden, wohingegen die Bücher anderer Verleger schlecht oder gar nicht besprochen wurden.[48]

Der Journalist konnte durch Autoren bestochen werden. Es war nicht auszuschließen, daß er Autoren bevorzugte, die ihm, zusammen mit dem einen oder anderen Kompliment, Bücher zukommen ließen, die er nach der Verfertigung der Rezensionen verkaufen oder eintauschen konnte.[49]

Der Journalist konnte unter dem Deckmantel der Anonymität seine eigenen Schriften vorteilhaft rezensieren, um den Verkauf zu steigern.[50]

Der Journalist war ein Mensch und konnte sich, wie alle Menschen, durch seine Affekte verleiten lassen, parteiische Urteile zu fällen. Auf die Zuneigung oder Abneigung des Journalisten gegenüber dem Autor konnte es zurückgeführt werden, daß so manches Buch zu gut oder zu schlecht besprochen wurde und die Urteile unter den Journalen differierten.[51]

Von der in den Zeitschriften so oft beschworenen Unparteilichkeit des Journalisten konnte in Anbetracht dieser Annahmen kaum ausgegangen werden. Nicht selten findet sich in diesem Zusammenhang auch die Rede von dem Journalisten als einem ›Diktator‹, der mit Gewalt das »Monopolium über alle vier Facultäten« erobern wolle.[52] Diese Einschätzung wurde von den Journalisten natürlich keineswegs geteilt. So stellt sich die Angelegenheit beispielsweise für Nicolaus Hieronymus Gundling in der Vorrede zum 13. Stück der *Neuen Bibliothec* folgendermaßen dar:

> Mein urtheil ist keine decision, sondern die decision machet vielmehr eines jeden Geschick oder Ungeschicklichkeit. Dann das wäre gewiß eine sonderliche Sache/

---

[48] Vgl. [von Rohr]: *L'Esprit des Journaus* (wie Anm. 26), S. A8ᵛ.

[49] Vgl. ebd., S. A8ʳ.

[50] Vgl. *Aufrichtige und Unpartheyische Gedancken*. Freyburg–[Leipzig] 1714, (1. Stück), S. 11.

[51] Vgl. [von Rohr]: *L'Esprit des Journaus* (wie Anm. 26), S. Bᵛ.

[52] Vgl. *Der raisonnirende Juriste* (wie Anm. 24), S. 3ᵛ und [von Rohr]: *L'Esprit des Journaus* (wie Anm. 26), S. A7ʳ.

wann der werth und unwerth studierender persohnen von der Feder eines Journalisten dependiren sollte.[53]

Interessant ist an dieser Bemerkung nicht nur, daß in ihr eine ernsthafte
Einflußnahme der Journalisten auf die Öffentlichkeit angezweifelt wird,
sondern auch, daß hier von einer Bewertung der Autoren und nicht ihrer
Publikationen die Rede ist. Dessen ungeachtet wurde in den Rezensionszeitschriften immer wieder darauf hingewiesen, daß die Kritik der Bücher
ohne Rücksicht auf die Autoren einzig und allein der Förderung der Gelehrsamkeit diene. Dementsprechend wurde auch der Versuch gemacht,
den Verdacht der Parteilichkeit zu zerstreuen:

> Wir recensiren jedes Buch nach seinen Meriten/ es mag solches verlegt/ und ge-
> druckt haben/ Caspar/ Melchior oder Balthasar/ ein Armer oder ein Reicher/ ein
> Stümper oder ein Meister/ ein Zwerg oder ein Riese. Und gleichwie wir gar kein
> Bedencken tragen/ auch die Bücher des Verlegers von unserm eigenen Journal in
> die Censur zu nehmen/ also ist es nicht mehr als billich/ daß andere/ die uns gar
> nichts angehen/ sich dergleichen auch gefallen lassen.[54]

Inwieweit schlechte Kritiken von Büchern, die im Verlag der jeweiligen
Journale herausgekommen waren, tatsächlich angefertigt wurden, bliebe
zu fragen. Festzuhalten ist, daß den Vorbehalten über die Parteilichkeit
der Journalisten letztlich nur deren Beteuerung ihrer Unparteilichkeit ge-
genüberstand.

Doch abgesehen von dem Vorwurf der Parteilichkeit und den Bedenken über das Unvermögen der Journalisten und der damit einhergehenden
Illegitimität ihrer Buchkritiken, wurde außerdem der angepriesene Nutzen
der Journale für die Gelehrsamkeit in Frage gestellt.

Generelle Zweifel über die Nützlichkeit von Journalen wurden innerhalb der Journaldebatte nur vereinzelt geäußert. Eine detaillierte Zusammenstellung der Einwände findet sich wiederum in Rohrs *L'Esprit des
Journaus*. Schon in der Bezeichnung des Mediums sah Rohr einen Hinweis auf dessen Wert, indem er den Begriff ›Journal‹ mit »Dinge die einen Tag währen, i. e. wenig nutzen« übersetzte.[55] Seiner Einschätzung
zufolge profitierte praktisch niemand von den Journalen, was er anhand
der folgenden Begründungen als erwiesen ansah:

---

[53] *Neue Bibliothec Oder Nachricht und Urtheile von neuen Büchern Und allerhand zur
Gelehrsamkeit dienenden Sachen*. Frankfurt–Leipzig 1711, (13. Stück), S. 186f.
[54] *Neue Bibliothec* (wie Anm. 47), S. 468.
[55] [von Rohr]: *L'Esprit des Journaus* (wie Anm. 26), S. B8ʳ.

Den Gelehrten nutzten die Journale nichts, da ihnen die darin enthaltenen Informationen entweder bereits bekannt waren, oder sie gar kein Interesse dafür aufbrachten. Auf die Buchkritiken konnten gelehrte Personen verzichten, denn die Autoren waren ihnen meist ohnehin durch ihr Renommee oder aus ihren Schriften geläufig. Die Gelehrten konnten daher keinen Nutzen von den Journalen haben.[56]

Die Schüler hatten mit ihrer Lektüre an den Gymnasien genug zu tun und besaßen nicht die Kapazität, sich der Journale mit Nutzen zu bedienen. Die Studenten, denen es ohnehin an der Zeit zu einem gründlichen Studium mangelte, wurden durch die Journallektüre vom Lesen guter und ihren Verstand kultivierender Bücher abgehalten. Die Schüler und Studenten konnten daher keinen Nutzen von den Journalen haben.[57]

Die Journalisten konnten nur schlecht vom Schreiben der Journale leben. Mit etwa 70 Reichstalern im Jahr verdienten sie viel weniger, als sie mit dem Verfassen von Büchern an Einkünften erhalten hätten, und obendrein brachte es ihnen nur wenig Ehre in der gelehrten Welt. Sie mußten stets etwas Neues zu berichten haben und so ihre ganze Zeit dem Journal opfern, ohne einer einträglicheren Arbeit nachgehen zu können. Die Journalisten konnten daher keinen Nutzen von den Journalen haben.[58]

Die Verleger verdienten nicht viel an den Journalen. Sie mußten die Journalisten bezahlen und wenigstens ebensoviel Geld für die meist minderwertigen Kupferstiche der Journale aufwenden. Überdies mußten die Verleger für jeden einzelnen Teil des Journals die Zensurgebühr entrichten. Daneben gingen sie ein großes Risiko ein, denn sie konnten die schnell vergänglichen Journale nicht mit anderen Buchhändlern tauschen, wie es sonst mit Büchern üblich war. Dadurch konnte bei den Verlegern viel Makulatur entstehen. Um dies zu verhindern, hielten die Verleger die Auflagen der Journale meist klein, die zudem im Gegensatz zu anderen Büchern auch nicht nachgedruckt werden konnten. Die Verleger konnten daher keinen Nutzen von den Journalen haben.[59]

Diesen Ausführungen zufolge war weder für die in Frage kommenden Rezipienten noch die Produzenten irgendein tatsächlicher Nutzen der Journale festzustellen. Die Begründungen waren allerdings von fraglicher Natur. So geben zahlreiche Gelehrtenbriefwechsel darüber Auskunft, daß die Gruppe der Gelehrten zu der tonangebenden Leserschaft der Journale

---

[56] Vgl. ebd., S. B8^v.

[57] Vgl. ebd., S. C^r.

[58] Vgl. ebd., S. B7^r.

[59] Vgl. ebd., S. C4^r.

gehörte. Ebenso schienen auch die ökonomischen Erwägungen gegen die Journale angesichts ihrer über Jahre hinweg unablässig wachsenden Anzahl nicht ganz zutreffend zu sein. Diesen und anderen Ungereimtheiten in Rohrs Argumentation war es möglicherweise geschuldet, daß das Thema der Utilität der Journale nach dem Erscheinen des *L'Esprit des Journaus* in mehreren Texten aufgegriffen wurde und man kam überein, daß Rohr mit seiner Schrift übereilt den nützlichen Gebrauch der Journale zusammen mit ihrem Mißbrauch verworfen und so das Kind mit dem Bade ausgeschüttet hatte.[60] Zu einem zufriedenstellenden Ergebnis über einen Maßstab berechtigter Kritik kam man im Verlauf der Debatte indes nicht.

Doch das tut der Wichtigkeit der Auseinandersetzungen für den frühaufgeklärten Wissenschaftsbetrieb keinen Abbruch. Was die Journalisten erreicht hatten, war eine Neustrukturierung der akademischen Öffentlichkeit, deren Grenzen sich mit den Journalen über den universitären Rahmen hinaus verschoben. Die öffentlichen Diskussionen machten die Angreifbarkeit des Gelehrtenstandes und seiner Wissenschaftsvorstellung transparent und forderten damit eine neuerliche wissenschaftliche Standortbestimmung geradezu ein.

Den Nutzen von Rezensionszeitschriften wird heute niemand mehr ernsthaft in Zweifel ziehen wollen, doch die Infragestellung der Kompetenz des Kritikers und Mutmaßungen über eine etwaige Parteilichkeit angesichts eines Verrisses haben als ein ›Evergreen‹ die Zeiten überdauert.[61] Es ist eine alte Geschichte, doch bleibt sie immer neu ...

---

[60] Ausführlich wurden Rohrs Einwände gegen die Journale in der *Kurtzen Und gründlichen Anleitung/ Wie man die Journal-, Quartal- und Annual-Schrifften Ohne Versäumung seiner Studiorum zu bequemer Zeit und mit grossen Nutzen lesen kan* (1716), im 51. Stück der *Neuen Bibliothec* (1716) und in der *Continuation der gründlichen Nachricht von denen Journalen, Ephemeridibus, Monatlichen Extracten* (1720) besprochen.

[61] Vgl. Carlos Spoerhase: »Ausweitung der kritischen Kampfzone: Was die Geschichte der aufklärerischen Rezensionskultur die aktuelle Reflexion über Literaturkritik lehren könnte«, in: *Zeitschrift für Germanistik* 1 (2009), S. 171–178.

Übersicht über den Verlauf der Debatte

Die folgende Übersicht soll einen Einblick in die Chronologie der in diesem Beitrag geschilderten Journaldebatte ermöglichen. Dabei ist die Zusammenstellung der hier aufgeführten Texte als ein erster Vorschlag zu einem Debattenkorpus zu verstehen. Dieses Korpus ist sicherlich um etliche Titel zu erweitern, da etwa die Journalbeiträge nur partiell erfaßt werden konnten.

Jahr	Autor	Titel	Textart	Inhaltliche Tendenz
1688	Christian Thomasius	Schertz- und Ernsthaffter/ Vernünfftiger und Einfältiger Gedancken/ über allerhand Lustige und nützliche Bücher und Fragen [Monatsgespräche]	Journal	Buchkritik enthalten
1689	Johann Ludwig Prasch	Kurtze Gegen-Antwort/ auf Herrn Christian Thomas Einwürffe/ wider seine Schrifft/ Vom Gesetz der Liebe	Streitschrift	Kritik an Thomasius' Monatsgesprächen
1689	Christian Thomasius	Monatsgespräche, Martius	Journalbeitrag	Kritik an Praschs Gegen-Antwort
1689	Johann Ludwig Prasch	Klare und gründliche Vertheidigung Des Natürlichen Rechts Nach Christlicher Lehre/ Wider Herrn Christian Thomasen Anfechtungen	Streitschrift	Kritik an Thomasius' Monatsgesprächen
1689	Peter Schipping [H. G. Masius]	Abgenöthigtes Gespräch Von Dem Bande der Religion und Societät, Worinnen D. Masii Interesse Principum	Streitschrift	Kritik an Thomasius' Monatsgesprächen

Jahr	Autor	Titel	Textart	Inhaltliche Tendenz
		Circa Religionem Evangelicam Gegen eines neulichen Scribenten Ernsthaffte Gedancken verthädiget wird		
1689	Christian Thomasius	Monatsgespräche, Majus und Junius	Journalbeitrag	Kritik an dem Abgenöthigten Gespräch
1689	Wilhelm Ernst Tentzel	Monatliche Unterredungen einiger guten Freunde Von Allerhand Büchern und andern annehmlichen Geschichten	Journal	Buchkritik und Kritik an Thomasius' Monatsgesprächen enthalten
1689	Caspar Heunisch	Erläuterung einiger Scrupel/ Welche Uber seinem jüngst ausgelassenen Teutschen Antichiliasmo In denen zu Leipzig neulichst angefangenen Monatlichen Unterredungen/ Im Monat Martio movirt und angeregt worden	Streitschrift	Kritik an Tentzels Unterredungen
1689	Wilhelm Ernst Tentzel	Monatliche Unterredungen, Julius, S. 655ff.	Journalbeitrag	Kritik an Heunischs Erläuterung
1689	Caspar Heunisch	Verantwortung gegen die wegen seiner Erläuterung über die in den Leipzigischen Monatlichen Unterredungen/ Im Monat Martio/ ferner im Monat Julio	Streitschrift	Kritik an Tentzels Unterredungen

Jahr	Autor	Titel	Textart	Inhaltliche Tendenz
		eingewendete Scrupel wegen der Apocalyptischen Heuschrecken		
1689	[Nicolaus Hieronymus Gundling]	Discurs Oder Unterredung zweyer guten Freunde/ mit Namen Modestini, eines Rechts-Gelehrten/ und Veriani, eines Liebhabers der Historien/ über (Tit:) Herrn Caspar Heunischen/ Ober-Pfarrers zu Schweinfurth/ jüngst heraußgegebenen/ und in den Monatlichen Unterredungen (so Martio mense Anno 1689. bemercket) censirten Antichiliasmum	Abhandlung	In Gesprächsform gehaltene Reflexion auf Tentzels Rezension von Heunischs Antichiliasmus
1689	Cornelius a Beughem	Apparatus ad Historiam literariam novissimam, variis conspectibus exhibendus	Bibliographie	Bibliographie, die nur auf Angaben aus Zeitschriften zurückgreift
1690	Hiob Ludolph	Bedencken über die schertz- und ernsthaffte, albere und unvernünfftige Gedancken einer seltzamen Gesellschaft der Müßigen	Streitschrift	Kritik an Thomasius' Monatsgesprächen
1690	[Johann Reiske]	Zugabe Zum Anhang Der Monatlichen mit dem December Monaht A. 1689 ausgegebenen Unterredung/ Worinnen	Streitschrift	Kritik an Tentzels Unterredungen

Jahr	Autor	Titel	Textart	Inhaltliche Tendenz
		von einem neuen Chronologischen Werke/ und zugleich von Sybellinischen Versen unzeitige Censur herfürgekommen/ deren Nichtigkeit kürtzlich und unpartheilich fürstellet Matth. Tatius Salingstad		
1691	[Johann Reiske]	Nochmahlige Zugabe zum Anhang der Monatlichen mit dem December Monat A. 1690 ausgegebenen Unterredung/ Worinnen Von einem neuen Chronologischen Werke/ und zugleich Von Sybellinischen Versen unzeitige Censur herfür gekommen/ kurtz und unpartheylich untersuchet Matth. Tatius Salingstad	Streitschrift	Kritik an Tentzels Unterredungen
1692	Christian Thomasius	Von der Kunst Vernünfftig und Tugendhafft zu lieben. Als dem eintzigen Mittel zu einen glückseeligen/ galanten und vergnügten Leben zu gelangen/ Oder Einleitung Zur Sitten-Lehre. Nebst einer Vorrede/ In welcher unter andern der	Vorrede	Kritik an Tentzels Unterredungen enthalten

139

Jahr	Autor	Titel	Textart	Inhaltliche Tendenz
		Verfertiger der curiösen Monatlichen Unterredungen freundlich erinnert und gebeten wird/ von Sachen die er nicht verstehet/ nicht zu urtheilen/ und den Autorem dermahleins in Ruhe zu lassen		
1692	Christian Thomasius	Weitere Erleuterung durch unterschiedene Exempel des ohnlängst gethanen Vorschlags wegen der neuen Wissenschafft/ Anderer Menschen Gemüther erkennen zu lernen. Auff Anleitung der nöthigen und gründlichen Beantwortung derer vielfältigen und über drey Jahr hero continuirten Zunöthigungen Hr. M. W. E. Tentzels publiciret	Streitschrift	Kritik an Tentzels Unterredungen enthalten
1692	Christian Juncker	Schediasma historicum, de Ephemeridibus sive Diariis Eruditorum, in nobilioribus Europae partibus hactenus publicatis	Bibliographie	Erste Zeitschriftenbibliographie in Deutschland
1694	Johann Justus Winckelmann	Erste Abfertigung Der Monatlichen Unterredungen de Anno 1694. Mensis Junii, und wiederholter Beweiß: Daß	Streitschrift	Kritik an Tentzels Unterredungen

140

Jahr	Autor	Titel	Textart	Inhaltliche Tendenz
		das Thüringerland keines weges den Namen von dem Gothischen Abgott Thorone herführen könne		
1702	Nicolaus Hieronymus Gundling	Neue Unterredungen, darinnen so wohl schertz- als ernsthafft über allerhand gelehrte und ungelehrte Bücher und Fragen freymüthig und unpartheyisch raisonniret wird	Journal	Buchkritik enthalten
1702	Anonym	Der eröffnete Janus-Tempel/ oder Unvermuthlich entstandener Feder-Krieg/ bey Gelegenheit des gar zu hitzigen Januarii in denen darinnen gehaltenen Neuen Unterredungen: denen Gelehrt- und Ungelehrten ohnpartheylich vorgestellet/ und allen bescheidenen Gemüthern zu selbst-beliebiger Beurtheilung untergeben	Streit-schrift	Kritik an Gundlings Unterredungen
1704	Christian Thomasius	Auserlesene Anmerkkungen Über allerhand wichtige Materien und Schrifften	Journal	Buchkritik enthalten
1704	Burkhard Gotthelf Struve	Introductio in notitiam rei litterariae et usum bibliothecarum. acessit	Biblio-graphie	Entwicklung des Mediums Zeitschrift wird nachgezeichnet

Jahr	Autor	Titel	Textart	Inhaltliche Tendenz
		dissertatio De doctis impostoribus		
1706	Nicolaus Hierony-mus Gundling	D. Nicol. Hieronymi Gundlings Otia	Journal	Buchkritik enthalten
1706	Anonym	Erbauliche Gedancken über D. Nicol. Hieron. Gundlings Otia: So von einem Liebhaber der Warheit wohlmeinend Dem Leser und sonder-lich dem Herrn Doctori hiermit eröffnet werden	Streit-schrift	Kritik an Gundlings Otia
1707	Johann Joachim Weidner	Christus resurgens vic-tor causa Jobææ resur-rectionis et restitutiones ex Job. XIX. ...Ovem assistente goele, con-sensu summe Rev. Fa-cult. Theol. contra no-vaturientem autorem, Der Auserlesenen An-merckungen über aller-hand wichtige Materien und Schrifften	Disserta-tion	Kritik an Thomasius' Anmerckungen
1709	Anonym	Acta Semi-Eruditorum oder Kurtzer Auszug aus denen Halb gelehr-ten Schrifften und Chartequen	Journal	Nur Chartequen werden besprochen
1709	[Christian Juncker]	Anmerckungen über Eines ungenandten Sa-tyrici Acta Semi-	Streit-schrift	Kritik an der Acta Se-mi-Eruditorum

142

Jahr	Autor	Titel	Textart	Inhaltliche Tendenz
		Eruditorum		
1709	[Christian Juncker]	Centorii a Centoriis Wohlgemeynte Erinnerungen An den Naseweisen Autorem der sogenannten Actorum Semi-Eruditorum: Aus Dem Italiänische in das Hochteutsche übersetzet	Streitschrift	Kritik an der Acta Semi-Eruditorum
1709	Wilhelm Türck	Neue Bibliothec oder Nachricht und Urtheile von neuen Büchern Und allerhand zur Gelehrsamkeit dienenden Sachen	Journal	Buchkritik enthalten
1710	Georg Friedrich Niehenck	Eylfertige Abfertigung, Des Autoris Der neuen Bibliothec welcher in dem II. Stück derselben Num. IX Sein Compendium Errorum Pietisticorum anzüglich angegriffen	Streitschrift	Kritik an der Neuen Bibliothec (Türck)
1710	[Peter Dahlmann]	Friedliebs Mandahl erbauliches Sendschreiben an s.t. Herrn Mopsturcium Judicifacium, wohlbestatteten Bücher-Artzten, Lufftstreichenden Feuerwercken über gelehrte Schrifften […] Erste Abfertigung, worinnen von des ersten inson-	Streitschrift	Kritik an der Neuen Bibliothec (Türck)

Jahr	Autor	Titel	Textart	Inhaltliche Tendenz
		derheit des herren Judicifacii abgeschwächter Censur über den neulich mit besondern Remarquen heraus gegebenen teutschen Morzambenum oder des Freyherrn von Pufendorf zustand des H. R. Reichs, nachdrücklich in das bescheidentlich abgetrieben, und zu Schanden gemacht wird		
1710	Johann Christoph Rüdiger	Lebensbeschreibung des welt-berühmten Polyhistoris s.t. Herrn Conrad Samuel Schurtzfleischens, weyland Eloquentiae Profess. […]; benebenst einer bescheidenen Defension wider das Urtheil des Autoris von der Häll. neuen Bibliothec &c. &c	Vorrede	Kritik an der Neuen Bibliothec (Türck)
1710	Johann Christoph Rüdiger	Rechtmäßige Vertheidigung der vernünfftigen Urtheile: wider die Censur des Autoris Anonymi der X. Num. des sechsten Stücks der neuen Hällischen Bibliothec &c	Streitschrift	Kritik an der Neuen Bibliothec (Türck)
1710	Carl Arnd	Abgenöthigte Antwort, auff die unverschämt grobe und ungegründe-	Streitschrift	Kritik an der Neuen Bibliothec (Türck)

Jahr	Autor	Titel	Textart	Inhaltliche Tendenz
		te Critique des autoris anonymi der Num. VII Stück 2 der neuen Bibliothec oder Nachricht und Urtheile von neuen Büchern über die Ru- dem delineationem systematis literarii		
1711	Carl Friedrich Petzold	Die gelehrte Fama, welche den gegenwär- tigen Zustand der ge- lehrten Welt und son- derlich derer deutschen Universitäten entdecket	Journal	Buchkritik enthalten
1712	Christoph August Heumann	Parerga critica sive hebdomadum critica- rum hebdomas et glos- sematum decas. Accedit emendatio emendation- num aliquot falsarum in v. c. Jo. Clerici arte cri- tica occurrentium prae- missa commentatione de arte critica sub- iunctaque dissertatione critica ad I. Ioan. v. 20	Vorrede	Kritik an der Neuen Bibliothec (Türck, Gundling)
1712	Christoph August Heumann	Vorschlag zu einem Gütlichen Vergleich zwischen dem Herrn Verfaßer der Neuen Bi- bliothec zu Halle und dem Inspectore des Fürstl. Seminarii zu Eisenach	Streit- schrift	Kritik an der Neuen Bibliothec (Gundling)

145

Jahr	Autor	Titel	Textart	Inhaltliche Tendenz
1712	Justus Gotthard Rabener	Deutsche Acta Eruditorum Oder Geschichte der Gelehrten, welche den gegenwärtigen Zustand der Litteratur in Europa begreiffen	Journal	Buchkritik enthalten
1713	[Nicolaus Hieronymus Gundling]	Aufrichtiges Sendschreiben Eines Gundlingischen Zuhörers An (S. T.) Herrn Christoph August Heumann Des Seminarii Theologici Inspectorem zu Eisenach / Darinnen er den ungezogenen Auctorem Salebrarum nach Verdiensten züchtiget / Und obgedachten Herrn Inspectorem von der ihme aufgelegten Blâme loßzehlet	Streitschrift	Kritik an Heumanns Kritik
1713	Jakob Wilhelm Feuerlein	Send-Schreiben an einen guten Freund, darinnen von der gelehrten Fama unpartheyisch geurtheilet, und sonderlich die darinnen enthaltene ungegründete Censuren über Zwey Disputationes De dubitatione Cartesiana widerlegt werden	Streitschrift	Kritik an der Gelehrten Fama
1713	Johann Fecht	Kurtze Nachricht von dem Kirchen-Bann, dessen Göttliche Einsetzung und Christliche	Streitschrift	Kritik an der Neuen Bibliothec (Gundling)

Jahr	Autor	Titel	Textart	Inhaltliche Tendenz
		Billigkeit wieder die so genandte Neue Bibliothec vertheidiget wird; mit einem dazu gehörigen Register		
1714	Anonym	Neu-eröffnetes Museum oder allerhand dienliche Anmerckungen	Journal	Buchkritik enthalten
1714	[Christian Gottfried Hoffmann]	Aufrichtige und unpartheyische Gedankken, Über Die Journale, Extracte und Monaths-Schrifften/ Worinnen Dieselben extrahiret/ wann es nützlich suppliret und wo es nöthig emendiret werden	Journal	Journalkritik, Buchkritik enthalten
1714	[Adam Friedrich Glafey]	Der meditirende und inventieuse Eclecticus/ Welcher Seine Philosophische/ und Philologische/ wie auch Juristische Remarques/ und neue Erfindungen zu fernerem Nachsinnen und Unterricht der gelehrten Welt communiciret, 5. Theil, Vorrede	Journalbeitrag	Kritik an Hoffmanns Gedancken
1714	[Adam Friedrich Glafey]	Der raisonnirende Juriste, Welcher Seine Raisonements aus den Reguln der Klugheit, und dem vernünfftigen Rechte, wie auch denen Römischen und Teut-	Journalbeitrag	Kritik an Hoffmanns Gedancken

Jahr	Autor	Titel	Textart	Inhaltliche Tendenz
		schen Antiquitaeten über die Stücke der Rechts-Gelehrsamkeit ergehen lässet, 3. Stück, Vorrede		
1714	[Christian Gottfried Hoffmann]	Aufrichtige und Un-partheyische Gedank-ken, 9. Stück, S. 765ff.	Journal-beitrag	Rezension von Rohrs Unterricht Von der Kunst der Menschen Gemüther zu erforschen (1. Aufl. 1714)
1715	[Marcus Paulus Huhold]	Nachricht von denen heute zu Tage grand-mode gewordenen Jour-nal- Quartal- und An-nual-Schrifften, darin-nen die einige Jahre her in Teutscher, Lateini-scher, Frantzösischer, Italiänischer, Engli-scher und Holländi-scher Sprache häuffig geschriebenen Journale erzehlet, und bey denen meisten gemeldet, wenn solche entweder ange-fangen, aufgehöret, oder noch bis ietzo continuiret werden	Biblio-graphie	Journalbibliographie mit wertender Ein-schätzung der Unter-nehmen
1715	Georg Chri-stian Lehms	Beantwortung der von dem Herrn Autore der teutschen actorum eru-ditorum über Teutsch-lands galante Poetinnen gefüllten zweydeutigen und anzüglichen Censur	Streit-schrift	Kritik an der Deutschen Acta Eruditorum

Jahr	Autor	Titel	Textart	Inhaltliche Tendenz
1715	Julius Bernhard von Rohr	Unterricht Von der Kunst der Menschen Gemüther zu erforschen, Darinnen gezeiget, In wie weit man aus eines Reden / Actionen und anderer Leute Urtheilen, eines Menschen Neigungen erforschen könne, Und überhaupt untersucht wird, Was bey der gantzen Kunst wahr oder falsch, gewiß oder ungewiß sey. Die andere Auflage. Nebst einer neuen Vorrede, in welcher zweyer Journalisten ungebührende Censuren beantwortet werden	Vorrede	Kritik an Hoffmanns Gedancken und der Neuen Bibliothec
1715	[Christian Gottfried Hoffmann]	Aufrichtige und Unpartheyische Gedancken, 15. Stück, [253]-[275] (fehlpaginiert)	Journalbeitrag	Kritik an Rohrs Vorrede, Erklärung der Rezension
1716	[Marcus Paulus Huhold]	Curieuse Nachricht von denen heute zu Tage grand mode gewordenen Juornal- Quartal- und Annual-Schrifften/ Darinnen die einige Jahr her in Teutscher/ Lateinischer/ Französischer/ Italiänischer und Holländischer Sprache häuffig geschriebenen	Bibliographie	Journalbibliographie mit wertender Einschätzung der Unternehmen

Jahr	Autor	Titel	Textart	Inhaltliche Tendenz
		Journale erzehlet [...] werden, nebst beygefügten, unpartheyischen Urtheilen und andern curieusen Observationibus, jtzo von neuen übersehen und vermehrter herausgegeben von M. P. H.		
1716	Marcus Paulus Huhold/ Polycarp Leyser	Animadversiones criticae in ephemeridum literatarum inprimis hodiernarum methodum	Dissertation	Kritik am Neu-eröffneten Museum
1716	Johann Wilhelm v. Berger/ Johann Christian Ernesti	De incommodo ex literatis ephemeridibus capiendo	Dissertation	Journalkritik
1716	[Julius Bernhard von Rohr]	L`Esprit des Journaus; Oder Unpartheyische Gedancken Über die so häuffig edirten und jetzo aufs höchste gestiegene Journale, Durch welche Dererselben Betrug gebührend entdekket / Der Nutzen und Schaden so sie bringen erwogen / Und Ob sie in wohlbestellten Republiquen zu dulten / Kürtzlich untersuchet wird	Abhandlung	Journalkritik

Jahr	Autor	Titel	Textart	Inhaltliche Tendenz
1716	[Nicolaus Hieronymus Gundling]	Neue Bibliothec, 51. Stück, S. 5ff.	Journalbeitrag	Kritik an Rohrs L'Esprit des Journaus
1716	»I. H.«	Kurtze Und gründliche Anleitung/ Wie man die Journal-, Quartal- und Annual-Schrifften Ohne Versäumung seiner Studiorum zu bequemer Zeit und mit grossen Nutzen lesen kan/ Wobey hinzugefüget Ein unpartheyisches Urtheil Von dem Tractat, L'Esprit des Iournaus, Oder Gedancken über die so häuffig edirte und itzo aufs höchste gestiegene Journale	Abhandlung	Über die Nützlichkeit der Journale, Kritik an Rohrs L'Esprit des Journaus
1716	»H.F.«	Wohlgegründete Motiven, Warum man der Hällischen neuen Bibliothec, so in der Rengerischen Buchhandlung ediret wird, in dem Judicio von des Herrn C. G. Pitschmanns StaatsWissenschaft, ohne einen Fehler der Vernunfft zu begehen, nicht das geringste glauben könne	Streitschrift	Kritik an der Neuen Bibliothec (Boysen)
1716	Johann Georg Leib	Abfertigung des Unfugs Der Neuen Bibliothec wegen Caroli V. Re-	Streitschrift	Kritik an der Neuen Bibliothec (Boysen)

151

Jahr	Autor	Titel	Textart	Inhaltliche Tendenz
		gier-Kunst, Worinnen zugleich diese Bibliothec zu Dienste des Liebhabers überhaupt beleuchtet wird		
1716	[Gottfried Wagner]	Antenors Gründliche Remarquen über das ungegründete judicium des Herrn autoris des so genandten Neuen Bibliothec, so neulichst bey Recensirung S. T. Herren Gottfried Wageners Allocutionum & Disputationum gefässet	Streit-schrift	Kritik an der Neuen Bibliothec (Boysen)
1717	Anonym	Neu-eröffnetes Museum, 11. Öffnung, S. 1002	Journal-beitrag	Kritik an Leysers und Huholds Animadversiones Criticae
1717	Polycarp Leyser	Gegen-Antwort an den Herrn Autorem des neueröfneten Musei	Streit-schrift	Kritik am Neu-eröffneten Museum
1717	Anonym	Neu-eröffnetes Museum, Abgenöthigte Gedancken über die Gegen-Antwort	Journal-beitrag	Kritik an Leysers Gegenantwort
1718	Anonym	Acta Semi-Eruditorum Das ist: Nachricht und Urtheile Von Unnützen/ schädlichen/ und grobe Fehler und Irrthümer mit sich führenden Büchern, Übelgerathnen Dissertationibus, unbedachtsamten Über-	Journal	Nachahmung des Zeitschriften-unternehmens von 1709

Jahr	Autor	Titel	Textart	Inhaltliche Tendenz
		setzungen, nichts würdigen Chartequen Und andern Schrifften und Piecen, deren Uhrheber nicht geschickt gewesen sind/ selbige so/ wie sie hätten seyn sollen und können/ zu verfertigen		
1718	[Heinrich Ludwig Goetten]	Gründliche Nachricht von den Frantzöischen, Lateinischen und Deutschen Journalen, Ephemeridibus, Monatlichen Extracten, oder wie sie sonsten Nahmen haben mögen, nach ihrem Anfang und Fortgang biß auf gegenwärtige Zeit	Bibliographie	Journalbibliographie mit wertender Kommentierung
1720	[Heinrich Ludwig Goetten]	Continuation der gründlichen Nachricht von denen Journalen, Ephemeridibus, Monatlichen Extracten, so in Frantzöischer, Lateinischer und Deutscher Sprache von Anno 1717. biß 1720. ans Licht kommen	Bibliographie	Journalbibliographie, Kritik an Rohrs L'Esprit des Journaus

153

Francesco Rossi

Die ›Gestalt‹ des Erkennens

Verfahren der Wissenskonstitution und der Wissenschaftskritik im George-Kreis

Abstract: This article attempts to define the epistemological presuppositions which simultaneously guide and legitimate the scientific practice of the George Circle. The aim is to outline some typical discourse patterns, through which this group of young writers and scholars displays its idea of science and knowledge in the 1910s and 1920s. Assuming that the George Kreis' Brand of scholarly production is subject to a paradigm, the Georgean worldview is set in the broader context of a reaction against positivism within fin-de-siècle Europe. The rejection of mechanism and specialism as target values of positivistic science entails a rising demand for alternative cognitive models (such as intuitionism and holism). In this respect, this article considers first the fictive creation of an undisputed ›master‹ figure. Second, it elucidates the function of the ›community‹, which is seen in its role as the emotional basis for epistemic identification, as the mirror image of specific values and beliefs. Finally, this article discusses the most important argumentative topoi of the Georgean science critique, with a particular focus on the fundamental distinction between ›Gestalt‹ and ›concept‹, that is to say between image and structure.

I. Einleitung

Das Wortpaar ›Wissenschaft‹ und ›George-Kreis‹ erfährt seit etwa Mitte der 1990er Jahre in der Forschung offensichtlich eine Hochkonjunktur.[1]

---

[1] *Stefan George: Werk und Wirkung seit dem »Siebenten Ring«*, hg. v. Wolfgang Braungart, Ute Oelmann u. Bernhard Böschenstein. Tübingen 2001; *»Verkannte Brüder«?: Stefan George und das deutsch-jüdische Bürgertum zwischen Jahrhundertwende und Emigration*, hg. v. Gert Mattenklott, Michael Philipp u. Julius H. Schoeps. Hildesheim–Zürich–New York 2001; *Geschichtsbilder im George-Kreis. Wege zur Wissenschaft*, hg. v. Barbara Schlieben, Olaf Schneider u. Kerstin Schulmeyer. Göttingen 2004; *Wissenschaftler im George-Kreis. Die Welt des Dichters und der Beruf der Wissenschaft*, hg. v. Bernhard Böschenstein u. a. Berlin–New York 2005; *Das Ideal des schönen Lebens und die Wirklichkeit der Weimarer Republik: Vorstellungen von Staat und Gemeinschaft im George-Kreis*, hg. v. Roman Köster u. a. Berlin 2009; *Stefan George: Dichtung – Ethos – Staat. Denkbilder für ein*

Seitdem wurden immer genauere Kartierungen aufgrund sozialwissenschaftlicher Analysekriterien vorgenommen, die die Bedeutung des Kreises im Wissenschaftsfeld deutlich herausgestellt haben. Maßgebliche Arbeiten haben sowohl binnen- als auch außerakademische Konstellationen und Vernetzungen ans Licht gebracht, die Interdisziplinarität der georgeanischen Lehre hervorgehoben und schließlich ihre wissenschaftsgeschichtliche Tragweite für Einzeldisziplinen gewürdigt. Dennoch stellt sich immer noch die Frage nach dem Bestehen oder Nicht-Bestehen einer übergreifenden Wissensstruktur, und zwar nach der Existenz von a priori verbindenden, die Reflexionen jedes einzelnen Kreismitgliedes verpflichtenden Momenten, die sich in einen Gesamtdiskurs einordnen lassen.[2] Anders formuliert: es wird die Frage gestellt, ob durch den George-Kreis ein wissenschaftliches Paradigma[3] begründet sei, und wenn ja, auf welche epistemologische Grundlagen ein solches Paradigma sich stütze.

Die vorliegende Studie sucht diese Frage insofern zu beantworten, als sie die paradigmatischen Grundelemente des georgeanischen Diskurses um Wissen, Bildung und Wissenschaft untersucht. Der Verständlichkeit halber beschränkt sie sich auf vier Gebiete. Zunächst wird der für die Entwicklung des kreisinternen Diskurses fundamentale Vorgang der Konstruktion einer Meister-Figur betrachtet. Die Topoi solch eines eminent literarischen Prozesses werden dabei hinsichtlich ihrer diskursiven identifikatorischen Funktion gedeutet. Anschließend soll das Phänomen der Kreisbildung im Sinne der Entstehung einer ›Wissens- und Gesinnungs-

---

geheimes europäisches Deutschland, hg. v. Bertram Schefold u. Bruno Pieger. Berlin 2010. Zu diesen Sammelbänden sind folgende Monographien hinzuzufügen: Maximilian Nutz: *Werte und Wertungen im George-Kreis. Zur Soziologie literarischer Kritik.* Bonn 1976; Stefan Breuer: *Ästhetischer Fundamentalismus. Stefan George und der deutsche Antimodernismus.* Darmstadt 1995; Carola Groppe: *Die Macht der Bildung. Das deutsche Bürgertum und der George-Kreis 1890–1933.* Köln–Weimar–Wien 1997; Wolfgang Braungart: *Ästhetischer Katholizismus. Stefan Georges Rituale der Literatur.* Tübingen 1997; Rainer Kolk: *Literarische Gruppenbildung. Am Beispiel des George-Kreises 1890–1945.* Tübingen 1998; Korinna Schönhärl: *Wissen und Visionen. Theorie und Politik der Ökonomen im Stefan George-Kreis.* Berlin 2009.

[2] Jüngst bei Korinna Schönhärl: »Transcendenz des Erkennens. Erkenntnistheoretische Grundlagen der wissenschaftlichen Methodendiskussion im George-Kreis«, in: *Archiv für Kulturgeschichte* 2 (2009), S. 445–475.

[3] In Anlehnung an Thomas S. Kuhn verstehe ich unter ›Paradigma‹ eine modellhafte Klärung wissenschaftlicher Probleme, die systematisch und zugleich sozial bedingt ist. Vgl. Thomas S. Kuhn: *The structure of scientific revolutions.* 2. erw. Aufl. Chicago 1970 [*Die Struktur wissenschaftlicher Revolutionen.* Frankfurt a. M. 1976].

gemeinschaft‹ beleuchtet werden, die offenbar nicht nur geistig-intellektuelle, sondern auch emotionale Züge trägt. Die Runde um Stefan George stellt sich nämlich in den aus ihr hervorgegangenen Schriften als Kreis-›Gemeinschaft‹ zur Schau, wodurch sie sich innerhalb der zeitgenössischen ›scientific community‹ systematisch ausdifferenziert. Ausgehend von ihrem grundsätzlichen Antitechnizismus und Antiszientismus, wird im Nachhinein ihr wissenschaftskritischer Standpunkt anhand der metadiskursiven Ausführungen ihrer Mitglieder erklärt. Eine – torsohafte – Sondierung der entscheidenden Elemente der georgeanischen Erkenntniskonzeption – ›Gestalt‹ und ›Schau‹ –, die mit einigen unter den wichtigsten erkenntnisphilosophischen Ansätzen der Jahrhundertwende kurz in Resonanz gebracht werden sollen, schließt die vorliegende Untersuchung ab.

Die Rede von einem Paradigma und von einer oder sogar von mehreren vom George-Kreis ausgehenden Wissenschaftsauffassungen bedarf einer einleitenden Erklärung. Trotz Binnenfraktionierungen und partiell widersprüchlicher Stellungnahmen spricht man heute nicht ohne Grund von einem intellektuellen Kreis um Stefan George, denn die Existenz einer normativen, programmatischen Phase im George-Kreis ist nicht zu leugnen. Spätestens um 1910, nach Veröffentlichung des ersten *Jahrbuch für die geistige Bewegung*, verfügte der Kreis sogar über ein Forum zur Theoriebildung und -diskussion.[4] Dadurch wurden Gedanken und Zielsetzungen dieser von einem Dichter inspirierten Gruppe den meisten deutschsprachigen Intellektuellenzirkeln allgemein bekannt. Außerdem verfügte ab 1916, als Friedrich Gundolfs *Goethe* erschien, bis 1934, dem Erscheinungsjahr von Ernst Morwitz' *Die Dichtung Georges*, die »geistige Bewegung« über wissenschaftliche Publikationsorgane,[5] in denen die Kreismitglieder unter gemeinsamen Kennzeichen Monographien veröffentlichen durften, deren Familienähnlichkeit nicht nur aufgrund der äußeren Buchaufmachung evident ist, sondern vielmehr in ihrer Eigenschaft als Zeichen gemeinsamer Orientierung und Weltanschauung.

---

[4] *Jahrbuch für die geistige Bewegung*, hg. v. Friedrich Gundolf u. Friedrich Wolters. I–III. Berlin 1910–12. Das fast gleichzeitige Erscheinen der einander sehr ähnlichen Kreis-Manifeste ein Jahr zuvor bekräftigt diese Hypothese. Vgl. Friedrich Wolters: *Herrschaft und Dienst*. Berlin 1909; Friedrich Gundolf: »Gefolgschaft und Jüngertum«, in: *Blätter für die Kunst*, VIII. Folge (1908/09), S. 106–112.

[5] Es handelt sich um die von George selbst kontrollierte und von Bondi in Berlin verlegte Reihe der *Werke der Wissenschaft aus dem Kreis der Blätter für die Kunst* und die von Wolters betreute parallele Reihe der *Werke der Schau und der Forschung aus dem Kreise der Blätter für die Kunst*, bei Hirt in Breslau veröffentlicht.

Obwohl sich der George-Kreis im Verlauf seiner Geschichte alles andere als homogen und ideologisch kohärent erwiesen hat,[6] muß hier also hinsichtlich der leitenden Fragestellung ein einheitliches Kreis-Bild herangezogen werden. Im Laufe der Abhandlung wird klar werden, warum dieses Bild nicht nur aus heuristischen Gründen in diesem Fall vorzuziehen ist.

II. Die Konstruktion der ›Rolle‹ des Meisters

Über die charismatische Wirkung des ›Meisters‹ auf seine Schüler herrscht inzwischen Konsens. Es entspricht nämlich einer gängigen Forschungsthese, daß die Georgeaner, wie sie selbst in ihren Schriften behaupteten, ihre Weltanschauung im Umgang mit dem Dichter entwickelten. Mit Stefan George nehme der kreative Mensch die Rolle des Pädagogen und des Weltweisen ein, nämlich laut Friedrich Wolters die des »geistige[n] herrscher[s]«,[7] dessen ästhetische Botschaft, »zuerst von der gemeinde dann von einer grösseren volksschicht angenommen«, ihre Verwirklichung in einem »neue[n] Bildungsgrad« finden soll.[8] Die Umorientierung der Wissenschaft durch seinen ›Lebensrhythmus‹ sei in dieser Hinsicht ein wesentlicher, wenngleich untergeordneter Aspekt eines umfangreicheren Projektes der Kulturerneuerung, weswegen die ›Tat‹ und die Arbeit am Menschen als psychophysischer Totalität dem ›Wissen‹ und der Arbeit am bloßen Geiste vorangestellt werden müssen.[9] Damit wird meistens die herausragende Rolle der Pädagogik innerhalb des Kreises erklärt.[10]

[6] Auf konkurrierende Weltansichten weist Carola Groppe hin: »Konkurrierende Weltanschauungsmodelle im Kontext von Kreisentwicklung und Außenwirkung des George-Kreises: Friedrich Gundolf – Friedrich Wolters«, in *Stefan George: Werk und Wirkung seit dem »Siebenten Ring«* (wie Anm. 1), S. 265–282.

[7] So Friedrich Wolters: »Gestalt«, in: *Jahrbuch für die geistige Bewegung* II (1911), S. 137–158, hier S. 146.

[8] Aus Georges Spruch »NEUER BILDUNGSGRAD«, in: *Blätter für die Kunst*, V. Folge (1900/01), S. 1.

[9] »Aber des Dichters Einsatz galt dem neuen Menschen. Darum war ihm jede Wissenschaft als Ausdruck einer vergehenden Spätzeit bedenklich, und er war empört, als einer von Gundolfs Freunden [Erich von Kahler, F. R.] Max Weber im Namen einer neuen Wissenschaft entgegentrat«. Edgar Salin: *Um Stefan George. Erinnerung und Zeugnis*. 2. neugestaltete u. wesentlich erw. Aufl. München–Düsseldorf 1954, S. 252.

[10] Vgl. dazu Groppe: *Die Macht der Bildung* (wie Anm. 1). Die Anthologie für Hochschulen, die Friedrich Wolters unter dem Titel *Der Deutsche. Ein Lesebuch* (Breslau

Georges direkter Einfluß auf die geistige Entwicklung seiner Anhänger, die er bekanntermaßen in sehr jungem Alter kennenlernte, ist mit dokumentarischer Sorgfalt nachgewiesen worden.[11] Dies spiegelt sich übrigens schon in ihren Schriften wider. Nicht zu leugnen ist die von George gebieterisch ausgeübte Kontrollinstanz über die wissenschaftlichen Arbeiten seiner Anhänger: In der Reihe der *Werke der Wissenschaft aus dem Kreise der Blätter für die Kunst* erschien kein Buch ohne sein Placet, und in allen redaktionellen Phasen durfte er die Rolle des Supervisors mit einer Selbstverständlichkeit übernehmen, die zumindest innerhalb des Kreises keinen Zweifel an ihrer Legitimität aufkommen ließ.[12] Die zeitgenössische Germanistik war ohnehin schon zur Zeit der Entstehung der sogenannten ›George-Wissenschaft‹ davon überzeugt, daß sie im Schatten des Dichters stand, was oft zum Anlaß für schablonenhafte Banalisierungen und sogar für Verunglimpfungen genommen wurde.[13]

Die Gruppenbildung blieb nicht ohne Konsequenzen für Georges Dichtung, denn die Entstehung eines epistemisch privilegierten Deutungskreises trieb den Dichter deutlich zu einer Umstellung seiner Poetik an. Dieser Vorgang, den Jeffrey D. Todd als einen Übergang von einer Form ›schwacher‹, weil autonomer Stimmungspoetik in einen ›harten Ästhetizismus‹ beschreibt,[14] ging mindestens seit der Zeit »der Ankunft des En-

---

1925–1926) veröffentlichte, ist in diesem Zusammenhang zu erwähnen. In fünf Bänden sammelt er Textpassagen aus dem Kanon der Kreis-Autoren nach Themen und Schlüsselbegriffen wie beispielsweise »Das Bild der Antike bei den Deutschen« oder »Die Gestalt des Deutschen«.

[11] Vgl. dazu Thomas Karlauf: *Stefan George. Die Entdeckung des Charisma.* München 2008; Ulrich Raulff: *Kreis ohne Meister. Stefan Georges Nachleben.* München 2009. Einflüsse auf hermeneutischer und literaturtheoretischer Ebene untersucht Gerhard Zöfel: *Die Wirkung des Dichters. Mythologie und Hermeneutik in der Literaturwissenschaft um Stefan George.* Frankfurt a. M. u. a. 1987 (Europäische Hochschulschriften, Reihe 1: Deutsche Sprache und Literatur 986).

[12] So beispielsweise Kurt Hildebrandt: *Erinnerungen an Stefan George und seinen Kreis.* Bonn 1965, S. 79. Vgl. darüber hinaus Raulff, der sogar von George als einem »verschwiegenen Autor« dieser Arbeiten spricht: *Kreis ohne Meister* (wie Anm. 11), S. 124f.

[13] Vgl. dazu Ernst Osterkamp: »Friedrich Gundolf zwischen Kunst und Wissenschaft. Zur Problematik eines Germanisten aus dem George-Kreis«, in: *Literaturwissenschaft und Geistesgeschichte 1910 bis 1925,* hg. v. Christoph König u. Eberhard Lämmert. Frankfurt a. M. 1993, S. 177–198.

[14] Jeffrey D. Todd: »Stefan George and Two Types of Aestheticism«, in: *A Companion to the works of Stefan George,* hg. v. Jens Rieckmann. Camden House 2003, S. 127–143. Zusammenfassend läßt sich dies als ein Übergang von einer eher exklusiven In-

gels«[15] mit einem Prozeß der Heroisierung einher, durch den der ursprüngliche ›Dandy‹ zum ›Meister‹ in einem Zönakel von Intellektuellen wurde. Die kollektiven Zuschreibungen von Bestimmungen und Eigenschaften des ›Vates‹ und des ›Herrschers‹ bewirkten also nicht nur eine Steigerung seiner auktorialen Figur, sondern eine deutlich wahrnehmbare Veränderung seines auktorialen Ichs, da es sich von jenem Moment an als Verkünder einer eigenen ›Lehre‹ verstand. Die Tendenz zum Gnomon und zur Kulturkritik prägt nämlich die letzten Sammlungen, das Diktat des Dichters wird immer selbstreferentieller in dem Sinne, daß es – zwar mit wenigen, aber um so kostbareren Ausnahmen – nur noch aus den Idiotismen und Phraseologismen jener Lehre zu leben scheint.[16] Im Vorwort zur Sammlung *Der Stern des Bundes* deklariert George, er wolle damit kein Brevier »volksgültiger art« liefern, sondern vor allem ein Buch »für die freunde des engern bezirks«.[17] Offensichtlich wird jedes einzelne Gedicht dieses Zyklus von der Aura der Esoterik umgeben.

Die Haltung des Propheten ist also das Ergebnis eines vom Dichter vorangetriebenen Exklusivismus, wobei seine pädagogische Geste den heroisierenden Ruhmreden der ›Jünger‹ gegenüber als komplementär anzusehen ist. Die Entwicklung der Lehre verläuft nämlich nicht einseitig, sondern ergibt sich aus gegenseitiger Beeinflussung. In der Tat sucht man nach einer eindeutigen Stellungnahme des Dichters zu konkreten Zeitfragen in der relativ schmalen direkten Überlieferung weitgehend vergebens: George bezieht sich in der Regel nicht explizit auf die Probleme seiner Gegenwart. Zwar ist dieser Bezug philologisch rekonstruierbar, was aber hier gemeint wird, ist der besondere Standpunkt, den das dichterische Ich im allgemeinen einnimmt, charakterisiert durch Entfernung, Zeit- und Weltenthobenheit. Diese Haltung verschafft ihm einerseits ein untrügli-

---

terpretation der ›l'art pour l'art‹ zu einer eher inklusiven, ›ethisierten‹ poetischen Haltung beschreiben.

[15] Stefan George: »SEIT DER ANKUNFT DES ENGELS«, in: *Blätter für die Kunst*, IV. Folge 1./2. Bd. (1897), S. 5–8. Vgl. auch in diesem Band den von Ludwig Klages verfaßten Artikel »Vom Schaffenden« (ebd., S. 34–38), in dem die Topoi des Künstlers-Sehers und der ›Schaffenden Kraft‹ zum ersten Mal auftauchen.

[16] Adorno spricht diesbezüglich mit Recht von »bündischen Liturgien«, wobei die von ihm gelieferte Analyse des Phänomens wegen ihres überwiegend kritisch-distanzierenden Tons wenig aufschlußreich scheint. Vgl. Theodor W. Adorno: »George«, in: ders.: *Gesammelte Schriften*, Bd. 11: *Noten zur Literatur I*. Frankfurt a. M. 1974, S. 523–535, hier S. 524.

[17] Stefan George: »Vorrede«, in: ders.: *Der Stern des Bundes*. Stuttgart 1993 (Sämtliche Werke in 18 Bänden, Bd. VIII), S. 5.

ches, gegenüber einer unmittelbaren Inanspruchnahme durch die Gesellschaft unabhängiges Urteil,[18] andererseits aber erzeugt sie, gerade wegen ihrer konstitutiven Ungebundenheit, gleichsam einen hermetischen Leerraum und ist insofern ständig der Interpretation ausgesetzt: »[D]er urgeist wirkt nicht durch seine lehre sondern durch seinen rhythmus: die lehre machen die jünger«.[19] Nicht zufällig bemerkte Gottfried Benn in seiner Gedächtnisrede auf George, daß dessen Jünger immer vor ihm »wie ein Schild« standen, indem sie ihn »hüteten«, aber zugleich »erhöhten und verdunkelten«.[20] Ab einem gewissen Alter, ungefähr seit dem Ende des Ersten Weltkrieges, war sein Wort tatsächlich nur durch die Schriften der Jünger in der Öffentlichkeit zu vernehmen, was bedeutet, daß vieles von dem, was wir über ihn lesen können, zuerst durch diesen Filter hindurchgegangen ist.

Georges Meisterbild ist nun wesentlich Fiktion. Das heißt übrigens nicht, es gäbe keinen Meister, der auf die Wissenschaft eingewirkt hätte, sondern vielmehr, daß die Historisierung seiner auktorialen Persönlichkeit alle Merkmale der literarischen Kreation besonders deutlich aufweist. Die hermeneutischen Grundsätze dafür wurden von Friedrich Wolters, einem seiner prominentesten Schüler, als ›Richtlinien‹ eines Heroenkultes dargelegt. In seinen Frühschriften entwirft er die Figur des Sehers, der »selbst zum bilde seiner verkündigung wird« und als »sichtbares vorbild« auf die Gemeinschaft seiner ehrfurchtsvollen Verehrer wohltuend wirkt, weil er »*das heil*« [Sperrung Wolters] in Form einer poetischen Botschaft bringt.[21] Die kairotische Dimension der dichterischen Wahrnehmungsart wird zum Moment wahrhafter Erkenntnis stilisiert, die die Anschauung des Göttlichen in den Dingen gewährt. Somit erreicht die Dichterfigur eine eigentümlich priesterliche Dignität, die jenseits jeglichen Zweifels

---

[18] Repräsentativ für diese Haltung wurde in der Forschung das Vermeiden einer eindeutigen Stellungnahme zum Nationalsozialismus. Dazu vgl. Karlauf: *Stefan George* (wie Anm. 11), S. 611f.

[19] Stefan George: »NEUER BILDUNGSGRAD« (wie Anm. 8).

[20] Gottfried Benn: »Rede auf Stefan George«, in: *Stefan George und die Nachwelt*, hg. v. Ralph-Rainer Wuthenow. Stuttgart 1981, S. 34–45.

[21] Friedrich Wolters: »Richtlinien«, in: *Jahrbuch für die Geistige Bewegung* I, S. 128–145, hier S. 129. Ein anderer wichtiger Text zur kreisinternen Konstruktion der Vatesfigur erscheint anonym [Edith Landmann]: *Georgika. Das Wesen des Dichters Stefan George: Umriss seines Werkes, Stefan George: Umriss seiner Wirkung.* Heidelberg 1920. Zu Landmanns Konzeption des Dichters als Fundament des Wissens in einer Gemeinschaft von Glaubenden vgl. Carsten Dutt: »Edith Landmann – oder der poetologische Essentialismus des George-Kults«, in: *Frauen um Stefan George*, hg. v. Ute Oelmann u. Ulrich Raulff. Göttingen 2010, S. 233–252.

steht, da ihre Botschaft nur auf dem Terrain der persönlichen Erfahrung zugänglich ist und insofern sich der rationalen, unpersönlichen Erfassung entzieht. In diesem Zusammenhang dienen die akkuraten Beschreibungen der Charakteristika von Georges Gesicht als physiognomische Beweisführungen für seine Genialität. Beispielhaft sieht Karl Bauer in ihm »etwas Sphinxhaft-Dämonisches«: Der Portraitmaler, der George bereits am Anfang der 1890er nahestand, versucht anschließend mit größter Penibilität Ähnlichkeiten mit Napoleon, Alexander dem Großen und den italienischen Condottieri der Renaissance auf physiognomischer Ebene festzustellen, womit er die Maske seiner Größe bildet.[22] Die Bildbeschreibungen des Dichters dienen also seiner Mythisierung mindestens genausogut wie die Aussagen über sein epistemisches Primat.

Das ›George-Erlebnis‹ findet also grundsätzlich innerhalb eines autosuggestiven Erwartungshorizonts statt. Die für die moderne literarische Kommunikation durchaus typische Konstruktion eines Erwartungsspielraums für den Leser wird im George-Kreis mit besonderem Nachdruck unterstützt, mit dem Resultat, daß in diesem Kontext die Erwartung einen unleugbar suggestiven Charakter trägt, der den ganzen Rezeptionsprozeß vorprägt. Dieses Schlüsselerlebnis hinterläßt einen so nachhaltigen Eindruck auf alle Beteiligten, daß es zum Topos der kreisinternen Memoirenliteratur wird. Die auffälligste Konstante in diesen Erinnerungsbüchern, deren Einstimmigkeit in dieser Hinsicht nach wie vor beeindruckt, ist nämlich die Unterstreichung vom übernatürlichen, manchmal gar unheimlichen Charakter des Momentes der ersten Begegnung mit dem Dichter. Paradigmatisch in dieser Hinsicht ist das Kapitel »Begegnungen«, das Edgar Salin seinen autobiographischen Erinnerungen voranstellt. Salin stellt die Gesamtsituation so dar, als ob beim ersten Blickkontakt »ein Hauch einer höheren Welt« ihn streife.[23]

Das Gespräch mit dem Meister wirkt für seine Nachfolger inspirierend und erlösend als Quelle der Überzeugung und der intellektuellen Anregung: Edith Landmann, die lange vergebens versucht hatte, die Evidenz der Welt in ihrer Gegenständlichkeit erkenntnistheoretisch zu fundieren, fühlte sich erst nach der Berührung mit der Person des Dichters beflügelt:

---

[22] Vgl. diesbezüglich Robert Boehringer: *Mein Bild von Stefan George*. München–Düsseldorf 1951–1967, S. 88f. und Friedrich Wolters: *Stefan George und die Blätter für die Kunst. Deutsche Geistesgeschichte seit 1890*. Berlin 1930, S. 63f.

[23] Salin: *Um Stefan George* (wie Anm. 9), S. 11: »Er [d. h. der Erzähler selbst, F. R.] wusste nicht mehr, was geschehen war, kaum wo er sich befand. War es ein Mensch gewesen, der durch die Menge schritt?«

Die Lösung dieser Aporie ergab sich mir erst nach Jahren, und zwar im Gespräch mit George. Angesichts des Kosmos, den er darstellte, angesichts der Idee von Mass, Grenze und Gefüge, die in ihm gleichsam in ihrer Verkörperung mir vor Augen traten, leuchtete mir die Einheit des Bewusstsein als eines strukturell gegebenen und sozusagen beabsichtigten Ganzen auf.[24]

Das Augustinische »quasi luce securitatis infusa cordi meo, omnes dubitationis tenebrae diffugerunt« ertönt nicht nur zwischen diesen Zeilen, sondern durch Landmanns Gesamtwerk hindurch.[25] Das Bekenntnishafte an all diesen und derartigen Werken läßt sich deutlich vernehmen, es verleiht dem Erzählten alle Kennzeichen einer pseudoreligiösen Bekehrung. Die richtige Einsicht wird nämlich in diesem Fall nicht durch logische Folgerichtigkeit erlangt, sondern im Moment der existentiellen Begegnung mit der ›Gestalt‹. Daß die Darstellung dieser Erfahrung meistens gleich am Anfang der Memoiren steht, unterstreicht schließlich ihre existenz- und zugleich diskursbegründende Funktion im georgeanischen Werteuniversum.

Die Tatsache, daß Georges Anhänger in ihm und seiner Dichtung die Antworten auf Generationenfragen und neue Lebensinhalten zu finden glaubten, hat zu einer nachträglichen Konstruktion der Figur des ›geistigen Führers‹ in ihren Schriften wesentlich beigetragen. Dort bildeten sie sich ein »wahrheitsmächtiges Ich«,[26] das ihnen unter anderem zur Selbstbehauptung und -legitimation im kulturellen Feld, oder, genauer gesagt, zur Steigerung des eigenen sozialen Kapitals als ›George-Kreis‹ verhalf.[27] Die charismatische Ausstrahlung der Imago des Meisters ist also als Ur-

---

[24] Edith Landmann: *Gespräche mit Stefan George*. München–Düsseldorf 1963, S. 15.

[25] So kann die Begegnung mit George auch ein Spätwerk wie *Die Lehre vom Schönen* (1952 postum erschienen) maßgeblich beeinflussen. Vgl. diesbezüglich Jürgen Egyptien: »Schwester, Huldin, Ritterin. Ida Coblenz, Gertrud Kantorowicz und Edith Landmann. Jüdische Frauen im Dienste Stefan Georges«, in: *Castrum Peregrini* 53 (2004), S. 73–119. Das Zitat stammt aus Aurelius Augustinus: *Confessiones*, VIII/12.

[26] Diese Wendung wird hier im Sinne Horst Thomés und seiner Auffassung der »Weltanschauungsliteratur« verstanden, vgl. Horst Thomé: »Weltanschauungsliteratur. Vorüberlegungen zu Funktion und Texttyp«, in: *Wissen in Literatur im 19. Jahrhundert*, hg. v. Lutz Dannenberg u. a. Tübingen 2002, S. 338–389, hier S. 351f.

[27] Besonders Rainer Kolks und Carola Groppes Studien (wie Anm. 1) sind deutlich Pierre Bourdieus Literatursoziologie verpflichtet. Daraus ergibt sich in der jüngsten George-Forschung eindeutig eine Präeminenz von Bourdieuschen Analysekategorien wie ›Habitus‹ oder ›symbolisches Kapital‹, die den Vorzug haben, literatur- und wissenschaftsgeschichtliche Fragestellungen im Rahmen einer soziologisch angelegten Ideengeschichte zu erörtern.

sprung und zugleich Resultat einer literarischen Stilisierung anzusehen, in der ›Erhöhung‹ und ›Verdunkelung‹ zwei Seiten derselben Medaille sind, was übrigens nicht bedeutet, daß über deren integritätsrettende Bestimmung nicht in aller Ernsthaftigkeit nachgedacht werden muß. Hier galt es vorerst darzulegen, inwiefern nicht nur die Schüler unter dem Einfluß ihres Lehrers standen, sondern auch der Lehrer selbst als ein Produkt seiner Schüler zu betrachten ist.

III. Brüderschaft und Wissenschaft

Die *Jahrbücher für die geistige Bewegung*, mit denen sich der George-Kreis erstmals in der Öffentlichkeit als Bündnis mit einem breitgefächerten Programm konstituiert, sollten nach Aussage der Herausgeber »das gemeinsame vorgehen, die gemeinsame haltung, de[n] gemeinsame[n] glaube[n]« der Beiträger aufzeigen.[28] Als Forum zur Selbstverständigung über die Definition von gemeinschaftlichen Idealen und Vorstellungen richteten sich diese Publikationen dezidiert gegen die wichtigsten kulturellen und wirtschaftlichen Gesellschaftsmächte, nämlich gegen die Presse, das Theater, den Literaturmarkt, die Industrie, vor allem aber gegen die Wissenschaft. Die damals allgemein verfügbaren Topoi zur Kritik an ›Zivilisation‹ und ›Materialismus‹ im Namen der verbindlichen Wertvorstellungen der ›Kultur‹ kommen dabei wiederholt zum Ausdruck. Bemerkenswert ist nun, daß sich diese Beiträge zur Zivilisationskritik eben insofern einen besonderen Wert zuschreiben, als sie sich selbst als »Zeugnisse einer Lebensgemeinschaft«[29] darstellen und als solche vor ihrem Lesepublikum auftreten.

Mit dem ständigen Hinweis auf eigentümliche, hinsichtlich der modernen Welt antikonventionelle Werte konturieren die Georgeaner für sich eine bestimmte soziale Persönlichkeitsstruktur, einen ›Habitus‹, der ihren Aussagen und ihrem auktorialen ›Ich‹ ein ganz unverkennbares Profil verleiht. Das Bild, das durch die Schriften aus den *Jahrbüchern* vermittelt wird, ist ein einheitliches, elitäres, verschlossenes. Dies bewirkt die Aus-

---

[28] Zitiert aus dem Vorwort der Herausgeber zum zweiten *Jahrbuch* (1911). Das Bewußtsein als Gruppe verstärkt sich außerdem durch folgende Überzeugung: »jeder dieser aufsätze hätte einzeln erschienen weit geringern widerspruch hervorgerufen« (ebd.).

[29] »Friedrich Wolters an Friedrich Gundolf, Brief vom 28.5.1911«, in: *Friedrich Gundolf – Friedrich Wolters: Ein Briefwechsel aus dem Kreis um Stefan George*, hg. v. Christoph Fricker. Köln–Weimar–Wien 2009, S. 73.

differenzierung innerhalb des zeitgenössischen intellektuellen Feldes und zugleich die Zusammenschweißung und Eingliederung in eine ›Gesinnungsgemeinschaft‹, und zwar in dem Sinne, daß die auktoriale Individualität der Einzelbeiträger – die sonst mit der Angabe des Autornamens auf der Titelseite und am Anfang von jedem Artikel gewährleistet wird – hinter der Kulisse der kollektiven Assertion – »*wir* denken«, »*wir* glauben« – zu verschwinden trachtet.[30] Die Autoren verhalten sich dabei wie Choreuten, die ihre Stimmen in den Dienst des Gesamtkunstwerks stellen: Bei alledem verstärkt sich ihr auktoriales Selbstbewußtsein insofern, als sie »an der Vollendung eines großen Bildes zu arbeiten« glauben.[31] Aus dieser Mischung von Enthusiasmus und Anschlußbedürfnis entsteht eine mächtige diskursive Entität, die in der Forschung unterschiedlich als »geisteswissenschaftliche Schule«, oder einfacher als »literarische Gruppe« definiert wurde, und der ›George-Kreis‹ avanciert zum sozialwissenschaftlichen Mythos.[32]

Aufgrund der Art und Weise seiner Aggregationspraktiken und der evident maskulistischen[33] Ausrichtung seiner Ideologeme weist der George-Kreis alle Charakteristika eines Männerbundes auf. Bünde und Brüderschaften sind übrigens keine Seltenheit im wissenschaftsgeschichtlichen Horizont des frühen 20. Jahrhunderts.[34] In solchen Zusammenhängen

---

[30] Die Häufigkeit der Assertion ist freilich typisch für jede »normative Phase« einer wissenschaftlichen Schul- und Theoriebildung. Beispiele von normativen Assertionen in den *Jahrbüchern* finden sich in Friedrich Wolters: »Richtlinien« (wie Anm. 21), S. 157; Kurt Hildebrandt: »Romantisch und Dyonisisch«, in: *Jahrbücher für die geistige Bewegung* III (1912), S. 116 und schließlich in der »Einleitung der Herausgeber« zum dritten *Jahrbuch*.

[31] Ernst Bertram: *Nietzsche. Versuch einer Mythologie*. Berlin 1918, S. 5.

[32] So wurde der Kreis besonders von Groppe, Kolk und Schefold definiert. Zum Mythos der verborgenen Philosophengemeinschaft vgl. Bertram Schefold: »Die Welt des Dichters und der Beruf der Wissenschaft«, in: *Wissenschaftler im George-Kreis* (wie Anm. 1), S. 1–34.

[33] Das Phänomen des ›Maskulismus‹ ist als Reaktion und Pendant zum aufsteigenden ›Feminismus‹ zu sehen und führt demnach nicht automatisch zur Misogynie – und unser Kreis ist ja das beste Beispiel dafür, vgl. den Sammelband *Frauen um Stefan George*, zitiert unter Anm. 21. Unter manchen Aspekten weist der George-Kreis dennoch typische Merkmale dieser Strömung auf. Vgl. zum Thema: *Erlöser. Figurationen männlicher Hegemonie*, hg. v. Sven Glawion, Elahe Haschemi Yekani u. Jana Husmann-Kastein. Bielefeld 2007.

[34] Die Metapher des ›Männerbundes‹, die eigentlich aus der Anthropologie stammt, beschreibt ein überraschend verbreitetes Kulturphänomen des Fin de Siècle. Andere berühmte Beispiele von wissenschaftlichen Brüderschaften am Anfang des 20. Jahrhunderts, geleitet in der Regel von ›charismatisch‹ herausragenden Persönlichkeiten,

spielen Freundschaft und persönlicher Briefkontakt eine wesentliche Rolle für die Zementierung und Absicherung von gemeinsamen intellektuellen Standpunkten. Die Tradierung von Gesprächen und Anekdoten, die sich in der Regel auf eine charismatische Persönlichkeit beziehen, schaffen für den einzelnen Intellektuellen eine Art Überlieferungshintergrund zur Beglaubigung des eigenen geistigen Tuns. Der in das ›mare magnum‹ des modernen Pluralismus versinkende Einzeldenker findet innerhalb des Gemeinschaftskreises ein letztes Refugium, in dem, so Max Weber,

> [...] jenes Etwas pulsiert, das dem entspricht, was früher als prophetisches Pneuma in stürmischem Feuer durch die großen Gemeinden ging und sie zusammenschweißte.[35]

Sind also die Gemeinschafts- und Theoriebildung des George-Kreises bloß Manifestationen eines überlebten Irrationalismus, Überbleibsel archaischer Wissensstrukturen? Und, wenn ja, wie verhält es sich mit der aus ihm hervorgegangenen wissenschaftlichen Hervorbringung? Wir beginnen die lange Beantwortung dieser Frage zunächst mit der Abwendung eines bösen Omens.

Die bisherigen Studien zur Entstehung und Entwicklung innovativer Forschungsparadigmen haben die Relevanz von irrationalen Faktoren eher bestätigt als negiert. In dieser Hinsicht stellen wissenschaftliche Theorien etwas mehr als Erkenntnisstrukturen und Forschungshypothesen zur Verfügung: Sie bieten den Forschern weltanschauliche und soziale Referenzrahmen, die ihnen eine dauerhaft bleibende Identität anbieten und dieser zugleich Kontinuität versprechen. Ein gewisses, mehr oder minder ausgeprägtes Ausmaß an Mythisierung und Fiktionalität gehört

---

sind der Max Weber-Kreis in Heidelberg, die Arbeitsgruppe der kulturwissenschaftlichen Bibliothek Warburg und die von Sigmund Freud begründete »Wiener Psychoanalytische Vereinigung«, die bekanntermaßen aus der sogenannten »Psychologischen Mittwoch-Gesellschaft« hervorgegangen ist. Ich danke Simone Holz für den Hinweis auf den Freudschen ›Bund‹. Neureligiöse Gruppierungen wie Rudolf Steiners theosophische Bewegung oder laizistische Varianten wie der »Eranos-Kreis« sind natürlich in der Liste mit zu berücksichtigen. Dazu siehe *Kreise – Gruppen – Bünde. Zur Soziologie moderner Intellektuellenassoziation*, hg. v. Richard Faber u. Christine Holste. Würzburg 2000; Claudia Bruns: *Politik des Eros. Der Männerbund in Wissenschaft, Politik und Jugendkultur (1880–1934)*. Köln 2008.

[35] Max Weber: »Wissenschaft als Beruf«, in: *Max Weber Gesamtausgabe*, hg. v. Wolfgang J. Mommsen, Wolfgang Schluchter u. Birgitt Morgenbrod. Tübingen 1992, Bd. 17, S. 70–111, hier S. 109. Daß Weber möglicherweise gerade den George-Kreis vor Augen hat, beweist Volker Kruse: »Die Heidelberger Soziologie und der Stefan George-Kreis«, in: *Wissenschaftler im George-Kreis* (wie Anm. 1), S. 259–276.

somit zur inneren Logik des Wissenschaftlerbundes. Aufgrund dessen läßt sich, jeder Form des Strukturalismus zum Trotz, anhand mehrerer Beispiele beobachten, daß die Begründung wissenschaftlicher Diskursivität nicht ausschließlich durch ›institutionelle‹ Kanäle wie Tagungen oder Forschungsinstituten erfolgt, sondern regelmäßig auf der Suche nach außersystemischer Bestätigung ist. Um diese Bestätigung zu erhalten, bedienen sich die Akteure dieses Prozesses ihrer ganzen sozialen Persönlichkeit und werben in ihren Publikationen mehr oder minder explizit um Mitstreiter und Nachfolger, weswegen dort des öfteren Momente hoher emotionaler, ja rhetorischer Qualität erscheinen.

Was den George-Kreis insbesondere betrifft, ist die Sachlage besonders klar. Esoterismus und Ritualität sind als Aspekte einer rhetorischen Selbststilisierung als ›Erkenntnisgemeinschaft‹ zu betrachten. Aber jenseits der Formen symbolischer ›Verdunkelung‹, mit denen sich die kreisinterne Lehre ihrer hochselektionierten und – trotz aller Beanstandung – hochintellektualisierten Verbrauchernische gegenüber appetibel macht, stellen Affektensprache und ›Leib‹ für die Georgeaner primäre Formen der Wissens- und Wertevermittlung dar. Wenn George selbst nämlich im Vierzeiler *An Gundolf* den Vorrang der Menschennähe[36] betont und Friedrich Wolters, in Anlehnung an dasselbe Prinzip, am Anfang seiner »Richtlinien« die ideale Gefühlskonstellation skizziert, in der sich »das innere bild« der Worte erst »im lebendigen anhauch von mund zu mund […] von der aufnehmenden seele«[37] ergreifen läßt, so gewinnen die Gefühlsschwingungen der Empathie eine wissensstiftende und programmatische Funktion, die an dieser Stelle nicht übersehen werden darf.

Ursprung und Triebfeder jeder Erhöhung des Empfindens ist das oben skizzierte pädagogische Meister-Schüler-Verhältnis, das in den Programmschriften aus dem George-Kreis zum Hort der Belehrung gemacht wird.[38] Die epistemologische Vorrangstellung dieses klassischen Bildungsverhältnisses vor jeder anderen Form des Erkenntniserwerbes legitimiert sich durch eine fragwürdige und doch nicht unberechtigte Inter-

---

[36] »Warum so viel in fernen menschen forschen und in sagen lesen / Wenn selber du ein wort erfinden kannst dass einst es heisse: / Auf kurzem pfad bin ich dir dies und du mir so gewesen! / Ist das nicht licht und lösung über allem fleisse?« Stefan George: »An Gundolf«, in: ders.: *Der Siebente Ring.* Stuttgart 1986 (Sämtliche Werke in 18 Bänden, Bd. VI/VII), S. 165.

[37] Friedrich Wolters: »Richtlinien« (wie Anm. 21), S. 128.

[38] Vgl. Stefan George: »Belehrung«, in: *Blätter für die Kunst*, X. Folge (1914), S. 87 und später in: ders.: *Das Neue Reich.* Stuttgart 2001 (Sämtliche Werke in 18 Bänden, Bd. IX), S. 87.

pretation des Platonismus. Der griechische Philosoph wird dabei zum Verkünder der sokratischen Botschaft, die sich als »rettung letzter stunde« gegen eine von der Sophistik verseuchte und verfallende Welt behauptet.[39] Sokrates, der »ständig nach schönen jünglingen späht [...], um seinem geistigen reich die jugendlichen kräfte zu werben«,[40] ist aber nur der Initiator, denn politischer Vollstrecker seiner Philosophie des Schönen und der Liebe wird eben Platon, der Jünger, der somit zum Meister und vor allem zum »Täter« wird.[41]

Auf der Basis einer Identifikation mit den ewigen Werten des Platonismus malen sich die Georgeaner also ihre Gemeinschaft wie eine wiedergeborene Akademie aus, wobei sie letztendlich nicht über den utopischen Tagtraum der Wiederbelebung des platonischen Mythos eines Philosophenstaates zu gehen vermögen. In diesem Kontext scheint interessant zu erwähnen, daß dieses Ideologem eine spezifische Kontrastfunktion bezüglich des Ausbaus der wissenschaftlichen Fachwelt im Spätpositivismus ausübt. Das organologische Modell des platonisch-georgeanischen ›Staates‹ wird nämlich gegen das Phänomen einer ausufernden Arbeitsteilung und Technisierung ausgespielt, die nunmehr selbst die Domänen der reinen Wissenschaften besudelt. Im kleinen Kreis erobern Mündlichkeit und Dialektik ihre zentrale Bestimmung im Prozeß der Wissensvermittlung wieder, und in diesem Zusammenhang tritt die logische Komponente des Verstehens zugunsten der erotischen zurück. Die Kreis-Dimension wird zur geistigen Heimat und zur ästhetischen Schule des Anhörens und des Anschauens, in der das psychagogische Verhältnis

---

[39] Heinrich Friedemann: *Platon. Seine Gestalt.* Berlin 1914, S. 9. Das besondere Interesse am Platonismus im George-Kreis erklärt sich dadurch, daß der attische Philosoph in diesem Zusammenhang als antimodernes Gegenbild und zugleich als Vorbild für eine alternative Wissensordnung fungiert. Als Dichter-Seher betrachtet, bedient man sich seiner Argumente gegen die »sophistische Aufklärung« als Waffe in der gegenwärtigen Debatte um die Notwendigkeit einer ideologischen Fundierung und Wertorientierung der Wissenschaft.

[40] Kurt Hildebrandt: »Romantisch und Dyonisisch«, in: *Jahrbuch für die geistige Bewegung* II (1911), S. 89.

[41] Eine nähere Behandlung der politisch-aktivistischen Interpretation des Platonismus im George-Kreis mit Rücksicht auf den historischen Kontext der Platon-Rezeption der Jahrhundertwende muß hier aus Platzgründen unterbleiben. Leider bleibt eine gezielte Auseinandersetzung mit dieser durchaus verflochtenen Problematik bisher noch ein Desiderat der Forschung. Ansatzweise findet dies sich in Stefan Rebenich: »›Dass ein strahl von hellas auf uns fiel‹. Platon im George-Kreis«, in: *George-Jahrbuch* 7 (2009), S. 115–141.

zur lebendigen ›Gestalt‹ des Dichters zu den Grundelementen einer hermeneutischen Schulung gehört.

Wie zu erwarten, schlägt sich all dies in der wissenschaftlichen Hervorbringung der Jünger nieder. Symptomatisch für das vorherrschende geistige Klima im Kreise ist die Art und Weise, in der Kritik und Anforderungen vermittelt werden. Die wortkämpferische, teilweise überladene Rhetorik, die aufrührerische Sprachgebärde, der häufige Gebrauch von Assertionen sowie die Seltenheit von intertextuellen Referenzbezügen charakterisieren den Denkstil der Georgeaner von Anfang an.[42] Gegen den Widerstand der Ungläubigen und Unaufgeklärten setzten sie sich mit einer zwischen Dogmatik und Pathos verflochtenen Schreibsprache durch, von der George selbst im Gespräch mit Edith Landmann als einer »irgendwie erhöhte[n] Sprache« spricht und im Vorübergehen als »Zwischenart« oder »Zwischengattung« zwischen »Wissenschaft und Dichtung« definiert.[43] Im Kontext dieser Untersuchung ist relevant, daß diese Wechselseitigkeit von Rhetorik und Dogmatik zur Erarbeitung einer eigentümlichen Forschungssprache führt, die mit der Entwicklung einer eigenen Forschungsperspektive und Herangehensweise einhergeht. Wie bereits angesprochen, hat diese Sprache ihren Ursprung in den poetologischen Kategorien des Symbolismus der *Blätter für die Kunst*, auf die Georges Schüler zugreifen, um ihre eigenen Studienperspektiven zu erhärten.[44]

Die performative Dimension dieser ›erhöhten Sprache‹ läßt sich nicht übersehen: Der steten Aufforderung zur »schöpferischen Tat« entspricht eine Vorrangstellung der Ebene der Performanz, die den Denkstil der *Jahrbücher* in toto charakterisiert. Trotzdem bleibt ihr ›politischer‹ Gehalt, verstanden im engeren Sinne des Wortes, unscharf, wie es freilich

---

[42] Die eigentümliche Ausdrucksgewalt dieser Texttypen ist bezeichnend für die Zeitumstände und für die Tradition, in denen sie sich einordnen: die postnietzscheanische Kulturkritik. Es fällt außerdem auf die Abwesenheit von Fußnoten, Bezügen auf die Sekundärliteratur. Die Zitate werden meistens im Text ohne Namens- und Werkangabe integriert. Vgl. hierzu Frank Jolles: »Zur Frage des Stils in den wissenschaftlichen Schriften des George-Kreises«, in: *German Life and Letters* 19/4 (1966), S. 287–291.

[43] Landmann: *Gespräche mit Stefan George* (wie Anm. 24), S. 23.

[44] Zur Herausbildung von revolutionären Weltbildern ist eine systematische Ausdifferenzierung beziehungsweise »operative Schließung« – im Sinne Niklas Luhmanns – von den zeitgenössischen Wissensstrukturen notwendig, die natürlich ›in primis‹ die sprachliche Ebene betrifft. Zum Thema vgl. Hans-Martin Kruckis: *Ein potenziertes Abbild der Menschheit. Biographischer Diskurs und Etablierung der Neugermanistik in der Goethe-Biographik bis Gundolf.* Heidelberg 1995.

zum Habitus des neuromantischen Ästheten gehört, der sich noch in der bildungskritischen Traditionsschiene von Burckhardt, Nietzsche und Julius Langbehn befindet. So konstituiert sich durch das antidemokratische Vorbild einer elitären Wissensgemeinschaft, die ihre sakralen Musterbilder – Christus' und Zarathustras Apostelkreis – kaum verdeckt, eine revolutionär-konservative Junggelehrtenfraktion, die insofern ein Denkkollektiv bildet, als sie sich selbst als Trägerin eines normativ festgelegten und verbindenden Wissensbestandes darstellt. Die programmatische Entschlossenheit und Selbstüberzeugung, die ihre Mitglieder unter der Sphäre eines Geist-Leben-Integralismus gewinnen, dient ihnen zur Kompensation und Bewältigung der verwirrenden Masse an heterogenen Eindrücken und Informationen der modernen Welt, weshalb ihr Wissenschaftsverständnis, insgesamt gesehen, einen reaktionären Charakter trägt. Und dennoch hilft eine Verdammung dieser ›Rhetorik der Heroisierung‹ bei ihrem Verständnis kaum weiter, denn man muß sich, um sie in ihrer Komplexität begreifen zu können, alle argumentativen Einzelheiten vor Augen führen.

IV. Kritik an der Wissenschaft als Technokratie und ahistorischer Systematik

Unter diesen Voraussetzungen nehmen manche George-Schüler den Blickwinkel der Wissenschaftstheoretiker ein und gehen so der Frage nach der Legitimierung der wissenschaftlichen Arbeit nach, deren Grundlagen sie anhand kritischer, metawissenschaftlicher Reflexionen nachprüfen. Indem sie das tun, distanzieren sie sich wiederholt in ihren Texten vom Typus des ›Fachgelehrten‹ und werden zu ›Weltanschauungsschriftstellern‹.[45] Nicht mehr dem Postulat der wissenschaftlichen Unvoreingenommenheit und Universalität gehorchend, bevorrechtigen sie demgegenüber die Glaubenssätze ihrer eigenen Gruppe. Allerdings muß dies nicht über die theoretische Schärfe ihrer Reflexion hinwegtäuschen: Die Jünger Georges sind ja alle gewissermaßen philosophische Köpfe mit deutlicher Veranlagung zu den Humaniora. Die Erneuerung der modernen Kultur soll dementsprechend aus dem Geist der Antike geschehen, nämlich mittels der Abschaffung der Mythologeme einer Wissenschaft, die

---

[45] »Weltanschauungsschriftsteller« sind diejenigen, so Thomé, die in ihren Argumentationen »das Wissen zu ›Sinn‹« verarbeiten. Thomé: »Weltanschauungsliteratur« (wie Anm. 26), S. 356.

sich selbst als gemeinnütziges Schwungrad der Aufklärung glorifiziert und als autokratische Systematik der Vernunft versteht.

Die Herangehensweise der George-Schüler an die Wissenschaftstheorie ist weder deskriptiv noch analytisch, sondern präskriptiv und dogmatisch in dem Sinne, daß sie sich in richtungsweisenden Texten als eine Doktrin des wissenschaftlichen Handelns präsentiert, die aus der Notwendigkeit eines Ausbruchs aus dem status quo im Namen einer Überzeugungsgemeinschaft konzipiert wird. Aus den oben skizzierten Synergien entsteht ein eigenständiges, kreisspezifisches Forschungsparadigma, eine operative Schließung gegenüber dem etablierten System setzt sich in Gang, durch die die George-Wissenschaft an Profil und Unabhängigkeit gewinnt, aber zugleich zwangsläufig Kommunikationsschwierigkeiten ausgesetzt ist, die eine gewisse institutionelle Marginalisierung im Rahmen der ›scientific community‹ herbeiführen.[46] Dieses Forschungsparadigma wird durch die Erstellung eines epistemologischen Kontrastprogramms erhärtet, das die im spätpositivistischen Zeitalter dominierende Wissenschaftstheorie, die pauschal etwa wie eine Melange aus Physikalismus, Neukantianismus und Empiriokritizismus beschrieben werden kann, zu bekämpfen sucht. Da die Georgeaner die Welt des Dichters zum Hort ihres wissenschaftlichen Berufs machen, machen sie sich ideologisch unabhängig von Schulkonventionen und internen Konkurrenzverhältnissen. So projizieren sie sich gleichsam aus der akademischen Unbehaglichkeit der Gegenwart heraus und übernehmen die Perspektive externer Beobachter, aus der sie die strukturellen Risse und Bruchflächen des Wissenschaftsbetriebes in Augenschein nehmen können. Gerade so gewinnen sie eine kritische Einstellung zu den Grundansichten der Wissenschaftskultur ihrer Zeit, was ihnen ermöglicht, die gesamte moderne Wissenschaftslage in Frage zu stellen. Der George-Kreis wird daher zu einem interessanten Laboratorium von Ideen und Ansichten, die weit über die Grenzen der Methodologie hinausreichen, indem sie disziplinübergreifend Fragen aufwerfen, die das gesamte ›metarécit‹ der Moderne anbelangen, einschließlich ihrer wissenschaftlichen Systematik.

Unter den programmatischen Leitworten des dritten und letzten *Jahrbuchs für die geistige Bewegung* (1912) findet sich folgender Appell der

---

[46] Beispielhaft für diese Reaktion ist das sogenannte »Gundolf-Heft« von *Euphorion. Euphorion, Vierzehntes Ergänzungsheft* (Gundolf-Heft), hg. v. Adolf Sauer. Leipzig–Wien 1921. Vgl. dazu Osterkamp: »Friedrich Gundolf zwischen Kunst und Wissenschaft« (wie Anm. 13).

Herausgeber zur »*Geringschätzung der Wissenschaft*« (Sperrung im Original):

> Wissenschaft ist eine wirkung des lebenstriebs der sich der welt bemächtigen will und sie dazu erkennen und ordnen muss, als wissen (wahrheit) und können (nutzen). Diese beiden ziele sind heute von ihrem schöpferischen ursprung getrennt und dienen dem leben nicht nur nicht mehr, sondern unterjochen es. Die wissenschaft hebt heut nicht nur ihre eigene grundlagen auf, sondern wird sogar schädlich durch die auflösung (Analysis!) aller substanzen aus denen allein der mensch und sie selbst sich nähren kann. Wenn die naturwissenschaft gerade in ihren rückhaltlosesten vertretern zu konsequenzen gelangt wie die energetik, wenn die geisteswissenschaft, nicht nur durch entgleisung einzelner, sondern kraft ihrer heutigen methode selbst, dahin kommt die grössten werke des geistes totzureden, wenn den Griechenforscher sein umfassendes sachwissen nur dazu führt die Antike zu journalisieren und zu erweitern, wenn der Dante-forscher die Vita nuova als ›geckenhaft‹ bezeichnet: so haben wir das recht diese wissenschaft nicht nur zu verachten, sondern aufs äußerste zu bekämpfen. Wissenschaft, angewandte wissenschaft war das ideal des vergangenen jahrhunderts, aber das jahrhundert der wissenschaft hat seine grösste entdeckung gemacht, als es schon im sterben lag: nämlich dass alles wissen, alle fortschritte, alle erfindungen nicht zu dem verhelfen was der mensch wirklich braucht und sucht.[47]

Diese Passage ist wegen ihrer besonderen Prägnanz ausführlich zitiert worden. Zusammengefaßt findet sich hier eine Kritik an der Selbstsicherheit des Szientismus, die die *Jahrbücher* in ihrer Gesamtheit charakterisiert. Hinter dem etwas überlegen klingenden, ja herablassenden Ton mancher Philologen von Metier wie Ulrich von Wilamowitz-Moellendorf und Karl Vossler, auf die sich diese Zeilen direkt – wenngleich in impliziter Weise – beziehen, glauben die Georgeaner nur Anmaßung und Gefühlsrohheit zu vernehmen. Sachblick und ›Aktualisierung‹ zum neuesten Forschungsstand gehören zwar zu den unerläßlichen Voraussetzungen des Berufes, aber wo Sachlichkeit und Entwertung des Realen Hand in Hand gehen und das Erkennen nicht mehr in Liebe und Ehrfurcht gegenüber dem anderen, dem Lebendigen, getrieben wird, widersetzen sie sich. Insofern handelt es sich hier nicht allein um ein Problem für Exegeten, es ist ein Problem des wissenschaftlichen Schauens. Es geht dabei nämlich um »schlechte Philologie« in nietzscheanischem Sinne.[48]

---

[47] Zitiert aus der »Einleitung der Herausgeber«, in: *Jahrbuch der geistigen Bewegung* III (1912), S. IIIf.

[48] Friedrich Nietzsche: »Jenseits von Gut und Böse«, in: ders.: *Sämtliche Werke. Kritische Studienausgabe*, hg. v. Giorgio Colli u. Mazzino Montinari. Berlin–New York 1980, Bd. 5, S. 37.

Gegen dieses Phänomen stellen die Georgeaner eine relativ einfache, aber um so einprägsamere Axiomatik auf, nach der die Erkenntnis als Resultat zweier Grundtriebe aufgefaßt wird, die sich einander wie Aktion und Kontemplation verhalten und je nachdem als ›Herrschaft‹ und ›Dienst‹, ›Eros‹ und ›Logos‹ oder als ›Schaffende‹ und ›Ordnende Kraft‹ definiert werden. Wie Friedrich Wolters in einem programmatischen Aufsatz aus dem ersten *Jahrbuch* erörtert, wohne dem Menschen eine ›Schaffende Kraft‹ inne, deren Betätigungsarten das ›Handeln‹, das ›Gestalten‹ und das ›Schauen‹ seien und welche von einer ›Ordnenden Kraft‹ temperiert werde, die sich hingegen als ›Forschen‹, ›Anwenden‹ und ›Wissen‹ manifestiere. Das harmonische Gleichgewicht beider Kräfte übe eine positive Wirkung auf die menschliche Existenz aus. Wenn aber »das Forschen, Anwenden und Wissen nicht mehr mit den sinnenhaften gründen des Handelns, Gestaltens und Schauens in verbindung steht«, oder mit anderen Worten, wenn die positive Dialektik zwischen dem Gestalterischen und dem Hyletischen aufgehoben wird, verselbständigt sich die »Ordnende Kraft« vom Lebendigen, so daß sie, so Wolters, auf dieser Weise »nur noch das abhängigkeitsverhältnis des menschlichen Ichs von seinen ausser ihm liegenden bedingtheiten« ausdrückt.[49]

Das Ergebnis dieser Verabsolutierung des Geistes ist letztendlich eine Vernichtung des Lebens, indem er »dann nur noch elemente, ohne dass organe gebildet werden [scheidet]«.[50] Die Entwicklung einer wirklichkeitsfremden Systematik und den technischen Fortschritt als einzige Zwecksetzungen der Wissenschaft zu betrachten, heißt also für die Georgeaner so viel wie, den Menschen seines am meisten schätzenswerten Besitzes zu berauben: des Bewußtseins, eins zu sein mit dem Naturkosmos. Nach Maßgabe der modernen »Zoologie«[51] ist nämlich die Naturbewältigung nur noch in Form der Unterjochung der Materie durch einen selbstherrlichen Geist möglich, der nur die eigenen Nutzzwecke sieht und dabei seine Abhängigkeit vom Naturganzen vergißt:

> Du bist nur mensch .. wo deine weisheit endet
> Beginnt die unsre · du merkst erst den rand
> Wo du gebüsst hast für den übertritt.[52]

---

[49] Wolters: »Richtlinien« (wie Anm. 21), S. 129f.

[50] Ebd., S. 132.

[51] So abwertend habe sich George in Bezug auf die Naturwissenschaften im Gespräch ausgedrückt, vgl. dazu Salin: *Um Stefan George* (wie Anm. 9), S. 247.

[52] So spricht sich ein ›Drud‹ gegenüber einem Menschen aus. Der Dichter läßt auf diese Weise die im Drud personifizierte Natur den fortschrittlich-aufklärerischen Jäger vor seiner eigenen Entdeckungslust symbolisch warnen. Stefan George: »Der

Im Gegensatz zum triumphierenden Technizismus der ausgehenden Wilhelminischen Ära greifen die George-Schüler auf die Metaphern eines neuromantisch gefärbten Organizismus zurück, die sie in Wilhelm Diltheys Auffassung der Geistesgeschichte und in Henri Bergsons Theorie der ›Schöpferischen Entwicklung‹ vorfinden.[53] Die Technik erleichtert das Menschenleben nicht, sondern führt ganz im Gegenteil dessen »Verknechtung« durch die von ihm selbst entwickelten Werkzeuge herbei.[54] Gewarnt wird vor der »progressiven Schau« als Symptom einer »bedenkliche[n] allgemeine[n] Erkrankung« der Zeit.[55] Die »widersinnige beschleunigung« des Tempos in allen Gesellschaftsbereichen wird als »eine sünde am menschlichen körper« schlechthin erklärt,[56] der Fortschritt als bloßes Streben nach »technischen errungenschaften« mißachtet.[57]

Eine bis ins Absurde getriebene wissenschaftliche Analytik habe den Zerfall jenes organischen Wirklichkeits- und Menschenbildes in die Wege geleitet – die etymologische Ableitung von ›Auflösung‹ aus ›Analyse‹ spricht für sich –, deren Hauptkonsequenz eine unübersehbar gewordene Segmentierung der Erkenntnis in immer speziellere Fachbereiche und -kompetenzen sei. Vermag die wissenschaftliche Spezialisierung konstitutiv nicht mehr ein ganzheitliches Wirklichkeitsbild zu erzeugen, so ist das Verhältnis der modernen Wissenschaft zur Wirklichkeit dieser Auffassung nach zwangsläufig ein gestörtes – und mit ihr das der modernen Kultur zur Natur insgesamt. Die Verstellung des Blicks des schäbigen ›Wissenschaftsmenschen‹ auf die Naturwelt, was Friedrich Gundolf in »Wesen und Beziehung« nicht ohne Ironie beschreibt, signalisiert eine Entfremdung zwischen Menschengeist und Natur, die im Grunde auf dessen konstitutiver Unfähigkeit zurückzuführen ist, sich selbst als Teil einer

---

Mensch und der Drud«, in: *Blätter für die Kunst*, X. Folge (1914), S. 53, später in: ders.: *Das Neue Reich* (wie Anm. 38), S. 53–56.

[53] Die erste deutsche Übersetzerin der *Schöpferischen Entwicklung* (1912 bei Eugen Diederichs erschienen) ist Gertrud Kantorowicz, die vorher Gedichte unter Pseudonym in den *Blättern* veröffentlicht hat. Zu ihrem Verhältnis mit dem ›Meister‹ vgl. Egyptien: »Schwester, Huldin, Ritterin« (wie Anm. 25). Zum Diltheyschen Einfluß auf die Georgeaner vgl. Lothar Van Laak: »›Dichterisches Gebilde‹ und Erlebnis. Überlegungen zu den Beziehungen zwischen Wilhelm Dilthey und dem George-Kreis«, in: *George-Jahrbuch* 5 (2004/05), S. 63–81.

[54] Friedrich Gundolf: »Wesen und Beziehung«, in: *Jahrbuch für die geistige Bewegung* II (1911), S. 10–35, hier S. 14f.

[55] »Einleitung der Herausgeber« (wie Anm. 43), S. III.

[56] Gundolf: »Wesen und Beziehung« (wie Anm. 54), S. 14.

[57] Wolters: »Richtlinien« (wie Anm. 21), S. 142.

organischen Natur zu begreifen, was von den Georgeaner, Zarathustra zitierend, als ein Verlust des »Sinn[s] der Erde« aufgefaßt wird.[58]

Als Folge dieses Verlustes wird jener typische Zwang zur Natürlichkeit des modernen Menschen betrachtet, der im ästhetischen Bereich die mimetische Haltung der Naturalisten auszeichnet, für die die Regeln der Kunst sich auf eine »getreue wiedergabe eines wahrgenommenen« beschränken sollen.[59] Kunst ist im George-Kreis jedoch Gestaltung *trotz* der Natur, und insofern keine passive und unreflektierte Suche nach dem Natürlichen um jeden Preis. Die Anmaßung der Zivilisation, die Natur bloß durch menschliches Kalkül beherrschen zu können, wird also im George-Kreis ebenso gescholten wie die Vorstellung, man könne leichthin sich der Natur unvermittelt bemächtigen. Die Denunziation der ›Entzauberung der Welt‹ durch die progressive Szientifizierung aller Lebensbereiche wird somit in ihren Texten zur Konstante: Mechanik gleicht Zerstörung, denn »Nur durch den zauber bleibt das leben wach«.[60]

Die georgeanische Kritik an der Wissenschaft gilt in erster Linie ihrer Eigenschaft als Institution. Der Denunziation kommt also eine epistemologische Geltung insofern zu, als sie die Wissenschaft gerade in ihrem Selbstbewußtsein angreift, System begründeten Wissens zu sein. Schon allein das Konzept eines wissenschaftlichen Systems wackelt, worauf Wolters aufmerksam macht: Will man mit einem System jene »vollkommene logische einheit der welt« erfassen, die allein vom ›körperlosen‹ Logos gewährleistet wird, so hat man nur eine blanke Taxonomie erstellt, in der »alle teile enthalten sein und bleiben müssen«, bis eine bessere sie ersetzt.[61] So erweist sich aber jeder dem Grundsatz der theoretischen Reversibilität gehorchende Standard als eine ephemere Erscheinung in der Geschichte des menschlichen Geistes. Systeme seien nämlich »an und für sich leblos und zerfallen nach dem verbrauch ihres nutzwertes oder der auflösung ihrer logischen wahrheit«.[62] Die wahrscheinliche Obsoleszenz der Systematisierungen wird vom Georgeaner als Schwäche des Prinzips der Systematik als solchem betrachtet. Die kumulative Wissenschaftsauf-

---

[58] Z. B. Hildebrandt: »Romantisch und Dyonisisch« (wie Anm. 30). Das Zarathustra-Zitat lautet: »Der Übermensch ist der Sinn der Erde. Euer Wille sage: der Übermensch sei der Sinn der Erde!« Friedrich Nietzsche: »Also Sprach Zarathustra«, in: ders.: *Sämtliche Werke* (wie Anm. 48), Bd. IV, S. 14.

[59] Wolters: »Richtlinien« (wie Anm. 21), S. 135. Der Georgesche Symbolismus ist also eine Form antimimetischer Poetik.

[60] George: »Der Mensch und der Drud« (wie Anm. 52), S. 56.

[61] Wolters: »Richtlinien« (wie Anm. 21), S. 131.

[62] Ebd., S. 132.

fassung des Positivismus habe, so Friedrich Gundolf, zu einer unreflektierten »anhäufung von *wissen* um des wissens willen« geführt.[63]

Der Triumph der »entkörperten sachlichkeit« bzw. der »entkörperten geistigkeit« der wissenschaftlichen Systematik stellt für den George-Kreis nur den ideologischen Überbau einer technokratisch orientierten Industriegesellschaft dar, ein Produkt antihumaner Arbeitsteilung, in dem das Verhältnis zwischen Anwender und Instrument auf den Kopf gestellt ist. Dementsprechend wird der unverdrossene Glaube an einen geradlinig und teleologisch verlaufenden Fortschritt zum Wohle der Menschheit sowie die damit verbundene Logik des positiven Befundes als Endzweck der Forschungsarbeit, verspottet. Der »progressiven« wird also in Nietzsches Fahrwasser eine »zyklische Schau« gegenübergestellt.[64] Die rekursive Gesamtstruktur der Geistesgeschichte soll dadurch zutage gefördert werden, damit jedes historische Einzelphänomen in seiner Einmaligkeit aufgefaßt werde. All dies führt aber zu einem der interessantesten Aspekte der georgeanischen Wissenschaftsauffassung, der hier kurz zu erwähnen ist.

Als Vertreter zumeist historischer Disziplinen sind sich die Georgeaner wohl dessen bewußt, daß jeder möglichen Wirklichkeitsauffassung Geschichtlichkeit anhaftet, daß also alle wissenschaftlichen Theorien und Institutionen grundsätzlich geschichtliche Resultate sind. Unter dieser wichtigen Prämisse sind sie unter den ersten im 20. Jahrhundert, die sich von einer ›schulmäßigen‹ Erkenntnistheorie entfernen, die sich als logische Analyse wissenschaftlicher Erkenntnisverfahren ›juxta propria principia‹ versteht, und sich dementsprechend auf das Terrain einer breiter angelegten Auffassung der Epistemologie wagen.[65] Geht die Erkenntnis der historischen Welt der der Naturwelt voraus, so läßt sich von ihren geschichtlichen, sozialen, ja ›anthropologischen‹ Bedingungen im weitesten Sinne des Wortes nicht mehr absehen. Eben durch dieses klassische Argument, das von Giambattista Vico stammt und um die Jahrhundertwende in den Schriften von Wilhelm Dilthey und Ernst Troeltsch Auferstehung feiert, begründet sich jene epistemologische Überlegenheit der Geistes- über die Naturwissenschaften, die sich in manchen nicht unwe-

---

[63] Gundolf: »Wesen und Beziehung« (wie Anm. 54), S. 16. Der gleiche Gedanke findet sich bei John Dewey: *Democracy and Education: An Introduction to the Philosophy of Education.* New York 1916 [*Demokratie und Erziehung: Eine Einleitung in die philosophische Pädagogik*, hg. v. Jürgen Oelkers. Weinheim–Basel 1993, S. 185].

[64] »Einleitung der Herausgeber« (wie Anm. 43), S. III.

[65] Einleitendes dazu findet sich in Hans-Jörg Rheinberger: *Historische Epistemologie zur Einführung.* Hamburg 2007.

sentlichen Aspekten in der späteren deutschen Daseinsphilosophie niederschlägt[66] und in mehr als einer Hinsicht stark an die sogenannte ›historische Epistemologie‹ französischer Schule erinnert, worauf bekanntermaßen der Poststrukturalismus basiert. Die Poststrukturalisten vorwegnehmend sind die Georgeaner davon überzeugt, daß Wissen, egal welcher Art, primär an Formen – ›Gestalten‹ – und nicht an Strukturen gebunden ist, und daß die Wissenschaft ohne bestimmte ›metaphysische Verpflichtungen‹ schlechthin undenkbar ist.[67] Mit anderen Worten: Wissenschaft, als historische Gegebenheit, ist eine menschliche Gestaltung, die ebendarum befragt und verstanden werden kann, weil ihr Wesen in der Vermittlung und Überlieferung von Kulturbildern und -werten liegt. Wird die Wissenschaft nach dieser epistemologischen Wende nicht mehr als selbständiges und autonomes System, sondern als menschliches ›work in progress‹ und als Kulturvorstellung begriffen, so kann und muß sie historischen und anthropologischen Fragen ausgesetzt werden. Das Ich des Wissenschaftlers selbst befindet sich nicht außerhalb des geschichtlichen Wirkungszusammenhangs, sondern mittendrin.[68]

Allerdings ist, in Entsprechung zu ihrer weltanschaulichen Grundeinstellung, die Auffassung der Wissenschaftlichkeit der Georgeaner streng ethisch und teilweise auch offenbar nationalistisch konnotiert, weshalb sie unter dieser Ansicht vom Poststrukturalismus grundsätzlich differiert. Die

---

[66] Mit den Berührungen zwischen Martin Heideggers Daseinsphilosophie und Stefan Georges Konzeption des dichterischen Wortes setzt sich auseinander: Friedrich Wilhelm von Herrmann: *Die zarte, aber helle Differenz: Heidegger und Stefan George.* Frankfurt a. M. 1999. Noch interessanter wäre eine biographisch und erkenntnistheoretisch angelegte Untersuchung zum Verhältnis von Hans-Georg Gadamer sowohl mit manchen Kreis-Mitgliedern – zum Beispiel Max Kommerell – als auch mit dem George-Kreis insgesamt, ausgehend von den Äußerungen des Philosophen selbst. Vgl. Hans-Georg Gadamer: »Die Wirkung Stefan Georges auf die Wissenschaft«, in: ders.: *Gesammelte Werke 9. Ästhetik und Poetik.* Tübingen 1993, S. 258–270.

[67] Von »ontological committments« der Wissenschaft ist Willard Van Orman Quine überzeugt. Er betrachtet sie als metaphysische Rahmen, die jeder Form begründeter Erkenntnis unentbehrlich sind. Quine vertritt bekanntlich einen Erkenntnisholismus innerhalb der analytischen Philosophie. Vgl. Willard Van Orman Quine: »On what there is«, in: ders.: *From a logical point of view.* Harvard 1953, S. 12f. (»Was es gibt«, in: *Von einem logischen Standpunkt. Neun logisch-philosophische Essays.* Frankfurt a. M.–Berlin–Wien 1979).

[68] Ernst Bertram schreibt beispielhaft: »Geschichte ist tätige Bildschaffung, nicht Bericht, Abbildung, Bewahrung des Gewesenen. Legende ist in Wahrheit das, was das Wort im nacktesten Sinn besagt: nicht ein Geschriebenes, sondern etwas, das immer neu *zu lesen* ist, das erst entsteht durch immer erneutes Anderslesen«. Bertram: *Nietzsche* (wie Anm. 31), S. 6.

Wissenschaft muß aufhören, eiserne Systematik zu sein, um in den Dienst der Bildung und der Schaffung der handelnden Persönlichkeit zu treten. Wie Erich von Kahler schreibt, muß sie Menschen erziehen können, die aus dem »innern Himmel der Ideen herabsteigen in den heutigen Tag«.[69] Dieser Perspektive nach – mit der die Georgeaner ihren ursprünglichen Elitismus zu konjugieren tendieren – muß das Wissen dem ›Volk‹ einen starken ethischen Anhaltspunkt bieten: Der Wissenschaftler leistet seinen Beitrag, indem er dem eigenen Kulturzusammenhang seine Arbeit und sein Engagement widmet. ›Deutschtum‹ und ›Wissenschaft‹ bilden somit ein Begriffspaar, das in der Publizistik des Kreises eine breite Resonanz findet. Zum Schluß scheint es daher interessant, zwei mögliche Reaktionen auf den Nationalsozialismus in vergleichender Sicht zu zeigen.

In dieser Hinsicht können zwei Stimmen als Beispiel genommen werden, wenngleich man beachten muß, daß sie weder als repräsentativ für die anderen gelten noch sich im Namen eines ›Kreises‹ ausdrücken – der in der Tat nach Georges Ableben nicht mehr existiert –, wohl aber in dessen Geiste zu sprechen glauben. Es handelt sich um die Stimme von Ernst Hartwig Kantorowicz, der in seiner berühmten Rede über »Das Geheime Deutschland«, gehalten bei Wiederaufnahme der Lehrtätigkeit am 14. November 1933 in Frankfurt, eines der berühmtesten Dokumente ›innerer Emigration‹ liefert, und die von Kurt Hildebrandt, der am 6. Juni 1934 vor den Fachschaften der Kieler Studentenschaft einen weniger bekannten, aber nicht minder interessanten Vortrag mit dem Titel »Deutsche Wissenschaft« hält. Beide Texte gehen von einer ›organischen‹ Konzeption der Wissenschaft als Bestandteil einer Kulturtotalität aus, wonach Lehrende und Forschende, quasi als Wächter des Wissens, die höchsten Kulturwerte der Nation bestimmen sollen. Es liegt nahe, daß sich diese Einstellung sehr für einen Mißbrauch durch die nationalsozialistische Propaganda anbietet. Allerdings wird das Thema unterschiedlich durchdekliniert.

Ist sich nämlich Hildebrandt ganz sicher, daß »unsere Wissenschaft […] mit dem Volkstum geeint sein« müsse und daß dementsprechend die jüngste geschichtliche Entwicklung eine Chance biete, »die Vereinigung der politischen Wiedergeburt und Macht mit der höchsten deutschen gei-

---

[69] Erich von Kahler: *Der Beruf der Wissenschaft.* Berlin 1920, S. 98. Schließlich ist das einer der Gründe, weshalb sich die Mehrheit der George-Schüler von Max Webers Objektivitäts- und Wertfreiheitspostulat sowie von seinem Fortschrittsfatalismus ausdrücklich distanzierte.

stigen Kultur« herbeizuführen,[70] so warnt hingegen Kantorowicz vor dem »Zugriff unlautrer Hände« derjenigen, die diese Kultur »als eigen Fleisch und Blut« feiern, ohne in ihre »Mysterien« eingeweiht zu sein.[71] Beide Positionen lassen sich anhand der intellektuellen Biographien ihrer Verfechter leicht erklären: Während der Historiker sich aus mehrfachen Gründen mit Hitlers Regime nicht identifizieren konnte, war Hildebrandt innerhalb des neuen Wissenschaftssystems, das aus den politischen Umwälzungen hervorgegangen war, mittlerweile bestens integriert.[72] Mit seinem Vortrag liefert er somit anscheinend eine ›mitläuferische‹ Version jener Utopie, die Kantorowicz vor den Zeitumständen zu behüten versucht.

---

[70] Hildebrandt fährt aber in seinem Gespräch vorsichtig fort: »Heute herrscht die Idee der Nation, die unmittelbare Wirklichkeit, und vielen scheint damit der Begriff der Objektivität und Wahrheit überflüssig. Das Volk sei die ewige Wahrheit, und die Wissenschaft habe nur soweit Daseinsrecht, als sie seinem Interesse diene. […] Dienen wir wirklich unserem Volke am besten, wenn wir den Begriff der objektiven Wissenschaft abschaffen?« Die Spannung zwischen Volks- und Wissenschaftswissen muß nach Hildebrandt aufrechterhalten bleiben, wobei demnächst der »tiefe […] Verdruss« gegenüber dem ›objektiven‹ wissenschaftlichen Betrieb in aller Deutlichkeit betont wird. Kurt Hildebrandt: »Deutsche Wissenschaft«, in: *Kieler Vorträge über Volkstums- und Grenzlandfragen und den nordisch-baltischen Raum* Nr. 7, hg. v. Carl Petersen. Neumünster 1934, S. 5f.

[71] Ernst Hartwig Kantorowicz: »Das Geheime Deutschland, Vorlesung, gehalten bei der Wiederaufnahme der Lehrtätigkeit am 14. November 1933«, Edition von Eckard Grünewald, in: *Ernst Kantorowicz, Erträge der Doppeltagung in Princeton – Frankfurt/M.*, hg. v. Robert L. Benson u. Johannes Fried. Stuttgart 1997, S. 77–93, hier S. 80f.

[72] Vgl. Kolk: *Literarische Gruppenbildung* (wie Anm. 1), S. 524f. Dort werden die Motive für Hildebrandts Berufung nach Kiel detailliert beschrieben. Gemäß der wissenschaftspolitischen Linie des ehemaligen Rektors Karl L. Wolf und kraft dessen entscheidender Einwirkung durfte er den vakanten Lehrstuhl für Philosophie von Julius Stenzel besetzen. Durch Hildebrandts Annäherung versprach sich Wolf, einen wichtigen Mitarbeiter zur Würdigung des deutschen ›Sonderwegs‹ in die Naturwissenschaft zu gewinnen. Vgl. dazu Wilhelm Troll u. Karl L. Wolf: *Goethes morphologischer Auftrag. Versuch einer naturwissenschaftlichen Morphologie.* Leipzig 1940.

IV. Begriff *versus* Gestalt[73]

Die allgemeine Kritik an der wissenschaftlichen Systematik entwickelt sich allmählich zu einer Kritik am Konzeptualismus. Der Weg der wissenschaftlichen Erkenntnis verläuft über die Logik begrifflicher Analyseverfahren, deren Selbstevidenz nach Auffassung der Georgeaner systemimmanent ist, und zwar eigentlich aus sich selbst heraus entsteht, statt in einem Zusammenspiel mit der realen Welt ihren Ursprung zu haben. Wenn es für Intellektuelle ersten Ranges wie Friedrich Gundolf oder Erich von Kahler am Verfahren der wissenschaftlichen Begriffsbildung etwas auszusetzen gibt, so geschieht dies also nicht im Namen eines nicht weiter definierbaren ›Irrationalismus‹, sondern aufgrund theoretisch fundierter Überlegung. In »Wesen und Beziehung« wird eine maßgebende Kritik am Analogismus durchgeführt, als der Theorie, die besagt, daß die

---

[73] Trotz ihrer langfristigen Tradition, die grundsätzlich in der Ästhetik und Kunstkritik des 18. Jahrhunderts verwurzelt ist, mutet die Vokabel ›Gestalt‹ immer noch wissenschaftlich kontrovers an. Wie Annette Simonis bemerkt, eignet sich der Gestaltbegriff besonders für »emphatische Konnotationen«. Wegen des in seine Morphologie eingeschriebenen perfektiven Verbalaspekts enthält er etwas wie eine latente »Semantik des Schöpferischen«, die ihm eine performative und »anthropologische Färbung« verleiht. Vgl. Annette Simonis: *Gestalttheorie von Goethe bis Benjamin: Diskursgeschichte einer deutschen Denkfigur.* Köln–Weimar–Wien 2001. Beim Gestaltbegriff handelt es sich um ein Ergebnis eines deutschen wissenschaftlichen Sonderwegs. So behauptet maßgebend Goethe, der unter vielen Aspekten als Diskursivitätsbegründer der modernen Gestalttheorien gelten darf, in seinem berühmten Aufsatz »Zur Morphologie«, daß der Deutsche »für den Komplex des Daseins eines wirklichen Wesens das Wort Gestalt« benutze, wobei nicht die statische Essenz eigentlich Aufmerksamkeit verdiene, sondern vielmehr dessen bewegliche und sich ständig ausbildende Innernatur – etwa seine Entelechie –, die eben die äußere Gestalt als Resultat und Zweck hat. Johann W. Goethe: »Zur Morphologie«, in: ders.: *Naturwissenschaftliche Schriften*, hg. v. Rudolf Steiner. Dornach 1982, Bd. 1, S. 8. Vgl. dazu Mitchell G. Ash: *Gestalt psychology in German culture, 1890–1967: holism and the quest for objectivity.* Cambridge 1995. Dem Philosophen Christian von Ehrenfels verdankt man die Einführung des Gestaltbegriffs in die Kognitionspsychologie um 1890. Darunter versteht er ein vorstrukturierendes Wahrnehmungsmuster, das sich der analytischen Vorstellungsmechanik der Herbartschen Schule widersetzt. Insofern wird das Gestalten-Sehen mit Ehrenfels zu einer ›Qualität‹ des menschlichen Anschauungsvermögens, die von Carl Stumpf als ein Intermedium zwischen »Erscheinung« und »psychischer Funktion« definiert wird. Der Niederschlag dieser Theorie in der Literatur ist äußerst bemerkenswert. Vgl. dazu Gesine Lenore Schiewer: *Poetische Gestaltkonzepte und Automatentheorien: Arno Holz – Robert Musil – Oswald Wiener.* Würzburg 2004.

Erkenntnis der Welt mit der Erstellung von Bezügen bzw. »Beziehungen« innerhalb eines mentalen Begriffsnetzes gleichzusetzen ist. Zwar sei der Begriff in methodologischer Hinsicht »bequem und vielleicht unentbehrlich«, werde er aber für die Erfassung irgendeiner Realität unreflektiert und ›empfindungslos‹ eingesetzt, so erweise er sich einfach als unbrauchbar und trügerisch. Der Norm-Begriff selbst bedeute nunmehr »in seiner heutigen anwendung [...] nicht einen zustand, eine form, sondern eine relation: die häufigkeit des vorkommens«.[74]

Noch expliziter drückt Kahler später diesen Gedanken in einem Pamphlet mit dem Titel *Der Beruf der Wissenschaft* aus. Das Buch, entstanden nicht ohne die Unterstützung und möglicherweise den Rat von Gundolf selbst,[75] ist daher ein hervorragendes Dokument für die Existenz einer wissenschaftstheoretischen Linie im Kreise.[76] Wissenschaftliche Begriffe seien, so Kahler, »aus der räumlich organischen Einheit (Gesamtheit) gerissene spezialisierte Bestandteile, welche verallgemeinert, d. h. als solche auf jeden beliebigen Platz einer unendlichen Welt applikabel erscheinen«.[77] Begriffe können zu keiner »Rückbesinnung auf das Wesentliche einer Realität« gelangen, indem sie keine Realität als solche, sondern lediglich eine »Umformung der Realität durch unsere Ratio« herbeiführen. Insofern stellt jede Form terminologischer Segmentierung der Welt einen Prozeß dar, der konstitutiv »fragmentarisch und vorläufig« ist.[78] Hierdurch verabschiedet der Gelehrte den Repräsentationalismus der nachkantschen Erkenntnistheorie: Wird von ihm die Erfassung des Wesens eines Dings, wie bei Gundolf, als Erkenntnisziel vorgegeben, so kann sie weder per analogiam, und zwar durch darstellende Beziehung, noch durch analytische Zerlegung erfolgen. Sie findet vielmehr durch Erfahrung, nämlich durch das ›Erlebnis‹ und die ›Einsfühlung‹ mit diesem Wesen statt:

> Was nicht in sich ergriffen wird, kann nie aus anderem erklärt werden. Wer eine
> sache nicht als wesen erfasst kann sie durch bezeichnungen niemals ausdrücken:

---

[74] Gundolf: »Wesen und Beziehung« (wie Anm. 54), S. 31.

[75] Erich von Kahler: *Der Beruf der Wissenschaft*. Berlin 1921. Zur Bestätigung der Hypothese einer starken Unterstützung von Seiten Gundolfs legt Groppe interessante Dokumente vor; vgl. Groppe: *Die Macht der Bildung* (wie Anm. 1), S. 617f.

[76] Trotz des – scheinbaren – Widerspruchs mit der Wissenschaftsauffassung von Arthur Salz, der eine Gegenreplik zu Kahlers Weber-Attacke kurz darauf veröffentlichen ließ. Arthur Salz: *Für die Wissenschaft gegen die Gebildeten unter ihren Verächtern*. München 1921.

[77] von Kahler: *Der Beruf der Wissenschaft* (wie Anm. 7), S. 71.

[78] Ebd., S. 20.

ein organisches nicht durch atome, ein leben nicht durch ereignisse, ein werk nicht durch materialien. Im mittelpunkt jedes lebendigen steht ein einmaliges: Wer diesen mittelpunkt nicht erlebt wird durch alle konzentrische schichtung von aussen nach innen niemals etwas wesentliches davon erfahren oder deuten.[79]

Die sichtbare, anschauliche Gestalt eines Wahrnehmungsgegenstandes ist das, was sich die Georgeaner als Wesen einer Sache vorstellen. Wie schon angesprochen, bildet die Rehabilitierung der platonischen Ideenlehre und ihre Assimilierung zum Georgeschen Symbolismus die philosophische Grundlage für diese Reflexion.

Eine ästhetisch und mythopoetisch verstandene Idee wird also zur Gegenlösung zum Verfall der im Netz ihrer eigenen Begrifflichkeit gefangenen Wissenschaftssprache. Schließlich ist dies der Grund, warum der Gegensatz ›Idee *versus* Begriff‹ in den erkenntnistheoretischen Schriften der Georgeaner leitmotivisch auftaucht. Ein repräsentatives Beispiel dafür ist die folgende Passage aus einem polemischen Artikel von Kahler, der 1919 im *Neuen Merkur* erschien:

> Idee und Begriff […] sind durchaus nicht miteinander identisch, sondern einander entgegen wie schwarz und weiß. Idee ist Ur-Bild, ist immanente schöpfende Ewigkeit, Begriff ist Abstraktion, transzendente, gefertigte Ewigkeit oder besser Stabilität. Idee ist der göttliche Sinn, aus dem heraus das Reale gestiegen ist und existiert, ist das Reale selbst in seiner sublimsten Form. Begriff ist eine vom Realen aus a posteriori – nach seiner analytischen Auflösung – in das Lebenslose aufgesteigerte Zusammenfassung von Merkmalen, ist nicht das Reale selbst, sondern das, was man daraus macht. Idee ist das Treibende, Begriff das Herausgetriebene. Idee ist das Gesetz des Lebendigen, Begriff das Gesetz gegen das Lebendige.[80]

In der Idee wird also das ewig-typische Wesen gesucht, genau das, was Kant in der *Kritik der reinen Vernunft* als unerforschlich erklärt hatte und mit einem als ›erlähmend‹ empfundenen Schematismus zu ersetzen glaubte.[81] Aufgrund dessen wundert es kaum, daß sich die Eidetik der George-Schüler explizit gegen die Erkenntnistheorie des Neukantianismus setzte, die damals im deutschen akademischen Raum wohletabliert war. Positiv begrüßt wurde zwar der neukantianische Versuch, dem zu weit gegangenen Empirismus durch Wertlehren Zügel anzulegen, wobei

---

[79] Gundolf: »Wesen und Beziehung« (wie Anm. 54), S. 26.

[80] von Kahler: »Die menschliche Wirkung der Wissenschaft«, in: *Der Neue Merkur* 3 (1919/20), S. 203–210, hier S. 207.

[81] Vgl. Ernst Gundolf: »Die Philosophie Henri Bergsons«, in: *Jahrbuch für die geistige Bewegung* III (1912), S. 32–92, v. a. S. 82f.

die Trennung zwischen Werten und Sein bzw. zwischen ›Geltung‹ und ›Tatsächlichkeit‹ auf heftige Kritik stieß.[82]

Gegen solch eine logizistische Konzeption der Erkenntnistheorie zur Begründung ihrer eigenen Epistemologie berufen sich die George-Schüler auf Vorstellungen dichterischer Art. Der Vorgang der Mythopoiese wird von Heinrich Friedemann als die höchste Stufe der Menschenerkenntnis gepriesen, die dichterische »Schau« mit den antiken Mysterien der Epoptika verglichen und die platonische Idee als »kultliche Gestalt« definiert.[83] Aufgrund ihrer wirkungsästhetischen und religiösen Potentialität erhalten die ›Denkbilder‹ des Dichters-Sehers einen höheren epistemologischen Rang als die Bildungen der Mathematik oder der Physik, denn logische Strukturen können per se weder angeschaut noch gefühlt werden, hingegen sind Gestalten anschaulich und anschaubar in Form von organischen Gebilden da, was für den Georgeaner heißt, daß dadurch die Realdinge unmittelbar und in ihrer Gegenständlichkeit erfaßt werden können.

Stefan George gilt die ›Gestalt‹ vornehmlich als poetologische Kategorie. Gestalten sind Schöpfungen, Zusammensetzungen aus mehreren Einzelvorstellungen eines lyrischen Ichs. Dichterische Charakterbildungen veranschaulichen das »urbild, das in den vielen menschlichen gestalten oft einzelne züge und zeit- und näherungsweise eine verkörperung findet«.[84] Maximins Knabenfigur wird beispielhaft zum Anschauungsbild der eigenen Gestaltungskraft gemacht, durch die der Dichter sein persönliches Gefühl in ein anthropomorphes Gebilde verwandelt. Damit wird die ›Idee‹ reifiziert, das heißt, sie wird zur Gestalt. Die klassische ›Plastik‹ verbindet sich dabei mit den üblichen Vorstellungsmodi der katholischen Heiligenverehrung, so daß die Georgesche Gestalt den Status einer ästhetischen Ikone gewinnt. Symbolische Verklärung und apollinische Formreinheit bilden hierbei ein Gespann, dessen synkretistische Natur die

---

[82] Landmann bestreitet diese Position vehement, weil es keinen Sinn habe, zwischen einer Sphäre des »real Seienden« und einer des »irreal Geltenden« zu unterscheiden. Mit anderen Worten: Wissenschaft müsse sich nicht nur um ›meßbare‹ *Zahlen*werte, sondern auch um ›fühlbare‹ *Sinn*werte kümmern. Edith Landmann: »Wissen und Werten«, in: *Schmollers Jahrbuch* 54 (1930), S. 95–111, hier S. 104f.

[83] Friedemann: *Platon* (wie Anm. 39), S. 50. Eine beispielhafte Kritik der Friedemannschen Position liefert Paul Natorp: *Platos Ideenlehre. Eine Einführung in den Idealismus.* 2. erw. Aufl. Leipzig 1920, S. 509f.

[84] Stefan George: »Kunst und menschliches Urbild«, in: ders.: *Tagen und Taten: Aufzeichnungen und Skizzen.* Stuttgart 1998 (Sämtliche Werke in 18 Bänden, Bd. XVII), S. 70.

Gestalttheorie der Jünger maßgebend beeinflußt. Im Gedichteten vergegenständlicht sich also die Wirklichkeit und wird zu ›Wahrheit‹ und ›Wert‹ per se. So zeichnet sich gestalthafte Dichtung nach Georg Simmel insofern aus, als sie der subjektiven Wahrnehmung des Künstlers einen »objektiven Valeur« einhaucht.[85] Schon allein wegen dieser Umfunktionierung des inhaltlichen, unstrukturierten Wahrnehmungsstoffes zu einem strukturierten Gehalt schaffe der Dichter eine Wirklichkeit höherer Art. Gerade am Beispiel Georges ließe es sich beweisen. Es ist daher kein Zufall, wenn Friedrich Gundolf, der ohnehin vieles von seinen ästhetischen Ansichten Simmel verdankt, Simmels Unterscheidung zwischen ›Stoff‹ bzw. ›Inhalt‹ und ›Gehalt‹ in seinen Studien übernimmt.[86]

Eine programmatische Darstellung der Gestaltkonzeption des George-Kreises versucht als erster Friedrich Wolters in einem Aufsatz, der unter dem Titel »Gestalt« 1911 im zweiten Band der *Jahrbücher für die geistige Bewegung* veröffentlicht wird. Dort werden Wesen und Strukturprinzip der Gestalt festgelegt. Wolters definiert sie als »urseinsform«, die als Überbleibsel der hellenischen Kultur in Ewigkeit fortleben soll und aus einer »in sich ruhende[n] einheit«, »bindung« oder »ebenmäßige[n] fuge«[87] von Gegensätzen besteht.[88] Gestalt-Sein entspräche einem ontologischen Grundsatz, einer existentiellen Grundmöglichkeit, die insofern nicht erschöpfbar sei, als sie zum menschlichen Dasein konstitutiv gehöre. Nicht aber nur mit einer einfachen Daseinsform deckt sich das Gestalt-Sein, denn vielmehr ist die Gestalthaftigkeit nach Wolters Attribut des Schönen und Kennzeichen der Harmonie und der Sinnhaftigkeit des Kunstwerkes. Darüber hinaus gilt sie aber auch als mentaler Zustand und als Grundbedingung menschlicher Erkenntnis, wie im folgenden Zitat formuliert:

> Die erscheinung der möglichkeiten des seins ist nun das denkbare des menschen. Es ist nichts als das denkbare, aber das denkbare erscheint nur sinnenhaft als Ge-

---

[85] Georg Simmel: »Stefan George. Eine kunstphilosophische Studie«, in: *Neue Deutsche Rundschau (Freie Bühne)* 12/2 (1901), S. 207–215. Auch in Georg Simmel: *Gesamtausgabe*, hg. v. Rüdiger Kramme, Angela Rammstedt u. Otthein Rammstedt. Frankfurt a. M. 1995, Bd. 7, S. 21–35, hier S. 28.

[86] So schreibt Gundolf zum Beispiel, sich gegen die Poetik des Naturalismus richtend: Die Erben Goethes im 19. Jahrhundert haben ihn meistens mißverstanden, denn sie »verwechselten das Leben mit seinen zeitlichen Ablagerungen und hielten für den Gehalt was nur der Stoff war«. Friedrich Gundolf: *George*. Berlin 1920, S. 4.

[87] Wolters: »Gestalt« (wie Anm. 7), S. 144f.

[88] Ebd., S. 149. Es gelten die üblichen metaphorischen Gegensatzbildungen: »geist und blut«, »herrschaft und dienst«, »sein und werden« und so weiter.

stalt: der inhalt des geistes ist gleich dem inhalt der sinne und die geistige sinnen-
einheit ist das einzige auge der welt. Er schaut das erscheinende an, aber das angeschaute erzeugt erst den blick. Alles was ist, wurde so als besonderes sein, als
Gestalt. Ohne sie gibt es kein denkbares, kein angeschautes sondern nur ein ver-
gehen des gedachten, ein zergliedern des angeschauten.[89]

Mit der ›Gestalt‹, so wird in diesen Zeilen etwas rätselhaft formuliert, ist
die Struktur unseres Sinnvollzuges der Welt gegeben. Diese Struktur befindet sich sowohl in als auch außer uns – das ist die Bedeutung von Wolters' Behauptung, »das angeschaute erzeugt erst den blick« – in der phänomenalen Realität der Dinge, die wir als sinngeistige Organismen
intentional erleben.

Vor diesem Hintergrund läßt sich die eigentümliche Anforderung besser verstehen, die vom George-Kreis an die Wissenschaft gestellt wird,
und auch warum sie dieser Anforderung nicht gewachsen zu sein scheint.
Soll das wissenschaftliche Denken wieder zum Anschauen werden, wie
sich Friedrich Gundolf 1911 Friedrich von den Leyen gegenüber ausdrücklich wünscht,[90] so soll sie zur Trägerin von Symbolen, ja »sinn-
bilder[n]« werden, die eine »wechseldurchdringung« mit dem Leben ermöglichen. Arthur Salz spricht in dieser Hinsicht gerade von »›anschauliche[n]‹ Begriffe[n]«, und zwar »Begriffe[n], die bis zum Rande mit Leben gefüllt sind, Begriffe[n], die klar und deutlich, aber nacherlebbar
sind, die aus einer anschaulichen Fülle geboren, die Verbindung mit dem
Mutterschoß des gelebten Lebens nicht verloren haben«.[91] Solche Begriffe sind ›anschaulich‹, da man sie »nicht durch Verallgemeinern und Ab-
strahieren«, so Kahler, gewinnt, »sondern im Gegenteil durch Einschrän-
ken, durch Sich-Besinnen auf das Besondere eines Wesens und einer
Haltung, durch Hinab und Zurücksteigen in die Tiefe einer Eigentümlichkeit«.[92] Indes spielt es keine Rolle, wenn das Erlebnis des Typischen der
individuellen Wahrnehmungs- und Eingebungsfähigkeit des Einzelfor-
schers überantwortet wird, wichtig ist vielmehr, daß die metaphysischen
›Urbilder‹ einer bestimmten historischen Begebenheit oder organischer
Form intuitiv wiedererkannt werden.

Mit anderen Worten, jedesmal, wenn die der ›Gestalt‹ inhärente Idee
durch die Darstellung bzw. die ›Schau‹ in ihrer vorbildlichen Funktion

---

[89] Ebd., S. 145f.
[90] »Friedrich Gundolf an Friedrich von der Leyen, Brief vom 8.07.1911«, in: *Briefe.
Neue Folge*, hg. v. Claus V. Bock. Amsterdam 1965, S. 88f.
[91] Salz: *Für die Wissenschaft* (wie Anm. 76), S. 44.
[92] von Kahler: *Der Beruf der Wissenschaft* (wie Anm. 69), S. 13.

durchsichtig wird, ist die Darstellung selbst auch ›wissenschaftlich‹ – eben nur im Sinne der ›George-Wissenschaft‹ – untermauert und darf daher als gelungen gelten. Somit sind wir zum eigentlichen ›harten Kern‹ der georgeanischen Wissenschafts- und Erkenntnistheorie gelangt: Ob sich Friedrich Gundolf bemüht, die Gestalt eines Autors als einen allumfassenden Epitext zu erfassen, oder ob Edgar Salin durch die von ihm initiierte »anschauliche Theorie« komplexe wirtschaftliche Sachverhalte ›mit einem Schlag‹ erkennen will,[93] immer stehen wir vor einem Deutungsschema, das jeweils die Deutungskategorien der Georgeaner vorprägt und deshalb auch ihr wissenschaftliches Denken bestimmt. Damit sind sie aber in ihrer Epoche nicht die einzigen.

Die semantische Bestimmung der Gestalt, Mittelglied zu sein zwischen phänomenalem und geistigem Leben, macht sie in einem kulturwissenschaftlichen Kontext beliebt, der ohnehin von Wilhelm Diltheys Konzeption der Geistesgeschichte stark geprägt ist. Mit seiner Theorie des Verstehens eröffnet der Philosoph, sich vom Historismus positivistischer Prägung distanzierend, den Weg zur modernen Hermeneutik, davon ausgehend, daß die geschichtliche Welt grundsätzlich eine menschliche Konstruktion ist, die eigenen Gesetzen unterworfen ist. Für die Menschenwelt sollen also andere Untersuchungskriterien geltend gemacht werden als für die physikalische, da Objekt und Subjekt dort, anders als für die Naturwelt, identisch sind. Die Geschichte stellt die Formen der »allgemeine[n] Lebenserfahrung« dar, die von den jeweiligen Kulturträgern innerlich nacherlebt, nachgeahmt und schließlich realisiert werden, so daß sie zur »Schöpfung des gemeinsamen Lebens« wird.[94] Wie ersichtlich liegt der George-Kreis dieser Auffassung sehr nah. Es ist nämlich naheliegend, daß eine derartig angelegte Geschichtsauffassung weder Kausalverhältnisse noch Fakten- oder Belegsammlungen duldet, sondern sich die Wirklichkeit ausschließlich als »Wirkungs-« und »Strukturzusammenhang« vorstellt. Unter der Voraussetzung, daß »auf dem mystischen grunde nichts zu *finden* sei, ohne es zu *schaffen*«,[95] gilt es keinen Falsifikationismus.

---

[93] Zu Edgar Salins »anschaulicher Theorie« vgl. Schönhärl: *Wissen und Visionen* (wie Anm. 1), S. 135f.

[94] Wilhelm Dilthey: *Der Aufbau der geschichtlichen Welt in den Geisteswissenschaften*, hg. v. Bernhard Groethuysen. Stuttgart 1958 (Gesammelte Schriften, Bd. 7), S. 132f. Vgl. dazu Max Wehrli: »Was ist/war Geistesgeschichte?« u. Rainer Kolk: »Reflexionsformel und Ethikangebot. Zum Beitrag von Max Wehrli«, in: *Literaturwissenschaft und Geistesgeschichte* (wie Anm. 13), S. 23–45.

[95] Wolters: »Richtlinien« (wie Anm. 21), S. 157.

Die Wiederentdeckung der Idee im George-Kreis geschieht parallel zur Anerkennung des Erkenntnispotentials der Eidetik durch die Phänomenologie, und tatsächlich fehlt es an bemerkenswerten Übereinstimmungen nicht. Was trotzdem die beiden Gedankenströmungen unterscheidet, ist die ästhetische und stark ontologische Prägung, die die Georgeaner, von der Lebensphilosophie beeinflußt und dem Ästhetizismus des Meisters zufolge, ihrer Wahrnehmungstheorie verleihen, indem sie ihn in einen »transcendenten Realismus«, so Edith Landmann, umdrehen.[96] Wenn Husserl jedes Bewußtseinsobjekt im Akt der Wesensschau als bloße Bewußtseinssetzung erklärt, so erklärt sich die Philosophin damit nicht zufrieden, indem für sie Gegenstände sehr wohl einen »translogischen« Charakter haben, da sie als ›realia‹ existieren und als solche erlebbar sind.[97] Im intentionalen Akt des »Gesamterkennens« soll sich der Gegenstand dem Erkenntnissubjekt gegenüber als Gesamtheit offenbaren – eben als »Gesamtgegenstand« –, da die Gesamtheit der seelischen Vorgänge im kairotischen Augenblick der Erkenntnis in Anspruch genommen werden.

Ziel des Verstehens ist somit nach Landmann die Erfassung von »Urbildern« bzw. von »Typen«, worunter sie »das Essentielle im Existenten, das Existente als Erscheinung des Essentiellen« versteht.[98] Die hermeneutische Durchdringung des anschaulichen »Typus« vollzieht sich erst im Erlebnisakt, was Landmann als einen sinngeistigen Vorgang aller Gemütskräfte begreift, womit das Ganze in Erfahrung gebracht wird. Eine wichtige Implikation der Landmannschen Erkenntnistheorie ist schließlich, daß die dichterische »Schau« nicht nur als heuristisches Beispiel, sondern als Vorbild ganzheitlicher Anschauungsweise betrachtet wird. Wie die Philosophin selbst am Ende ihrer Abhandlung über die *Transcendenz des Erkennens* schreibt, bleibt die richtige Einsicht letztendlich »Sache der Gnade«.[99] Erkenntnis soll bestenfalls zum »Anypotheton« führen. Diese Auffassung trägt also offensichtlich fideistische Züge: Wird dieser Standpunkt zum Gegenstand wissenschaftstheoretischer Reflexion,

---

[96]   Edith Landmann: *Die Transcendenz des Erkennens*. Berlin 1923, S. 86.

[97]   Vgl. Edith Landmann an Alexius Meinong, Brief datiert »Juni 1915«, in: *Philosophenbriefe. Aus der wissenschaftlichen Korrespondenz von Alexius Meinong*, hg. v. Rudolf Kindinger. Graz 1965, S. 154–198, hier S. 194. Zur Kritik an Husserl: Landmann: *Die Transcendenz des Erkennens* (wie Anm. 96), S. 57. Einen Vergleich zwischen Landmanns Position und der der Phänomenologie unternimmt Schönhärl in »Transcendenz des Erkennens« (wie Anm. 2), S. 449f.

[98]   Landmann: *Die Transcendenz des Erkennens* (wie Anm. 96), S. 254.

[99]   Ebd., S. 292.

so geht es dabei um keine Wissenschaft der Gewißheit, sondern um eine des Gefühls und des Glaubens.

Wiebke-Marie Stock

Abels Kommunikation

Eine Sprachfabel Hugo Balls

Abstract: Hugo Ball does not – like many other authors – inscribe himself in the tradition of the *lingua adamica*, but rather uses a different history of the *Bible*. He employs the Cain and Abel story in order to develop a theory of language in which the central idea is not the giving of names, but the playful communication with animals and things. This idea of language is also evident in the performances of the Cabaret Voltaire, especially in the *Krippenspiel*.

I. Im Raum sprachtheoretischer Mythen

Die Suche nach der vollkommenen Sprache[1] lautet der Titel einer Studie, in der Umberto Eco Sprachtheorien vorstellt, die die Vielfalt der Sprachen als Mißstand begreifen, als Zustand des Verfalls oder auch als Bestrafung. In der europäischen Tradition wird hier oft die Geschichte vom Turmbau zu Babel angeführt: Die Menschen, die eine Sprache haben, bauen einen Turm, der bis an den Himmel reichen soll; Gott bestraft sie für diesen Hochmut und verwirrt ihre Sprache (Gen 11,1–9). Als Gegenbild hierzu wird das neutestamentliche Pfingstfest begriffen (Apg 2). Sehr oft bedeutet der Wunsch nach einer vollkommenen Sprache die Suche nach einer ursprünglichen Sprache, die sich durch besondere Angemessenheit auszeichnet, und dies ist in vielen Theorien die ›lingua adamica‹.[2]

Ihre Urszene ist Adams Benennung der Tiere, die Gott schafft, damit der Mensch nicht allein sei, und die er ihm zuführt, »um zu sehen, wie er sie nennen würde; und ganz wie der Mensch sie nennen würde, so sollten sie heißen« (Gen 2,18–20). Die Theorie der adamitischen Sprache weitet diese Benennung der Tiere über den Rahmen des biblischen Textes hinaus zu einer Benennung der Dinge insgesamt aus. Der Zusammenhang mit der Erschaffung der Frau – »Diese ist nun endlich Gebein von mei-

---

[1] Umberto Eco: *Die Suche nach der vollkommenen Sprache*. Aus dem Italienischen von Burkhart Kroeber. München 1994.

[2] Vgl. ebd.; Anja Hallacker: *Es spricht der Mensch. Walter Benjamins Suche nach der lingua adamica*. München 2004, passim, bes. S. 106–112.

nem Gebein und Fleisch von meinem Fleische« (Gen 2,23) – wird ausge-
blendet zugunsten eines in sich stehenden sprachtheoretischen Mythos.
Der Theorie der adamitischen Sprache geht es um die Erkenntnis der
Dinge, Adam hat ihr zufolge die Dinge nach der Erkenntnis benannt, die
Worte drücken das Wesen der Dinge aus.[3]

> Adam sieht nämlich in der Namensgebung den inneren Sinn, das Wesen der Din-
> ge ein. Seine Namen benennen die Signaturen der Dinge, die auf die Archetypen
> der Schöpfung zurückweisen, wie sie in den Dingen verwirklicht sind und deren
> Kraft mit den Namen evoziert werden kann […].[4]

Mit dem Sündenfall ist diese Einheit verlorengegangen, die Worte dienen
nunmehr dem Urteil über die Dinge, nicht ihrer unmittelbaren Erkenntnis.
Kommunikation als urteilende Mitteilung und zwischenmenschliche Verständigung über die Dinge ist für die Theorie der adamitischen Sprache
schon ein Verfallszustand.[5]

Im 20. Jahrhundert spielt die Theorie der adamitischen Sprache eine
wichtige Rolle bei W. Benjamin:[6]

> Wie das stumme Wort im Dasein der Dinge so unendlich weit unter dem benen-
> nenden Wort in der Erkenntnis des Menschen zurückbleibt, wie wiederum dieses
> wohl unter dem schaffenden Wort Gottes, so ist der Grund für die Vielheit
> menschlicher Sprachen gegeben. Die Sprache der Dinge kann in *die* Sprache der
> Erkenntnis und des Namens nur in der Übersetzung eingehen – soviel Überset-
> zung, soviel Sprachen, sobald nämlich der Mensch einmal aus dem paradiesi-
> schen Zustand, der nur eine Sprache kannte, gefallen ist. (Nach der Bibel stellt
> diese Folge der Austreibung aus dem Paradiese allerdings erst später sich ein.)
> Die paradiesische Sprache des Menschen muß die vollkommen erkennende ge-
> wesen sein; […] Der Sündenfall ist die Geburtsstunde des *menschlichen Wortes*,
> in dem der Name nicht mehr unverletzt lebte, das aus der Namensprache, der er-
> kennenden, man darf sagen: der immanenten eigenen Magie heraustrat, um aus-
> drücklich, von außen gleichsam, magisch zu werden. Das Wort soll *etwas* mittei-
> len (außer sich selbst). Das ist wirklich der Sündenfall des Sprachgeistes.[7]

---

[3] Vgl. Walter Benjamin: »Über Sprache überhaupt und über die Sprache des Menschen«, in: ders.: *Gesammelte Schriften*, hg. v. Rolf Tiedemann u. Hermann Schwep-
penhäuser. Frankfurt a. M. 1977, Bd. II.1, S. 140–157, hier S. 148, vgl. Hallacker:
Es spricht der Mensch (wie Anm. 2), S. 76.

[4] Wilhelm Schmidt-Biggemann: *Philosophia perennis. Historische Umrisse abendländischer Spiritualität in Antike, Mittelalter und Früher Neuzeit*. Frankfurt a. M.
1998, S. 222 (mit Bezug auf Philo von Alexandrien).

[5] Vgl. Hallacker: *Es spricht der Mensch* (wie Anm. 2), S. 111.

[6] Vgl. ebd.

[7] Benjamin: »Über Sprache überhaupt und über die Sprache des Menschen« (wie
Anm. 3), S. 152f.

Hugo Ball (1886–1927) war in Bern mit Benjamin persönlich bekannt, sie waren Nachbarn, im Frühjahr 1919 gab Benjamin Gershom Scholem Balls kurz zuvor erschienenes Buch *Zur Kritik der deutschen Intelligenz* zu lesen.[8] Balls Lautgedichte und seine sprachphilosophischen Überlegungen aus der dadaistischen Zeit in Zürich in den Jahren 1916/17 wurden von zahlreichen Interpreten mit der Theorie der adamitischen Sprache in Zusammenhang gebracht. Ball möchte, schreibt Schmitz-Emans, »zu einem ursprünglicheren Sprechen zurückfinden«, zu einer »Paradiessprache«, »jener Adamitischen Sprache, in der einst Adam die Dinge bei ihrem wahren Namen rief«,[9] der einen wahren Sprache, »deren Namen das Wesen der Dinge selbst ausdrücken.«[10] Es gehe um die »Idee einer anderen Sprache«, die Wörter des Lautgedichts wollten »jenes neue und wahre Idiom in seiner imaginären Gesamtheit repräsentieren [...]. Der Lautdichter ist in erster Linie Prophet der neuen Sprache«.[11] Die Ansicht, daß Ball in seinen Lautgedichten nach der ›lingua adamica‹ suche, vertreten auch zahlreiche andere Autoren. Sie findet sich bei Kuenzli, der darin eine Gegenbewegung zur ›deconstruction‹ der Zeichensysteme sieht,[12] und dann nachfolgend bei Mann, demzufolge Balls Versuche, eine adamitische Sprache zu schaffen, »a desperate quality« gehabt hätten,[13] und Meyer-Kalkus.[14] Hilmes verwendet zwar nicht den Ausdruck, spricht aber von einer »Rückkehr zum Ursprung der Sprache, als Worte und Dinge noch

---

[8] Vgl. Chryssoula Kambas: »Ball, Bloch und Benjamin. Die Jahre bei der ›Freien Zeitung‹«, in: *Dionysius DADA Areopagita: Hugo Ball und die Kritik der Moderne*, hg. v. Bernd Wacker. Paderborn 1996, S. 69–91, passim, bes. S. 86; Benjamin interessierte sich sehr für die Kinderbilder von Annemarie Hennings, der Tochter von Balls Lebensgefährtin Emmy Hennings. Vgl. auch Gershom Scholem: *Walter Benjamin, die Geschichte einer Freundschaft*. Frankfurt a. M. 1975, S. 101.

[9] Monika Schmitz-Emans: *Die Sprache der modernen Dichtung*. München 1997, S. 148.

[10] Ebd., S. 15.

[11] Ebd., S. 143.

[12] Vgl. Rudolf E. Kuenzli: »The Semiotics of Dada Poetry«, in: *Dada Spectrum: The Dialectics of Revolt*, hg. v. Stephen C. Foster u. Rudolf E. Kuenzli. Iowa City 1979, S. 52–70, hier S. 65 u. 67; ders.: »Hugo Ball: Verse Without Words«, in: *Dada surrealism* 8 (1978), S. 30–35, hier S. 30 u. 34.

[13] Philip Mann: *Hugo Ball. An intellectual biography*. London 1987, S. 87: »these attempts to create an adamic language have a desperate quality«.

[14] Vgl. Reinhart Meyer-Kalkus: »Zwischen Afrikanismus und Byzantininschem Christentum: Hugo Ball ›Gadji beri bimba‹ und die Begründung der Lautpoesie«, in: *Konflikt – Grenze – Dialog. Kulturkonstrastive und interdisziplinäre Textzugänge. Festschrift für Horst Turk zum 60. Geburtstag*, hg. v. Jürgen Lehmann. Frankfurt a. M. u. a. 1997, S. 207–222, hier S. 216.

nicht getrennt, sondern im Wort das Wesen der Dinge zur Sprache kam«.[15]

Explizit erwähnt Ball in seinem Manifest und weiteren sprachphilosophischen Äußerungen in *Flucht aus der Zeit*[16] die adamitische Sprache nie, auch lassen zahlreiche seiner Äußerungen Zweifel aufkommen, ob man ihn den Vertretern dieser Sprachtheorie zuordnen kann. Um seinem besonderen Sprachverständnis auf die Spur zu kommen, sollen im folgenden zwei Texte näher in Augenschein genommen werden. Es handelt sich zum einen um eine biblische Geschichte, aber eine andere als die in dieser Sache gängigen Geschichten von Adam und Eva und vom Turmbau zu Babel, die hier zur Urszene einer Sprachtheorie gemacht wird, und zum anderen eine Aufführung im Cabaret Voltaire, in der sich dieses Sprachverständnis in actu zeigt.

II. Kain und Abel

Gleichsam wie ein Märchen – »Es war einmal« – beginnt Balls Geschichte von Kain und Abel:[17]

> Es war an einem Tage im Spätherbst, da Kain seinen Bruder erschlug.

Nicht als Hirt neben dem Ackerbauern Kain wie der biblische Text (Gen 4,2) beschreibt Ball Abel, sondern als träumerischen mit den Elementen und den Tieren Spielenden:

> Abel liebte die Sprache der Vögel. Er saß am Feuer und baute Türmlein aus Asche. Die blonden Haare fielen ihm freundlich über die Schulter. Er neckte sich mit dem Feuer. Er blies gegen die Flamme und die Flamme sprang nach seinen hellen Haaren und zerzauste sie.

Abel befindet sich in einem paradiesisch anmutenden kindlichen Naturzustand, in dem das Feuer weder bloßes Werkzeug noch gefährliche Naturkraft, sondern einfach ein Spielgefährte ist. Diese innige Beziehung zum Feuer mutet franziskanisch an – ›Bruder Feuer‹ spielt nicht nur in dem berühmten Sonnengesang, sondern auch in der legendarischen Rede

---

[15] Carola Hilmes: »Unter falscher Flagge. Geheime Verbindungen zwischen Dadaismus und Mystizismus«, in: *Hugo Ball Almanach* (1999), S. 113–153, hier S. 145.

[16] Hugo Ball: »Das erste dadaistische Manifest (Zürich, 14. Juli 1916)«, in: ders.: *Der Künstler und die Zeitkrankheit. Ausgewählte Schriften*, hg. und mit einem Nachwort versehen v. Hans B. Schlichting. Frankfurt a. M. 1988, S. 39f.; ders.: *Die Flucht aus der Zeit*. Luzern 1946.

[17] Ball: *Die Flucht aus der Zeit* (wie Anm. 16), S. 51 (21.10.1915).

vom heiligen Franziskus eine bedeutende Rolle.[18] Von Opfern der Brüder
an Gott (Gen 4,3–5) ist nicht die Rede; nur das Feuer spielt auf die bibli-
sche Geschichte an – im *Alten Testament* selbst wird zwar vom Feuer
nicht gesprochen, die bildlichen Darstellungen dieser Opferszene als
Brandopfer haben jedoch die Imagination entscheidend geprägt. In Balls
Geschichte geht es nicht um die Opfergaben der Brüder, daher erschlägt
Kain Abel auch nicht aus Zorn darüber, daß Gott nur das Opfer seines
Bruders annimmt. Der Grund des Mords ist in Balls Version ein anderer:

> ›Du lügst‹, sagte Kain. Abel verstand ihn nicht. ›Du liebst‹, sagte Kain, ›was der
> andere geschaffen hat. Du bist ein Verräter an unserem Stolze.‹

Den Vorwurf der Lüge versteht Abel zunächst ebensowenig, wie ihn der
Leser verstehen kann. Kains doppelte Erklärung – die Liebe zu dem vom
anderen Erschaffenen und der Verrat am Stolz – ist hintergründig. Abels
offenkundige Liebe zu dem Erschaffenen – die Vögel, das Feuer –, dem
von dem anderen Erschaffenen, d. h. von Gott, der allerdings ungenannt
bleibt, ist in Kains Augen Lüge und Verrat. Kain erscheint als der Stolze,
der nicht die Geschöpfe eines anderen hochachten oder gar lieben möchte, er ist der Aufrührer, dem nur das von ihm selbst Hervorgebrachte ach-
tenswert erscheint, Prometheus gleich, während sich Abel in einem para-
diesischen Zustand der Harmonie mit der Schöpfung befindet, Orpheus
ähnlich, der auch die Tiere mit seiner Musik verzaubert. Ist es gerade
diese Harmonie mit dem Gegebenen, die Kain als Trug und Lüge entlarven möchte? Will er dem naiven Abel vor Augen führen, daß seine Harmonie nur ein Schleier vor seinen Augen ist, daß er seinen Stolz aufgibt,
sich einem anderen, einem täuschenden Herrscher unterwirft?

Nach den Sätzen Kains weiß Abel nicht nur, wen er vor sich hat, sondern auch, was ihn erwartet:

> Da erkannte Abel die Stimme und seine Augen entsetzten sich. Er barg seine Au-
> gen an Kains Brust, er umklammerte ihn. Da sah Kain, daß Abel ihn erkannt ha-
> be, und schlug nach ihm. Ergeben fiel Abel, das Kind, auf den Holzstoß, der nahe
> beim Feuer lag. Das Türmlein aus Asche ragte als einziger Zeuge neben der Glut.
> Und Kain sah die rührende Armut dessen, den er erschlagen. Geöffnet und leer
> lagen Abels Hände.

---

[18] Vgl. Helmut Feld: *Franziskus von Assisi und seine Bewegung.* Darmstadt 1994;
Franz von Assisi. Legenden und Laude, hg. v. Otto Karrer. Zürich 1945.

Die Eigenschaft der Kindlichkeit, die Ball Abel zuschreibt, spielt in Balls Texten und Briefen immer wieder eine wichtige Rolle.[19] Noch einmal, jetzt im melancholischen Rückblick, hebt Ball Abels spielerische, phantastische Symbiose mit der ganzen Schöpfung hervor – auch diese Beschreibung erinnert an Franziskus, der die Tiere, die Gestirne, die Elemente als Schwestern und Brüder anspricht.[20]

> Sein Kleid hatten die Vögel ihm zubereitet aus ihren Flügeln. Seine Schuhe waren aus Blumen geflochten und eine letzte Biene kam, um sich Honig zu saugen. Erschrocken lag Abel gehorsam und seine Stellung verriet, er werde nie mehr spielen über den Fluren, nie mehr die fleckigen Zicklein locken, nie mehr die Brunnen belehren und mit den Winden Zwiesprache halten.

Abels Spiel ist ein Sprechen mit den Dingen und den Tieren, den Zicklein, Brunnen, dem Wind, eine Ursprache, in der die Sprache nicht das geworden ist, was Ball ihr in seinem dadaistischen *Manifest* vorwirft, nämlich ein Übergriff des Menschen auf die Dinge, sondern eine Zwiesprache mit ihnen.[21] Als Kain erkennt, was er getan hat, wird er gezeichnet:

> Da fühlte Kain einen brennenden Schmerz an der Stirne. Da wurde ein Zeichen an ihm getan. Ein Kreuz sah er aufgerichtet und daran hing Abel, das Kind, und die Rehe kamen, ihm seine Füße zu stillen, und der Himmel goß Sterne und Tränen aus. Da entsetzte sich Kain und entfloh. Das Blut seines Bruders aber stand auf und schrie und verfolgte ihn.

Das Zeichen, mit dem Gott ihn im biblischen Text zeichnet als Warnung, daß ihn niemand erschlage (Gen 4,15), ist bei Ball ein Zeichen ohne Urheber, ein brennender Schmerz und zugleich die Vision einer Kreuzigung, aber nicht die der Kreuzigung Christi, auf die Abels Tod der typologischen Ordnung der Bibel zufolge verweist, sondern die der Kreuzigung Abels selbst, die zu einem seltsamen Bild der Trauer gerät: Tiere kommen

---

[19] Vgl. Ball: *Die Flucht aus der Zeit* (wie Anm. 16), S. 101f. (5.8.1916); Emmy Hennings wird immer wieder als Kind angesprochen. Vgl. hierzu Gerhard Schaub: »Nachwort«, in: Hugo Ball: *Briefe 1904–1927*, hg. und kommentiert v. Gerhard Schaub u. Ernst Teubner. 3 Bde. Göttingen 2003 (Sämtliche Werke und Briefe, Bd. 10.1–3), hier Bd. 3, S. 701–745, hier S. 720f.

[20] Vgl. Feld: *Franziskus von Assisi und seine Bewegung* (wie Anm. 18); *Franz von Assisi* (wie Anm. 18).

[21] Ball: »Das erste dadaistische Manifest (Zürich, 14. Juli 1916)« (wie Anm. 16).

heran, Rehe, die Schöpfung trauert.[22] Aber was tun diese Rehe, wenn sie
»ihm seine Füße [...] stillen«? Und nicht nur die Tiere trauern, sondern
auch der Himmel, der »Sterne und Tränen« ausgießt – ein geradezu apo-
kalyptisches Bild. Die Trauer der Tiere erinnert an die Geschichte vom
Tod Buddhas, bei dem die Tiere trauern.[23] Das von Ball gezeichnete Bild
verknüpft die Bilder vom Tod Christi am Kreuz und vom Tod Buddhas,
umgeben von Menschen und Tieren.

Das Blut Abels, das in der Erzählung der Bibel zu Gott emporschreit
(Gen 4,10), verfolgt in Balls Geschichte schreiend Kain selbst. Hier ist
die Sprache der Dinge nicht mehr fröhliche Zwiesprache mit den Menschen, sie ist vielmehr Anklage des Menschen.

Balls Version der Geschichte von Kain und Abel schreibt in die biblische Geschichte andere mythische und legendarische Figuren ein, Prometheus und Orpheus, Franziskus und Buddha. So wird sie zu einer zweiten
Urgeschichte des Verhältnisses von Mensch und Natur, verstanden nicht
als erwachsen-herrschaftliches Benennen, sondern als kindlicher Zustand
vertrauter Zwiesprache.

III. Krippenspiel

Von den Aufführungen im Züricher Cabaret Voltaire im Jahr 1916 ist
insbesondere jener Vortrag der Lautgedichte berühmt, bei dem Ball in
einer Art Bischofskostüm auftrat und schließlich in einen kirchlichen
Singsang verfiel, um seinen Vortrag zu Ende bringen zu können.[24] Weniger bekannt, sprachtheoretisch aber mindestens ebenso interessant, ist *Ein
Krippenspiel. Bruitistisch*, das im Juni 1916 im Cabaret Voltaire aufgeführt wurde. In *Flucht aus der Zeit* berichtet Ball von der Soirée, auf der
es zur Aufführung kam:

> Das ›Krippenspiel‹ (Concert bruitiste, den Evangelientext begleitend) wirkte in
> seiner leisen Schlichtheit überraschend und zart. Die Ironien hatten die Luft ge-

---

[22] Vgl. Hugo Ball: »Zur Kritik der deutschen Intelligenz«, in: *Die Folgen der Reformation. Zur Kritik der Intelligenz*, hg. v. Hans D. Zimmermann. Göttingen 2005 (Sämtliche Werke und Briefe, Bd. 5), S. 135–391, hier S. 226.

[23] Vgl. Daisetz Teitaro Suzuki: *Der westliche und der östliche Weg*. Berlin 1960,
S. 128.

[24] Vgl. Ball: *Die Flucht aus der Zeit* (wie Anm. 16), S. 98–100 (23.6.1916).

reinigt. Niemand wagte zu lachen. In einem Kabarett und gerade in diesem hätte man das kaum erwartet.[25]

Ein Krippenspiel im Juni, zudem in einem Cabaret, an einem Ort, an dem es bisweilen tumultartig zuging, – und dennoch reizte die Aufführung die Anwesenden nicht zum Lachen, von Spott über das religiöse Thema war nichts zu spüren, was Ball selbst überraschte. Sein *Krippenspiel* greift Formen auf, die schon zuvor im Cabaret bekannt waren, insbesondere Vortragsformen, bei denen mehrere Vortragende gleichzeitig sprechen oder Geräusche erzeugen, bruitistische Gedichte und Simultangedichte.[26] Ball charakterisiert das dadaistische Simultangedicht folgendermaßen:

> Das ist ein kontrapunktliches Rezitativ, in dem drei oder mehrere Stimmen gleichzeitig sprechen, singen, pfeifen oder dergleichen, so zwar, daß ihre Begegnungen den elegischen, lustigen oder bizarren Gehalt der Sache ausmachen. Der Eigensinn des Organons kommt in solchem Simultangedichte drastisch zum Ausdruck, und ebenso seine Bedingtheit durch die Begleitung. Die Geräusche (ein minutenlang gezogenes rrrrr, oder Polterstöße oder Sirenengeheul und dergleichen), haben eine der Menschenstimme an Energie überlegene Existenz. Das ›Poème simultan‹ handelt vom Wert der Stimme. Das menschliche Organ vertritt die Seele, die Individualität in ihrer Irrfahrt zwischen dämonischen Begleitern. Die Geräusche stellen den Hintergrund dar; das Unartikulierte, Fatale, Bestimmende. Das Gedicht will die Verschlungenheit des Menschen in den mechanistischen Prozeß verdeutlichen. In typischer Verkürzung zeigt es den Widerstreit der vox humana mit einer sie bedrohenden, verstrickenden und zerstörenden Welt, deren Takt und Geräuschablauf unentrinnbar sind.[27]

An diese Aufführungsformen knüpft Balls Krippenspiel an, das »eine allein von der menschlichen Stimme evozierte Klanglandschaft, von Tier- und Naturgeräuschen über Menschenstimmen bis hin zu Klängen von Sternen und Sternschnuppen« entfaltet.[28] Das Besondere an Balls bruitistischer Inszenierung ist, gerade im Unterschied zu seinen Kollegen, daß

---

[25] Ebd., S. 91 (3.6.1916). Ball erwähnt das »Conzert bruitiste« in einem Brief an Käthe Brodnitz vom 3. Juni 1916. Ball: *Briefe 1904–1927* (wie Anm. 19), hier Bd. 1, S. 112 [Nr. 91]).

[26] Vgl. Eckhard Faul: »Kommentar«, in: Hugo Ball: *Dramen*, hg. v. Eckhard Faul. Göttingen 2008 (Sämtliche Werke und Briefe, Bd. 2), S. 220–298, S. 294–296; Hans-Georg Kemper: *Vom Expressionismus zum Dadaismus. Eine Einführung in die dadaistische Literatur.* Kronberg/Ts. 1974, S. 20, 121f., 146f.; vgl. Richard Huelsenbeck: *Reise bis ans Ende der Freiheit. Autobiographische Fragmente*, aus dem Nachlaß hg. v. Ulrich Karthaus u. Horst Krüger. Heidelberg 1984, S. 146.

[27] Ball: *Die Flucht aus der Zeit* (wie Anm. 16), S. 79f. (30.3.1916).

[28] Meyer-Kalkus: »Zwischen Afrikanismus und Byzantininschem Christentum« (wie Anm. 14), S. 220f.

er keinen weltlichen Text als Grundlage nimmt, sondern den Evangelientext, und dies nicht in provokativer oder blasphemischer Weise.[29]

Die sieben Szenen entfalten die Szenerie der Geburt Christi: I. Stille Nacht: die Hirten auf dem Feld; II. Der Stall: Ochs, Esel, Lamm, Maria und Joseph; III. Die Erscheinung des Engels und des Sterns; IV. Die Verkündigung: Der Engel; V. Die heiligen drei Könige: die Könige und ihre Karawane; VI. Ankunft am Stalle: Joseph und Maria, die Könige, das Jesuskind; VII. Die Prophezeiung: Hinweise auf die Kreuzigung, Nageln, Klagelaute.[30] Der Text besteht aus zwei Teilen, dem eigentlichen Krippenspiel mit den genannten sieben Teilen und einem weiteren Text mit kurzen Inhaltsangaben für die sieben Teile, deren Text aus Evangelientexten besteht, ergänzt um eigene Einschübe und Regieanweisungen. Ob und inwiefern dieser Text zur Aufführung kam, ist unklar.[31] Emmy Hennings Beschreibung zufolge gaben die menschlichen Stimmen nur Laute von sich,[32] Hugo Balls Bestimmung des Krippenspiels als »Concert brui-

---

[29] Vgl. ebd., S. 220f.: »Während Balls Freunde mit ihrem ›poème simultané‹ rein weltliche Texte – übrigens in Deutsch, Englisch und Französisch – benutzen, wendet sich Ball in der ihm eigentümlichen hintergründigen Weise einem christliche Sujet zu, um es zwischen blasphemischer Profanation und gebrochener Verehrung schweben zu lassen.« Vgl. ganz ähnlich Faul: »Kommentar« (wie Anm. 26), S. 329f. Diese Formulierungen scheint passender als die Bocks: »Das Heilige wird profaniert und gleichzeitig auf das Wesentliche reduziert.« Thilo Bock: »›Negermusik und koptische Heilige‹ – Die Unmöglichkeit des Lachens bei Hugo Balls Dadaismus«, in: *Avantgarde und Komik*, hg. v. Ludger Scherer u. Rolf Lohse. Amsterdam–New York 2004, S. 97–115, hier S. 99.

[30] Hugo Ball: »Ein Krippenspiel. Bruitistisch«, in: ders.: *Dramen* (wie Anm. 26), S. 197–204; ders.: »Ein Krippenspiel. Bruitistisch«, in: *Dada Zürich. Texte, Manifeste, Dokumente*, hg. v. Karl Riha u. Waltraud Wende-Hohenberger. Stuttgart 1992, S. 125–129.

[31] Vgl. Faul: »Kommentar« (wie Anm. 26), S. 296.

[32] »Es kamen auch menschliche Stimmen vor, aber nur in Lauten, A und O, zum Beispiel der klagend-helle Schrei des Neugeborenen und ein bewunderndes Lallen der Hirten, das wie ein Wiegenlied klang.« (Emmy Ball-Hennings: »Aus dem Leben Hugo Balls: 1916–1920. [Ausz. aus dem Manuskript ›Rebellen und Bekenner‹]«, in: *Hugo Ball Almanach* 15 [1991], S. 51–119, hier S. 60f. Vgl. Faul: »Kommentar« [wie Anm. 26], S. 292f.). Ein Schrei des Neugeborenen ist im Text zwar nicht verzeichnet, und dort findet sich auch Josephs Frage an die Könige nach ihren Französischkenntnissen (Ball: »Ein Krippenspiel. Bruitistisch« [wie Anm. 30], S. 201), jedoch klingt diese Beschreibung, als habe es keine längeren Textpassagen gegeben.

tiste, den Evangelientext begleitend«[33] spricht jedoch dafür, daß auch dieser Text verlesen wurde.

Der Text ist zum Teil wörtlich dem Lukas- und Matthäusevangelium entnommen oder paraphrasiert die Evangelientexte, es finden sich aber auch eigene Einschübe. Abweichend vom Text des Lukasevangeliums wird die Aussage »Maria aber bewegte all diese Worte in ihrem Herzen« nicht auf die Aussagen bezogen, die Jesus als Messias bezeichnen, sondern direkt auf die Kreuzigung.[34] Die zarte und heitere Stallszenerie erhält hierdurch eine düstere Ausrichtung, Hammerschläge, Nageln und Klagegeräusche bestimmen den letzten Teil; die Inkarnation verweist direkt auf den Tod am Kreuz, aber zugleich auch schon entfernt auf Auferstehung und Erlösung.

Wenn der Text nur als Regieanweisung diente, jedoch nicht selbst zum Vortrag kam, besteht das Krippenspiel fast ausschließlich aus Klängen und Geräuschen, die durch verschiedene Instrumente und Stimmen erzeugt wurden, darunter die Laute der beteiligten Tiere, das »muh« und »ia« von Ochs und Esel, das »bäh« des Schafs, aber auch das Geräusch des Windes (»f f f […] f ffff t t«), des Sterns (»Zcke, zcke, […] zcke ptsch, zcke ptsch«) oder der »Ton der heiligen Nacht« (»hmmmmmmmm-m[…]«), Klanggebete von Joseph und Maria (»ramba ramba ramba […] b-vara, m-bara, ...«) und das »Geräusch der Litanei«, das an lateinische Klänge erinnert (»do da do da […] dorum darum […]«).[35] Viele dieser Klänge erinnern an Lautgedichte Balls.[36] Wurde auch der Text verlesen, so ergab sich eine Mischung aus Text und Klang. Einen Bruch stellt in jedem Fall Josephs Begrüßung der drei Könige dar, d. h. zuerst ein dreifach wiederholtes »Bonsoir, messieurs« und kurz darauf ein zweifach wiederholtes »Parlez-vous francais, messieurs?«.[37] Im Text heißt es an dieser Stelle: »Aber Josef verstand ihre Sprache nicht.«[38] Die Könige

---

[33] Ball: *Die Flucht aus der Zeit* (wie Anm. 16), S. 91 (3.6.1916). Ball erwähnt das »Conzert bruitiste« in einem Brief an Käthe Brodnitz vom 3. Juni 1916 (Ball: *Briefe 1904–1927* [wie Anm. 27], Bd. I, S. 112 [Nr. 91]).

[34] Ball: »Ein Krippenspiel. Bruitistisch« (wie Anm. 30), S. 204; ders.: »Ein Krippenspiel. Bruitistisch«, in: *Dada Zürich* (wie Anm. 30), S. 129; vgl. Lk 2,19.

[35] Ball: »Ein Krippenspiel. Bruitistisch« (wie Anm. 30), S. 199–204; ders.: »Ein Krippenspiel. Bruitistisch«, in: *Dada Zürich* (wie Anm. 30), S. 125–129.

[36] Vgl. Hugo Ball: *Gedichte*, hg. v. Eckhard Faul. Göttingen 2007 (Sämtliche Werke und Briefe, Bd. 1), S. 67–72.

[37] Ball· »Ein Krippenspiel. Bruitistisch« (wie Anm. 30), S. 201; ders.: »Ein Krippenspiel. Bruitistisch«, in: *Dada Zurich* (wie Anm. 30), S. 126.

[38] Ball: »Ein Krippenspiel. Bruitistisch« (wie Anm. 30), S. 204.

antworten vokalreich (»Ah, eh, ih, ohm, uh, ah, eh, ih, oh, uh!...«), Maria pfeift ein Schlaflied, Joseph wiederum reagiert mit Konsonanten (»kt, kt kt potz! kt kt kt Potz!...«), das Jesuskind schmatzt.

Das Überraschende dieser Inszenierung ist, wie Ball es in *Flucht aus der Zeit* schildert, daß keiner lacht, die Inszenierung schlägt nicht ins Komische um, das in diesem Umfeld nun wahrlich ungewöhnliche Thema, zudem ein Krippenspiel im Sommer, reizt nicht zum Lachen, sondern wirkt trotz der so spielerisch erscheinenden Inszenierung überraschend ernst.[39] Trotz vieler seltsamer Klänge oder der absurden Frage nach den Französischkenntnissen, die, so könnte man erwarten, Heiterkeit auslösen müßte, bleiben die Zuhörer ernst. Sie reagieren offenbar weniger auf die heiteren, lustigen Anteile, als auf die düsteren oder auf den zeitkritischen Unterton, insbesondere auf die Stimmung im letzten Teil, d. h. die Geräusche der Gewalt, »Hammerschläge, Nageln, Rattern, Klappern« und die Lautäußerungen der Könige und Tiere, die laut Regieanweisung »sehr schmerzlich« dargebracht werden sollen, die Klagelaute Mariens.[40] Diese letzte Szene verhindert wohl, daß Heilssehnsucht und Heilsvertrauen, die die Krippenszene ausstrahlt, und die in Teilen geradezu heitere bukolische Hirtenszenerie angesichts der historischen Situation unpassend, weltfremd oder gar zynisch wirken. In die Freude der Stallszene schlägt die Gewalt wie ein Blitz ein, im Schlußteil der Prophezeiung ahnt Maria schon die Kreuzigung Christi.

> Maria aber bewegte all diese Worte in ihrem Herzen. Und sie sah einen Berg und drei Kreuze aufgerichtet. Und sah ihren Sohn verspottet und mit einer Dornenkrone gekrönt. Und sie kreuzigten ihn.[41]

Die Zeitkritik besteht aber nicht nur in dieser Vision von Gewalt,[42] vielmehr hält Ball auch der entfesselten Gewalt die Kindlichkeit und Zartheit der Krippenszenerie entgegen. Zugleich bleibt die Ankündigung der Kreuzigung nicht das letzte Wort, denn im Text heißt es:

---

[39] Vgl. auch die Beschreibung von Hennings-Ball: »Ball komponierte ein Krippenspiel, ein bruitistisches Konzert, wobei er die Musikinstrumente, Schalmeien, kleine eigens abgetönte Glocken, Kinderklappern sorgsam aussuchte, zum Teil auch selbst herstellte. Diese Darstellung, die hinter einem weißen Vorhang aufgeführt wurde, machte einen besonders starken Eindruck.« Emmy Hennings-Ball: *Hugo Balls Weg zu Gott. Ein Buch der Erinnerung*. München 1931, S. 63.

[40] Ball: »Ein Krippenspiel. Bruitistisch« (wie Anm. 30), S. 201.

[41] Ebd., S. 204.

[42] Bock führt die politische Aussage auf die Verweigerung der Apotheose zurück. Bock: »Negermusik und koptische Heilige« (wie Anm. 29), S. 99.

Aber sie wusste, dass er am dritten Tag wieder auferstehen werde, verklärt.[43]

Ob dieser Satz mit zur Aufführung kam, bleibt offen, zum Text des Krippenspiels aber gehört er hinzu, es ist eine entfernte Hoffnung auf Erlösung durch Tod und Auferstehung Christi, eine Hoffnung, der Ball vielleicht gerne trauen möchte.[44]

Mit der Gattung des Krippenspiels stellt sich Ball in die Tradition des Franziskus, der im Jahre 1223 das erste Krippenspiel aufführte, worauf Ball in seinem Gedicht »Franz von Assisi« direkt Bezug nimmt: »In einem Stalle lasest du die Messe [...]«, heißt es dort.[45] Gerade die Zuwendung zu den Kindern und zu den Tieren kennzeichnet diesen Heiligen, für den Ball sich sehr interessierte.[46]

IV. Klang und Einklang

In der Geschichte von Adams Benennung der Tiere gibt es kein Gleichgewicht zwischen Mensch und Tier; eine Gefährtin findet Adam erst in Eva, die Tiere bleiben in der passiven Rolle des Benanntwerdens, ein gleichberechtigtes Gegenüber sind sie ausdrücklich nicht: »aber für den Menschen fand er keine Hilfe, die zu ihm paßte.« (Gen 2,20) Ganz anders ist die Situation in Balls Sprachfabel von Abel und in seinem *Krippenspiel*. Das Idealbild der Sprache, für das Abel in der Deutung Balls steht, ist das Bild einer Zwiesprache mit den Dingen; es ist das Urbild einer Kommunikation mit den Tieren, den Elementen, letztlich der ganzen Natur, genauer der ganzen Schöpfung, denn es ist ja eben die Liebe zu dem von dem anderen Erschaffenen, die Kain Abel vorwirft. Abel begreift sich als Teil dieser Schöpfung, und er wendet sich mit Liebe ihr zu, nicht, um sie zu benennen, sondern weil er hier in ihr ein Gegenüber, Spielgefährten findet.

Abels – oder Balls – fröhliche Zwiesprache mit den Dingen erweist sich als deutlicher Gegensatz zu Benjamins ›reiner Sprache‹:

---

[43] Ball: »Ein Krippenspiel. Bruitistisch« (wie Anm. 30), S. 204.

[44] Bocks Aussage: »Obwohl der begleitende Text die ohnehin im Bewußtsein des Rezipienten mitschwingende Auferstehung ankündigt, wird der Moment der Erlösung unterschlagen.« (Bock: »Negermusik und koptische Heilige« [wie Anm. 29], S. 99) erweist sich als problematisch, denn von einer Unterschlagung kann nicht gesprochen werden.

[45] Ball: *Gedichte* (wie Anm. 36), S. 116.

[46] Vgl. Eckhard Faul: »Kommentar«, in: Ball: *Gedichte* (wie Anm. 36), Bd. 1, S. 181–292, S. 258–260 zu Balls intensivem Interesse an Franziskus.

> *Das sprachliche Wesen des Menschen ist also, daß er die Dinge benennt.* Wozu benennt? Wem teilt der Mensch sich mit? – Aber ist diese Frage beim Menschen eine andere als bei anderen Mitteilungen (Sprachen)? Wem teilt die Lampe sich mit? Das Gebirge? Der Fuchs? – Hier lautet die Antwort: dem Menschen. Das ist kein Anthropozentrismus. Die Wahrheit dieser Antwort erweist sich in der Erkenntnis und vielleicht auch in der Kunst. Zudem: wenn Lampe und Gebirge sich dem Menschen nicht mitteilen würden, wie sollte er sie dann benennen? Aber er benennt sie; *er* teilt sich mit, indem er *sie* benennt. Wem teilt er sich mit? [...] *im Namen teilt das geistige Wesen des Menschen sich Gott mit.*[47]

Selbst wenn die Dinge hierbei in ihrem Wesen zur Sprache gebracht werden, bleiben sie doch Objekt der Benennung, sie teilen sich dem Menschen mit, der sich wiederum Gott mitteilt.

> Indem er die stumme namenlose Sprache der Dinge empfängt und sie in den Namen in Lauten überträgt, löst der Mensch diese Aufgabe.[48]

Insbesondere an zwei Momenten läßt sich ein klarer Unterschied der Sprachauffassungen Benjamins und Balls festmachen. Ball zeigt weniger Interesse am Namen und an der Benennung als Benjamin; zwar schreibt er einmal, daß Gott Adam an seinem Schöpfungswerk beteiligt habe, indem er ihm erlaubte, den Tieren Namen zu geben,[49] jedoch bezeichnet er in seinem dadaistischen *Manifest* die Benennung als Übergriff, als Gewalttat an den Dingen. Ball fragt, warum der Baum ›Baum‹ heißen müsse und nicht »Pluplusch«, und fährt dann fort:

> Und warum muss er ueberhaupt etwas heissen? Muessen wir denn ueberall unseren Mund daran haengen?[50]

Der zweite Unterschied betrifft die von Benjamin behauptete Stummheit der Dinge und die Zuordnung von Namen und Laut. Daß Benjamin die Sprache der Dinge als namenlos bezeichnet, leuchtet ein, es überrascht

---

[47] Benjamin: »Über Sprache überhaupt und über die Sprache des Menschen« (wie Anm. 3), S. 143f.

[48] Ebd., S. 151.

[49] Ball: *Die Flucht aus der Zeit* (wie Anm. 16), S. 128 (22.11.1916): »Der Glaube ist eine ordnende Macht ersten Ranges. Er gibt den Dingen ihre Form, er baut die Dinge ins Gesetz ein. Wenn in der Genesis gesagt ist, daß Adam den Tieren Namen gab, ist damit gesagt, daß er der gläubige Mensch war, der an seine Umgebung glaubte, auch an sie glauben durfte, weil sie direkt aus den Händen des Schöpfers kam. Es ist eine großmütige Hinzuziehung Adams zum Schöpfungswerk, daß Gott ihm verlieh, mit allen den Namen Persönlichkeit auszuteilen.«

[50] Hugo Ball: »Eroeffnungs-Manifest, 1. Dada-Abend. Zürich, 14. Juli 1916«, in: *Dada Zürich* (wie Anm. 30), S. 30.

jedoch ihre Bestimmung als stumm. Gerade hier entwirft Ball ein anderes Bild, die Dinge, die Tiere sind nicht stumm, sie haben eine Lautsprache, die Ball in seine Texte einbezieht und zu Gehör bringt.

Die Zwiesprache mit den Dingen erscheint ursprünglicher und spielerischer als diejenige, die Hugo von Hofmannsthal am Ende seines Chandos-Briefs imaginiert. In diesem Text, der eines der bedeutendsten Dokumente der Sprachkrise darstellt,[51] geht es auch um ein Sprechen mit den Dingen, den stummen Dingen, nicht über sie, jedoch hat diese Sprache nicht die Verspieltheit und Leichtigkeit der Sprache Abels, denn es ist zugleich die Sprache, in der er dereinst vor seinem Richter stehen zu müssen meint:

> [...] eine Sprache, von deren Worten mir auch nicht eines bekannt ist, eine Sprache, in welcher die stummen Dinge zu mir sprechen, und in welcher ich vielleicht einst im Grabe vor einem unbekannten Richter mich verantworten werde.[52]

Die Vision der Kreuzigung am Schluß von Balls Fabel von Kain und Abel und sein *Krippenspiel* jedoch zeigen, daß es auch bei Ball nicht bloß um ein heiteres Spiel geht. Sprache ist Zwiesprache mit der ganzen Welt, die ganze Natur nimmt Anteil am Heilsgeschehen, weder von Freude noch von Trauer und Schmerz sind die Tiere, der Wind oder auch die Sterne ausgeschlossen, sie spielen und sprechen mit Abel, sie betrauern seinen Tod, und sie nehmen Anteil am Heilsgeschehen im Stall.

Dem entspricht auch Balls ›Glaubensbekenntnis‹ in seiner Schrift *Zur Kritik der deutschen Intelligenz*:

> Wir glauben an eine heilige christliche Revolution und an die unio mystica der befreiten Welt. Wir glauben an die küssende Verbrüderung von Mensch, Tier und Pflanze; an den Boden, auf dem wir stehen und an die Sonne, die über ihm scheint.[53]

Orpheus, Buddha, Franziskus scheinen die Ahnherren dieses Sprachideals zu sein. Den Heiligen Franziskus präsentiert Ball in seiner Biographie von Hermann Hesse sogar als Vorläufer von Mallarmé:

> Franziskus ist in seinem (italienischen) Sonnengesang ein Vokalalchimist, wie es bis zu Mallarmé und Ungaretti keinen zweiten mehr gegeben hat. Aber er ist, und für Hesse besonders, noch vieles andere. Er ist der Schutzpatron der Goldam-

---

[51] Vgl. Helmuth Kiesel: *Geschichte der literarischen Moderne. Sprache, Ästhetik, Dichtung im zwanzigsten Jahrhundert*. München 2004, S. 188–198.

[52] Hugo von Hofmannsthal: »Ein Brief«, in: ders.: *Erfundene Gespräche und Briefe*. Frankfurt a. M. 1999, S. 21–32, hier S. 32.

[53] Ball: »Zur Kritik der deutschen Intelligenz« (wie Anm. 22), S. 226.

mern und der braunen Hasen auf dem Felde; der verunglückten Knulpleute und vielleicht sogar der Wölfe auf dem Alverno. [...] wenn sein Paradies nicht nur den Geist, sondern auch die Kreatur umfaßt.[54]

Das Sprachideal, das Ball in den beiden vorgestellten Texten zum Ausdruck bringt, ist nicht die Idee der adamitischen Sprache; auch die Betrachtung weiterer Texte zeigt, daß Ball sich sehr für die Magie, die Wirkung der Sprache interessiert, jedoch weniger für eine Sprache, die im Namen das Wesen der Dinge angemessen zum Ausdruck bringt. Wenn Ball schreibt »Wenn diese Schwingung sieben Ellen lang ist, will ich füglich Worte dazu, die sieben Ellen lang sind [...] Warum kann der Baum nicht ›Pluplusch‹ heißen? und ›Pluplubasch‹, wenn es geregnet hat?«,[55] scheint er auf heitere Weise die Konventionalität der Sprache zu unterstreichen, die Konventionalität der Kategorisierungen; als Beleg für Balls Suche nach einer adamitischen Sprache läßt dieser Satz sich hingegen nicht heranziehen.[56] In »Pluplusch« hören oder erkennen wir nicht den Baum. Und ironisiert nicht sogar das lautmalerische »basch«, in dem man vielleicht das ›platsch‹ des Regens hören kann,[57] die Suche nach der das Wesen ausdrückenden Sprache? Durch ironische Sprachexperimente stellt er die Willkürherrschaft der üblichen Benennung in Frage zugunsten einer Befreiung der Dinge zu ihrem Eigensinn als Eigenklang; in Schwingung und Klang soll der Mensch sich der Sprache der Dinge, ihrem Klang annähern. Nach Balls Verständnis der Sprache ist nicht eine das Wesen der Dinge suchende Semantik die sprachtheoretische Grunddimension, sondern die den besonderen Klang der Dinge suchende Sprachmusikalität. Der Klang der Dinge ist das, was sie am tiefsten mit der Sprache der

---

[54] Hugo Ball: *Hermann Hesse. Sein Leben und sein Werk*, hg. v. Volker Michels. Göttingen 2006 (Sämtliche Werke und Briefe, Bd. 8), S. 79f. Etwas zurückhaltender, was die Kommunikationsfähigkeit des Franziskus mit den Tieren angeht, ist Ball in einer Notiz aus *Flucht aus der Zeit*: »Als man Franziskus sagte, seine neue Regel könne er den Schweinen predigen, da ging der Poverello und trug die seraphische Rede den Schweinen vor. Aber mir scheint doch, es sei mehr aus Gehorsam als aus Überzeugung und innerem Drang geschehen. Es steht nicht geschrieben, wie die Schweine den Seraphikus aufnahmen, und ob sie zufrieden gewesen. Es ist anzunehmen, daß sie ihn für ihresgleichen hielten.« Ball: *Die Flucht aus der Zeit* (wie Anm. 16), S. 294 (11.6.1921).

[55] Ball: »Das erste dadaistische Manifest« (wie Anm. 16), S. 40.

[56] Vgl. Mann: *Hugo Ball* (wie Anm. 13), S. 91.

[57] Vgl. ebd., S. 89f. Die Identifizierung von »basch« mit Wasser ist grundsätzlich problematisch, da strenggenommen nur die Silbe »ba« den Unterschied zwischen den beiden Begriffen ausmacht.

Menschen verbindet. Dieser Laut- und Klangcharakter der Sprache tritt im *Krippenspiel* hervor, in einem Konzert, einer sprachmusikalischen Darbietung.[58]

Unter einer solchen Sprache, die nicht Übergriff, nicht Macht des Menschen über die Welt ist, müßte dann wohl auch jene Möwe aus Balls *Tenderenda* nicht leiden, von der es heißt:

> Man soll eine Möwe, die in der Sonne ihre Schwingen putzt, auf sich beruhen lassen und nicht ›also‹ zu ihr sagen, sie leidet darunter.[59]

---

[58] Zu weiteren Aspekten von Balls Sprachdenken, dem oben erwähnten Vortrag der Lautgedichte, aber auch den zeitkritischen, politischen Monenten vgl. Wiebke-Marie Stock: *Denkumsturz. Hugo Balls Stellung in der Moderne* [erscheint voraussichtlich 2012], bes. Kap. A »Kunst und Sprache«.

[59] Hugo Ball: »Tenderenda der Phantast«, in: ders.: *Der Künstler und die Zeitkrankheit. Ausgewählte Schriften*, hg. und mit einem Nachwort versehen v. Hans B. Schlichting. Frankfurt a. M. 1988, S. 379–417, hier S. 382.

Jörg Volbers

Realismus und literarische Form
bei Wittgenstein

Abstract: The so-called ›resolute‹ reading of Wittgenstein, most notably represented by Cora Diamond and James Conant, claims that the text of the *Tractatus* does not convey a philosophical thesis. In engaging with the text and its literary form, the reader is supposed to cultivate an experience which will eventually allow her to confront (moral) reality without any obstructing philosophical abstractions. The article argues that this understanding of the text implicitly rests on the traditional and highly problematic distinction between rhetoric and ›serious‹ speech, between a use of language which describes facts and one which elicits experiences. By reconstructing the alleged effect of a ›resolute‹ reading of the *Tractatus* with the help of Iser's theory of literary experience, it is shown that the ›realism‹ that the resolute readers argue for can have no substance at all.

I. Einleitung

Spätestens mit dem Erscheinen des Sammelbandes *The New Wittgenstein*[1] zeichnet sich in der Wittgensteinforschung eine neue Frontstellung ab, die nach wie vor Bestand hat. Der selbstbewußte Titel dieses Bandes legt nahe, die in ihm versammelten Beiträge u. a. von Stanley Cavell, Cora Diamond oder James Conant als eine erfrischende Neulektüre des Philosophen zu verstehen. Ein wichtiger Punkt der vorgeschlagenen programmatischen Neuausrichtung ist eine Neubewertung der ungewöhnlichen Form, die Wittgenstein seinen philosophischen Gedanken gegeben hat. Während die kanonische Rezeptionshaltung im angelsächsischen Raum Wittgensteins eher literarisch zu nennende Darstellungsweise entweder ignoriert oder mit explizitem Mißtrauen begegnet, legen die ›New Wittgensteinians‹ Wert auf eine angemessene philosophische Berücksichtigung der literarischen Qualität des Textes. Schließlich existiert nur ein konventioneller Aufsatz, in dem Wittgenstein sich den akademischen Gepflogenheiten gebeugt hat.[2] Alle anderen Texte von ihm weisen auffäl-

---

[1] *The New Wittgenstein*, hg. v. Alice Crary u. Rupert Read. London 2000.
[2] Ludwig Wittgenstein: »Bemerkungen über die logische Form«, in: *Vortrag über Ethik*. 3. Aufl. Frankfurt a. M. 1995, S. 20–29.

lige Abweichungen von der üblichen Darstellungsweise auf (Aphorismen, direkte Ansprache des Lesers, offene Fragen etc.), was die Frage nach dem Verhältnis dieser (im weitesten Sinne) literarischen Form und dem durch sie transportierten philosophischen Gehalt aufwirft.

Die Diskussion um die für das philosophische Denken angemessene Darstellungsform hat dabei mehrere Dimensionen. Nicht zu unterschätzen ist die strategische Rolle, die das Urteil über eine ›sachliche‹ Darstellungsweise nach wie vor innerhalb der zeitgenössischen wissenschaftlich organisierten Philosophie spielt. Der von den ›New Wittgensteinians‹ angegriffene Interpretationsansatz läßt sich zur Tradition der analytischen Philosophie zählen, die ihren Ursprung im logischen Positivismus hat, der durch die Exilanten Carnap und Reichenbach in die Vereinigten Staaten getragen wurde. Die richtige Darstellungsform hat für diese Schule immer auch eine normative Funktion, da sie dazu dient, das eigene, an den Naturwissenschaften orientierte Schreiben von jenen Konkurrenten abzugrenzen, die sich durch eine eher lockere, assoziativere und großzügigere Begriffsverwendung auszeichneten. Kanonisch geworden ist Carnaps Analyse von Heideggers Satz »Das Nichts nichtet«,[3] der als Musterbeispiel für ein Philosophieren vorgestellt wird, das jeden Kontakt mit der Wirklichkeit verloren habe. Im 21. Jahrhundert haben die Postmoderne und vor allem aber interne Zweifel am streng szientistischen Programm der analytischen Schule deren inhaltliche Einheit und Konsistenz längst zerstreut.[4] Die Affirmation eines an den Naturwissenschaften orientierten, für sachlich gehaltenen Stils bleibt jedoch, bei allen internen Streitigkeiten und Unterschieden, ein distinktives Merkmal, mit dem sich selbstbewußte Vertreter der analytischen Tradition immer noch von ihrem ›kontinentalen‹ Widerpart (und damit ist vor allem immer wieder französische Theoriebildung gemeint) abheben.[5]

Mit der Frage nach der richtigen Darstellungsweise philosophischer Gedanken greifen die ›New Wittgensteinians‹ (die sich selbst als Minder-

---

[3] Rudolf Carnap: »Überwindung der Metaphysik durch logische Analyse der Sprache«, in: *Erkenntnis* 2 (1931), S. 219–241.

[4] Ansgar Beckermann spricht von einem »grundstürzenden Umschwung« innerhalb der analytischen Philosophie. Ansgar Beckermann: »Einleitung«, in: *Grundbegriffe der analytischen Philosophie*, hg. v. Peter Prechtl. Stuttgart u. a. 2004, S. 1–12.

[5] Neben der Beschäftigung mit der Geschichte ist der Mangel an Klarheit und Allgemeinverständlichkeit im Ausdruck für Kevin Mulligan, Peter Simons und Barry Smith (»What's wrong with contemporary philosophy?«, in: *Topoi* 25 [2006], S. 63–67) das Hauptkriterium, das die kontinentale Philosophie (»flourishing best in the *feuilleton*« [ebd., S. 66]) von ihrem analytischen Widerpart trennt.

heitenposition begreifen) direkt das Selbstverständnis der hegemonialen analytischen Tradition an. Diese Frontstellung gilt umso mehr, als es bei der Debatte gerade um die Werte geht, mit denen sich die analytische Tradition immer wieder selbst identifiziert hat – Klarheit und Nüchternheit im Ausdruck. Die ›New Wittgensteinians‹ entwickeln ihre alternative Sichtweise gerade im Namen dieser Werte, die sie teilen. Daher ist es kein Zufall, daß sich diese Diskussion an Wittgensteins Frühwerk entzündet. Der *Tractatus* setzt die Klarheit des Ausdrucks als den Maßstab, an dem sich das philosophische Programm der Sprachkritik zu messen hat: »Was sich überhaupt sagen läßt«, verkündet das »Vorwort«, »läßt sich klar sagen«.[6] Die Frage ist freilich, nach welchen Maßstäben die gesuchte Klarheit im Ausdruck beurteilt werden kann und sollte.

Ich werde im folgenden die Position von James Conant und Cora Diamond vorstellen, die eine viel beachtete Neuinterpretation des *Tractatus* und des Problems des klaren Ausdrucks vorgelegt haben.[7] Ihre sogenannte ›resolute‹ Lesart überträgt den Gedanken eines therapeutischen Philosophieverständnisses, für das vor allem Wittgensteins Spätwerk bekannt geworden ist, auf das Frühwerk. Dies drückt sich in der Kernthese aus, daß der *Tractatus* keine Theorie aufzustellen versuche. Nach der herkömmlichen Auffassung entwirft Wittgenstein in seinem Frühwerk durchaus eine solche Theorie.[8] Der *Tractatus* zieht demnach die logi-

---

[6]   Zitiert nach der Ausgabe Ludwig Wittgenstein: *Tractatus logico-philosophicus / Logisch-philosophische Abhandlung*. Frankfurt a. M. 1963. Zitate werden im Fließtext mit dem Sigel T und der Satznummer nachgewiesen.

[7]   Cora Diamond hat wichtige Aufsätze in den Band *The Realistic Spirit. Wittgenstein, philosophy and the mind* (Cambridge 1991) zusammengefaßt; die Beiträge von Conant finden sich verstreut in Zeitschriften und Buchbeiträgen (James Conant: »Throwing Away the Top of the Ladder«, in: *Yale Review* 79 [1990], S. 328–364; ders.: »The Search for Logically Alien Thought: Descartes, Kant, Frege and the Tractatus«, in: *Philosophical Topics* 20 [1991], S. 115–180; ders.: »Wittgenstein on meaning and use«, in: *Philosophical Investigations* 21 (1998), S. 222–250; ders.: »A prolegomenon to the reading of later Wittgenstein«, in: *The Legacy of Wittgenstein: Pragmatism or Deconstruction*, hg. v. Chantal Mouffe u. Ludwig Nagl. Wien u. a. 2001, S. 93–130; ders.: »Le premier, le second & le dernier Wittgenstein«, in: *Wittgenstein, dernières pensées*, hg. v. Jacques Bouveresse, Sandra Laugier u. Jean-Jacques Rosat. Marseille 2002, S. 49–88). Es gibt einen gemeinsam verfaßten Artikel, in dem beide ihre Sichtweise gegen Kritiken verteidigen. James Conant u. Cora Diamond: »On Reading the Tractatus Resolutely«, in: *Wittgenstein's lasting significance*, hg. v. Max Kölbel u. Bernhard Weiß. Routledge 2004, S. 46–99.

[8]   Wichtige Interpretationen liefern David Francis Pears: *The false prison: a study of the development of Wittgenstein's philosophy*. Oxford 1987; Peter T. Geach: »Saying and showing in Frege and Wittgenstein«, in: *Essays on Wittgenstein: in honour of*

schen Grenzen des Sinns, die den Binnenraum dessen definieren, was sich klar sagen läßt. Die resolute Lesart hält eine solche Grenzziehung für widersprüchlich und versucht zu zeigen, daß sie der Grundidee des *Tractatus* fundamental widerspricht. Wittgenstein wolle (bereits) in seinem Frühwerk zeigen, wie falsch jede philosophische Begrenzung des Sagbaren ist. Im Resultat gelte es, diese Theorie – und damit jede philosophische Theorie, die ähnliche Ambitionen hat – aufzugeben und ihre fundamentale Unsinnigkeit einzusehen.

In diesem Streit stehen die Grenzen und Möglichkeiten des klaren philosophischen sprachlichen Ausdrucks zur Diskussion. Nach der Standarddeutung müssen philosophische Sätze, die über die Grenzen des Sinns spekulieren, auf ein alternatives Ausdrucksregister zurückgreifen: »Der Satz *zeigt* seinen Sinn« (T 4.022), den er nicht klar sagen kann. Dieser Logik entsprechend rückt der ganze *Tractatus* als Theorie in die Nähe des ›Zeigens‹, das gerne auch ästhetisch ausgelegt worden ist.[9] Die literarische Qualität des Werkes drückt sich demnach darin aus, daß es das Unsagbare zeigen muß. Oder, wie Wittgenstein selbst schreibt: Die Philosophie »wird das Unsagbare bedeuten, indem sie das Sagbare klar darstellt.« (T 4.115)

Für die resolute Lesart ist diese Deutung inkonsequent, da sie die (nur sich ›zeigenden‹) philosophischen Sätze aus den allgemeinen Bedingungen des Sinns ausschließt. Auch für die Philosophie müsse gelten, daß sich alles klar sagen ließe, was sich überhaupt sagen läßt. Den Beinamen ›resolut‹ verdient sich diese Auslegung des *Tractatus* daher vor allem deshalb, weil sie entschieden kein Drittes zulassen will: Entweder, es gibt Sinn, oder es gibt keinen – eine Zwischenkategorie des ›Zeigens‹ wird mit Bestimmtheit ausgeschlossen, tertium non datur.

Die folgenden Ausführungen verstehen sich nicht so sehr als eine Stellungnahme darüber, ob diese Lesart auch die Intentionen des *Tractatus* richtig trifft. Zahlreiche Autoren haben gezeigt, daß gewichtige philologi-

---

G. H. von Wright, hg. v. Jaakko Hintikka. Amsterdam 1976 (Acta philosophica Fennica 28,1/3), S. 54–70; *Wittgenstein and his times*, hg. v. Brian McGuinness. Oxford 1982.

[9] Dieter Mersch: *Was sich zeigt: Materialität, Präsenz, Ereignis*. München 2002; Fabian Goppelsröder: *Zwischen Sagen und Zeigen: Wittgensteins Weg von der literarischen zur dichtenden Philosophie*. Bielefeld 2007; Gottfried Gabriel: *Fiktion und Wahrheit. Eine semantische Theorie der Literatur*. Stuttgart-Bad Cannstatt 1975.

sche Einwände gegen diese Interpretation sprechen.[10] So hat sich Wittgenstein im Umfeld des *Tractatus* (etwa in den Tagebüchern) intensiv und ohne das geringste Anzeichen distanzierter Ironie mit vielen der angeblich ›sinnlosen‹ Thesen des Buches beschäftigt, und auch seine spätere Selbstkritik an seinen früheren Ideen legt nahe, daß er diese durchaus ernst genommen hat und sie nicht schlicht für Unsinn hielt. Vieles spricht dafür, daß die resolute Lesart Grundeinsichten des späten Wittgensteins auf das Frühwerk rückprojiziert und Wittgensteins Streben, die Philosophie ›therapeutisch‹ zu beruhigen, zur überdominanten Norm der Interpretation macht.

Gerade diese Distanz erlaubt jedoch, die in dieser Debatte zur Diskussion stehende systematische These für eine Annäherung philosophischer und literarischer Texte zu isolieren. Ob Wittgenstein im *Tractatus* auf die Kategorie des ›Zeigens‹ zurückgreift oder nicht – die von der resoluten Lesart in den Mittelpunkt gerückte Problematik, wie die Philosophie ihre eigene sprachliche Darstellungsform verstehen kann, bleibt davon unberührt. Diamonds und Conants Deutung ruht auf der These, daß Wittgenstein sich aufgrund der paradoxen Logik sprachlicher Selbstreferenz dazu gezwungen sehen müßte, selbst noch die von der kanonischen Lesart behauptete Unterscheidung von ›Sagen‹ und ›Zeigen‹ aufzugeben. Wenn dieses Argument stimmt, lohnt es sich, einen Blick auf seine Konsequenzen zu werfen.

Ich werde mich im folgenden besonders auf die Schriften von Cora Diamond beziehen. Sie verbindet ihre *Tractatus*-Relektüre mit einer allgemeinen Perspektive zu Philosophie, Literatur und Moral, die sie bezeichnenderweise ›Realismus‹ oder – in Abgrenzung vom erkenntnistheoretischen Realismus – ›realistic spirit‹ nennt.[11] Dieser Oberbegriff des Realismus trifft einen wichtigen Aspekt der Debatte, um den es jenseits der schulinternen Frage nach der richtigen Auslegung des *Tractatus* geht. Immer wieder deuten die Verfechter eines ›resolute readings‹, wie die ›New Wittgensteinians‹ im allgemeinen, die bei Wittgenstein vorgefundene philosophische Kritik an abstrakten Regeln, Prinzipien oder Theorien als eine Art Rückkehr auf den rauen Boden der Wirklichkeit.[12] Witt-

---

[10] V. a. Peter M. S. Hacker: »Was he trying to whistle it?«, in: *The New Wittgenstein* (wie Anm. 1), S. 353–388; Ian Proops: »The New Wittgenstein: A Critique«, in: *European Journal of Philosophy* 9 (2001), S. 375–404.

[11] Vgl. vor allem Kap. 1 von Diamond: *The realistic spirit* (wie Anm. 7).

[12] Neben Cora Diamond sind hier vor allem John McDowell (*Mind and World*. 5. Aufl. Cambridge 2000), Sabina Lovibond (*Realism and imagination in ethics*. Minneapolis

genstein will uns demnach nahebringen, die philosophischen Probleme gleichsam an die Realität zurückzubinden, aus der sie ihren Ursprung haben. Die Frage der Wirklichkeitsnähe wird hierbei ethisch aufgeladen: Die Rückkehr zur Wirklichkeit ist nicht nur ratsam zur Vermeidung von logischen Widersprüchen. Sie ist vor allem empfehlenswert, weil nur diese geläuterte Haltung die eigentliche Intention trifft, die den spekulativen Apparat der Philosophie überhaupt erst in Bewegung setzt. Die Widersprüche sind nach dieser Vorstellung kein logisches Problem, sondern ein existentielles; sie blockieren die Einsicht in die wirklichen (›realistisch‹ gesehenen) Ursachen philosophischen Fragens. Die Ethik wird somit von der resoluten Lesart nicht mehr als ein separat zu behandelndes philosophisches Thema angesehen, sondern in den Kern der Philosophie selbst hineingelegt.[13]

Diamonds Begriff des ›realistic spirit‹ erlaubt, diese oft unausdrücklich bleibende Werthaltung der resoluten Neueinordnung Wittgensteins konkret zu diskutieren. Die philosophisch gesuchte Klarheit im Ausdruck wird relevant, weil sie verspricht, das philosophierende Subjekt und damit auch die Philosophie wieder mitten im Leben – eben ›realistisch‹ – zu verorten. Die Hoffnung ist, sich von falschen Hoffnungen und Erwartungen zu befreien, die das Bewußtsein belasten. Das Problem ist nur: Woran erkennt die Leserin, daß sie sich nicht mehr von der »false imagination of philosophy« in die Irre führen läßt?[14] Ein Reiz der resoluten Lesart liegt in ihrer offenen Anerkennung der Schwierigkeit, einen solchen positiven Gegenbegriff der Wirklichkeit zu entwerfen. Das ist ja ihre stärkste, offensiv vertretene These: Die Philosophie könne und dürfe keinen *Begriff* einer vorgängigen Wirklichkeit entwerfen, sie muß resolut ohne eine solche Kategorie auskommen. Die Philosophie darf dem Sagbaren keine Grenzen ziehen; sie hat nicht über die Wirklichkeit zu entscheiden.

Der ›realistic spirit‹ ist demnach, der Konzeption nach, vollständig negativ definiert: Als eine Abkehr vom ›Wunschdenken‹, wie ich es mit David Owen nennen werde, als eine Negation von Annahmen, deren Falschheit erkannt wurde. Hier spielt die literarische Form eine ganz ent-

---

1983) und Alice Crary (*Beyond moral judgment*. Cambridge 2007) zu nennen, die alle mit Wittgenstein eine Form des Realismus verteidigen.

[13] So Conant: »Throwing Away the Top of the Ladder« (wie Anm. 7), S. 353: »there is no separate subject called Ethics for philosophy to treat of«. Martin Gessman erkennt in der resoluten Position einen »Hyper-Moralismus«. Martin Gessmann: *Wittgenstein als Moralist. Eine medienphilosophische Relektüre*. Bielefeld 2009, S. 124.

[14] Cora Diamond: »Ethics, Imagination and the Tractatus«, in: *The New Wittgenstein* (wie Anm. 1), S. 149–173, hier S. 168.

scheidende Rolle. Der philosophische Text vermittelt keine Lehre, weil er *literarisch* funktionieren soll – als eine strukturierte Leseerfahrung, die der Leserin den gesuchten ›realistic spirit‹ als eine Haltung vermittelt. Die Leserin lernt und erfährt am Text des *Tractatus* die Unerfüllbarkeit ihrer philosophischen Hoffnungen.

Der vorliegende Text verfolgt zwei Ziele. Zum einen geht es um eine genaue Rekonstruktion der hier summarisch vorgeführten Bewegung. Zunächst wird Diamonds Grundidee eines prinzipiell negativen ›realistic spririt‹ rekonstruiert (II.), um sie dann in Verbindung mit der logisch-sprachphilosophischen Argumentation der resoluten Lesart zu bringen (III.). Im Anschluß wird versucht, die besondere Rolle der literarischen Form theoretisch zu isolieren und zu spezifizieren. Anhand der Beschreibungen, die sowohl Diamond als auch Conant von der unterstellten Leseerfahrung des *Tractatus* geben, wird das Modell der Lektüre rekonstruiert, das die gewünschte Umorientierung der Philosophin erklären soll. Dabei wird auf Wolfgang Isers Wirkungsästhetik zurückgegriffen, die in zahlreichen Punkten ein vergleichbares Modell entwirft (IV.). Diese Parallele wird im Schluß dazu genutzt, um die Schwierigkeiten dieser resolut-realistischen Lektüre des *Tractatus*, und der allgemeinen Vorstellung von Philosophie, die sie verkörpert, aufzuweisen (V.).

Das Problem ist, wie sich zeigen wird, die von Conant und Diamond fraglos übernommene und ihre Argumentation tragende Unterteilung von Rhetorik und Ästhetik auf der einen Seite, und der ernsthaften philosophischen Rede auf der anderen. Sie sehen sich gezwungen, den *Tractatus* im Geiste dieser Unterteilung vollends zu ästhetisieren, um ihm die gewünschte Wirkung einer Veränderung der Haltung der Leser zuschreiben zu können. Vereinfacht gesagt: Weil in der philosophischen Rede alles klar sagbar sein soll, wird der *Tractatus* als ein Text gelesen, der nichts sagt, aber viel tut. Er löst einen inneren Reflexions- und Besinnungsprozeß in den Lesern aus, affiziert sie sinnlich, mobilisiert ihre Gefühle und Hoffnungen und konfrontiert sie dann mit ihnen.

Hier jedoch verliert die resolute Lesart die Kontrolle über das gewünschte ›realistische‹ Ergebnis der so verstandenen *Tractatus*-Lektüre. Die literarische Form dieses Textes wird zu einem ästhetischen Mittel reduziert, dessen Wirkung, wie auch die Parallele zu Isers Modell zeigt, allein der imaginativen Kraft und dem kreativen Einsatz des lesenden Subjekts zu verdanken ist. Wieso das Subjekt durch sie jedoch gerade ›der‹ Philosophie den Rücken kehren soll, und das auch noch in Abstraktion von den konkreten Zielen des *Tractatus,* erschließt sich nicht mehr aus dessen Text. Hier offenbart sich der moralisierende Kern dieser Wittgensteindeutung, denn die inhaltlichen Gründe dafür, daß diese Lesart erhellend, klärend oder existentiell befreiend wirken soll, werden systematisch aus dem Kreis der Primärliteratur verbannt. Der Text wird zu einer reinen Projektionsfläche, der – aufgrund der ja weiterhin anerkannten Trennung von sinnlich wirkender Rhetorik und welthaltiger Rede – nur noch rhetorisch verstanden werden kann. Er wird zu einem Text, dessen wahre Intention sich erst durch den dicken Ring der Kommentare und Erzählungen offenbart, die die Wittgensteinforschung um ihn gelegt hat.

II. Realismus und realistischer Geist

Der Begriff des ›Realismus‹ steht für eine wichtige und uns immer noch prägende historische Entwicklungslinie des ›langen‹ 19. Jahrhunderts (bis 1918). In ihm bildeten sich zahlreiche neue Methoden, Formen und Institutionen heraus, mit denen sich die Gesellschaft in einem bis dahin unbekannten Ausmaß selbst beobachten und beschreiben konnte.[15] Neue Genres wie die Sozialreportage und der realistische Roman bemühten sich, die Wirklichkeit so zu erfassen, wie sie ist, und nicht, wie sie sein sollte. Es etablierte sich ein Ideal der vorurteilsfreien Objektivität, das die wissenschaftliche Forschung durchdrang und das nicht zuletzt durch die Entwicklung der Photographie und schließlich des Films neue Nahrung erhielt.[16] Wissenschaften wie die Soziologie oder die Ökonomie, die erst im 19. Jahrhundert entstanden oder ihre moderne Gestalt annahmen, schufen eine permanente institutionalisierte Form der gesellschaftlichen Selbstbeobachtung, die theoretische Reflexion eng an empirische ›Tatsachenforschung‹ band. So gesehen ist der Positivismus, mit dessen Möglichkeiten sich der *Tractatus* auseinandersetzt, die programmatische Philosophie des realistischen 19. Jahrhunderts.

Für Cora Diamond ist Wittgensteins ganze Philosophie umfassender Ausdruck eines, wie sie es nennt, ›realistic spirit‹. Alice Crary hat in einer Einleitung zu einer Festschrift zu Ehren von Cora Diamond die Kernelemente dieser Position treffend zusammengefaßt:

> The approach is one on which Wittgenstein is understood, in both his early and later writings, as trying to get us to distance ourselves from the idea that our linguistic practices depend for their stability on a prior reality and, at the same time,

---

[15] Jürgen Osterhammel: *Die Verwandlung der Welt. Eine Geschichte des 19. Jahrhunderts*. 2. Aufl. München 2009, S. 45–57.

[16] Lorraine Daston u. Peter L. Galison: *Objectivity*. New York 2007.

as trying to get us to see that our desire to understand the workings of language is best satisfied, not by metaphysical speculation about what underlies it, but rather by attention to our everyday modes of thought and speech and the world that they serve to reveal.[17]

Zwei Eigenschaften kennzeichnen demnach den realistischen Geist. Zum einen wird die Annahme zurückgewiesen, Sinn und Bedeutung der Sprache hätten ihre Basis in einer ihr vorgängigen Struktur, die entsprechend als die ›wirkliche‹ Welt angesprochen werden kann. Als Problem wird die für diese ›Wirklichkeit‹ nötige Abstraktionsleistung identifiziert. Die Philosophie leide immer wieder, wie Diamond schreibt, an der Krankheit (wörtlich ›disease‹) namens »Belief in Abstract Ideas«.[18] Philosophen würden dazu neigen, sich den Blick auf die Wirklichkeit zu verstellen, indem sie ihr mit einer vorgefertigten Konzeption entgegentreten. Diese Idee des Realen legt fest, was als Elemente der Wirklichkeit anerkannt werden kann und daher Gegenstand philosophischer Kritik sein kann. So kommt es zu den unterschiedlichsten Philosophien, die gleichwohl alle für sich beanspruchen, ›realistisch‹ zu sein – allen voran der Empirismus und der Pragmatismus, die die empirisch beobachtbare Wirklichkeit zum Ausgangspunkt ihrer Philosophie erklären. Auf den ersten Blick scheinen diese Philosophien unmittelbar realistisch zu sein, indem sie »honest facts and honest regularities« in den Mittelpunkt stellen.[19] Doch ihr Festhalten an einer metaphysischen Idee des Realen bringt diese Realismen schnell in eine Position, die jeglichem ›common sense‹ widerspricht.[20]

Wer sich von den abstrakten Ideen abwendet, nimmt die konkreten Details ernst. Das zweite Grundmerkmal des realistischen Geistes ist entsprechend eine charakteristische Haltung, die die Wirklichkeit für sich selbst sprechen zu lassen versucht, anstatt sie im Griff philosophischer Fehlkonzeptionen systematisch zu verzerren. »Denk nicht, sondern schau!«, heißt es in Wittgensteins *Philosophischen Untersuchungen.*[21] Diamond sieht diese realistische Haltung in der Gattung des realistischen Romans verkörpert, für die Autoren wie Henry James, Charles Dickens oder auch Leo Tolstoi stehen. Sie zählt drei Eigenschaften dieser Gattung

---

[17] Cora Diamond u. Alice M. Crary: *Wittgenstein and the moral life: essays in honor of Cora Diamond.* Cambridge 2007, S. 1.

[18] Diamond: *The realistic spirit* (wie Anm. 7), S. 50.

[19] Ebd., S. 65.

[20] So kontrastiert Putnam den »wissenschaftlichen« mit dem »commonsense« Realismus, die bezüglich der Existenz von »chairs and ice cubes« zu kontradiktorischen Aussagen gelangen. Hilary Putnam: *The many faces of realism.* La Salle 1987, S. 9.

[21] Ludwig Wittgenstein: *Philosophische Untersuchungen.* Frankfurt a. M. 1971, § 66.

auf, die zugleich den realistischen Geist charakterisieren.[22] Realistische Schilderungen interessieren sich für das Detail als solches, insofern sie es nicht einfach nur als Illustration eines allgemeinen Sachverhalts vorstellen. Hier sieht Diamond einen »phenomenalism« am Werk,[23] der versucht, jegliche auf das präsentierte Detail übergreifende allgemeine Erklärung und Vorverurteilung systematisch auszuklammern.[24] In einem ähnlichen Sinne markiert der Verzicht auf übersinnliche und magische Kräfte diesen Realismus. Entwicklungen im Plot oder der Charaktere müssen sich aus den Ereignissen und ihren Eigenschaften erklären lassen, eine realistische Fiktion greift nicht auf göttliche Hilfe oder Zauberei zurück. Drittens schließlich kennzeichne den Realismus eine verstärkte Aufmerksamkeit für Konsequenzen und ihre Folgebeziehungen, die in einem allgemeinen Verständnis davon eingebettet sind, wie z. B. Institutionen tatsächlich funktionieren.

Im Kontext einer Diskussion realistischer Strömungen in der politischen Philosophie definiert David Owen den Realismus als eine Position, deren Gegenbegriff »nicht Idealismus, sondern Wunschdenken ist. [...] Realismus ist, seinem bestmöglichen Selbstverständnis nach, eine gegen die Versuchungen des Wunschdenkens gerichtete Geistesdisziplin.«[25] Diese Definition faßt die skizzierte Doppelbewegung treffend zusammen und erlaubt, eine der provokantesten Thesen der ›New Wittgensteinians‹, und hier insbesondere der sogenannten ›resoluten Deutung‹ des *Tractatus*, besser zu verstehen. Wenn der realistische Geist sich gegen das philosophische Wunschdenken richtet, so ist das vor allem eine negative Operation. Der Realismus möchte keine neue Doktrin über die Wirklichkeit entwerfen, sondern kritisch jene Versuchungen zur Abstraktion bekämpfen, denen konkurrierende Philosophien seiner Meinung nach immer wieder verfallen. Diese Prozedur ist insofern eine ›Geistesdisziplin‹, als

---

[22] Diamond: *The realistic spirit* (wie Anm. 7), S. 40f.

[23] Ebd., S. 40.

[24] Diamond wiederholt hier deutlich den ästhetischen Topos der, wie Kant es nennt, reflexiven Urteilskraft. Die für Kant leitende Frage, wie aus dem Besonderen dennoch ein Urteil von allgemeinem Interesse gewonnen werden kann, wird von ihr jedoch nicht eigens problematisiert. Daß die ästhetische Reflexion ein ›Grundmodus‹ einer Philosophie ist, die sich im skizzierten Sinne auf das Detail fokussiert, stellt Stanley Cavell klar. Stanley Cavell: »Aesthetic Problems of Modern Philosophy«, in: ders.: *Must we mean what we say?* Cambridge 1976, S. 73–96.

[25] David Owen: »Die verlorene und die wiedergefundene Wirklichkeit. Ethik, Politik und Imagination bei Raymond Geuss«, in: *Deutsche Zeitschrift für Philosophie* 58 (2010), S. 431–443, hier S. 432.

es weniger um eine neue Menge von Aussagen als um eine stets neu zu reaktivierende Geisteshaltung geht. Wenn Diamond schreibt, daß Wittgenstein keine Theorie lehre,[26] dann muß diese Behauptung vor diesem Hintergrund gelesen werden.

Der realistische Geist, wie Diamond ihn beschreibt, steht deutlich in der von Hadot beschriebenen Tradition »geistiger Übungen«.[27] Deren Ziel ist vor allem die Gewinnung einer praktischen Haltung, eines ›ethos‹. Die theoretischen Schriften sind in dieser Tradition keine systematischen Traktate, sondern Schriften, deren Lektüre dazu verhelfen sollen, das Welt- und Selbstverhältnis der Leser zu transformieren.[28] In diesem Sinne ist auch die Lektüre des *Tractatus* vor allem wegen ihres zu erhoffenden Effektes von Bedeutung: »The understanding that it [der *Tractatus*] is meant to lead to is supposed to be a capacity to ›see the world in the right way‹.«[29]

Aus dieser Perspektive zeigt sich die eigentümliche Negativität der resoluten Lesart, ihre These, daß der *Tractatus* keine Theorie vertrete, als eine konsequente Pointe. Wenn der Realismus oder vielmehr eine realistische Haltung das Ziel ist, dann darf die Lektüre des *Tractatus* keinen positiven (von Diamond immer wieder ›metaphysisch‹ genannten) Weltentwurf enthalten. Nur so läßt sich die Negativität des Realismus aufrecht erhalten, sein kritisches Selbstverständnis als eine Abkehr vom Wunschdenken. Der Ehrgeiz der resoluten Auslegung des *Tracatus* ist somit, den realistischen Geist systematisch zu fundieren: es geht darum, in der Lektüre die »characteristic forms« jeder Philosophie kennenzulernen, die sich

---

[26] Diamond: *The realistic spirit* (wie Anm. 7), S. 14.

[27] Zum Begriff der geistigen Übung vgl. Pierre Hadot: *Exercises spirituels et philosophie antique*. Paris 1981. Hadot selbst ist für seine Interpretation antiker Philosophien stark vom *Tractatus* inspiriert gewesen (vgl. ders.: *Wittgenstein et les limites du langage*. Paris 2005). Eine umfassendere Diskussion dieser Philosophieauffassung und ihre Platzierung auch in den zeitgenössischen Diskurs findet sich bei Jörg Volbers: *Selbsterkenntnis und Lebensform: Kritische Subjektivität nach Wittgenstein und Foucault*. Bielefeld 2009.

[28] Ein grundlegendes Problem dieses therapeutischen Ansatzes ist die implizite These, daß die philosophische Arbeit am Begriff auch eine Konsequenz für die eigene Existenz haben muß. Ursula Renz (»Philosophie als medicina mentis? Zu den Voraussetzungen und Grenzen eines umstrittenen Philosophiebegriffs«, in: *Deutsche Zeitschrift für Philosophie* 58 [2010], S. 17–30) zeigt, daß diese alltagspsychologisch durchaus gängige Annahme bei näherer Analyse zumindest ausdifferenziert werden muß.

[29] Diamond: »Ethics, Imagination and the Tractatus« (wie Anm. 14), S. 168.

von der Wirklichkeit abwendet.[30] So bietet das philosophische Scheitern des Projekts der Grenzziehung, das der *Tractatus* inszeniert, einen allgemeinen, über die Grenzen des *Tractatus* hinausgehenden Grund, warum es philosophisch richtig ist, sich in der Disziplin des Realismus zu üben. Die Theorieabstinenz erscheint aus dieser Perspektive nicht als Mangel, sondern als eine positive Auszeichnung. Die resolute Lesart will aufzeigen, daß der Realismus die einzig konsequente Haltung ist, die man gewinnen kann, wenn man philosophisch über die Grenzen des (realistischerweise) Sagbaren reflektiert. Die Paradoxie dieser Position ist, daß sie einen Realismus entwirft, der ohne positiven Wirklichkeitsbegriff auszukommen versucht.

III. Sinn und Unsinn im *Tractatus*

Der *Tractatus* eignet sich so gut zur Diskussion der richtigen Darstellungsform philosophischer Gedanken, weil dieses Werk in seltener Kargheit und Kürze ihr Kernproblem auf den Punkt bringt. Das erklärte Ziel des Buches ist es, dem Denken »oder vielmehr – nicht dem Denken, sondern dem Ausdruck der Gedanken« (T »Vorwort«) eine Grenze zu ziehen. Für Wittgenstein kann nur der sinnvolle Gedanke verstanden und sprachlich ausgedrückt werden, und nur er kann mit der Wirklichkeit verglichen werden. Alle anderen Sätze haben keinen Anspruch auf Sinn. Die Sprachkritik des *Tractatus* kann somit die gesuchte Grenze ziehen, indem sie die problematischen Formulierungen auf ihren Sinn hin untersucht und, wenn sie sich als unsinnig erweisen, verwirft. Dies ist, wie Wittgenstein betont, keine Antwort auf diese Probleme, sondern ihre Auflösung: Es zeigt sich, daß die scheinbar »tiefsten Probleme eigentlich *keine* Probleme sind.« (T 4.003)

Der sinnvolle Satz ist somit nach der Logik des *Tractatus* der Inbegriff eines welthaltigen Sprechens. Unabhängig davon, ob der im Satz angesprochene Sachverhalt existiert – nur beim sinnvollen Satz läßt sich überhaupt feststellen, ob er wahr ist oder nicht (vgl. T 4.2). Diamonds Begriff des Realismus trifft einen wichtigen Punkt dieser Konzeption. Der Gegenbegriff des sinnvollen Satzes ist nicht die Täuschung oder der Irrtum, beides Sätze, die ja immer noch den Anspruch erheben können, etwas über die Welt auszusagen. Auch eine Phantasie läßt sich, obgleich alltagssprachlich als ›unrealistisch‹ qualifiziert, noch in dieses Schema einordnen. Die Phantasie zeigt mit ihrem Gegenstand zugleich auch an, daß

---

[30] Diamond: *The realistic spirit* (wie Anm. 7), S. 69.

dieser Gegenstand nicht von dieser Welt ist; sie fordert also die Grundbestimmung des Verhältnisses von Sinn und Welt nicht heraus. In Analogie zum Wunschdenken ist der Gegenbegriff des Sinns der Unsinn, also ein Satz, dessen Nicht-Sinn keinen möglichen und damit auch keinen negativen Bezug zur Wirklichkeit erkennen läßt.

Wie fügen sich philosophische Sätze in dieses Schema? Philosophische Sätze sind zum einen diskursiv; sie werden selbst wie Aussagen behandelt, die ihren Gegenstand treffen oder verfehlen können. Zum anderen jedoch nimmt die Philosophie keinen Gegenstand in den Blick, sondern versucht das Verhältnis der diskursiven Sprache zu ihren Gegenständen zu klären. Sie diskutiert über die Grenzen sinnvoller Sätze, über die Kriterien des wahren Weltbezugs oder über die Eigenart propositionaler Aussagen. Sie kann nicht davon ausgehen, daß ein Satz sinnvoll ist, sondern will gerade klären, ob und wie er etwas über die Welt auszusagen vermag. Daher muß der philosophische Satz, der über den Sinn eines Satzes redet, sich zu ihm wie zu einem möglichen Gegenstand verhalten. Dies fordert das Sinnkriterium heraus, da der betrachtete Satz als ein nur möglicherweise sinnvoller Satz auch unsinnig sein kann. Der philosophische Satz muß ebenso am Sinn wie am Nicht-Sinn (als dessen Unmöglichkeit) teilhaben, ein Problem, mit dem sich schon Platon im *Sophistes* auseinandergesetzt hat.[31] Der Philosoph muß, wie Wittgenstein es formuliert, »denken können, was sich nicht denken läßt.« (T »Vorwort«)

Wittgenstein muß das Problem lösen, wie er mit den Sätzen umgehen soll, mit denen die Sprachkritik ihre Programmatik entfaltet und ihre Kriterien benennt. Über die Frage, wie er dieses Problem löst, gehen die Auffassungen der herkömmlichen Deutung und der resoluten Lesart auseinander. Für die kanonische Lesart entwirft Wittgenstein ein logisches Notationssystem, das die Grenzen des Sinns mit Hilfe der logischen Form

---

[31] Alain Badiou weist in charakteristischer Polemik auf diese von Wittgenstein ignorierte Tradition hin: »Wie wäre der sinnlose (philosophische) Satz als Tatsache zu charakterisieren? Wittgenstein ist in diesem Punkt weit entfernt von den Skrupeln, welche die Philosophen zeigen, wenn sie (gezwungenermaßen) die delikate Frage der Existenz des sophistischen Sagens behandeln. Diese einzige Frage veranlasst Platon im *Sophistes* zu schöpferischen Darlegungen von schreckenerregender Komplexität. Man würde sich wünschen, dass der Antiphilosoph [d. i., Wittgenstein] über die Existenz absurder (philosophischer) Sätze mit demselben Feuer, demselben Erfindungsgeist handeln würde [...] Worauf verweist uns Wittgenstein? Auf die ›Verwirrungen‹ der Umgangssprache«. Alain Badiou: *Wittgensteins Antiphilosophie*. Berlin 2008, S. 35.

markiert.[32] Ein Satz ist sinnvoll, sofern er eine logische Form aufweist, die sich diagrammatisch notieren läßt. Das Problem des Sinns philosophischer Sätze wird dadurch elegant umgangen: Die Übereinstimmung mit der logischen Form kann sich nur zeigen und muß nicht selbst in Form eines Satzes gesagt werden. Der Widerspruch, philosophisch über Sinn und Nicht-Sinn sprachlich zu verfügen, wird vermieden.

Die Unterscheidung zwischen Sagen und Zeigen ist das Hauptangriffsziel der Relektüre des *Tractatus*, die Cora Diamond und James Conant vorschlagen. Im Gegensatz zu der verbreiteten Auffassung, Wittgenstein selbst habe diesen und andere Aspekte seines Frühwerks in seinen späteren Schriften radikal kritisiert, versuchen sie jedoch, den Status des *Tractatus* als einen noch immer relevanten Beitrag zur philosophischen Diskussion zu bewahren. Sie versuchen, mit anderen Worten, Wittgenstein vor den in der Standarddeutung sichtbar werdenden Problemen seiner Konstruktion zu bewahren. Dazu verweisen sie vor allem auf einen Widerspruch, den sich diese Auslegung des *Tractatus* ihrer Meinung nach einhandelt: Wenn sich doch die logische Form als Kriterium sinnvollen (d. i., wohlgeformten) Denkens nur *zeigen* läßt, wie kann dann Wittgenstein eine ganze Abhandlung darüber schreiben, die sich in so vielen Worten gerade über diese notwendige Eigenschaft sinnvoller Sätze ausläßt?

Die ganze traktarianische Konstruktion steht und fällt mit der Annahme, daß die wohlgeformten Sätze und die Welt die logische Form gemein haben. Die Form der Logik der Sätze muß auch die Form der Wirklichkeit sein, auf die sich die wohlgeformten Sätze zu beziehen vermögen. Dadurch entsteht der Eindruck, daß die logische Form selbst etwas sei, das ein Satz aufweisen müsse, um sinnvoll zu sein. Ohne diese Annahme würde die formale Analyse nicht funktionieren. Doch mit der logischen Form als metaphysischer Eigenschaft der Welt behauptet die Theorie des *Tractatus* eine Sinnbedingung, die nach den eigenen Prämissen nicht sinnvoll gedacht und daher erst recht nicht konsistent analysiert werden kann. Das Paradox des Sinns ist noch nicht aufgelöst.

Am Ende des *Tractatus* verwendet Wittgenstein das Bild der Leiter, die umgeworfen wird, nachdem man auf ihr hinaufgestiegen ist (T 6.54). Für die kanonische Lesart ist das die Lösung des Problems: Der Aufstieg auf

---

[32] Hans J. Schneider: »Satz – Bild – Wirklichkeit. Vom Notationssystem zur Autonomie der Grammatik«, in: *Wittgensteins ›grosse Maschinenschrift‹: Untersuchungen zum philosophischen Ort des »Big Typescripts« (TS 213) im Werk Ludwig Wittgensteins*, hg. v. Stefan Majetschak. Frankfurt a. M.–Berlin 2006, S. 79–98.

der Leiter steht für die Einsicht, daß die gesuchte Grenzziehung zwischen Sinn und Unsinn sich nur zeigen kann, nicht aber sagen läßt. Das Problem, daß im Verlauf der Diskussion über die Grenze von Sinn und Unsinn durchaus über solche ›Eigenschaften‹ wie die logische Form geredet worden ist, wird auf der Leiter als ein Scheinproblem erkannt. Dem verständigen Leser geht auf, daß dies nur eine uneigentliche Rede war, die den aufgewiesenen Kriterien sinnvollen Sprechens nicht entsprechen kann. Die Leiter fortzuwerfen, heißt demnach, auf diese provisorisch eingeführte uneigentliche Rede zu verzichten und sich den Kriterien zu beugen, die mit ihrer Hilfe gefunden worden sind.

Für Cora Diamond ist diese verbreitete Interpretation eine Form des »Schwanzeinkneifens« (»chickening out«).[33] Es gelinge dieser Deutung nicht, sich vom paradoxen Charakter der Rede über die ›logische Form‹ zu lösen. Zwar wird behauptet, daß mit dem Aufstieg auf die Leiter klar geworden sei, daß sich über die logische Form als Konstituent des Gedankens nichts sagen lasse. Doch zugleich wird daran festgehalten, daß es die logische Form als implizite Grenze des sinnvoll Sagbaren gibt. Es gibt Wahrheiten, die sich aber nur zeigen; etwa die logische Form als ein gemeinsames Merkmal von Sprache und Welt. Die Kategorie des ›Zeigens‹ steht also unentschieden zwischen Sinn und Unsinn: Sie behauptet, etwas über die Welt zu sagen, und verweigert sich doch zugleich den konstitutiven Kriterien des Sinns. Wer mit der Leiter nicht auch die Doktrin des Zeigens fortwirft, gerät in die paradoxe Situation, an einer Wahrheit über die Wirklichkeit festzuhalten und im selben Atemzug zu behaupten, damit nichts über die Wirklichkeit auszusagen. »So it looks as if there is this whatever-there-is, the logical form of reality, some essential feature of reality, which reality has all right, but which we cannot say or think that it has.«[34]

Diamond und Conant schlagen daher vor, die letzte Konsequenz aus der Einsicht in die Unsagbarkeit der logischen Eigenschaften der Realität zu ziehen und die Unterscheidung von Sagen und Zeigen selbst noch dem Unsinnsverdikt zu unterstellen. Die Leiter wegzuwerfen, heißt für sie daher, das ganze im »Vorwort« gestellte Problem als unsinnig zu erkennen. Für die kanonische Lesart entwirft der *Tractatus* eine Theorie, die – unter anderem mit Hilfe der Doktrin des Sagens und Zeigens – eine Grenze des sinnvoll Sagbaren aufzeigt. Für Conant und Diamond will Witt-

---

[33] Diamond: *The realistic spirit* (wie Anm. 7), S. 161.
[34] Ebd., S. 181.

genstein dagegen vorführen, daß die Idee selbst einer solchen Grenzziehung sich als unerfüllbar und damit als eine »Illusion« erweist.[35]

Die Doktrin des Sagens und Zeigens ist eine raffinierte, vielleicht die raffinierteste Weise, wie die Paradoxien des Sinns angegangen und umgangen werden können. Doch indem der *Tractatus* diese Lehre artikuliert, zeigt er, daß auch sie immer noch widersprüchlich ist und mit der Kategorie des Zeigens einen Sinn in Anspruch nimmt, den sie selbst nur als Unsinn bestimmen kann. Die Lehre, die der Leser des *Tractatus* daraus ziehen soll, ist die Einsicht in die Unerreichbarkeit des Ziels, in der Philosophie Richtmaße aufzustellen, die das sinnvoll Denkbare von Unsinn zu scheiden erlauben.

IV. Lektüre als Artikulation

Der realistische Geist, so wurde eingangs festgestellt, ist gekennzeichnet durch eine eigentümliche Negativität. Als eine Kritik und Abkehr von den »Versuchungen des Wunschdenkens«, wie David Owen es formuliert, definiert er sich vor allem dadurch, was er *nicht* ist. Entsprechend bestimmt Diamond den ›realistic spirit‹ als Ablehnung eines »metaphysical account of reality«.[36] Die weitere Bestimmung des ›realistic spirit‹ als eine »willingness to look«[37] hebt diese Negativität nur hervor, beschreibt Diamond damit doch vor allem eine Bereitschaft, eine Resolution, kurz: eine Haltung, und nicht etwa klare Kriterien, denen realistische Urteile entsprechen müssen.

Die erläuterte resolute Interpretation des *Tractatus* zeigt, daß Diamond und Conant für ihre Theorieabstinenz einen systematischen Grund nennen können. Die allgemeine Reflexion auf die Bedingungen des Sinns, die der *Tractatus* bietet, zeigt eine fundamentale Inkohärenz in jedem philosophischen Versuch auf, das Unsagbare irgendwie doch zum Ausdruck zu bringen, etwa in der literarischen oder ästhetischen Form des Zeigens. Auch der Unterschied zwischen Sagen und Zeigen muß der Forderung nach Klarheit zum Opfer fallen, mit der der *Tractatus* beginnt – »Was sich überhaupt sagen läßt, läßt sich klar sagen; und wovon man nicht reden kann, darüber muß man schweigen« (T »Vorwort«). Dieses Motto funktioniert für die resolute Lesart wie ein regulatives Ideal, das dazu zwingt,

---

[35] Conant: »A prolegomenon to the reading of later Wittgenstein« (wie Anm. 7), S. 127; Diamond: *The realistic spirit* (wie Anm. 7), S. 197.

[36] Diamond: *The realistic spirit* (wie Anm. 7), S. 20.

[37] Ebd., S. 21.

erreichte Zwischenschritte in der philosophischen Reflexion neu zu überdenken.

In dieser Dynamik enthalten ist eine implizite Theorie darüber, was es
heißt, etwas klar sagen zu können. Die gesuchte Klarheit im Ausdruck
wird als eine individuelle Fähigkeit begriffen, die im Prozeß ihrer Aus-
übung ihre eigenen Grenzen und Inkonsistenzen erfährt. Während die
Standarddeutung des *Tractatus* davon ausgeht, daß die gesuchte Grenze
von Sinn und Unsinn, und damit das Kriterium für Klarheit, objektiv existiert und nur richtig bestimmt werden muß, verlagert die resolute Lesart
diese Unterscheidung in den an die Zeit und an die konkrete Lektüre ge-
bundenen Prozeß der reflexiven Erfahrungsbildung. Der Unsinn der Unterscheidung zwischen Sinn und Unsinn zeigt sich erst retrospektiv, nach
dem Durchgang durch die Erfahrung, die immer eine Erfahrung am Material des Textes gewesen sein wird. Die Kriterien für Sinn und Unsinn
werden zurückgebunden an die Leser, die Sinn behaupten wollen.

Was diese Leser der resoluten Deutung nach erfahren, ist, daß *sie selbst*
der Ursprung des Problems sind, das sie im Bereich formaler Regeln und
abstrakter Kriterien aufzulösen versuchen. Es stellt sich erst vor dem Hintergrund der uneingestandenen Forderung, der Sinn dessen, was die Leser
meinen, sagen oder glauben, müsse auch unabhängig von ihnen eine aus-
weisbare Bestimmtheit aufweisen. Die Lektüreerfahrung des *Tractatus*
zeigt der resoluten Lesart zufolge jedoch gerade, daß diese Forderung das
Problem ist, und daß der entscheidende befreiende Schritt darin besteht,
von ihr abzusehen. Es gibt keine abstrakten Prinzipien, die für uns entscheiden können, ob der Sinn eines Gedankens unklar ist. James Conant
sieht darin die übergreifende Lehre sowohl des Spät- als auch des Frühwerks von Wittgenstein:

> Both the *Tractatus* and the *Philosophical Investigations* seek to bring their read-
> ers to the point where the reader can recognize sentences displayed within the
> pages of the work as nonsensical, not by means of a theory which legislates cer-
> tain sentences out of the realm of sense, but rather by bringing more clearly into
> view for the reader the life with language he already leads – by harnessing the
> capacities for distinguishing sense from nonsense […] implicit in the everyday
> practical mastery of language which the reader already possesses.[38]

Hilfreich ist hier die von Conant eingeführte Unterscheidung zwischen
›substantiellem‹ und ›bloßem‹ Unsinn.[39] ›Substantieller‹ Unsinn ist ein

---

[38] Conant: »The Search for Logically Alien Thought« (wie Anm. 7), S. 124.
[39] Conant: »A prolegomenon to the reading of later Wittgenstein« (wie Anm. 7),
S. 107.

Gedanke, der die von der Standarddeutung des *Tractatus* geforderte Zwischenebene des Sinns aufgreift: Es mag zwar sein, daß wir die logische Form als Eigenschaft von Satz und Wirklichkeit nicht sagen können, doch wir können (so der Glaube) trotzdem verstehen, was damit gemeint ist. Der Ausdruck des ›bloßen‹ Unsinns soll dagegen die ›resolute‹ Position hervorheben, daß Unsinn einfach nur Unsinn ist und nur sein kann.

Conants Unterscheidung ist von Interesse, da sie zeigt, wie die abstrakt-logischen Paradoxien, die das positivistische Projekt der Grenzziehung erzeugen, mit einem unausgesprochenem Vorverständnis über das Wesen der sprachlichen Artikulation zusammenhängen. Hinter dem, was Conant ›substantieller‹ Unsinn nennt und der Standarddeutung des *Tractatus* zuordnet, steht die Annahme, die sinnvolle Artikulation eines Gedankens unterwerfe diesen einem Regime von Regeln, Kriterien und Bedingungen. Diese Sicht läßt den Gedanken selbst, der den Test sprachlichen Sinns nicht passieren kann, unangetastet. Auch wenn er ›Unsinn‹ sein sollte, hat er weiterhin Substanz. Die Unsagbarkeit ist gleichsam nur ein unglücklicher Umstand, der den Regeln des sinnvollen Sprechens geschuldet ist, die nun einmal so sind, wie sie sind. Unter diesen Bedingungen liegt es auch nahe, den unsagbaren Gedanken auf eine andere Weise auszudrücken – etwa in der Form des Zeigens.

Indem der ›substantielle‹ Unsinn zurückgewiesen wird, wird die sprachphilosophische Bindung des Denkens an die Ausdrucksfähigkeit der Sprache zum äußersten Extrem getrieben. Die Unfähigkeit, einen Gedanken auszudrücken, kann für die resolute Lesart keine prinzipielle Dimension annehmen. Die resolute Lesart sieht darin vor allem einen Akt der Befreiung, da jede dem Ausdruck äußerliche Grenze des Sagbaren wegfällt: »Throwing away the ladder means throwing away the idea that language is a cage and that the rules of logic form its bars.«[40]

Freilich muß auch eine Theorie, die auf die prinzipielle Sagbarkeit alles Denkbaren insistiert, die Möglichkeit undeutlicher Sätze anerkennen. Aus diesem Grunde spielt für die resolute Lesart die Erfahrung der Lektüre eine so fundamentale Rolle. Da die Sinnlosigkeit einer Behauptung in letzter Instanz nicht durch eine Übereinstimmung mit abstrakten Regeln der Logik zu erklären ist, muß sie im Medium der eigenen Erfahrung sowohl identifiziert als auch schließlich als Unsinn erkannt werden. Die behauptete Theorieabstinenz des *Tractatus*, und in der Folge die Neufassung der Lektüre, erhält so eine systematische Grundierung. Der Nachweis von Unsinn kann – da die Sprache kein ›Käfig‹ ist, wie Conant es

---

[40] Conant: »The Search for Logically Alien Thought« (wie Anm. 7), S. 155.

formuliert – nicht mehr durch bloße Argumente erfolgen. Argumente greifen erst dann, wenn die sie stützende Erfahrung bereits gemacht worden ist (Wittgenstein im »Vorwort« zum T: »Dieses Buch wird vielleicht nur der verstehen, der die Gedanken, die darin ausgedrückt sind – oder doch ähnliche Gedanken – schon selbst einmal gedacht hat.«) Die reflexive Erfahrung, die die resolute Lesart dem Akt des Lesens zuspricht, erweist sich so als das logische Pendant zu der Generalthese, daß sich philosophischer Unsinn nicht positiv bestimmen lasse.

Die Bindung der philosophischen Einsicht an die konkrete Leseerfahrung, für die Conant und Diamond argumentieren, verleiht der Sprache ihren methodischen Grund, von dem aus überhaupt die philosophische Arbeit ihre Reibung erhält. Die fraglichen Begriffe und Vorstellungen, die diskutiert werden, sind Begriffe, über die ›wir‹, als kompetente Sprachverwender, am besten Bescheid wissen.[41] Diese Kompetenz ist – das ist ja eine der Kernthesen der resoluten Lesart – keinem externen Regelsystem geschuldet, das den Gedanken Sinn verleiht. Sinn und Unsinn werden nicht mehr von außen bestimmt; sie ergeben sich aus dem, was ›wir‹ für sinnvoll erachten können oder in dem ›wir‹ keinen Sinn mehr zu sehen bereit sind. Eine Untersuchung der philosophischen Begriffe ist immer eine Untersuchung dessen, wie wir faktisch mit ihnen umzugehen vermögen. Dieser Test ist vergleichbar mit dem probenden Einsatz eines Werkzeugs, dessen Potential auch nicht von vornherein beschränkt sein muß.

V. Grenzen der Lektüre

Die resolute Deutung gewinnt ihr Verständnis des *Tractatus* mit der Hilfe einer Theorie der Lektüre, die stark an die Wirkungsästhetik Wolfgang

---

[41] Die Tatsache, daß die Verteidiger der resoluten Lesart immer die erste Person Plural benutzen, verdiente eine vertiefende Betrachtung. Der inflationäre Gebrauch des einbeziehenden ›wir‹ erscheint für die Argumentation dieser Position notwendig, und doch stellt sich die Frage, wie berechtigt die darin ausgedrückte Zwangsvergemeinschaftung ist. Terry Pinkard (»Analytics, continentals, and modern skepticism«, in: *Monist* 82 [1999], S. 189) hat darauf hingewiesen, daß der Gebrauch des ›Wir‹ das Problem der normativen Selbstkorrektur eher kaschiert als auflöst. In dieser Spannung ist meiner Auffassung nach der tiefere Grund dafür zu suchen, daß Stanley Cavell das Problem des Fremdpsychischen in das Zentrum seiner Wittgensteindeutung gelegt hat. Stanley Cavell: »Wissen und Anerkennen«, in: ders.: *Die Unheimlichkeit des Gewöhnlichen*. Frankfurt a. M. 2002, S. 39–75.

Isers erinnert.[42] Iser geht es darum, die durch die Lektüre aufscheinende »Bedeutung viel eher als das Produkt erfahrener und das heißt letztlich verarbeiteter Wirkung zu begreifen, nicht aber als eine dem Werk vorgegebene Idee, die durch das Werk zur Erscheinung kommt.«[43] Der Sinn des Textes »kann [..] sich nur als Wirkung manifestieren, die sich vor keiner bestehenden Referenz ausweisen muß; seine Anerkennung erfolgt durch die von ihm im Leser verursachten Erfahrung.«[44] Treffender könnte man das Projekt der resoluten Lesart, und zugleich die Verlegenheit, auf die sie antwortet, nicht bezeichnen.

Die Parellele zu einem wirkungsästhetischen Literaturverständnis zeigt sich in der Weise, wie Conant und Diamond sich die spezifische Kraft erklären, durch die die resolute Lektüre des *Tractatus* zu der gewünschten Einsicht führt. Wie erläutert, ist es die Aufgabe des *Tractatus*, den Leser zu der Einsicht zu führen, daß er selbst uneingestandene Projektionen und Vorstellungen über das richtige Funktionieren von Sprache in seine Untersuchungen hineingetragen hat. Die Artikulation erzeugt Konflikte, die diese Vorannahmen bewußt werden läßt. Iser erklärt mit demselben Schema die spezifisch ästhetische Funktion der Literatur:

> So sind wir zwar während der Lektüre durch unsere Vorstellungen im Text befangen, zugleich aber bringt die Kollision unserer Vorstellungen eine latente Bewußtheit hervor, die unsere Vorstellungen begleitet, wodurch wir potentiell in ein Verhältnis zu ihnen gesetzt sind. Wir können das, was wir erzeugen, dann im Prinzip auch beobachten.[45]

Iser erklärt sich die spezifische reflexive Wirkung der Literatur durch zwei Faktoren. Zum einen hält er deutlich an der ästhetischen Differenz fest, die das Leseerlebnis von, wie es bei ihm heißt, »pragmatischen Handlungszusammenhängen der Lebenswelt« abgrenzt.[46] Die Lektüre ist gerade deshalb ästhetisch wirksam, weil sie von den unmittelbaren Sach-

---

[42] Es gibt bei Cora Diamond einige Verweise auf Wolfgang Iser, aber nur im Zusammenhang der richtigen Interpretation von Fieldings *Tom Jones* und nicht systematisch in Hinsicht auf die eigene Methodik. (Diamond: *The realistic spirit* [wie Anm. 7], S. 368f.) Die deutlichste Identifikation mit Isers Theorie lautet: »Just as Iser [...] emphasizes that the novel teaches us how to think about human nature by making us think about it and not by giving us *what* to think, so a philosophical text may aim to make us think about things in a new way, not by giving us *what* to think about them, not by presenting new views or doctrines.« (ebd., S. 371)

[43] Wolfgang Iser: *Der Akt des Lesens*. München 1976, S. 41f.

[44] Ebd., S. 42.

[45] Ebd., S. 293.

[46] Ebd., S. 263.

und Zweckzusammenhängen befreit ist, die im alltäglichen Umgang die Kommunikation prägen. Während wir im Alltag den anderen verstehen müssen, kann die Kunst diese Kommunikationsabsicht in der Schwebe halten. Isers Festhalten an der Tradition des »zweckfreien Charakters der Kunst«[47] erfährt zweitens eine Vertiefung durch seine Theorie der ›Leerstellen‹. Die Imaginationskraft des Lesers wird für Iser vor allem dadurch aufgerufen, daß die Konstruktion des fiktionalen Textes notwendigerweise Lücken hinterläßt, die eine mitkonstituierende Eigenleistung des Lesers verlangen.[48] Diese Unbestimmtheiten »verkörpern elementare Kommunikationsbedingungen des Textes, die eine Beteiligung des Lesers am Hervorbringen der Textintention ermöglichen.«[49] Die durch die Lektüre des Textes ausgelöste Selbsterfahrung ist somit gebunden an eine spezifisch ästhetische »Situationslosigkeit« des Textes,[50] die pragmatische Orientierungen suspendiert und eine imaginative Ergänzung durch den Leser erfordert.

Isers Theorie erklärt die Wirkung der von ihm untersuchten fiktionalen Texte durch ihre ästhetische Freisetzung von der üblichen Gebrauchsweise der Sprache. Diese Distanz ist konstitutiv für die von Iser reklamierte Reflexivität der Leseerfahrung. Leerstellen, die durch den Leser imaginativ gefüllt werden müssen, kann es auch in praktischen Kontexten geben, die keinen ästhetischen Anspruch erheben.[51] Doch erst die ästhetische Distanz, die der fiktionale Text herstellt, erlaubt, Leerstellen als solche wahrzunehmen – und damit die eigene Rolle bei ihrer Besetzung und Überbrückung. Entscheidend ist die Möglichkeit, es auch anders sehen zu können. Der Beitrag der Leserin zum Sinnverständnis wird erst zu einem bewußt als solchen wahrnehmbaren eigenen Beitrag, wenn ihre Reaktion auf den Text nicht als die einzig mögliche erscheint. Ansonsten reagiert

---

[47] Ebd., S. 217.

[48] Vgl. ebd., S. 301–315. Beispiele solcher Leerstellen sind Änderungen des Erzählflusses und Perspektivwechsel. Sie zeigen, daß die Leerstelle keine Auslassung im Text sein kann, sondern eine konstitutive Bedingung der literarischen Darstellung selbst ist.

[49] Ebd., S. 45; vgl. kritisch dazu Stanley Fish: »Review: Why No One's Afraid of Wolfgang Iser«, in: *Diacritics* 11 (1981), S. 2–13.

[50] Vgl. Iser: *Der Akt des Lesens* (wie Anm. 43), S. 101–114.

[51] Iser selbst erwägt diese Möglichkeit nicht; sie widerspricht auch dem Schema des ›praktischen Handlungszusammenhangs‹, der immer im Fluß ist, zur Situation der Lektüre. Nichts spricht aber meiner Meinung nach dagegen, den ›praktischen Handlungsfluß‹ auch als das Produkt einer kontinuierlichen Glättung und Schematisierung zu sehen, die von den vorhandenen Irregularitäten und Disparitäten unbewußt absieht.

sie nur auf die Art und Weise, die der Situation angemessen ist – sie reagiert so, wie man reagiert. Erst in der ästhetischen Situation der Lektüre fällt die imaginative Leistung auf das Subjekt zurück. Die von Diamond reklamierte Besinnung darauf, daß man selbst der Ursprung der falschen Vorstellungen und Konfusionen ist, die das philosophische Denken unrealistisch werden lassen, setzt also eine ästhetische Distanz voraus.

Der Versuch, die mehr oder weniger implizite Theorie der Lektüre, von der sich Diamond leiten läßt, mit der Hilfe von Isers Analyse des ›Aktes des Lesens‹ aufzufüllen, läßt die philosophische These der resoluten Lesart in einem unbequemen Dilemma zurück. Wenn die Lektüre des *Tractatus* zu einer Selbsterfahrung der Leser führen soll, dann erfordert dies eine ästhetische Distanzierung. Nur so läßt sich die von der resoluten Lesart geforderte radikale Einsicht einlösen, daß der Leser konsequent sich selbst als Ursprung und Quelle der Probleme erkennt, die er zuvor für objektive philosophische Schwierigkeiten genommen hat. Erst in der ästhetischen Distanz, in der spezifisch ästhetischen ›Situationslosigkeit‹, scheint die Unterbestimmtheit der ›Leerstellen‹ im Text produktiv in ihrer Negativität auf. So wird sichtbar, wieviel Projektion von der Seite des Subjekts mit im Spiel ist. Eine solche Subjektivierung erlaubt jedoch – das ist das Problem – nicht mehr, den *Tractatus* und die in ihm diskutierten Positionen als *Grund* dieser Bekehrung zum Realismus zu reklamieren. Der ästhetisierte philosophische Text kann nur noch der Anlaß zur Erfahrung sein, Anstoß einer Reflexion, die den Text zwar als Evidenz behandelt, ihre argumentative Stoßkraft jedoch aus anderen Quellen bezieht.

Die Ästhetisierung höhlt das Kernargument aus, mit dem Diamond und Conant den Fortgang der resoluten Lektüre motivieren. Der Leser erkennt, so die Vorstellung, Widersprüche und Inkonsistenzen im *Tractatus*, wodurch er lernt, die Leiter schließlich wegzuwerfen. Diese Widersprüche entstehen durch die Leitfrage, wie der Sinn philosophischer Sätze auf derselben Ebene verortet werden kann wie nicht-philosophische Sätze, das heißt, unter Verzicht auf eine Zwischenkategorie des ›Zeigens‹ oder eines anderen Modus des ›Unsagbaren‹.

Als ein ästhetisches Werk betrachtet, ist diese Leitfrage des *Tractatus* mit einem Male substanzlos geworden. Die ästhetische Distanz, die nach Iser erst die Funktionslogik der Leerstellen freisetzt, besteht ja gerade in der Aufhebung einer unmittelbaren Sach- und Weltbezogenheit. Das Subjekt wird relevant, weil etwas fehlt – Leerstellen werden geöffnet, die gefüllt werden müssen (oder können). Mit einer so verstandenen Ästhetisierung des *Tractatus* wird die Debatte um die potentielle Sagbarkeit philosophischer Sätze aber hinfällig. Der von Diamond und Conant in den Ring geworfene Fehdehandschuh, daß die Standarddeutung nichts als eine ›philosophical fantasy‹ (Diamond) beschreibe, würde nur Schulterzucken hervorrufen. Diese als Vorwurf gemeinte Feststellung läuft bei einem ästhetischen Verständnis des *Tractatus* auf eine Tautologie hinaus. Es ist das Privileg fiktionaler Texte, von Gegenständen zu berichten, die nicht existieren; und auch Unsinn und Widerspruch darf dazugehören. Umgekehrt müßte zurückgefragt werden, mit welcher Berechtigung die resolute Lesart die Forderung nach Widerspruchsfreiheit über alles setzt.

Die Anerkennung einer ästhetischen Distanz ist freilich noch nicht gleichbedeutend mit einer Ästhetik des ›l'art pour l'art‹. Insofern kann eine Verteidigerin des ästhetischen *Tractatus* durchaus darauf beharren, daß der Text zwar nicht unmittelbar weltbezogen ist, aber doch mittelbar, in seiner Funktion als Fiktion. Fiktionen können durchaus etwas über die Wirklichkeit lehren; auch und gerade durch die von ihnen genutzte ästhetische Distanz. Der *Tractatus*, so ließe sich argumentieren, entwirft ein fiktionales Bild philosophischen Denkens. Sinn und Zweck dieses Textes ist, daß wir durch seine Lektüre erkennen, wie nahe uns dieses Bild ist, und wie wenig es doch einer realistischen Betrachtung standhält.

Tatsächlich trifft diese Beschreibung alle wesentlichen Punkte der resoluten Interpretation. Der *Tractatus* vertritt keine These, da er von Anfang an nur als Fiktion funktioniert; und die von ihm vermittelte Lehre bleibt notorisch undeutlich, weil sie – wie bei allen fiktionalen Texten – sich nicht unmittelbar aus den dort präsentierten Bedeutungen ergibt, sondern lesend aktiv miterschlossen werden muß.

Der Preis für diese Umwidmung des *Tractatus* ist jedoch seine Depotenzierung als ein philosophisches Werk, das eine Botschaft – einen Inhalt – eine Lehre enthält, wie indirekt diese auch verpackt sein mag. Iser, Conant und Diamond gehen von der Prämisse aus, daß die ästhetische Rede sich dadurch auszeichnet, daß sie in einem Gegensatz zur welthaltigen ›normalen‹ oder auch philosophischen Rede steht. Für Iser stellt das kein Problem dar, operiert er doch mit Texten, die traditionell ästhetisch rezipiert werden. Conant und Diamond suchen jedoch eine philosophische Wirkung, die der ästhetische Text erzeugen soll. Wittgenstein ziele mit dem Text auf eine bedeutsame und moralisch hochzuschätzende Veränderung der Haltung zur Welt, auf eine kritische Einsicht in die Falschheit bestimmter Formen des Philosophierens. Der letzte resolute Schritt in der dazu notwendigen Lektüre ist jedoch nicht durch die Logik bestimmt, sondern durch Selbsterfahrung. Diese wird, so wurde oben argumentiert, erst durch die ästhetische Freisetzung von ›Leerstellen‹ möglich, deren Merkmal vor allem ihre reine Negativität ist. Wieso deren imaginative Besetzung und Reflexion durch die Leserin dann aber zwingend in die von Diamond als ›realistic spirit‹ dargestellte Richtung führen soll, bleibt schleierhaft.

Der ästhetische *Tractatus* entwickelt ebenso wenig ein systematisches Argument wie Fontanes *Effi Briest*. Sicherlich lassen sich am Text, und mit dem Text, bestimmte Probleme, Schwierigkeiten und Fehlentwicklungen aufzeigen; doch sie bleiben immer an den engeren Kontext der erfahrenen und erfahrbaren Literatur gebunden. Die ästhetische Leseerfahrung bedarf des Materials des Textes und seiner spezifischen Struktur; der Text schafft seine eigene Situation. Jede diskursive Interpretation, die den Text in eine unabhängig von ihm mitteilbare Bedeutung überführt, geht einen Schritt über das Werk hinaus.

Es sollte betont werden, daß diese Kritik sich nicht gegen die Überlegung richtet, einen zu engen rationalistischen Begriff der Reflexion durch Einbeziehung ästhetischer Momente auszuweiten. Auch wird hier nicht gegen die These argumentiert, daß ästhetische Texte etwas über die Wirklichkeit lehren können. Die Frage ist nur, was sie dazu befähigt – und eine der Bedingungen, die nach Iser konstitutiv für diese Möglichkeit ist, stellt die ästhetische Distanz dar, als eine bestimmte Form des Umgangs mit einem Text und der Haltung zu ihm.

Das Problem ist, daß Conant und Diamond nicht auf diese Ästhetisierung des Textes, auf seine ästhetische Form, selbst reflektieren. Sie stellen sich nicht der Schwierigkeit, die sich aus der These ergibt, daß der *Tractatus* – wie auch viele andere philosophische Texte – seine spezifische Wirksamkeit nur mit der Hilfe einer Form von Erfahrung entfalten kann (und das heißt: nicht einfach durch Argumente). Sie erklären diese von ihnen entdeckte Wirksamkeit unter Rückgriff auf die traditionelle Arbeitsteilung, nach der die philosophische Rede vernünftige Zusammenhänge erklärt, während Dichtung und Literatur vor allem etwas im Leser bewirken. Sie schieben den *Tractatus* von der einen Seite dieses unfruchtbaren und überkommenen Gegensatzes auf die andere. Diese Dichotomie ist auch dafür verantwortlich, daß am Ende gleich die ganze Philosophie als Ursprung der ›false imaginations‹ verantwortlich gemacht wird – in direkter Negation der üblichen Vorstellung, es sei umgekehrt das Ästhetische, das die Vernunft an ihre Selbstentfaltung hindert. Hilf-

reicher wäre es gewesen, diesen Gegensatz, anstatt ihn blind zu übernehmen, selbst aufzugreifen und zu problematisieren.

Augenfällig wird dieses Reflexionsdefizit in dem Widerspruch, daß der
Text selbst – der *Tractatus* – zwar keinen positiven Inhalt vermitteln soll,
diese fehlende Vermittlungsfähigkeit dann aber in einer charakteristischen Volte selbst zur Quintessenz einer genuin philosophischen Lehre
erklärt wird. Die Kritik der philosophischen Reflexion wird verallgemeinert und als Anleitung zu einem nüchternen Realismus präsentiert. Dabei
wird das Bild eines Realismus entworfen, der die traditionelle Gestalt
einer philosophischen Lehre annimmt. Der Realismus hat Merkmale, die
ihn von konkurrierenden Haltungen unterscheiden: Er achtet Details,
meidet übersinnliche Erklärungen, möchte die Wirklichkeit möglichst ›für
sich selbst‹ sprechen lassen, anstatt sie gleich zu kategorisieren. Auch ist
der ›realistic spirit‹, wie jede veritable philosophische Lehre, eine Empfehlung für eine philosophische Lebensform, mit entsprechenden Konsequenzen für das Denken und Handeln. Schließlich geht es um den nicht
unerheblichen Unterschied, ob man sich der Wirklichkeit stellt oder statt
dessen sich mit Phantasien und Illusionen zufriedengibt – und der ›realistic spirit‹ behauptet, diesen Unterschied besser zu beherrschen (und besser verstanden zu haben) als konkurrierende Lehren.

Der Text des *Tractatus,* wie ihn die resolute Lesart präsentiert, gibt
sich nicht für eine solche positive Bestimmung des Realismus her. Jede
Festlegung, die über die rein formale Bestimmung des Realismus als
›Abkehr vom Wunschdenken‹ hinausgeht, trägt etwas in die Lektüre des
Tractatus hinein, das dort nach eigenem Bekunden nicht zu finden ist:
»What is to be learned by the reader of such a philosophical text would
not be anything in the text«.[52] Und doch soll der *Tractatus* dem verständigen Leser gerade die »characteristic forms« der irreführenden Philosophie vorführen.[53] Woher nimmt der resolute Leser diese repräsentative
Bedeutung? Wie läßt sich hier der Schwierigkeit begegnen, fälschlicher-
weise etwas für die ›charakteristische Form‹ des falschen Philosophierens
zu erklären und im Grunde nur den eigenen Projektionen aufzusitzen?

Mangels einer weiterführenden historischen oder soziologischen Ein-
bettung entsteht der Eindruck einer Moralisierung des Frühwerkes Wittgensteins,[54] der nicht von der Hand zu weisen ist. Wenn der Text nicht
für den Inhalt der Doktrin des Realismus einstehen kann, muß dies –

---

[52] Diamond: *The realistic spirit* (wie Anm. 7), S. 370f.
[53] Ebd., S. 69.
[54] Gessmann: *Wittgenstein als Moralist* (wie Anm. 13), S. 124.

mangels Reflexion auf die eigene Kontextualisierungsarbeit – die Person tun: »You are to understand not the propositions but the author.«[55] Diese Schlußfolgerung spricht auf verblüffend offene Weise die oben erläuterte Diagnose aus, daß der ästhetisierte philosophische Text die Beweislast nicht tragen kann, die ihm in der immerhin philosophierenden Sekundärliteratur zugetragen und eingeschrieben wird. Da der Text bestenfalls Anlaß zur Reflexion geben kann, muß der ihm zugeschriebene normative Gehalt – die Empfehlung, wie wir die Welt sehen sollten – dadurch abgesichert werden, daß er der Autorität der Autorintention unterstellt wird und sich damit als Text vollends selbst negiert. So führt die Aufwertung der literarischen Form des *Tractatus* paradoxerweise zu seiner völligen Entwertung, indem er nur noch als Vehikel zur Kommunikation der tiefen Einsichten des Menschen Wittgenstein dient.

VI. Schluß

Der Einsatz der Thesen von Diamond und Conant zum *Tractatus*, das zeigt diese Rekonstruktion, liegt im realistischen Anspruch, im ›realistic spirit‹. Sie wollen die literarische Form der Philosophie hervorheben, um ihre realistische Wirkung einzuholen – die Möglichkeit, durch die philosophische Lektüre die Welt anders, sogar besser zu sehen. Diese Aufwertung der Literatur richtet sich somit nicht, wie bei der Dekonstruktion, gegen den Wirklichkeitsanspruch der Sprache, sondern soll ihn gerade durch ihre Wirksamkeit wieder plastisch erfahrbar werden lassen.

Das Problem dieser Argumentation ist jedoch, wie sich erwiesen hat, daß sie auf eine traditionelle Ästhetisierung des philosophischen Textes zurückgreift, um den gewünschten Effekt zu erzielen. Die literarische Form ist nicht ohne den Preis der ästhetischen Distanz zu haben, die gerade dadurch definiert wird, daß die Sprache in ihr nicht mehr eindeutig sein muß. Dies rückt die resolute Deutung des philosophischen Textes in dieselbe unentschiedene Position, die sie ihren Kritikern vorhält. Das, was sie klar dem Text zu entnehmen vermeint, ist nur durch eine Überbrückung der ästhetischen Distanz zu haben. Diese Überbrückung muß das lesende Subjekt vornehmen. Die Argumente und Gedanken, die sich im Text finden, werden erst durch eine solche kontextualisierende Anreicherung zu einer Repräsentation ›der‹ Philosophie. Die Kriterien dieser Anreicherung, ihre innere Logik, bleiben hier jedoch undurchsichtig und können auf keinen Fall durch den Text selbst erklärt werden. Der Text

---

[55] Diamond: »Ethics, Imagination and the Tractatus« (wie Anm. 14), S. 155.

selbst ist, gerade durch die Leerstellen, die der gewünschten Selbsterfahrung des lesenden Subjekts Raum gibt, offen für zuviele Interpretationen, als daß die resolute Lesart mit ihrer realistischen Konsequenz sich allein durch seine Lektüre zwingend ergeben müßte. Die These, daß der *Tractatus* keine Theorie vermittelt, erweist sich in dieser Perspektive als trivial, da keine Fiktion für eine theoretische Position in demselben Sinne argumentieren kann, wie es ein philosophischer Text versucht.

Das Problem, mit dem sich Conant und Diamond konfrontiert sehen, ist also gerade die emphatische Betonung der wirklichkeitsverändernden – oder wie sich auch sagen ließe: sophistischen – Seite der Philosophie. Ihre Deutung verfängt sich in den Grabenkämpfen zwischen Philosophie und Rhetorik, da sie der Überzeugung sind, daß philosophische Sätze keine wirklichkeitsverändernde Kraft haben können. Die resolute Lesart wirft der Philosophie vor, ihre Sätze würden so tun, als seien sie nicht von dieser Welt; deshalb weise sie die charakteristischen Formen des Wunschdenkens auf, gegen die sich Wittgenstein richte. Doch die Philosophie erhält keine Chance, sich zu rehabilitieren. Die resolute Argumentation setzt bereits voraus, daß die Philosophie auch nicht von dieser Welt ist, denn im Ergebnis erweisen sich alle philosophischen Sätze als Abstraktionen und Phantasien. In diesem Sinne erscheint das abstrahierende Philosophieren als Inbegriff des ›Wunschdenkens‹, gegen den sich der Realismus richtet.

Wie berechtigt eine realistische Haltung in der Philosophie auch sein mag, in der Sinnparadoxie des *Tractatus* findet sie keinen Grund. Das schwierige Verhältnis zwischen Literatur und Philosophie läßt sich nicht durch eine einmalige ›paradoxe‹ Argumentation auflösen. Dies scheint mir viel eher die Lehre zu sein, die sich aus dem *Tractatus* und der Widersprüchlichkeit der dort entwickelten Doktrin des ›Zeigens‹ ziehen läßt. Und so gibt es auch alternative Reflexionen, die sich nicht zufällig unter Berufung auf den späten Wittgenstein und die ›ordinary language philosophy‹ diesem Thema widmen.

Zu erwähnen ist hier vor allem Wolfgang Wieland, der das schwierige Verhältnis der philosophischen Rede zur literarischen Form zum Antriebsmoment seiner Platoninterpretation macht.[56] Wieland geht das Problem dadurch an, daß er die Voraussetzung angreift, die der Trennung von ›philosophischer‹ und ›ästhetischer‹ Rede zugrundeliegt: Die Annahme, die paradigmatische welt- und sachhaltige Form des Sprechens bestünde darin, sich in der Rede auf einen Gegenstand zu beziehen. Für

---

[56] Wolfgang Wieland: *Platon und die Formen des Wissens*. Göttingen 1982.

Wieland wird das Problem der Selbstprädikation – also die auch hier präsentierte Frage, wie der sinnvolle philosophische Satz seinen Sinn, als Gegenstand, selbst ausweisen kann – »heute überschätzt«.[57] Denn das Problem erweist sich »bei genauem Hinsehen als bloßer Schein oder als systematisch irreführende Ausdrucksweise.«[58] Eine der Möglichkeiten, diesen Aufweis zu führen, sieht er in der Infragestellung der »Voraussetzung [...], gemäß der einem jeden Prädikat ein gegenständlich intendierbares semantisches Korrelat zugeordnet werden kann.«[59] Damit spielt Wieland auf den Weg an, den Wittgenstein selbst in seiner Spätphilosophie eingeschlagen hat. In den *Philosophischen Untersuchungen* heißt es explizit zum Problem des Sinns und Nicht-Sinns, daß es gelte, »radikal mit der Idee [zu] brechen, die Sprache funktioniere immer auf eine Weise, diene immer dem gleichen Zweck: Gedanken zu übertragen – seien diese nun Gedanken über Häuser, Schmerzen, Gut und Böse, oder was immer.«[60] Solange dieses Sprachbild zwingend bleibt, ist es naheliegend, die ›sachhaltige‹ Rede scharf von der Sprachform zu trennen, die primär nicht ›Gedanken überträgt‹. Es entsteht die Unterscheidung der sachlichen Rede von der ästhetisierenden Rhetorik, die vor allem Wirkungen im lesenden Subjekt verursacht. Eine Kritik dieses Sprachverständnisses eröffnet zugleich den Weg zu einem Verständnis der Wirkungen philosophischer Rede, die diese nicht sofort in ein ›fachfremdes‹ Register rein sophistischen Sprechens abschieben müssen.

Hans-Julius Schneider hat gezeigt,[61] daß der späte Wittgenstein seine eigene Position des *Tractatus* genau in diesem Sinne kritisiert. Das verschiebt das für die resolute Lesart im Vordergrund stehende Problem des ›klaren Ausdrucks‹ auf eine andere Ebene. Wie klar ein Ausdruck ist, läßt sich nicht ausschließlich durch den Bezug auf einen ›intendierten Gegenstand‹ feststellen, sondern verlangt die Einordnung des Ausgesagten in den umfassenderen Kontext eines Sprachspiels, an dem er teilzunehmen beansprucht. Das paradoxe Verhältnis der philosophischen Sprache zu ihrem Gegenstand wird dann dadurch aufgelöst, daß Unterschiede eingeführt werden. Der Begriff des Realismus und seine Utopie eines unverzerrten Zugangs zur Wirklichkeit birgt noch das Ideal einer Klarheit, die

---

[57] Ebd., S. 321.

[58] Ebd.

[59] Ebd.

[60] Wittgenstein: *Philosophische Untersuchungen* (wie Anm. 21), § 304.

[61] Hans Julius Schneider: »›Sätze können nichts Höheres ausdrücken‹. Das ›Ethische‹ und die Grenzen der Sprache beim frühen Wittgenstein«, in: *Deutsche Zeitschrift für Philosophie* 58 (2010), S. 55–70.

›an sich‹ besteht – eine Klarheit, deren Maß in der Wirklichkeit zu suchen ist, der sich der Ausdruck zu beugen hat. Mit dem späten Wittgenstein ist die Forderung nach Klarheit dagegen immer nur relativ zu bestimmten sprachlichen Gebrauchskontexten zu sehen.

Konkret weist Schneider darauf hin, daß die »Artikulationen von Erfahrungen« nicht mit »Beschreibungen von Sachverhalten« verwechselt werden sollte.[62] Diese Unterscheidung erlaubt, die je spezifischen Rationalitätskriterien dieser Ausdrucksmöglichkeiten anzuerkennen. Auch für die Artikulation von Erfahrungen gibt es Kriterien der Adäquatheit, was Schneider am Beispiel der Diskussion über die angemessene Beschreibung einer Musikpassage erläutert. Die Frage, ob eine Musikpassage »wie ein Kompliment oder immer noch wie eine Ohrfeige« klingt,[63] untersteht nicht den Kriterien, die für mathematische oder logische Probleme maßgeblich sind. Doch es gibt (z. B. für geübte Musiker) Möglichkeiten, solche ästhetischen Unterschiede rational zu diskutieren.

Die Konsequenz dieser Überlegungen wäre also, den von der resoluten Lesart moralisch aufgeladenen Realismusbegriff abzulehnen, ohne dabei gleich auf die Idee zu verzichten, die Philosophie könne uns – gerade auch durch ihre spezifisch ästhetische Form – zu einer ›realistischeren‹ Sicht auf das eigene Welt- und Selbstverhältnis verhelfen. Dies würde jedoch voraussetzen, einen anderen Begriff ästhetischer Rede zu entwickeln. Die philosophische Artikulation von Erfahrungen muß nicht in direkter Opposition zur Beschreibung von Sachverhalten stehen, sondern kann (und sollte) als ein Formmerkmal des Textes anerkannt werden, mit je spezifischen Kriterien, die seine Untersuchungen erfordert. Übertragen auf den Status philosophischer Sätze besteht der Realismus in dieser Perspektive dann darin, gerade die Ambivalenzen der sprachlichen Ausdrucksformen und die unterschiedlichen Normen ihres Gebrauchs anzuerkennen. Diese Ambivalenzen sollten dann jedoch nicht mit aller argumentativer Energie ausgetrieben werden, sondern ›realistischerweise‹ als Teil dieser Welt und der Pluralität im Umgang mit philosophischen Texten anerkannt werden. Es müßte, mit anderen Worten, auf die Vorstellung einer eindeutigen Klarheit im Welt- und Selbstverhältnis verzichtet werden. Die Bestimmtheit, mit der die Vertreter der resoluten Deutung des *Tractatus* den Realismus als eine Ablehnung ›der‹ abstrakten Philosophie beschreiben, läßt sich nicht halten. Realist zu sein, kann auch darin

---

[62] Ebd., S. 66.
[63] Ebd., S. 69.

bestehen, die Uneindeutigkeit und Unbestimmtheit unserer Sprache aus-
zuhalten.[64]

---

[64] Es gibt zahlreiche Passagen bei Diamond und vor allem bei Alice Crary (*Beyond
moral judgment* [wie Anm. 12]), die ein deutliches Bewußtsein dieser Pluralität zeigen. Sie argumentieren, daß die Literatur gerade deshalb ein eigenständiges Medium
der moralischen Reflexion sei, weil es eher der Komplexität der Sache gerecht werde
– es könne eben nicht nur darum gehen, Literatur ausschließlich als illustrative Beispiele für die Moral anzusehen. Mit dieser These habe ich keine Schwierigkeiten;
problematisch ist nur die parallel vertretene Realismusthese, die in einer in meinen
Augen unverständlichen Selbstsicherheit immer weiß, auf welcher Seite der Gegner
– ›die‹ Philosophie – zu suchen sei.

Matthew Handelman

The Forgotten Conversation

Five Letters from Franz Rosenzweig to Siegfried Kracauer, 1921–1923[*]

Abstract: Two unpublished postcards and three recently published letters from Franz Rosenzweig to Siegfried Kracauer offer new perspective and nuance into Rosenzweig's and Kracauer's intellectual rivalry, perhaps best exemplified by Kracauer's criticism »Die Bibel auf Deutsch« (1926). While the postcards, sent in 1921 and 1923, reveal further signs of tension, they also hint at moments of forgotten conversation. In my article I reconstruct the context of Rosenzweig and Kracauer's encounters between 1921 and 1923 and provide a reading of ›time‹ and ›mathematics‹ in Rosenzweig's missives that, as I argue, underlies a discourse of intellectual ethics in the early Weimar Republic. At stake for Rosenzweig, Kracauer, and an entire generation of German-Jewish intellectuals was no less than the determination of what one should believe and the language with which one can legitimately and adequately put this belief into action.

I. Fragments from a Failed Friendship

Und dann erfahren wir zum soundsovielten Male, daß »wir« in einer zerborstenen zerbrochenen zersplitterten und chaotischen »Zeit« leben, aus der ein »religiöses Suchen« sehnsüchtig sich die Finger leckt nach jener großen schönen runden Einheitstorte, die im »Mittelalter« ein gütiger Konditor einer »gottnahen« Menschheit fertig ins Haus lieferte, zum Weltanschauungsnachtisch.[1]

Franz Rosenzweig's above characterization of Siegfried Kracauer's philosophy proves that history's most intriguing moments are defined more often than not by disharmony and disagreement. Indeed, the social con-

---

[*] For their financial support, I would like to thank the Deutsches Literaturarchiv Marbach. For the permission to print archival materials, I would like to thank the Deutsches Literaturarchiv Marbach and the Suhrkamp Verlag. And, for their readings of early versions of this essay and their generous help, I would like to thank Andrea Albrecht, Ingrid Belke, Marcel Lepper, and Liliane Weissberg.

[1] Franz Rosenzweig to Martin Buber, October 11, 1922. Franz Rosenzweig: *Briefe und Tagebücher*, ed. Rachel Rosenzweig. Vol. 2: 1918–1929. Haag 1979 (Der Mensch und sein Werk, vol. 1,2), p. 837.

stellation of the German-Jewish intellectual milieu of early 1920s Frank-furt was, in part, formed by the opposition between Rosenzweig's leader-ship of the Freies Jüdisches Lehrhaus and Kracauer's critical essays and reviews in the *Frankfurter Zeitung* (*FZ*). In particular, Kracauer's criti-cism, »Die Bibel auf Deutsch« (1926), of Martin Buber and Rosen-zweig's collaborative bible translation (*Die Schrift,* began in 1924), bold-ly divided some of Weimar's best known German-Jewish intelligentsia. Ernst Bloch, Leo Löwenthal and Walter Benjamin agreed with Kracauer's criticism of, for example, the linguistic anachronisms and the historical inappropriateness of Rosenzweig and Buber's translation project.[2] Others, such as Margarete Susman and Ernst Simon, were appalled at Kracauer's polemic rhetoric directed against Buber and, by 1926 the fatally ill, Ro-senzweig.[3] If one can speak of it at all, Rosenzweig and Kracauer's rela-tionship has thus been seen as short, antagonistic, and centered on the Bible translation controversy.[4] Three recently published letters and two unpublished postcards, however, offer perspective and nuance into Rosenzweig and Kracauer's rivalry and reveal not only further moments of tension, but also moments of forgotten conversation.[5]

---

[2]   See Martin Jay's seminal study on the translation controversy: »Politics of Transla-tion«, in: *Leo Baeck Institute Yearbook* 21 (1976), pp. 3–27, here p. 20.

[3]   See Susman's response to Kracauer's request for commentary from March 22, 1926, a month before the essays publication (DLA Marbach, A:Kracauer, 72.2041) and Jay: »Politics« (see note 2), pp. 16–17.

[4]   The past three decades have seen a revival in interest in the social, religious and intellectual context of Weimar Frankfurt, started by Wolfgang Schivelbusch: *In-tellektuellendämmerung. Zur Lage der Frankfurter Intelligenz in den zwanziger Jah-ren.* Frankfurt a. M. 1982. For instance, Nahum N. Glatzer details Rosenzweig's in-volvement in the Freies Jüdisches Lehrhaus in: »Das Frankfurter Lehrhaus«, in: *Der Philosoph Franz Rosenzweig,* ed. Wolfdietrich Schmied-Kowarzik. Freiburg i. Br. 1988, vol. 1, pp. 303–327. Marina and Walter Lesch investigate Kracauer's connec-tions to Rosenzweig, Buber and the Freies Jüdisches Lehrhaus as well as his well-known associations with members of the Frankfurter Schule in: »Verbindung zu ei-ner anderen Frankfurter Schule. Zu Kracauers Auseinandersetzung mit Bubers und Rosenzweigs Bibelübersetzung«, in: *Siegfried Kracauer: Neue Interpretationen,* eds. Michael Kessler and Thomas Y. Levin. Tübingen 1990, pp. 171–194. Most recently, Thomas Meyer has astutely argued against finding the origins for the later philo-sophical orientations of the Frankfurter Schule in the early sessions of the Freies Jü-disches Lehrhaus in: »Das Freie Jüdische Lehrhaus und die Frankfurter Schule«, in: *Das Feld der Frankfurter Kultur- und Sozialwissenschaften vor 1945,* eds. Richard Faber and Eva-Maria Ziege. Würzburg 2007, pp. 167–177.

[5]   Stephanie Baumann: »Drei Briefe. Franz Rosenzweig an Siegfried Kracauer«, in: *Zeitschrift für Religions- und Geistesgeschichte* 63 (2011), pp. 167–177. I will refer-

First sent within months of their initial acquaintance in April 1921, Rosenzweig's two postcards and three letters to Kracauer (held at the Deutsches Literaturarchiv [DLA] Marbach) are the only known written correspondence between the two and stand in a unique position to illuminate the significant moment in the history of ideas that was the early Weimar Republic.[6] In the moments of conversation, the missives show in particular the emergence of a discourse on intellectual ethics: the proper mode of thought and action, the correct, modern, as Anson Rabinbach defines fin-de-siècle Messianism, »*ethos* in the Greek sense of a characteristic spirit or attitude (*Haltung*)« amidst the social and political chaos following the First World War.[7] At stake for Rosenzweig, Kracauer, and an entire generation of German-Jewish intellectuals is no less than the determination of what one should believe and the language with which one can legitimately and adequately put this belief into action.

The postcards and letters straddle the outbreak of Rosenzweig's fatal illness in early 1922: the first phase begins in October 1921 and the second in March 1923. While Kracauer's letters to Rosenzweig have been lost, the postcards and letters reveal the historical and thematic context of Rosenzweig and Kracauer's interactions between 1921 and 1923. Rosenzweig's missives to Kracauer offer intimate insight into a dialogue on religion, time, and modernity that affirms Rosenzweig's rejection of German Idealism and his rediscovery of the relevance of Jewish, spiritual life fundamentally and Kracauer's rejection of any incarnation of Messianism and his emphasis of the critical potential of the everyday. In general, the Rosenzweig-Kracauer conversation thus exposes a tenuous moment in the German-Jewish intellectual community in 1920s Frankfurt – a moment that not only galvanized Rosenzweig's and Kracauer's thinking on religion, identity, and modernity, but also influenced the social and religious circles associated with the Freies Jüdische Lehrhaus and the Frankfurter Schule. In particular, the fragmentary correspondence focuses a heated

---

ence overlap with Baumann's discussion, which focuses on the nature of prophecy, Kracauer's ›Zeitdiagnostik‹, and his ›Bibelpolemik‹, in the footnotes.

[6] A:Kracauer, 72.2894/1–5. See *Marbacher Magazin: Siegfried Kracauer,* eds. Ingrid Belke and Irina Renz, 47 (1988), p. 35. Cf. Kracauer-Susman correspondence, in DLA Marbach (HS.1988.0011). In a letter dated 9.4.1921, Kracauer writes: »Mit Rosenzweig habe ich mich ja jüngst länger unterhalten, das schrieb ich Ihnen schon, auch [Eugen] Rosenstock sprach ich nach der Eröffnung der Arbeiterakademie eine Sekunde.«

[7] Anson Rabinbach: »Between Enlightenment and Apocalypse«, in: *New German Critique* 34 (1985), pp. 78–124, here p. 83.

discourse that sought to define the ethics of intellectual behavior amidst the crisis that was modern German-Jewish life in Frankfurt during the Weimar Republic. Hence, beyond the enduring significance of Rosenzweig's and Kracauer's formulation of the conditions of modernity in Weimar, the problems raised in as well as the solutions proposed by their conversation continue to be relevant for our understanding of and our engagement with religious identity, cultural assimilation, and social engagement today.

II. The Language of Criticism

Any friendship between Rosenzweig and Kracauer began within the circle of young Jewish intellectuals surrounding the conservative and charismatic Rabbi Nehemias A. Nobel in early 1920s Frankfurt.[8] More specifically, Kracauer's correspondence with Susman – who would later help him obtain his position at the *Frankfurter Zeitung* (*FZ*) – suggests that in February, 1921 Kracauer knew of Rosenzweig and had begun reading *Stern der Erlösung* (1921).[9] By early April, 1921, so Kracauer writes, the two had met and spoke in person. But, as Kracauer explains further, while Rosenzweig appeared a »bedeutende[r] Mensch«, the latter's philosophical intentions quickly aroused Kracauer's skepticism:

> Philosophie und Offenbarung zu vereinen, ist zwar ein uraltes Menschenbestreben (Gnosis, Kirchenväter), aber eine nicht recht geheuere Sache, und bei großer kritischer Reife des Denkens wird man die Finger davon lassen. So wie ich heute denke, wäre es mir unvergleichlich gemäßer wie ein Kind die gestaltete Offenbarung in mich einzusaugen und sie als Bild, als Vorbild, in mir festzuhalten, ohne dort fragen und erklären zu wollen, wo alles Fragen [doch] nur herabzieht und auflöst. Es heißt das einmalig wunderbare Geschehen zerstören, wenn man es

---

[8] Rabbi Nobel is often characterized as the center of young, intellectual Jewish life in Frankfurt after the First World War. Michael Brenner contextualizes Nobel as a »new type of rabbi« who »reached out to non-Orthodox Jewish students and intellectuals.« *The Renaissance of Jewish Culture in Weimar Germany*. New Haven 1998, p. 53. See also Rachel Heuberger's study *Rabbiner Nehemias Anton Nobel. Die jüdische Renaissance*. Frankfurt a. M. 2005.

[9] Kracauer's first mentions Rosenzweig in a letter to Susman dated 10.2.1921: »Auch Dr. Franz Rosenzweig ist mir dem Namen nach wohl bekannt, er soll übrigens den Wunsch geäußert haben, mich kennen zu lernen. Ein Buch über Hegel, subventioniert von der Heidelberger Akademie der Wissenschaften, stammt von ihm, das gut sein soll. Sein Buch: Stern der Erlösung fing ich vor einigen Tagen an, ohne bisher noch über den ersten 30 Seiten hinausgekommen zu sein.« (see note 6)

durch das reine (philosophische) Denken zu unterbauen strebt, und es heißt das
Denken vernichten, wenn man es in die Offenbarung hineinleitet.[10]

While Kracauer may envy Rosenzweig for finding a foothold (»Halt«)
through the combination of »Philosophie und Offenbarung« against the
spiritual vacuum of modern existence, by September 1921, Kracauer had
secured his viewpoint that the »die Clique« surrounding Rosenzweig and
Eugen Rosenstock (which was to become known as the Patmos-Circle),
represent nothing more than over-zealous »Romantiker«.[11]

From Rosenzweig's perspective, as he would later explain to Rudolf
Hallo, Kracauer presented a chance to attract new guests affiliated with
the *Frankfurter Zeitung* into the Lehrhaus, which Rosenzweig helped
found in 1920. In early September, 1921, as Kracauer explains to Susman, Rosenzweig had approached him about giving a lecture on »religiöse Strömungen der Gegenwart«.[12] By early October, Rosenzweig had
even convinced Kracauer to present at the Lehrhaus, despite the latter's
speech impediment.[13] Kracauer and Rosenzweig subsequently met at
least twice, as Rosenzweig's letters to Margarete Rosenstock confirm, at
Rosenzweig's house, presumably to discuss Kracauer's upcoming lecture.
While both parties seemed to enjoy their initial meeting, further encoun-

---

[10] Kracauer to Susman, 26.2.1921. The word in brackets, most likely »doch«, waspar-
tially removed by Susman's use of a hole-punch to store Kracauer's letters (see note 6).

[11] Kracauer to Susman, on September 19, 1921: »Diese Romantiker [Rosenzweig and
Rosenstock] müssen auch einmal erledigt werden, mir scheint, Sie überschätzen die
Clique gewaltig.« (see note 6)

[12] Their early interactions are documented in multiple places; a letter from Kracauer-
Susman from 17.9.1921 (see note 6); and in the *Marbacher Magazin* (see note 6),
p. 35. Rosenzweig explains to Hallo in 1922: »ich hatte [Kracauer] mit Gewalt zuge-
redet, weil ich meinte, ich könnte ihm dadurch zugleich über diese Nervosität her-
überhelfen, und er war von dieser Aussicht ganz benommen«. Rosenzweig: *Briefe
und Tagebücher*, vol. 2 (see note 1), p. 861. Rosenzweig and Kracauer's early interactions are also chronicled in: Franz Rosenzweig: *Die ›Gritli‹-Briefe. Briefe an
Margrit Rosenstock-Huessy*, eds. Inken Rühle and Reinhold Mayer. Tübingen 2002,
p. 771: For instance, Rosenzweig mentions meeting Kracauer at the train station on
September 22, 1921.

[13] Kracauer mentions his speech problem in a letter to Löwenthal on 2.10.1921: »Die
Vorträge am ›Jüdischen Lehrhaus‹ muß ich wohl halten (auch das noch!); Rosenzweig blieb unerbittlich. Sie dürfen nicht <dazu> kommen, das sage ich Ihnen
gleich, denn es gibt ein Fiasco (sprachtechnisch!).« Leo Löwenthal and Siegfried
Kracauer: *In steter Freundschaft, Leo Löwenthal – Siegfried Kracauer: Briefwechsel
1922–1966*, eds. Peter-Erwin Jansen and Christian Schmidt. Lüneburg 2003, p. 24.

ters proved more intellectually strenuous and less rewarding. Rosenzweig speaks favorably about their first meeting on October 10 (»Dann war Kracauer Nachmittags da, und hat mir doch recht gut gefallen. Auf der Treppe in Rembrandscher [sic] Beleuchtung sah er sogar – *schön* aus«), but writes that Kracauer displeased him on October 14 with his well-known insistence on philosophical rigour (»Kracauer ist ein halbgarer Mensch. Es war ein anstrengender Abend mit ihm, sehr philosophisch«).[14] It is in the context of these meetings that Rosenzweig sent Kracauer the postcard from October 20 to congratulate him on his »Schlußwort«: a retort, which appeared the same day in the *FZ*, to two reader-reactions critical of Kracauer's review of Hermann Graf Keyserling's conference on the »Schule der Weisheit« (from October 6).[15] Calling Kracauer »ein olympisches Gegenstück zum Cerberus«, Rosenzweig refers to the tone in which Kracauer dispensed with the objections to his essay: »Ich wollte weniger ein Horoskop stellen, denn übertriebene Ansprüche, die in den letzten Jahren laut und vernehmlich aller Welt verkündet wurden, in die ihnen gebührenden Schranken zurückzuweisen.«[16] In a critical tenor found later in his reviews of Scheler and Rosenzweig and Buber, Kracauer reinforces his mistrust of myriad endeavors at spiritual renewal intended to counteract the sense of disorientation in the wake of the First World War. While Rosenzweig's ›Cerberus‹-comment can be read as ironic, if not downright condescending, given Kracauer's infamous physical appearance. But, with the beginning of the Lehrhaus's third year – and, with it, Kracauer's lecture – less than five days away, Rosenzweig's pronouncement seems

---

[14] Rosenzweig to Rosenstock-Huessy on October 10, 1921, in: Rosenzweig: *Die ›Gritli‹-Briefe* (see note 12), p. 779. The next day Rosenzweig writes to Rosenstock-Huessy: »Wie Kracauer gestern da war, wurde mir plötzlich hellseherisch deutlich, dass auch hier der Lump, der Michel, seine kleinen Intrigantenpfoten im Spiel hat. Was sind das für Menschen! Kracauer ist aber eine ehrliche Haut und [durch] die Journalisterei unverhältnismässig wenig verdorben« (ibid., p. 780). Michel, mentioned in Rosenzweig's letter to Kracauer on December 12, refers to Ernst Michel, a co-worker of Eugen Rosenstock-Huessy at the *Akadamie der Arbeit*. Kracauer and Rosenzweig's second meeting is discussed in Rosenzweig's letter to Rosenstock-Huessy on October 15, 1921 (ibid., p. 781).

[15] Kracauer's original article was »Von der Schule der Weisheit«, in: *Frankfurter Zeitung,* October 6, 1921. The reader responses from Dr. Erich Mosse and Otto Flake as well as Kracauer's concluding remarks were published in »Stimmen zur ›Schule der Weisheit‹«, in: *Frankfurter Zeitung*, October 20, 1921. Cf. Nos. 136 and 142 in Thomas Y. Levin: *Siegfried Kracauer. Eine Biographie seiner Schriften*. Marbach am Neckar 1989.

[16] Kracauer: »Stimmen zur ›Schule der Weisheit‹« (see note 15).

much more intended as friendly encouragement rather than as spiteful sarcasm.

Indeed, it did not take long for Kracauer to confirm his title as an ›Olympic Cerberus‹: while he and Rosenzweig were meeting in the fall of 1921, Kracauer was also preparing a staggering review of Max Scheler's *Vom Ewigen im Menschen*. Having established lose contact with Kracauer in 1916, Scheler had asked him in July 1921, for »weitgehend[e] Kritik« on his new book: a collection of essays and lectures intended to shift the attention to religious renewal – away from »Stürme und Gischte dieser Zeit« and to »das im Menschen, wodurch er Mensch ist« – in order to help Europe endure the trauma of First World War.[17] To do so, Scheler sets out to combine Augustinian theology with new trends in phenomenology – a combination which forms the basis of Kracauer's criticism »Katholizismus und Relativismus«, which appeared in the *FZ*'s feuilleton on November 19. In it Kracauer argues that, despite the author's best intentions, »Wertmaßstäbe« and »Wahrheitskriterien« infiltrate the Scheler's philosophical goal of objectively establishing »das eigentümliche Wesen des natürlich-religiösen Aktes«. Scheler's philosophy thus conforms for Kracauer to either a Catholic or relativist paradigm and, as such, forfeits any claim to objectivity and scientificity.[18] In his many contradictions, Scheler manifests for Kracauer a tendency toward »Willen zum Glauben« instead of »Glauben selber« that is characteristic of the times (and similar to Kracauer's criticism of Keyserling):

> Grenzlose Hinneigung zum Wesen des Seienden beseelt [Scheler], und es liegt wahrlich nicht an ihm allein, es ist vielmehr mit die Schuld einer des absoluten Sinnes ermangelnden Epoche, […], daß er hinter dem positiven Glauben eine natürliche Religion suchen muß, die für den rein Erkennenden doch nur als eine im Bereich des Materialen unrealisierbare Idee besteht.[19]

---

[17] Scheler's letters to Kracauer are in the DLA Marbach, cited here is the letter from July 1, 1921 (72.2934|9). Max Scheler: »Vorrede zur Ersten Auflage«, in: ders.: *Vom Ewigen im Menschen*. Bern 1954 (Gesammelte Werke, vol. 5), p. 7.

[18] Siegfried Kracauer: »Katholizismus und Relativismus«, in: ders.: *Schriften*, vol. 5.1: *Aufsätze 1915–1926*, ed. Inka Mülder-Bach. Frankfurt a. M. 1990, pp. 126–127. Original: *Frankfurter Zeitung*, November 19, 1921.

[19] Ibid., p. 130. The viewpoint Kracauer expresses regarding modernity is archetypical for his early writings: »Wurzellos, wie wir noch sind, können wir dem Relativismus kaum entrinnen und schweifen ruhelos von Erscheinung zu Erscheinung, von Kultur zu Kultur, uns in Ermangelung eigenen Seins in das Sein eines jeden Phänomens versenkend.«

What Kracauer criticizes in Scheler is not that he refuses to admit his Catholic standpoint, but instead what Kracauer perceives as Scheler's over-eagerness to flee to, while also proclaiming to objectively find, intellectual refuge in any arbitrary »Erscheinung« or »Kultur«, or »in das Sein eines jeden Phänomens«.[20] Characteristic of Kracauer's thinking in the early 1920s, »Katholizismus und Relativismus« offers a prime example of Kracauer's rejection of the existence of a ›quick-fix‹ solution, or what Miriam Hansen has called »premature attempts to restore meaning«, to a post-War societal lack of intellectual, spiritual, and political certainty.[21]

Given Scheler's affinity with their own religious interests and goals, Rosenzweig, Rosenstock, and Susman were understandably outraged with both the tone and message of Kracauer's review. Writing to Löwenthal on December 4, Kracauer explains that Rosenzweig and Rosenstock had (in an unknown source) expressed their discontent with Kracauer's review: »[der Scheler-Aufsatz] sei respektlos, verkenne die Wahrheit der natürlichen Religion und verlästere die Tiefe«.[22] Despite having tempered his criticism at Susman's recommendation, Kracauer fashioned a critical vocabulary, sharper than in his essay »Stimmen zur ›Schule der Weisheit‹«, that indeed ranges from critical scrutiny (»jene verhängnisvollen Unklarheiten« or »die Unhaltbarkeit der philosophischen Grundpositions Schelers«) to philosophical denunciation (»Ein Münchhausen, der sich am eigenen Schopf aus dem Wasser zieht!«).[23] Along with his objections to the essay's tone, Rosenzweig's main thematic objection to Kracauer's essay, as the former explains in his letter from December 12, 1921, regards the ›lifeless‹ conception of ›waiting‹ as an intellectual solution to modern disorientation. Kracauer advocates a concept of waiting against, in what seems like a direct attack against Rosenzweig and Rosenstock, the philosophical tendencies upheld by »den Intellektuellen von heute«. Kracauer claims:

> Menschen dieser Art aber, die Schleichwege der Schwäche, wenn auch einer sehr begreiflichen Schwäche, wandeln, sind gewiß nicht die Besten; begehren sie

---

[20] Ibid., p. 130.

[21] Miriam Hansen: »Decentric Perspectives: Kracauer's Early Writings on Film and Mass Culture«, in: *New German Critique* 54 (1991), pp. 51–53.

[22] Kracauer and Löwenthal: *In steter Freundschaft* (see note 13), p. 34.

[23] Kracauer: »Katholizismus and Relativismus« (see note 18), p. 124, 129 and 127.

doch voreilig Erfüllung ihrer kurzatmigen Sehnsucht, statt im Vakuum tapfer auszuharren und zu – warten.[24]

What Rosenzweig finds so disconcerting about Kracauer is both the tenor of his philosophical criticisms as well as his unwavering intellectual passivity in the face of the social, political, and cultural turmoil of the times – a stance which Rosenzweig wholeheartedly rejected in Idealist philosophy. Including an article from an unnamed »katholischer Geistliche«, Rosenzweig instead insists in his letter that »warten« implies not just the inactivity and observation (»bloß jenes Warten mit verschränkten – auf dem *Rücken* verschränkten – Händen«) of the intransitive word form (›auf etwas warten‹). But rather that ›warten‹ as a transitive verb (›etwas warten‹) form also includes the active attendance to and loving maintenance of the past and future possibility of the human.[25] The difference between activity – reflected in *Stern der Erlösung*'s step from »Vom Tode« to »Ins Leben« and in Rosenzweig's work in the Freies Jüdisches Lehrhaus – Kracauer's prescribed inactivity as a remedy for cultural disorientation underlies the first and, perhaps, the gravest term of these thinkers' philosophical antagonism.

By 1922, the limits of dialog and disagreement between Kracauer and Rosenzweig begin to emerge. As Kracauer explains in a letter to Löwenthal, although Rosenzweig fulfills his desire for Romantic ›Symphilosophie‹, Rosenzweig remains a »Rätsel« to Kracauer and belongs to a group of people known as »Kurzschluß-Menschen«: »[Rosenzweig] hat eine unsichtbare Hülle um sich, er steht sicherlich sehr vertraut mit seinem Gott […]. Meine Arbeit kommt mir bei ihm so überflüssig vor, denn er hat ja als Besitz, was wir suchen.«[26] As Kracauer defines in his essay

---

[24] Ibid., p. 129. Cf. Baumann: »Drei Briefe« (see note 5), p. 169. Given his correspondence with Susman, it seems clear that this sentence is targeted at Rosenzweig and Rosenstock. Kracauer explains in a letter to Susman on September 17, 1921: »Haben Sie den Satz gegen die ›Brüder in Patmos‹ gemerkt?« (see note 6) As Ingrid Belke discusses in her forthcoming publication on Kracauer and Susman's friendship, Kracauer refers here to the Patmos Circle: a group of social, philosophical and theological thinkers (such as Leo Weismantel, Hans Ehrenberg, and Karl Barth) who collaborated after the First World War, hoping to find new meaning and orientation. In: *Margarete Susman - Grenzgänge zwischen Dichtung, Philosophie und Kulturkritik*, eds. Anke Gilleir and Barbara Hahn. Göttingen 2011. Cf. *Franz Rosenzweig and Jehuda Halevi,* ed. Barbara Galli. Montreal 1995, and note 11 above.

[25] Baumann: »Drei Briefe« (see note 5), p. 172.

[26] Kracauer and Löwenthal: *In steter Freundschaft* (see note 13), pp. 33–34. Cf. Baumann: »Drei Briefe« (see note 5), p. 170.

»Die Wartenden« (1922) a »Kurzschluß-Mensch« recoils from the »horror vacui« of the secularized, demystified modern world into »den einen oder anderen religiösen Bereich« through their own »unfreiwilligen *Selbstbetrug*«.[27] Against any and all ›Kurz-Schluß‹-solutions, Kracauer argues that the proper response to a contemporary reality evacuated of absolute meaning – a diagnosis upheld by many scholars to be symptomatic of Kracauer's world-view in the early 1920s – is a passive and hesitant yet also an open form of waiting, coupled with a move »aus der atomisierten unwirklichen Welt der gestaltlosen Kräfte« and in to »die Welt der Wirklichkeit«.[28] In contrast, Rosenzweig views Kracauer's position of hesitation as fundamentally untenable if not also principally unethical, as he writes to Rudolf Ehrenberg in response to Kracauer's »Die Wartenden«:

> Sich an das Vorhandene zu halten, bleibt doch trotz all der pathetischen oder elegischen oder ›wartenden‹ (und, meist alle drei, schließlich bloß geistigen) Nein-Prediger das einzige Recht. Ich genieße hier auch manchmal so eine Auflage dieser (*gegen* alle andern und *für* sich selbst) negativen Theologie in der Gesalt oder besser: Figur des Frankfurter Zeitungs-Schmock Kracauer.[29]

A steadfast commitment to »das Vorhandene« has two sides for Rosenzweig: not only as a methodology based on a pragmatic engagement with the here-and-now of German-Jewish life, but also the realization of these efforts in the Lehrhaus. Taken in response to Kracauer's essay, Rosenzweig transforms Kracauer's concept of reality from an object of observation to a dynamic object with which the modern individual must interact – »die Zeit zum Handeln ist gekommen«, as proclaims already in 1916.[30] While Rosenzweig and Kracauer attribute equal significance to »die Welt der Wirklichkeit«, they disagree on the proper means for engaging reality. Whereas Kracauer denounces any choice on a direction of action (such as religion) as arbitrary and, hence, false, Rosenzweig upholds the efficacy of action under the guiding light of Judaism. The scope of this opposition

---

[27] Siegfried Kracauer: »Die Wartenden«, in: ders.: *Schriften*, vol. 5.1: *Aufsätze 1915–1926,* (see note 18), p. 162 and 167. Original: *Frankfurter Zeitung,* March 12, 1922.

[28] Ibid., p. 169. For a systematic discussion of Kracauer's concept of ›waiting‹ developed in these essays see Tom Levin: »Introduction«, in: Siegfried Kracauer: *The Mass Ornament,* trans. Tom Levin. Cambridge 1995, pp. 13–14. See Hansen: »Decentric Perspectives« (see note 21).

[29] Rosenzweig: *Briefe und Tagebücher*, vol. 2 (see note 1), p. 756.

[30] Rosenzweig: »Zeit ists«, in: ders.: *Zweistromland: kleinere Schriften zu Glauben und Denken,* eds. Reinhold and Annemarie Mayer. Dordrecht 1984 (Der Mensch und scin Weik, vol. 3), p. 480.

in perspectives is not simply part and parcel of the heavily debated discourse on what Levin has called »an articulation of the crisis of modernity«.[31] Rather, it more directly represents the development of a prescriptive ethics of intellectual and linguistic formulation within this perceived crisis: what one can or cannot reasonably believe and the permissible limits to its expression.

III. Reaching the Absolute

Despite Rosenzweig's palpable and »offensichtlich[e] Feindseligkeit« toward Kracauer in letters from 1922, as Martina and Walter Lesch correctly put it, their conversation continued in 1923.[32] In the meantime, however, Rosenzweig had begun suffering from amyotrophic lateral sclerosis which would lead to his paralysis and eventual death in 1929. Similar to 1921, contact began anew when Rosenzweig sent Kracauer a postcard (dictated to his wife and postmarked March 31), in which he expresses his »Freude über den schönen Aufsatz in der heutigen F.Z.« – namely, Kracauer's essay »Das zeugende Gespräch« which appeared in the *FZ* the same day. However, Kracauer is not without his own skeptical ›Feindseligkeit‹ vis-à-vis Rosenzweig, as he writes to Theodor Adorno on April 5: »Denke Dir, von Rosenzweig lag eine Karte da... Ist das nicht groß und gütig?«[33] But in the postcard Rosenzweig recognizes a distinct ›Durchbruch‹ in Kracauer's thinking, one which, for Rosenzweig, must have contrast Kracauer's earlier essays like »Katholizismus und Relativismus«. What sort of change could have Rosenzweig perceived in an essay not commonly understood as overly significant to Kracauer's journalistic œuvre?

What Rosenzweig senses in »Das zeugende Gespräch« is a shift in Kracauer's thought away from the passive observation advocated for in »Die Wartenden« to an active engagement with a concept of the Absolute through dialog. Indeed, Kracauer expresses the nucleus of this shift in the essay's opening sentence:

> Für alle nicht im Glauben lebenden Menschen, die von der unersättlichen Begierde nach absoluter Gewißheit ergriffen sind, ist das auf die letzten Dinge aus-

---

[31] Levin: »Introduction« (see note 28), p. 5.

[32] Lesch and Lesch: »Verbindung zu einer anderen Frankfurter Schule« (see note 4), p. 177.

[33] Theodor W. Adorno and Siegfried Kracauer: *Briefwechsel 1923–1966,* ed. Wolfgang Schopf. Frankfurt a. M. 1994 (Briefe und Briefwechsel, vol. 7), p. 11.

gerichtete Gespräch ein Vorgang, der jedenfalls immer eine wichtige Etappe ihres Weges bezeichnet.[34]

Although the Absolute or »absolut[e] Gewissheit« remains for Kracauer a
limiting factor in »Das zeugende Gespräch«, he does posit – and this
would have been what Rosenzweig saw as a ›Durchbruch‹ – the act of
conversation as »das zur *Suche* und Hebung der ›Wahrheit‹ gemeinsam
unternommene Werk von Menschen«. Dialogue and, with it, the material
act of speech itself represents a potential redemption from what Rosenzweig understood as the intellectually irresponsible passivity characteristic of Kracauer's earlier essays. In effect, »Das zeugende Gespräch«
forced Rosenzweig to reconsider his judgment of Kracauer and his »einen
Gedanken« on the inefficacy and impossibility of the rehabilitation of
absolute meaning in a time characterized by fragmentation and estrange-
ment from God.[35] As such, the postcard effectively revitalized Rosenzweig and Kracauer's own »zeugendes Gespräch«. And Kracauer even
seems to have reflected this revived interest, describing »Das zeugende
Gespräch« in the essay as a conversation between a »naïve[n] Bekenner«
(Rosenzweig) and an »ohnmächtige[n] Neinsager« (Kracauer).[36]

Indeed, the machine-typed letter from Rosenzweig to Kracauer on May
25 that follows the postcard by two months can be seen as the most philosophically and pragmatic engagement between the two. The letter, dated
May 25, 1923, was clearly a reply to a correspondence from Kracauer
(which has since been lost) that responded to Rosenzweig's review of
Emil Cohn's *Judentum* (1921) in the periodical *Der Jude*. Kracauer's response to the review, entitled »Ein Rabbinerbuch«, is not without provo-
cation: Rosenzweig defames in it the feuilleton of the *Frankfurter Zeitung*
as the site of the oft-heard »Predigt gegen die böse ›Zeit.‹«[37] While Ro-

---

[34] Siegfried Kracauer: »Das zeugende Gespräch«, in: ders.: *Schriften*, vol. 5.1 *Aufsätze 1915–1926* (see note 18), p. 222. Original: *Frankfurter Zeitung,* March 30, 1923.

[35] Rosenzweig's to Rudolf Hallo in early 1922: »Kracauer hat nämlich nur einen Gedanken und noch dazu den, den wir schon vor zehn oder fünfzehn Jahren hatten, du
auch schon: nämlich die Überwindung des Individualismus, den er aber offenbar erst
seit ein oder zwei Jahren hat«. Rosenzweig: *Briefe und Tagebücher*, vol. 2 (see note 1), p. 861. Rosenzweig seems to misunderstand Kracauer's philosophical intentions, especially in »Die Wartenden« (see note 27). See Ingrid Belke: »Siegfried Kracauer«, in: *Deutschsprachige Exilliteratur seit 1933*, vol. 3.4: *USA*, eds. John M.
Spalek, Konrad Feilchenfeldt, and Sandra H. Hawrylchak. Zürich 2003, pp. 84–85.

[36] Kracauer: »Das zeugende Gespräch« (see note 34), p. 224.

[37] Franz Rosenzweig: »Ein Rabbinerbuch«, in: *Der Jude* 4 (1923), pp. 237–240, here
p. 239. Rosenzweig quoted here in Baumann: »Drei Briefe« (see note 5), p. 175.

senzweig's letter reflects both in its form and in its content an antagonistic philosophical tone, it also contains significant moments of conceptual agreement and philosophical synthesis. On the one hand, the letter's language foregrounds, through the accruement of biblical quotes and the often lengthy, convoluted sentences, a pedantic, philosophically-standoffish tone. (As Rosenzweig later wrote in June, the letter's form was intended to serve as a »Widerspruchsfeststellung«). Hence, Rosenzweig delivers a rejection of Kracauer's response to the concept of prophecy briefly developed in »Ein Rabbinerbuch«. For Kracauer, as he writes in his 1922 review of Ernst Bloch's *Thomas Münzer*, »Prophetentum«, prophecy is as a highly sensitive and timely subject: amidst the cultural and spiritual disorientation of the 1920s, all prophecies must be carefully tested and must prove themselves (›sich bewähren‹) before belief can be invested in them. Kracauer explains: »Von Finsternis umfangen, in irdischer Bedrückung lebend, horchen wir heute doppelt angespannt auf Worte, die eine Botschaft bringen.«[38] Contrasting Kracauer, Rosenzweig argues that prophecy's misuse stems instead from an overestimation of the individual and human contribution of the prophet to the prophecy. Expanding on »Ein Rabbinerbuch«, Rosenzweig upholds that prophecy is »nichts Besonders« and that it is through and within the power of God's will alone that prophetic speech occurs.[39]

On the other hand, however, Rosenzweig depicts a concept of »die Zeit« that not only binds the letters' diverse themes together but also serves as a fundamental point of agreement between the two thinkers. Rosenzweig argues that the idea of time, taken here as a synchronic section of the intellectual or spiritual cross-currents of society, has three main attributes. First, a time, such as the problematic early years of the Weimar Republic, contains both fostering and retarding elements, which also holding true for ›-Ismen‹ (such as ›Kapitalismus‹) and ›-Tümern‹ (such as ›Judentum‹). Second, in contrast to Kracauer's conception of a time of »Gottentfremdung« or of »ein[e] des absoluten Sinnes ermangelnd[e] Epoche«, Rosenzweig believes a time cannot be more or less removed from an omnipresent and omnipotent God.[40] Third, Rosenzweig therefore concedes that a time is »gewiss eine Macht« but concludes that it is not an »Allmacht«. Nonetheless, Rosenzweig maintains that there exists a

---

[38] Siegfried Kracauer: »Prophetentum«, in: ders.: *Schriften*, vol. 5.1: *Aufsätze 1915–1926* (see note 18), p. 196. Original: *Frankfurter Zeitung,* August 27, 1922.

[39] See Baumann's discussion of prophecy: »Drei Briefe« (see note 5), pp. 166–168.

[40] Kracauer: »Katholizismus und Relativismus« (see note 18), p. 130.

way that a ›Zeit‹ or a ›-Tum‹ can become »Absolute« or can regain access to absolute meaning: »es handelt sich um ein Absolutwerden, nicht um ein Absolutsein« or »gewissermassen ein Absolutsein auf Abschlagzahlung«. Rosenzweig sees that a time or a ›-Tum‹ – in particular, ›Judentum‹ – can offer a »corroboration« (›Bewährung‹) of its ever-lasting infinitesimal approach to an Absolute, while its ultimate being-as-absolute lacks a final proof (›Beweis‹), in the mathematical or logical sense of the word.[41] To demonstrate that Judaism is not a form of »Subjektivismus« (for which Kracauer reproached Ernst Troeltsch in the essay »Wissenschaftskrisis«), Rosenzweig cites the philosophical precedent in which a »streng eingehaltende Objektivitätsideal« (quoting Kracauer's description of Max Weber in the same essay) has already been established: »für einen engen Bezirk, im Grunde nur für das ›Mathematische‹.«[42] Following the example of mathematics, upon which Rosenzweig does not further elaborate, the Absolute reachable through Judaism may not be able to be logically demonstrated as a proof. But instead the reality of Jewish life becomes Absolute within the course of time, a piecemeal homecoming for the transcendentally homeless.

Precisely at this point in the conversation the agreements and disagreements indelible to Rosenzweig's and Kracauer's thinking crystallize. Although Kracauer openly excludes the possibility of locating absolute meaning in Judaism, as Rosenzweig quotes from a lost letter, Kracauer suggests (and Rosenzweig recognizes) in his »Gesprächaufsatz« that there exists a form of communication that can overcome the apodictic facticity of »ein mathematischer Ausdruck« – similar to Rosenzweig's reasoning above – in pursuit of the Absolute. In that a »zeugendes Gespräch« moves in a »stetes An- und Abschwellen« in the direction of

---

[41] Rosenzweig's differentiation between ›Bewährung‹ and ›Beweis‹ serves as the basis of what he will later describe as »das neue Denken«. In a supplementary essay to *Stern der Erlösung* from 1925, Rosenzweig writes: »Wahrheit hört so auf, zu sein, was wahr ›ist‹, und wird das, was als wahr – bewährt werden will. Der Begriff der Bewährung der Wahrheit wird zum Grundbegriff dieser neuen Erkenntnistheorie, die an die Stelle der Widerspruchslosigkeits- und Gegenstandstheorien der alten tritt und an Stelle des statischen Objektivitätsbegriffs jener einen dynamischen einführt«. »Bewährung« thus contrasts »die hoffnungslos statischen Wahrheiten, wie die der Mathematik«. Rosenzweig: »Das neue Denken«, in: ders.: *Zweistromland* (see note 30), p. 158. See Rosenzweig: »Die ›Gritli‹-Briefe« (see note 12), p. 770.

[42] Siegfried Kracauer: »Die Wissenschaftskrise«, in: *Schriften*, vol. 5.1: *Aufsätze 1915–1926* (see note 18), p. 215 and 218. Original: *Frankfurter Zeitung,* March 8 and 22, 1923. Baumann: »Drei Briefe« (see note 5), p. 175.

247

»die nicht zu tilgende Ungelöstheit«, Kracauer's conception of the approach to the Absolute agrees with the logical (»neulogisch«, as he writes to Kracauer) shift from a foundation of »Beweis« to »Bewährung« elementary to what Rosenzweig entitled his »New Thinking«.[43] The »logisches Problem« that will preclude their friendship and that forms their final disagreement is a fundamentally ethical disagreement. In the everyday practice of Judaism, Rosenzweig finds the adequate expression of his »New Thinking« to combat the malaise of modernity. Kracauer, who spent his formative years of the 1920s dealing with and, ultimately, rejecting the option of religion, believes such an answer has not yet arrived and may not arrive. Surprisingly enough, in his insistence on waiting and rejecting any false Messiahs, it is more Kracauer, and less Rosenzweig, whose thinking seems to be more influenced by Judaism.

IV. Intellectual Ethics

A final explication of Kracauer's reaction to Rosenzweig's missives between 1921 and 1923, their ideas and his philosophical tone, remains irrecoverable. This uncertainty becomes especially apparent in the final letter of the correspondence, from Rosenzweig to Kracauer in June 1923, which exhibits waning engagement and effectively closes the conversation until Kracauer's essay »Die Bibel auf Deutsch«. What becomes palpable in their conversation – despite any brief hope of consensus represented by the postcards – is the difference in their fundamental understanding of the responsibilities of thought amidst the chaos and uncertainty of the modern world: in particular, humanity's relationship to, and expression and realization of the Absolute. Rosenzweig upholds a belief in the everyday reality and relevance of Judaism, the possibility of prophecy and of divine intervention not despite, but because of the intellectual destabilization of modernity. A modernized Judaism can move in the direction of the Absolute or the ›Stern‹, even though such movement may simultaneously lack the logical, scientific proof of its own existence. While Kracauer may desire to believe »in den neuen Erlöser« (as he writes to Susman), he grows to think, given the empirical situation of 1920s Germany, that an Absolute can function only as a regulative idea, one fundamentally inaccessible to humanity – in his words: »Aussage über Weltbeginn, Welten-

---

[43] Kracauer: »Das zeugende Gespräch« (see note 34), p. 228. See note 39.

de usw. lehne ich strikt ab«.[44] Rosenzweig and Kracauer's potential friendship thus seems profoundly paradoxical. Rosenzweig and Kracauer do agree – and this is significant for both their thinking – that the concurrent fostering and retarding elements of their age had created a distinct set of social, cultural and political problematics that necessitated the search for and the mediation of a new notion of the Absolute, of essence, or of truth. But the proper means, the linguistic medium, and the very possibility of reestablishing such absolute essence form and remain the irreconcilable ethical disagreement between the two.

The cause and the result of this forgotten conversation strike to the core of not only present critical opinion of Rosenzweig and of Kracauer, but also their self-conceptions as individuals and as thinkers in the Weimar Republic. Beyond expanding the degree to which we understand their interactions to have taken place, the five letters represent a solidification on the side of Rosenzweig – despite (or, perhaps, because of) his failing health – in his belief in the relevance and urgency of the revival of Jewish life. For Kracauer, however, the opposite could not be more true: letters to Löwenthal from August, 1923 reveal that, within two months of Rosenzweig's final letter, Kracauer has again undertaken reading *Stern*. His review of *Stern* is unequivocal:

> Mit dem Rosenzweigschen Erlösungsstern bin ich zu Ende. Es ist doch ein Schmarren! Die richtige Apotheosenphilosophie, die mit dem Nichts anfängt und mit dem: ›Hab' Sonne im Herzen‹ schließt. Ich verachte diese Sorte von Philosophie die aus dem Hymnus ein System macht, um dieses Systems willen die tollsten Konstruktionen sich beifallen läßt (etwa Rosenzweigs Unterscheidung von Judentum und Christentum) und von Schöpfung, Offenbarung und Erlösung Begeisterungstöne sabbert, die einen Hund erbarmen. Rosenzweig ist und bleibt als Denker Idealist, wenn nicht Überidealist, davon erlöst ihn auch sein ✿ nicht.[45]

Perhaps characterizing Kracauer's response to Rosenzweig's letters, Kracauer shows here a radical and final rejection of what Martin Jay calls an »Erlösungsimpuls« and, with it, Rosenzweig's mixture of theology and philosophy.[46] The final effect of the conversation, one may say, is that it

---

[44] Kracauer to Susman on February 26, 1921: »Ich möche untergehen in den neuen Erlöser der eine neue Kirche schafft. Bis er kommt freilich – und darin stimme ich mit Ihnen überein – bleibt uns nichts, als demütig zu sein, das beste zu tun, seine Sache zu schaffen und zu – *warten*.« (see note 6) Kracauer and Löwenthal: *In steter Freundschaft* (see note 13), p. 271.

[45] Adorno and Kracauer: *Briefwechsel 1923–1966* (see note 33), p. 46.

[46] Martin Jay; »Einführung«, in: Kracauer and Löwenthal: *In steter Freundschaft* (see note 13), p. 13.

delineated two diametrically opposed ethics for intellectual behavior, in particular, for the chaotic post-War period or, in general, for modernity.

Rosenzweig and Kracauer's forgotten conversation on intellectual ethics both engaged the legacy of German philosophy since the Enlightenment and released long lasting aftershocks in the Weimar Republic and in the intellectual history represented by thinkers like Adorno, Löwenthal, Benjamin and Buber. But perhaps the most noteworthy consequence of their discussion is Rosenzweig and Buber's Bible translation and Kracauer's critical essay »Die Bibel auf Deutsch«. In 1921, the irresponsibility of Kracauer's concept of »waiting« galvanized Rosenzweig's resolve in personal initiative in dealing with the condition of German-Jewish modernity that later underlies the translation project with Buber. In 1923, despite a brief glimpse of agreement, Rosenzweig and Kracauer's correspondence leads Kracauer to re-read and conclusively reject Rosenzweig's philosophy. Whereas modernity offers Rosenzweig the chance for the rehabilitation of real religious and, in particular, Jewish experience, the turn away from such belief indicates for Kracauer the need to develop his own intellectual ethos for dealing with modernity: the examination of the profane.[47] »Die Bibel auf Deutsch« thus appears as an aftershock of Rosenzweig and Kracauer's earlier engagement with one another, as the lacking call to action for which Rosenzweig had faulted Kracauer in 1921. In the intellectual fragmentation it trigged, Kracauer's essay can be seen not only as a radical enactment of, to borrow Rosenzweig's words, life »in einer zerborstenen zerbrochenen zersplitterten und chaotischen ›Zeit‹«[48] that was the reality of the Weimar Republic itself. But it is also, and perhaps more significantly, a pronouncement of the correct way to behave, to write, and to think therein.

---

[47] For a discussion of the goals of Rosenzweig and Buber's Bible translation, see Lesch and Lesch: »Verbindung zu einer anderen Frankfurter Schule« (see note 4); Jay: »Politics« (see note 2); or Baumann: »Drei Briefe« (see note 5). During his correspondence with Rosenzweig, Kracauer also took up contact and met with Martin Buber, especially in early 1922. See *Marbacher Magazin* (see note 6), p. 37.

[48] Rosenzweig: *Briefe und Tagebücher*, vol. 2 (see note 1), p. 837.

Anhang

Franz Rosenzweig to Siegfried Kracauer [Frankfurt a.M.][49]

Lieber Herr Kracauer,

Meine Frau sagt zwar, ich schreibe seit einigen Tagen nur deshalb soviel Postkarten, weil sie mir neulich auf ein Mal 100 Stück gekauft hat, - aber auch ohne diese Gunst der Gelegenheit muss ich Ihnen zu Ihrem »Schlusswort« gratulieren.[50] Wenn es ein olympisches Gegenstück zum Cerberus gäbe, so wären Sie wert, dies Amt zu bekleiden. »Gut gebellt« Vae litteratis![51]

Ihr Franz Rosenzweig

Franz Rosenzweig to Siegfried Kracauer [Frankfurt a.M.][52]

31.3.23

Lieber Herr Doktor Kracauer,

ich möchte nicht unterlassen, Ihnen meine Freude über den schönen Aufsatz in der heutigen *F.Z.* auszusprechen,[53] der übrigens, wenn ich recht sehe, für Sie eine Art Durchbruch bedeuten muß. Es grüßt Sie Ihr sehr ergebener

Franz Rosenzweig

---

[49] DLA Marbach, A:Kracauer, 72.2894/1. No date, postmarked on October 20, 1921.

[50] Rosenzweig refers to Kracauer's »Schlußwort« in »Stimmen zur ›Schule der Weisheit‹« (see note 15).

[51] Latin: »Woe to the literates«.

[52] DLA Marbach, A:Kracauer, 72.2894/3. Written in pen, signed by Rosenzweig in pencil.

[53] »Ihnen schönen Aufsatz in der heutigen F.Z.« refers to Kracauer's essay, »Das zeugende Gespräch« (see note 34).

Alexandra Skowronski

Heisenberg und Goethe – Physik und Dichtung

Strategien naturwissenschaftlicher und bildungsbürgerlicher Selbstdarstellung am Beispiel von Werner Heisenbergs Goethe-Vorträgen (1941 und 1967)

Abstract: Werner Heisenberg, one of the most prominent proponents of modern theoretical physics, repeatedly deferred to Goethe, despite the poet's notorious aversion against any abstract and mathematical study of nature. As a consequence, Heisenberg is often viewed as an intermediary between modern science and poetry. Even his invention of quantum mechanics has been claimed to be inspired by Goethe. I will instead focus on the strategic aspects and hidden agendas of Heisenberg's public dealings with Goethe. A philological reading of his most significant speeches »Die Goethe'sche und die Newton'sche Farbenlehre im Lichte der modernen Physik« (1941) and »Das Naturbild Goethes und die technisch-natur-wissenschaftliche Welt« (1967) shows that Heisenberg's often inconsistent and contradictory instrumentalization of the poet is owed to his influential but precarious position within German science politics during and after national socialism, and can only be understood by reconstructing the proper historic and political context of these speeches.

I.

In seiner Schrift »Zur Farbenlehre« und anderen naturwissenschaftlichen Schriften weist Goethe bekanntlich nicht nur Newtons Farbenlehre polemisch zurück, sondern wendet sich auch energisch gegen die ›Vergewaltigung‹ der Natur durch die mathematische Abstraktion. Werner Heisenberg jedoch attestiert Goethe in seinem Vortrag »Die Goethe'sche und die Newton'sche Farbenlehre im Lichte der modernen Physik« (1941) eine unbewußte Zuneigung zur Mathematik, ja eine Art Internalisierung der »Mathematik in ihrer reinsten Form«:

> Worauf Goethe verzichtet, ist nicht eigentlich die Mathematik selbst, sondern nur das mathematische Handwerk. Wenn wir von der Mathematik in ihrer reinsten Form sprechen, so wie sie sich etwa in der Theorie der Symmetrien und der gan-

zen Zahlen offenbart, so ist leicht zu erkennen, daß auch die Goethesche Farbenlehre einen nicht geringen Teil Mathematik enthält.[1]

Und 1967, in seinem Vortrag »Das Naturbild Goethes und die technisch-
naturwissenschaftliche Welt«, fragt Heisenberg:

> Mag es nicht sein, daß gerade, was Goethe als die göttliche Ordnung der Naturer-
> scheinung empfindet, erst in der höheren Abstraktionsstufe in voller Klarheit vor
> uns steht?[2]

Heisenbergs Vorträge vermochten nicht nur zu seiner Zeit zu polarisieren.
Auch in der aktuelleren literaturwissenschaftlichen und wissenschaftshistorischen Forschung zu Heisenbergs Goethe-Bild sind durchaus kontroverse Standpunkte zu verzeichnen. Die insgesamt nicht sehr umfangreiche Zahl an Untersuchungen folgt in holzschnittartiger Vereinfachung
drei Deutungsmustern.

Bemerkenswert ist erstens, wie häufig man sich mit einer meist nur paraphrasierenden Darstellung der Aussagen Heisenbergs zu Goethe begnügt. So rekonstruiert Helmut Rechenberg, letzter Doktorand Heisenbergs und Herausgeber seiner Werke, in seinem 2003 im *Goethe-Jahrbuch* erschienenen Beitrag zwar eingehend die Auseinandersetzung
Heisenbergs mit Goethe, enthält sich aber einer kritischen Beurteilung.[3]
Häufig wird auch in Darstellungen zum Themenkomplex ›Goethe und die
Naturwissenschaften‹ undifferenziert auf Heisenbergs Rolle als Vermittler zwischen Goethescher und moderner Naturwissenschaft verwiesen,

---

[1] Werner Heisenberg: »Die Goethe'sche und die Newton'sche Farbenlehre im Lichte
der modernen Physik«, in: *Gesammelte Werke*, hg. v. Walter Blum, Hans-Peter Dürr
u. Helmut Rechenberg. Bd. C I: *Physik und Erkenntnis 1927–1955*. München 1984,
S. 146–159, hier S. 150. Im folgenden im Text mit der Sigle F zitiert. Zuerst erschienen in: *Geist der Zeit* 19 (1941), S. 261–275.

[2] Werner Heisenberg: »Das Naturbild Goethes und die technisch-naturwissenschaftliche Welt«, in: *Gesammelte Werke* (wie Anm. 1), Bd. C II: *Physik und Erkenntnis
1956–1968*. München 1984, S. 394–409, hier S. 403. Im folgenden im Text mit der
Sigle N zitiert. Zuerst erschienen in: *FAZ* 117 (23.05.1967), S. 13f., sowie in: *Goethe. Neue Folge des Jahrbuchs der Goethe-Gesellschaft* 29 (1967), S. 27–42.

[3] Vgl. Helmut Rechenberg: »›Goethe hat ihn durch sein ganzes Leben begleitet‹. Werner Heisenbergs Auseinandersetzung mit Goethes Naturbild«, in: *Goethe-Jahrbuch*
120 (2003), S. 277–291, sowie der weniger ausführliche Beitrag von Helmut Rechenberg: »Goethes Einfluss auf Heisenbergs Naturerkenntnis 1927–1942«, in: *Werner Heisenberg (1901–1976). Schritte in die neue Physik*, hg. v. Helmut Rechenberg
u. Gerald Wiemers. Beucha 2001 (Veröffentlichungen des Universitätsarchivs Leipzig 2), S. 49–55.

die meist nur mit Versatzstücken aus seinen Vorträgen belegt wird.[4] In diesen Beiträgen wird mitunter der Eindruck vermittelt, Heisenberg habe sich aufgrund seiner außergewöhnlichen Verehrung für Goethe intensiv mit dem Dichter auseinandergesetzt und sei auf diesem Wege über eine einseitig-naturwissenschaftliche Sichtweise hinausgekommen.

Zweitens gibt es die Tendenz, sich mit der Salvierung des großen Dichters durch einen bedeutenden Naturwissenschaftler und damit der Stilisierung Goethes zur universal autoritativen Instanz zufriedenzugeben. Paradigmatisch hierfür ist Maren Partenheimers Arbeit zu *Goethes Tragweite in der Naturwissenschaft*. Partenheimer übernimmt Heisenbergs Äußerungen in weiten Teilen und betont enthusiastisch, daß unter Goethes Einfluß »auf Helgoland [mit der Entdeckung der Quantenmechanik, A. S.]

---

[4]   In seiner Darstellung zur Rezeption Goethes in Deutschland rekurriert Karl R. Mandelkow: *Goethe in Deutschland. Rezeptionsgeschichte eines Klassikers.* München 1989, Bd. II auf Heisenberg als Vermittler zwischen Goethe und der modernen Naturwissenschaft, der in der Nachfolge Ernst Cassirers eine Art Koexistenzmodell zwischen beiden Sichtweisen entwickelt habe (vgl. S. 41). Ähnlich beschreibt dies auch Irmgard Müller in ihrer Überblicksdarstellung: »Goethes Farbenlehre und Morphologie in den Naturwissenschaften des 20. Jahrhunderts«, in: *Goethe-Jahrbuch* 16 (1999), S. 234–244, hier S. 238f. In seiner rezeptionsgeschichtlichen Darstellung zu Goethes Farbenlehre sieht Felix Höpfner: *Wissenschaft wider die Zeit. Goethes Farbenlehre aus rezeptionsgeschichtlicher Sicht.* Heidelberg 1990, Heisenbergs Vortrag von 1941 als rezeptionsgeschichtlichen »Wegbereiter« eines »weitblickenden und selbstkritischen Verständnisses der Farbenlehre« (S. 20) und »Markstein innerhalb der Rezeptions- und Wirkungsgeschichte der Goetheschen Farbenlehre« insofern, »als grundlegende Einsichten hier zwar nicht zum erstenmal geäußert wurden«, jedoch durch die unzweifelhafte Kompetenz des Redners »die notwendige Gewichtung erhielten, um Folge zeitigen zu können« (S. 192). Meist kurze und paraphrasierende Verweise auf Heisenbergs Goethe-Rezeption in seinen Vorträgen finden sich auch bei Reinhard Löw: »Ordnung der Wirklichkeit. Werner Heisenberg in seinen philosophischen Schriften«, in: *Universitas* 42 (1987), S. 1167–1176; David C. Cassidy: *Uncertainty. The Life and Science of Werner Heisenberg.* New York 1992, S. 449; Georg Schwedt: *Goethe als Chemiker.* Berlin–Heidelberg 1998, S. 271–274; Ludolf von Mackensen: »Goethes Farbenlehre als eine alternative Wissenschaft«, in: *Form, Zahl, Ordnung. Studien zur Wissenschafts- und Technikgeschichte*, hg. v. Rudolf Seising u. a. Stuttgart 2004 (Boethius 48), S. 503–512, hier S. 511; Friedrich Harrer: »Ganzheitliches Denken und Naturmystik bei Goethe«, in: *Mystik und Natur. Zur Geschichte ihres Verhältnisses vom Altertum bis zur Gegenwart*, hg. v. Peter Dinzelbacher. Berlin–New York 2008 (Theophrastus Paracelsus Studien 1), S. 155–173, hier S. 169.

ein Stein ins Rollen gekommen«[5] sei. Heisenberg habe bewiesen, daß das Ziel der exakten Naturwissenschaften und das Goethes vergleichbar seien.[6] Solche Einschätzungen finden sich nicht nur in literaturwissenschaftlichen Untersuchungen.[7] Ein sowohl von Literaturwissenschaftlern als auch Naturwissenschaftlern geschätzter Nebeneffekt dieser Verschmelzung scheint die Aufwertung der klassischen Dichtung durch die moderne Naturwissenschaft und vice versa zu sein.

Eher selten sind drittens dezidiert kritische Stellungnahmen zu finden, die Heisenbergs Goethe-Bild auf seine Tragfähigkeit hin prüfen.[8] Von literaturwissenschaftlicher Seite kommt es erst im Jahr 2005 mit René Jacques Baerlochers Aufsatz »Bemerkungen zu Werner Heisenbergs

---

[5] Maren Partenheimer: *Goethes Tragweite in der Naturwissenschaft. Hermann von Helmholtz, Ernst Haeckel, Werner Heisenberg, Carl Friedrich von Weizsäcker.* Berlin 1989, hier S. 64.

[6] Vgl. ebd., S. 71. Auch der Biograph Joachim G. Leithäuser: *Werner Heisenberg.* Berlin 1957 (Köpfe des XX. Jahrhunderts 2) folgert aus Heisenbergs Vortrag von 1941, daß sich Goethe und Newton bzw. die Dichtung und die Mathematik durch die Natur ergänzten, denn der »Dichter findet in ihr Harmonie – ebenso aber auch der Mathematiker« (S. 88f.).

[7] Dies zeigt zum Beispiel die Stellungnahme des Physikers Thomas Görnitz. Er vermutet in seinem Beitrag »Goethe – Künstler, Naturforscher und philosophischer Denker – auch heute noch ein inspirierender Partner«, in: *Durchgeistete Natur. Ihre Präsenz in Goethes Dichtung, Wissenschaft und Philosophie,* hg. v. Alfred Schmidt u. Klaus-Jürgen Grün. Frankfurt a. M. 2000, S. 251–259, Goethes Einfluß auf Heisenbergs physikalisches Schaffen sei nicht einfach von der Hand zu weisen (vgl. S. 255).

[8] So konstatiert etwa der bei Carl Friedrich von Weizsäcker promovierte Christoph Gögelein: *Zu Goethes Begriff von Wissenschaft auf dem Wege der Methodik seiner Farbstudien.* München 1972, Heisenbergs Beispiel zeige, wie weit man als Physiker »gutwillig nun Goethe entgegengehen« (S. 178) könne, auch wenn nicht »im wesentlichen alle Physiker heute so« (ebd.) dächten. Die »Teilung der Welt in ›Schichten‹«, wie Heisenberg sie im Vortrag von 1941 vornimmt, markiere »zunächst lediglich ein philosophisches Problem« und im Vortrag von 1967 mache er »hinblickend auf die kommende Einheit der Physik [...] einen irreführenden Ansatz« (S. 181). Seine Kritik führt Gögelein an dieser Stelle aber nicht weiter aus. Auch deutet beispielsweise der Physiker Hans G. Dosch: »Goethes Naturforschung im Gegenlicht der exakten Naturwissenschaft«, in: *Goethe im Gegenlicht. Kunst, Musik, Religion, Philosophie, Natur, Politik,* hg. v. Dieter Borchmeyer. Heidelberg 2000, S. 85–108, nur vorsichtig an, »[e]inige mißverständliche Äußerungen Heisenbergs [...] könnten tatsächlich den Eindruck erwecken, die moderne Naturwissenschaft habe Goethe zumindest teilweise Recht gegeben« (S. 99). Kritischer urteilt Dennis Sepper: *Goethe contra Newton. Polemics and the Project for a new Science of Color,* Cambridge u. a. 1988, S. 6–9.

Goethebild« zu einer Neuakzentuierung, insofern es Baerlocher hier erstmals unternimmt, Heisenbergs Darstellung der Goetheschen Naturauffassung in Frage zu stellen. Bei unvoreingenommener Analyse müsse man »zu einem völlig anderen als dem von Rechenberg präsentierten, verharmlosenden Goethebild Heisenbergs gelangen [...].«[9] Allerdings bleibt in Baerlochers Beitrag unklar, was dieses »völlig andere« Goethe-Bild konstituiert, und historische und diskursive Kontexte, die Heisenbergs Goethe-Bild plausibilisieren und gegenüber alternativen Bildern auszeichnen könnten, werden nicht ausreichend hinzugezogen. Gerade im Hinblick auf eine auffallend polemische Stellungnahme zu Heisenbergs Vortrag von 1967 ist dies besonders eklatant: die im selben Jahr im *Goethe-Jahrbuch* erschienene Replik des Physikochemikers Karl Lothar Wolf (1901–1969) mit dem Titel »Goethe und die Naturwissenschaft. Betrachtungen zu einem Vortrag Werner Heisenbergs«, auf die ich noch zurückkommen werde.[10] Denn obgleich Wolf, wie Lutz Danneberg in seiner Studie zur ›Deutschen Linie‹ in der deutschen Wissenschaft notiert, mit seinem Beitrag offenkundig an »alte Kontroversen«[11] anknüpft,[12] läßt Baerlocher die Motive Wolfs unkommentiert. Damit hebt sich Baerlochers Beitrag zwar von den zuvor genannten paraphrasierenden oder hagiographisch motivierten Beiträgen deutlich ab. Durch die etwas einseitige Konzentration auf Heisenbergs scheinbar unangemessenes Goethe-

---

[9] René J. Baerlocher: »Bemerkungen zu Werner Heisenbergs Goethebild«, in: *Goethe-Jahrbuch* 122 (2005), S. 244–262, hier S. 244.

[10] Vgl. Karl L. Wolf: »Goethe und die Naturwissenschaft. Betrachtungen zu einem Vortrag Werner Heisenbergs«, in: *Goethe. Neue Folge des Jahrbuchs der Goethe-Gesellschaft* 29 (1967), S. 289–293. Die Replik Wolfs ist die mit Abstand deutlichste Reaktion unter den wenigen kritischen Stellungnahmen der Zeitgenossen. Zu erwähnen wäre möglicherweise noch Walter Heitler: *Naturphilosophische Streifzüge. Vorträge und Aufsätze.* Braunschweig 1970, der Heisenberg zwar nicht namentlich erwähnt, aber ihn offenbar mit der Kritik adressiert, daß nichts »verfehlter« wäre, »als die Urpflanze mit dem DNS selbst zu identifizieren« (S. 73). Auf diesen Vergleich, den Heisenberg im Vortrag zieht, werde ich noch zurückkommen (vgl. IV.).

[11] Lutz Danneberg: *Deutsche Linie und Deutsche Wissenschaft. Eckhart, Kues, Paracelsus, Copernicus, Böhme, Kepler, Leibniz & Co. – überfällige Forschungen zur Arbeit an der »Deutschen Linie des Denkens und Fühlens« und zur Diskussion eines »nichttraditionellen Konzepts epistemischer Güte« zwischen 1933 und 1945* [FHEH-Preprint-Version 15.09.2010]. URL: http://www.fheh.org/images/fheh/material/dfg-dlluda.pdf [zuletzt eingesehen am 29.09.2011], S. 79.

[12] In der Forschung bleibt Wolfs Replik weitgehend unerwähnt. Ein Verweis findet sich lediglich bei Mandelkow: *Goethe in Deutschland* (wie Anm. 4), S. 178f., und bei Cathryn Carson: *Heisenberg in the Atomic Age. Science and the Public Sphere.* Cambridge u. a. 2010, S. 125.

Bild geraten aber auch hier die eigentlich brisanten Aspekte der Heisenbergschen Texte aus dem Blick.

Im Unterschied dazu soll in der folgenden Analyse von der Annahme Abstand genommen werden, bei einer Evaluierung von Heisenbergs Vorträgen gehe es in erster Linie um die vermeintlich ›richtige‹ Auslegung des Konflikts zwischen Goethe und Newton bzw. zwischen Goethes Naturschau und der modernen Naturwissenschaft. Vielmehr konzentrieren sich die folgenden Ausführungen auf die Frage, mit welcher Absicht und unter welchen strategischen Gesichtspunkten sich Heisenberg in öffentlichem Rahmen mit Goethe auseinandersetzt. Dabei gehe ich davon aus, daß die Berufung auf Goethe für Heisenberg spezifische Funktionen erfüllte oder erfüllen sollte, die sich nur in Korrespondenz mit einem spezifischen, historisch und politisch definierten Rahmen angemessen rekonstruieren lassen.

Im folgenden bilden die beiden vielzitierten Vorträge »Die Goethe'sche und die Newton'sche Farbenlehre im Lichte der modernen Physik« (1941) sowie »Das Naturbild Goethes und die technisch-naturwissenschaftliche Welt« (1967) die Grundlage für eine philologische Analyse, die ich zugleich (wissenschafts-)historisch zu fundieren versuche.[13] Wesentliche Impulse verdankt sich diese Ausarbeitung Cathryn Carsons kürzlich publizierter Studie *Heisenberg in the Atomic Age*. Dieser wissenschafts-, sozial- und mentalitätshistorische Beitrag, der neben einer eingehenden Rekonstruktion von Heisenbergs wissenschaftspolitischem Engagement in den Nachkriegsjahren[14] auch die Verbindung von Wissenschaft und kultureller Öffentlichkeit ausleuchtet, schafft gute Voraussetzungen dafür, nun auch von literaturwissenschaftlicher Seite Heisenbergs Goethe-Bezug einer entsprechenden Analyse zu unterziehen.

---

[13] Heisenberg hat unter anderem auch in den Vorträgen »Die Einheit der Natur bei Alexander von Humboldt und in der Gegenwart«, in: *Gesammelte Werke*, hg. v. Walter Blum, Hans-Peter Dürr u. Helmut Rechenberg, Bd. C III: *Physik und Erkenntnis 1969–1976*. München 1985, S. 341–349, und in »Gedanken zur ›Reise der Kunst ins Innere‹«, in: ebd., S. 536–540, sowie in dem philosophischen Manuskript »Ordnung der Wirklichkeit«, in: ders.: *Physik und Erkenntnis 1927–1955* (wie Anm. 1), S. 217–306, auf Goethe Bezug genommen. In meiner Analyse beschränke ich mich auf die beiden signifikantesten Vorträge aus den Jahren 1941 und 1967.

[14] Vgl. neben der Monographie *Heisenberg in the Atomic Age* für diese Thematik auch weitere Beiträge von Cathryn Carson: »New Models for Science in Politics. Heisenberg in West Germany«, in: *Historical Studies in the Physical and Biological Sciences* 30 (1999), S. 115–172, sowie dies.: »A Scientist in Public. Werner Heisenberg after 1945«, in: *Endeavour* 23 (1999), S. 31–34, und dies.: »Heisenberg and the Framework of Science Policy«, in: *Fortschritte Physik* 50 (2002), S. 432–436.

In einem ersten Schritt werde ich am Leitfaden von Heisenbergs erster öffentlicher Äußerung zu Goethe in dem Vortrag »Zur Geschichte der physikalischen Naturerklärung« (1932) einen kurzen Überblick über die historischen und diskursiven Hintergründe geben (II), vor denen sich Heisenbergs Auseinandersetzung mit Goethe konturieren läßt. In einem zweiten Schritt unterziehe ich den Vortrag »Die Goethe'sche und die Newton'sche Farbenlehre im Lichte der modernen Physik« aus dem Jahr 1941 einer philologischen Lektüre (III). Dabei werde ich Hypothesen zur Intention des Textes formulieren sowie einige rhetorische und argumentative Strategien Heisenbergs exemplarisch herausarbeiten. Diese bilden drittens die Vergleichsfolie für eine entsprechende Analyse von Heisenbergs fast 30 Jahre später gehaltenem Vortrag »Das Naturbild Goethes und die technisch-naturwissenschaftliche Welt« (1967) (IV). Abschließend schlage ich über die Replik Karl Lothar Wolfs (V) den Bogen zurück zum Ausgangspunkt, zu Heisenbergs in den 1930er und 1940er Jahren etablierten Goethe-Bild.

II.

Heisenberg war bei weitem nicht der einzige Naturwissenschaftler, der sich in den 1930er und 1940er Jahren öffentlich mit Goethe auseinandersetzte. Vielmehr war der Rekurs auf Goethesche Werke auch bei Naturwissenschaftlern bildungsbürgerlicher Usus:[15]

---

[15] Eine umfassende Bibliographie zur Rezeption des Naturwissenschaftlers Goethe bieten Lutz Danneberg und Wilhelm Schernus: *Goethe und die Naturwissenschaften – mit Blick auf die traditionelle Philosophie.* [FHEH-Preprint-Version 5.8.2010]. URL: http://fheh.org/Startseite/144-danneberg-schernus-goethe-und-die-naturwissenschaften. Zur Rezeption Goethes im Nationalsozialismus vgl. zum Beispiel die Darstellungen von Erich Kleinschmidt: »Der vereinnahmte Goethe. Irrwege im Umgang mit einem Klassiker 1932–1949«, in: *Jahrbuch der deutschen Schillergesellschaft* 28 (1984), S. 461–482; Walter Müller-Seidel: »Goethes Naturwissenschaft im Verständnis Gottfried Benns. Zur geistigen Situation am Ende der Weimarer Republik«, in: *Zeit der Moderne. Zur deutschen Literatur von der Jahrhundertwende bis zur Gegenwart,* hg. v. Hans-Henrik Krummacher, Fritz Martini u. Walter Müller-Seidel. Stuttgart 1984, S. 25–53; Dirk Kemper: »Goethes Individualitätsbegriff als Rezeptionshindernis im Nationalsozialismus«, in: *Goethe-Jahrbuch* 116 (1999), S. 129–143; Wolfgang Höppner: »›Der Kampf um das neue Goethebild‹. Zur Goethe-Rezeption in der Berliner Germanistik des ›Dritten Reiches‹«, in: *Goethe. Vorgaben, Zugänge, Wirkungen,* hg. v. Wolfgang Stellmacher u. László Tarnói. Frankfurt a. M. u. a. 2000, S. 373–390; Johannes John: »Der vereinnahmte und der geteilte Goethe. Zur Goethe-Rezeption in Deutschland nach 1933«, in: *Über die Grenzen*

It seems that practically every natural scientist in Germany did [talk about Goethe, A. S.]. Starting from Rudolf Virchow, Hermann von Helmholtz, Emil Du Bois-Reymond, and Max Planck, German statesmen of science were obliged to come to terms [...]. The natural sciences would define their place in public discourse in part through staking out positions relative to Goethe.[16]

Heisenberg erwähnt Goethe und dessen naturwissenschaftliche Ambitionen erstmals 1932 in einem öffentlichen Vortrag. In seiner Rede »Zur Geschichte der physikalischen Naturerklärung«, in der er einige bedeutsame Stationen der Physikgeschichte skizziert,[17] setzt er Goethes Farbenlehre zum zunehmenden »Verzicht auf Lebendigkeit und Unmittelbarkeit« in den exakten Naturwissenschaften ins Verhältnis. »Es wäre oberflächlich«, so Heisenberg, den Kampf zwischen Newton und Goethe bezüglich der Farbenlehre »als unwichtig zu vergessen«:

> [E]s hat seinen guten Sinn, daß einer der bedeutendsten Menschen alle Kraft daran setzte, die Fortschritte der Newtonschen Optik zu bekämpfen. Wenn man hier Goethe etwas vorwerfen kann, dann nur einen Mangel an letzter Konsequenz; er hätte nicht die *Ansichten* Newtons bekämpfen sollen, sondern sagen müssen, daß die ganze Physik Newtons: Optik, Mechanik und Gravitationsgesetz vom Teufel stammt.[18]

Die »letzte Konsequenz« von Goethes Wunsch nach einer lebendigen, harmonischen und gleichwohl wissenschaftlichen Naturanschauung besteht nach Heisenbergs Argument also in der Verwerfung der gesamten klassischen Physik – eine Gedankenfigur, die heute absurd anmuten mag. In den 1930er Jahren aber hatte sie einen wissenschaftspolitisch durchaus

---

Weimars hinaus – Goethes Werk in europäischem Licht, hg. v. Thomas Jung u. Birgit Mühlhaus. Frankfurt a. M. u. a. 2000 (Osloer Beiträge zur Germanistik 27), S. 91–115; Karl R. Mandelkow: »Der ›Geist von Weimar‹ und der ›Tag von Potsdam‹. Goetherezeption im politischen Spannungsfeld in den Zwanziger und Dreißiger Jahren in Deutschland«, in: *Studi Germanici* 40/3 (2002), S. 461–473; Manfred Müller: »Nationalsozialistische Einflüsse auf die Vorbereitung und den Ablauf der Reichsgedächtnisfeier für Goethe 1932 in Weimar«, in: *Zeitschrift für Germanistik* 14/3 (2004), S. 608–613.

[16] Carson: *Heisenberg in the Atomic Age* (wie Anm. 12), S. 122f.

[17] Eine solche historische Darstellung nimmt Heisenberg auch in dem Beitrag »Das physikalische Weltbild«, in: ders.: *Physik und Erkenntnis 1927–1955* (wie Anm. 1), S. 193–201, vor, sowie in demselben Band: »Über das Weltbild der Naturwissenschaft«, S. 207–215.

[18] Werner Heisenberg: »Zur Geschichte der physikalischen Naturerklärung«, in: ders.: *Physik und Erkenntnis 1927–1955* (wie Anm. 1), S. 50–61, hier S. 58. Zuerst erschienen in: *Berichte über die Verhandlungen der Sächsischen Akademie der Wissenschaften zu Leipzig, mathematisch-physikalische Klasse* 85 (1933), S. 29–40.

ernstzunehmenden Charakter.[19] Seit der Entwicklung der Relativitätstheorien und der Quantenmechanik nämlich schwelte ein Konflikt zwischen den Vertretern der modernen Physik, zu denen Heisenberg unzweifelhaft zählte, und ihren Gegnern, die aus wissenschaftlichen, vor allem
aber aus weltanschaulichen und ideologischen Gründen die neuen Erkenntnisse und Methoden ablehnten.[20] Während sich einige Verfechter
der mechanistischen, klassischen Physik als ›arische Physiker‹ und Repräsentanten einer harmonischen, spezifisch ›deutschen‹ Naturanschauung, der sogenannten ›Deutschen Physik‹, verstanden, wurde die moderne
Physik abgelehnt und von extremen Stimmen als Ideologem einer jüdischen Verschwörung auch zunehmend aggressiv bekämpft. Der argumentative Duktus der ›Deutschen Physiker‹ wird exemplarisch in Äußerungen
wie den folgenden deutlich: Scharf verurteilt wurde der »Einsteinsche

---

[19]   Vgl. zum ›Wissenschaftsbegriff‹ der NS-Zeit allgemein Lutz Danneberg u. Wilhelm
Schernus: »Der Streit um den Wissenschaftsbegriff während des Nationalsozialismus. Thesen«, in: *Literaturwissenschaft und Nationalsozialismus*, hg. v. Holger Dai-
nat u. Lutz Danneberg. Tübingen 2003 (Studien und Texte zur Sozialgeschichte der
Literatur 99), S. 41–53.

[20]   Das Phänomen der ›Deutschen Physik‹ ist in der Forschung inzwischen relativ gut
dokumentiert, vgl. unter anderem Alan Beyerchen: *Wissenschaftler unter Hitler.
Physiker im Dritten Reich*. Köln 1980; Steffen Richter: »Die ›Deutsche Physik‹«, in:
Technik und NS-Ideologie. Beiträge zur Wissenschaftsgeschichte des Dritten Reichs,
hg. v. Herbert Mehrtens u. Steffen Richter. Frankfurt a. M. 1980, S. 116–141; Herbert Mehrtens: »Naturwissenschaften und Nationalsozialismus«, in: *Wissenschaft
und Nationalsozialismus*, hg. v. Steffen Harbordt. Berlin 1983, S. 101–114; David
C. Cassidy: »Heisenberg, German Science, and the Third Reich«, in: *Social Re-
search* 59 (1992), S. 643–661; Reinald Schröder: »Die ›schöne deutsche Physik‹ von
Gustav Hertz und der ›weiße Jude‹ Heisenberg. Johannes Starks ideologischer Antisemitismus«, in: *Naturwissenschaft und Technik in der Geschichte*, hg. v. Helmuth
Albrecht. Stuttgart 1993, S. 327–341; Armin Hermann: »Physik und Physiker im
Dritten Reich«, in: *Wissenschaft, Gesellschaft und politische Macht*, hg. v. Erwin
Neuenschwander. Basel u. a. 1993, S. 105–125; Klaus Hentschel u. Monika Renneberg: »›Ausschaltung‹ oder ›Verteidigung‹ der allgemeinen Relativitätstheorie. Interpretationen einer Kosmologen-Karriere im Nationalsozialismus«, in: *Medizin, Naturwissenschaft, Technik und Nationalsozialismus. Kontinuitäten und Diskontinui-
täten*, hg. v. Christoph Meinel u. Peter Voswinckel. Stuttgart 1994, S. 201–207;
Klaus Hentschel u. Ann M. Hentschel: *Physics and National Socialism. An Anthology of Primary Sources*. Basel u. a. 1996; Freddy Litten: *Mechanik und Antisemitismus. Wilhelm Müller (1880–1968)*. München 2000 (Algorismus. Studien zur Geschichte der Mathematik und der Naturwissenschaften 34); Carsten Könneker: »*Auflösung der Natur – Auflösung der Geschichte«. Moderner Roman und NS-»Weltanschauung« im Zeichen der theoretischen Physik*. Stuttgart 2001; Danneberg:
Deutsche Linie und Deutsche Wissenschaft (wie Anm. 11).

Formalismus«[21] und die »Übermathematisierung der Physik«,[22] die »unter jüdischer Hand Gegenstand formaler und symbolhafter Buchstabenakrobatik«[23] geworden sei:

> In allen von Juden verfaßten Schriften über Einstein aus den zwanziger Jahren bemerken wir diese schwulstige und geradezu schmierige Aufbauschung einer mathematischen Theorie zur umfassenden Weltformel, aus der die höhnische und hämische Freude über den Zerfall des großen arischen Weltbildes hervorgrinst.[24]

Einen ersten Höhepunkt finden Denunziationen wie diese bereits im Rahmen der Einstein-Debatte der frühen 1920er Jahre.[25] Mit der Machtübernahme der Nationalsozialisten konnte die ›Deutsche Physik‹ dann vorübergehend deutlich an wissenschaftspolitischem wie auch allgemein an politischem Einfluß gewinnen.[26] Vornehmlich die 1935 von Karl Lothar

---

[21] Wilhelm Müller: »Jüdischer Geist in der Physik«, in: *Zeitschrift für die gesamte Naturwissenschaft* 5 (1939), S. 162–175, hier S. 166.

[22] Julius Evola: »Über das Problem der arischen Naturwissenschaft«, in: *Zeitschrift für die gesamte Naturwissenschaft* 6 (1940), S. 161–172, hier S. 163.

[23] Bruno Thüring: »Physik und Astronomie in jüdischen Händen«, in: *Zeitschrift für die gesamte Naturwissenschaft* 3 (1937/38), S. 55–70, hier S. 64.

[24] Müller: »Jüdischer Geist« (wie Anm. 21), S. 166.

[25] Vgl. Klaus Hentschel: *Interpretationen und Fehlinterpretationen der speziellen und der allgemeinen Relativitätstheorie durch Zeitgenossen Albert Einsteins.* Basel 1990 (Science Networks Historical Studies 6), S. 131–195; Hubert Gönner: »The Reception of the Theory of Relativity in Germany as Reflected by Books Published Between 1908 and 1945«, in: *Studies in the History of General Relativity*, hg. v. Jean Eisenstaedt u. Anne J. Knox. Boston u. a. 1992, S. 15–38; ders.: »The Reaction to Relativity Theory I. The Anti-Einstein Campaign in Germany in 1920«, in: *Science in Context* 6 (1993), S. 107–133; ders.: »The Reaction to Relativity Theory in Germany III. ›A Hundred Authors Against Einstein‹«, in: *The Attraction of Gravitation. New Studies in the History of General Relativity*, hg. v. John Earman, Michel Janssen u. John Norton. Basel 1994, S. 248–273; ders.: *Einstein in Berlin 1914–1933.* München 2005; David E. Rowe: »Einstein's Allies and Enemies. Debating Relativity in Germany 1916–1920«, in: *Interactions. Mathematics, Physics and Philosophy 1860–1930*, hg. v. Vincent Hendricks u. a. Dordrecht 2006, S. 231–280; Jeroen van Dongen: »Reactionaries and Einstein's Fame. ›German Scientists for the Preservation of Pure Science‹. Relativity and the Bad Nauheim Conference«, in: *Physics in Perspective* 9 (2007), S. 212–230, und Milena Wazeck: *Einsteins Gegner. Die öffentliche Kontroverse um die Relativitätstheorie in den 1920er Jahren.* Frankfurt a. M.–New York 2009.

[26] Politische Einflußnahme wurde von Vertretern der ›Deutschen Physik‹ auch explizit gefordert. Vgl. zum Beispiel Wilhelm Müller: »Die Lage der theoretischen Physik an den Universitäten«, in: *Zeitschrift für die gesamte Naturwissenschaft* 6 (1940),

Wolf, Alfred Benninghoff, Karl Beurlen und Kurt Hildebrandt gegründete *Zeitschrift für die gesamte Naturwissenschaft*[27] – mitunter auch *Der Völkische Beobachter* oder die SS-Zeitschrift *Das schwarze Korps* – bot die publizistische Plattform für die Angriffe der ›Deutschen Physik‹ gegen die vermeintlich ›undeutsche‹ Wissenschaft. Die immer schärfer werdenden Angriffe richteten sich nicht zuletzt gegen Heisenberg selbst, der schließlich sogar öffentlich als »weißer Jude« und »Ossietzky der Physik« diffamiert wurde.[28]

Heisenberg hatte sich dagegen stets um eine Art, so David C. Cassidy, »inselartige Abschirmung der deutschen Wissenschaft und Wissenschaftler durch stille Diplomatie und kluge Kompromisse«[29] bemüht. Bis auf

---

S. 281–298, hier S. 297, oder Thüring: »Physik und Astronomie in jüdischen Händen« (wie Anm. 23), S. 55.

[27] Die *Zeitschrift für die gesamte Naturwissenschaft* verstand sich, so Danneberg: *Deutsche Linie und Deutsche Wissenschaft* (wie Anm. 11), »programmatisch als Organ einer neuen Naturwissenschaft« (S. 79). Finden sich in den ersten zwei Jahren ihres Bestehens zwar deutliche, aber dennoch vergleichsweise verhaltene ›völkische‹ Äußerungen, so dominiert eine radikal-antisemitische Haltung spätestens seit 1937, nachdem Ernst Bergdolt, Fritz Kubach und Bruno Thüring die Zeitschrift als *Organ der Reichsfachgruppe Naturwissenschaft der Reichsstudentenführung* übernehmen.

[28] Vgl. Könneker: »*Auflösung der Natur – Auflösung der Geschichte*« (wie Anm. 20), S. 345. Auslöser für den direkten Angriff auf Heisenberg war vermutlich der Kampf um den Lehrstuhl Arnold Sommerfelds in München. Sommerfeld war 1935 emeritiert worden und favorisierte Heisenberg als Nachfolger. Vgl. zum Berufungsverfahren, bei dem schließlich der ›Deutsche Physiker‹ Wilhelm Müller Werner Heisenberg vorgezogen wurde auch Litten: *Mechanik und Antisemitismus* (wie Anm. 20), S. 62–104. Die folgenden Auseinandersetzungen, die für Heisenberg zunehmend bedrohlicher wurden, konnten erst durch die zögerliche Intervention Himmlers, um die ihn Heisenberg brieflich gebeten hatte, sowie durch den persönlichen Einsatz Ludwig Prandtls eingedämmt werden. Eine Meldung Himmlers an Reinhard Heydrich, den er zur Untersuchung der Angelegenheit eingesetzt hatte, macht deutlich, wie prekär die Lage für Heisenberg zwischenzeitlich war: »Ich bitte Sie ferner, durch Six [sic] den ganzen Fall sowohl beim Studentenbund als auch bei der Reichsstudentenführung zu klären, da [...] wir es uns nicht leisten können, diesen Mann, der verhältnismäßig jung ist und Nachwuchs heranbringen kann, zu verlieren oder tot zu machen«. Zit. nach Könneker: »*Auflösung der Natur. Auflösung der Geschichte*« (wie Anm. 20), S. 392.

[29] David C. Cassidy: »Werner Heisenberg. Die deutsche Wissenschaft und das Dritte Reich«, in: *Naturwissenschaft und Technik in der Geschichte*, hg. v. Helmuth Albrecht. Stuttgart 1993, S. 65–80, hier S. 67. Zuerst in englischer Fassung erschienen als: ders.: »Heisenberg, German Science, and the Third Reich« (wie Anm. 20). Auch Hentschel u. Renneberg: »›Ausschaltung‹ oder ›Verteidigung‹ der allgemeinen Relativitätstheorie« (wie Anm. 20), verweisen darauf, daß »das Selbstverständnis der

wenige Ausnahmen[30] manifestiert sich Heisenbergs Kritik an der wissenschaftspolitischen Situation meist in einer impliziten und in diplomatischem Ton vorgenommenen Rechtfertigung der Relativitätstheorien und der Quantenmechanik. In diesem Kontext ist auch die zitierte Bemerkung zu Goethes Inkonsequenz zu verorten, mit der Heisenberg das dichotomische Schema der ›Deutschen Physik‹ zu unterlaufen scheint und implizit darauf rekurriert, daß Goethe ein Problem für die ›Deutschen Physiker‹ darstellte: In vielem, etwa dem Postulat der unmittelbaren Naturerkenntnis oder der Ablehnung der Mathematik, entsprach Goethes Programm zwar prinzipiell dem Konzept der ›Deutschen Physik‹; mit seiner Gegnerschaft gegen Newton und damit gegen die klassische Physik aber befand er sich für viele Ideologen wiederum auf der ›falschen‹ Seite.[31] Dies ist, wie Alan Beyerchen feststellt, ein Grund, »warum Goethe von den Anhängern der nordischen Physik nur selten erwähnt«[32] wurde, obgleich er kaum ignoriert werden konnte, wenn es um die Auszeichnung einer ›deutschen Linie‹ in der Wissenschaft gehen sollte. Indem Heisenberg also Goethe zur Sprache bringt und damit sämtliche Postulate der ›Deutschen Physik‹ heraufbeschwört, zugleich aber daraus eine Verwerfung der gesamten klassischen Physik, an der die ›Deutsche Physik‹ so kompromißlos festhielt, folgert, führt er die Prämissen und das Konzept dieser wissenschaftlich-weltanschaulichen Bewegung ad absurdum. Ihm genügt es offenbar, diese kognitive Dissonanz andeutungsweise zu entfalten; explizit Stellung bezieht er dazu nicht.

Disziplin, das politische Handlungen als lästiges, doch notwendiges Übel ansieht, […] eine Anpassung an jede konkrete politische Situation« erlaube (S. 206).

[30] Zu nennen sind hier Heisenbergs Vortrag »Wandlungen der Grundlagen der exakten Naturwissenschaft in jüngster Zeit« aus dem Jahr 1934, die 1936 im *Völkischen Beobachter* veröffentlichte Entgegnung auf Willi Menzels deutlich von Johannes Stark inspirierten Artikel »Deutsche und jüdische Physik« sowie die zusammen mit Hans Geiger und Max Wien im Jahr 1936 angeregte und von 75 deutschen Physikern unterschriebene Petition an den Reichsminister für Erziehung, Wissenschaft und Volksbildung.

[31] In Bezug auf Goethe besteht allerdings keine grundsätzliche Einigkeit. Ernst Krieck etwa spitzte sein Konzept einer ›Deutschen Wissenschaft‹ in Berufung auf Goethe auf die Abwehr sowohl der modernen als auch der Newtonschen Physik zu. Vgl. S. 266f. dieses Beitrags.

[32] Beyerchen: *Wissenschaftler unter Hitler* (wie Anm. 20), S. 330.

III.

Eine eingehendere Auseinandersetzung mit Goethe findet sich in Heisenbergs Vortrag »Die Goethe'sche und die Newton'sche Farbenlehre im Lichte der modernen Physik«, den er 1941 auf Einladung der *Gesellschaft für kulturelle Zusammenarbeit* im verbündeten Ungarn hielt. Obgleich Heisenberg zuvor für »in every respect suitable to represent German science in foreign countries«[33] befunden worden war, beurteilte das Reichsministerium für Wissenschaft den Vortrag »als vom Standpunkt des Nationalsozialismus nicht tragbar«.[34] Der Vorsitzende Rudolf Mentzel begründete dies unter anderem damit, daß die »dortige jüdisch beeinflusste physikalische wissenschaftliche Welt begeistert für Heisenberg demonstriert«[35] habe. Abgesehen von diesen äußeren Umständen mißfiel den Nationalsozialisten vermutlich auch, daß der Vortrag mit seinen, so Carson, »allegories« und »indefinite generalities«[36] eine Botschaft zwischen den Zeilen zu kommunizieren scheint.[37] Die Rede jedenfalls kennzeichnet eine eigentümliche Inkonsistenz und Vagheit in der Argumentation. Eine einsträngige Lesart wird dadurch deutlich erschwert, was, so läßt sich vermuten, in der Intention des Redners liegt.

Im folgenden möchte ich diesen Eindruck durch eine philologische Analyse des Vortrags belegen und in Rückbindung an die Zeitumstände

---

[33] Mark Walker: »Physics and Propaganda. Werner Heisenberg's foreign lectures under National Socialism«, in: *Historical Studies in the physical and biological sciences* 22 (1992), S. 339–389, hier S. 360.

[34] »Rudolf Mentzel an Hans Frank am 29.07.1941«. Zit. nach ebd., S. 361.

[35] Ebd.

[36] Carson: *Heisenberg in the Atomic Age* (wie Anm. 12), S. 53.

[37] Ob das Thema des Vortrags ausschließlich auf die Initiative Heisenbergs zurückzuführen ist, muß an dieser Stelle offen bleiben. Walker: »Physics and Propaganda« (wie Anm. 33), zumindest vermittelt den Eindruck, daß dem nicht so gewesen sei: »[T]he Hungarian ›Union for Cultural Cooperation‹ asked him to come to Budapest in early 1941 to deliver a paper on ›Newton's and Goethe's theory of colors in the light of modern physics‹« (S. 359). Eine ausdrückliche Bitte der *Gesellschaft für kulturelle Zusammenarbeit*, über Goethe zu sprechen, würde einmal mehr deutlich machen, wie selbstverständlich präsent der Dichter im naturwissenschaftlichen Umfeld gewesen ist. Deutlich wird dies auch im Vortrag selbst: Die Entwicklung der modernen Naturwissenschaft, so Heisenberg, »rufe von selbst die Erinnerung wach an den großen Dichter« (F 146). Den Konflikt zwischen Goetheschem und Newtonschem Wissenschaftskonzept muß er folglich nicht eigens erläutern. Unterstützt wird dieser Eindruck auch durch die auffallend häufige Verwendung von Pronomen in der ersten Person Plural.

herausstellen, wie Heisenberg seine eigene Person als Wissenschaftler, wenn man so will: seine ›scientific persona‹,[38] sowie das Image der modernen Physik konturiert und inwiefern er dabei von Goethe Gebrauch macht. Den Schwerpunkt lege ich auf zwei signifikante Vergleiche – erstens zwischen der modernen Naturwissenschaft und den frühneuzeitlichen Entdeckungsfahrten, zweitens zwischen dem Physiker und dem Bergsteiger –, anhand derer Heisenbergs eigentümliche Rhetorik und die expliziten wie impliziten Intentionen seiner Rede exemplarisch illustriert werden können.

Prima facie scheint Heisenberg in seinem Vortrag lediglich das Verhältnis zwischen Goethescher Naturschau und der Naturwissenschaft Newtonscher Prägung erörtern zu wollen. Daher rühren wohl auch die zahlreichen Forschungsmeinungen, die Heisenbergs Text meist auf seine Aussage reduzieren, Goethes und Newtons Sichtweise gehörten zwei verschiedenen Wirklichkeitsschichten an und könnten so gar nicht grundsätzlich in Konflikt geraten. Die basale Argumentationsstruktur der Rede scheint einem in sich schlüssigen Dreischritt zu folgen: Heisenberg legt zunächst die Unterschiede zwischen Goethe und Newton anhand der Parameter ›Wissenschaftlertypus‹, ›Verhältnis zur Natur‹, ›Methode‹, ›Zweck‹ und ›Weltbetrachtung‹ dar (vgl. F 147–153), um zu dem Schluß zu kommen, daß der eigentliche Unterschied in den »zwei ganz verschiedenen Schichten der Wirklichkeit« (F 152) liege. Zunächst sehe es also so aus, »als ob diese beiden Wirklichkeiten für immer als unüberbrückbare Gegensätze einander gegenüber stehen müßten« (F 153). Das Wirklichkeitsverständnis der Naturwissenschaft der »letzten Jahrzehnte«, das Heisenberg in einem zweiten Schritt beleuchtet (F 153–158), müsse aber eine Neubetrachtung des Konflikts einleiten. Dieses Wirklichkeitsverständnis nämlich betrachte die Einteilung der Wirklichkeit in zwei Schichten als zu vergröbernd und zeige, daß »der Kampf Goethes gegen die physikalische Farbenlehre auf einer erweiterten Front auch heute noch ausgetragen werden« (F 155) müsse, also auch jenseits der eigentlichen Konfliktlinie zwischen Goetheschem und Newtonschem Naturwissenschaftsmodell. Nach diesem Rekurs auf die moderne Physik greift Heisenberg den Vorwurf Goethes an Newton erneut auf, um die Physik abschließend »im großen Gebäude der Wissenschaft« (F 159) zu positionieren (F 158–160), beide zuvor evozierten Sichtweisen implizit zu vereinen und somit einen harmonischen Ausklang zu erzeugen.

---

[38] Vgl. Lorraine Daston u. H. Otto Sibum: »Introduction. Scientific Personae and their Histories«, in: *Science in Context* 16 (2003), S. 1–8.

Bei einem genaueren Blick in den Text aber sperren sich viele Einzel-
argumente dieser vermeintlich stringenten Argumentation. Die Widersprüchlichkeit resultiert dabei allerdings wohl nicht aus rhetorischem Unvermögen,[39] sondern aus einer überlegten Anpassung an die Situation und
dem von Heisenberg imaginierten Publikum. So ist davon auszugehen,
daß der inkohärente Eindruck zumindest partiell die Widersprüchlichkeit
der wissenschaftlichen, politischen und weltanschaulichen Positionen
spiegelt, gegen die Heisenberg sich wendet und die divergierende Argu-
mentationsstrategien erforderlich machten. Heisenberg nutzt die Gelegenheit zu einer – wenn auch camouflierten – Stellungnahme; als Mittel
zur Camouflage dient Goethe. Wie schon im Vortrag von 1932 vermag
Heisenberg mit der Berufung auf den Dichter beispielsweise gegen die
›Deutsche Physik‹ und wissenschaftliche Strömungen, die sich auf Goethe berufen, Stellung beziehen, ohne allzu deutlich zu werden. Da die
›Deutsche Physik‹ 1941 bereits an Einfluß verloren hatte, kann sich Heisenberg offenbar sogar Seitenhiebe erlauben, deren Adressaten nicht
schwer auszumachen sind. Im Zusammenhang mit dem Zweischichten-
modell der Wirklichkeit beispielsweise fordert er, der »Gefahr der vollständigen Trennung der beiden Wirklichkeiten« damit zu begegnen, die
Welt der Experimente »ebenso anschaulich und lebendig« werden zu lassen, wie die »uns draußen umgebende Natur« (F 156). Es sei ja »von
vornherein klar, daß nur der die Zusammenhänge der Natur erkennen«
könne, dem »ihr Verhalten in dem betreffenden physikalischen Gebiet
vollständig vertraut« sei (ebd.). Heisenberg macht damit Anschaulichkeit
und Intuition zu einer Sache der Gewohnheit und Vertrautheit, kann sie
so mit Abstraktionen zusammendenken und dem auf Anschauung und
Intuition setzenden Konzept der ›Deutschen Physik‹ entgegenstellen. Daß
sich nicht nur deren Sympathisanten, sondern auch Vertreter anderer wissenschaftlicher Weltanschauungen provoziert fühlten, zeigt die polemische Reaktion Ernst Kriecks, der Heisenbergs Vortrag in seiner Schrift

---

[39] Carson: *Heisenberg in the Atomic Age* (wie Anm. 12), sieht eine Schwäche der Heisenbergschen Vorträge vor allem in dem Versuch, zu viele Gedankenstränge einander integrieren zu wollen: »In the end, the details were often a bit hazy, but the big
picture somehow seemed clear« (S. 46). Bedenkt man, daß die Beiträge als Reden
und damit auf eine unmittelbare und nicht lektüregebundene Überzeugung angelegt
sind, so ist dieser Umstand vielleicht eher als Taktik denn als Schwäche auszulegen.
Ein Tableau von Autoritäten und großen Zusammenhängen konnte nach Meinung
Heisenbergs womöglich gerade besser überzeugen als eine sachlich stringente Argumentation.

Natur und Naturwissenschaft (1942) ein eigenes Kapitel widmet.[40] Krieck propagiert hier eine ›deutsche Naturwissenschaft‹ im Sinne Goethes und wendet sich, einem strengen Anti-Cartesianismus entsprechend, nicht nur gegen eine Koexistenz von Goethescher und moderner Naturwissenschaft, sondern auch gegen die ›Deutsche Physik‹. Obwohl überzeugter Antisemit und Rassenideologe, verortete Krieck die »Wurzel des Übels« »nicht in der letzten Generation von Naturwissenschaftlern und nicht bei den Juden, sondern bei Newton«.[41] Und so mußte ihn Heisenbergs Vortrag empören, da hier »nunmehr auch noch Goethe in die Formalistik der Newtonianer«[42] eingezwungen werde.[43]

Neben dieser impliziten Positionierung gegen die Antagonisten der modernen Physik offenbart der Vortrag von 1941 weitere Bruchlinien. Denn sicherlich war sich Heisenberg seiner Nützlichkeit für die Nationalsozialisten bewußt: Zum einen fungierte er für sie, ob er das wollte oder nicht, mit seinen Auslandsvorträgen als Repräsentant eines wissenschaftlich erfolgreichen Deutschlands: »The fact that Heisenberg spoke in his modulated voice and raised no overtly Nazi themes hardly undermined their [the wartime addresses, A. S.] utility as such.«[44] Dabei mußte Heisenberg daran gelegen sein, ein positives Bild der Wissenschaft im nationalsozialistischen Deutschland zu entwerfen und damit zugleich die Erwartung verschiedener Hörerschaften befriedigen: So war er sich wohl darüber im klaren, daß sein Vortrag bespitzelt wurde.[45] Auch verlangte auch seine Entscheidung, trotz zahlreicher Angebote aus dem Ausland in Deutschland zu bleiben, Rechtfertigung. Mit Goethe kann sich Heisen-

---

[40] Vgl. Ernst Krieck: *Natur und Naturwissenschaft*. Leipzig 1942, S. 219–225.

[41] Ernst Krieck: »Vom Sinn der Naturwissenschaft«, in: *Volk und Werden* 10/3 (1942), S. 69–72, hier S. 71.

[42] Krieck: *Natur und Naturwissenschaft* (wie Anm. 40), S. 220f.

[43] Hier wird nicht nur nach wissenschaftlich-weltanschaulichen, sondern auch nach nationalen Kategorien geurteilt; dabei ist es unwahrscheinlich, daß Heisenberg auf nationale Feindschaften anspielen wollte, auch wenn dies durchaus so aufgefaßt werden konnte. Loren R. Graham: *Between Science and Values*. New York 1981, verweist auf die tagespolitische Brisanz der Auseinandersetzung. Mit Goethe und Newton wurden die Repräsentanten zweier Nationen gegenübergestellt, die sich gerade im Krieg befanden: »It ist difficult for us today to recall how controversial this topic then was. Germany and Britain were at war (in fact, Britain stood almost alone against Germany at that moment) and blazing accounts of bombing attacs by both countries filled the newspapers« (S. 118).

[44] Carson: *Heisenberg in the Atomic Age* (wie Anm. 12), S. 53. Vgl. auch Walker: »Physics and Propaganda« (wie Anm. 33).

[45] Vgl. Walker: »Physics and Propaganda« (wie Anm. 33), S. 361.

berg in einem vermeintlich neutralen Raum bewegen, denn gerade für das Ausland war der Dichter ein kulturelles Symbol, das nicht mit dem Nationalsozialismus in Verbindung gebracht werden mußte.[46] Zudem war es ihm möglich, durch das nur scheinbar ideologieindifferente Gebiet der Goetheschen Dichtung und der abstrakten Physik implizit Kritik zu artikulieren und einen Selbstverständigungsprozeß der modernen deutschen Physiker anzuregen.

Zum anderen forschte Heisenberg im Rahmen des geheimen nationalsozialistischen Uranprojekts an der Entwicklung einer Atombombe für das Dritte Reich.[47] Mit diesem praktischen Engagement aber wurde das von Heisenberg repräsentierte Konzept einer wertfreien, sich selbst genügenden Wissenschaft problematisch. Zugleich wußten wohl die wenigsten Zuhörer von Heisenbergs Mitarbeit am Uranprojekt, was im Vortrag ein, wie Carson treffend formuliert,»strange kind of speaking« bedingt: »simultaneously public and private – for the large masses of listeners versus the few with the key.«[48] Ein Beispiel für die sich aus dieser doppelten Kodierung ergebende Ambivalenz liefert die Äußerung Heisenbergs, jede wissenschaftliche Theorie entstehe »auf einem geistigen Hintergrund, der in irgendeiner Weise Vorstellungen darüber« enthalte, »wie die gedachte Theorie sich später etwa anwenden lasse« (F 151). Dabei sei dieser Hintergrund »durch die geschichtliche Entwicklung der betreffenden Wissenschaft bedingt und dem Verfasser der Theorie vielleicht nur undeutlich

---

[46] Dieser Umstand wurde durchaus auch genutzt. Vgl. zum Beispiel Gerhard Gesemann: »Deutsche Kulturarbeit im Sinne Goethes«, in: *Jahrbuch der Deutsch-Bulgarischen Gesellschaft e. V.*, hg. v. Ewald von Massow. Leipzig 1939, S. 166–179.

[47] Vgl. unter anderem Michael Eckert: »Primacy Doomed to Failure. Heisenberg's Role as Scientific Adviser for Nuclear Policy«, in: *Historical Studies in the Physical and Biological Sciences* 21 (1990), S. 29–58; Mark Walker: *Die Uranmaschine. Mythos und Wirklichkeit der deutschen Atombombe.* Berlin 1990; ders.: »Heisenberg, Goudsmit and the German Atomic Bomb«, in: *Physics Today* 53 (1990), S. 52–60; ders.: »Legenden um die deutsche Atombombe«, in: *Vierteljahreshefte für Zeitgeschichte* 38 (1990), S. 45–74; ders.: »Selbstreflexionen deutscher Atomphysiker. Die Farm-Hall-Protokolle und die Entstehung neuer Legenden um die ›deutsche Atombombe‹«, in: *Vierteljahrshefte für Zeitgeschichte* 41 (1993), S. 519–542, und ders.: *Nazi Science. Myth, Truth and the German Atomic Bomb.* New York 1995; Thomas Powers: *Heisenbergs Krieg. Die Geheimgeschichte der deutschen Atombombe.* Hamburg 1993; David C. Cassidy: »New Light on Copenhagen and the German Nuclear Project«, in: *Physics in Perspective* 4 (2002), S. 447–455; Michael Schaaf: *Heisenberg, Hitler und die Bombe. Gespräche mit Zeitzeugen.* Berlin 2001; Horst Kant: *Werner Heisenberg and the German Uranium Projekt.* Berlin 2003.

[48] Carson: *Heisenberg in the Atomic Age* (wie Anm. 12), S. 54.

bewußt« (ebd.). Was im Vortragstext auf Goethe und Newton bezogen ist, läßt sich vor dem Hintergrund der Situation Heisenbergs als kompensatorische oder sogar apologetische Bemerkung werten,[49] die, liest man den Text symptomatisch, auf eine gewisse Unbehaglichkeit Heisenbergs schließen läßt. Goethe konnte hier als Vehikel zur impliziten Selbstrechtfertigung problematischer Wissensansprüche dienen.

Im Vortrag ist das Ergebnis dieser prekären Situation eine Art argumentatives Lavieren und eine rhetorische Strategie des mehrfach kodierten Sprechens. Ein signifikantes Beispiel dafür ist der Vergleich der neuesten Entwicklungen der Physik mit den Entdeckungsfahrten der Weltumsegler im 15. und 16. Jahrhundert, den Heisenberg in Zusammenhang mit der akklamatorischen Feststellung zieht, »daß es unserer Zeit bestimmt ist, den einmal beschrittenen Weg zu Ende zu gehen« (F 156). Um einen Eindruck von Heisenbergs Rhetorik und Argumentation zu geben, sei der Vergleich an dieser Stelle in Gänze zitiert:

> Als sich der beginnenden Neuzeit durch das Aufblühen der Seefahrt und die kühnen Taten der ersten Weltumsegler die Möglichkeit eröffnete, ferne Länder zu erobern und unendliche Schätze von dort in die Heimat zu tragen, da konnte man vielleicht auch zweifeln, ob nicht in dem neuen Reichtum Glück und Unglück mit gleichen Gewichten verteilt seien; vielleicht sind auch damals warnende Stimmen laut geworden, die eine Rückkehr zu den ruhigeren und anspruchsloseren Lebensverhältnissen der früheren Epochen wünschten. Aber warnende Stimmen verhallen in solchen Zeiten ungehört. Der Zug nach den fremden Ländern und Schätzen kann erst dann sein natürliches Ende finden, wenn alle Länder durchforscht und ihre Schätze verteilt sind. Dann wird der Blick wieder frei für die vielleicht wichtigeren Aufgaben, die uns in kleinerem Kreise gestellt sind. In ähnlicher Weise werden sich in unserer Zeit Naturwissenschaft und Technik weiter entwickeln. Ebenso wenig, wie irgend welche Grenzpfähle den Zug in die fremden Länder hindern konnten, wird auch der Weg der Technik durch äußere Hindernisse aufzuhalten sein. Nur die Natur selbst kann diesem tätigen Vorwärtsdringen in ihre entlegensten Bereiche dadurch Einhalt gebieten, daß sie uns zeigt, daß auch das hier zu erobernde Land nicht unendlich ist. (F 156)

Heisenberg greift auch in anderen Stellungnahmen auf den Vergleich mit den frühneuzeitlichen Eroberungsfahrten zurück. Meist dient er dann allerdings dazu, entweder die Bedeutung der modernen Physik zu betonen oder den Umsturzcharakter der neuesten Entwicklungen insofern zu relativieren, als sich ja auch durch die Entdeckung, daß es kein Ende der Welt

---

[49] Auch die Einsicht, der »Reichtum der technischen Möglichkeiten« sei »wie jeder Reichtum teils als Geschenk, teils als Fluch« (F 155) gegeben, ist wohl diesem Umstand geschuldet.

gebe, die Geographie der Mittelmeerländer nicht verändert habe.[50] Im Vortrag von 1941 ist die argumentative Funktion des Bilds jedoch weit weniger eindeutig zu bemessen. Aufgrund der Wortwahl könnte man zunächst eine politische Botschaft vermuten, zumal sich in Kriegsjahren Formulierungen dieser Art auch ganz wörtlich verstehen lassen. Heisenberg spricht von der Möglichkeit, »ferne Länder zu erobern und unendliche Schätze von dort in die Heimat zu tragen«, vom »Zug nach fremden Ländern«, den keine »Grenzpfähle […] hindern« könnten, und vom »tätigen Vorwärtsdringen«.[51] Daß diese Entwicklung erst dann ihr »natürliches Ende finden« könne, »wenn alle Länder durchforscht und ihre Schätze verteilt« seien, ist eine etwas unersprießliche Vorstellung angesichts des sich zu dieser Zeit ungehindert ausbreitenden Dritten Reichs. Würde man hier von der Intention einer politischen Kritik ausgehen wollen, so sperrt sich dagegen die von Heisenberg vorgenommene Analogie von wissenschaftlicher Forschung und den »kühnen Taten der ersten Weltumsegler«. Heisenberg würde kaum seine Physik mit dem nationalsozialistischen Kriegstreiben vergleichen wollen. Man könnte sodann vermuten, daß mit der Gier nach Schätzen die technische Ausnutzung der Naturwissenschaft gleichzusetzen sei, die den Blick für die »vielleicht wichtigeren Aufgaben«, der Suche nach den großen, strukturellen Zusammenhängen, momentan versperre.[52] Als selbstrechtfertigende Bemerkung wäre dann die Äußerung zu werten, man könne den »Zug nach fremden Ländern« ebenso wenig aufhalten wie den Weg der naturwissenschaftlichen und technischen Entwicklung. Nur die Natur selbst, nicht der

---

[50] Vgl. Werner Heisenberg: »Wandlungen in den Grundlagen der exakten Naturwissenschaft in jüngster Zeit«, in: ders.: *Physik und Erkenntnis 1927–1955* (wie Anm. 1), S. 96–101, hier S. 98. Zuerst erschienen in: *Angewandte Chemie* 47 (1934), S. 697–702. Vgl. auch ders.: »Interview mit der ›Neuen Leipziger Zeitung‹«, in: ders.: *Physik und Erkenntnis 1927–1955* (wie Anm. 1), S. 120–121, hier S. 121. Zuerst erschienen in: *Neue Leipziger Zeitung*, 26.01.1936, S. 4.

[51] Daß im Vortrag so explizit auf den rücksichtslosen Übertritt von Grenzen Bezug genommen wird, erscheint besonders signifikant angesichts des Verbots für die in Rumänien oder Ungarn Vortragenden, die Beziehungen der beiden Länder und deren Grenzstreit im Speziellen zur Sprache zu bringen. Vgl. Walker: »Physics and Propaganda« (wie Anm. 33), S. 358.

[52] Zugleich wird an anderer Stelle die Beweiskraft dieser ›großen Zusammenhänge‹, einer »echten Ordnung« (F 155), an ihre Evidenz in der Technik zurückgebunden, was wiederum die lavierende Argumentation Heisenbergs illustriert: »Und daß es sich hier um eine echte Ordnung handelt, beweist uns die Technik, die sich aus dieser Ordnung entwickelt hat und die den Menschen erlaubt, die Kräfte der Natur seinen Zwecken dienstbar zu machen« (ebd.).

Forscher, könne dieser Entwicklung Einhalt gebieten – einer Selbstbeschränkung der Forschung und einer damit verknüpften Verantwortlichkeit wird so eine Absage erteilt. Viereinhalb Jahre vor Hiroshima entbehrt Heisenbergs den Vergleich abschließende Fehleinschätzung, die womöglich in Abgrenzung zur nationalsozialistischen Politik geäußert wurde, somit nicht einer gewissen Tragik: »Der wichtigste Zug der modernen Physik besteht vielleicht eben darin, daß sie uns klar macht, wo die Grenzen unseres aktiven Verhaltens zur Natur liegen« (ebd.).

Mit der ›lavierenden Sprecherhaltung‹, die in dieser Textstelle exemplarisch deutlich wird, korrespondiert eine eigentümliche Argumentationsweise, die sich als eine Art ›Verschieberhetorik‹ beschreiben läßt: Eigentlich unterschiedliche Gedankengehalte werden suggestiv verknüpft und konsistent gemacht. Besonders signifikant ist diese rhetorische Strategie bei dem Versuch, die Goethesche Vorstellungswelt in die der modernen Naturwissenschaft zu integrieren.

Heisenberg greift dazu bereits einleitend auf dichotomische Begriffsfelder zu und bereitet so die Betrachtung der Goetheschen und der Newtonschen Lehre vor: Lebendigkeit und Anschaulichkeit stehen »befremdende[r] Abstraktheit« (F 147) gegenüber. Daß diese Begriffe an Goetheschen Kategorien orientiert sind, Heisenberg sie aber stets ungekennzeichnet verwendet, bewirkt zunächst den Eindruck, er neige mehr der Goetheschen denn der Newtonschen Sichtweise zu. Unterstützt wird dieser Eindruck dadurch, daß der physikalischen Forschung im Vortrag zudem das Verletzende ihres Umgangs mit der Natur durch die militärisch-politisch konnotierten und metaphorisch verwendeten Lexeme ›Kampf‹, ›Sieg‹ und ›Beherrschung‹ eingeschrieben wird. Immer wieder kommt Heisenberg auf das Moment der Beherrschung und des Kampfs zu sprechen, das die enge Verknüpfung von Wissenschaft und Macht verdeutlicht. Dementsprechend wird auch die Vorgehensweise des Wissenschaftlers mit einer fast militärisch, auf jeden Fall maskulin-viril anmutenden Wortwahl illustriert: Der Physiker ›dringt zu den Ursachen vor‹, er ›beherrscht‹, er ›sondert‹ das eine vom anderen und nicht zuletzt ›zerstört‹ er eine Einheit und Ganzheit, die für die Sinne zuvor wahrnehmbar gewesen ist (vgl. F 149f.). Allerdings sei dies nicht der physikalischen Methodik zuzurechnen, sondern vielmehr dem »allgemeine[n] Zug der Natur« (F 150). Durch Heisenberg spricht, so die Konsequenz dieser Darstellung, die Natur und nicht zuletzt Goethe – nicht aber das Dritte Reich, nicht der führende Atomphysiker im Uranprojekt und nicht ein kompromißloser Fortschrittsverfechter. Heisenberg scheint diesen Eindruck im weiteren

Verlauf durch eine anachronistische Betrachtung »jenes berühmten Strei-
tes« zwischen Goethe und Newton vertiefen zu wollen. Erst die neuesten
Entwicklungen in der Naturwissenschaft machten es laut Heisenberg
möglich, diesen Streit »deutlicher als bisher« wahrzunehmen und zu einer
Neueinschätzung zu gelangen (F 147). Dazu gehört auch, die im Vortrag
herausgestellten Unterschiede zwischen Goethescher und Newtonscher
Naturerkenntnis so zu charakterisieren, daß sie keinen fundamentalen
Widerspruch darstellen,[53] sondern vielmehr zur Frage nach dem richtigen
Verständnis von Wissenschaft führen. Dieses ›richtige‹ Verständnis konturiert Heisenberg im folgenden durch eine schleichende Verknüpfung
der zuvor kontrastierten Begriffsfelder, die auf sinnliche Unmittelbarkeit
bzw. mathematische Abstraktion abheben.[54] Goethe ist dabei beständiger

---

[53] Der Vergleich Goethes und Newtons anhand diverser Parameter wirkt zwar im einzelnen konsistent, im ganzen aber inkohärent. Das ist unter anderem dadurch verursacht, daß Heisenberg mit dem Durchspielen verschiedener Parameter ein umfassendes Bild von Goethe als Naturwissenschaftler zu entwerfen scheint, dabei aber je
nach beabsichtigter Aussage verschiedene Aspekte unter Vernachlässigung anderer
in den Vordergrund rückt. So ist es Heisenberg beispielsweise nur möglich zu konstatieren, Goethes Farbenlehre habe ihren Zweck erfüllt, wenn gleichzeitig Goethes
Ziel, eine Alternative zu Newton und ein »naturwissenschaftliches System« zu
schaffen, unerwähnt bleibt. Darauf verweist auch Sepper: *Goethe contra Newton*
(wie Anm. 8): »[...] without disagreeing with the idea that Goethe failed, Heisenberg
leaves us without any explanation of the reasons behind Goethe's mistakes. [...] Heisenberg seems to deny access to what, on the face of things, is the most natural way
to determine the reasons« für Goethe's apparent failure in physical science« (S. 8).

[54] Auch an anderer Stelle verknüpft der Physiker eigentlich unterschiedliche Vorstellungen suggestiv durch begriffliche Verschiebungen: Heisenberg behauptet, daß
Goethe zwischen belebter und unbelebter Natur unterschieden habe und die Betrachtung der unbelebten Natur durch naturwissenschaftliches Experimentieren toleriert,
also lediglich die Wahrnehmung der belebten Natur auf ein sinnlich-unmittelbares
Erfassen festgelegt habe. Mit seiner Beobachtung, daß diese Bereiche der »Methode
der Naturwissenschaften nicht zugänglich« (ebd.) seien, habe Goethe durchaus Recht
behalten. Denn sobald sich die Naturwissenschaft der belebten Materie zuwende,
müsse sie »immer vorsichtiger werden [...] mit den Eingriffen, die sie zum Zwecke
der Erkenntnis an der Natur« (F 158) vornehme. Durchaus möglich ist, daß sich Heisenberg hier auf Pascual Jordans Versuch, die Quantenmechanik auf biologische
Prozesse anzuwenden, bezieht. Ob er des weiteren an die Entwicklung der Medizin
oder gar die Euthanasie gedacht hat, ist fraglich. Generell ist mit dieser Darstellung
allerdings die Physik, die sich in der Regel mit unbelebter Materie befaßt, aus der
Schußlinie genommen. Vgl. zu Jordan und der Quantenbiologie Richard H. Beyler:
»Targeting the Organism. The Scientific and Cultural Context of Pascual Jordan's
Quantum Biology 1932–1947«, in: *Isis* 87 (1996), S. 248–273, und ders.: »Evolution

Ausgangspunkt der Überlegung. Zwar wird der Dichter während der folgenden Argumentation nicht mehr eigens erwähnt, bleibt aber durch die zuvor auf ihn bezogenen Ausdrücke der ›Sinnenwelt‹ und der ›einheitlichen Ordnung‹, die nun vor anderem Hintergrund verwendet werden, präsent.

Zunächst stellt Heisenberg heraus, daß sich schon die klassische Physik immer weiter von der unmittelbaren ›Sinnenwelt‹ entfernt habe. Damit greift er einen in der Zeit gängigen Gedanken auf, der unter anderem auch von Max Planck und Max Born zur Erklärung der modernen Theoriebildung in der Physik herangezogen wurde, und scheint zugleich die Kritik Goethes an der naturwissenschaftlichen Methodik zu resümieren: Die Sinne bildeten »nur gewissermaßen unvollkommene Hilfsmittel«, die verfeinerte Beobachtungstechnik habe Erkenntnisse hervorgebracht, die »unserer Anschauung verborgen« blieben und naturwissenschaftliche Begriffe seien »abstrakter und unanschaulicher« geworden (F 153). Selbst bei konkreten Darstellungen physikalischer Vorgänge, etwa der Veranschaulichung des Feldbegriffs durch elastisch schwingende Körper, handle es sich nur um »anschauliche Hilfsvorstellung[en]« (F 154). Diese Entwicklungen scheinen zunächst für »unüberbrückbare Gegensätze« (F 153) zu sprechen, die sich mit der noch abstrakter werdenden, modernen Physik zwingend vertiefen müßten. Im folgenden aber verschränkt Heisenberg die Vorstellungswelt Goethes mit der der modernen Physik, so daß eine Annäherung, wenn nicht sogar Identifizierung von ästhetisch erlebter Sinnenwelt und mathematischem Zusammenhang möglich erscheint – was ihn wiederum in einen direkten Gegensatz zu den Aussagen der ›Deutschen Physiker‹ bringt, die sich, wie schon erwähnt, pauschal gegen die unanschauliche, abstrakt-mathematische Form der modernen Physik aussprechen.[55] Die Verschränkung dieser Vorstellungswelten erfolgt im Vortrag vor allem auf lexikalischer Ebene, weniger auf argumentativer: Zeitgleich mit der Entwicklung hin zum Abstrakten und Mathematischen nämlich offenbare sich in der modernen Naturwissenschaft die »besondere Kraft«, »verschiedenartige Erscheinungen in ihren Zusam-

---

als Problem für die Quantenphysiker«, in: *Evolutionsbiologie von Darwin bis heute*, hg. v. Rainer Brömer u. a. Berlin 2000, S. 137–160.

[55] Als kritische Anspielung auf Philipp Lenard, den Begründer der ›Deutschen Physik‹, die zugleich zeigt, daß die ›Deutsche Physik‹ nicht mehr diskussionswürdig gewesen ist, kann die Äußerung Heisenbergs gewertet werden, »wenn man auch von einem Äther« gesprochen habe, so sei doch dieser »Äther nicht sinnlich wahrnehmbar« gewesen (F 154). Lenard hatte die Äthertheorie als Alternative zur Relativitätstheorie verfochten.

menhängen zu erkennen und auf eine gemeinsame Wurzel zurückzuführen« (ebd.). Eine einheitliche, zusammenhängende Ordnung, die dem Menschen das Weltganze näher bringe, fand zuvor nur in Verbindung mit Goethe Erwähnung,[56] ist aber nun der modernen Naturwissenschaft in Opposition zur phänomenalen Sinnenwelt Goethes eingeschrieben: Das durch die abstrakter werdende Naturwissenschaft »entstandene Weltbild« habe sich »bei aller Kompliziertheit im einzelnen in diesen großen Zusammenhängen immer weiter vereinfacht« (F 154). Die vorher als befremdlich dargestellte Abstraktion wird so als positive Vereinfachung charakterisiert, die der Vielfalt der Erscheinungen »im einzelnen« mit einer Einheit der Vorstellungen im großen Zusammenhang gerecht werde. Erkenntnis der Strukturen tritt an die Stelle der Erkenntnis der materialen, phänomenalen Vielfalt. Mehr noch: Durch die neueste Entwicklung der Atomphysik spiegle sich die »unendliche Mannigfaltigkeit der Erscheinung« in den »unendlich vielen Folgerungen eines einfachen mathematischen Axiomensystems« (ebd.), das heißt in einem einfachen, mathematischen Strukturzusammenhang, der allerdings zugleich hochavanciert ist. Auch hier stellt sich Heisenberg implizit gegen die von den Verfechtern der ›Deutschen Physik‹ und der ›Deutschen Mathematik‹ festgeschriebene Dichotomie von anschaulich-intuitivem und formal-abstraktem Denken. Diese sahen ihr Feindbild gerade in einem solchen Axiomensystem, vor allem da die Axiomatiker der Auffassung waren, die Wahl der Axiome selbst lasse sich nicht begründen – auch nicht anschaulich-intuitiv.[57] Doch die Mathematik als Spiegel der Natur entspricht sicherlich auch nicht der Vorstellung, die Goethe von ihr hatte – weder von der Mathematik noch von der Natur. Heisenberg wendet selbst ein, daß »den letzten Bausteinen der Stoffe sinnliche Eigenschaften überhaupt nicht in einfacher Weise zugesprochen werden« (ebd.) könnten. Trotzdem gebe es eine »einheitliche, gesetzmäßige Ordnung«, die die Sinnenwelt zu durchdringen vermöge und sie verständlich mache sowie zugleich, gewollt oder ungewollt, technischen Nutzen zu Folge habe. Der naturwissenschaftliche Laie müsse aber weder die Sinnenwelt preisgeben noch auf den ›großen

---

[56] Die Naturwissenschaft wurde zuvor hauptsächlich mit »technischer Beherrschung« und »Durchdringung der Natur« in Verbindung gebracht, Goethe dagegen mit »einheitliche[r] Ordnung« (F 148), »harmonische[n] […] Zusammenstellungen« (F 150) und der »Harmonie der Sphären« (F 152), der auch der Physiker auf der Spur sei.

[57] Vgl. Volker Peckhaus: *Der nationalsozialistische »neue Begriff« von Wissenschaft am Beispiel der »Deutschen Mathematik«. Programm, Konzeption und politische Realisierung* (1984/2001). URL: http://kw.uni-paderborn.de/fileadmin/kw/institute/ Philosophie/Personal/Peckhaus/Projekte/ns/ns.htm.

Zusammenhang‹, der ihm diese verständlich macht, verzichten. Das legt zumindest Heisenbergs Darstellung nahe: Vielmehr ist es der Naturforscher, der einen selbstlosen Verzicht auf sinnliche Unmittelbarkeit leiste, um eben diese auf abstrakter Ebene zu erklären. Der Begriff des ›Verzichts‹ ist hierbei deutlich anders konnotiert als noch im Vortrag »Zur Geschichte der physikalischen Naturerklärung« von 1932. Wurde er dort als konstitutives Element der naturwissenschaftlichen Entwicklung dargestellt und so dazu verwendet, den Begriffswandel in der modernen Physik zu verteidigen, konstituiert er nun die ethische Haltung des Naturwissenschaftlers.

Diese wird am Ende des Vortrags mit dem Vergleich zwischen Bergsteiger und Physiker fulminant und bildmächtig inszeniert: Der Naturwissenschaftler erreicht nach einem entbehrungsreichen Weg zur Erkenntnis den Gipfel, auf dem ihn Goethe in Empfang nimmt. Dieses Bild eines Zusammentreffens von Physiker und Philosophen beim Bergsteigen verhandelt Goethe bereits in seiner Farbenlehre und es ist anzunehmen, daß dies auch den Hintergrund für Heisenbergs Vergleich bildet. In Goethes Darstellung nimmt der Philosoph »aus des Physikers Hand ein Letztes, das bei ihm nun ein Erstes wird«.[58] Der Physiker vermöge sich als Physiker nicht zum »Ursprünglichen« aufzuschwingen und glaube er, dieses erreicht zu haben, so halte er das »Abgeleitete« irrtümlicherweise für das »Ursprüngliche«. Denn Ursprüngliches zu erfassen, ist bei Goethe ausschließlich dem Philosophen vorbehalten: Er steht am Ende der Strecke, von der der Physiker nur den Anfang bestritten hat.[59]

---

[58] Johann Wolfgang von Goethe: »Entwurf einer Farbenlehre. Des ersten Bandes erster, didaktischer Teil«, in: *Sämtliche Werke nach Epochen seines Schaffens [MA]*, hg. v. Karl Richter u. a. 33 Bde. Bd. 10: *Zur Farbenlehre*, hg. v. Peter Schmidt. München 2006, S. 17–273, hier S. 216, § 720. Daß das letzte zum ersten wird und umgekehrt, ist eine zeitgenössisch allgegenwärtige aristotelische Vorstellung: »Auf diese so beschriebene Weise fährt man bei der Überlegung suchend und analysierend, d. h. zergliedernd [...]. [...] was bei der Zergliederung als Letztes herauskommt, ist bei der Verwirklichung der Handlung das Erste«. Vgl. Aristoteles: *Nikomachische Ethik*, hg. v. Günther Bien auf d. Grundl. der Übers. v. Eugen Rolfes. 4. Aufl. Hamburg 1985, S. 52.

[59] Goethe kann sich dabei unterschiedlich positionieren und möglicherweise sieht er sich an dieser Stelle im Blick auf die Naturforscher auch nicht als Philosoph. Vgl. auch »Johann Wolfgang von Goethe an Friedrich Schiller am 30. Juni 1798«, in: *Sämtliche Werke nach Epochen seines Schaffens [MA]* (wie Anm. 58), Bd. 8.1: *Briefwechsel zwischen Schiller und Goethe*, hg. v. Manfred Beetz. München 2006, S. 588f. In diesem Schreiben stellt er sich eher als Außenstehender dar, der in der »Mitte« steht: »Ich stehe gegenwärtig in eben dem Fall mit den Naturphilosophen,

Heisenberg greift diese Vorstellung auf, bildet sie aber um: Daß Goethe das Ziel, den Gipfel, vor dem Physiker erreicht hat, ist in Heisenbergs Darstellung nämlich nicht unbedingt hierarchisch gedacht. Kurz vor dem Schlußtableau referiert er die Goethesche Wissensordnung, die in die hierarchisch aufsteigenden Bereiche »zufällig, mechanisch, physisch, chemisch, organisch, psychisch, ethisch, religiös, genial« (F 159) gegliedert ist, und übersetzt sie in eine »vom Standpunkt der modernen Naturwissenschaft« aus konzeptualisierte Ordnung. Dabei führt Heisenberg, was zunächst verwundern mag, für die moderne Physik keinen »eigenen Bereich« ein. Allerdings umschließe letztere ohnehin die beiden Bereiche der klassischen Physik (mechanisch) und der Chemie (chemisch). Goethe habe, wohl im intuitiven Vorgriff des Genies, längst auch die höheren Bereiche festgelegt, aber »in unserer Zeit« dürfe das »noch niemand wagen« (ebd.) Diese Auffassung geht mit der romantischen Gedankenfigur einher, Goethe sei bereits zwei Jahrhunderte zuvor an dem Punkt angekommen, der als Ziel der Menschheit eigentlich noch in weiter Ferne liege.[60] Die Annahme, man könne schlicht den »Goetheschen Weg der Na-

---

die von oben herunter, und mit den Naturforschern, die von unten hinauf leiten wollen. Ich wenigstens finde mein Heil nur in der Anschauung, die in der Mitte steht.« Auch in der »Farbenlehre« konstatiert Goethe: »In diesem Sinne die Farbenlehre dem Philosophen zu nähern war des Verfassers Wunsch« (S. 216, § 721).

[60] Vgl. die romantische Vorstellung vom triadischen Geschichtsmodell. Goethe nimmt hier für Heisenberg eine ähnliche Funktion ein, wie das Goldene Zeitalter für die Romantiker. So beschreibt Novalis etwa in den »Lehrlingen zu Sais«, wie der Umgang der Naturforscher »nur todte, zuckende Reste« (S. 207) zurückläßt, während die Dichter über einen »innern Verstand« (S. 206) der Natur verfügen, so daß erst eine an ihrer Kunst orientierte Naturbetrachtung schließlich wieder zur verlorenen Einheit von Mensch und Natur zurückführt: Die Natur »ward wieder umgänglich, und antwortete dem freundlichen Frager gern, und so scheint allmählich die alte goldene Zeit zurückzukommen, in der sie den Menschen Freundin, Trösterin, Priesterin und Wunderthäterin war, als sie unter ihnen wohnte und ein himmlischer Umgang die Menschen zu Unsterblichen machte« (S. 209). Vgl. »Die Lehrlinge zu Sais«, in: *Werke, Tagebücher und Briefe Friedrich von Hardenbergs*, hg. v. Hans-Joachim Mähl u. Richard Samuel. 3 Bde. Bd. 1: *Das dichterische Werk, Tagebücher und Briefe.* Darmstadt 1999, S. 199–236. Zu Goethes Vorstellung sowie der seiner Zeitgenossen, daß ein bestimmter Umgang mit der Natur diese zerstückele und damit ›töte‹ vgl. auch Lutz Danneberg: »Ganzheitsvorstellungen und Zerstückelungsphantasien. Zum Hintergrund und zur Entwicklung der Wahrnehmung ästhetischer Eigenschaften in der zweiten Hälfte des 18. und zu Beginn des 19. Jahrhunderts«, in: *Mimesis, Repräsentation, Imagination. Literaturtheoretische Positionen von Aristoteles bis zum Ende des 18. Jahrhunderts*, hg. v. Jörg Schönert u. Ulrike Zeuch. Berlin–New York 2004, S. 241–282.

turbetrachtung« (ebd.) nachahmen, käme den zahlreichen Goethe-Beschwörern in der Naturwissenschaft entgegen. Heisenberg greift jedoch einer solchen vor, indem er darauf verweist, die Hoffnung, zu einer »lebendigeren und einheitlicheren Stellung zur Natur zurückkehren« zu können, sei noch »verfrüht« (ebd.), jeder diesbezügliche Ausgriff eine Übereilung.

Obwohl also die Physik in dieser Wissensordnung (zunächst) nicht die Krönung der Erkenntnis darstellt, ist Heisenbergs Anspruch nicht eben bescheiden: Der Physiker wird in seiner Darstellung zur zentralen Schnittstelle zwischen dem Genie Goethe und der Moderne. »Wir nehmen den Verzicht auf uns«, konstatiert Heisenberg emphatisch, und wem dies ein »zu großes Opfer« erscheine, der könne »einstweilen den Weg der exakten Naturwissenschaft nicht verfolgen« (ebd.). Wissenschaftler, die glauben, unter direkter Berufung auf Goethe die moderne Naturwissenschaft umgehen zu können, diskreditiert Heisenberg so als bequem und hypertroph und schließt sie kurzerhand aus der ›scientific community‹ aus. Adressiert war dies zum Beispiel an die Kritiker der modernen mathematischen Physik und im Speziellen an diejenigen, die, wie etwa Karl Lothar Wolf und Wilhelm Troll mit ihrer gestalthaften Atomlehre, Goethes Naturwissenschaftsideal als Antipode zur modernen Physik realisieren wollten. Auf diese Gestalttheorie und die Rolle Wolfs komme ich noch zurück (vgl. V.).

Für Heisenberg hingegen steht fest, daß der ›Sinn‹ der Natur dem Naturwissenschaftler nur durch den mühsamen (mathematischen) Weg durch die Niederungen und nach dem schwierigen Aufstieg zur wahrhaften Naturschau verständlich werde. Der Bergsteiger/Naturwissenschaftler müsse dazu die »von Menschen bewohnten fruchtbaren Täler« verlassen und sich in eine »blendend klare Region von Eis und Schnee« wagen, »in der er auch selbst nur unter großen Schwierigkeiten atmen« (F 160) könne. An dieser Stelle wird auch das Bild der vom Naturwissenschaftler manipulierten und gequälten Natur – ein Topos, auf den Goethe häufig rekurrierte – seltsam umgekehrt: Der Naturwissenschaftler hat nun unter ihrer Unwirtlichkeit zu leiden. Selbstlos kämpft er sich zum Gipfel hoch, »um von dort das Land unter ihm in seinen Zusammenhängen zu überschauen« (ebd.). Dieser Gipfel sei aber »doch vielleicht dem lebendigen Bereich nicht all zu fern« (ebd.), wird also wiederum mit der Lebendigkeit und Unmittelbarkeit des Goetheschen Wissens kurzgeschlossen.

Heisenbergs Bergsteigergleichnis läuft auf die Vorstellung einer Naturbetrachtung hinaus, die einzig Goethe intuitiv zu erfassen vermag, die der moderne Naturwissenschaftler sich aber nur durch eine aufopfernde, mühevolle Leistung erschließen kann. Jeder, der diesen Weg abzukürzen und den Aufstieg, also die Abstraktion, zu umgehen sucht, überhebt sich, insofern er kein Goethe gleiches Genie ist. »Wir verstehen«, so Heisenberg, »wenn frühere Zeiten jene leblosen Regionen nur als grauenvolle Öde empfanden, wenn ihr Betreten als eine Verletzung der höheren Gewalten erschien« (ebd.). Obgleich Heisenberg seine Beobachtungen hier an »frühere Zeiten« zurückbindet, wird klar, auf welche Zeitgenossen er sich bezieht: Den mathematik- und abstraktionsfeindlichen ›Deutschen Physikern‹ wie auch den anderen Kritikern der mathematischen Physik mag die physikalische Erkenntnis als »grauenvolle Öde« erscheinen; sie demonstrieren damit aber nur, daß sie nicht zusammen mit Goethe und Heisenberg die Aussicht vom Gipfel genießen können. Zudem sakralisiert Heisenberg die wissenschaftliche Erkenntnis, indem er das Streben nach dem Gipfel mit der religiösen Vorstellung der von »höheren Gewalten« bestraften menschlichen Hybris verknüpft, die er aber zugleich »frühere[n] Zeiten« zuschreibt. Das »Verletzende in dem Vorgehen der Naturwissenschaft« (ebd.), das auch Goethe kritisiert habe, wird so entschuldet, in den Dienst der »letzte[n] und reinste[n] Klarheit, nach der diese Wissenschaft« (ebd.) strebe, gestellt und von Goethe sanktioniert. Denn man dürfe »sicher sein«, daß diese hohe Einsicht beziehungsweise Aussicht »auch dem Dichter Goethe […] völlig vertraut gewesen« (ebd.) sei.[61] Daß

---

[61] Sicherlich ist Baerlocher (»Bemerkungen zu Werner Heisenbergs Goethebild« [wie Anm. 9]) zuzustimmen, wenn er angesichts des Bergsteigergleichnisses festhält, das sei »nicht die Welt Goethes – weder jene, die ihn umgab, inspirierte und die er unablässig beschrieb und vermitteln wollte, noch gar eine, die er je erstrebt hätte« (S. 252). Baerlocher vermutet, daß, würde man sich weitere Zitate des Physikers ansehen, »Heisenberg selbst dem innerlich nicht zustimmte« (ebd.). Das bleibt spekulativ und darum geht es (meines Erachtens) auch nicht. Für Heisenberg läßt sich kein konsistentes Goethe-Bild konstatieren. Abgesehen davon, daß man Heisenberg als, so Carson (*Heisenberg in The Atomic Age* [wie Anm. 12]), »scientist for Goethe« einstufen kann, bleibt seine Sichtweise auf Goethe kontextabhängig und selektiv. Es ist wahrscheinlich, daß Heisenberg dieses Verhältnis auch selbst reflektierte. Deutlich wird das z. B. in einem Brief an Kurt Hildebrandt aus dem Jahr 1951. Hildebrandt hatte ihm zuvor ein Exemplar seines Buches *Goethes Naturerkenntnis* geschickt mit der Frage, ob er darin Heisenbergs Auffassung richtig wiedergegeben habe. Heisenbergs Antwort scheint gar sein Vorgehen im Vortrag von 1941 zu umschreiben: »In diesem Gebiet kommt es so sehr auf Nuancen an, dass man im Grunde immer nur mit den eigenen Formulierungen (und oft nicht einmal mit denen!) genau das ausdrückt, was man meint. Andererseits scheint es mir auch nicht sehr wichtig, wie genau die Auffassungen des einen von dem anderen wiedergegeben werden, es

die moderne Naturwissenschaft auf dem Weg zum Gipfel alle Forderungen und Warnungen Goethes mißachtet, ja mißachten muß, ist in Heisenbergs Darstellung lediglich Konsequenz der Moderne, die keinen Goetheschen Weg der Erkenntnis mehr zuläßt.

IV.

Daß dieser Weg in den Atomkrieg führte, konnte Heisenberg 1941 noch nicht wissen. Die katastrophalen Folgen des Atombombenabwurfs über Hiroshima und Nagasaki gingen für die Physiker mit der Notwendigkeit einher, ihr professionelles Selbstbild zu überdenken.[62] Sie sahen sich nunmehr mit Vorwürfen konfrontiert, die eine ethische Positionierung mehr als je forderten und eine Rechtfertigung der physikalischen Forschung bzw. eine Rehabilitation ihres Ansehens in der Öffentlichkeit notwendig machten. Heisenberg, so stellt Cassidy fest, »having the most to explain, took a leading role in publicly articulating the reactions of leading German scientists.«[63] In seiner Rede »Das Naturbild Goethes und die technisch-naturwissenschaftliche Welt« (1967) greift der Physiker dazu wiederum auf seinen alten Gewährsmann, auf Goethe, zurück. Zwar hatte er sich nicht eigens um einen Vortrag vor der Hauptversammlung der Goethe-Gesellschaft bemüht,[64] nutzte damit aber schließlich die Gelegenheit, die soziale und moralische Verantwortlichkeit der Wissenschaft und vielmehr noch des einzelnen Wissenschaftlers unter Beweis zu stellen. Natürlich wußten auch der damalige Präsident der Goethe-Gesellschaft, Andre-

---

handelt sich ja nicht um ein Wiederholen, sondern um ein Weiterspinnen von Gedankenreihen. [...] Jeder sieht an Goethe, was ihm an Goethes Werk wichtig ist, und jedes so entstandene Bild des großen Dichters ist notwendig einseitig.« Zit. nach Hans-Rudolf Wiedemann: *Briefe großer Naturforscher und Ärzte in Handschriften.* Lübeck 1989, S. 411–413.

[62] Vgl. zum Beispiel Carson: *Heisenberg in the Atomic Age* (wie Anm. 12), S. 161f.; oder Steven Shapin: *The Scientific Life. A Moral History of a Late Modern Vocation.* Chicago 2008.

[63] Cassidy: *Uncertainty* (wie Anm. 4), S. 502.

[64] Carson: *Heisenberg in the Atomic Age* (wie Anm. 12), rekonstruiert die Vorgeschichte zum Vortrag. Demnach hatte Heisenberg wohl überredet werden müssen, diese Rede zu halten. Mehrere Anfragen wies er im Vorfeld zurück, 1955 zum Beispiel mit der Begründung, er habe sich in letzter Zeit zu wenig mit Goethe beschäftigt, um einen solchen Vortrag zu halten. Carson begründet seine Zusage 1967 damit, daß er weniger mit Arbeit belastet war und das Thema der Versammlung »Goethe und die Romantik« lautete (vgl. S. 124). Zu diesem Gegenstand nimmt Heisenberg im Vortrag allerdings nur eingeschränkt Stellung.

as B. Wachsmuth, und der Vorstand genau, wen sie für die abschließende Festrede der Hauptversammlung zum Rednerpult baten. Heisenberg war nicht nur seit 1954 Vorstandsmitglied der Goethe-Gesellschaft. Man konnte vor allem davon ausgehen, daß ihm durchaus bewußt war, daß, so Carson, »his performance was meant to be a display of a scientist friendly to Goethe.«[65]

Nach »Die Goethe'sche und die Newton'sche Farbenlehre im Lichte der modernen Physik« ist die Rede von 1967 – fast 30 Jahre später – Heisenbergs zweiter großer Goethe-Vortrag und nicht minder bekannt. Natürlich divergieren die Hintergründe dieser beiden Vorträge stark. Eine sonntägliche Festrede vor Goethe-Freunden in Weimar bot durchaus leichter einzuschätzende Rahmenbedingungen als der Vortrag 1941 in Budapest. Dementsprechend fällt Heisenbergs Argumentation 1967 auch weit weniger vage und lavierend aus. Mehrdeutigkeiten manifestieren sich hier im Gegensatz zu den im Vortrag von 1941 inkohärenten Mehrfachkodierungen in meist unschwer aufzulösenden Doppelungen von wörtlich getätigter und unterschwellig intendierter Aussage, die den funktionalen Charakter von Heisenbergs Goethe-Bezug aber um so nachhaltiger hervortreten lassen.

Bezeichnend ist zum Beispiel Heisenbergs eher exkurshaft wirkende Stellungnahme zu Goethes Verhältnis zur Romantik, dem eigentlichen Rahmenthema der Versammlung. Hatte Heisenberg 1941 mit dem Bergsteigergleichnis die Gleichwertigkeit des Genies Goethe und des Naturwissenschaftlers demonstriert, scheint er an dieser Stelle seinen eigenen Status über Goethe hinaus definieren zu wollen. Denn Heisenberg spricht Goethe hier – ohne dies explizit zu machen – ein korrektes Urteilsvermögen ab und sich selbst im Gegenzug ein solches zu: Goethes Ablehnung der Romantik sei, erläutert Heisenberg, in ihren Motiven vergleichbar mit seiner Polemik gegen die moderne Naturwissenschaft (vgl. N 404). Abgesehen von der Furcht vor dämonischen Kräften, die er sowohl in der Romantik als auch in der abstrakten Naturwissenschaft »zu spüren glaubte«

---

[65] Ebd, S. 123. Carson verweist auch auf die kodierten Rahmenbedingungen: »On the midcentury scene, an event – an *Ereignis*, to use a loaded term – was invested with certain expectations; and as little as these expectations may have been consistently realized in practice, they governed the codes by which performances were framed and staged. To succeed, an event needed to be memorable in its distinctness, tied to the particularity of the moment and the individual speaking. […] These outcomes, of course, did not just happen on their own. They were brought about by standard practices and routines on the part of speakers, organizers, mediators, and hearers« (S. 102f.).

(ebd.), sei sie vor allem darin begründet, daß »ihm jeweils die höchste Kunstform [...] relativ fremd« (ebd.) gewesen sei. Die höchste Kunstform stellt nach Heisenberg in den Naturwissenschaften die Mathematik und in der Romantik die Musik dar, die, »wie mir scheint« (ebd.) – und dies ist die einzige Stelle im Vortrag, an der Heisenberg seine persönliche Perspektive mit der ersten Person markiert –, die »höchsten künstlerischen Leistungen hervorgebracht« (ebd.) habe. Deutlich impliziert die Frage, was Goethe wohl über die Romantik gedacht hätte, wenn ihn die Sprache der romantischen Musik, »etwa im C-Dur-Streichquartett von Schubert«, »wirklich hätte erreichen können« (ebd.), die entsprechende Frage, was der Dichter wohl über die moderne Naturwissenschaft gedacht hätte, hätte er deren höchste Kunstform, die Mathematik, verstanden. »Er hätte wohl spüren müssen«, lautet Heisenbergs kontrafaktische Imagination,[66] »daß die Kräfte, die er fürchtete und die in dieser Musik noch viel stärker wirken, als in fast jedem anderen romantischen Kunstwerk, [...] jener lichten Mitte« (ebd.) entspringen – jener lichten Mitte, »aus der Luzifer zwar stammt, die ihn aber verworfen hatte« (ebd.). Heisenberg muß nicht ausdrücklich betonen, daß ihn selbst – im Unterschied zu Goethe – sowohl die Sprache der Musik als auch die der Mathematik erreicht hat.

Sich auf diese Weise über Goethe zu erheben, war sicherlich nicht Heisenbergs vorrangige Absicht. Schließlich ist er vielmehr darum bemüht, in Goethe einen, wie Wachsmuth nach der Rede emphatisch, aber zutreffend paraphrasierte, »Mitgenossen in den letzten Denkprinzipien der Naturwissenschaft unserer Tage«[67] zu finden. Dieses Motiv war auch schon 1941 evident, steht aber 1967 – während des Kalten Krieges und fünf Jahre nach der Kubakrise – unter anderen Vorzeichen: Der Rekurs auf Goethe dient Heisenberg nun dazu, dem Wissenschaftler ein moralisches Bewußtsein und Verantwortungsgefühl zuzusprechen und damit die angeschlagene Reputation der Atomphysik aufzuwerten. In zahlreichen Vorträgen und Schriften der 1950er und 1960er Jahre äußert sich Heisenberg besorgt darüber, daß die Rede stets zuerst auf die Atomwaffen komme, wenn man heutzutage in der Öffentlichkeit von moderner Physik spre-

---

[66] Zum Konzept der kontrafaktischen Imagination vgl. Andrea Albrecht u. Lutz Danneberg: »First Steps toward an Explication of Counterfactual Imagination« [Manuskript], erscheint in: *Counterfactual Thinking – Counterfactual Writing*, hg. v. Dorothee Birke, Michael Butter u. Tilmann Köppe. Berlin–New York 2011.

[67] Andreas B. Wachsmuth: »Jahresbericht und Bericht über die Hauptversammlung 1967«, in: *Goethe. Neue Folge des Jahrbuchs der Goethe-Gesellschaft* 29 (1967), S. 325–351, hier S. 349.

che.[68] Dieser engen Assoziation von Physik und ihren technisch-militärischen Anwendungen setzt er im Vortrag eine alternative Verknüpfung entgegen, indem er das Erkenntnisstreben des modernen Physikers mit dem Goethes parallel führt und sich die Frage stellt, »ob die Erkenntnis, die Goethe [...] gesucht hat«, aus der modernen Naturwissenschaft denn wirklich »so vollständig verschwunden« (N 405) und einer rein technologischen Praxis gewichen sei.

Erschien dabei die Vorstellung einer Zusammenkunft von Goethe und dem Naturwissenschaftler in den eisigen Höhen der mathematischen Abstraktion im Vortrag von 1941 schon befremdlich genug, so ist die Schlußfolgerung, die Heisenberg 1967 zieht, noch um einiges gewagter: Der Physiker identifiziert Goethes Vorstellung vom Urphänomen mit der erstmals 1953 von Crick und Watson beschriebenen Doppelhelix und zuletzt mit seinem eigenen Forschungsprojekt, der Suche nach einer Weltformel.[69] Daß diese irritierende Gleichsetzung für glaubwürdig erachtet wurde – so zumindest, laut Wachsmuths Abschlußbericht, von den Zuhörern und erstaunlicherweise auch partiell in der Forschung[70] –, ist wiederum auf Heisenbergs suggestive Rhetorik sowie auf das Bestreben der Goethe-Liebhaber zurückzuführen, ›ihren‹ Dichter als Autorität zu zelebrieren.

Bereits einleitend rehabilitiert Heisenberg die naturwissenschaftliche Autorität Goethes und stellt damit einen ersten Moment des Einverständnisses mit seinen Zuhörern her. Goethe wisse sehr wohl, verteidigt der Physiker Goethes Wissenschaftsverständnis, daß die unmittelbare Beobachtung noch keine Erkenntnis sei (vgl. N 395). Der Dichter habe sich aber zugunsten des ›Guten‹ (vgl. N 396) selbst versagt, die Grenze zum Abstrakten zu überschreiten.

---

[68] Vgl. u. a. Werner Heisenberg: »Die Bedeutung der modernen Physik in unserer Zeit«, in: ders.: *Physik und Erkenntnis 1956–1968* (wie Anm. 2), S. 9–11, und im selben Band: »Die Rolle der Physik in der gegenwärtigen Entwicklung menschlichen Denkens«, S. 181–201, sowie »Atomphysik und modernes Denken«, S. 214–234.

[69] Heisenberg bemerkte noch 1960 in seinem Beitrag »Die Abstraktion in der modernen Naturwissenschaft«, in: ders.: *Physik und Erkenntnis 1959–1968* (wie Anm. 2), S. 302–325, in Zusammenhang mit abstrakten Strukturen fast bedauernd, Goethe hätte »seinen Ausdruck ›Urphänomen‹ an dieser Stelle sicher nicht gebraucht«, auch wenn er wohl geeignet wäre (S. 305).

[70] Vgl. Partenheimer: *Goethes Tragweite* (wie Anm. 5), S. 73–77. Rechenberg: »»Goethe hat ihn sein ganzes Leben lang begleitet«« (wie Anm. 3), bezieht sich gleichsam auf Heisenbergs Abstraktion, referiert dabei aber lediglich und bleibt wertneutral (vgl. S. 288–291).

Heisenberg führt so eine Unterscheidung von formaler Richtigkeit und wertbesetzter Wahrheit ein und bezeichnet diese als das eigentliche Problem, mit dem Goethe angesichts der modernen Naturwissenschaft konfrontiert gewesen sei. Indem er jedoch nahezu ausschließlich aus der »Farbenlehre« zitiert, insinuiert der Physiker, daß es in erster Linie um die Identität Goethes als Naturwissenschaftler gehe, verlagert aber letztlich die Auseinandersetzung in eine werttheoretische, tendenziell auch moralische Dimension. Diese Wertfrage, die Heisenberg offenbar im argumentativen Rückgriff auf den Werturteilsstreit der 1920er und 1930er Jahre behandelt,[71] bleibt für den gesamten Vortrag dominant und verweist deutlich auf das Bedürfnis nach moralischer Rechtfertigung. Ob wissenschaftliche Erkenntnisse einen wertvollen Zweck erfüllten, entscheide sich nicht in der theoretischen Forschung an sich, entlastet sich Heisenberg. Wertsetzungen könnten »nicht aus der Wissenschaft selbst kommen«, oder, wie er einschränkend hinzufügt, »jedenfalls kommen sie einstweilen nicht daher« (N 401). Auch ist in Heisenbergs Darstellung weniger die wissenschaftliche Grundlagenforschung, für die gerade in den 1960er Jahren die noch nicht kommerzialisierte Erforschung der DNA-Struktur exemplarisch stehen konnte,[72] verantwortlich für den »Verlust jener Mitte [...], um deren Erhaltung Goethe sein ganzes Leben hindurch gerungen« (N 405) habe. Vielmehr führen, so legt es Heisenbergs Argumentation nahe, die Technik bzw. die technologische Ausreizung der Grundlagenforschung zu diesem Verlust.

›Jene [lichte] Mitte‹ ist eine von Heisenbergs im Vortrag argumentativ eingesetzten Metaphern für eine wertbesetzte Erkenntnis, die er mit Goethes Begriff vom ›unum, bonum, verum‹ genauso korreliert wie mit der ›göttlichen Ordnung‹ und abstrakten, naturwissenschaftlichen ›Strukturen‹, in letzter Konsequenz also mit der Doppelhelix und der Weltformel. Neben der suggestiven Verschränkung von Vorstellungswelten, die deutlich an die Verschieberhetorik im Vortrag von 1941 erinnert, dienen Heisenberg mit Schiller und Platon weitere geistesgeschichtliche Autoritäten zur Umdeutung der Urpflanze und des Goetheschen Schauens. Der Physiker setzt die berühmte, erste Begegnung zwischen Schiller und Goethe in Jena 1794, bei der sich beide nach einem naturwissenschaftlichen Vortrag angeregt über die Urpflanze unterhielten, geschickt in Szene: Schiller

---

[71] Vgl. Gert Albert: »Der Werturteilsstreit«, in: *Soziologische Kontroversen*, hg. v. Georg Kneer u. Stephan Moebius. Frankfurt a. M. 2010, S. 14–45.

[72] Vgl. Jobst Conrad: *Grüne Gentechnik. Gestaltungschance und Entwicklungsrisiko. Perspektiven eines regionalen Innovationsnetzwerks.* Wiesbaden 2005, S. 83.

habe Goethe »klargemacht« (N 405), daß es sich bei der Urpflanze nicht um eine Erscheinung, sondern um eine Idee handle – eine Behauptung, die »Goethe zutiefst beunruhigt« habe (N 406). Goethe habe, folgt man Heisenbergs Argumentation, zwar die richtige Vorstellung von der Existenz einer Grunderscheinung, jedoch den falschen Begriff – ›Erscheinung‹ statt ›Struktur‹ – davon gehabt. Und auch wenn Schiller »freilich« die Idee im Sinne Kants gemeint habe, so sei es angeraten, die Diskussion »im Lichte der platonischen Philosophie« (ebd.) zu betrachten und auch »eher das Wort ›Struktur‹ als ›Idee‹ an diese Stelle« (N 405) zu setzen.[73] Heisenbergs Schlußfolgerung ist an dieser Stelle deutlich zweckorientiert, denn Schiller hatte selbstverständlich nicht mathematische oder anderweitig kodierte Strukturen im Sinn, zumal ›Struktur‹ ein mit Dilthey aufkommender und in der modernen Wissenschaft dann fest etablierter Begriff ist; und Goethe wiederum dachte sicherlich nicht an die platonische ›Idee‹, so sie als vorgeburtlich Gewußtes nur durch Geist und Vernunft, nicht aber durch die Sinne erfaßbar ist.

Heisenberg umgeht diese Problematik, indem er weitere platonische Grundbegriffe mit Goetheschen Vorstellungen verknüpft. So identifiziert er die platonische Erkenntnisart ›episteme‹, die unmittelbar gewiß werde und eine Verbindung zur »Welt der Werte« vermittle, als die Goethesche Erkenntnisart (vgl. ebd.). Im Gerüst der platonischen Philosophie wird das Urphänomen also zur Idee, ja sogar – und hier wird der Bogen zur abstrakten Naturwissenschaft zurückgeschlagen – zur Struktur, die »auf ein einfaches, einheitliches Prinzip« (ebd.) zurückführe und in Verbindung zur Welt der Werte stehe. Bleibt noch das Problem von Goethes Forderung nach unmittelbarer Anschauung. Heisenberg stellt dazu lapidar fest, daß dies lediglich auf die Frage zurückzuführen sei, was man denn unter ›Erkenntnisorgan‹ verstehe: »Wenn Goethe die Ideen mit den Augen sehen kann, so sind das eben andere Augen als die, von denen heute

---

[73] Heisenberg hat sich vielfach mit der Rolle der platonischen Philosophie für die Quantenphysik auseinandergesetzt. Vgl. dazu u. a. Werner Heisenberg: »Die Plancksche Entdeckung und die philosophischen Grundfragen der Atomlehre« (1958), in: ders.: *Physik und Erkenntnis 1956–1968* (wie Anm. 2), S. 205–212, und im selben Band: »Natural Law and the Structure of Matter« (1966), S. 362–378, und »Über den Formenreichtum in der mathematischen Naturwissenschaft« (1965), S. 379–383, sowie »Philosophische Probleme in der Theorie der Elementarteilchen« (1967), S. 410–422. Vgl. hierzu Manfred Stöckler: »Hat sich Werner Heisenberg zurecht auf Platon berufen?«, in: *Werner Heisenberg. Physiker und Philosoph*, hg. v. Bodo Geyer, Helge Herwig u. Helmut Rechenberg. Heidelberg–Berlin–Oxford 1993, S. 335–343.

gewöhnlich die Rede ist« (N 406). Insofern genüge die Doppelhelix »fast allen von Goethe an das Urphänomen gestellten Forderungen« (N 407). Heisenberg räumt dabei zwar ein, daß sie »normalerweise« (ebd.) nicht so ›gesehen‹ und damit auch nur schwer zum Gegenstand empirischen Wissens werden könne. Man könne sich allerdings vorstellen, so fügt er sogleich hinzu, daß es ihren Entdeckern beim erstenmal so erschienen sei, als ob sie sie erschauen könnten (vgl. ebd.). Heisenberg stellt sich dies möglicherweise analog zu seiner Entdeckung der Quantenmechanik vor, die er in scheinbarer Anlehnung an das Goethesche Schauen und in einer Metaphorik, die sich aus Platons Ideen speist, in »Der Teil und das Ganze« ex post so beschreibt:

> Im ersten Augenblick war ich zutiefst erschrocken. Ich hatte das Gefühl, durch die Oberfläche der atomaren Erscheinungen hindurch auf einen tief darunter liegenden Grund von merkwürdiger innerer Schönheit zu schauen, und es wurde mir fast schwindlig bei dem Gedanken, daß ich nun dieser Fülle von mathematischen Strukturen nachgehen sollte, die die Natur dort unten vor mir ausgebreitet hatte.[74]

Mit Platon demonstriert Heisenberg also, daß die naturwissenschaftliche Grundlagenforschung dem Goetheschen Erkenntnisstreben gleichzusetzen sei und letztlich, ebenso wie die Naturwissenschaft im Goetheschen Sinne moralisch aufgeladen sein kann. Technische Auswüchse wie die Atombombe sind, so Heisenbergs Darstellung, zwar potentiell unvermeidbar, haben aber mit dem eigentlichen Erkenntnisziel der Physik nichts zu tun. Der Fokus auf die technologische Entwicklung verstelle vielmehr den Blick auf die moderne Physik und verhindere eine angemessene Wertschätzung, wie Heisenberg bei der Betrachtung von Goethes Verhältnis zur Romantik insinuiert: »[S]eine [Goethes, A. S.] Vorahnung der möglichen Fehlentwicklung« sei so stark gewesen, »daß er es nur selten hat über sich gewinnen können, ihre künstlerische Leistung zu sehen oder gar anzuerkennen« (N 403).

Obwohl 1941 also andere situative Hintergründe die Verteidigung und Stilisierung der modernen Physik steuern und 1967 moralische Fragen deutlich mehr Gewicht erhalten, so läßt sich doch für beide Vorträge gleichsam ein erstes vorrangiges Motiv festhalten: die Autorisierung naturwissenschaftlicher Forschung mit dem Vehikel beziehungsweise dem,

---

[74] Werner Heisenberg: »Der Teil und das Ganze. Gespräche im Umkreis der Atomphysik«, in: ders.. *Physik und Erkenntnis 1969–1976* (wie Anm. 13), S. 3–334, hier S. 89f.

wie Carson notiert, »old workhorse«[75] Goethe. Goethes Naturbetrachtung scheint Heisenberg in beiden Fällen nicht nur für den Beweis geeignet, daß die moderne Wissenschaft mehr zu bieten habe als formalistisches Kalkül, positivistisches Wissen und technologisches ›know how‹ zur Beherrschung der Natur. Vielmehr auratisiert er die physikalische Grundlagenforschung und entrückt sie in eine Sphäre des reinen Wissens. 1941 verbildlicht er dies im Bergsteigergleichnis, 1967 durch die suggestive Identifikation naturwissenschaftlicher Strukturen mit einem platonischem Kosmos oder einer ›göttlichen Ordnung‹, der mit dem ›Teufel‹ bzw. ›Fausts Partner‹ die potentiell zerstörende Technik beigesellt ist. Es bestehen aber auch andere Kontinuitäten zwischen 1941 und 1967, die sich am Beispiel von Heisenbergs Vergleich des Urphänomens mit der DNA und der Weltformel illustrieren lassen.

So dient Goethe Heisenberg zweitens dazu, das eigene Profil als moderner Naturwissenschaftler zu schärfen und sich als kulturbewußter, bildungsbürgerlicher Humanist darzustellen. Die Gleichsetzung von Goetheschem Urphänomen und der Weltformel konturiert einen Wissenschaftlertypus, der der Natur ›im Goetheschen Sinne‹ begegnet, das heißt – gemäß Heisenbergs Darstellung – wertbesetzte Forschung ›im Einklang mit der Natur‹ betreibt. Da jegliche Selbststilisierung nach 1945 unter einem Apologieverdacht steht, muß sich Heisenberg als Naturforscher inszenieren, der die Wertfrage internalisiert hat: In seiner Darstellung erscheint er als ›Partner Goethes‹ auf der Suche nach dem »unum, bonum, verum« und erfüllt so auch die humanistischen Erwartungen: »Many wanted to believe he [Heisenberg, A. S.] was led by Goethian intuition, Platonic impulse, or other recognizable motives. To a degree, that was true, but much else was left out.«[76] Auch 1941 hat Heisenberg das elitäre, wenngleich noch weniger wertbesetzte Selbstbild einer allumfassend begabten Forscherpersönlichkeit gezeichnet, die nicht nur für ihre eigene Disziplin zuständig scheint, sondern sich im Dienst der Menschheit für die Erkenntnis der großen Zusammenhänge aufopfert.[77]

---

[75] Carson: *Heisenberg in the Atomic Age* (wie Anm. 12), S. 124.

[76] Ebd., S. 157.

[77] Hervorzuheben ist auch eine in beiden Vorträgen vorhandene Gedankenfigur, die von einem durchaus elitären Selbstbild zeugt: Heisenberg macht gleichsam 1941 wie 1967 deutlich, daß erst vom Standpunkt des modernen Naturwissenschaftlers Goethe adäquat verstanden werden könne, ja, es scheint gar nur dem Grundlagenforscher möglich, tatsächlich bei Goethe »anzukommen«. 1941 vermittelt vor allem das Bergsteigergleichnis diese Haltung. Im Vortrag von 1967 wird sie u. a. an Heisenbergs Feststellung deutlich, es sei schon so viel zum Konflikt zwischen Goethe und New-

Mit der Verteidigung und Stilisierung der Physik sowie mit der Selbstinszenierung als Wissenschaftler geht drittens die mit dem Bezug auf Goethe ermöglichte Abgrenzung und Kritik von Entwicklungen einher, die Heisenberg selbst mißbilligte oder die von der Öffentlichkeit in Frage gestellt wurden. Diese sind in beiden Vorträgen nicht schwer auszumachen: Für den Vortrag von 1941 wurde bereits herausgestellt, daß Heisenberg der vermeintlich ideologieindifferente Raum Goethescher Dichtung dazu diente, sich sowohl von nationalsozialistischer Ideologie abzugrenzen als auch die ideologisch aufgeladenen Haltungen der »Deutschen Physik« sowie der naturwissenschaftlichen Goethe-Beschwörer abzuwehren. Auch im Vortrag von 1967 kann Heisenberg mit Goethe spezifische, als negativ empfundene Entwicklungen der Moderne, etwa »die Entseelung, die Entpersönlichung der Arbeit, [...] das Absurde der modernen Waffen oder [...] die Flucht in den Wahn, der die Form einer politischen Bewegung angenommen« (N 409) habe – Schreckbilder, die bereits Goethe vorausgesehen habe – durch das der modernen Naturwissenschaft scheinbar innewohnende Streben nach Harmonie und Schönheit im Sinne Goethes komplementieren. Vor dem Hintergrund des drohenden atomaren Weltkriegs ist häufig von der von Goethe befürchteten, aber auch unvermeidbaren ›Gefahr‹ die Rede, die Heisenberg aber letztlich als Ergebnis einer mit dem Teufel verbündeten Wissenschaft identifiziert und so von sich fernhält. Die Ausführungen zum Urphänomen bzw. zum wertbesetzten Erkenntnisziel der Forschung kommen so auch ganz ohne Erwähnung des Teufels aus, dessen Bild Heisenberg zuvor achtmal heraufbeschworen hat. Der Teufel sei zwar ein »mächtiger Herr«, räumt Heisenberg am Ende seines Vortrags ein, »[a]ber der lichte Bereich, [...] den Goethe überall durch die Natur hindurch erkennen konnte«, sei »auch in der modernen Naturwissenschaft sichtbar geworden« (ebd.).

Viertens bedingen die Stilisierung der Physik und die Abgrenzung von spezifischen Entwicklungen oder wissenschaftlichen Gegnern auch eine Hierarchisierung der exakten Wissenschaften. 1941 kann Heisenberg mit der Umdeutung der Goetheschen Wissensordnung die moderne Physik an die Spitze der Wissenschaften setzen. Aber auch 1967 wird bei dem Vergleich des Urphänomens mit der DNA eine solche Rangfolge etabliert: Denn dort, »wo es sich [...] um das Erkennen ganz großer Zusammen-

---

ton gesagt worden, daß kaum etwas anderes zu tun bleibe, als die »oft ausgesprochenen Gedanken« von der Kenntnis der »insbesondere [...] neuesten Entwicklung der Naturwissenschaft« her zu überprüfen (N 394). Nicht die zeitliche Nähe, sondern die Distanz erzeugt, so die Konsequenz, Verständnis für Goethes Haltung.

hänge« (N 407) handle, wenn man also »zu den allgemeinen Gesetzmäßigkeiten« übergehe, »die die Gebiete Biologie, Chemie, Physik übergrei-
fen« (N 408), müßten die Physik der Elementarteilchen und deren mathematisch formulierten Gesetze herangezogen werden. Bei diesen werde
besonders deutlich, daß sie nicht nur von der Ratio, sondern auch von
anderen Bereichen der menschlichen Psyche, die mit der Welt der Werte
in Beziehung stünden, wahrgenommen werden (vgl. N 407f.). Die physi-
kalisch-mathematischen Grundstrukturen der Natur seien »noch einfacher, da sie nur noch das allgemeine, nicht mehr das besondere darzustellen haben« (N 408). Das Urphänomen der Biologie dagegen müsse »auch
die unzähligen, verschiedenen Organismen unterscheiden« (ebd.) und
könne, so insinuiert Heisenberg, Goethes Befürchtung einer Naturforschung ad infinitum (vgl. N 396) kaum beseitigen. Vielmehr sei das in
mathematischer Sprache formulierte Grundgesetz der Physik dasjenige,
das eben nur noch die Existenz der Natur im Ganzen darzustellen habe –
die »Weltformel« (N 408). Die Physik ist und bleibt, so die Botschaft, die
wissenschaftliche Leitdisziplin.

Die nahezu ausschließlich positive Rezeption des Vortrags legt nahe,
daß Heisenbergs Strategie, mit Goethe eine eigene Agenda zu verknüpfen, durchaus erfolgreich war: Die Zuhörer im Weimarer Nationaltheater
applaudierten frenetisch und Andreas B. Wachsmuth kommentierte den
Vortrag in seinem Resümee der Hauptversammlung mit den Worten, das
»seltene Phänomen der reinen Faszination« sei »in dieser Stunde Ereignis
geworden«.[78] Auf die Veröffentlichung des Vortrags in der *FAZ* reagiert
beispielsweise auch Herbert August Meyer mit einem wohlwollenden
Leserbrief. Darin würdigt der Ministerialrat a. D. die »beherzigenswerten
Gedanken«, die »von hoher verantwortungsbewußter Warte« geäußert
worden seien.[79]

---

[78] Wachsmuth: »Jahresbericht« (wie Anm. 67), S. 349. Im Nachruf auf Werner Heisenberg im *Goethe-Jahrbuch* von 1977 wird auf diesen Vortrag als dessen »Ver-
mächtnis« verwiesen. Vgl. Walter Furkert: »Nachruf auf Professor Dr. Werner Heisenberg«, in: *Goethe-Jahrbuch* 94 (1977), S. 319–321, hier S. 320.

[79] Herbert August Meyer: »Leserbrief«, in: *FAZ* 127 (1967), S. 6. Meyer greift das
»politische Gewicht« des Vortrags hinsichtlich des Ost-West-Konflikts auf, auf das
die *FAZ* 117 (1967) bei der Veröffentlichung der Rede hingewiesen hatte (vgl.
S. 13): »Daß es Heisenberg möglich war, seinen Vortrag in der Sowjetzone [!] zu
halten, ist ein beachtlicher Vorgang, vor allem weil er in so sachlicher, doch bestimmter Art gerade dort herausstellte: ›daß wir nicht zugunsten des einen Organs,
der rationalen Analyse, alle anderen verkümmern lassen dürfen‹.« Vgl. zu Meyers
Leserbrief Carson: *Heisenberg in the Atomic Age* (wie Anm. 12), S. 126.

V.

Neben diesen emphatischen Reaktionen nimmt sich die zeitgenössisch deutlichste Abfuhr des Vortrags auffallend polemisch aus: Der schon eingangs erwähnte Karl Lothar Wolf weist an prominenter Stelle, nämlich wie Heisenberg im *Goethe-Jahrbuch*, seine Thesen in harschem Ton zurück. Zunächst versucht Wolf, die Argumentation Heisenbergs als Resultat eines persönlichen Enttäuschungsprozesses zu entlarven: Ein junger Mensch werde Naturforscher, um im Verborgenen Wahrheit, Ordnung und Schönheit zu entdecken. Dann aber müsse er alsbald feststellen, daß »mit dem Schönen, Wahren und Guten [...] die Naturwissenschaft unserer Tage sich nicht zu befassen«[80] habe. Trotzdem sei Heisenbergs Versuch »überlegen und ehrenhaft«, da er nicht, wie Walther Gerlach oder Carl Friedrich von Weizsäcker, Goethe als einen »Naturbeflissenen, dessen Licht uns nicht mehr richtungsweisend leuchte«, zu eliminieren trachte.[81] Es geht Wolf also nicht darum, Heisenbergs übergreifende These, Goethe sei als Naturwissenschaftler auch heute noch von Bedeutung, zu widerlegen. Vielmehr kritisiert er den Kontext, in den Heisenberg Goethe einzubinden versucht.

In einem zweiten Schritt weist Wolf die Unvereinbarkeit der Goetheschen und Newtonschen Ansichten im Rekurs auf deren griechisch-heidnische (Goethe) und christlich-deistische (Newton) Weltsicht nach. Die moderne Naturwissenschaft gerät bei Wolf dabei in die Kritik als ein »auf Beherrschung [...] zielende[r] Nominalismus«, mit dem eine »einen modernen Aberglauben vorbereitende Aufwertung der mathematischen Formel« eingesetzt habe.[82] Wolf nutzt diese und weitere Kritikpunkte maßgeblich dafür, seine abschließende, mit missionarischem Impetus formulierte Botschaft vorzubereiten: »›Goethes morphologischen Auftrag‹ in seiner Ausschließlichkeit ernst zu nehmen, ist die Zeit.«[83]

Mit diesem Bekenntnis werden auch die Koordinaten der Kontroverse deutlich: Wolf zitiert hier die 1942 zusammen mit dem Morphologen Wilhelm Troll herausgegebene Schrift *Goethes morphologischer Auftrag*, mit der es sich die beiden zur Aufgabe gemacht hatten, »einer morphologisch bestimmten Naturerkenntnis, in der das bisher bloß verwaltete Erbe GOETHES zu lebendiger Blüte gelangen wird, zum Durchbruch zu ver-

---

[80] Wolf: »Goethe und die Naturwissenschaft« (wie Anm. 10), S. 290.

[81] Ebd.

[82] Ebd., S. 291.

[83] Ebd., S. 293.

helfen.«[84] Die Programmatik der abschließenden Äußerung Wolfs in seiner Entgegnung auf Heisenberg von 1967 führt also direkt zurück in die 1930er und 1940er Jahre. Schon 1936 hatte Wolf den Physiker in einer kurzen Rezension zu der drei Vorträge umfassenden Reihe »Wandlungen in den Grundlagen der Naturwissenschaft« scharf kritisiert: Hätten die ersten beiden Vorträge, die bereits 1935 erschienen waren, noch hoffen lassen, »Heisenberg stehe in einer produktiven Krise seiner Entwicklung«, so überwiege im dritten Vortrag nun doch »zu sehr der Eindruck eines Intellektualismus, der sich in nicht endender Diskussion erschöpfen« müsse. Man habe mehr erwartet, als – und hier zitiert er Heisenberg selbst – »gewissermaßen nur tastende Versuche, uns in der Fülle der Erscheinungen zurechtzufinden«.[85] Eine Rekonstruktion der wissenschaftlichen Position Wolfs erklärt seine harsche Kritik: Der Physikochemiker war in den 1930er und 1940er Jahren maßgeblich daran beteiligt, eine gestalthafte Atomlehre ›im Sinne Goethes‹ zu etablieren, die er mit seinem Projekt einer ›Deutschen Chemie‹[86] verknüpfte.[87] Die Motive für eine solche Ausrichtung müssen in gewissem Maße unklar bleiben – statt von einem nationalsozialistischen Auftrag ist wohl eher von einer Art ›Selbstmobilisierung‹ der Wissenschaftler auszugehen. Das Profil und die propagierten Prinzipien des Projekts zeichnen sich aber in den Texten Wolfs aus den 1930er und 1940er Jahren deutlich ab: Primär geht es um

---

[84] Karl L. Wolf u. Wilhelm Troll: *Goethes morphologischer Auftrag. Versuch einer naturwissenschaftlichen Morphologie.* 2. Aufl. Halle 1942 (Die Gestalt 1), S. 2. Vgl. auch Wilhelm Troll: *Gestalt und Urbild.* Halle 1942 (Die Gestalt 2).

[85] Karl L. Wolf: »W. Heisenberg. Wandlungen in den Grundlagen der Naturwissenschaft [Rezension]«, in: *Zeitschrift für die gesamte Naturwissenschaft* 2 (1936/37), S. 166.

[86] Diese Bezeichnung ist nicht zeitgenössisch. Vgl. Martin Bechstedt: »›Gestalthafte Atomlehre‹. Zur ›Deutschen Chemie‹ im NS-Staat«, in: *Technik und NS-Ideologie. Beiträge zur Wissenschaftsgeschichte des Dritten Reichs,* hg. v. Herbert Mehrtens u. Steffen Richter. Frankfurt a. M. 1980, S. 142–165, hier S. 143.

[87] Vgl. zur ›Deutschen Chemie‹ und deren Vertreter – neben Karl Lothar Wolf sind vor allem Rembert Ramsauer und Conrad Weygand zu nennen – die ausführliche Darstellung von Markus Vonderau: *Deutsche Chemie. Der Versuch einer deutschartigen, ganzheitlich-gestalthaft schauenden Naturwissenschaft während der Zeit des Nationalsozialismus.* Marburg/Lahn 1994, und zusammenfassend Bechstedt: »›Gestalthafte Atomlehre‹« (wie Anm. 86), sowie Ute Deichmann: *Flüchten, Mitmachen, Vergessen. Chemiker und Biochemiker in der NS-Zeit.* Weinheim u. a. 2001, bes. S. 221–223, und Heinrich Kahlert: *Chemiker unter Hitler. Wirtschaft, Technik und Wissenschaft der deutschen Chemie von 1914–1945.* Langwaden 2001, bes. S. 25–57.

den Nachweis einer spezifisch »deutsche[n] Linie«[88] in der Chemie, die sich entgegen der »entgeistigten Physik«,[89] die von Demokrit über Newton zur Quantenmechanik führe, vor allem durch eine lebendige Naturanschauung im Sinne der deutschen romantischen Naturphilosophie auszeichne. »[S]chauende Forscher«[90] deutscher Provenienz wie Goethe, Kepler, Schelling, Paracelsus oder Nikolaus von Kues fungieren als Exponenten einer harmonisch-einheitlichen Naturlehre. Die völkischen Äußerungen innerhalb der ›Deutschen Chemie‹ richten sich hauptsächlich gegen eine »westliche Überfremdung«[91] und sind damit nicht in demselben Maß antisemitisch orientiert wie die ›Deutsche Physik‹. Beiden Strömungen ist jedoch die Verurteilung der Relativitätstheorie und der Quantenmechanik gemeinsam, die auch Wolf als »Fremdvorstellungen« mit »hypothetische[m] Charakter«[92] zurückweist. Es ist nicht nur das vermeintlich fehlende »Wertmaß« der »nominalistische[n] Profanwissenschaft des vergangenen Jahrhunderts«,[93] das Wolf beklagt, sondern auch die in Bedrängnis geratene Hoheit und die disziplinäre Autonomie des eigenen Fachs. Die physikalische Chemie sei »vor einem Zuviel an quantisierender Physik zu behüten«.[94] Eine ›Schutzmacht‹ gegen diese Tendenzen scheint Goethe zu bieten, zumal im Unterschied zur Physik die Chemie und die Biologie, wie Wolf und Troll sie propagieren, die Goetheschen Gedanken in besonderer Weise verwirklichen zu können schei-

---

[88] Karl L. Wolf u. Rembert Ramsauer: »Zur Geschichte der Naturanschauung in Deutschland I«, in: *Zeitschrift für die gesamte Naturwissenschaft* 1 (1935/36), S. 129–149, hier S. 146.

[89] Karl L. Wolf u. Hans G. Trieschmann: »Kepler, Newton und Goethe«, in: *Zeitschrift für die gesamte Naturwissenschaft* 1 (1935/36), S. 71–73, hier S. 72.

[90] Wolf: »Zur Geschichte der Naturanschauung in Deutschland I« (wie Anm. 88), S. 141.

[91] Bechstedt: »›Gestalthafte Atomlehre‹« (wie Anm. 86), S. 150.

[92] Karl L. Wolf: »Grimschl-Tomaschek. Lehrbuch der Physik [Rezension]«, in: *Zeitschrift für die gesamte Naturwissenschaft* 1 (1935/36), S. 345f., hier S. 345. Vgl. dazu auch die Anmerkung dess.: »Grimschl-Tomaschek. Lehrbuch der Physik [Rezension]«, in: *Zeitschrift für die gesamte Naturwissenschaft* 2 (1936/37), S. 128, heute trete »gar zu leicht in Lehrbüchern das ›Aktuellste und Neueste‹ in den Vordergrund«. Noch deutlicher wird Wolf in der Schrift *Goethes morphologischer Auftrag* (wie Anm. 84), S. 9 u. S. 62.

[93] Wolf: »Zur Geschichte der Naturanschauung in Deutschland I« (wie Anm. 88), S. 135.

[94] Karl L. Wolf: »Über die Grenzen der Anwendung thermodynamisch-kinetischer Vorstellungen auf wesentlich biologische Probleme«, in: *Zeitschrift für die gesamte Naturwissenschaft* 2 (1936/37), S. 115 118, hier S. 118.

nen.[95] Gegenüber dieser als fachliche Bedrohung empfundenen Omniprä-
senz der Atomphysik jedenfalls stehe, so Wolf 1936, nun die Aufgabe,
die »quantitative[n] Ergebnisse [der Physik, A. S.] einem Gestaltungs-
prinzip unterzuordnen« und so »Grund zu legen zu einer eigengesetzli-
chen theoretischen Chemie.«[96]

Im Unterschied zur ›Deutschen Physik‹ konnte sich die ›Deutsche Chemie‹ in den Naturwissenschaften völkischer Ausrichtung nicht durchsetzen. Diesen Umstand wiederum versuchte Wolf nach 1945, wenn auch
ohne großen Erfolg, für sich auszunutzen:[97]

> Ich wüsste nicht, wo und wann ich nach 1933 mehr gegen den Relativismus ge-
> sagt haben soll, als vor 1933. Dagegen habe ich mich nach 1933 stets ganz ent-
> schieden von dem Kampf der Herrn Lenard und Stark gegen die Theo[retische]
> Physik ferngehalten, ja mir sogar, wie ich belegen kann, den Zorn dieser beiden

---

[95] Vgl. Wolf u. Troll: *Goethes morphologischer Auftrag* (wie Anm. 84), S. 57. Auch
Friedrich Waaser: »L. Wolf und W. Troll. Goethes morphologischer Auftrag [Re-
zension]«, in: *Zeitschrift für die gesamte Naturwissenschaft* 6 (1940), S. 329–331,
bemerkt dazu, daß die »Chemie als autonome Wissenschaft […] immer mehr ins
Schlepptau der Physik« (S. 330) geraten sei.

[96] Wolf: »Über die Grenzen der Anwendung thermodynamisch-kinetischer Vorstellungen« (wie Anm. 94), S. 118. Wolf kritisiert in diesem Zusammenhang sogar den
›Altmeister‹ der ›Deutschen Physik‹, Philipp Lenard: Bei dessen Stellungnahme zur
Bedeutung der physikalischen Chemie habe »[d]ie Übertragung des Namens ›physikalische Chemie‹ auf die ›allgemeine Chemie‹ offenbar auch Lenard, dem rein che-
mische Fragestellungen ferner liegen dürften, irregeführt« (S. 118).

[97] Wolf hatte trotz seiner opportunistischen Haltung schon während des Regimes mit
beruflichen Problemen zu kämpfen. Nicht nur seine Vorstellung von der ›Deutschen
Chemie‹, die den Nationalsozialisten nur bedingt entgegenkam, sondern auch seine
Persönlichkeit scheint ihm dabei Schwierigkeiten bereitet zu haben. Seinen nicht besonders umgänglichen Charakter bezeugen zahlreiche Dokumente, die sich u. a. bei
Vonderau: *Deutsche Chemie* (wie Anm. 87) finden (vgl. bes. S. 84–87). Für seine
Versetzung von Kiel nach Würzburg waren vor allem persönliche Differenzen und
seine Affäre mit der Tochter eines Kollegen ausschlaggebend. 1937 führte ihn ein
Ruf nach Halle, wo er ab 1938 einen Lehrstuhl inne hatte. 1945 wurde er in Abwesenheit entlassen, jedoch als ›Professor zur Wiederverwendung‹ eingestuft. Trotzdem gelang es ihm nicht, seine akademische Karriere fortzuführen. 1946–1954 war
er als Gymnasiallehrer in seinem Geburtsort Kirchheimbolanden tätig, seit 1949 immerhin als Oberstudiendirektor. 1953 wurde er Leiter eines privaten Instituts für
Physik und Chemie in Marienthal. Seine Rente erhielt Wolf von der Universität
Mainz, die ihm 1959 den Status eines emeritierten Professors verlieh.

Herren zugezogen. Es ist nun gar zu merkwürdig, dass ich plötzlich in ihrer Front stehen soll.[98]

Ähnlich flexibel, wie sich Wolf politisch positioniert, zeigt er sich auch in anderen Kontexten. In dem Vortrag »Plan, Struktur und Stand der Arbeiten an der ›Leopoldina-Ausgabe‹«, den Wolf anläßlich seiner Mitherausgeberschaft der Leopoldina-Ausgabe von Goethes naturwissenschaftlichen Schriften im Jahr 1957 hielt, wird die vormals vehement abgelehnte Quantenphysik plötzlich zum Ausgangspunkt der Überlegung, daß, wie über die Korpuskulartheorie Newtons, auch über die Farbenlehre Goethes »noch nicht das letzte Wort gesprochen« sei:

> Von da an [dem Streit zwischen Korpuskular- und Wellentheorie, A. S.] jedenfalls konnte man bis in den Anfang unseres Jahrhunderts – nun nicht Goethes, sondern Newtons Optik betreffend – in Physikvorlesungen hören, hier habe ein großer Mann geirrt. Und erst als mit dem Aufkommen der Quantentheorie wieder von Lichtkorpuskeln gesprochen werden konnte, wurde der ›Irrtum‹ zwar nicht zur Wahrheit, aber doch zur Vorahnung derselben. So mag denn auch noch nicht das letzte Wort über Goethes Farbenlehre gesprochen sein.[99]

Wolfs Anliegen, ein Vollstrecker Goethescher Forderungen zu sein, scheint vor wie nach 1945 bestehen zu bleiben. Der Fortbestand seiner

---

[98] »Karl Lothar Wolf an den Dekan der naturwissenschaftlichen Fakultät der Universität Mainz vom 27. Dezember 1952«. Zit. nach Vonderau: *Deutsche Chemie* (wie Anm. 87), S. 87. Vgl. auch Wolfs Stellungnahme dazu, daß ihm (zusammen mit Kurt Hildebrandt) 1937 die Herausgeberschaft der Zeitschrift für die gesamte Naturwissenschaft entzogen wurde: »Die Z[eit]schrift war nie als politische Zeitschrift gedacht, sehr wohl aber als Kampfschrift gegen den zunehmenden Positivismus. [...] Tatsächlich vollzog sich der Herausgeberwechsel in schärfster Form, indem mir von der damaligen Studentenführung und von Joh[annes] Stark versichert wurde, ich sei nicht würdig genug«, »eine solche Zeitschrift herauszugeben, da ich kein ›Nazi‹ sei«. Zit. nach Vonderau: *Deutsche Chemie* (wie Anm. 87), S. 90. Bevor der Dozentenbund die *Zeitschrift für die gesamte Naturwissenschaft* übernommen hatte, gehörten auch Hans-Georg Gadamer und Martin Heidegger zum Beirat. In der Tat spielte die Positivismuskritik zu Beginn eine große Rolle, etwa in der Kritik an dem bekennenden Positivisten Pascual Jordan. Vgl. hierzu Lutz Danneberg: »Logischer Empirismus in Deutschland«, in: *Wien, Berlin, Prag. Der Aufstieg der wissenschaftlichen Philosophie. Zentenarien Rudolf Carnap, Hans Reichenbach, Edgar Zilsel*, hg. v. Rudolf Haller u. Friedrich Stadler. Wien 1993 (Veröffentlichungen des Instituts Wiener Kreis 2), S. 320–361.

[99] Karl L. Wolf: »Plan, Struktur und Stand der Arbeiten an der ›Leopoldina-Ausgabe‹«, in: *Weimarer Beiträge* 6 (1960), S. 1161–1167, hier S. 1161.

Gestalttheorie über das Dritte Reich hinaus ist zudem erstaunlich.[100] Vom geringen Bekanntheitsgrad der ›Deutschen Chemiker‹ und ihrer relativen Zurückhaltung mit antisemitischen Äußerungen über die nicht vorhandene oder nicht nachweisbare Verbindung zur offiziellen NS-Staatsbürokratie bis hin zur tragenden Rolle Wolfs und Trolls bei der »Neuherausgabe der naturwissenschaftlichen Schriften Goethes im Rahmen der Leopoldina-Ausgabe«[101] mögen verschiedene Gründe dafür ausschlaggebend gewesen sein.[102] Betrachtet man allerdings die Verquickung seines morpho-

---

[100] Vgl. exemplarisch Karl L. Wolf: *Das Urbild des elementaren Atoms*. Stuttgart 1950, in dem der Verfasser der Goetheschen Forderung Rechnung trägt, »wonach das Urbild der Schlüssel sein soll, mit dem man mögliche Arten erfinden kann« (S. 43). Auch erschien das Lehrbuch Karl L. Wolfs: *Theoretische Chemie. Eine Einführung vom Standpunkt einer gestalthaften Atomlehre*. 4. Aufl. Leipzig 1959, über das Dritte Reich hinaus noch in vier Auflagen. Von einem feststellbaren Einfluß der morphologischen Gestaltlehre auf die Entwicklung der Chemie kann allerdings, so Bechstedt: »›Gestalthafte‹ Atomlehre« (wie Anm. 86), zu keinem Zeitpunkt die Rede sein (vgl. S. 169). Auch die von Wilhelm Pinder, Wilhelm Troll und Wolf 1940 begründete Zeitschrift *Die Gestalt*, deren erstes Heft die Programmschrift *Goethes morphologischer Auftrag* darstellt, erschien immerhin bis 1958. Laut Vonderau: *Deutsche Chemie* (wie Anm. 87), ist es durchaus möglich, daß *Die Gestalt* als Ersatz für die *Zeitschrift für die gesamte Naturwissenschaft*, deren Herausgeberschaft Wolf 1937 aufgeben mußte, gegründet wurde. Sie war Publikationsorgan des von Wolf und Troll in Halle ins Leben gerufenen »Gestalt-Kolloquiums«, dem unter anderem Max Steck, Conrad Weygand, Kurt Hildebrandt, Robert M. Müller, Friedrich Waaser, Dorothea Kuhn und Hans-Georg Gadamer angehörten (vgl. S. 88f.). Laut den Aussagen einiger Zeitzeugen wurde der Gestalt-Kreis sowie deren Zeitschrift von nationalsozialistischer Seite beargwöhnt und bespitzelt (vgl. S. 89). Eckart Menzler-Trott: *Gentzens Problem. Mathematische Logik im nationalsozialistischen Deutschland*. Basel u. a. 2001, warnt allerdings davor, den *Gestalt*-Kreis als Widerstandsgruppe gegen den Nationalsozialismus mißzudeuten und führt die Diskrepanzen auf fachliche und personelle Streitigkeiten zurück (vgl. S. 192).

[101] Danneberg: *Deutsche Linie und Deutsche Wissenschaft* (wie Anm. 11), S. 78. Zum von der DFG unterstützten Editionsprojekt der Leopoldina-Ausgabe, die »zwar erst nach 1945 realisiert wurde, allerdings maßgeblich von denen, die es zuvor bereits betrieben hatten« (S. 76), vgl. bes. S. 76–79.

[102] Im Gegensatz zu seinem Kollegen Conrad Weygand, der sich häufig mit dezidiert antisemitischen Äußerungen hervortat, wußte Wolf, so Bechstedt: »›Gestalthafte‹ Atomlehre« (wie Anm. 86) bis auf einige Ausnahmen (vgl. Anm. 103) meist »allzu direkte ›völkische‹ Äußerungen« zu vermeiden (S. 149). Seine steile Karriere in den 1930er Jahren aber verdankte er seiner opportunistischen Haltung gegenüber dem Nationalsozialismus. Christian Tilitzki: *Die deutsche Universitätsphilosophie in der Weimarer Republik und im Dritten Reich*. Bd. 1. Berlin 2002, dokumentiert Wolfs kompromißloses Vorgehen bei der nationalsozialistischen Umgestaltung der Univer-

logischen Ansatzes mit nationalsozialistischen Vorstellungen und seine Affinität zur völkischen Terminologie,[103] so mag es doch verwundern, daß Wolf für seine Äußerungen noch 1967 im Goethe-Jahrbuch eine Plattform fand, um dort von »jener geistig aufgeschlossenen Zeit zwischen den beiden großen Kriegen« zu sprechen und mit *Goethes morphologischer Auftrag* eine Schrift zu zitieren, die teilweise in der nationalsozialistischen Ideologie verhaftet ist.

Ob es ein Anliegen Heisenbergs war, mit seinem Vortrag solche Polaritäten aufzudecken und damit Stellungnahmen dieser Art herauszufordern, ist fraglich. Im Vordergrund seines Vortrages stehen, wie ich gezeigt habe, eher die Intentionen, mit Goethe die aktuelle naturwissenschaftliche Forschung zu auratisieren und zu sanktionieren, sein Selbstbild als Wissenschaftler neu zu konturieren, individuelle Kritik autoritativ aufzuladen oder zu camouflieren und dabei die moderne Physik en passant als Leitdisziplin in Szene zu setzen. Daß Wolf sich 1967 so aggressiv zu Wort meldet, zeigt aber einmal mehr die frappierenden Kontinuitäten, die auch über 1945 hinaus den akademischen Diskurs in Deutschland bestimmen.[104]

---

sität Kiel (vgl. bes. S. 621–527). Neben Martin Heidegger, Ernst Krieck und Friedrich Neumann war Wolf einer der Hauptvertreter einer neuen, nationalsozialistisch ausgerichteten Hochschulpolitik. Eine weltanschaulich-politische Universität sollte entstehen, die, so Karl L. Wolf u. Carl Petersen: *Die Stellung der Natur- und Geisteswissenschaften in der neuen Universität und die Aufgabe ihrer Fachschaften.* Neumünster 1933 (Kieler Vorträge über Volkstums- und Grenzlandfragen und den nordisch-baltischen Raum 5), »eine [personenbezogene, A. S.] Reform [....] an Haupt und Gliedern« (S. 6) brauche, um die die Lehre bestimmenden »landfremde[n] und volksfremde[n] Elemente« (S. 8) zu entfernen.

[103] In Wolfs und Trolls Programmschrift ist beispielsweise von einer »Flut von Theorien vorwiegend jüdischer und amerikanischer Provenienz« (S. 62) die Rede. Deutlich völkisch geprägt ist Wolfs Darstellung der Geschichte der Naturanschauung in Deutschland, 1935/36: »Wir müssen heute [...] mit besonderer Deutlichkeit fragen, ob und wie weit diese Spannungen [zum Beispiel zwischen Goethe und Newton, A. S.], die Gegensätzen menschlicher Haltung und Artung entspringen, von den anerkannten Trägern des modernen naturwissenschaftlichen Denkens noch empfunden werden« (S. 132).

[104] Für die große Unterstützung bei der Abfassung dieses Beitrags und die zahlreichen Hinweise möchte ich Lutz Danneberg, Andrea Albrecht und Franziska Bomski sehr herzlich danken.

Wilhelm Schmidt-Biggemann

Wissen

Mit der Wiederentdeckung der Enzyklopädie als spezifischer Wissensform, die in den 80er Jahren des letzten Jahrhunderts begann, bekam Wissen als Thema Konjunktur und löste in den folgenden Jahren ›Kritik‹ als Leitbegriff ab. Mittlerweile gibt es eine Fülle von Adjektiven und Zuordnungen, die den Begriff von Wissen zu spezifizieren beanspruchen – aufs Ganze gesehen, verwölken sie ihn eher.

Es ist wahrscheinlich sinnvoll, rhapsodisch einige Zusammensetzungen Revue passieren zu lassen: Es gibt eine ›Wissensgesellschaft‹, die altmodisch und historisch als höfisches, als städtisches, als universitäres Wissen beschrieben, rezenter als computergesteuerte Kommunikation, als Internetinformation, als Desinformation, als Informationsüberflutung, als schöne neue Wissensöffentlichkeit oder als politisch gefährdender Geheimnisverrat interpretiert wird. Der Wissensbegriff scheint hier den alten Begriff von Gesellschaft und Politik, die man sich als durch Machtinteressen bestimmt vorgestellt hatte, umzuformen: der neue Leitbegriff ist Kommunikation.

Kommunikation ist zugleich ein Schlüsselbegriff der Wissenstheorie. Hier sind Sprachtheorie und Wissenskonzeption eng miteinander verknüpft: Sprache und Wissen sind je nach Theorie als performatives, linguistisches, grammatisches, logisches, inferentielles Wissen miteinander verknotet. Dagegen stehen Konzepte von implizitem Wissen, das als Hermeneutik des Praktischen – ›knowing how‹ im Unterschied vom theoretischen ›knowing what‹ – verstanden wird und das gelegentlich auch als ›Körper-‹ oder ›Leibwissen‹ gefaßt wird, möglicherweise um den Begriff Geist, Psyche oder gar Seele zu vermeiden.

Aber dieser Begriff von Geist ist unversehens auch für die Fragen des Wissens in der englischen Version als ›mind‹ neu und verändert ins Spiel gekommen; wie denn die ›Philosophy of mind‹ viele Elemente des alten Geistbegriffs übernimmt und damit alte erkenntnistheoretische und psychologische Topoi in neuer Gestalt offeriert. Hier werden das Leib-Seele-Problem ebenso wie das des Willens oder die alten Positionen der Hermeneutik und zugleich Foucaults Diskurskonzept kritisch neu reflektiert:

Verstehen wird gegen ›rationale Rekonstruktion‹ und inferentielles Wissen gegen Diskurswissen, Wissensdiskurs und Diskursherrschaft inszeniert.

In diesem Prozeß wird zugleich der Begriff Wissenschaft im Verhältnis zum Wissen immer stärker aufgeweicht; dadurch wird er selbst problematisch. Aus der Wissenschaftsgeschichte, die den Maßstab der positivistischen und der Empirie und Mathematik verknüpfenden Wissenschaft des 19. Jahrhunderts (Science) an alle historischen und gegenwärtigen Wissenschaftsansprüche als ›sciences‹ stellte und sich dem Fallibilitätsargument unterordnete, wird mehr und mehr Wissensgeschichte. Diese Kombination von Wissen und Geschichte in einem Wort, eben ›Wissensgeschichte‹ scheint neu zu sein. Was Wissen eigentlich meint und was das Geschichtliche an diesem Wissen ist, ist allerdings selbst merkwürdigerweise kaum Teil der theoretischen kulturwissenschaftlichen Debatte. Stattdessen ist die Frage nach den disziplinenspezifischen Wissensformen aktuell: Poetisches Wissen, Narrativitätsmuster, Bildwissen stehen nebeneinander – was sie als ›Wissen‹ eigentlich verbindet, ist immer weniger sichtbar.

Die Frage, die sich philosophisch stellt, ist unter diesen Bedingungen notwendig die nach dem Wissen und seinen Formalbedingungen. Unbestritten scheint die Zusammengehörigkeit von Wissen und Sprache zu sein. Es scheint auch unbestritten zu sein, daß es außersprachliches Wissen gibt. Aber gerade dann stellt sich das Problem verschärft, wie sich beide zueinander verhalten, inwiefern Wissen auf Sprachlichkeit angewiesen ist. Worin bestehen die sprachlichen Bedingungen des Wissens, worin die nichtsprachlichen? Ist kommunikatives Wissen notwendig auf Sprachlichkeit angewiesen? In welchem Verhältnis stehen bewußtes und unbewußtes Wissen? Gibt es praktisches Wissen, das ohne sprachliche Vermittlung auskommt? Ist Wissen ohne Tradition denkbar oder ist Tradition Bedingung kulturellen Selbstverständnisses? Gibt es eine sprachlose Tradition, die als Wissen beschrieben werden kann?

Was ist die spezifische Bedeutung von Bildwissen? Es scheint unbestreitbar, daß Bilder Teil des Wissens sind; gleichviel ob es sich um innere Bilder der optisch-sinnlichen Erkenntnis, um Phantasiebilder, Erwartungsschemata oder um Artefakte handelt. Sobald man freilich über Bilder redet, ist die Bildlichkeit zwar das Objekt des Redens, nicht aber das Medium der Kommunikation. Ist Bildwissen Wissen über Zusammenhänge, die sich der Sprachlichkeit prinzipiell entziehen? Was aber macht man, wenn man über Bildlichkeit sprachlich kommuniziert? Man tauscht ja keine Bilder, Farben und Formen aus, sondern Sätze. Was aber ist dann die Bilderfahrung?

Ähnlich klärungsbedürftig ist die Frage nach dem poetischen Wissen. Was eigentlich ist das Poetische, das über das unpoetische Wissen hinausgeht? Allein die Kenntnis des technischen Rüstzeugs der Poesie oder Malerei oder Musik kann es nicht sein. Die Frage stellt sich für das Ästhetische der Malerei, der Poesie und der Musik gleichermaßen. Handelt es sich beim Ästhetischen um ein Moment des rational nicht mehr Verwaltbaren und in diesem Sinne um eine Erfahrung, die unkommunikabel ist, aber von der man doch behauptet, sie komme allen zu, die eine ästhetische Erfahrung haben? Aber womit ist eine solche Annahme gerechtfertigt? Reicht es, Ahnung zu haben, oder muß man wissen, was man tut? Und bedeutet nicht allein schon der Anspruch, Kunst müsse kommunikabel sein, die Aufhebung der These, es handle sich beim Ästhetischen und Poetischen um eine Sphäre eigenen, das Rationale übersteigenden Wissens?

Welche Rolle spielt die Intentionalität – das Richten der Aufmerksamkeit auf ein Objekt? Intentionalität ist für Fragen überhaupt, deshalb auch für die Frage nach dem Wissen, der Erwartung und der Ästhetik gleichermaßen im Spiel. Inwiefern nimmt man wahr, was man sucht? Worin besteht das Surplus, das als Erfahrung über das hinausgeht, was man erwartet hat? Jede Erfahrung übertrifft schließlich die Erwartung dergestalt, daß die Erwartung das Mögliche, die Erfahrung das Wirkliche ist. Drängt sich empirisches, bildliches, poetisches und ästhetisches Wissen sinnlich auf? Wird es zwangsläufig zur Erfahrung oder nur für den, der diese Erfahrung begrifflich verwalten kann? Gibt es einen Willen zum Wissen? Wenn es den gibt, dann gibt es auch einen zur Wissensverweigerung. Und wie beschreibt man dieses Verhältnis?

Fragen über Fragen zum Wissen, die in ihrem Verhältnis diskutiert werden müssen; Fragen, die schon im Titel dieses Jahrbuchs *Scientia Poetica* als sein einschlägiger Aufgabenbereich indiziert sind. Die kommenden Jahrgänge werden sich deshalb kontinuierlich mit dieser Frage befassen in der Erwartung, Wegweiser in der Wissenslandschaft aufzustellen. Ein Versuch liegt in diesem Heft vor; die von Aristoteles erarbeitete formale Fassung propositionalen Wissens wird als ein Muster und Modell präsentiert. Modernere Gegenpositionen können und müssen sich an dem alten Standard dieses Wissenskonzepts messen lassen. On va voir.

299

Wilhelm Schmidt-Biggemann

Welches Wissen?

Vier aristotelische Meditationen

I. Formales Wissen

I.1 Die propositionale Fassung des Wissens bei Aristoteles

Wissen besteht in Prädikation und Gedächtnis. Ohne Prädikation gibt es keine Möglichkeit, *etwas als etwas* und damit überhaupt zu begreifen, ohne Gedächtnis gibt es keine Möglichkeit, vergangene Erfahrungen zu verwalten, sie damit als etwas verfügbar zu haben und sie als Schemata für neue Erfahrungen zu verwenden.

Aristoteles unterteilt zu Beginn der zweiten *Analytik* alle Wissenschaftlichkeit in induktive und deduktive; er konzentriert sich hier[1] auf die Deduktion, diese ist ihm ein Wissen, das aus sicheren Prinzipien gewonnen wird. Die Antwort auf die Frage, wie diese Prinzipien selbst erlangt werden, ist zweideutig; sie bezieht sich sowohl auf Momente der Erfahrung als auch auf Strukturen des Nous.

Das Credo des antiplatonischen Empiristen Aristoteles findet sich im letzten Satz der zweiten *Analytik*. Nach dieser Formulierung stammt die Erkenntnis der ersten Prinzipien ursprünglich aus der Erfahrung. Die Erfahrungen sind als einzelne in einem ersten Schritt begriffen und dann in einem zweiten verallgemeinert worden. Im Gedächtnis werden die begriffenen Erfahrungen gespeichert, sie sind als Schemata nun verfügbar und wiederholbar; so sind sie die Bedingung für Wissenschaft und Kunst; »wenn in Hinsicht auf Werden: von Kunst, wenn in Hinsicht auf Sein: von Wissen. Weder also kommen die Zustände abgesondert bestimmt in uns vor, noch entstehen sie von anderen Zuständen aus, die kenntnisreicher sind, sondern von der Wahrnehmung aus« (100 a 4–14).

---

[1]   Die Induktion behandelt er stärker in der *Topik* I, 12. Vgl. Kurt von Fritz: »Die Induktion als der Aufstieg vom besonderen zum Allgemeinen; Keimzelle der aristotelischen Analogiemethode«, in: ders: *Grundprobleme der Geschichte der antiken Wissenschaft*. Berlin 1971, S. 623–676.

Freilich ist nicht deutlich, wie dieses empirische Bekenntnis mit der strukturellen Axiomatik zusammenpaßt, die in der ›nóesis‹, im Denken grundgelegt ist. Es stellt sich nämlich die Frage nach der Erkenntnis von Strukturprinzipien wie dem Satz des Widerspruchs, von Identität und Differenz, der Zahlen, der Ähnlichkeit, des Ganzen und seiner Teile, dem Verhältnis von Individuum und Allgemeinem. Diese Prinzipien (›archái‹, 76 a 17) sind unbeweisbar, und ihre axiomatische Geltung (76 b 30) muß vorausgesetzt werden.

Wissenschaft ist für Aristoteles nur im Bezug auf Begriffe möglich. Begriffe sind allgemeine Zeichen. Das bedeutet, daß es Wissenschaft im genauen Sinne nur von diesen Zeichen geben kann; alle sinnliche Erkenntnis bietet als solche keine sichere und damit keine wissenschaftsgeeignete Erkenntnis.[2]

Wir erkennen das ›tò tí estin‹, das ›Was es ist ‹, einer Sache, das heißt die Allgemeinheit an der Individualität der Einzeldinge.[3] Diesen Akt der Erkenntnis des Allgemeinen am Individuellen, der bei Aristoteles in den Büchern 7–9 der *Metaphysik*, den Substanzbüchern, immer wieder diskutiert wird, heißt konventionell Abstraktion. Aber dieser Abstraktionsprozeß setzt voraus, daß man immer schon weiß, was dieses ›tò tí‹, das ›Was‹ ist. Läßt sich das anders als das theoretische Ex-post-Erschließen des im praktischen Leben immer schon Erschlossenen deuten?

Das ›Was es ist‹, sagt Aristoteles, sei zugleich das ›dià tí‹, das ›Wodurch‹ etwas das werde, was es ist; und damit ist das ›Was-es-ist‹ der Grund, wodurch es erkannt werde. Ist dieses ›Wodurch‹ der allgemeinen Formen, die erkannt werden, in seiner Allgemeinheit der Gehalt des ›noûs‹?[4] Wie lassen sich die allgemeinen Begriffe aus dem konkreten Ding, das Aristoteles mit dem abenteuerlichen Kunstwort ›tò tí ên eînai‹ (›das etwas-war-sein‹, Bonitz: ›Wesenswas‹) kennzeichnet, gewinnen?

---

[2] Vgl. zweite *Analytik* I, 31: Sinnliche Erkenntnis kann keine wissenschaftliche Erkenntnis werden, sie beschäftigt sich mit Einzeldingen (›hékasta‹), sofern wissenschaftliche Erkenntnis schlußfolgernd – inferentiell – ist. Universalien (›kathóloi‹) können nicht sinnlich wahrgenommen werden; aber sie sind Bedingungen der Erkenntnis.

[3] Siehe Ernst Tugendhat: *Ti kata Tinos. Eine Untersuchung zu Struktur und Ursprung aristotelischer Grundbegriffe.* Freiburg i. Br. 1958.

[4] *Analytica posteriora* II, 2: Wenn wir das Wesen einer Sache (›to tí estín‹) erkennen, dann erkennen wir auch ihren Grund (›dià tí‹). Wahrheit kommt von Nous und Wissenschaft (»Aletès d' estì noûs kai epistéme kai dóxa«); die Doxa ist eine Erkenntnis aus unsicheren Prämissen, die weder wissenschaftlich erwiesen noch notwendig sind.

Wenn man das ›tò tí ên eînai‹ als konkretes Einzelding faßt, dann ist das ›ên‹ – ›gewesen‹ – dasjenige, was das Indiz des Allgemeinen im Besonderen ausmacht. Aber ist diese Benennung mehr als eine sprachliche Verlegenheitslösung für das Problem des Allgemeinen im Besonderen, das man als das Paradox des Anfangs aller Erkenntnis beschreiben muß? Dieses Paradox besteht darin, daß etwas nur dann als Einzelnes erkennbar ist, wenn es allgemein prädiziert werden kann.

Die Prädikation des Allgemeinen hat Aristoteles zu Beginn von *Peri hermeneias* formal als die Verbindung von Erkenntnis und Sprache definiert: Wissen ist die Prädikation eines ›tò de tí‹, eines ›dies-da‹. Dieses ›tò de tí‹ wird meistens als ›Individuum‹ übersetzt, es findet sich auch ›hékaston‹,[5] ›jedes‹. Das reale extramentale ›tò de tí ‹ werde, so Aristoteles, in der Seele abgebildet; und dieses abgebildete Ding, das in den Seelen aller Menschen gleich abgebildet wird, wird in einem zweiten Schritt bezeichnet: Das ist ein X (z. B. Baum). »Worte sind ausgesprochene Symbole oder Zeichen von Affekten oder Eindrücken. Geschriebene Worte sind Zeichen der gesprochenen Worte.«[6] Entscheidend ist die Formulierung: Worte sind »sýmbola tôn pathemáton en tê psyché«. Die Schrift ist wiederum ein sekundäres Symbol des Gesprochenen.

Nicht alle Menschen reden und schreiben gleich. Allerdings sind, Aristoteles zufolge, die mentalen Affektionen (›pathémata‹) für alle Menschen gleich, weil die Gegenstände, von denen sie kommen, dieselben sind.[7] Die verschiedenen Sprachen repräsentieren deshalb dieselben mentalen Affekte (›Widerfahrnisse‹ Weidemann) mit verschiedenen Zeichen. Über den Wahrheitsgehalt dieser ›Pathemata‹ als solche kann erst in einer Aussage geurteilt werden. Erst Sätze vom Charakter »das ist X« resp. »X=Y« sind wahrheitsfähig. Wahrheitsfähig sind nicht die Eindrücke und nicht die Worte als solche, sondern nur Sätze – das Beispiel: Bockhirsch (›Tragelaphos‹) – ist als Wort weder wahr noch falsch. Wenn man sagt: Es gibt reale Bockhirsche, dann macht man eine wahrheitsfähige Aussage – und die Aussage, es gibt Bockhirsche, ist (erfahrungsgemäß) falsch.

Es handelt sich bei Aristoteles laut *Perì hermeneías* um eine dreistufige Sprach-, Wissens- und Wahrheitstheorie, die Schrifttheorie ist von der Theorie der Begriffsbildung abhängig. So ergeben sich folgende Elemen-

---

[5] Z. B. in der zweiten *Analytik* I, 31.

[6] *Peri Hermeneias*, I, 16a. Die knappe, wie ich finde, vorzügliche Übersetzung von Harold P. Cooke in *Loebs Classical Library*: »Words spoken are symbols or signs of affections or impressions, written words are the signs of the words spoken«.

[7] »Tautà pâsi pathémata tês psychês, kai hôn taûta homoiómeta, prâgmata éde tautá.« *Peri Hermeneiaas* I, 16a.

te: 1. die Dinge, 2. die Eindrücke (Widerfahrnisse/›pathémata‹), 3. Worte. Bei diesen Worten kommt es nicht darauf an, welche Sprache im einzelnen gebraucht wird, aber es muß ein Laut sein; die Dinge müssen durch einen Laut repräsentiert sein. Es reicht formal, daß es sich um ein sinnliches Zeichen – also ein äußerlich wahrnehmbares Zeichen handelt. Die Sinnlichkeit des Zeichens ist unerläßlich; und dieses Zeichen verweist auf etwas: auch hier ist also die Zweipoligkeit: *Etwas als etwas* gewahrt. Zeichen sind wahrheitsfähig, weil sie auch falsch sein können. Um welches Zeichen – und sprachlich, um welchen Laut es sich handelt, ist im Prinzip gleichgültig, aber es muß ein identifizierend, zeichenhaft Belautendes sein, die Wortkörper selbst sind, wie die verschiedenen Sprachen zeigen, unterschiedlich. Die Laute sind, sobald sie sprachlich sind, Begriffszeichen; und sie sind, weil sie als endlich viele für unendlich viele Einzelheiten gelten, allgemein. Der mittelalterliche Terminus ist ›Universalien‹ – diese gelten prinzipiell für eine ganze Klasse von Dingen. 4. die Schrift ist die Repräsentanz der Worte, nicht der Dinge, und nur durch die Sprache vermittelt sie die Repräsentanz der Eindrücke (›Pathemata‹).

Das Wort (›ónoma‹) gilt als kleinstes durch Konvention festgelegtes Zeichen. Der Begriff Konvention übersetzt »katà synthéken«[8] (als Zusammenstellung). Das kann im präzisen Sinn nur heißen: Das ›Pathema‹, der Eindruck des Einzel-Dings (›tò ti ên eînai‹) in der Seele, wird mit dem Laut, dem ›Onoma‹ gekoppelt. Aristoteles nennt diese Verbindung auch ›Symbolon‹ (16 a 3). Diese Verknüpfung von Bild und Laut ist nötig, sonst kann gar kein Begriff gebildet werden. Der Laut an sich ist sinnlos, er wird erst ›katà synthéken‹ zum ›Symbolon‹ – das heißt er verweist auf das ›Pathema‹. Das ›Pathema‹ – der Eindruck des Einzel-Dings (›Tò tí ên eînai‹) in der Seele – ist an sich selbst wahrheitsneutral. Erst die Zusammenstellung von ›Pathema‹ und Laut wird zum ›Onoma‹, zum grammatischen Substantiv. Dieses Substantiv verlangt aber, damit es zum Logos und wahrheitsfähig werden kann, nach Prädikaten: es ist, wie Frege das ausdrückt, semantisch ungesättigt und braucht Attribute bzw. ein

---

[8] Hier ist das Problem der Entstehung der Sprache als ›Physei‹ oder ›Nomô‹ berührt. Nach Hans-Georg Gadamer: *Wahrheit und Methode. Grundzüge einer philosophischen Hermeneutik.* 2. Aufl. Tübingen 1965, ist »die Übereinkunft, der gemäß die Sprachlaute oder Schriftzeichen etwas bedeuten, nicht eine Verabredung über Verständigungsmittel – eine solche würde immer schon Sprache voraussetzen –, sondern sie ist das Übereingekommensein, auf das sich die Gemeinschaft unter Menschen, ihre Übereinstimmung in dem, was gut und recht ist, begründet.« Ist das eine wirkliche Beschreibung von ›katà synthéken‹ oder nur der Versuch, sich davonzumogeln und die Frage von ›physei‹ auszuschalten?

›rhêma‹, ein Verb.[9] Ein Wort wird erst dann von einem bloßen Laut zum sprachlichen Element – und damit zum Erkenntnismittel –, wenn es zum Symbol geworden ist und auf etwas verweist, wodurch es wahrheitsfähig wird. Symbol ist in diesem Sinn die eine Hälfte der Münze, die auf die andere verweist.

Wissen will Wahrheit, es ist ohne einen Bezug zur Wahrheit undenkbar; es mag sein, daß man am Wahrheitsanspruch von Wissen zweifelt – aber noch der Zweifel ist an der Wahrheit orientiert. Wahrheitsfähig sind nur Aussagen, bei denen man den Unterschied von wahr und falsch feststellen kann. Dieser Sachverhalt setzt die Geltung des Satzes vom Widerspruch voraus; etwas kann aber nur widersprechend sein, wenn es mindestens zwei Positionen gibt, die man einander zuordnen kann. Deshalb ist über reine, unausgesprochene Impressionen – ›Pathemata‹ – oder alleinstehende Worte keine Wahrheitsbehauptung möglich. Es muß ein logisches Urteil, die Zuordnung zweier Termini, vorliegen. Aristoteles' Formel: »Der also denkt wahr, der das Getrennte für getrennt und das Zusammengesetzte für zusammengesetzt hält; der aber falsch, dessen Gedanken sich entgegengesetzt verhalten« (Met. IX, 10, 1051 b 3, Übersetzung Bonitz).

Das Verhältnis von Wissen und Wahrheit ist für Aristoteles wesentlich ein formales Problem. Sofern der Satz des Widerspruchs als Kriterium für wahr und falsch gilt, gilt die Alternative von wahr und falsch, d. h. die zweiwertige Wahrheitstafel. Im IV. Buch Kap. 4–8 seiner *Metaphysik* hat Aristoteles mit Nachdruck auf die Bedeutung dieses Satzes hingewiesen. Seine Definitionen des Widerspruchs (›antikeímenon‹): »Es ist unmöglich, daß demselbigen dasselbe und in derselben Hinsicht zugleich zukomme und nicht zukomme. Dies ist das festeste Prinzip von allen. Denn unmöglich kann jemand annehmen, daß dasselbe sei und nicht sei. Daher führen alle ihre Beweise auf diese Meinung als die letzte zurück«.[10]

Das Prinzip des Widerspruchs ist mit dem universalen Anspruch bejahender und verneinender Urteile verschränkt, das bedeutet, daß die Wahrheitstafel in der formalen Logik zweiwertig ist: sie umfaßt nur die Werte wahr und falsch. Im logischen Urteil zeigt sich die Geltung des Satzes vom Widerspruch: »Offenbar liegt also jeder Bejahung eine Verneinung gegenüber und jeder Verneinung eine Bejahung; und dieses Verhältnis

---

[9] Vgl. John L. Austin: »The Meaning of a Word«, in: ders.: *Philosophical Papers.* Oxford–Clarendon 1961, S. 23–43.

[10] *Metaphysik* IV, 3 1005 b 19.

heiße Widerspruch: Bejahung und Verneinung einander entgegengesetzt«.[11]

Die zweiwertige Wahrheitstafel, Affirmation und Negation sowie das
Verhältnis von allgemein und partikulär sind die formale Bedingung des
Syllogismus, der für Aristoteles letztlich allein gültigen Form des wissen-
schaftlichen Beweises.

Grundlage allen Wissens bleibt die propositionale Form; denn diese
ermöglicht die Geltung des Satzes vom Widerspruch und damit den
Wahrheitsanspruch des Wissens.

I.2 Auswege aus Aristoteles: Spekulatives und performatives Wissen

Die Definition ist bei Aristoteles das Ziel wissenschaftlichen Wissens.
Was aber ist, wenn nicht die Definition bzw. Prädikation mit dem Ziel der
Definition das Denken und Wissen ausmacht, sondern die Prädikation
sich selbst aufhebt? Was geschieht, wenn Subjekte mit Prädikaten verbunden werden, die zwar zu den Subjekten gehören und also sinnvoll
sind, wenn der Akt der Prädikation sich selbst aber aufhebt? Ein klassi-
sches Beispiel ist die Sokratische Ironie: Ich weiß, daß ich nichts weiß.
Weiß ich nun oder weiß ich nicht? Die Lösung, es handle sich hier um
das Verhältnis von Sprache und Metasprache, greift zu kurz; denn auch
der Satz: »Alles ist Eines«; oder »Eine Einheit kann zugleich eine Vielheit sein«, oder der Beginn aller aristotelischen Erkenntnistheorie, daß
man nämlich vom Einzelnen nur das Allgemeine prädizieren könne, sind
einleuchtend, obwohl sie in sich widersprüchlich sind. Offensichtlich
zeigt sich das Denken hier selbst in seiner Prozessualität; und diese Prozessualität ist die Vielheit, die das Denken aus sich produziert, indem es
das tut, was sein Eigenes ist, nämlich Verschiedenes in einem Prädikati-
onsprozeß zu vereinigen. So produziert das Denken die Einheit der Vielheit unter der Bedingung, daß es selbst eine Einheit im Prozeß, also kontinuierlich ist.

Für die Frage nach der Prozessualität des Denkens hatte Aristoteles
selbst die Stichworte geliefert: im Buch Lambda der *Metaphysik* hatte er
festgestellt, das Denken sei in seiner höchsten und letzten Prozessualität
»nóesis noéseos« (1075 b 34); und er hatte in der *Physik* (Buch VI) die
logischen Vertracktheiten des Kontinuums dargestellt, das an jeder Stelle
homogen, diskret und kontinuierlich war. Wenn das Denken eines war,
dann mußte es diese Kriterien erfüllen, daß es sich nämlich selbst bedach-

---

[11] *De interpr.* 6, 16, a 26.

te und kontinuierlich war. Aber Aristoteles hat die Fragen der Wahrheits-fähigkeit des Denkens, das an der Geltung des Satzes vom Widerspruch hing, und die Fragen der Kontinuität des Denkens, das sich selbst denkt, nicht aufeinander bezogen.

Bei Aristoteles war die ›nóesis noéseos‹, das Denken des Denkens, als Selbstbewegung des ersten, göttlichen Bewegers konzipiert; er hat es – soweit wir wissen – bei dieser Bemerkung belassen. Aber weil es sich um das Göttliche handelte, war das hier angesprochene Problem nicht gleich-gültig; in der Spätantike bekam es eine erhebliche Brisanz – und der Topos vom ersten Beweger als ›nóesis noéseos‹ verlor im historischen Pro-zeß seiner weiteren Bearbeitung nahezu alle Merkmale aristotelischer Wissenschaft.

Mit der Durchsetzung des Monotheismus in der Spätantike stellte sich die Frage danach, was man vom Göttlichen wissen konnte, in neuer Schärfe. Das Problem war für die Konzeption von Wissen in zweierlei Hinsicht brisant: 1. Ließ sich der aristotelische Begriff von Wissen auf das Göttliche anwenden? 2. Was konnten die Menschen von Gott wissen?

Im Bezug auf das aristotelische Wissenskonzept stellte sich die Frage, ob das erste Bewegende als das Denken des Denkens selbst die Kriterien des aristotelischen Wissenskonzeptes, etwas von etwas zu prädizieren, erfüllte. Wurde in dieser Formel Wissen als Prädikation eines Subjekts verstanden? Begriff sich das Höchste damit selbst als begreifend? War das noetische Selbstverhältnis eine Prädikation im aristotelischen Sinn?

Es handelte sich um spekulatives Wissen, wie es später genannt wurde. Spekulatives Wissen ist Spiegel seiner selbst, weil es sich selbst erzeugt und deshalb voraussetzungslos, also absolut anfänglich ist. Es ist die Selbstbewegung des Ersten, das Moment der Emanation, die mit der Ver-doppelung des Einen beginnt.[12] Selbst wenn Aristoteles mit der Formel ›nóesis noéseos‹ das Stichwort für die Idee der Spekulation gegeben ha-ben sollte: das Konzept des spekulativen Wissens, das sich selbst erzeugt und diffundiert, ist ganz unaristotelisch. Es wird hier kein einzelnes Vor-findliches prädiziert; im sich selbst verdoppelnden Wissen wird die Vor-findlichkeit erst produziert, damit das Wissen sich selbst erkennt. Der wirkungsgeschichtlich entscheidende Text findet sich in der *Septuagin-ta*/*Vulgata* Sap. 7, 26, in dem die Weisheit Gottes als sein unbefleckter Spiegel, den er sich selbst anfänglich schafft, beschrieben wird. Die sich selbst erzeugende Differenz ist das Leben des Ersten, das sich mitteilt. Eine klare Unterscheidung von Subjekt und Prädikat ist bei diesem ema-

---

[12] Plotin: *Enneade*, V, Buch IV, 2: »Das Eine«.

nativen, sich selbst erzeugenden Wissen gar nicht denkbar; denn es ist immer sowohl es selbst als auch seine Differenz. Damit ist eine klare Trennung zwischen wahr und falsch nicht möglich; der Satz des Widerspruchs wird sozusagen unterlaufen. Spekulatives Wissen vollzieht sich nach trinitarischem Muster: Es ist erst faßbar im ursprünglichen Different-Werden; diese sich erzeugende Differenz ist die Differenz des Einen, das sich als Differenz definiert; damit macht die Differenz die Einheit sichtbar und verbirgt sie zugleich.

Wie ist derlei denkbar und wißbar? Nicht durch Prädikation, sondern durch Nachvollzug. Es handelt sich hier um ein Denken, das seine Bewegung selbst vollzieht und sich darin begreift; wer sich auf diesen Nachvollzug nicht einläßt, kommt in die Bewegung der Spekulation gar nicht hinein. Der aristotelische Begriff wahren Wissens, das durch Prädikation eines Vorhandenen entsteht, kann im spekulativen Ursprungsdenken nicht vorkommen. Spekulation erfordert Teilhabe und Mitmachen. In diesem Sinn ist spekulatives prozessuales Denken durchaus performativ; es produziert sich selbst, indem es vollzogen wird; nicht das Ergebnis ist entscheidend, sondern der Prozeß.

Ein solches spekulatives Ursprungsdenken zielt auf den ursprünglichen Prozeß der Selbstkonstitution, einen Prozeß, der sich trinitarisch als die Einheit von Identität und Differenz versteht. Die platonisch-christliche Tradition hat diesen spekulativen Prozeß als göttliche Selbstkonstitution identifiziert. Gott wird sich seiner selbst als Einheit bewußt, indem er sich selbst in seinem Sohn verdoppelt und sich so als Vater begreift. Indem er sich als Vater des Sohns begreift, setzt er sich in die relationale Einheit mit dem Sohn: diese Einheit ist der Heilige Geist, der vom Vater und vom Sohn ausgeht und beide vereint.[13]

Daß sich dieses trinitarisch Eine weiterhin entäußert, wird durch den Begriff der Offenbarung indiziert, der von dem der Schöpfung untrennbar ist. Aber was ist Offenbarung und was weiß man von Offenbarung? Das spekulative Wissen produziert diese Folge: Sobald sich das trinitarisch Eine weiter entäußert, schafft es etwas, was es nicht ist. Dieses Andere Gottes, das gleichwohl von seiner Art ist, ist die Schöpfung, und die geistigen Naturen, denen sich Gott mitteilt, sind geschaffene Naturen von göttlicher Art. Wieder besteht hier das Problem, daß undeutlich ist, welcher Wahrheitsbegriff hier gemeint sein kann. Es gibt in dieser Spekulation keinen klaren Wahrheitsbegriff, weil die Trennung zwischen Göttli-

---

[13] Heinrich Denzinger: *Enchiridion symbolorum, definitionum et declarationum de rebus fidei et morum.* 10. Aufl. Freiburg i. Br 1908, Nr. 86.

chem und Menschlichem nicht eindeutig ist. Der Mensch, der als Geschöpf Gottes von göttlicher Natur und zugleich von Gott ›himmelweit‹ unterschieden ist, kann als Gefäß – ›hyle‹, ›potentia passiva‹ – der göttlichen Offenbarung dienen; Gott offenbart das, was er die Schöpfung von sich wissen lassen will, dem geschaffenen Denken: das sind die eingeborenen Ideen, die das Denken verbindlich konstituieren. Damit prädiziert sich Gott in seiner Offenbarung selbst; der Mensch kann diese Prädikation nachvollziehen. So geschieht dann theologisches Wissen.

I.3 Performatives Wissen und idealistische Selbstsetzung

Wissen um die Emanation ist nur nachvollziehend möglich. Ist der Akt der sprachlichen Performation selbst der Akt der Prädikation? Der aristotelische Wahrheitsbegriff bezieht sich auf die Konstatierung von Sachverhalten; er setzt voraus, daß etwas da sei, das sich als prädikativ bestimmbar erweist. Sprachlich ist das ein Aussagesatz. Performative Sätze sind solche, die den Sachverhalt, der sie faßbar macht, erst erzeugen: Ein performativer Akt wird wahr, indem er erzeugt wird.[14] Anschließend kann er benannt werden. Wahr im aristotelischen Sinn ist er nur, wenn über ihn geredet werden kann, nicht, wenn er sich vollzieht. Er kann, wenn man einen weicheren Begriff als den der aristotelisch formalen Wahrheit, nämlich den des Verstehens[15] anwendet, auch nur verstanden werden, wenn man vorher weiß, was einen erwartet und ob sich diese Erwartung im Nachhinein bestätigt oder nicht bestätigt. Ein performativer Akt wird wahr, indem er vollzogen wird. Er bewirkt seine eigene Wahrheit; und erst danach kann er im Modus des Aussagesatzes als wahr benannt werden.

In diesem Sinne könnte der Akt der Performation als erster wahrheitsfähiger Akt wie Fichtes ›Tathandlung‹ verstanden werden. Bei Fichte setzt sich das Ich selbst als existent. In diesem Setzungsakt Ich = Ich wird die Existenz des Ich zugleich als Satz der Identität und damit als ur-

---

[14] Das Argument Austins, daß Wahrheit im Prinzip Korrespondenzwahrheit ist und sich deshalb allein auf ›statements‹, nicht aber auf performative Äußerungen, auf Werturteile oder Kalküle beziehen, berührt die aristotelische Voraussetzung, daß alle Erkenntnis zweipolig ist, nicht; denn auch Versprechen, Werturteile oder Kalküle erzeugen durch Prädikation Wissen resp. Semantik. Sie sind aus diesem Grund auch nicht wahrheitsirrelevant. Vgl. John L. Austin: *Truth. Philosophical Papers.* Oxford–Clarendon 1966, S. 99.

[15] Karl-Otto Apel: Art. »Verstehen«, in: *Historisches Wörterbuch der Philosophie*, hg. v. Joachim Ritter u. a. 13 Bde. Darmstadt 1971–2007, hier Bd. 2, Sp. 918–942.

sprüngliche wahrheitsfähige Prädikation begriffen. Dann wäre die Pointe der Subjektphilosophie, in der sich die Substanz als Subjekt inszeniert, Sichtbarmachung und Wahrheitsfähigkeit zugleich. Die Formel wäre nicht: »How to do things with words« als vielmehr: »Wie bringt der Akt des Denkens das Sein zur Sprache«.

Bei Fichte – und das ist ein Fundamentalprinzip des Idealismus – geht es bei der ursprünglichen Setzung des ›Ich‹ um zweierlei: Indem das Ich sich selbst setzt, setzt es seine Existenz. Diese Setzung der eigenen Existenz kann nur als ursprünglich performativ begriffen werden, indem das Ich sich auf sich selbst bezieht und sich so als existierend begreift. Das ist bereits eine Verdopplung, denn das Ich, das setzend ist, unterscheidet sich vom Ich, das gesetzt wird; das eine ist Subjekt, das andere Objekt der ›Tathandlung‹ dieser ersten Setzung. Der Setzungsakt selbst ist also eine Handlung, die Einheit und Zweiheit zugleich setzt; das entspricht der Denkfigur der Entäußerung des Einen in die Zweiheit; also der Emanation aus dem Einen. Aber Fichte präzisiert diesen Zusammenhang, indem er diese idealistische Selbstproduktion der Existenz des absoluten Ich zugleich als Konstitution des Satzes der Identität und des Widerspruchs begreift: Das Ich, das sich selbst setzt, konstituiert sich in diesem Setzungsakt als identisch; so wird dieser Setzungsakt selbst zur Bedingung des Satzes vom Widerspruch und so zur formalen Bedingung der Wahrheitsfähigkeit. Der Prozeß, der sich im ursprünglichen Urteil Ich = Ich faßt, enthält zwei Positionen des Ich, das Ich als Subjekt und das Ich als Prädikat und verbindet diese Positionen, indem er sie als identisch erkennt. Mit dieser Gleichsetzung wird zugleich Differenz gesetzt, und wo die Differenz einmal eingeführt ist, läßt sie sich auch auf das sich selbst als Identität von Identität und Differenz umfassende Ich anwenden: so wird das Nicht-Ich denkbar – und idealistisch eo ipso gesetzt. Die Setzung (oder Konstatierung) der Identität macht es möglich, wahr und falsch als ›ist‹ und ›ist nicht‹ in einem Urteil zu unterscheiden. Damit sind Identität und Verschiedenheit in einem Prozeß gesetzt, den man begreifen kann, wenn man ihn vollzieht: es ist der ursprünglich performative Akt der Selbstsetzung, der Existenz und Wahrheit zugleich produziert. Der Anspruch, den Fichte und mit ihm die Idealisten in seiner Nachfolge damit formulieren, besteht darin, den aristotelischen Wissens- und Wahrheitsbegriff noch einmal dadurch zu begründen, daß er als das Ergebnis eines performativen ursprünglichen geistigen Setzungs- und Emanationsprozesses gefaßt wird. Wahrheit und propositionales Wissen ist demnach gegenüber dem ursprünglichen Prozeß des Werdens aus dem Einen und Ich sekundär.

I.4 Wie weiß man, wenn man Wahrscheinliches weiß?

Auch wahrscheinliches Wissen ist begriffliches Wissen, nur handelt es sich um keine sicheren Prädikationen. Was bedeutet sicher? Prädikation ist die Zuordnung von Prädikaten zu einem Subjekt; warum diese Begriffe einander zugeordnet sind, muß einleuchten, sei es a priori, sei es aus der Erfahrung. Für diese Evidenz der Zuordnung von Subjekt und Prädikat gibt es keine zusätzlichen Kriterien. In dieser Evidenz besteht die Sicherheit des Wissens; der höchste Grad dieser Sicherheit ist die Axiomatik erster Sätze.

Es besteht nun ein nicht auflösbarer Konflikt zwischen den objektiven Zuordnungen von Prädikaten zu Subjekten, die nur die zweiwertige Wahrheitswertigkeit von wahr oder falsch zulassen, und der Vorstellung der graduellen Sicherheit, mit der Prädikate einem Subjekt zugeordnet werden können. Zuordnungen, die wahrscheinlich sind, sind zufällig; zufällige Zuordnungen sind definitionsgemäß nicht sicher, es hängt vom jeweiligen Urteil ab, ob sie plausibel sind oder nicht. Da sie dem zweiwertigen Wahrheitsbegriff nicht unterliegen, sind sie im strikten Sinne nicht wissenschaftsgeeignet.

Genau an dieser Stelle ist das Verhältnis von Logik, Topik und Rhetorik angesiedelt. Logische Urteile sind im formalen Sinn wahr oder falsch. Wahrscheinlichkeit, die leitende Kategorie der Topik, sowie Überreden/Überzeugen (›peíthein‹), die Kerntermini der Rhetorik, orientieren sich jedenfalls nicht an formalen Kriterien, sondern an der Akzeptanz durch ein Auditorium. Akzeptanz ist auch ein Kriterium, das die Zuordnung von Subjekt und Prädikat und damit das Konzept von Wissen betrifft, aber sie ist nicht an strikte formale Kriterien gebunden, sondern orientiert sich an der Rezeption. Das Ziel ist Überzeugung; das schließt die formale wissenschaftliche Wahrheit keineswegs aus; aber es geht um etwas anderes als diese Wahrheit, nämlich um den Sieg in der Argumentation und um die Überzeugung des Auditoriums.

Aristoteles hat diese Diskrepanz zwischen wissenschaftlichen und praktischen Anforderungen selbst betont und klargestellt:

> Einen gebildeten Menschen erkennt man daran, daß er in jeder Gattung der Dinge nur so viel Genauigkeit sucht, wie die Natur der Sache zuläßt: Von einem Mathematiker bloße Plausibilitätsargumente zu akzeptieren ist ähnlich verfehlt, wie von einem Redner strenge Beweise zu verlangen. Jeder beurteilt die Dinge gut, die er kennt, und ist darin ein guter Beurteiler (›krités‹). Gut über einen bestimmten Gegenstand handelt, wer darin ausgebildet ist, und gut überhaupt (›haplós‹), wer in allem ausgebildet ist (EN 4, 1094 b 25ff., Übersetzung Ursula Wolf)

In der *Topik* und der *Logik* geht der Urteilsakt über das Akzeptieren semantischer und logischer Notwendigkeiten hinaus. Hier ist das Akzeptieren, auch das Akzeptieren des Richtigen ein seelischer Urteilsakt, an dem immer auch der Wille beteiligt ist. Urteilen ist hier immer auch Entscheidung, Dezision. Man muß bei einem solchen topisch-rhetorischen Urteil willentlich zustimmen oder ablehnen, ob man will oder nicht; es ist hier immer ein voluntatives Moment eingeschlossen.

Aus dem Dilemma von objektiv einleuchtend und subjektiv zustimmend kommt man nicht heraus – das gilt auch für Aristoteles. Er lehnt den Idealismus Platons deshalb ab, weil für ihn die Wahrheit nie nur ›dynámei‹, sondern immer auch als ›energeiâ‹ existiert, eben als Prädikation; Wahrheit ist nie nur der Bereich des Möglichen, sondern sie ist nur aktuell, wenn sie sich im konkreten Denken, und das heißt als Prozeß der Prädikation, aktualisiert. Wahrheit ist nur dann für uns wahr, wenn wir sie gerade erkennen. Solange wir das nicht tun, ist der Status der Wahrheit nur der der Möglichkeit, sie kann erkannt werden; und sie muß von und für uns je aktual erkannt werden, damit wir wissen, daß es Wahrheit ist und wir ihr zustimmen können. Wegen des Erfordernisses der Aktualisierung von Wahrheit kommt man aus dem Dilemma zwischen objektiver Wahrheit und subjektiver Zustimmung nicht heraus.

Man kann diese Doppeldeutigkeit als den Reibebereich von objektivem Anspruch und aktualisierender Dezision fassen; schließlich wird das Objektive für mich nur durch die Dezision, daß es meines sei, aktuell. Ist das der Schritt der Aufhebung der Logik in die Pragmatik? Das Theoretische wird nicht dadurch pragmatisch, daß es der Zustimmung unterworfen werden kann; schließlich definiert es den Zusammenhang von Vernunft und Unvernunft. Aber das theoretisch als richtig Eingesehene kann in praktischen Zusammenhängen verwendet werden; und Aristoteles ist überzeugt, daß diese Wahrheit sich letztlich als überzeugende durchsetzen wird. In diesem Sinne macht die Topik das Wissen verläßlich und bekömmlich.

II. Enzyklopädisches Wissen

II.1 Pragmatische Enzyklopädien: Wissensfülle und Invention

In der *Rhetorik* und in der *Topik* stellte sich die Frage nach dem Umfang des möglichen Wissens. Aristoteles betonte hier, daß ein guter Dialektiker, der in Streitgesprächen Erfolg haben wolle, einen Vorrat an Argumenten und Lehrsätzen haben müsse, es komme nicht nur auf Scharfsinn an, sondern auch auf die richtige ethische Einstellung (Top. VIII, 14). Auch in der Rhetorik kam es darauf an, materiales Wissen zur Verfügung zu haben. Es war hier, neben der ethischen Einstellung, die die persönliche Glaubwürdigkeit des Rhetors garantierte, seine sachlich-materiale Kompetenz gefragt, nicht die formale Logik der Satzfolge. Mit der Frage nach der Kompetenz im Kommunikationsprozeß stellte sich unausweichlich die Frage nach dem, was jemand wußte – und damit nach den Inhalten des Wissens. Der inhaltliche Umfang des Wissens war eine Frage von Erziehung und Gelehrsamkeit; das war der Bereich der Enzyklopädie. Aristoteles selbst hat zu Beginn der *Topik* (I, 1) diesen Anspruch, daß man über jedes gegebene Thema vernünftig diskutieren können sollte, formuliert. Er will in der *Topik* ein ganzes Arsenal von Argumentationsmustern für Streitgespräche sammeln; die Klassifikation der Argumentationstypen und ihr jeweiliger Wahrheitsanspruch bleibt zwar formal unbestimmt,[16] aber der Zweck ist deutlich: Es geht nicht um Wissenschaft, sondern um rhetorische und dialektische Pragmatie. Auch pragmatisches Wissen ist selbstverständlich Wissen.

Cicero und Quintilian haben dieses aristotelische Arsenal, das zwischen Argumentationsanweisung und Lexikon changierte, juristisch und rhetorisch dadurch nutzbar gemacht, daß sie die Topik als Invention und Disposition faßten, sie der Rhetorik zuordneten und das erforderliche materiale Wissen enzyklopädisch erschlossen. Mit dieser Wendung zu Invention und Enzyklopädie veränderten sie den aristotelischen Wissenstyp. Es ging nicht, wie bei der Wissenschaft, um eine präzise Definition einer Sache, vielmehr kam es darauf an, für einen bestimmten Zweck das notwendige Sachwissen zur Verfügung zu haben – formal also darum: eine Fülle von Prädikationen eines Wissensfeldes zu kennen. Wenn sich der Anspruch von Topik und Rhetorik dahingehend steigerte, daß der geübte Dialektiker und Redner über jedes Thema erfolgversprechend reden und diskutieren können mußte, dann kam es auf die universale Fülle des Wissens an. Wissensfülle erforderte ein gutes Gedächtnis, sei es individuell, sei es institutionell; bei der Verwaltung der Wissensfülle mußten Ordnungen des Wissens zur Verfügung stehen.

Wenn Wissen darin besteht, daß Prädikate zu einem Subjekt gefunden werden, kam es hier auf die Fülle der zu einem Subjekt – d. h. zu einem Thema – gehörigen Prädikate resp. Attribute an. Wenn Wissen im Gedächtnis gespeichert wurde, dann hieß das, daß man dort potentialiter

---

[16] Cicero: *Topik* I; vgl. Oliver Primavesi: Artikel »Topik/Topos«, in: *Historisches Wörterbuch der Philosophie* (wie Anm. 15), hier Bd. 10, Sp. 1263–1269.

(›dynámei‹) Prädikate zu einem gegebenen Subjekt finden konnte. Nur die Fülle der sachbezogenen Attribute machte den Redner zum Spezialisten auf dem jeweiligen Gebiet. Sachwissen, gepaart mit anerkannter ethischer Haltung, war Garant von Glaubwürdigkeit. Ethische Haltung war eine Frage der rechten Praxis; die Erwerbung von Sachwissen eine der rhetorisch-topischen Invention, die ein gutes Gedächtnis erforderte.

Diese Konzeption des Gedächtnisses ist Teil von Ciceros Topikkonzept. Ihm geht es um die Fülle der begrifflichen Semantik. Er will die möglichen Prädikate einer Sache erfassen und rhetorisch argumentativ einsetzen. Seine Methode, das heißt der Gang der Argumentationsfindung, besteht in zwei Schritten: ›Inventio‹ ist die Kunst, die semantische Fülle der Begriffe herauszufinden, und dazu braucht man ›loci‹, Findelisten für Argumente.[17] Das ›iudicium‹ ist dann die Beurteilung, ob und wann ein Argument paßt und wie es zielgerichtet in einem rhetorischen Kontext verwendet werden kann. Seine Definition von Topik: »locum esse argumenti sedem, argumentum autem orationem quae rei dubiae faciat fidem.«[18] Die Topik liefert Argumente, die unsichere Urteile sicherer und damit akzeptabel machen. In diesem Verfahren müssen sachdienliche Argumente einem Auditorium, zumal einem Richter, als plausibel dargestellt werden. Plausibel heißt: beifallsgeeignet.

Zu diesem Zweck stellt Cicero eine Findeliste formaler Bezüge auf, die die möglichen Relationen zwischen Subjekt und Prädikat klassifizieren.[19] Diese Einzelaspekte sind die Intentionen, die Hinsichten, unter denen man Argumente, d. h. Prädikate einer gegebenen Sache, sucht:

> Coniugata, ex genere, ex forma, ex similitudine, ex differentia, ex contrario, ex adiunctis, ex antecedentibus, ex consequentibus, ex repugnantibus, ex causis, ex effectis, ex comparatione maiorum, parium aut minimorum.[20]

Wenn man einen juristischen Fall oder einen politischen Sachverhalt kompetent und sachlich informiert darlegen will, muß man das zur Debatte stehende Thema nach diesen Fragen hin prüfen. Hat man den Katalog durchgespielt und kann die Fragen durch Prädikationen des Hauptthemas beantworten, dann ist man kompetent. Dieser Akt heißt Invention von

---

[17] Cicero: *Topik* II, 7: »Ut igitur earum rerum, quae abscondita sunt, demonstrato et notato loco facilis intentio est, sic, cum pervestigare argumentum aliquod volumus, locos nosse debemus; sic enim appellatae ab Aristotele sunt eae quasi sedes, e quibus argumenta promuntur.«

[18] Ebd., II, 8.

[19] Aristoteles: *Rhetorik* II, 23 hat eine ähnliche, allerdings umfassendere Findeliste.

[20] Cicero: *Topik* III, 11.

Argumenten. Mit dieser Methode erreicht der Redner ein für seinen Zweck umfassendes Wissen; wenn diese Methode aus dem unmittelbaren rhetorischen Zusammenhang heraus in die allgemeine Bildung transponiert wird, wird daraus enzyklopädisches Fachwissen.

II.2 Spekulative Enzyklopädien: ›Scientia de omni scibile‹

Der Schritt vom enzyklopädischen Fachwissen zur Frage, was denn umfassendes Wissen überhaupt sei, ist nicht sehr groß. Es mußte nur der Begriff des Ganzen auf den Begriff des Wissens appliziert werden. Und die Frage nach dem Ganzen und den Teilen (Met., V 25/26) gehörte zum aristotelischen Arsenal metaphysischer Grundbegriffe. Wenn sich die Frage nach der Fülle des Wissens pragmatisch für Topik und Rhetorik stellte, dann war es naheliegend, sie metaphysisch sozusagen aufzuwerten und zu fragen, ob es das Ganze des Wissens geben könne. Eine solche Transposition verwandelte den Wissensbegriff, der im aristotelischen Sinn bei Cicero ebenso wie bei Quintilian zur Invention von passenden Prädikationen verwendet worden war, in eine spekulative Denkfigur. Mit der Spekulation kam eine andere Wissensform ins Spiel; es ging nicht mehr um Prädikation, sondern um performative Teilhabe am ›Processus universalis‹. Wenn also der erste Grund, Gott, sich uns mitteilte, dann mußte diese seine Mitteilung alles enthalten, was überhaupt wißbar war. Der wissende Mensch war selbst göttliche Schöpfung, er war in seiner Existenz wie in seinem Wissen von diesem ersten Grund abhängig; alles Wißbare mußte folglich darin bestehen, was Gott von sich den Menschen mitteilte. Deshalb waren die göttlichen Prädikate, in denen Gott sich den Menschen mitteilte, der Ursprung allen Wissens.

Raimundus Lullus hat diese Selbstoffenbarung Gottes als Vision der göttlichen Prädikate und der begrifflichen Konstituentien allen Wissens verstanden. Da alles, was Gott den Menschen wissen lassen wollte, auf seine Mitteilung zurückgehen mußte, waren die göttlichen Prädikate und die Konstitutionsprinzipien der moralischen, metaphysischen und physischen Welt diejenigen Begriffe, die sich, ähnlich wie die aristotelischen Kategorien, gegenseitig bestimmten und die zugleich als Elemente allen Wissens dienten. Ihre Kombination mußte alles Wissen erschöpfen, was denkbar war: ›Scientia de omni scibile‹.

Die Wissenschaft, die sich auf diese spekulative Offenbarung stützte, sollte die Existenz Gottes und seiner Prädikate, die Hierarchie der Wesen von den Engeln bis zu den unbelebten Substanzen, dazu die moralischen und die logischen Hauptbegriffe in ihrer Eigenart erkennen lassen und in ihren semantischen Möglichkeiten ausschöpfen. Diese Offenbarung eröffnete den inneren Zugang zur geistigen und körperlichen Welt; und sie stellte den Anspruch, daß weder in der geistigen noch in der körperlichen Welt ein wesentliches wißbares Element fehlte.

Wenn die offenbarten Hauptbegriffe allen Wissens, die in einem Alphabetum zusammengefaßt waren,[21] alles umfaßten, was Gott den Menschen mitteilen wollte, dann implizierte das die Vollständigkeit dieser semantischen Elementtafel. Schließlich war Gott die Instanz, von der alles Wissen stammte, weil er die geistige und sinnliche Welt geschaffen hatte. Alles, was war, geistig und sinnlich, konnte nur als Gabe Gottes begriffen werden. Die Offenbarung des Alphabetum war deshalb offenbarte Einsicht in die göttlichen Gedanken, es war ein Wissen vom Charakter einer prädizierenden Wahrnehmung. In der Offenbarung, in der sich Gott dem Wissenden mitteilte, wurden die Elemente des Wissens bereitgestellt, die zur Einsicht in die geistige und materielle Struktur befähigten. Wenn man die Elemente des offenbarten Alphabets miteinander kombinierte, dann konnte man im genauen Sinne alles invenieren, d. i. (er)finden, was möglich war.

Lulls Welt ist eine Welt realer, wirksamer Ideen; diese Ideen haben eine selbständige Existenz; die Idealwelt bestimmt, formt und durchdringt die körperliche Welt. Diese Ideen sind vom lebendigen Charakter der spekulativen Selbstverdopplung: sie offenbaren sich, und der Erkennende hat an diesem Prozeß teil. In diesem idealistischen Prozeß haben Begriffe wie ›Gutes‹ oder ›Größe‹ oder ›Glaube‹ einen höheren Realitätsgrad als das ›tò de tí ên eînai‹, das Wesenswas eines einzelnen Tieres, einer Pflanze oder eines Steins. Das Gute ist gut, weil es sich als gut erweist, es ›gütet‹, indem es seine Qualität, die zugleich seine geistige Wirkkraft ist, ausübt[22] und an seiner Wirkung erkennbar ist; der Mensch ist ein ›menschendes Wesen‹ (›animal homificans‹), weil die geistige Form ›Menschheit‹ wirkkräftig die animalische Substanz prägt. Diese geistige Welt, die die Materialität informiert, bringt, so lehrt Lull, ihren eigenen Sinn unmittelbar auch zur geistigen Erscheinung, denn die Wesen, die über eine intellektuelle Seele verfügen, werden durch sie geistig

---

[21] Raimund Lull: *Ars generalis ultima*, hg. v. Aloys Madre. Turnhout 1986 (Raimundi Lulli Opera Latina, Bd. XIV), S. 8f.

[22] *Raymundi Lullii Opera*, hg. v. Lazarus Zetzner. Straßburg 1651, ND Stuttgart-Bad Cannstadt 1996 (Clavis Pansophiae 2,1 und 2,2), S. 259: »Bonitas est ens ratione cuius bonus agit bonum.«

erleuchtet und damit selbst intellektuell geformt. Die Welt der Begriffe scheint als die intellektuelle Sonne, sie ist ›diffusivum sui‹, ohne sich zu erschöpfen. Sie prägt dem Intellekt, den sie informiert, selbsttätig ihre eigene Ordnung ein und ist so Kriterium ihrer eigenen Wahrheit.

Dieses im genauen Sinn idealistische Weltbild ist durchaus als christlich neuplatonische Theosophie in der Tradition des Dionysius Areopagita zu begreifen; und auch der Aufstieg auf einen Berg entspricht dem Aufstieg der Seele zu Gott, den der geheimnisvolle Kirchenvater, dessen Identität unbekannt ist, in seiner *Mystischen Theologie* dargestellt hatte. Der Gipfel der Erkenntnis bestand in der Selbstmitteilung Gottes; und schon Dionysius Areopagita hatte die empfangene Lehre in seinem Traktat *Über die göttlichen Namen* beschrieben. Heilswirksames Wissen, das dem Menschen zuteil wurde, beschrieb Dionysius als Teilhabe an den göttlichen Prädikaten. Lulls Offenbarung orientierte sich an dieser Theorie, aber übernahm sie nicht einfach, sondern wandelte sie ab und systematisierte sie. Die göttlichen Prädikate erwiesen sich bei ihm zugleich als philosophisch-theologische Kategorien. Lull selbst hat diese Stammbegriffe des Denkens in der *Ars magna* aufgelistet und in den verschiedenen Fassungen seiner Logik, von denen die *Ars brevis* und die *Ars generalis et ultima* (= *Ars magna*) die einflußreichsten waren, kombinatorisch bearbeitet. In der Frühen Neuzeit, dem Zeitalter, in dem Lull seine größte Wirkung entfaltete, hat Agrippa von Nettesheim (1486–1535) diese Schemata in seinem Kommentar zu Lulls *Ars brevis*[23] zuerst in weiteren Begriffslisten erläutert. In der Renaissance[24] ist aus dem Alphabet zu Beginn der *Ars magna* ein Alphabet menschlichen Wissens zusammengestellt worden. Dieses ›Alphabetum cogitationum humanarum‹ ordnete die Kernbegriffe, die in Lulls *Ars magna* aufgezählt wurden,[25] in Gruppen: Es benannte sie als absolute göttliche Prädikate, Relationsbegriffe, als Quästionen (die die aristotelischen Kategorien substituieren sollten), als ›subiecta‹, das heißt, als Regionen des Seienden, als Laster und Tugenden. Die geoffenbarten semantischen Elementarbegriffe Lulls erweisen sich – mit charakteristischen Abweichungen – als die in Philosophie und Theologie geläufigen Kategorien von Metaphysik, Logik und Moral. Es ist auffällig, daß diese Stammbegriffe schon bei Lull – Agrippa von Net-

---

[23] Heinrich Cornelius Agrippa von Nettesheim: *In Artem brevem Raymundi Lullii Commentaria*. Solingen 1538.

[24] Das ›Alphabetum cogitationum humanarum‹ findet sich in der wirkungsgeschichtlich wahrscheinlich einflußreichsten Ausgabe von Lulls Werken, die zwischen 1598 und 1651 in vier Auflagen bei Lazarus Zetzner in Straßburg gedruckt wurde.

[25] Lull: *Ars generalis ultima* (wie Anm. 20), S. 8f.

tesheim nimmt das auf – nach Neunergruppen geordnet werden. Die Neunzahl entspricht der Anzahl der Engelshierarchien bei Dionysius Areopagita und ist zugleich die Quadrierung der heiligen, in der göttlichen Trinität repräsentierten Zahl Drei.

Alphabetum cogitationum humanarum

A	B	C	D	E	F	G	H	I	K
prae-dicata abso-luta	*boni-tas*	*magni-tudo*	*aeter-nitas seu dura-tio*	*potes-tas*	*sapi-entia*	*vo-luntas*	*virtus*	*veri-tas*	*gloria*
prae-dicata relata	*diffe-rentia*	*con-cor-dan-tia*	*con-tra-rietas*	*prin-cip-ium*	*me-dium*	*finis*	*mai-ori-tas*	*ae-qua-litas*	*mi-nori-tas*
quaes tio-nes	*utrum*	*quid*	*de quo*	*quare*	*quan-tum*	*quale*	*quan-do*	*ubi*	*quo modo/ cum quo*
sub-iecta	*deus*	*an-gelus*	*coe-lum*	*homo*	*ima-gi-natio*	*sensi-tiva*	*vege-ta-tiva*	*ele-men-tativa*	*in-stru-men-tativa*
vir-tutes	*iusti-tia*	*pru-den-tia*	*forti-tudo*	*tem-pe-rantia*	*fides*	*spes*	*chari-tas*	*pati-entia*	*pietas*
vitia	*avari-tia*	*gula*	*luxu-ria*	*su-per-bia*	*ace-dia*	*invi-dia*	*Ira*	*men-da-cium*	*in-con-stan-tia*

317

Die entscheidende Intuition Lulls besteht darin, daß diese Selbstmitteilungen Gottes an den geschaffenen Geist nicht nur, wie im christlichen Mittelalter selbstverständlich, als geistige Prägeformen (›formae separatae‹) der intellektuellen und materiellen Welt verstanden werden, sondern daß diese göttlich mitgeteilten Ideen auch als Elemente einer universalen Kombinatorik begreifbar waren.

So schloß das ›Alphabetum‹, das Lulls Kernbegriffe vereinte, den Sinn der Welt auf: Es bestimmte die Elemente aller Sinnstrukturen und damit aller wahrheitsfähigen Prädikationen des intelligiblen und materiellen Kosmos. Für seine Methode, universales Wissen zu ermitteln, war die Idee entscheidend, die Stammbegriffe des von Gott den Menschen mitgeteilten Denkens als Elemente einer formalen mathematischen Kombinatorik zu begreifen. Der Vorteil einer formalen Permutation dieser Ideen bestand darin, daß in einem mechanisch-mathematisch kontrollierbaren Verfahren alle möglichen Kombinationen der Stammbegriffe ermittelt werden konnten. Nur wenn wirklich alles mit allem permutiert wurde, war das Feld des universalen Wissens formal erschlossen. Das Ergebnis dieses spekulativen Verfahrens wäre die ›Scientia de omni scibile‹ gewesen; eine Wissenschaft, die alles umfaßt hätte und die semantischen Probleme der Welt insgesamt gelöst hätte. Ihre Attraktivität war vom Anspruch und Methode her beträchtlich: noch Leibniz hat sein Konzept der ›Scientia Universalis‹ nach Lulls Muster konzipiert.

III. Bildwissen: Zur Erscheinung kommen

Bild mag vielerlei bedeuten. Es scheint, daß zwei formale Elemente unverzichtbar sind, einmal der Aspekt des ›Zur-Erscheinung-Kommens‹, zum anderen der Aspekt des Medialen; das worin, worauf, und wodurch ein Bild dargestellt wird. Die Frage dessen, was dargestellt wird, ist ebenso wie der Akt des Produzierens ohne diese formalen Elemente unvorstellbar.

Bildwissen kann gefaßt werden als das Wissen darüber, was zur Erscheinung kommt. Dieses Konzept entspricht Heideggers prozessualem Wahrheitsbegriff der ›aletheia‹, der Unverborgenheit, die sich im Ereignis zeigt. Damit ist der Prozeß gemeint, der das wissende Subjekt vom gewußten und gesehenen Objekt unterscheidet. Erst wenn sich dieser Prozeß ereignet hat, kann phänomenologisch vom ›Bildobjekt‹ (Husserl) oder vom ›Sichtbarkeitsgebilde‹ (Fiedler) geredet werden.[26] Das Wahrheitskonzept des späten Heidegger ist durchaus von dem aristotelischen unterschieden; aber es stellt sich auch bei ihm, ähnlich wie bei Aristoteles, die Frage nach Wissen als Prädikation. Zeigt sich im Bild eine Prädikation, ein Etwas von Etwas? Ist das Bild selbst eine Prädikation? Bringt es sich selbst und etwas weiteres ›Inhaltliches‹ zur Erscheinung? Welche Art von Doppelung soll das ›sich selbst‹ denn sein? Ist das Bild der Prozeß seiner eigenen Phänomenalität? Worin bestünde dieser Prozeß? Was kann man wissen, wenn sich etwas zeigt? Es kommt wohl darauf an, zunächst zu erkennen, was ›zeigen‹ denn heißt, und dann, was formal das ›Was‹ des Zeigens sein kann.

III.1 Verräumlichung: Das Atmen des Punktes

Wie läßt sich das ›Zur-Erscheinung-Kommen‹, das ›Zeigen‹ formal beschreiben? Zur Erscheinung kommen bedeutet, daß sich Raum eröffnet und damit zugleich eine Ordnung dieses Raumes. Die Eröffnung ist ein Prozeß; ohne eine solche primordiale Prozessualität läßt sich Raum nicht denken. Indem sich Räumlichkeit zeigt, zeigt sich Ordnung. Ordnung impliziert Differenz; Differenz setzt Teilung voraus. Die ursprüngliche Differenz, durch die sich Raum zeigt, ist der Punkt. Er macht den Raum allererst sichtbar und definiert den begrifflich unentbehrlichen Unterschied zwischen Raum und Stelle, den Aristoteles in den *Kategorien* und vor allem in der *Physik* (Buch IV, Kap. 1–5) beschrieben hat. Erst der Punkt bringt die Stelle und damit den Raum zur Erscheinung.

Der Punkt ist die formale Voraussetzung, daß etwas als Räumliches denkbar wird. Auch wenn er nach Euklids Definition »ist, was keine Teile hat«, so ist er doch die Bedingung des Scheins. Er ist der Anfang der Ordnung, die den Raum konstituiert; in Heideggers Terminologie: Der Punkt entbirgt den Raum. Der Punkt, der den Raum zur Erscheinung bringt, ist auch die Bedingung des ›tí‹ des ›Etwas‹, dessen, was im Prozeß der Prädikation ›tí katà tinós‹ benannt wird, sofern es sich um sinnlich erfahrbare Gegenstände handelt. Ohne das Konzept des Punktes ist nichts Sichtbares denkbar.

Der Punkt, der den Raum als Ort, als Bestimmtes, zur Erscheinung bringt, entfaltet Dimensionen. Der Punkt ist die Implikation aller Dimension; wenn seine Implikation aufplatzt, dann wird aus dem, was keine

---

[26] Vgl. Lambert Wiesing: *Artifizielle Präsenz. Studien zur Philosophie des Bildes.* Frankfurt a. M. 2005, S. 30f.

Teile hat, das Kontinuum der drei Raum-Dimensionen. Der Punkt atmet trimensional. Diese Tri-Mensionen Länge, Breite, Höhe sind das, was sich am Werden von etwas zeigt. Das, was sich zeigt, ist die Bestimmung, d. h. die Differenz im Raum. Die Differenz impliziert Maß; und der Raum ist selbst dann, wenn er unendlich ist, nicht unermeßlich. Er muß sich immer auf einen Punkt beziehen, damit er zur Erscheinung kommt; und dieser Bezug ist der Anfang aller Meßbarkeit. Jede Messung, soweit sie auch geht, muß sich immer auch auf ihren Anfang beziehen. Dieses Messen, Mension, ist Ausdehnen von und Zurückbeziehen auf den Anfang; in diesem Sinne ist es das Atmen des Punktes, das Ort und Raum zugleich bestimmt und damit Ordnung setzt.

Wieso weiß man um diese Konstitution des Raumes? Offensichtlich, weil sich der Geist als Phantasie derlei Bewegung vor-stellen kann, weil er selbst eine Art inneres Auge ist, das etwas auf sich als auf einen Fokus bezieht. Im Punkt zeigt sich dem Auge ein Etwas; und das Auge, wie der Geist, kann nicht anders, als es auf sich zu beziehen: In diesem Sinne ist der Geist wie das Auge eine Wahrnehmungsinstanz und -potenz. Daß etwas zur Erscheinung kommt, ist dem Geist eine Vor-stellung, dem Auge eine Wahr-nehmung.

In der Vor-stellung, d. i. in der Phantasie, entfaltet sich ein ganz außerordentliches und für das Verständnis jeder Bildlichkeit schlechterdings unentbehrliches Paradox: Die Vorstellung ist selbst nicht ausgedehnt, aber sie ist die Potentialität aller Ausdehnung; sie begreift, wie sich in ihr der Punkt in die Dimensionen entfaltet. Das geschieht wie bei einer Wahrnehmung, wo man zuerst erkennt, daß da etwas sei, dieses Etwas ist zwar punktuell und deshalb distinkt, aber noch nicht als Form erkennbar, es entfaltet sich im Prozeß der Annäherung trimensional als das, was es ist. Dieser Prozeß vollzieht sich als Erkenntnis; also performativ. Man weiß es, weil und indem man es tut. Dieser Prozeß kann, wenn er als ganzer gefaßt und damit entprozessualisiert wird, sprachlich dargestellt werden, und dann ist er kommunikabel.

III.2 Materialität und Medialität

Was ist das Wissen der sinnlichen, d. h. der Seh-Wahrnehmung? Gilt das, was für die Seh-Wahrnehmung gilt, auch für andere Sinne? Man pflegt das sinnliche Wissen als ›materiales Wissen‹ zu beschreiben. In diesem Zusammenhang ist es wohl sinnvoll, an die Dialektik der Materialität zu erinnern: Wenn, formal gesprochen, der Sinn der Materie darin besteht, die extramentale, und das ist zugleich die außersprachliche Realität zu benennen, dann ist genau diese Benennung als ›Materialität‹ paradox; denn sie benennt etwas, was sich der Benennung definitionsgemäß entzieht, weil Materialität die außersprachliche Realität meint. Daß diese gleichwohl benannt werden muß, ist selbst ein Moment der Unausweichlichkeit der Sprache für die Erkenntnis der Realität des Realen. Aristoteles beschreibt diesen Sachverhalt mit zwei Begriffspaaren: mit ›Dynamis‹ und ›Energeia‹ sowie mit ›Hyle‹ und ›Morphe‹/›Eidos‹.

›Dynamis‹, Möglichkeit, ist die Ebene, in der etwas nicht in seiner konkreten Realität, sondern in seiner abstrakten Allgemeinheit gefaßt wird – es benennt die sprachliche Form dessen, was real sein kann; darüber, ob es real ist, wird auf der Ebene der ›Dynamis‹ keine Aussage gemacht. Diese Allgemeinheit ist die sprachliche Abstraktionsebene, auf der allgemein gültige wissenschaftliche Aussagen gemacht werden. Die Realität dieser Möglichkeit, das extramentale, konkret-materiale ›Ins-Werksetzen‹ (›En-ergeia‹), entzieht sich der formalen Aussage, weil diese definitionsgemäß eben abstrakt ist.

Im Lateinischen heißt Materialität ›Mütterlichkeit‹. Diese Metapher impliziert Fruchtbarkeit und reale Fortpflanzung; sie übersetzt das griechische ›Hyle‹ (›Holz‹). Auch ›Hyle‹/›Holz‹ ist nur eine Metapher; sie indiziert, daß es sich bei den extramentalen Dingen um etwas handelt, was schlechterdings nicht vollständig im Begriff, der die sprachlich-ideale Fassung der Form (›Morphe‹/›Eidos‹) ist, aufgehen kann. Die extramentale Existenz wird durch Materialität garantiert, ohne daß diese Materialität als solche erkannt würde. Es ist in diesem Zusammenhang nicht ganz gleichgültig zu bemerken, daß ›Eidos‹/›Idee‹ selbst ›Bild‹ bedeutet.

Medialität ist Mittelbarkeit; Mittel ist ein Moment des Handelns, Mittel ist Mittel zum Zweck. Materie, wenn als Medium verstanden, ist ein solches Mittel zum Zweck; und der Zweck des Bildes ist die Darstellung. Wenn die Materialität selbst im Bild dargestellt werden soll, fallen Mittel und Ziel des Bildprozesses zusammen. Sofern die Materialität der Bildlichkeit nun benannt wird, unterliegt ihre extramentale Eigenheit der Dialektik aller Versprachlichung: Sie verliert ihre Materialität und wird selbst Begriff.

Der Begriff der Materialität, der in den Kunstwissenschaften gebraucht wird, bemüht sich auch um die Klärung dieses Sachverhalts.[27] Es sind hier die Materialien und die ›Körperlichkeit‹ der Bildproduktion gemeint; diese werden als Medium der Darstellung gefaßt. Gelegentlich spielen hier Erwägungen eine Rolle, die sich auch bei Aristoteles finden; zumal bei der Diskussion des Verhältnisses von Farbe und Fläche. Hier kann man an den Begriff des ›Sichtbarkeitsgebildes‹ (Fiedler) oder des reinen ›Bildobjekts‹ (Husserl) anschließen; und in diesem Kontext sind phänomenologische Erwägungen wichtig. Reine, geometrische Flächen können entweder als Entfaltung von Dimensionen oder als Abstraktionen aus räumlichen Körpern betrachtet werden, in jedem Falle sind sie intentional erzeugt. Zweidimensionalität kommt in der Realität nicht vor, sie ist ein Erzeugnis der raumdifferenzierenden Einbildungskraft. Aber es läßt sich an jeder ›realen‹ Fläche feststellen, daß sie eine Farbe haben muß.

Nimmt man, phänomenologisch-intentional abstrahiert, das Bild als zweidimensional, als Fläche, dann ist die Fläche in gewisser Weise das Material des Bildes. Und diese Fläche muß dann auch farblich sein. Monochrome Malerei bringt diese mediale ›Materialität‹ zur Darstellung; sie verweist darauf, wie die Medialität eines praktischen Prozesses zugleich dessen Ziel ist. Analog kann man diese mediale Materialität zum Ziel der Darstellung machen, das gilt für Leinwand und Bildschirm, für Farbe und Elektroimpuls, für Pinsel, Keyboard, Mischpult und Internet. Materialien sind die Medien, durch die etwas als etwas zur Darstellung gebracht wird und so zur Erscheinung kommt.

Was weiß man, wenn man von dieser Medialität weiß? Man prädiziert sie als das, wodurch etwas zur Erscheinung kommt, was irreduzibel sinnlich ist, worauf man zeigen kann und was deshalb im Bezug auf das Wissen die Paradoxie alles Sinnlichen an sich hat: Damit es Wissen werden kann, muß es seine Sinnlichkeit verlassen und Begriff werden; die Prädikation verweist auf etwas, was in seiner materiellen Eigenheit eben nicht prädizierbar ist. Auch die Phantasie ist Medium und Materialität des Bildlichen. Sie ist Medium des mentalen Bildes, das als dieses benannt werden muß, damit ein Wissen von ihm möglich ist. Jede Prädikation macht das Materielle und Mediale zur Form; das gilt auch für den Begriff des Materiellen selbst; das Reden über und das Verweisen auf Materielles ist nur das Zeichen für die irreduzible Materialität.

---

[27] Vgl. etwa Sybille Krämer: *Medien, Computer, Realität*. Frankfurt a. M. 1998; Hans Belting: *Bild-Anthropologie. Entwurf einer Bildwissenschaft*. München 2001; Dieter Mersch: *Was sich zeigt. Materialität, Präsenz, Ereignis*. München 2002.

III.3 Symbolik

Bei der Materialität geht es nicht um das ›Etwas als Etwas‹, sondern um die Medien, mit denen und durch die etwas erzeugt wird. Was erkennt man? Offensichtlich die Formalität der Bilder selbst, und zwar im Bezug auf ihren Charakter als Artefakt. Wieweit die Semantik der Bilder dadurch berührt ist, ist umstritten; für Kunstwerke als Artefakte ist dieser materiale Charakter unentbehrlich. Wenn Bilder freilich nicht nur autonom und für sich stehen, sondern über sich hinausweisen, verändert sich das Bild, es wird zum Symbol.

Symbol kann man ganz konventionell verstehen, als Verweis auf die zugehörige zweite Hälfte einer geteilten Münze. Die sichtbare, anwesende Hälfte verweist auf die abwesende, unsichtbare. Dieser formale Verweischarakter auf das Abwesende ist das Wesensmoment des Symbols; sobald ein Etwas als ein solches Verweiszeichen begriffen wird, bekommt es einen Sinn, der über die einfache Prädikation von etwas als etwas hinausgeht: das ist die symbolische Dimension, sein Sinn als Zeichen für. Der Wahrheitsindex des Symbolischen ist seine Richtigkeit.

Wenn ein Ding auf etwas anderes Benennbares verweist, dann ist es ein Zeichen als ›quid pro quo‹. Sichtbare Zeichen können auf Handlungsverhältnisse verweisen, dann sind sie pragmatisch; sie sind Verweise. In diesem Sinn funktionieren Verkehrsschilder. Eine besondere Gattung von Symbolen sind die Bilder des Unsichtbaren, Verweise auf etwas, was nicht oder noch nicht erfaßbar ist, prophetische Bilder und Zeichen, dogmatische Bilder. Solche Bilder haben nur die Pose und Gebärde der Gerichtetheit und Richtigkeit; einen einklagbaren, präzisen Wahrheitsindex von richtig und falsch haben sie nicht. Von einem solchen symbolischen Gebärden-Charakter sind die dogmatischen und heilsgeschichtlichen Bilder Joachims von Fiore, das gleichseitige Dreieck für die Trinität, die drei ineinander verschlungenen Kreise für die drei Weltzeiten. In ihnen zeigt sich simultan, was begrifflich gar nicht oder nur umständlich und im Nacheinander zu erkennen ist; und die Bilder zeigen deutlicher, was die umständlichen Erklärungen nicht erreichen können: die Gleichzeitigkeit von Erscheinung und Verborgenem. Anders als in solchen Zeichen zeigt sich das Geheimnis nicht, und die Symbole verweisen zurück auf etwas, was sie zugleich verbergen. Analytisch gesprochen: Die geometrischen Figuren werden als Symbole für etwas verstanden, das sich nur in ihnen zeigt, sie sind Bildbegriffe, sie haben ihren Sinn – ihre Richtung, Intention – durch ihren unterstellten Bezug zum sonst nicht Ausdrückbaren. Ein

323

solches Wissen ist kein sicheres Wissen, aber es ist ein Zeichenwissen, ein Verweis auf etwas, das prädiziert wird, ohne daß dieses Etwas anders als durch das Zeichen prädiziert und damit faßbar würde. Es ist eine Prädikation mit einer semantischen Leerstelle, die durch die intendierte Prädikation als ein zugehöriges, aber im einzelnen unbekanntes Etwas bestimmt wird.

IV. Geschichtswissen und Wissen in Geschichten

IV.1 Erzählung als Wissen

Was will man wissen, wenn man geschichtlich fragt? Welches ist die spezifisch geschichtliche Intentionalität? Das Ziel historischen Wissens ist nicht, wie bei Aristoteles' Wissenschaftskonzept, die richtige Definition, sondern historisch fragt man, wie es geworden ist. Die Intention dieser Frage gilt von Anfang bis Ende, sie zielt auf den Prozeß. Es geht bei der Geschichte um den Weg. Eine Geschichte ist ein Ganzes; sie hat einen Anfang, eine Mitte und tendiert auf ein Ende. Das Wissen und die Wahrheit der Geschichte ist der Prozeß, der erzählt wird. Es ist selbstverständlich, daß jede Erzählung propositional ist. Aber erschöpft sie sich darin? Sie wird erzählt, das ist ein performativer Akt, und die Geschichte bringt in diesem Akt die Zeitlichkeit der Erfahrung zur Erscheinung bzw. zur Darstellung.

Das in der Erzählung Dargebotene ist ein besonderes Wissen; denn es ist ein Urteil und zugleich die Erfahrung, daß ich, um überhaupt urteilen zu können, eine ›reale‹, d. h. zeitliche Erfahrung, d. h. die Erfahrung eines Ereignisses machen muß und sie in der Erzählung nachvollziehe. Entspricht das Ereignis dem ›tò tí ên eînai‹, dem Wesenswas bei Aristoteles? Wenn ja, dann ist hier nicht die Definition eines einzelnen als solchen, sondern seine Position in der Geschichte das Erkenntnisziel. Das Ereignis ist die zeitliche Fassung des Individuellen, und die Struktur der historischen Urteile lautet: Da war X. Das Moment der Vergangenheit ist bei historischen Urteilen konstitutiv. Diese Form der Verzeitlichung ist semantisch unaufhebbar. Die Begründung für die Individualisierung der Ereignisse durch das Präteritum liegt darin, daß das Präteritum ein Ganzes definiert, das vorbei ist. Als dieses ist es Eines, es hat einen Anfang, eine Mitte, ein Ende. Die sich als Vergangenheit zeigende Individualität hat als Begriffsmerkmal die Kriterien des Ganzen, dem nichts fehlen darf und das deshalb individuell ist. Diese Individualität trägt den Charakter der Vollendung: Sie ist vollständig und vorbei und in diesem Sinne ganz. Zugleich zeigt sich mit der Verzeitlichung im Präteritum immer schon die Prozessualität auf die Gegenwart hin; deshalb ist im Präteritum die Prozessualität impliziert, selbst wenn sie nicht explizit benannt ist.

Die besondere ontologische Klassifizierung dieser Zeitlichkeit, nämlich die Vergangenheit, muß in spezifischer Weise zur Darstellung gebracht werden. Diese Darstellung geschieht in der Erzählung in der grammatischen Vergangenheitsform. Das ist auch nicht anders möglich, denn das Reden von erfahrenen Ereignissen kann sich nur auf das Präteritum, auf Ereignisse, die vorbei sind, beziehen. Zukünftige Ereignisse haben dagegen den Status von Erwartungen. Erwartungen unterscheiden sich von den präteritalen Ganzheiten dadurch, daß sie noch unvollendet, unerfüllt sind, daß sie deshalb keine Ganzheiten sein können, weil sie unvollendet sind, schließlich sind sie als Erwartungen durch ihre Unvollendetheit definiert. Dagegen werden erfahrene Ereignisse als vollendete erzählt; die Erzählungen bringen Vergangenes als Vergangenes zur Darstellung und inszenieren damit die Zeitlichkeit selbst als Geschichtlichkeit.

Geschichten und Erzählungen müssen auswählen. Es kann die Fülle des historisch Geschehenen eben so wenig reproduziert werden wie die Fülle der Einzelheiten der Natur; sonst müßten die Vergangenheit und die Natur insgesamt reproduziert werden, was absurd ist.[28] Deshalb braucht jede Geschichte, wie immer sie erzählt wird, einen Hinblick, eine Perspektive, eine Intentionalität; das entspricht durchaus der Intentionalität des Urteils in der aristotelischen Theorie; denn aus der Intentionalität erfolgt die Prädikation. Das gilt für die Erzählung, in der die Ereignisse gereiht werden, ebenso wie für die Prädikation eines Einzeldings, das ja schon in dieser Prädikation seine Einzigkeit verliert und relational, allgemein und kommunikabel wird. Wie die Einzelheit bekommt auch das Ereignis durch die erzählerische Intentionalität Sinn; und das gilt a fortiori, wenn die Erzählung die Struktur einer Handlung annimmt; Handlungsstruktur bedeutet: ›omne agens agit propter finem‹.

In der Semantik der historischen Erzählung wird der Begriff von Wahrheit und Sinn, der mit der formalen Urteilsbildung ›tì katà tinós‹ erzeugt wurde, noch einmal gesteigert. Nicht nur das einzelne logische Urteil erzeugt einen Sinn, sondern die Geschichte, die erzählt wird, bekommt insgesamt einen Sinn. Sie ist formal ein Ganzes, das einen Anfang, eine Mitte und ein Ende hat. Das Ziel gibt die Intentionalität der

---

[28] Siehe den allwissenden Sekretär in Arthur Dantos analytischer Philosophie der Geschichte.

Geschichte vor und verleiht einer Folge von Ereignissen Handlungssinn. Geschichte wird nach dem Maßstab der praktischen Vernunft als zielgerichtete Handlung verstanden. Der Sinn der erzählten Geschichte ist also nur nicht der formale Sinn des ›tì katà tinós‹, sondern der der Handlungsstruktur. Hier wird die Geschichte erzählt als der Weg zum Ziel und der Weg als Mittel zum Zweck. Dieses Ziel bestimmt die Intentionalität, aus der Geschichte erzählt wird.

Der Wahrheitsanspruch der Geschichten besteht darin, sich aus der Fülle des Prädizierbaren und sich Zeigenden intentional eine Geschichte zu stricken, die Ereignisse auf die Reihe zu bringen und diese Reihe dann als ›wirklich‹ so geschehen zu unterstellen. Welches die ›leitenden Mächte‹ dieser Geschichte sind, hängt von der historiographischen Intentionalität ab, etwas als etwas zu erzählen. Das Ergebnis ist historisches Wissen.

Es gehört zu den Eigentümlichkeiten der Geschichte, auch der Wissensgeschichte, daß ihre Entwicklung nur nacherzählt werden kann. Die Erzählung ist die einzige Sprachform, die einen zeitlichen Prozeß darstellen kann. Selbstverständlich wird auch in der Erzählung das einzelne nur mit allgemeinen Termini beschrieben; das ist sprachlich gar nicht anders möglich, auch wenn das sprachliche Präteritum die historische Einzelheit indiziert. Sofern überhaupt erzählt wird, müssen Begriffe, Topoi, Denk- und Erzählfiguren benutzt werden; das ist die Bedingung allen Verständnisses. Im Verlauf ihrer Verwendung verschieben sich die Topoi, weil sie die in den Ereignissen sich mitteilenden neuen Erfahrungen verarbeiten. In diesem Prozeß wird die Semantik der vorliegenden Begriffe und Topoi ausgelotet und verändert, weil man neue Erfahrungen in alte Strukturen integrieren muß. Schließlich besteht die Besonderheit der historischen Erfahrungen darin, daß sie das Neue, Individuelle, das man erfährt, in überkommenen Begriffen darstellen muß.

IV.2 Wissen der Zeit

Die Differenz zwischen einem Ereignis und seiner Versprachlichung ist zugleich das Setzen von Zeit im Sinne eines Vorher und Nachher. Erfahrung hat man erst, wenn sowohl das Ereignis als auch seine Klassifikation vorbei ist. In diesem Sinne verwaltet die präteritale Erzählung das Ereignis, das selbst in seiner Ankunft kontingent und damit unverfügbar ist, durch die Erzählung aber als Gewesenes verfügbar wird.

Durch das Ereignis und seine Verwaltung in der Erzählung wird Zeit als dauernde Differenz zwischen Unverfügbarkeit und Verfügbarkeit allererst konstituiert und erfahrbar. Das sprachliche Indiz dafür ist das Präteritum. Wenn man auf dieses unverfügbar Einmalige verweisen will, muß man diese Differenz ständig inszenieren. Das geschieht im Erzählen. Erzählen ist also, das Erzählte ständig in die Differenz zur Unverfügbarkeit zu stellen. Das Geschäft der Sprache ist hier performatives ›Andenken‹ im Wissen, daß sie sich auf das Ereignis bezieht, seine vergangene Gegenwart sozusagen zurückbeschwört. Im ständigen Produzieren der Differenz zwischen Erzählung und historischer Realität produziert die Nach-Erzählung Zeitlichkeit. Zeitlichkeit besteht darin, daß das Ereignis immer in seiner als vergangen verwalteten Gegenwärtigkeit gesetzt wird.

Die semantische Identifizierung von Ereignissen in der Erzählung inszeniert Zeit; die Erfahrung des Ereignisses erzeugt Vergangenheit und damit Zeit. Darin, daß diese Differenz zwischen dem Anwesenden und nicht Wiederholbaren erzeugt wird, besteht das Wissen von Zeit. Zeit hat als ständige Erzeugung der Differenz zwischen Gegenwart und Vergangenheit in ihrer Ständigkeit die Merkmale des Kontinuums: Diskretion, Homogenität, Kontinuität. Das Ereignis, das die Zeit faßbar macht wie der Punkt den Raum, erzeugt Diskretion; so entsteht durch diese Diskretion das Wissen von der Zeit. Es geht hier zunächst um das Daß des Ereignisses, nicht um seine Prädikation als etwas. Daß es sozusagen an jeder Stelle auftauchen kann, liegt an der Unverfügbarkeit des Ereignisses; ein Ereignis bestimmt die Zeit nicht nur quantitativ, als Vorher und Nachher, sondern insbesondere qualitativ, eben als Besonderheit; dann wird das Ereignis als etwas prädizierbar. Unverfügbarkeit des Ereignisses, d. i. die Erfahrung der Kontingenz, und Konstitution von Zeit bedingen sich gegenseitig. Wenn das Ereignis als etwas identifizierbar ist und in seinem Erzählzusammenhang Sinn bekommt, dann ist die Zeit erkennbar und als Geschichte verwaltbar.

IV.3 Wissen um die Zukunft: Sorge

Indem sie auf ein Ganzes geht, hat jede Erzählung einen Anfang, eine Mitte und ein Ende. Weil Erzählungen bewußt erzählt werden, sind sie auf ein Ende hin konzipiert: Das Ende bestimmt die Binnenstruktur des Ganzen, vom Ende her bekommen Erzählungen ihren Sinn. Und selbst dann, wenn eine Erzählung ›offen‹ gestaltet ist, ist es noch das Fehlen des Endes, das sich als Merkmal des Sinns oder als das Spielen mit diesem

Sinn zeigt. Je ›realistischer‹ sie ist, desto mehr wird die Individualität der Zeitlichkeit inszeniert und desto besser wird die Konstruktion vom Ende her verborgen – denn das Individuelle ist ja das Ereignishaft-Zeitliche; aber darstellbar wird es nur als sprachlich Allgemeines und als Ganzes. Diese sprachliche und konzeptionelle Allgemeinheit ist eine Bedingung von Verstehen überhaupt. Deshalb ist Erzählung verstehende Inszenierung der Zeitlichkeit. Der Begriff Verstehen bezieht sich hier auf den Sinn der Geschichte, meint hier die Verortung des einzelnen in einem Erzählganzen.

Ihre doppelte Konstitution: daß sie notwendig zeitlich und daß sie vom Ende her konzipiert ist, macht die Erzählung zum Analogon der Sorge. Denn auch die Sorge kümmert sich um das Ende, um die Gegenwart des Zeitlichen zu verstehen. Erzählung hat also einen Doppelcharakter: Sie ist formal das Abbild der Sorge; und in ihrer unaufhebbaren Zeitlichkeit ist sie die verstandene Inszenierung des Ereignisses.

Erzählungen aus der Vergangenheit sind individualisierend. Werden sie auf die Zukunft angewandt, verlieren sie diesen individualisierenden Status: Sie werden zu Schemata für die Zukunft. Erwartungen an die Zukunft sind schematisch; die Erzählungen aus der Vergangenheit sind individualisierend. Der Wechsel zwischen individualisierender Sorge um die Vergangenheit in der Erzählung und der Erwartung der Zukunft durch Schemata geschieht im Umschlagpunkt des gegenwärtigen Daseins.

Die Zukunftsgeschichte wird sorgend erzählt. Mit dieser Zukunftssorge wird die Vergangenheitserzählung entindividualisiert. Das ist deshalb möglich, weil das Versprachlichen des Ereignisses immer schon eine Verallgemeinerung ist. Deshalb können Geschichten im Prinzip verallgemeinert werden. Werden Geschichten erzählt, damit man etwas lernt, werden sie also im Bezug auf ihre Zukunftseignung hin erzählt, dann werden sie Teil der Zukunftssorge und bekommen eine Tendenz zum Abstrakten. Sie werden schematisch. Als solche Schemata bestimmen sie die Semantik der Erwartungen.

Schemata von Erwartungen sind das, was man aus der Geschichte lernt und für die Zukunft zur Verfügung zu haben glaubt. Die Erfahrungsschemata strukturieren die Zukunftserwartungen und reduzieren so die Angst vor der Kontingenz des Kommenden. Diese Entängstigung durch Erfahrungsverwaltung ist auch und vor allem die Aufgabe der Politik. Sie muß die Erfahrungsschemata in Handlungsanweisungen und technische Vorsorge ummünzen. Die Frage aber, wie die Kontingenz, das Glück oder Pech, also der Rest, der zwischen Zukunftsvorsorge und dem, was tatsächlich eintritt, bewältigt wird, bleibt unbeantwortet; sie ist am Ende die Domäne der Religion. Aber weder in der Zukunftssorge der Politik noch in der Religion weiß man dergestalt, daß dieses Wissen eine verfügbare Referenz hätte; dieses Wissen ist konjektural, Teil einer Kunst der Vermutung.

IV.4 Reale und fiktive Erzählungen

Zwar verschwindet das reale Ereignis hinter der Erzählung, die es inszeniert und zur Erscheinung und Darstellung bringt, aber gerade deshalb muß sich die Erzählung auf die Individualität des Ereignisses beziehen. Andernfalls verliert die Erzählung ihren historischen Wahrheitsanspruch; es wird dann nicht aus der Erfahrung (sei es aus der eigenen, sei es aus einer fremden) berichtet, es handelt sich dann nicht um eine ›wirkliche Geschichte‹. Geschichten sind deshalb wahrheitsfähig, weil sie auf die ›Realität‹ verweisen und diese zur Darstellung zu bringen behaupten; Erfahrungen müssen ein ›fundamentum in re‹ haben; man wird sprichwörtlich durch Erfahrung klug. Zeitlich gesprochen heißt, aus Erfahrung klug zu werden, daß Vergangenheitserfahrungen in Zukunftserwartungen umgedeutet werden.

Genau dieser Anspruch liegt bei fiktiven Geschichten nicht vor. Ihre Erzählstruktur ist zwar von den ›wahren‹ Geschichten formal nicht unterscheidbar, aber ihr Kredit ist ein anderer als bei wahren Geschichten. Fiktive Geschichten funktionieren ›als ob‹ sie real wären; dieses ›als ob‹ macht die Differenz zwischen sprachlich-semantischen Möglichkeiten und der Wirklichkeit evident, um die es geht, wenn Geschichten behaupten, so sei es gewesen. Fiktive Geschichten werde als mögliche erzählt, reale waren wirklich. Fiktive Geschichten können die Realität nicht feiern, im Gegenteil: sie machen die Realität diaphan und brüchig.

Deshalb sind für fiktive Geschichten – und das macht ihren formalen Reiz aus – im genauen Sinne alle Möglichkeiten offen. Weil sie nicht real sind, erweitern sie den Realitätsraum um die Dimension der phantastischen Möglichkeit. Fiktive Geschichten können, anders als ›wahre‹, mit den Formen ihrer Darstellung spielen; sie können die Zeiten versetzen, sie können Mögliches wie Vergangenes behandeln, als ob das Vergangene die Gegenwart imprägnierte, sie können Geschichten von der Zukunft erzählen; sie können verpaßte Möglichkeiten zu fiktionalen Wirklichkeiten werden lassen und sie können versuchen, die Kontingenz der Zukunft aufzuheben, als ob sie schon geschehen sei. Auch wenn sich diese Darstellungen als solche einer ›wirklichen‹ Realität inszenieren, bleibt ihr Scheincharakter unaufhebbar. Deshalb ist das Wahrheitsrisiko der Fiktionalität reduziert. Wenn der Anspruch auf Wahrheit überhaupt erhoben wird, dann mit einem veränderten Wahrheitsbegriff.

Fiktion ist nicht Lüge; Wahrhaftigkeit ist ein Anspruch an die Kunst. Aber worin besteht der Wahrheitsanspruch fiktionaler Wahrhaftigkeit, wenn er über psychologisch ›ehrlich‹ und ›gut gemeint‹ hinausgehen soll? Wenn fiktionale Kunst einen referentiellen Bezug zur ›Wirklichkeit‹ haben soll, die sie ja nicht erreicht, dann den, daß dieses dialektische Moment von Wirklichkeitsbezug und unausweichlicher Wirklichkeitsverfehlung selbst mitinszeniert wird. Das kann sich verschieden zeigen – in formaler Selbstreferentialität, in Ironie, oder darin, diese Selbstreferentialität ›à tout prix‹ zu verbergen. Es kann die Erzählung ebenso ›realistisch‹ vorgegeben wie verweigert werden, es kann die Realität beschworen werden, indem die Fiktionalität inszeniert wird. Was wird erreicht? Die Realität und der zugehörige referentielle Wahrheitsanspruch wird selbst zur Disposition gestellt: Die Einbildung gibt in ihrem Anspruch, sie rede und zeige, als ob sie die Wahrheit zur Erscheinung bringe, der Realität Dimensionen, die nur die Einbildung eröffnen kann. Es werden nicht die Möglichkeiten dargestellt, die wirklich waren oder wirklich werden könnten, sondern es handelt sich um die Möglichkeiten der Fiktion, die aufs Ernsthafteste noch mit dem Wirklichwerden spielen.

Alle diese Dimensionen hat die elementare historisch ›wahre‹ Erzählung nicht. Deshalb geht der ›wahren‹ Erzählung in der Geschichtsschreibung das Moment des Möglichen ab; sie behauptet und muß behaupten, daß es – in welcher Weise auch immer – so gewesen sei. Aber am Ende weiß die fiktive Geschichte, die auf die Möglichkeiten achtet, doch am meisten von der Realität.

Michael Horvath

Die Herausforderung der Interdisziplinarität

Erwägungen zum Verhältnis von Literatur- und Wirtschaftswissenschaft anhand von Joseph Vogls *Das Gespenst des Kapitals*

Um die interdisziplinäre Zusammenarbeit zwischen Literatur- und Wirtschaftswissenschaft steht es nach wie vor schlecht. Zwar werden gerade im Zeichen der aktuellen Wirtschafts- und Finanzkrise vielfältige Anstrengungen der gegenseitigen Annäherung unternommen, doch lassen Vermittlungsprobleme, begriffliche Barrieren und habituelle Hindernisse den Dialog unverändert schwierig erscheinen. Den jüngsten Versuch, die disziplinären Grenzen zu öffnen, unternimmt der Berliner Literatur- und Kulturwissenschaftler Joseph Vogl in seinem Ende 2010 erschienenen Buch *Das Gespenst des Kapitals*. Dieses soll zum Anlaß genommen werden, über das Verhältnis von Literatur- und Wirtschaftswissenschaft prinzipiell nachzudenken, um Vogls Schrift vor diesem Hintergrund verorten zu können. Schließlich soll auf mögliche Perspektiven hingewiesen sein, die sich aus einem fruchtbaren Wechselspiel der Disziplinen ergeben könnten.

I. Ein Dialog zwischen Literatur- und Wirtschaftswissenschaft?

Dem Selbstverständnis nach scheinen beide Disziplinen so weit voneinander entfernt wie nur irgend denkbar. Es verwundert nicht, daß die seit der Wirtschafts- und Finanzkrise 2008 forcierte Zusammenarbeit bisweilen mit größeren Reibungsverlusten einhergeht. An Anschauungsmaterial für derlei interdisziplinäre Gräben herrscht kein Mangel, und so ist es wohltuend, wenn vereinzelt nicht nur Sprünge unternommen, sondern tragfähige Brücken gebaut werden.[1] Systematisierungsversuche und methodische Reflexionsarbeit können daher nur zum allgemeinen Vorteil gereichen, gerade wenn dies, wie jüngst auf zwei Tagungen der Akade-

---

[1] Vorarbeiten hierzu haben im deutschsprachigen Raum – um nur einige zu nennen – Eric Achermann, Hans Christoph Binswanger, Daniel Fulda, Jochen Hörisch, Franziska Schößler und nicht zuletzt Joseph Vogl geleistet.

mie der Wissenschaften in Hamburg geschehen, unter Federführung der Literatur- und Kulturwissenschaft vonstatten geht.[2]

Dabei sind, gleichsam von einer höheren Warte besehen und sämtliche Spielarten subsumierend, naturgemäß zwei idealtypische Richtungen denkbar: Zum einen die Akzentuierung der Wirtschaftswissenschaft, um durch ökonomische Interpretationsarbeit neue Textzugänge zu erproben. Im besten Fall lassen sich hierdurch gänzlich neue Lesarten mit hohem Erklärungswert erschließen.[3] Allerdings setzt dies zuallererst fundierte ökonomische Kenntnisse voraus, so daß die sachgerechte Interpretation gesichert und die Gefahr einer zu holzschnittartigen oder gar von Klischees geprägten Rezeption ökonomischer Kontexte vermieden werden kann. Trotz reizvoller Fragestellungen, die die Literatur als »selbständiges Organon der Reflexion ungelöster Probleme«[4] bereithält, trotz aller Methodendiskussion um Möglichkeiten und Grenzen der Wissenspoetik[5] scheint es seitens der Wirtschaftswissenschaft bis heute jedoch weder Handlungsbedarf noch Interesse an interdisziplinärer Zusammenarbeit zu geben. Das ›Wissen der Literatur‹ bleibt der Literaturwissenschaft vorbe-

---

[2] Beide Tagungen werden dokumentiert in *Finanzen und Fiktionen. Grenzgänge zwischen Literatur und Wirtschaft*, hg. v. Christine Künzel u. Dirk Hempel. Frankfurt a. M.–New York 2011 [in Vorbereitung]. Darin weiterführende Überlegungen des Verfassers zum Problemzusammenhang, vgl. Michael Horvath: »Vielfalt der Deutungen statt exakter Modelle? Möglichkeiten und Grenzen des interdisziplinären Dialogs zwischen Ökonomik und Kulturwissenschaft«.

[3] Paradigmatisch Hans C. Binswanger: *Geld und Magie. Eine ökonomische Deutung von Goethes Faust*. 5. Aufl. Hamburg 2010 [1. Aufl. 1985]. Vgl. hierzu auch das Kapitel »Ökonomische Lesart« in Johann Wolfgang von Goethe: *Faust-Dichtungen*, hg. v. Ulrich Gaier. Bd. 3: »Kommentar II«. Stuttgart 1999.

[4] Karl Eibl: *Die Entstehung der Poesie*. Frankfurt a. M. 1995, hier S. 126.

[5] Zur Einführung seien genannt Jochen Hörisch: *Das Wissen der Literatur*. München 2007; Nicolas Pethes: »Literatur und Wissenschaftsgeschichte. Ein Forschungsbericht«, in: *Internationales Archiv für Sozialgeschichte der Deutschen Literatur* 28 (2003), S. 181–231; Tilmann Köppe: »Vom Wissen in Literatur«, in: *Zeitschrift für Germanistik* NF XVII (2007), S. 398–410, programmatisch Joseph Vogl: »Für eine Poetologie des Wissens«, in: *Die Literatur und die Wissenschaften 1770–1930: Festschrift zum 75. Geburtstag von Walter Müller-Seidel*, hg. v. Karl Richter, Jörg Schönert u. Michael Titzmann. Stuttgart 1997, S. 107–127, und Gideon Stiening: »Am ›Ungrund‹ oder: Was sind und zu welchem Ende studiert man ›Poetologien des Wissens‹?«, in: *Kulturpoetik* 7 (2007), S. 234–248, darin weiterführende Hinweise auf die mittlerweile raumgreifende Debatte. Lesenswert in diesem Zusammenhang auch Rainer Warning: »Poetische Konterdiskursivität. Zum literaturwissenschaftlichen Umgang mit Foucault«, in: *Die Phantasie der Realisten*. München 1999, S. 313–345.

halten, obgleich die Literatur den Fachdiskursen nicht selten in der Entdeckung und Beschreibung wissenschaftlicher Phänomene vorausgreift.

Der zweite Weg der Zusammenarbeit besteht in der Akzentuierung der
Literatur- und Kulturwissenschaft gegenüber der Ökonomik und nimmt
Fragestellungen wie Rhetorizität oder Narrativität auch des wirtschaftswissenschaftlichen Fachdiskurses in den Blick. Prominente Vertreterin
dieses Forschungsansatzes ist die Chicagoer Ökonomin Deirdre McCloskey, die seit den 80er Jahren den mittlerweile breit rezipierten ›New Economic Criticism‹ entwickelt.[6] Dieser möchte zeigen, aus welchen ideologischen, kulturellen und historischen Mosaiksteinen sich die Theorien
und Sprachen der Ökonomik zusammensetzen – sei es nun bewußt oder
unbewußt – und welches Maß an Literarizität auch wirtschaftswissenschaftlichen Texten eignet. Insbesondere das Verhältnis der Ökonomik
zur Kulturwissenschaft wäre im Rahmen eines solchen Ansatzes gänzlich
neu zu etablieren, kann die Aufdeckung der rhetorischen und möglicherweise auch ideologischen Tiefenstrukturen der Wirtschaftswissenschaft
doch als genuin kulturwissenschaftliche Aufgabe angesehen werden.
Schließlich könnte das Einbetten auch und gerade der Ökonomik in ihre
soziokulturellen und gesellschaftlichen Voraussetzungen und Implikationen wichtige Impulse für ihre Weiterentwicklung leisten. Diesem Ziel
fühlt sich auch Joseph Vogls neues Buch *Das Gespenst des Kapitals* verpflichtet.

II. Joseph Vogls *Das Gespenst des Kapitals*

Allerdings beginnt die Schrift für Ökonomen bereits im ersten Satz mit
einer Zumutung: »Politische Ökonomie hat seit jeher eine Neigung zur

---

[6] Einen ersten Überblick über den ›New Economic Criticism‹ gibt die Aufsatzsamm-
lung von Deirdre McCloskey u. Stephen T. Ziliak: *Measurement and Meaning in
Economics. The Essential Deirdre McCloskey.* Cheltenham–Northampton 2001. Ver-
tiefend Deirdre McCloskey: »The Rhetoric of Economics«, in: *Journal of Economic
Literature* 21 (1983), S. 482–517; dies.: »The Literary Character of Economics«, in:
Daedalus 113 (1984), S. 97–119; dies.: *The Rhetoric of Economics.* Madison/Wisc.
1985 (Rhetoric of the Human Sciences); dies.: »Storytelling in Economics«, in: *Narrative in Culture: The Uses of Storytelling in the Sciences, Philosophy, and Literature*, hg. v. Cristopher Nash. London–New York 1990, S. 5–22. Für weitere Hinweise vgl. den einschlägigen Sammelband Martha Woodmansee u. Mark Osteen:
*The New Economic Criticism. Studies at the Intersection of Literature and Econom-
ics.* London–New York 1999, hilfreich auch Willie Henderson: *Economics as Literature.* London 1995.

Geisterkunde gehegt und sich mit unsichtbaren Händen und anderem Spuk den Gang des Wirtschaftsgeschehens erklärt« (S. 7); eine Zumutung deshalb, weil sich die moderne Wirtschaftswissenschaft in ihren formalisierten Modellen und ökonometrischen Überprüfungen sowohl in Theorie wie Empirie fern und bar jeglicher Sentimentalität sieht: nichts liegt ihr ferner als Mystizismus und Irrationalität. Immerhin könnte der vielfach beschworene Blick von außen die Selbsterkenntnis befördern – trägt ein solcher Perspektivwechsel doch dazu bei, etwaige blinde Flecken einer Disziplin aufzudecken und zu überwinden. Schließlich gelte es, »zu verstehen, wie die moderne Finanzökonomie eine Welt zu verstehen versucht, die durch sie selbst hervorgebracht wurde« (S. 8).

Vogl will keine bloße Aneinanderreihung von kulturphilosophischen Betrachtungen des Finanzmarktes liefern, vielmehr wagt er den großen Wurf, nichts weniger als die Herausbildung des wirtschaftswissenschaftlichen Wissensfeldes seit dem 18. Jahrhundert und dessen Verstrickungen bis in die Gegenwart nachzeichnen zu wollen. Dabei kann er an seine 2002 erschienene Habilitationsschrift *Kalkül und Leidenschaft*[7] anknüpfen, die ebenfalls dem Wechselspiel von Ökonomie, Wissens- und Literaturgeschichte gewidmet war. Mittels einer breit angelegten Diskursanalyse beobachtet Vogl hier die Geburtsstunde der modernen Ökonomik im 17. Jahrhundert, »als eine Schwelle überschritten [wurde], an der sich die verschiedensten Erkenntnisse über den Menschenverkehr, über Verhaltensweisen und Begierden, über Reichtum und Wohlstand, über politische Regierung und soziale Gesetzmäßigkeiten zu einem mehr oder weniger kohärenten Wissenszusammenhang«[8] verbanden und mit der ein neuer Menschentyp in die Welt kam, der sie bis heute maßgeblich prägt: der »homo oeconomicus«.[9] Mit seiner nun vorliegenden Schrift geht Vogl den logisch nächsten Schritt, verlässt die rein historische Betrachtung und versucht sich als Analytiker der Gegenwart, hier erneut Foucault folgend und dessen Projekt der Gegenwartsgeschichtsschreibung fortführend.

Sein ambitioniertes Unterfangen sucht Vogl auf 180 Textseiten in sechs Kapiteln zu bewerkstelligen:

Das erste Kapitel (»Der schwarze Schwan«) spannt das thematische Feld und eröffnet zunächst noch mit dem Bezug zur Literatur. Anhand

---

[7] Joseph Vogl: *Kalkül und Leidenschaft. Poetik des ökonomischen Menschen.* München 2002.

[8] Ebd., S. 11.

[9] Hierzu auch zusammenfassend Joseph Vogl: »Poetik des ökonomischen Menschen«, in: *Zeitschrift für Germanistik* 17 (2007), S. 547–560.

von Don DeLillos *Cosmopolis* von 2003 – einem Roman über den modernen Finanzkapitalismus und das wirtschaftliche wie existentielle Scheitern seines Helden – wird die prinzipielle Unlesbarkeit der Welt, die Richtungslosigkeit im Lauf der Dinge illustriert. Um sodann seine Generalthese herzuleiten, greift Vogl zu einer historischen Analogie: Genauso wie das Erdbeben von Lissabon 1755 die Theologie mit der bohrenden Frage der Theodizee konfrontierte und die Leibnizsche Idee der Einrichtung der Welt als einer bestmöglichen in eine tiefe Krise stürzte, so scheint das einst so fest geglaubte Gebäude der modernen Wirtschaftswissenschaft heute in seinen Grundfesten erschüttert. Durch die Vielzahl der ökonomischen Krisen – im Höhepunkt die aktuelle Wirtschafts- und Finanzkrise, die alle vorhergehenden der Nachkriegszeit an Ausmaß und Folgen bei weitem überragen sollte – werde das strukturelle Versagen von Märkten im allgemeinen und der Finanzmärkte im besonderen manifest. Schließlich stehe, damit eng verbunden, auch die Wirtschaftswissenschaft als solche vor einem Scherbenhaufen, was kaum verwunderlich sei, hätten die nach wie vor dominierenden Marktapologien doch selbst bereits quasireligiösen Charakter angenommen. Es komme nun darauf an, den Ordnungsgehalt des finanzökonomischen Systems an sich zu hinterfragen und den Glauben an die unsichtbar ordnenden Hände und die Effizienz der Märkte als Wunschdenken zu entlarven:

> Sind die irrationalen Exuberanzen wirklich Ausnahmefälle oder nicht eher reguläre Prozesse im Getriebe kapitalistischer Ökonomien? Reicht die Unterscheidung von rational und irrational überhaupt hin, die Effekte dieses Systems zu fassen? [...] [B]egegnet ökonomische Rationalität hier nicht unmittelbar ihrer eigenen Unvernunft? Arbeitet das System tatsächlich rational und effizient? (S. 28f.)

Letztlich gehe es um »nichts weniger als um die Geltung, die Möglichkeit und die Haltbarkeit einer liberalen oder kapitalistischen *Oikodizee*: um die Frage nach der Konsistenz jener ökonomischen Glaubenssätze, für welche die Zweckwidrigkeiten, Übel und Pannen im System mit dessen weiser Einrichtung vereinbar erscheinen; oder eben nicht« (S. 29).

Mit der zweifelsohne originellen und pointiert vorgetragenen These einer Oikodizee vermag Vogl zu beeindrucken, auch wenn er, ökonomisch besehen, hier ganz den Standardvorstellungen finanzwirtschaftlicher Theorien folgt: Letztlich bleibt die sogenannte Effizienz der Kapitalmärkte eine Theorie, die aufgrund vielfach auftretender und überall zu beobachtender Marktirregularitäten, resultierend etwa aus Informationsasymmetrien, Transaktionskosten, irrationalen Verhaltensweisen der Akteure und vielem mehr, eben nicht unmittelbar wirklichkeitserklärende Kraft besitzt. Die mit deklamatorischem Pathos vorgetragene Frontstellung ist daher kaum zu rechtfertigen, der fachkundige Leser sieht Vogl vielmehr vor offenen Türen der Ökonomik, nicht zuletzt, da er selbst in der Rhetorik der Theodizee ganz der ökonomischen Lehrbuchdiktion folgt. Verräterisch ist, wenn Ökonomen diesbezüglich etwa von einer ›first-best solution‹ oder der ›second-best world‹ sprechen, wenn also vor der Folie der bestmöglichen aller Welten (in der eben keine Friktionen wie etwa Informationsasymmetrien, Transaktionskosten etc. existieren und alle Akteure sich stets vollkommen rational verhalten) die tatsächlich auftretenden Marktfehler qualitativ wie quantitativ taxiert werden sollen.[10] Dessen ungeachtet referiert Vogl selbst, hier ganz der zeitgenössischen Ökonomik folgend, die empirischen Gegenbefunde aus der ›Behavioural-Economics‹- und ›Behavioural-Finance‹-Forschung.

Das zweite Kapitel (»Idylle des Markts I«) leistet für Vogls These der Oikodizee in groben Zügen die dogmengeschichtliche Vorarbeit: Ausgehend von der Astrologie des Kopernikus, der Physik Galileis und Newtons, der Staatslehre von Hobbes rekonstruiert Vogl, wie der Glauben an die Wohlverfaßtheit der Märkte Eingang in die Ökonomik fand. Mandevilles *Bienenfabel*, Adam Smiths »unsichtbare Hand«,[11] die Idee des idealtypischen Konkurrenzgleichgewichts werden genauso referiert wie die Geburt des ›homo oeconomicus‹ aus dem Geiste des Eigeninteresses und die Entstehung der bürgerlichen Gesellschaft. Natürlich wäre auf Detailebene mancherlei zu ergänzen und in der ökonomischen Begrifflichkeit zu schärfen, doch kann einem ideengeschichtlichen Abriß schwerlich Kürze oder mangelnde Vollständigkeit angelastet werden. Im Gegenteil, man wünschte diesem möglichst viele Leser aus der ökonomischen Dis-

---

[10] Zur Einführung in die These zur Effizienz der Kapitalmärkte empfiehlt sich Andrew W. Lo: »Efficient Markets Hypothesis«, in: *The New Palgrave Dictionary of Economics*, hg. v. Steven N. Durlauf u. Lawrence E. Blume. New York 2008, S. 782–794, mit weiteren Literaturhinweisen.

[11] Über die wirkmächtige Metapher in einem kulturwissenschaftlichen Zusammenhang vgl. Peter Bendixen: »Die unsichtbare Hand hat schon viel Unheil angerichtet. Über Adam Smith«, in: *Merkur. Deutsche Zeitschrift für europäisches Denken* 60 (2006), S. 1089–1094. Wie sich bildliches Denken in Form einer Metapher gegenüber Analyse und Ratio Bahn brechen kann, rekonstruiert exemplarisch in einem anderen wissenschaftlichen Kontext (hier dem interdisziplinären Feld der Bild- und Evolutionswissenschaft) Horst Bredekamp: *Darwins Korallen. Die frühen Evolutionsdiagramme und die Tradition der Naturgeschichte*. Berlin 2005 (Kleine Kulturwissenschaftliche Bibliothek 73).

ziplin. Die Wirtschaftswissenschaft scheint nicht nur generell ein zu kurzes Gedächtnis, sondern vielfach auch kaum Interesse für derlei Fragestellungen zu besitzen, sie ist vielmehr methodisch – hier ganz der Praxis der Naturwissenschaften folgend – bereits im Kern ahistorisch angelegt. Auch wenn dies erkenntnistheoretisch zunächst folgerichtig zu sein scheint, so fristen die dennoch notwendigen innerdisziplinären Korrekturen durch die Dogmengeschichte ein Schattendasein und befinden sich wohl auch methodisch nicht auf dem Reflexionsniveau der spezialisierten Nachbardisziplinen aus Geschichts- und Kulturwissenschaften. Vogls Habilitationsschrift und sein hier vorliegender essayistischer Abriß leisten ungemein hilfreiche Dienste bei der Korrektur einer ›geschichtslosen‹ Ökonomik und der Rekonstruktion der Historizität allen, selbstredend auch des ökonomischen, Wissens.

Die beiden folgenden Kapitel zeichnen anhand von zwei ›Urszenen‹, die gleichsam den Sündenfall der modernen Wirtschaft markieren, den Weg in die Kredit- und Finanzökonomie nach. Im dritten Kapitel (»Zeit des Kapitals«) rekurriert Vogl auf die sich entwickelnden Finanzmärkte in England und Frankreich. Die Gründung der Bank of England im Jahr 1694 wird dabei genauso rekapituliert wie der Physikalismus, der Merkantilismus oder das französische Assignatensystem. Bis heute denkwürdig sei die finanzökonomische Urszene vom »26.2.1797, an dem nun die Bank von England per Parlamentsbeschluss von der Verpflichtung befreit wurde, Banknoten in Münzgeld einzuwechseln und damit eine beständige Deckung des umlaufenden Papiergelds zu garantieren« (S. 70). Gold wurde zu Geld, Geld wurde zu Papier: »Gedeckt und ungedeckt, Fehlen und Vorhandensein des Realwerts, Zahlungsmittel und kein Zahlungsmittel, Gewissheit und Ungewissheit der Einlösung, rechtlich und nichtrechtlich« (S. 77) – die neue Epoche der Kreditökonomie entspringe einem System, das sich in seinen Ungleichgewichten auf eine offene Zukunft geradezu dynamisiere: Zahlungsketten als perpetuierte Zahlungsversprechen, »Verzeitlichung, Aufschub der Deckung und umlaufender Kredit« und schließlich Krisen, in denen sich zuletzt »die Selbstreferenz des Systems als ruinöse Entreferenzialisierung« entlade (S. 79). Geld wird zu Kreditgeld, und also wiederum Versprechen auf Geld. Die ursprüngliche Symmetrie von Tausch und Gegentausch und der vormals geschlossene Zyklus von Schuld und Tilgung würden endgültig aufgebrochen. Man rechne nun mit einem »unendlichen Aufschub, der die Zeit als dezentrierenden Faktor einführt. […] Der Kapitalverkehr wird durch seine innere Zukunftssucht bestimmt, die Zukunft selbst produktiv und

macht von nun an die Finanz- und Kreditökonomie zum Maßstab ökonomischer Modernisierung überhaupt.« (S. 81) Damit sei der Weg in die
Geldschöpfung aus dem Nichts gewiesen.

Das vierte Kapitel (»Idylle des Marktes II«) mündet in die Gegenwart:
Vogl erkennt das Initial der Moderne in der zweiten Urszene des
15.8.1971, als Präsident Nixon die Konvertierbarkeit des Dollars in Gold
einstellte. Die Abschaffung des Goldstandards besiegelte auch formell
das Ende des Bretton-Woods-Systems, das seit 1944 das internationale
Finanzsystem organisiert hatte. Welche Folgen einem System, das mit der
»Auflösung von Wertreferenten« geradezu modellhaft geworden ist, welche Gefahren einem System nur noch »flottierender Signifikanten ohne
Anker und Maß, ohne die Sicherung durch ein transzendentales Signifi-
kat« (S. 87) drohen, liegt für Vogl auf der Hand. Meisterhaft ist, wie er
die Entwicklungen der Finanzindustrie seit den 70er Jahren einzubetten
und mit kurzen Strichen zu skizzieren weiß: die Chicagoer Schule um
Milton Friedman, die Liberalisierungen der Reagan-Ära, die Dynamik der
Termingeschäftemärkte, die elektronischen Börsen und schließlich mit
der ›Black-Scholes‹-Formel,[12] dem ›Capital Asset Pricing‹-Modell und
dem ›Random Walk‹ die einzelnen Bausteine der Theorie effizienter Kapitalmärkte.[13] Die »Schönheit« (S. 108) dieses neuen Formelwesens und
die behauptete Allerklärungsmacht stellen die »Utopie eines alles umfassenden und alles ausgleichenden Marktes« in Aussicht. Der neue Finanzkapitalismus verspreche »damit nichts weniger als eine Demokratisierung
der Finanzwelt und eine Ordnungsgestalt, die – ausgestattet mit konzisen
theoretischen Modellen, optimierten Finanzprodukten und digitalen Tech-

---

[12] Neben Fischer Black und Myron Scholes müßte der Gerechtigkeit halber stets auch
der dritte Mitbegründer der Optionspreistheorie genannt werden: Robert C. Merton.
Auf der ›Merton-Black-Scholes‹-Formel basiert nämlich das wohl einflußreichste
moderne Finanzmarktmodell, das aufgrund seiner weltweiten Etablierung ganze
Märkte generierte und bis heute entscheidend prägt. Nicht selten steht es daher im
Zentrum der Kritik an der Architektur der Finanzmärkte. Es ist freilich eine Ironie
der Geschichte, daß ausgerechnet der Soziologe Robert K. Merton erstmals das Phänomen der ›self-fulfilling prophecy‹ wissenschaftlich beschrieb und begrifflich präg-
te, das dem Modell seines Sohnes später zum Kardinalvorwurf gemacht werden sollte, vgl. Robert K. Merton: »The Self-Fulfilling Prophecy«, in: *The Antioch Review* 8
(1948), S. 193–210. Diese Pointe, die auch unter Ökonomen kaum bekannt sein
dürfte, läßt sich Vogl leider entgehen.

[13] Vogl stützt sich dabei vor allem und zu Recht auf das Buch von MacKenzie, das als
überaus gelungenes Beispiel interdisziplinärer Zusammenarbeit – hier zwischen
Ökonomik und Soziologie – gelten kann, vgl. Donald A. MacKenzie: *An Engine,
Not a Camera. How Financial Models Shape Markets*. Cambridge/Mass. 2006.

nologien – besser als die utopischen Sozialismen des neunzehnten Jahrhunderts sozialen Ausgleich zu bewerkstelligen vermag« (S. 110f.). Die Entgrenzung der Finanzmärkte führe schließlich dazu, selbst das soziale Feld in die Dynamik des Finanzkapitals einzubetten. Fukuyamas Gedanke vom ›Ende der Geschichte‹ und der Ankunft in einer posthistorischen Welt erscheint dann letztlich nur als folgerichtiger Schritt (S. 112f.). All dies Vorboten des Glaubens an eine Vorsehung des Marktes, an eine liberale, kapitalistische Oikodizee.

Das fünfte Kapitel (»Ökonomische und soziale Reproduktion«) referiert dicht und eindringlich die Dynamik, die aus dem Paradigma effizienter Märkte resultiert. Vogl erprobt seine Kapitalismuskritik unter dem Neologismus »Finanzialisierung« (S. 115) und versucht, diese an die Diskurse von Philosophie, Literatur und Soziologie rückzubinden. In gleichsam dogmengeschichtlichen Miniaturen werden zunächst die klassischen Topoi der Kapitalismuskritik aufgerufen: die aristotelische Chrematistik, das ›Contra-Naturam‹-Argument des Zinses oder etwa auch Platons Befremden gegenüber kommerziellen Praktiken, bevor etwa auch das »Programm ökonomischer Vitalität« (S. 128) in der Prägung Benjamin Franklins oder Romane von Balzac, Freytag oder Zola als Zeugen für eine an Fahrt gewinnende Eigendynamik von Marktgeschehen und Kapitalwirtschaft herangezogen werden, deren wichtigster Kritiker sich freilich in Karl Marx findet. Den ökonomischen Imperialismus der Gegenwart und die Ideologie des Neoliberalismus illustriert Vogl mit Foucault und dessen Konzept der Gouvernementalität, ehe er auf die Arbeiten des Wirtschaftsnobelpreisträgers Gary S. Becker eingeht, in denen dieser den ökonomischen Ansatz auf die Erklärung sämtlichen menschlichen Verhaltens anzuwenden suchte. In all dem erkennt Vogl das Bestreben, Markt- und Kapitalkräfte auf alle sozialen Bereiche sowohl auf individueller als auch gesellschaftlicher Ebene ausdehnen zu wollen. In letzter Konsequenz führe der »ökonomische Imperialismus« (S. 137) dazu, daß alles allein der geldwirtschaftlichen Logik von Bepreisung, Grenznutzen und Optimierung von Investitionskosten und erwartbaren Erträgen unterworfen werde. Als Menetekel fungiert in diesem Zusammenhang die seit den 60er Jahren geführte Diskussion um den Begriff des ›Humankapitals‹. Heute sei ein Zustand erreicht, wo »das Leben des Gesellschaftskörpers mit der Bewegung des Kapitals koordiniert« (S. 140) sei – mit unabsehbaren Folgen für das Gemeinwesen und die Identität eines jeden einzelnen.

Das sechste und letzte Kapitel (»Überraschungsraum«) ist das eigentliche Herzstück. Vogl erprobt darin die kulturwissenschaftliche Herangehensweise an die Wirtschaftswissenschaft der Gegenwart. Wie es um die Teildisziplin der Finanzwirtschaft bestellt ist, sucht er anhand zweier zunächst außerhalb des ökonomischen Mainstreams stehender Theoretiker zu zeigen: Benoit Mandelbrot und Hyman Minsky. Ersterer dient als Kronzeuge des Angriffs der »verworrenen Empirie« auf die irrige Vorstellung, daß »ökonomische Dynamiken selbst gesetzmäßig verlaufende Prozessformen seien« (S. 143). Ausnahmefälle gehörten womöglich zum regulären Funktionsablauf von Finanzmärkten. Die Geldzirkulation verhalte sich keineswegs nach einem inhärenten Ordnungsprinzip, wie es in der Wissenschaft deduziert sei – vielmehr geriere sich die Eigenlogik vollkommen chaotisch, was nicht zuletzt durch die wiederkehrenden Krisen offenkundig werde. Minsky zufolge beweise sich die systembedingte Instabilität gerade auch dadurch, daß selbst Stabilitätsphasen zur Instabilität führten: die Weltfinanz als ein »sich selbst beschleunigendes System, das sich über positive Rückkopplungen an seinem eigenen Erwartungshorizont ›euphorisiert‹« (S. 161) und das durch eine Serie von Verbriefungen eine trügerische Sicherheit produziert. Die sich perpetuierende Kettendynamik des Finanzwesens werde das »Gespenst des Kapitals« aber nicht in die Zukunft verbannen können:

> Folgt ökonomische Rationalität einer Strategie, die Entscheidungen angesichts ungewisser Zukünfte in bloße Risiken zu verwandeln, also in kalkulierbare und konstruktive Eigenleistungen des Systems im Umgang mit sich, so hat sich dieses Risk-Management selbst zum systemischen Risiko gewendet und unbekannte Wahrscheinlichkeiten im Funktionsganzen erhöht. (S. 172)

Letztlich sei zu konstatieren, daß »Finanzmärkte als Märkte aller Märkte so operieren, dass sie mit rationalen Entscheidungsprozessen systematisch Unvernunft produzieren« (S. 174). Ein Ende der Oikodizee, also des Glaubens an die Effizienz der Märkte, verlange demnach »eine Denaturierung ökonomischen Wissens, seine Herauslösung aus dem alten providentiellen Hang und seine Überstellung in ein offenes historisches Feld« (S. 175). Nötig sei eine »Enttheoretisierung des Ökonomischen« und ein »Realismus […], der den Blick von der Modellierung konsistenter Systemideen auf die Heterogenität von Entstehungsbedingungen, Herkünften und tatsächlichen Praktiken lenkt« (ebd.) – ein unabdingbares Projekt für Gesellschaften, die ihr Überleben dauerhaft sichern wollen.

Mit dem Versuch, das Weltfinanzsystem in seiner Genese und seinem gegenwärtigen Zustand analysieren und ökonomische Wissenschaft und finanzwirtschaftliche Praxis gleichermaßen einer Generalkritik unterziehen zu wollen, stellt sich Vogl eine geradezu titanisch anmutende Aufgabe. Nun ist einem solchen Unterfangen das bewußte Einnehmen einer Metaebene gewiß nicht vorzuwerfen, gerade darin liegt vielleicht Vogls größte Stärke. Auch kann man schwerlich die Behandlung sämtlicher Aspekte einfordern, zumal die Forschungslage noch keineswegs eindeutig ist. Doch weckt dies beim kritischen Leser, der sich von Vogls offenkundiger Lust am Generalisieren und Pointieren nicht anstecken lassen möchte, die Regung zum Widerspruch. Zwar ermöglicht die interdisziplinäre Sichtweise Vogl eine Fülle von neuartig anmutenden und auch inspirierenden Perspektiven. Er weiß überraschende Querverbindungen zwischen unterschiedlichsten und zumeist vollständig voneinander getrennten Theoriesträngen zu knüpfen. Doch korrespondieren mit den Chancen der Interdisziplinarität eben auch die Gefahren des nicht gelungenen Fächersprungs. Hier erscheinen stets besondere Vorsicht und Achtsamkeit geboten, und gerade an diesen läßt Vogl es zuweilen ermangeln. Zwar zitiert er augenscheinlich eine Unmenge an ökonomischer Fachliteratur, um seine Thesen zu belegen und auch innerhalb des Fachdiskurses zu verorten, doch kann sich der fachkundige Leser des Eindrucks einer womöglich zu einseitigen Rezeption nicht erwehren. Im Ergebnis entsteht so ein mehr oder weniger eindimensionales Bild der Wirtschaftswissenschaft, die als hermetisch abgeschlossen, methodisch unreflektiert oder gar ideologisch verblendet erscheint. Dabei könnte Vogl selbst für seine zentralen Thesen des Zusammenspiels von Geld und Kredit, Gegenwart und Zukunft ohne weiteres eine Vielzahl von ebenso kritischen Stimmen auch aus dem ökonomischen Bereich anführen, die Forschungsliteratur hierzu ist Legion.[14] Bei der Verknüpfung von Politik und Kapital wäre insbe-

---

[14] Dazu müßte Vogl noch nicht einmal die etablierte Ökonomik verlassen: Stellvertretend sei hier auf eine neuere, demnächst auch in der angesehenen Fachzeitschrift *American Economic Review* erscheinende Studie hingewiesen, die zudem auf ältere Literatur verweist und empirische Evidenz ergänzt: Moritz Schularick u. Alan Taylor: »Credit Booms Gone Bust: Monetary Policy, Leverage Cycles and Financial Crises, 1870–2008«, in: *National Bureau of Economic Research – NBER Working Paper 15512* (online unter http://www.nber.org/papers/w15512). Einen prominenten Fürsprecher für seine Thesen hätte Vogl nicht zuletzt im heutigen amerikanischen Zentralbank-Vorsitzenden Ben Bernanke finden können (mithin einem sogenannten ›Mainstream-Ökonomen‹), etwa in Ben S. Bernanke. »Credit in the Macroecono-

sondere auf den Ansatz der sogenannten ›Public-Choice‹-Forschung ein-
zugehen, der auf Vogls so elaboriert vorgetragene Mißstände und Fehlentwicklungen ebenso ausgefeilte Analysewerkzeuge und Lösungsstrate-
gien bereitstellt.[15] Auch für die meisten seiner weiteren Thesen wäre es
zielführender, wenn Vogl sich nicht nur überwiegend gegen die Ökonomik zu profilieren suchte, sondern auch auf Argumente innerhalb der
Disziplin zurückgreifen würde. Merkwürdig widersprüchlich wirkt etwa,
wenn Vogl erst kurz vor Ende seines Buches und wie beiläufig die eigentliche Lehrmeinung der Wirtschaftswissenschaft zur Konstitution der Finanzmärkte[16] referiert (S. 155ff.) und dies fast als noch zu erarbeitende
Perspektivierung erscheinen läßt. Die letztlich selektive und zuweilen
auch willkürlich wirkende Rückbindung an die Ökonomik zeigt sich exemplarisch auch darin, daß Vogl Phänomene wie die zunehmende Mono-
polisierung, das Lobbying oder insbesondere auch die Eigengesetzlichkeit
des Deregulierungswettbewerbs in den Blick nimmt, ohne auch nur einmal den Begriff des ›Rent-Seekings‹[17] zu erwähnen oder gleichlautende
Befunde aus der politökonomischen Forschung vorzustellen – obgleich
dies für die Analyse einer jeden Marktorganisation eine unerläßliche Be-

---

my«, in: *Quarterly Review, Federal Reserve Bank of New York* Spring (1993), S. 50–
70.

[15] Einen Überblick geben Dennis C. Mueller: *Public Choice III.* 8. Aufl. Cambridge
2008 und Torsten Persson u. Guido Tabellini: *Political Economics. Explaining Economic Policy.* Cambridge/Mass. 2002. Im Deutschsprachigen sei empfohlen Peter
Bernholz u. Friedrich Breyer: *Grundlagen der politischen Ökonomie.* Bd. 2: *Ökonomische Theorie der Politik.* 3., völlig überarb. Aufl. Tübingen 1994.

[16] Vogl macht deutlich, daß auf einem Markt im allgemeinen und an der Börse im Besonderen zu unterscheiden ist zwischen einer ›Tatsache‹ und der ›Erwartung von
Tatsachen‹, zwischen ›realen‹, ›wahren‹ oder ›fundamentalen‹ (hinzuzufügen wäre
›objektiven‹) Werten auf der einen Seite und Preisen, die sich aus Meinungen for-
mieren, die wiederum nur Meinungen über Meinungen spiegeln, auf der anderen Seite. Fragen nach der Konstitution solcher Märkte, nach der Rationalitätskonzeption,
nach einer möglicherweise inhärenten Instabilität oder auch nach entsprechenden Po-
litikimplikationen untersucht die ›Behavioural-Finance‹-Forschung. Einen Überblick
gibt Robert Bloomfield: »Behavioural Finance«, in: *The New Palgrave Dictionary of
Economics,* hg. v. Steven N. Durlauf u. Lawrence E. Blume. New York 2008,
S. 438–444; einführend Andrei Shleifer: *Inefficient Markets. An Introduction to Be-
havioral Finance.* Oxford–New York 2000. Das klassische Papier findet sich bei
Daniel Kahneman u. Amos Tversky: »Prospect Theory: An Analysis of Decision under Risk«, in: *Econometrica* 47 (1979), S. 263–291.

[17] Die wichtigsten Forschungsaufsätze hierzu stellten zusammen: Roger D. Congleton,
Arye L. Hillman u. Kai A. Konrad: *40 Years of Research on Rent Seeking.* 2 Bde.
Berlin u. a. 2008.

dingung wäre, zumal bei Finanzmärkten mit ihren spezifischen Begebenheiten oder – in einem größeren Kontext – beim Nachdenken über das Verhältnis von Markt, Staat und Politik im allgemeinen. Auch bei der Diskussion um den Goldstandard scheint der Umgang mit Details der Wechselkursentwicklung allzu großzügig, fast zurechtbürstend.[18]

Natürlich ist zu konzedieren, daß von Vogl kein Überblick oder eine Einordnung der ökonomischen Fachliteratur in all ihrer Breite erwartet werden kann. Doch suggeriert er genau dies aufgrund seines abgeklärt wirkenden Duktus, mit dem er kühl und gleichsam sezierend vermeintliche Forschungslücken und -fehler der korrespondierenden Wissenschaft diagnostiziert, gar anprangert. Vogls Verdienst mag darin liegen, ein Panorama der zumeist kleinteilig organisierten Forschung zu entwerfen und ökonomische Fachdiskurse aufzuschließen und zu popularisieren, was seinen Niederschlag in bemerkenswerter Medienpräsenz und einer Vielzahl nahezu hymnischer Rezensionen fand.[19] Aus fachlicher Sicht problematisch bleibt freilich der Gestus, mit dem Vogl dies tut: er geriert sich nämlich nicht als externer Beobachter, dabei Forschungsfragen der anderen Disziplin aufgreifend, reflektierend, diskutierend oder um Anschlußstellen erweiternd, sondern scheint – in nicht selten apodiktischem Tone und vermeintlich von einer höheren Warte aus – gleichsam die Summe unter dem Fach der Ökonomik ziehen zu wollen. Es verwundert nicht, wenn Vogls Urteil unter der Prämisse, daß die Ökonomik als Wissenschaft auch für die Praxis der Märkte verantwortlich zeichnet, im Angesicht der postulierten Oikodizee und vor dem Scherbenhaufen der Krise

---

[18] Hierzu kritisch die Rezension von Jan-Otmar Hesse: »Rezension zu Joseph Vogls ›Das Gespenst des Kapitals‹«, in: *H-Soz-u-Kult, 22.03.2011* (online unter http:// hsozkult.geschichte.hu-berlin.de/rezensionen/2011-1-214. Abgerufen am 23.04. 2011). Grundsätzlicher auch Karen Horn: »Ökonomiekolumne. Von Gespenstern und Gespinsten. Rezension zu Joseph Vogls ›Das Gespenst des Kapitals‹«, in: *Merkur. Deutsche Zeitschrift für europäisches Denken* 65 (2011), S. 522–528.

[19] Genannt seien Thomas Assheuer: »Verrückter, heiliger Markt. Joseph Vogl jagt in einer brillanten Studie ›Das Gespenst des Kapitals‹«, in: *Die Zeit* vom 13. Januar 2011, S. 40; Tomasz Kurianowicz: »Die Finanzwirtschaft ist eine Geisterbahn«, in: *Frankfurter Allgemeine Zeitung* vom 19. Januar 2011, S. 28; Jens-Christian Rabe: »Die nächste Krise wird wieder aus dem Überfluss geboren«, in: *Süddeutsche Zeitung* vom 22. Januar 2011, S. 13; Mark Siemons: »Märkte ohne Gott. Joseph Vogl liest die Ökonomie wie einen literarischen Text und findet lauter Fiktionen«, in: *Frankfurter Allgemeine Sonntagszeitung* vom 23. Januar 2011, S. 26; Thomas Steinfeld: »Gespensterkunde. Eine Entzauberung der Finanzwirtschaft: Joseph Vogl und die Wiederkehr der Politischen Ökonomie«, in: *Süddeutsche Zeitung* vom 12. Januar 2011, S. 11.

wenig schmeichelhaft ausfällt. Daß hier um der wissenschaftlichen Lauterkeit willen noch vielfältige Differenzierungen zu treffen wären, wird bestenfalls stillschweigend übergangen.[20]

Anders gewendet: Vogl kann die Zusammenschau der innerwissenschaftlichen Diskurse selbstredend nicht leisten; er besitzt trotz aller Lektüre nicht genügend Einblicke in die innere Verfaßtheit der Wirtschaftswissenschaft in all ihren Diskussionen und Schattierungen – wer dies erwartet, müßte zur Fachliteratur greifen. Doch könnte der eigentliche, obgleich unbeabsichtigte Mehrwert der Lektüre auch und gerade für Ökonomen darin liegen, daß Vogl die Außenansicht auf die ökonomische Zunft gleichsam bündelt und ähnlich einem Prisma die unterschiedlichsten Kritikstränge auffächert. Das Argument lautet also: Wenn selbst Vogl als zweifelsohne auf Wissenschaftlichkeit, Objektivität und Differenziertheit bedachter Kopf das Bild einer solch monolithischen und vermeintlich unreflektierten Ökonomik zeichnet, dann braucht sich die Disziplin nicht zu wundern, wenn weniger nuancierte Naturen auf einer Welle von Vorurteilen und Vorverurteilungen reiten. Schließlich hat ökonomische Forschung heute in Theorie und Empirie nichts mehr mit naiven, stets markträumenden Gleichgewichtsannahmen der Neoklassik gemein, und quer durch die vermeintlich neoliberale Phalanx hindurch existiert ein vielstimmiger Diskurs, auch wenn dies meist nicht offen zutage tritt.[21] Sieht man also Vogls Buch als prägnantes Indiz, so ist für die Ökonomik zuvörderst ein erhebliches Kommunikationsproblem zu konstatieren. Zukünftig muß es daher auch darum gehen, der Öffentlichkeit ein adäquates und differenziertes Bild der Wirtschaftswissenschaft zu vermitteln.[22]

---

[20] Ausführlich hierzu etwa aus der deutschsprachigen Ökonomik Gebhard Kirchgässner: »Die Krise der Wirtschaft: Auch eine Krise der Wirtschaftswissenschaften?«, in: *Perspektiven der Wirtschaftspolitik* 10 (2009), S. 436–468.

[21] Nach Eindruck des Verfassers wird zumindest der Diskussionsgraben zwischen der neoklassisch und der keynesianisch orientierten Wirtschaftswissenschaft auch in der breiten Öffentlichkeit wahrgenommen. Auch wenn beide Richtungen seit Jahrzehnten nach Deutungshoheit und damit auch Politikeinfluß streben, so ist dieser Wettstreit noch nicht entschieden, vielmehr scheinen sich beide bisher im Zeitablauf abzuwechseln. Daneben eröffnen sich natürlich auch jenseits dieser großen Bruchlinie unterschiedlichste Forschungsansätze und -perspektiven, die im normalen Prozeß des Erkenntnisgewinns einer jeden Wissenschaft Positionen verwerfen und neue Ansätze entstehen lassen und schließlich auch Synthesen hervorbringen.

[22] Einen Versuch in diese Richtung unternimmt der renommierte deutsche Ökonom Kai Konrad, der jüngst einen Überblick über das nicht minder wichtige Thema der Staatsverschuldung vorlegte – exzellent recherchiert, auf der Höhe der Wissenschaft

III. Ansätze zur interdisziplinären Zusammenarbeit

Die Kapitalismuskritik ist bekanntlich so alt wie der Kapitalismus selbst. Ähnliches ließe sich für die Kritik an der Wirtschaftswissenschaft, am Wirtschaftssystem oder an den Finanzmärkten konstatieren. Nicht selten werden dem Kapitalismus Wirtschaftskrisen, Umweltzerstörung, Verelendung, Entfremdung, Werteverfall, Gesellschaftserosion, Ungerechtigkeit und vieles mehr angelastet, zuweilen gerechtfertigt, zuweilen schwer nachvollziehbar. Die Ökonomik nimmt selbstredend nicht für sich in Anspruch, alle Fragen geklärt oder Lösungen für sämtliche Mißstände gefunden zu haben. Der Gegenstand der Wirtschaftswissenschaft – letztlich ja das individuelle wie kollektive Handeln und Entscheiden einer Vielzahl voneinander unabhängiger Akteure, das heißt von Milliarden von Menschen – ist bis heute weder in seiner mikroökonomischen Fundierung noch in seiner makroökonomischen Aggregation auch nur annähernd durchdrungen, wobei das Zusammenspiel von beiden die eigentliche Herausforderung darstellt. Hinzu kommt, daß die Ökonomik in ihrer noch vergleichsweise jungen Geschichte seit Mitte des 18. Jahrhunderts erst wenige substantielle innerdisziplinäre Paradigmenwechsel zu verarbeiten hatte – ein Befund, der die Rezeption von fachfremden Theorien und Ideen erwarten läßt und womöglich auch eine kulturwissenschaftliche Wende in der Ökonomik einleiten könnte.

Auf der anderen Seite impliziert dies nicht, daß interdisziplinäre Zugänge das Komplexitätsniveau der Wirtschaftswissenschaft unterschreiten dürften, gilt es doch vielmehr, auf bestehenden Erkenntnissen aufbauend, neue Erkenntnisse zu gewinnen und in die Realität umzusetzen. Dabei scheinen die häufig wiederkehrenden Topoi der Kritik, die sich auf eine wie auch immer geartete Metaphysik, allzu gefällige Harmonieverheißungen[23] oder ein faustisches Streben stützen, für den interdisziplinären

---

und zugleich sehr gut lesbar, vgl. Kai A. Konrad u. Holger Zschäpitz: *Schulden ohne Sühne? Warum der Absturz der Staatsfinanzen uns alle trifft.* München 2010. Nicht nur wegen seiner Aktualität wünschte man auch diesem Buch eine ähnlich positive Resonanz und hohe Aufmerksamkeit in der breiten Öffentlichkeit.

[23] Diese wurden der Mathematik freilich schon im Altertum zum Vorwurf gemacht – eine Linie, die sich über Leibniz bis hin zur modernen Ökonomik (in ihrer Ausgestaltung als angewandte Mathematik) wiederfindet. Tatsächlich ist dort wohl wenig Zahlenmystizismus zu finden, jedenfalls kann von Harmonieverheißungen nicht ernsthaft die Rede sein, wenn man sich die mannigfaltigen Befunde »verworrene[r] Empirie« (in Vogls eigenen Worten, S. 143) – und nicht nur auf den Kapitalmärkten – vor Augen führt oder sich Probleme von nicht-prognostizierbarem Akteursverhal-

Dialog zumeist nur wenig förderlich, auch wenn dies in historischer und ideengeschichtlicher Hinsicht essentielle Einsichten zu vermitteln vermag: nicht nur, weil sich die zeitgenössische Ökonomik als problemorientierte, theoretisch wie empirisch sehr transparente Wissenschaft und also bar jeglicher ›Gespensterkunde‹ versteht, sondern auch, weil sie nichts mehr mit unreflektierten Harmonieannahmen der Neoklassik oder anderen überkommenen strukturellen Ordnungskonzepten gemein hat. Ähnlich wie sich die moderne Naturphilosophie mit zeitgenössischer Physik auseinanderzusetzen hat, ohne freilich philosophiehistorische Betrachtungen entwerten zu wollen, so muß sich die Literatur- und Kulturwissenschaft mit Konzepten der modernen Ökonomik befassen, wenn sie ihr auf Augenhöhe begegnen und mit ihr zusammenarbeiten will.

Ein solcherart angelegter interdisziplinärer Dialog ist nach wie vor ein Desiderat: Er könnte beispielsweise versuchen, narrative Strukturen offenzulegen (mittels des bereits erwähnten ›New Economic Criticism‹)[24] oder auch naheliegende Fragen ideengeschichtlicher, wissenspoetischer oder medienanalytischer Art aufgreifen.[25] Er könnte aber auch weit darüber hinaus gehen und etwa nach Erklärungskraft und den Grenzen des methodologischen Individualismus im soziokulturellen Kontext,[26] nach

---

ten in komplexen Marktsettings oder die Ununterscheidbarkeit von Korrelation und Kausalität vergegenwärtigt.

[24] Vgl. auf konkreter Ebene etwa mit weiteren Hinweisen Fabrizio Ferraro u. Jeffrey Pfeffer: »Economics Language and Assumptions. How Theories Can Become Self-Fullfilling«, in: *Academy of Management Review* 30 (2005), S. 8–24.

[25] Die Erarbeitung methodischer Grundlagen, um Literatur- und Wissenschaftsgeschichte problemadäquat aufeinander zu beziehen und Wechselwirkungen aufzuzeigen, wird nicht zuletzt in vorliegendem Publikationsorgan geleistet.

[26] Zur Einführung in das ökonomische Denken empfehlen sich in der deutschsprachigen Literatur insbesondere die – zumeist ebenfalls interdisziplinär angelegten – Schriften von Karl Homann, Erich Weede und Carl-Christian von Weizsäcker. Exemplarisch seien hier genannt Karl Homann u. Andreas Suchanek: *Ökonomik. Eine Einführung.* Tübingen 2000 (Neue ökonomische Grundrisse); Karl Homann u. Christoph Lütge: *Vorteile und Anreize. Zur Grundlegung einer Ethik der Zukunft.* Tübingen 2002; Erich Weede: *Wirtschaft, Staat und Gesellschaft. Zur Soziologie der kapitalistischen Marktwirtschaft und der Demokratie.* Tübingen 1990 (Die Einheit der Gesellschaftswissenschaften 63); ders.: *Mensch und Gesellschaft. Soziologie aus der Perspektive des methodologischen Individualismus.* Tübingen 1992; ders.: *Mensch, Markt und Staat. Plädoyer für eine Wirtschaftsordnung für unvollkommene Menschen.* Stuttgart 2003 und Carl Christian von Weizsäcker: *Logik der Globalisierung.* 3., unver. Aufl. Göttingen 2003 (Ökonomische Einsichten 4010).

Möglichkeiten und Limitationen ›sozialphysikalischer‹ Konzeptionen[27] und ihren gesellschaftlichen Implikationen oder nach Modi kollektiver Wahrnehmung und deren Niederschlag auf den Kapitalmärkten fragen,[28] um nur einige in Richtung der aktuellen Ökonomik anschlußfähige Aspekte aufzugreifen. Dagegen erweisen sich vielfach bemühte Ansätze der Kapitalismusdiagnose oder der Disziplinenkritik, die sich auf Konzepte der Selbstreferenzialisierung, der Hyperrealität oder auf allseits beliebte ›Ex-Nihilo‹-Denkfiguren stützen, als nicht sonderlich ergiebig. Auf einer Metaebene wäre es indes gemeinsamer Anstrengung wert, nach Bedingungen und Konstitution von wissenschaftlicher Objektivität zu fragen,[29] gerade auch in der Konstruktion (sozial-)wissenschaftlichen Wissens[30] oder der Emergenz sozialer Realität und Realitäten.[31]

---

[27] Vgl. grundsätzlich Kenneth J. Arrow: »Rationality of Self and Others in an Economic System«, in: *The Journal of Business* 59 (1986), S. 385–399. Weiterführend innerhalb der Ökonomik Viktor J. Vanberg: *Wettbewerb und Regelordnung*, hg. v. Nils Goldschmidt u. Michael Wohlgemuth. Mit einer Einführung von Hans Albert. Tübingen 2008 (Untersuchungen zur Ordnungstheorie und Ordnungspolitik 55), dabei ältere Überlegungen von Hans Albert zum sogenannten ökonomischen ›Modell-Platonismus‹ aufgreifend: *Marktsoziologie und Entscheidungslogik. Zur Kritik der reinen Ökonomik*. Tübingen 1998.

[28] Der ökonomische ›locus classicus‹ findet sich bei Keynes im sogenannten ›Beauty Contest‹, womit er eine Situation beschreibt, in der Marktteilnehmer primär nicht nach eigenen Einschätzungen agieren, sondern versuchen, das Verhalten der anderen Akteure zu antizipieren. Individuelle Rationalität kann so zu kollektiv irrationalen Ergebnissen führen, vgl. John Maynard Keynes: *The General Theory of Employment, Interest and Money*. London 1936, hier Kap. 12. Zur Einführung in die moderne Kapitalmarkttheorie: Frank J. Fabozzi u. a.: *Foundations of Financial Markets and Institutions*. 4. Aufl. Boston/Mass. 2010; Jeremy J. Siegel: *Stocks for the Long Run. The Definitive Guide to Financial Market Returns and Long-Term Investment Strategies*. 4. Aufl. New York 2008; Robert J. Shiller: *Irrational Exuberance*. 2. Aufl. Princeton–New York 2005.

[29] Zur Konstruktion und Entstehung des wissenschaftlichen Ideals von ›Objektivität‹ vgl. Lorraine Daston u. Peter Galison: *Objectivity*. Cambridge/Mass. 2007 (Dt.: *Objektivität*. Frankfurt a. M. 2007).

[30] Dazu anregend und selbstkritisch Hans U. Gumbrecht u. Henning Ritter: »Zur Sache. Philosophische Derivate«, in: *Frankfurter Allgemeine Zeitung* vom 14. Oktober 2009, S. N3. Aus ökonomischer Sicht grundlegend: Vernon L. Smith: *Rationality in Economics. Constructivist and Ecological Forms*. Cambridge 2008.

[31] Prädestinierte Forschungsfragen, die die Literatur- und Kulturwissenschaft gemeinsam mit der Ökonomik bearbeiten könnte, liegen nach Meinung des Verfassers etwa darin, Verfahren des ›Storytelling‹ (oder wahlweise der Narration) als Modus der Kontingenzreduktion und Erwartungssteuerung/-bewältigung zu beschreiben und deren Rolle in ökonomischen Kontexten aufzuzeigen. Geradezu konstitutiv für das

Letztlich bietet gerade die jüngste Krise mit ihren extremen Verwerfungen Anlaß genug zu weiterer nüchterner ökonomischer Detailarbeit, um dadurch ein erneutes Versagen der Institutionen und Fehlanreize der Akteure vermeiden zu helfen. Engführungen aller Art steht die Vielschichtigkeit der zu behandelnden Fragen gegenüber; damit wird nicht zuletzt auch die Wichtigkeit der interdisziplinären Zusammenarbeit evident, vermag doch nur eine solche die Probleme in ihrer Gesamtheit zu erfassen. Bei allen Schwierigkeiten im Detail, bei allen Brüchen an den Fächergrenzen, bei allen Differenzen zwischen den Wissenschaftskulturen – wir brauchen mehr Zusammenarbeit und mehr Dialogbereitschaft zwischen den Disziplinen. Ritualisierte Barrieren oder Ressentiments sollten zur Seite geschoben werden, um die angeblich so weit voneinander entfernten Disziplinen in ein fruchtbares wechselseitiges Inspirations- und Spannungsverhältnis zu bringen. Joseph Vogl unternimmt diesen Versuch, liefert eine Fülle von Perspektiven mit Mut zur großen Linie in weitgehend unbearbeitetem Gebiet, mit scharfem philosophischen Instrumentarium, Spürsinn für Details und rhetorischer Brillanz. Sein Buch enthält zugleich kühne Behauptungen, schablonenartige Vorstellungen und überzeugende Einsichten. Sein Blick auf die Wirtschaftswissenschaft ist desillusioniert und düster, und seine Diagnosen und Botschaften bleiben für den Ökonomen oftmals auch nach dem ersten Satz eine Zumutung. Die Frage allerdings, ob diese Zumutungen ins Leere laufen oder eben auch ins Produktive gewendet werden können, diese Frage müssen die Ökonomen beantworten.

Verständnis von Kapitalmärkten wäre es, ein tieferes Verständnis dafür zu entwickeln, wie Diskurse kollektive Entitäten des Wahrnehmens schaffen. Eine kulturwissenschaftliche Perspektivierung könnte hier an bereits geleistete (und längst mit Nobelpreisen bedachte) Vorarbeiten aus der Psychologie und der Soziologie anschließen. Sollte dies gar mit der Bereitschaft zu empirischer Arbeit zusammentreffen, schiene dies besonders lohnenswert.

Gade, Dietlind: Wissen – Glaube – Dichtung. Kosmologie und Astronomie in der meisterlichen Lieddichtung des vierzehnten und fünfzehnten Jahrhunderts. Niemeyer, Tübingen 2005 (Münchener Texte und Untersuchungen zur deutschen Literatur des Mittelalters 130). VIII, 360 S., 7 Abb., Ln., 55 €.–.

Ziel dieser 2002/2003 in Tübingen vorgelegten Dissertation ist die Untersuchung des bisher nie als zusammenhängendes Ganzes analysierten ersten Spruchbuches von Heinrich von Mügeln »unter dem Aspekt der Rezeption kosmologisch-astronomischen Fachwissens und seiner Funktionalisierung im literarischen Diskurs« (S. 7). Um die allfällige Besonderheit des Mügelschen Werkes zu ermitteln, untersucht die Autorin in einem ersten leicht umfangreicheren Teil elf von anderen Autoren stammende Sangsprüche und Bare über kosmologisch-astronomische Themen aus dem 14. und 15. Jahrhundert. Bei der Wahl dieses Vergleichsmaterials waren gewisse Dichter bzw. Corpora grundsätzlich ausgeschlossen: Frauenlob, Michael Beheim, *Zabulons Buch* und der »Hort von der Astronomie« aus dem *Wartburgkrieg*; die Autorin begründet diese Abgrenzungen mit plausiblen arbeitsökonomischen bzw. werkspezifischen Überlegungen (S. 9f.).

Für die Perspektivierung ihrer Textanalysen hat die Autorin ausgehend von Mügeln eine Reihe von Fragestellungen definiert, die im Sinne des Vergleichs dann auch bei den allermeist anonymen Strophen und Strophenreihen zur Anwendung gelangen. Es sind dies: Welche Funktion hat das jeweils ausgebreitete kosmologisch-astronomische Wissen? Dient es als Schöpfungspreis? Soll es primär als Wissen vermittelt werden? Gehört es in poetologische oder wissenskritische Überlegungen hinein? Dabei sollen der Autorin zufolge diese Gesichtspunkte nicht etwa als Elemente einer Matrix zur typologisierenden Einordnung der Texte verstanden werden.

Nachdem Text für Text vorgenommen und jeweils schwerpunktmäßig unter einer der genannten, ihm spezifisch angemessenen Perspektive gelesen worden ist, zieht die Autorin eine erste Bilanz (S. 180f.):

> Das Gros der Lieder bietet weder detaillierte Fachkenntnisse noch eine Informationsfülle, sondern beschränkt sich auf leicht variiert wiederkehrende Floskeln und Motive, die eine ganz grobe Vorstellung von der Ordnung [...] des [...] Kosmos entwerfen. [...] Jene Lieder, in denen tatsächlich das kosmologisch-astronomische Fachwissen als solches Interesse zu beanspruchen scheint [...] zeichnen sich in besonderer Weise durch eine belehrend-konstatierende Sprechhaltung aus.

Soweit die Einsichten bezüglich der Rolle von Wissensvermittlung; bei der damit verbundenen Frage nach der Wertschätzung von Wissen an sich und als Dichtungslegitimation für den Spruchautor ergibt sich, daß zwar »[...] in den belehrenden Liedern und den Baren, die poetologische Reflexionen enthalten, Gelehrtheit eindeutig positiv konnotiert ist und zum Fundament wahrer ›meisterschaft‹ erhoben wird« (S. 181). Und doch gilt weiter ebenfalls, daß bei der Reflexion über den Wert von Wissen und Wissensdrang immer wieder große, religiös motivierte Skepsis diesen gegenüber durchbricht. Siebert hatte seinerzeit eine historische Entwicklung von frommer Scheu gegenüber der Erforschung zu unbefangener Wissenssuche und Wissensfreude statuiert. Es ist heute rasch erkennbar, daß eine solche hurtig konstruierte historische ›Entwicklung‹ näherem Zusehen kaum standhält, und die Autorin hat in der Widerlegung dieser These von ihrem Textmaterial her relativ leichtes Spiel.

Die 17 Strophen des 1959 von Stackmann edierten ersten Spruchbuches von Heinrich von Mügeln bedurften weder einer Neuedition noch einer Revision; so kann die Autorin hier ihre Kräfte der ›höheren‹ Kritik zuwenden. In inhaltlich begründeten Teilabschnitten übersetzt sie Vers für Vers des schwierigen Originals und erläutert Heinrichs Gedankengänge unter fortlaufendem Beizug von Quellen, welche die zeitgenössische Diskussion der von ihm erörterten kosmologischen, astronomischen und der – im hinteren Teil des Werks dann dominierenden – theologischen Thesen und Streitfragen. Im Fortgang dieser intensiven Lektüre zeichnet sich das geistige Profil der Spruchreihe ab. Je nach Diskursbereich – naturwissenschaftlich (Str. 1–10) oder theologisch (Str. 11–17) – wechselt die zwischen rationaler Argumentation und hymnisch-preisender, bildergesättigter Rede schwankende Expositionsweise in den Sprüchen. Parallel dazu inszeniert sich das redende Ich als kenntnisreicher, souverän über sein Wissen verfügender Meister, oder es markiert die im Zeichen des ›curiositas‹-Tabus einzuhaltende Grenze zum einzig im Glauben erfahrbaren Mysterium hin. Freilich wird nach dem Befund der Autorin auch im Bereich kosmologisch-astronomischer Diskussion kaum Wissen an noch nicht Wissende fundiert weitervermittelt. Im Gegenteil gilt: »Die Dichtung richtet sich allem Anschein nach an ein gelehrtes Publikum, denn die stark verkürzte Gedankenentwicklung ist oftmals nur nachvollziehbar, wenn man mit dem Thema bereits vertraut ist.« (S. 318)

Eher beiläufig geht die Verfasserin auf formale Aspekte der Strophenreihe ein, so wenn sie auf Strophenanaphern (Str. 15 und 16), motivische Entsprechungen zwischen Strophe 1 und 17, inhaltliche Responsionen in Strophe 6 und 7 verweist.

Auf »Zusammenfassung« und »Schluss« folgt noch ein »Ausblick« genannter Zusatz; die Autorin erörtert hier die Frage, worin sich Heinrichs von Mügeln und Frauenlobs Dichten über Kosmologisches unterscheiden. Sie findet eine erste Differenz in den unterschiedlichen Quellen, welche den Anschluß an unterschiedliche Denkschulen belegen: bei Frauenlob den Neuplatonismus der Schule von Chartres, bei Heinrich aristotelisch geprägte Naturphilosophie. Weiteren Aufschluß sucht sie sodann im Vergleich einiger Strophen aus dem *Tum* und der Strophe VII,1 Frauenlobs, beide Abschnitte drehen sich um Schöpfung, Inkarnation und Mittlerschaft Marias. Als Resultat ergibt sich ihr, daß beide Autoren in der Verwendung der ja schon durch die Tradition vorgegebenen gleichen Bilder übereinstimmen. Indessen: »Während Mügeln beispielsweise das neuplatonische Spiegelsymbol konventionell und klar verständlich anführt [...], kombiniert Frauenlob es mit außergewöhnlichen anderen Metaphern, die ihrerseits weitere philosophische Vorstellungen (z. B. emanatorische) evozieren [...].« (S. 329)

Die Autorin legt eine inhaltlich und methodisch anspruchsvoll vielseitige Arbeit vor; das Spektrum reicht von Textedition über die verschiedenen Stufen des Interpretierens bis zur Erfassung weitreichender historischer Prozesse in verschiedenen Formationen kultureller Diskurse. Es verwundert kaum, daß bei genauem Zusehen hier und dort neben gutem Gelingen auch Mängel auffallen. Übersetzungen können Interpretationen in nuce sein und einer Deutung namentlich schwieriger Texte vorarbeiten. Die Autorin hat sich diese Einsicht zu eigen gemacht und durchgehend Translate für ihre Texte erstellt. Gelegentlich fragt man sich freilich, ob das Gebotene das hier angemessene Ziel auch erreicht. Wenn etwa im 15. Spruch Heinrichs von Mügeln (S. 296) das zweimal auftretende ›zirkel‹, obwohl gerade nicht dasselbe gemeint ist (S. 301f.), doch zweimal durch ›Kreis‹ wiedergegeben wird, dann ist das eher wenig sinnvoll.

An derselben Stelle 15,5 fragt man sich übrigens, ob das sinnstörende Komma der Stackmannschen Ausgabe hier wirklich mitzuschleppen war. Diese Frage wird auch dadurch provoziert, daß die Autorin, nach gelegentlichem Hinweis auf Transkriptionsfehler zu schließen, offenbar die zugrundegelegte ältere Edition kritisch überprüft hat. Da dies allerdings nicht durchgehend explizit gemacht wird, tappt man bei der Frage, ob das immer geschah, mehrfach im Dunkeln. Ebenfalls ist nicht immer auf Anhieb sichtbar, wo die Autorin ihre Texte selber konstituiert hat.

Einen weiteren Beleg für die hier eher problematische Ausrichtung der Übersetzung an der Ausgangssprache statt an der Zielsprache liefert die Position von »in Gott« im Satz (15,5, S. 297 und die Erklärung der Stelle: S. 304).

Um die kritischen Anmerkungen zu Einzelfragen noch etwas weiter zu führen: Die aufgezeigten gedanklichen Parallelen zwischen Heinrich von Mügeln und Sachs in Sachen Eucharistie (S. 302) sind interessant; bedauerlich, daß die Autorin bei dieser lapidaren Konstatierung stehen bleibt. Der Einzelbefund hätte auf wohl bedeutsame Überlieferungszusammenhänge verweisen können, denn der Spruch Heinrichs steht auch in Berlin mgq 414, einer von Sachs erstellten Handschrift mit Spruchdichtung. Über diesen Einzelfall hinaus ist die zu wenig tief schürfende Auswertung der Tradierungsbefunde (etwa im Fall von Heinrichs erstem Spruchbuch) bedauerlich, hätten sich doch auf diesem Weg unsere von der Autorin mit methodischem Recht bedauerten Wissenslücken hinsichtlich der Rezeption mindestens teilweise stopfen lassen.

Im Zentrum der Arbeit steht die Frage nach der Wissensvermittlung; sie läßt sich nicht von jener nach den Akteuren, den Forschern, den Vermittlern und den Adressaten lösen: Um wessen Wissen geht es? Um das Wissen Fachgelehrter? Um jenes von Laien? Die Differenz ist gewichtig, kann doch erst von hier aus entschieden werden, wann Wissensbestände »trivial, populär, aber gelehrt klingend« (S. 99) sind. Doch ist die Frage beantwortbar? Hinsichtlich der Vermittler stellt die Autorin fest, es wäre »ein müßiges Ansinnen die Intention des Dichters bestimmen zu wollen« (S. 99). Das deutet auf einen schwer lösbaren, ja kaum lösbaren Konflikt zwischen den uns heute noch verfügbaren Informationen über den einschlägigen Literaturbetrieb einerseits und unseren Wissensambitionen andererseits hin. Dieser Sachverhalt scheint allerdings zuwenig klar und zuwenig nachdrücklich festgehalten.

Die Beschäftigung mit dem bedeutenden ersten Spruchbuch Heinrichs von Mügeln steht im Zentrum des Buches. Man mag es in diesem Zusammenhang bedauern, daß der Untertitel dies nicht klarstellt und damit Anspruch und Leistung der Autorin auch bibliographisch sofort einsichtig macht. Aufs große Ganze gesehen, ergeben sich zwar wenig neue Züge gegenüber dem bisher entworfenen Bild Heinrichs. Der Anspruch auf tiefgründige Gelehrtheit, die Bevorzugung dunkeln, raunenden Sprechens, die Verwendung vieldeutiger, beziehungsreicher Bilder – all das kennt man bereits aus älteren Arbeiten zu Mügeln. Die Forschungen der Autorin unterlegen aber diese sehr allgemeinen Vorstellungen mit neuen Erkenntnissen, die aus exakter Interpretation eines wichtigen und bisher unzureichend erschlossenen Werkteils gewonnen sind. Durch den Beizug eines thematisch und gattungsmäßig passenden Vergleichscorpus vermeidet dabei die Analyse der Mügeln-Texte Einseitigkeit und gewinnt an Profil.

Der auf wenige Seiten beschränkte Vergleich zwischen Heinrich von Mügeln und Frauenlob (S. 321–330) ist dem Rang der Autoren und der Schwierigkeit ihrer Texte ganz unangemessen; die Autorin ist die erste, die dies betont (S. 9f.). Sie skizziert diesen Vergleich im ›Ausblick‹ dennoch, um die Grenzen des eigenen Unternehmens und die Möglichkeiten weiterer Forschungen deutlich werden zu lassen – in dieser Weitsicht zeigt sich zweifellos eine andere Stärke des Buchs.

Wertvoll an Gades Arbeit scheint mir schließlich, daß es die – allerdings nicht neue – Frage nach den Implikationen des dichterischen Selbstverständnisses spätmittelalterlicher Spruchdichtung mehr provoziert als ausdrücklich selber stellt: Wie konnte sich ein solches, zum institutionell abgestützten Verkündigungsanspruch der Kleriker letztlich unausweichlich in Konkurrenz tretendes dichterisches Sprechen behaupten? Und: welches Publikum gab einer solchen Autorschaft Daseinsberechtigung? – Darauf kann dieses Buch keine umfassende

Antwort geben, aber es arbeitet einer solchen auf unterschiedlichen Wegen und mit vielerlei föderlichen Einzelresultaten vor.

André Schnyder

Wiesenfeldt, Gerhard: Leerer Raum in Minervas Haus. Experimentelle Naturlehre an der Universität Leiden, 1675–1715. Koninklijke Nederlandse Akademie van Wetenschappen, Amsterdam. Verlag für Geschichte der Naturwissenschaften und der Technik, Berlin–Diepholz 2002 (History of Science and Scholarship in the Netherlands, vol. 2), XVIII, 464 S., geb., 48€.–.

Die Geschichte einer jeden europäischen Universität ist geprägt von einem Auf und Ab ihrer Entwicklung, d. h. hinsichtlich ihrer wissenschaftlichen Bedeutung, in ihrer Frequenz, in ihrer nationalen und internationalen Beachtung. Dabei greift natürlich befördernd oder behindernd das eine in das andere. Einige Universitäten haben noch eine andere Ebene erreicht; sie erlangten für einen Moment sozusagen Weltgeltung. Das ist ein Zeitpunkt, in dem sich der Fortgang der Wissenschafts- und Kulturgeschichte an einem Ort, an einer Universität für einen Augenblick konzentrierte. Das sind z. B. Paris im 13. Jahrhundert, Wittenberg zur Zeit der Reformation, Jena in der Epoche der Weimarer Klassik oder Berlin und Leipzig um 1900. Eine Hochschule, die in diese Reihe unbedingt einzuordnen wäre, ist die 1575 gegründete Universität Leiden in den Niederlanden. Ihre große Stunde bildete die Zeit der zweiten Hälfte des 17. Jahrhunderts und des beginnenden 18. Jahrhunderts. Damals war sie weit mehr als eine bloße holländische Landesuniversität; zu ihr strömten Studenten aus weiten (allerdings hauptsächlich protestantischen) Teilen Europas, bis aus Ostpreußen und bis aus Ungarn.[1] Neben den philologischen Fächern (klassische und orientalische Sprachen) waren es besonders Medizin und Naturwissenschaften, die für den großen Ruf der Hochschule sorgten. Daß in jener Zeit in Leiden auf den Gebieten der genannten Wissenschaften wesentliche Weichenstellungen für ihre moderne Entwicklung vollzogen wurden, kann sicher nicht als überzogene Behauptung bezeichnet werden.[2]

Zu den zentralen Elementen des modernen Wissenschaftsbetriebes, die in jenen Jahrzehnten Einzug in die Universitäten hielten, gehört das Experiment. Über mehrere Jahrhunderte hinweg hatte in der Lehre das Buch, d. h. die Weitergabe tradierten Wissens, die Vermittlung anerkannter Autoritäten dominiert, wenn auch sicher nicht so uneingeschränkt und dogmatisch klopffechterisch, wie

---

[1] Für die Bedeutung Leidens für Deutschland ist immer noch maßgebend Heinz Schneppen: *Niederländische Universitäten und deutsches Geistesleben von der Gründung der Universität Leiden bis ins späte 18. Jahrhundert.* Münster 1960.

[2] Ein neueres Standardwerk zur Universitätsgeschichte stellt dementsprechend fest: »Recent research has shown that northern Italy and the Low Countries were certainly among the most advanced areas in developing the New Science. This was mainly done in the Universities of Padua and Leiden.« *A history of the university in Europe,* general editor Walter Rüegg. Cambridge 1996, vol. III, S. 534f.

man es oft lesen kann. Das gilt nicht allein für die Fächer Theologie, Philosophie und Jurisprudenz, das gilt auch für Medizin und Naturwissenschaft. Nach einer Vorgeschichte, die bis in das 13. Jahrhundert zurückreicht, tritt nach 1650 immer sichtbarer die unmittelbare Beobachtung der Natur und schließlich der experimentelle Umgang mit ihr in den Vordergrund von Lehre und Forschung. Der genaue Hergang dieser Entwicklung ist das Thema des hier vorzustellenden Bandes, der bereits 2002 erschienen ist und auf eine wohl noch vor 2000 abgeschlossene Hamburger Dissertation[3] zurückgeht. Nach den Bestandsinformationen der verschiedenen deutschen Bibliotheksverbünde zu urteilen, hat der Band bisher relativ wenig Verbreitung gefunden, und man trifft dementsprechend nicht gerade häufig auf Hinweise auf diese Publikation. Das ist bedauerlich, denn der Gewinn, der aus der Lektüre des Buches zu ziehen ist, muß als beachtlich bezeichnet werden.

Daß Wiesenfeldt die allgemeine, nicht nur auf Leiden bezogene erhebliche Bedeutung der Universitäten für die Geschichte der Naturwissenschaften in der Frühen Neuzeit als eine seiner zentralen Thesen immer wieder unterstreicht, ist zwar keine neuartige Feststellung, erscheint aber als notwendig angesichts der (wenigstens in der populärwissenschaftlichen Literatur) immer noch weit verbreiteten Abwertung der Hochschulen vor der vielbeschworenen (angeblichen) Reformtätigkeit Wilhelm von Humboldts als angeblich ganz und gar geistig verkrustete Einrichtungen.[4]

Wiesenfeldt sieht den Auslöser für das Aufkommen der experimentellen Naturlehre im Streit um den Cartesianismus, der in der Mitte des 17. Jahrhunderts die niederländischen Universitäten in erhebliche Turbulenzen stürzte. 1656 wird die Vermittlung der Lehren Descartes an den Universitäten verboten, und 1660 erhebt die Medizinische Fakultät der Universität Leiden die Klage, die Studenten wären nicht in der Lage, ihre Examina zu bestehen, da sie in der »nieuwe Philosophie« ausgebildet worden wären.[5] Am heftigsten und gefährlichsten ist freilich die Kritik der Theologen, die in der damals erhobenen Forderung einer ›Libertas philosophandi‹ eine Bedrohung der christlichen Religion empfanden. Dabei bildet die Freiheit des Philosophierens nicht ein spezifisches Verlangen des Cartesianismus, was vom Autor stärker hätte unterstrichen werden müssen, sondern eine weit um sich greifende Forderung der Zeit. Manche schrieben sie

---

[3] Die Literaturangaben gehen, wenn ich nichts übersehen habe, nicht über das Jahr 1999 hinaus.

[4] Nur ein Beispiel bildet die in einer populären Reihe in hoher Auflage verbreitete Schrift von Paolo Rossi: *Die Geburt der modernen Wissenschaft in Europa.* München 1997. Die Universitäten, heißt es dort, hätten die Entwicklung der modernen Wissenschaft geradezu behindert. Die Antwort auf diese Haltung der Verweigerung sei die Gründung von Akademien gewesen (ebd., S. 295f.).

[5] Vgl. *Bronnen tot de Geschiedenis der Leidsche Universiteit*, hg. v. Philip C. Molhuysen. Den Haag 1918, 3. Teil, S. 150.

sich auf die Fahne, ohne deshalb die durchaus umstrittenen Lehren des Descartes im engeren Sinne zu vertreten. Es ging generell um eine Trennung der Philosophie von der Theologie, ohne jedoch damit den Grundaussagen des Christentums entgegentreten zu wollen. Erst damit wurde die Ablehnung, die Verwerfung der ›alten Philosophie‹ möglich, die den Weg zur ›neuen Wissenschaft‹ eröffnete. Daß dieser intensiv zelebrierte Gegensatz zwischen alt und neu in der behaupteten Radikalität gar nicht bestand, kann hier nur angemerkt werden. Um nun, und das ist eine Kernthese Wiesenfeldts, den Streit zwischen den Cartesianern und ihren Widersachern zu entschärfen, sei die experimentelle Naturlehre nach englischem Vorbild in Leiden installiert worden.[6] Der Philosophieunterricht sollte so »in ruhiges Fahrwasser« gesteuert werden (S. 62). Die neue Naturlehre hätte die Berechtigung und Notwendigkeit der neuen Wissenschaft demonstrieren können, ohne die christlichen Glaubenslehren in ihrer Gültigkeit zu tangieren. Erstmals umgesetzt wurde dieses Programm durch den Professor Burchard de Volder (1643–1709), der eine Art Mittelstellung zwischen Cartesianismus und Neuaristotelismus bezogen hatte. Der zweite Hauptvertreter der experimentellen Naturlehre, Wolferd Senguerd (1646–1724), ist zuerst eher als konservativer Philosoph zu bezeichnen, bevor er sich dem Experimentieren zuwendet. Schon ihr jeweiliger Ausgangspunkt läßt erkennen, daß beide Universitätslehrer nicht gerade als erklärte Cartesianer die neue Naturlehre vertraten. Die am Prinzip der mathematischen Evidenz orientierte Naturlehre des Descartes stand vielmehr nicht selten in einem Gegensatz zu den von den Professoren in ihren Experimenten erzielten Ergebnissen. Das Ziel der von ihnen betriebenen ›Philosophia naturalis‹ bildete, so Wiesenfeldt, »die Versöhnung der neuen Schulen mit Scholastik und Orthodoxie« (S. 136), was die Leidener Wissenschaftler partiell in die Nähe des um 1700 im protestantischen Europa blühenden, auf die Vermittlung von alt und neu orientierten Eklektizismus rückt, der nach Aussage des Autors in den Niederlanden in der Form der »Philosophia novantiqua« weit verbreitet gewesen ist (S. 160). Eine weitere Brücke ergibt sich zur stark beachteten und rezipierten, der Vermittlung von Wissen und Glauben dienenden Physikotheologie der ersten Hälfte des 18. Jahrhunderts.

In diese Darstellung eingebettet sind ausführliche Analysen der von Senguerd und Volder publizierten Lehrbücher samt ihrer zahlreichen Illustrationen, die (in allerdings nur mäßiger Qualität) in nicht wenigen Beispielen wiedergegeben werden. Berücksichtigung finden dabei die von Wiesenfeldt häufig unterstrichenen pädagogischen Intentionen der Verfasser, wobei die vermuteten Verbindungen zu Amos Comenius von besonderem Interesse sind. Noch anregender, aber

---

[6]   Ein näherer Vergleich zwischen der Anlage und der Intention eines Experimentes des 17. Jahrhunderts und der Gegenwart wäre hilfreich gewesen. Der Autor streift dieses Thema mitunter, so im letzten Abschnitt, wo ein »begrifflicher Zusammenhang« zwischen den beiden Phänomenen angezweifelt wird (S. 393), aber die Frage bzw. ihre Beantwortung bleibt doch etwas in der Schwebe.

doch nicht ganz schlüssig erklärt ist die These, die Art und Weise der bis in die Mitte des Aufklärungsjahrhunderts gebotenen Abbildungen belege die Indienstnahme der Experimente durch die Physikotheologie, während um 1800 diese Verbindungen verschwunden gewesen seien, an deren Stelle die Vorformen der modernen Lehrbuchabbildungen traten. Nur angemerkt seien außerdem die überzeugenden Ausführungen zur Vorbildwirkung der anatomischen Theater auf die Inszenierung der Leidener naturwissenschaftlichen Experimente, einschließlich der dabei verfolgten Bestrebungen zur Unterhaltung eines breiteren, also keineswegs nur wissenschaftlich ambitionierten Publikums. Die außerordentliche Verbreitung der auf Sensation orientierten als Schausteller auftretenden Elektrisierer des 18. Jahrhunderts deutet sich hier bereits an.

Für die Entstehung neuer Wissenschafts- bzw. Universitätsdisziplinen aufschlußreich ist das vierte Hauptkapitel, das sich der Chemie widmet. Das war ein Fach, das sich über die Jahrhunderte hinweg als Hilfsdisziplin der Medizinischen Fakultät verstand (im Zusammenhang mit der Pharmazie), in Leiden aber bereits im 17. Jahrhundert andere Ansprüche anmeldete, nämlich die Behauptung, zur Klärung der Naturvorgänge maßgeblich beitragen zu können. Daher ist außergewöhnlicherweise 1672 in Leiden eine ordentliche Professur für Chemie an der Philosophischen Fakultät installiert worden. Das dürfte nach Kenntnis des Rezensenten europaweit eine Ausnahme gebildet haben. Auch war dieser Schritt in Leiden umstritten, da die ›Philosophen‹ sich gegen das Eindringen eines als medioker empfundenen Faches wendeten. So ist denn die Chemie bereits 1678 wieder in die Medizinische Fakultät versetzt worden, wo sie aber ebenfalls einen schweren Stand hatte. Alles das belegt den komplizierten, einen langen Zeitraum in Anspruch nehmenden Weg zur Herausbildung und vollen Anerkennung der meisten Disziplinen, die gegen Ende des 19. Jahrhunderts mit scheinbarer Selbstverständlichkeit Lehre und Forschung an den Universitäten ausfüllen sollten.

Notwendig und verdienstvoll ist der Versuch, die Entwicklung in Leiden in einen Kontext zu den Verhältnissen an anderen europäischen Universitäten zu stellen. Die Fragestellung lautet, ob die berühmte holländische Hochschule ein Modell oder einen Ausnahmefall darstellte. Das Fazit der Untersuchungen des Autors geht dahin, daß die experimentelle Naturlehre an allen Universitäten im Vormarsch war (»im allgemeinen recht einfach zu integrieren«, S. 398), wobei die katholischen Bildungseinrichtungen sich in einem leichten, aber erkennbaren Rückstand befanden. Die Darstellung ist in ihren Einzelausführungen gleichwohl nicht unproblematisch. Die Überlieferung z. B. zum Lehrangebot an den Universitäten des 17. und auch noch des frühen 18. Jahrhunderts ist fast durchweg lückenhaft und zwar in erheblichen Dimensionen. Oft wissen wir nur von den Lehrveranstaltungen der Lehrstuhlinhaber; vom Unterricht der Extraordinarien, der Dozenten und Magister ist uns meistenteils nur wenig bekannt. Gerade aus diesen Reihen kamen aber nach den vorliegenden, wenn auch dürftigen Notizen nicht selten Angebote, die innovativen Charakter trugen. Deren Ermittlung bedarf der intensiven und alles andere als einfachen Beschäftigung mit den Quellen zur Geschichte der jeweiligen Universitäten, die einen höheren Aufwand erfordert als den Blick in die gängigen mehr oder minder gründlichen (oder eben auch flüchtigen) Gesamtdarstellungen von Universitätshistorien. Das ist nicht als Kritik gemeint, denn wer vermag das bei über 100 Universitäten zu leisten, aber als Hinweis darauf, daß die bei Wiesenfeldt getroffenen Mitteilungen in vielen Fällen nicht das letzte Wort bedeuten dürften.

Nicht anschließen kann sich der Rezensent den Ergebnissen des letzten Kapitels der Untersuchung. Dort geht es um das Verhältnis zwischen den Hochschulen und der außeruniversitären Wissenschaft, worunter vor allem Akademien und Zeitschriften verstanden werden. Sehr zu unterstreichen ist allerdings zuerst die eindeutige Zurückweisung der immer wieder behaupteten Konkurrenz zwischen den angeblich fortschrittlichen Akademien und den im Kontrast dazu hoffnungslos veralteten Universitäten. Auch das ist eine nur schwer oder vielleicht überhaupt nicht zu eliminierende Behauptung der Geschichtsschreibung bzw. der maßgeblichen Handbücher. Wiesenfeldt bezieht nun allerdings ein anderes Extrem und spricht von einem »von gegenseitiger Nichtbeachtung geprägten Nebeneinander« beider Einrichtungen (S. 388). Die »Verbindung zwischen Universität und sozietärer Sphäre« sei »ausgesprochen selten« gewesen (S. 385). Insbesondere seien die wissenschaftlichen Zeitschriften ein Medium gewesen, das weitgehend im Bereich der Sozietäten angesiedelt gewesen sei. Wie die Verhältnisse in Leiden waren, kann der Rezensent mangels entsprechender Kenntnisse nicht beurteilen. Der betriebenen Verallgemeinerung auf den Bereich der Universitäten insgesamt kann wenigsten für die deutschen protestantischen Hochschulen nicht zugestimmt werden. Die fast durchweg in Universitätsstädten angesiedelten Sozietäten rekrutierten sich in der Hauptsache aus Universitätsangehörigen und unterlagen oft der Kontrolle der Leitung dieser Hochschulen. Die seit Ausgang des 17. Jahrhunderts sich rasch verbreitenden wissenschaftlichen Zeitschriften wurden in der Regel von Mitgliedern der Universität herausgegeben, die freilich auch oft gelehrten Gesellschaften angehörten. Wenn der Autor sich mit seiner These auf die berühmteste Zeitschrift überhaupt beruft, auf die *Acta Eruditorum*, so ist entgegenzuhalten, daß hier keine »schwache« Verbindung zur Leipziger Universität bestand, sondern eine ganz enge und intensive. Die allermeisten Autoren waren Universitätsangehörige. Dementsprechend wurde das Publikationsorgan von außen als ein universitäres Unternehmen betrachtet. Auch war es nicht so, daß in den sich (angeblich) in den Händen der Sozietäten befindlichen Zeitschriften nichts oder nur wenig über die Universitäten berichtet wurde (»getrennte Hemisphären«). Die lange Zeit marktbeherrschende *Leipziger Zeitung von gelehrten Sachen*, die von Hochschullehrern redigiert wurde, berichtete laufend über universitäre Vorgänge, und diesem Beispiel folgten viele ähnlich orientierte Periodika in ganz Deutschland.

Insgesamt betrachtet handelt es sich bei der vorliegenden Publikation um einen gelungen Beitrag zur Untersuchung der Entstehung der modernen Wissenschaften. Sie berücksichtigt die unleugbare Bedeutung der Universitäten in diesem Prozeß, zeigt das Ineinander (also nicht nur das Gegeneinander) des Übergangs von ›alter‹ zu ›neuer‹ Wissenschaft, läßt die noch lange nachwirkenden religiösen Implikationen (Physikotheologie) erkennen und belegt das politische und universitätsorganisatorische Umfeld jener Entwicklungen. Bemerkenswert ist, daß dies am Beispiel einer Universität, eben der Leidener, gelingen kann, auch wenn intensivere Forschungen, als sie aus objektiven Gründen dem Verfasser möglich waren, zu anderen Hochschulen dieses Bild sicher da und dort korrigieren werden.

Detlef Döring

Gaderer, Rupert: Poetik der Technik. Elektrizität und Optik bei E.T.A. Hoffmann. Rombach, Freiburg im Breisgau–Berlin–Wien 2009 (Rombach Wissenschaften. Edition Parabasen 9), 248 S., 32 Abb., kart., 38 €.–.

Thema der Studie ist die Rolle, die technisches Wissen in Hoffmanns Erzählungen und Romanen spielt; die beiden Pole »technische Innovation« und »literarische Imagination« sollen aufeinander bezogen werden (S. 12). Dabei geht es nicht lediglich um die Rezeption technischer Entwicklungen, Apparate und Vorrichtungen auf motivischer Ebene, um technische Errungenschaften als Gegenstände des Erzählens, das Werk Hoffmanns soll nicht nur, wie Gaderer schreibt, als »bloße Reproduktion von technischen Apparaten« (ebd.) betrachtet werden, vielmehr steht die Frage im Mittelpunkt, inwiefern die literarischen Modifikationen der technischen Aspekte »neue Verständnishorizonte von wissenschaftlichen Weltbildern« erschließen (ebd.). Um die Rolle und Funktion der Technik im Gesamtzusammenhang des Hoffmannschen Erzählens fassen zu können, nimmt Gaderer eine medientheoretische Perspektive ein: Gefragt wird nach der spezifischen Leistung der technischen Apparate, wie sie in den literarischen Texten modelliert und »inszeniert« würden, für die Vermittlung von Kommunikation und die Übertragung von Nachrichten. Den literarischen Text versteht Gaderer dabei als einen Versuch, naturwissenschaftliche Experimente, technische Theorien und okkulte Praktiken mit poetischen Konzepten zu verbinden; kulturellen und poetologischen Veränderungen soll nachgegangen werden. Der Diskurs der romantischen Naturphilosophie, der bislang im Zentrum der Hoffmann-Forschung stand, wird demnach durch die »Materialität« der »Technologien«, auf die Hoffmann Bezug nehme, ergänzt, um einen neuen Aufschluß über dessen Poetologie und Poesiebegriff zu erhalten und eine Antwort auf die Frage zu finden: Läßt sich eine Wechselwirkung zwischen den ästhetischen Prinzipien, nach denen die Erzählungen verfaßt sind, und dem Einzug der Technik in das Gebiet der Einbildungskraft ausmachen? Gaderer formuliert die für ihn zentrale Problemstellung so: »Von besonderem Interesse werden Hoffmanns Anschlußpunkte zu seinen poetologischen Konzepten sein, insbesondere in Hinblick auf seine Erzählsammlung *Die Serapions-Brüder* (1819–1821). Neben der Materialität dieser optischen Technologien richtet sich der Blick ebenso auf die symbiotische Verbindung zwischen ihnen mit Konzepten der Imaginationskraft um 1800« (S. 13f.).

In der Konkretisierung seines Forschungsprogramms beschränkt sich Gaderer auf die Bereiche Optik und Elektrizität. Auf dem Gebiet der Optik stellt er die »medialen Phantasmagorien« bekannter »Nekromantisten« (Paul Phylidor, Jacob Meyer, Johann Georg Schröpfer, Swedenborg, Enslen u. a.; S. 16) vor, ihre Geisterzitationen und Totenbeschwörungen, die sie mittels optischer Apparate (wie

Laterna magica, raffiniert geschliffener und verbundener Spiegel u. a.) erzeugten: »theatralische Inszenierungen« von technischem Wissen, die »zwischen physikalischem Experiment und hinterlistiger Scharlatanerie« angesiedelt gewesen seien (S. 18). Zugleich diskutiert Gaderer die zahlreichen Kompendien der ›magia naturalis‹, welche die Aufklärung des Publikums zum Ziel hatten, indem sie die Spukerscheinungen auf die physikalischen Vorgänge und optischen Gesetze zurückführten und als technisches Kunststück entlarvten (z. B. die Werke von Funke, Wagener, Wiegleb und Rosenthal; S. 18–22); auch die Zaubervorführungen selbst konnten im Dienst der Aufklärung stehen (wie diejenigen von Robertson und Enslen; S. 22–36). Gaderer macht hier einen reichen Quellenfundus, auf den Hoffmann zurückgegriffen hat, zugänglich, und profiliert dessen Ambivalenz. Auf der einen Seite steht der verführerische Appell an die Einbildungskraft und an unbewußte Bedürfnisse, auf der anderen die aufklärerische und desillusionierende Absicht; auf der einen Seite steht die Symbiose von Technik und Imagination, auf der anderen die Entzauberung der Imagination durch die Technik.

Auf dem Gebiet der Elektrizität steht die Erforschung der »tierischen Elektrizität«, der elektrostatischen Aufladung organischer Körper, im Zentrum des Interesses. Gaderer beschreibt Experimente mit »elektrischen Menschenketten«, wobei die »elektrifizierte Venus« besonders aufschlußreich ist: eine Versuchsanordnung, welche die elektrische ›Entladung‹ des Körpers mit einem Kuß synchronisierte, den die weibliche Versuchsperson mit einem Mann tauschte. Der Anwendung der »tierischen Elektrizität« zu Heilzwecken liege ein neues Körpermodell zugrunde: Das Konzept des ›homo electrificatus‹ und die ›medicina electrica‹ fußten auf einer dynamischen Auffassung organischer Zusammenhänge; nicht mehr die Säftelehre, sondern die Vorstellung von einem allbelebenden elektrischen ›Funken‹ präge das Bild vom Leben. Zugleich werde ein Wandel in der Liebeskonzeption greifbar. Die Metaphorik der Elektrizität – elektrische Übertragung des Funkens als Metapher für das Entbrennen in Liebe – verweise auf die leidenschaftliche Liebe, die in Gegensatz zur empfindsam-tugendhaften Liebe stehe.

Optik und Elektrizität bringt Gaderer schließlich in Zusammenhang mit dem Somnambulismus und Mesmerismus. Magnetischer und elektrischer ›Rapport‹ wiesen charakteristische Analogien auf, beide Male gehe es um eine Kommunikation, die nicht von der ›normalen‹ sinnlichen Wahrnehmung vermittelt sei und insofern die Körpergrenzen transzendiere. Die mit optischen Apparaten operierenden Zaubertechniken wiederum erzeugten die gleichen Phänomene, wie sie im somnambulen Zustand wahrgenommen würden: Fernsehen, Kristallsehen, Geistererscheinungen etc.

Im Zentrum der Auswertung dieser Befunde für die Analyse von Hoffmanns erzählerischem Werk stehen die »Verbindung zwischen optischen Technologien und der Einbildungskraft« (S. 69) auf der einen Seite, das Konzept der ›homines electrificati‹ auf der anderen. Besonders aufschlußreich ist die Profilierung der Hoffmannschen Magier (wie Meister Abraham, Prosper Alpanus, Archivarius Lindhorst u. a.) als ›Zaubertechniker‹; überzeugend wird das Bedingungsverhältnis von Phantasmagorie, Einbildungskraft und technischen Apparaten nachgezeichnet. Ebenso aufschlußreich ist die Rückführung der Strahlen- und Funkenmetaphorik auf das Modell des ›homo electrificatus‹; der ›Rapport‹ z. B. zwischen Prinzessin Hedwiga und Johannes Kreisler, aber auch zwischen Donna Anna und dem »reisenden Enthusiasten« (Don Juan), ihre dämonische Liebesbeziehung erhält damit ein quasi körperliches Substrat.

Gaderer leistet insofern einen willkommenen Beitrag zum Verständnis der Hoffmannschen ›Duplizität‹, als der Blick auf die ›Zaubertechniken‹ die Abhängigkeit der Phantasie vom ›Hebel‹ der Außenwelt (technische Apparate) auch im Bereich des scheinbar rein Visionären aufzudecken vermag (Geistersehen etc.); Analoges gilt für die Kommunikation und den Kontakt zwischen den ›homines electrificati‹. Da Gaderer es jedoch versäumt, seine auf dem Gebiet der Technikrezeption und -reflexion gemachten Entdeckungen und Befunde mit den Ergebnissen der Forschung zur Naturphilosophie und zum Magnetismus in Beziehung zu bringen, ist der Erkenntniswert seiner Studie recht begrenzt (Sekundärliteratur wird zwar genannt und zahlreich angeführt, aber nie referiert, diskutiert und positioniert). Den entscheidenden Fragen weicht er aus: Wird die Imagination aufgrund ihrer Abhängigkeit von den Zaubertechniken desillusioniert? Worauf verweist die Technik, welcher Naturbegriff gehört zu den technischen Erfindungen, die Hoffmann literarisiert, teilt er diesen Naturbegriff oder problematisiert er ihn? Setzt er die technischen Apparate vielleicht sogar mit einem alternativen Naturbegriff in Beziehung, für den seine literarische Sprache einsteht? Unbefriedigend ist in diesem Zusammenhang z. B. das Resultat der Analyse von *Klein Zaches genannt Zinnober*. Gaderer konstatiert einen unvermittelten Antagonismus von Imaginationskraft, unterstützt durch »Medien aus dem Bereich der Zauberei« (S. 214), und Naturwissenschaft, deren Apparate, Instrumente und Erkenntnismethoden zu einer »kollektiven Verblendung« führten (ebd.).

Die differenzierende Analyse konzeptueller Zusammenhänge wird in Gaderers Studie häufig durch eine abstrahierende, aber ungedeckte Begrifflichkeit ersetzt. So spricht er permanent von ›Technologien‹, wo allenfalls Techniken beschrieben werden (meistens nicht einmal das, sondern lediglich Apparate), auch löst er die Voraussetzung nicht ein, die von ›Technologien‹ zu handeln erlaubte, nämlich die Erläuterung der Methodik, die den technischen Apparaten jeweils zugrundeliegt; dies hätte zu einer Klärung des damit verknüpften Naturbegriffs führen können. Ähnliches gilt für ›Diskurs‹, ›Dispositiv‹, ›Rhetorik‹, ›Medienverbund‹, ›Poetologie‹, ›epistemologisch‹, ›Raumtopologie‹: Die Begriffe werden inflationär verwendet, sie werden nicht erläutert und die Abstraktionsebene, die mit ihnen verbunden ist, wird in der Argumentation nicht erreicht bzw. sie wird nicht mit den konkreten Phänomenen vermittelt. Gigantische Forschungsprogramme werden formuliert, aber es bleibt bei den Behauptungen: »Unter diesem Aspekt verhandelt der Roman (*Kater Murr*) nicht allein über naturwissenschaftliches Wissen, sondern zeigt ebenso literarische Verschiebungen und Abweichungen epistemologischer Strukturen auf. Gerade Hoffmanns Tendenzen zur Ironisierung, wie sie bei der personifizierten Leidener Flasche Hedwiga wesentlich sind, weisen auf einen realisierbaren Zustand des literarisch Möglichen« (S. 145f.).

Störend sind die sprachlichen Mängel, welche die Lektüre sehr unerfreulich machen: Die fast konstant falsche Verwendung der Präposition »durch« (z. B. S. 89: »Brillenverkäufer, die durch Betrug agieren«; S. 198: »Durch den neuen Spiegel tritt wieder der harmonische Zustand ein«; S. 217: »Durch ihre Blicke können die [...] Interaktionen der Marktbesucher abgelesen werden« etc.), falscher Konjunktiv in der indirekten Rede (S. 16: Diese Nekromantisten gaben vor, »eine Zauberei zu beherrschen, durch die es gelänge [...]«; S. 142: »Nach Börne besitze die literarische Figur [...]«; S. 208: »Nach Balthasars [...] Freund Fabian sei zwischen den Rädern«), Katachresen (z. B. S. 202: eine Logik, die in einem System gut speist), Tautologien (z. B. S. 16: »Ihre Phantasmagorien-Vorführungen breiteten sich an den unterschiedlichsten Vorführungsorten aus«; S. 145: »Durch die literarische Darstellung seriell verschalteter Körper [...] wird die intime Beziehung der beiden literarisch umgesetzt«), schiefe Bezüge (S. 206: »Blindheit einer Wissenschaft«, deren »Erkenntnisfähigkeit das eigentliche Moment« »nicht erkennen kann«), ›als auch‹ ohne das zugehörige ›sowohl‹ (z. B. S. 13), Grammatikfehler, falsche Präpositionen (z. B. S. 27: »Hoffmanns Rezeption mechanisch operierender Automaten, wie er sie bei Olimpia und Nathanael [...] literarisch umsetzte« etc.). In gedruckten Arbeiten zur deutschen Literatur sollte ein solches Defizit an Sprachpflege nicht vorkommen.

Monika Fick

Schmaus, Marion: Psychosomatik. Literarische, philosophische und medizinische Geschichten zur Entstehung eines Diskurses (1778–1936). Niemeyer, Tübingen 2009, VI, 575 S., paperback, 84,95 €.–.

In einem der wenigen Artikel, die den ernsthaften Versuch unternehmen, den Begriff ›Psychosomatik‹ zu definieren, verweist der Autor Zbigniew Jerzy Lipowski[1] auf die Ambiguität dieses Begriffs und die damit verbundenen Kontroversen, die u. a. auch die Forderung einschließen, den Begriff ›Psychosomatik‹ ganz abzuschaffen. Lipowskis Beitrag ist von hohem Wert, lassen sich doch in ihm neben der Profilierung der Geschichte des Begriffs ›Psychosomatik‹ auch Ansätze einer konzisen Geschichte der psychosomatischen Medizin erkennen, die an zwei großen Achsen orientiert ist: holistische vs. psychogenetische Perspektive. Eine fundierte und detaillierte Geschichte der psychosomatischen Medizin steht allerdings auch nach Lipowskis Beitrag aus.

In diese Forschungslücke springt Marion Schmaus mit ihrem Buch *Psychosomatik. Literarische, philosophische und medizinische Geschichten zur Entstehung eines Diskurses (1778–1936)*. Die Autorin betont bereits in der Einleitung ihre ambitionierte Absicht, die »disziplinäre Verschränkung von Medizin, Philosophie und Literatur im psychosomatischen Diskurs« aufzuzeigen (S. 5). Und obwohl nach der Forschungsorientierung der letzten Jahre ihre Bemühungen, den »Austausch von Wissen, Codes und Begriffen zwischen den Disziplinen« (S. 5) zu verfolgen, kaum als besonders innovativ und originell zu bezeichnen sind, ist das Vorhaben der Autorin an sich begrüßenswert. Ihr Wunsch, die Entwicklung der Psychosomatik als einen Strang der ›Kulturgeschichte‹ zu konzipieren, wirkt dagegen – trotz der sicherlich erfrischenden Hinwendung zu einem faszinierenden, bisher ungenügend und unzufriedenstellend beleuchteten Forschungsgegenstand – irritierend, vor allem wegen der sofort und vordergründig erkennbaren Tendenz, im Zuge des ›cultural turn‹ nun auch die Psychosomatik in die Schemata der ›Kulturwissenschaft‹ zu pressen.

Die Schwächen der Untersuchung sind schon in der Einleitung nicht zu übersehen. So bietet Marion Schmaus im ersten und längsten Teil ihrer Einleitung unter »Definitionen« anders als Lipowski keine stringente Definition und keine nachvollziehbare Darstellung der Schwierigkeiten bei der Definition des Begriffs ›Psychosomatik‹ und der Begriffsgeschichte. Die Verwirrung, welche die Geschichte dieser Disziplin (oder nach Schmaus: dieses Diskurses) begleitet, hat sich auch in der Einleitung des Buches im obengenannten Abschnitt niedergeschlagen, der eine recht unübersichtlich wirkende Ansammlung von Erklärungen zur Begriffsgeschichte, Merkmalsbeschreibungen der Psychosomatik, Bruchstücken einer Geschichte des Diskurses und den ebenfalls hier zu findenden

---

[1]   Zbigniew Jerzy Lipowski: »What Does the Word ›Psychosomatic‹ Really Mean?«, in: *Psychosomatic Medicine* 46 (1984), S. 153–171.

methodologischen Überlegungen und Absichtserklärungen der Verfasserin darstellt – all dies garniert mit etikettenartigen Wörtern wie »mediale Vielfalt«,
»kontrollierter Methodenpluralismus«, »kulturwissenschaftliche Methodik«,
»Begriffstransfer«, (S. 7) »Interdiskursivität« (S. 5) usw.

Die Reduzierung der Geschichte der Psychosomatik auf »Geschichten« (S. 6)
– ein Ziel, welches von der Autorin in der Einleitung verkündet und dann mit
großem Engagement verfolgt wird – sowie die weitgehende Ausklammerung der
»Interaktion zwischen Arzt und Patient« (S. 5) aus der Untersuchung tragen, wie
man erwarten kann, im weiteren Verlauf des Buches ihre fragwürdigen Früchte.
Schon die nächsten zwei Abschnitte der Einleitung zeigen eindeutig, wie bedenklich der Weg ist, den die Untersuchung eingeschlagen hat: Der von Marion
Schmaus angekündigte gleichberechtigte Status des philosophischen und des
medizinischen Diskurses wird bereits an dieser Stelle verletzt, wenn diese Diskurse lediglich zu »Kontexten« degradiert werden.[2]

Die zeitliche Fixierung der Untersuchung von Marion Schmaus auf die Jahre
1778–1936 birgt ebenfalls Probleme. Daß sich ab 1935/1936 »der bis dato vorrangig deutschsprachige psychosomatische Diskurs zu einem amerikanischen«
(S. 24) gewandelt habe, der von Lipowski mit Helen Flander Dunbars epocha-
lem Buch *Emotions and Bodily Changes: A Survey of Literature on Psychosomatic Interrelationships: 1910–1933* (1935) in Zusammenhang gebracht und als
»the true beginning of psychosomatic medicine«[3] bezeichnet wurde, wird von
Schmaus in einer leicht mißzuverstehenden Formulierung »auf Hitler, den Nationalsozialismus und den Ausbruch des Zweiten Weltkrieges« zurückgeführt
(S. 24). Mit ihrer Hervorhebung der »wissenschaftsgeschichtlichen Dimension
der historische[n] Zäsur des Nationalsozialismus« (S. 24), läuft Schmaus nicht
nur Gefahr, diese ›Zäsur‹ aufzuwerten, sondern verhüllt eine andere ›Geschichte‹ – daß in Deutschland auch nach 1936 Psychosomatik betrieben wurde[4] und
daß hier gerade nach 1936 Schriften wie z. B. Matthias H. Görings Buch *Über
seelisch bedingte echte Organerkrankungen* (1937) erschienen sind. Viel zu
leichtfertig und sorglos kehrt die Verfasserin nach ihrem Bericht über die in die
USA ausgewanderten jüdischen Psychosomatiker wie Felix und Helene
Deutsch, Franz Alexander, Otto Fenichel usw. nach Deutschland zurück, um
einfach zur nächsten historischen Etappe überzugehen: »In Deutschland handelt
es sich bei der Psychosomatik nach 1945 um eine Rückübersetzung aus dem

---

[2]   Vgl. die Überschrift »Philosophische Kontexte« (S. 8) und die Überschrift »Medi-
      zinische Kontexte« (S. 13).
[3]   Lipowski: »What Does the Word ›Psychosomatic‹ Really Mean?« (wie Anm. 1),
      S. 156.
[4]   Vgl. dazu besonders Ulrich Schultz-Venrath und Ludger M. Hermanns: »Gleich-
      schaltung zur Ganzheit. Gab es eine Psychosomatik im Nationalsozialismus?«, in:
      Neues Denken in der Psychosomatik, hg. v. Horst-Eberhard Richter u. Michael Wir-
      sching. Frankfurt a. M. 1991, S 83–103.

Amerikanischen und um ein Wiederanknüpfen an Wissenschaftstraditionen, die während des Nationalsozialismus zum Schweigen gebracht und ins Exil vertrieben wurden.« (S. 25f.)

Nach dieser mißglückten Einleitung wartet das Buch mit keinen Überraschungen mehr auf. Ihrer Einsicht folgend, daß die Darstellung der »psychophysische[n] Befindlichkeit« des Menschen auf mehrere Genres wie psychologischer Roman, Bildungsroman, literarische Autobiographie und Fallgeschichte (S. 20) zurückgreift, richtet die Autorin ihre Untersuchung hauptsächlich literarisch aus. Nach der bereits in der Einleitung stark gestörten Balance zwischen dem literarischen, philosophischen und medizinischen Diskurs kommt es stellenweise zur fast völligen Atrophie der beiden letztgenannten Diskurse im Buch. Selbst wo sie weiterhin berücksichtigt werden, um dem interdisziplinären Ansatz der Untersuchung doch noch gerecht zu werden, werden der philosophische und der medizinische Diskurs stark in der Hintergrund verdrängt. Deutlich wird das etwa daran, daß Hegels ›Beitrag zur Psychosomatik‹ im Unterkapitel »Der Bildungsroman als therapeutisches Genre« ganz im Schatten von Goethes *Wilhelm Meister* verbleibt. Bei der Analyse von Hegels Werk werden die Besonderheiten und die eigenen Gesetzmäßigkeiten des philosophischen Diskurses nicht in ausreichendem Maße berücksichtigt. Wie sehr dieses auf narrative literarische Genres fixierte Vorgehen die Autorin einschränkt und die Untersuchungsergebnisse beeinflußt, läßt sich auch daran erkennen, daß Schopenhauer, der mit seinem Willenskonzept viel eher als Hegel ein ›Ahnherr‹ der Psychosomatik zu nennen ist, erst und nur in Zusammenhang mit Nietzsche gewürdigt wird. Noch störender ist, daß eins der insgesamt fünf Kapitel des Buches ausschließlich Georg Büchner gewidmet ist. Auch wenn die Büchner-Analysen in literaturwissenschaftlicher Hinsicht hochkarätig sind, erscheint diese exzessive Fokussierung als arbiträr und einseitig. Dasselbe gilt für die (wenn auch geringere) Fokussierung auf Lou Andreas-Salomé. Womöglich soll Andreas-Salomé im Buch als Scharnierstelle zwischen Nietzsche und Freud fungieren, ihr Beitrag zur psychoanalytischen Psychosomatik dürfte aber nicht so groß sein, um ihr einen Platz in einer Untersuchung zur Geschichte der Psychosomatik zu sichern, in der ein so wichtiger Name wie derjenige Georg Groddecks nur en passant an wenigen Stellen erwähnt wird. Ob Groddeck tatsächlich *der* »Begründer der Psychosomatik« ist[5] oder inwiefern sein Beitrag noch im Rahmen einer genuin psychoanalytischen Psychosomatik liegt, sei dahingestellt. Tatsache ist, daß er einer der Pioniere der Psychosomatik ist und sich infolge der Personalunion von Arzt und Schriftsteller für die Untersuchung von Marion Schmaus hervorragend geeignet hätte.

---

[5] Vgl. etwa Laszlo Avila: »Georg Groddeck: Originality and Exclusion«, in: *History of Psychiatry* 14 (2003), S. 83–101.

Die Ausführungen über Freuds Beitrag zur Psychosomatik folgen dem geläufigen Diktum von Freud als »Initiator der Psychosomatik«.[6] Hier wäre es jedoch wichtig gewesen, auch auf die Differenzen zwischen Freud und seinen Anhängern, die sich vorwiegend der psychosomatischen Forschung verschrieben hatten, sowie auf Freuds Ambivalenzen zu verweisen – so spricht Luigi Solano in einem neueren Aufsatz von Freuds Scheu und Unwillen, »sich psychoanalytisch mit organischen Läsionen auseinanderzusetzen«.[7] Die Verknüpfungsschwierigkeiten zwischen dem literarischen und dem medizinischen Duktus in Freuds Texten hätten auch deutlicher zur Sprache gebracht werden müssen.

Das Nachwort des Buches, das die auseinanderfliegenden Stränge der Untersuchung hätte zusammenführen und das gestörte Gleichgewicht der Diskurse wieder ins Lot hätte bringen können, umfaßt kaum mehr als drei Seiten. Während die hier noch einmal betonte Intention, »Literatur als Psychosomatik« im untersuchten Zeitraum zu präsentieren, nach der Lektüre des Buches nachvollziehbar erscheint, ist die intendierte Darstellung der »Psychosomatik als Literatur« (S. 528) unüberzeugend. Um dem Vorwurf der »splendid isolation« zu entgehen, der vom amerikanischen Psychologen und Autor Alexander J. Nemeth gegen die Literaturwissenschaft erhoben wurde,[8] müßte eine wirklich interdisziplinär vorgehende Literaturwissenschaft außerdem, etwa bei der Analyse von Freuds Krankengeschichten, auch die einschlägigen Forschungen von Medizinern berücksichtigen – verwiesen sei z. B. auf die sowohl philosophisch als auch literarisch fundierten Untersuchungsergebnisse des US-amerikanischen Psychoanalytikers Zvi Lothane, der wie Marion Schmaus neben der narrativen Komponente auch auf die dramatischen Komponenten dieser Geschichten aufmerksam macht und ausgehend von den auch von Schmaus behandelten *Studien über Hysterie* ›dramatology‹ mit ihrem ›interpersonellen‹ Potential als vollblütiges Forschungsparadigma in der psychoanalytischen Forschung inzwischen etabliert hat.[9]

Soweit changiert das Buch von Marion Schmaus mit dem irreführenden Titel *Psychosomatik* unruhig zwischen zwei Polen: zwischen der Apologie des »Wissen[s] der Literatur«, welches uns erlaube, die Literatur »in Augenhöhe und in

---

[6] Vgl. etwa *Lehrbuch der psychosomatischen Medizin*, hg. v. Thure von Uexküll. München–Wien–Baltimore 1979, S. 203.

[7] Luigi Solano: »Gedanken zwischen Körper und Psyche im Lichte Wilma Buccis Theorie der multiplen Codierung«, in: *Internationale Psychoanalyse 2011. Ausgewählte Beiträge aus dem International Journal of Psychoanalysis*, Bd. 6, hg. v. Angela Mauss-Hanke. Gießen 2010, S. 77–105, hier S. 82.

[8] Alexander J. Nemeth: *Voltaire's Tormented Soul. A Psychobiographic Inquiry*. Bethlehem 2008, S. 321.

[9] Vgl. etwa Zvi Lothane: »Dramatology in Life, Disorder, and Psychoanalytic Therapy: A Further Contribution to Interpersonal Psychoanalysis«, in: *International Forum of Psychoanalysis* 18 (2009), S. 135–148.

Konkurrenz zu den Wissenschaften wahrzunehmen« (S. 528), und einem ›litera-rischen Imperialismus‹, der hier unter der Maske einer kulturwissenschaftlich orientierten ›Interdisziplinarität‹ und ›Interdiskursivität‹ den philosophischen und den medizinischen Diskurs über Psychosomatik unter seine Kontrolle brin-gen will.

Galina Hristeva

Hausdorff, Felix: Gesammelte Werke einschließlich der unter dem Pseudonym Paul Mongré erschienenen philosophischen und literarischen Schriften und ausgewählter Texte aus dem Nachlaß, Bd. 8: Literarisches Werk, hg. v. Friedrich Vollhardt u. Udo Roth. Springer, Heidelberg 2011, 878 S., 10 Abb., geb., 99,95 €.–.

Als Mathematiker gehört Felix Hausdorff (1868–1942) auf den Gebieten der Mengenlehre und der Topologie zu den herausragenden Vertretern seines Fachs im 20. Jahrhundert. Nach ihm sind beispielsweise der ›Hausdorff-Raum‹, das ›Hausdorff-Maß‹ oder auch die ›Hausdorff-Dimension‹ benannt. Daneben hat er aber auch philosophische und literarische Arbeiten veröffentlicht; insbesondere seine Dichtung ist von der Forschung bisher kaum untersucht worden. Der von Friedrich Vollhardt und Udo Roth herausgegebene achte Band der Hausdorff-Gesamtausgabe macht ein schmales, aber alle drei klassischen literarischen Gattungen umfassendes Werk als kritische Edition auf 896 Seiten zusammen mit einem umfangreichen Erläuterungsapparat zugänglich. Die Schriften bestehen aus dem Gedichtband *Ekstasen*, dem vielbeachteten und in vielen Ländern Europas aufgeführten Einakter *Der Arzt seiner Ehre* sowie aus Essays zu philosophischen und gesellschaftlichen Themen.

Ein interdisziplinärer Ansatz ergibt sich beim Projekt der Gesamtausgabe der Schriften Felix Hausdorffs und bei jedem ihrer Bände automatisch aus dem Gegenstand. Hausdorff wollte zunächst Musiker und Komponist werden, entschied sich dann aber für ein Studium der Mathematik und Astronomie. Er promovierte 1891 in Leipzig bei Heinrich Bruns *Zur Theorie der astronomischen Strahlenbrechung*, vier Jahre später folgte die Habilitation *Über die Absorption des Lichtes in der Atmosphäre*. Etwa in dieser Zeit begann er auch mit der Veröffentlichung literarischer und philosophischer Essays; im Jahr 1900 erschienen die *Ekstasen*, 1904 *Der Arzt seiner Ehre*. Wenn sich vor diesem Hintergrund die Frage nach der Möglichkeit einer modernen Form von Universalgelehrsamkeit aufzudrängen scheint, so gibt im Falle Hausdorffs die Biographie mit dem Ende der philosophisch-literarischen Produktion im Jahr 1913 (abgesehen von gelegentlichen Einzelgedichten) und der damit verbundenen Entscheidung für die Mathematik eine vorläufige Antwort. Hausdorff beschäftigte sich nun mit der reinen Mathematik, auch über seine Emeritierung im Jahr 1935 hinaus. Publizieren konnte er wegen seiner jüdischen Herkunft nur noch in polnischen Zeitschriften. Es gelang ihm nicht mehr zu emigrieren; 1942 nahm sich Felix Hausdorff zusammen mit seiner Frau und deren Schwester vor der Deportation in ein Konzentrationslager das Leben.

Indem die Gesamtausgabe neben dem mathematischen Schaffen auch die Schriften aus den anderen Gebieten einbezieht, führt sie zusammen, was der Autor selbst getrennt hat: Seine philosophischen und literarischen Arbeiten veröffentlichte Hausdorff unter dem Namen Paul Mongré (nach frz. ›à mon gré‹, ›nach meinem Belieben‹). Ob sich diese Entscheidung für ihn allein aus der Sache selbst ergeben hat oder ob er auch mit Blick auf seine durch sein Judentum ohnehin erschwerte Universitätslaufbahn auf eine außerwissenschaftliche Tätigkeit unter seinem eigenen Namen verzichtet hat, ist letztlich nicht zu klären;[1] in jedem Fall wird das Übertreten der Grenze zwischen den Bereichen durch die Verwendung des Pseudonyms gerade nicht zum Prinzip, sondern beides soll jeweils für sich stehen. Die wissenschaftshistorischen Bedingungen dieser ›Doppelexistenz‹ (S. 1), etwa die Frage nach dem Verhältnis von Wissenschaft und Literatur im 19. Jahrhundert und nach der Teilung in ›Zwei Kulturen‹ (C. P. Snow), stehen entsprechend am Beginn von Friedrich Vollhardts Einleitung, die im Anschluß wesentliche Leitgedanken des vorliegenden Werks vorstellt und geschichtlich einordnet.

Bei der Lektüre von Hausdorffs literarischen Schriften wird deutlich, daß die Trennung zwischen dem Mathematiker und dem Literaten zugleich ernst zu nehmen und kritisch zu hinterfragen ist. Sie ist insofern gültig, als dem literarischen Werk keine ›mathematisierte‹ Poetologie zugrundeliegt, deren Ziel es beispielsweise wäre, formallogische Strukturen auf die Dichtung zu übertragen. In dem Essay *Sprachkritik* (1903), in dem er sich mit Fritz Mauthner auseinandersetzt, wendet er sich explizit gegen eine Auffassung von der Mathematik als Sprache:

> Ist Sprechen und Denken dasselbe, so muß man entweder Zahlen, Symbole, Formeln zur Sprache rechnen oder der geistigen Tätigkeit des Mathematikers den Titel Denken vorenthalten, der bei Mauthner ja nicht einmal ein Ehrentitel ist. […] Wir haben vorhin in der Mathematik ein Beispiel sprachlosen Denkens, neologischen, nicht tautologischen Denkens genannt, das zu widerlegen der Sprachkritik aufgegeben sei, wenn sie zugleich Vernunftkritik und mehr als diese sein will. (S. 577f.)

Zugleich wird die Trennung zwischen Hausdorff und Mongré überschritten, vor allem in den Essays, in denen Begriffe aus der Mathematik als Metaphern und Analogien eingesetzt werden. Im essayistischen Schaffen ist die Literatur, die Friedrich Vollhardt als »eine Phase der intellektuellen Orientierung, die der bahnbrechenden mathematischen Arbeit vorausgeht« (S. 2) charakterisiert, zugleich besonders eng mit der Philosophie verbunden, denn Hausdorff läßt diese beiden Bereiche in der Tradition Nietzsches ineinander übergehen. So endet

---

[1]   Vgl. Friedrich Vollhardt: »Von der Sozialgeschichte zur Kulturwissenschaft? Die literarisch-essayistischen Schriften des Mathematikers Felix Hausdorff (1868–1942): Vorläufige Bemerkungen in systematischer Absicht«, in: *Nach der Sozialgeschichte. Konzepte für eine Literaturwissenschaft zwischen Historischer Anthropologie, Kulturgeschichte und Medientheorie*, hg. v. Martin Huber u. Gerhard Lauer. Tübingen 2000, S. 551–573, hier S. 560.

etwa die philosophische Schrift *Sant'Ilario. Gedanken aus der Landschaft Zarathustras* (1897) mit Sonetten und Rondels,[2] wohingegen viele der dem literarischen Werk zugeordneten Essays philosophische Fragestellungen behandeln. Dabei greift er nicht selten auf mathematische Bilder zurück, etwa in *Massenglück und Einzelglück* (1898): »Daß die Mittel und Wege, die erzieherischen Fictionen einer Ethik durch das Gebiet des Imaginären führen, ist vielleicht nicht zu vermeiden; aber ihre Ziele und Zwecke, das verlangen wir, müssen im Realen liegen.« (S. 275) Die Mathematik dient hier als freies Material, aus dem assoziativ Bilder komponiert werden: Hausdorff folgt dem historischen Benennungsvorgang der imaginären Zahlen als der ›eingebildeten‹ Lösungen von Gleichungen wie $x^2 = -1$, um sie dem ›Realen‹ gegenüberzustellen, das er entsprechend mit den reellen Zahlen verbindet.

Auf diese mathematisch-literarische Bildersprache ist unter anderem zu achten, wenn es um die Frage nach der Rolle des dichterischen Schaffens innerhalb von Hausdorffs Gesamtwerk geht. Entsprechend umfangreich fällt der Kommentarteil aus, der sich mit großer Konsequenz an die in der Einleitung angesprochenen »Leser aus ganz unterschiedlichen Disziplinen« (S. 1) wendet: In den Erläuterungen wird eine halbseitige Begriffsbestimmung der literarischen Romantik ebenso gegeben wie eine Erklärung des mathematischen Kontinuums oder der projektiven Geometrie. Daß die Stellenkommentare dabei zwangsläufig so verfaßt sind, daß sie der Laie vermutlich immer noch zu komplex und der jeweilige Fachwissenschaftler zu einfach finden wird, ergibt sich als unvermeidliche Konsequenz aus diesem Ansatz, die Disziplinen überhaupt miteinander ins Gespräch über einen Autor zu bringen. Dort, wo Hausdorffs Werk intertextuelle Anspielungen enthält, beschränken sich die Editoren daher auch nicht darauf, die Quelle zu nennen, sondern zitieren meist auch den unmittelbaren Kontext. Bei einer Werkausgabe, die ihrem Ansatz nach in ganz verschiedenen Institutsbibliotheken zu finden sein wird, folgt daraus ein nicht zu unterschätzender praktischer Nutzen.

In seinen Essays – in denen verschiedene Themen und Motive aus den Gedichten und dem Einakter als verbindende Leitgedanken wiederkehren, so beispielsweise der Schmetterling oder das Duellwesen des ausgehenden 19. Jahrhunderts – setzt sich Hausdorff mit philosophischen Themen wie *Tod und Wiederkunft* (1899) ebenso auseinander wie mit den empfundenen inneren Widersprüchen des modernen Menschen (*Das unreinliche Jahrhundert*, 1898). Dabei nimmt er die Mathematik stets als Bildungswissen ernst und kritisiert

---

[2]   Vgl. dazu auch beispielsweise die Hinweise Egbert Brieskorns zu Mongrés Gedicht »Unendliche Melodie«, das das Wagnersche Motiv in den Kontext mathematischer Symbolik stellt. Egbert Brieskorn: »Felix Hausdorff – Elemente einer Biographie«, in: *Felix Hausdorff – Paul Mongré 1868–1942. Ausstellung vom 24. Januar bis 28. Februar 1992 im Mathematischen Institut der Rheinischen Friedrich-Wilhelms-Universität Bonn und Elemente einer Biographie*. Bonn 1992, S. 77–94, hier S. 80.

etwa den Umgang mit ihr im *Blaubuch* von August Strindberg, indem er dessen Mathematiklehrer fiktiv auferstehen und klagen läßt:

> Die Lunge habe ich mir aus dem Brustkasten geredet, und er hat's immer noch nicht verstanden, dieser ewige Quartaner! [...] Noch heute kapiert er nicht, daß man mit Zirkel und Lineal den Kreis nicht quadrieren und einen beliebigen Winkel nicht dreiteilen kann; er zitiert das Handbuch für Ingenieure und mißt die Winkel mit dem Transporteur, dieser kundige Thebaner! Und so was will die Wissenschaft umstürzen, deren ABC er nicht verstanden hat! (S. 694)

Wenn er mit dem ABC der Wissenschaft keinen Spaß versteht, so legt er zugleich Wert auf die Form seiner Darstellung; die Aussage von Paul R. Halmos im Vorwort seiner *Naiven Mengenlehre*, Hausdorffs *Grundzüge der Mengenlehre* seien eine der »schönsten Quellen mengentheoretischen Wissens«,[3] hat durchaus auch in stilistischer Hinsicht ihre Berechtigung.

Die konsequente Einbindung der Mathematik in die Kultur einerseits und sprachlich klare wissenschaftliche Abhandlungen andererseits verknüpfen die beiden Bereiche bereits. Darüber hinaus offenbaren die literarischen Schriften aber auch einen genuin künstlerischen Anspruch, der sich beispielhaft an einer Sammlung von kurzen Texten zeigen läßt, die 1902 unter dem Titel *Der Schleier der Maja* erschien. Die Geschichten und Gleichnisse spielen erkenntnistheoretische Gedanken, die an Hausdorffs philosophische Arbeit *Das Chaos in kosmischer Auslese* (1898) angelehnt sind, poetisch durch. Zusammengehalten werden sie von wiederkehrenden Motiven und Personen wie etwa dem ›Wahrheitssucher‹ und dem ›Zauberer Pythagoras‹. An letzterem zeigt sich, daß sich das mathematische Wissen, indem es Eingang in die Dichtung findet, selbst verändert. Die Figur trägt Züge des historischen Pythagoras von Samos, er hat einen ›Lieblingsschüler‹ (dies eine Anspielung auf die Schule der Pythagoreer) und er wird vom Wahrheitssucher auf die Lehren der pythagoreischen Schule angesprochen, die davon ausging, daß die Verhältnisse natürlicher Zahlen die Ordnung des Kosmos ausdrücken (bis hin zur musikalisch-astronomischen Theorie der Sphärenklänge): »Warum ist die Zahl aller Dinge Meisterin? Warum ist Ordnung in der Welt und Verknüpfung und Harmonie der Sphären und gegenseitiges Bezogensein fremder Willen?« (S. 457) Hausdorffs Pythagoras aber hat, so scheint es, *Das Chaos in kosmischer Auslese* gelesen, denn er erklärt den vom Wahrheitssucher so empfundenen perfekten Weltzusammenhang als Resultat seiner eigenen Erwartungen (›Auslese‹): »Der Zauberer sagte trocken: mein Freund, bei den Ansprüchen, die ihr Menschen an den Kosmos stellt, ist es gewiß, daß er euch kosmisch vorkommt« (ebd.). So weist der literarische Pythagoras die Lehren des historischen Pythagoras zurück.

---

[3] Paul R. Halmos: *Naive Mengenlehre*. Aus dem Amerikanischen übersetzt v. Manfred Armbrust u. Fritz Ostermann. 5. Aufl. Göttingen 1994, S. 7.

Die poetische Behandlung der Philosophie tritt am deutlichsten in dem Gedichtband *Ekstasen* (1900) zutage. Hausdorffs Lyrik ist stark an Vorbilder angelehnt und besitzt teilweise einen epigonal-klassizistischen Ton. Innerhalb ihrer Möglichkeiten entwickelt sie dabei durchaus ein eigenes künstlerisches Programm, in das die philosophischen Gedanken eingeordnet werden. In dem in den *Ekstasen* enthaltenen Zyklus »Falterflüge« greift er das alte Motiv des Schmetterlings als Symbol für die Wiedergeburt und das ewige Leben auf und deutet es neu im Kontext einer von Nietzsche entlehnten Begriffswelt: »Wer die Menschen einst fliegen lehrt, der hat alle Grenzsteine verrückt«, heißt es in *Also sprach Zarathustra*, und: »wer einst fliegen lernen will, der muss erst stehn und gehen und laufen und klettern und tanzen lernen: – man erfliegt das Fliegen nicht!«[4] Hier knüpfen Hausdorffs Gedichte an: Ihr lyrisches Ich ist der Falter, der in der Tradition des Lehrgedichts über das Fliegen spricht. Im Auftaktgedicht »Den Ungeflügelten« setzt er den menschlichen Kunst- und Ausdrucksformen das (transitiv auf das Glück bezogene) Fliegen entgegen:

> Ich fliege mein Glück [...]
> Die ihr Glück singen und sagen und tanzen,
> Ich neide sie nicht,
> Nicht ihr erdgebundenes Glück. (S. 43)

Zugunsten der Identität des Falters mit dem ›geflogenen Glück‹ wird, im Sinne der Metaphysikkritik in Hausdorffs philosophischen Schriften, der Glaube an die im Schmetterling verkörperte auferstandene Seele zurückgewiesen (»Ein buntes Glück auf Falterflügeln / Nennt Ihr Seele [...] wie träumt ihr falsch! / Nicht reinere Seele bin ich als ihr, / Nur reinerer leichterer Leib!«, S. 44), ehe in dem Gedicht »Im Walde« der kategorische Unterschied von Schmetterling und Mensch in einem modernen Höhlengleichnis beschrieben wird: Die Sonne kann die Menschen nur dann an ihrem Glanz teilhaben lassen, wenn sie durch Hindernisse fällt:

> Mußt Klippen umbranden und Wehre durchbrechen [...]
> Durch sperrendes Laub dein Feuer versprühen,
> Aus Schatten sie lehren dein Licht zu *erschließen*.

Dem ›Lichtverliebten‹ dagegen gelingt der direkte Blick:

> In Meeren des Lichts aber bin ich heim
> Und liebe die Sonne, die neidlos herrscht,
> Zu hoch über störrischem Waldesdunkel. (S. 47f.)

Die entscheidende Volte des Zyklus besteht darin, daß es nicht bei dieser Distanz bleibt, sondern die Kunst als die Möglichkeit einer Vermittlung erscheint.

---

[4] Friedrich Nietzsche: *Werke. Kritische Gesamtausgabe*, hg. v. Giorgio Colli u. Mazzino Montinari. Bd. VI, 1: *Also sprach Zarathustra. Ein Buch für alle und Keinen.* Berlin 1968, S. 238 u. 240.

In dem (bereits im Titel ebenfalls auf Nietzsche verweisenden) Gedicht »Den höheren Menschen« wendet sich das lyrische Ich an die »Künstler, Alleskönner!«, deren Werke zum Mittel der Transformation werden:

> Viel buntes wildes Blühen
> Gebt Schmetterlingen ihr zu schaun,
> Manch überhimmlisches Blau [...]
> Wer würde hier nicht Schmetterling,
> Wem wüchsen Fühler nicht und hundert Augen [...]
> Wer lernte nicht, mit wetteifernder Pracht
> Den eignen Flügel erleuchtend,
> Vom Schauen zum Schaffen gewandt,
> Am eignen Leibe formend, färbend,
> Nicht Zeuge mehr, nun Zeugender. (S. 52)

Das Gedicht reflektiert damit sein eigenes Entstehen. Hausdorff fragt sich: ›Wie kann ich aus der Sicht des Schmetterlings sprechen?‹, und er gibt die Antwort: weil die Kunst – vermöge der Wirkung auf Rezipienten, die ins Schaffen mündet – den Schmetterling hervorbringt:

> Ihr könnet schaffen,
> Ihr höheren Menschen, Alleskönner:
> Nun schufet ihr auch den Schaffenden. (S. 53)

Vor diesem Zusammenhang bilden auch die ersten Verse des abschließenden Gedichts (das, abermals mit Nietzsche, »Dem Geist der Schwere« gewidmet ist) weniger eine philosophische Aussage, sondern zeugen als poetologische Aussage vom ernst gemeinten künstlerischen Anspruch des literarischen Werks, das es mit der vorliegenden Edition zu erkunden gilt:

> Ihr könnt nicht fliegen? Es längst zu lernen
> Gab ich euch Zeit und Rat:
> In Liedern, leicht und schwebend,
> – Ich sang sie nicht,
> Mein Flügel flatterte sie –
> That ich mein bestes Wissen auf:
> Hörtet ihr besser zu,
> Euch wuchsen Flügel an Armes Statt. (S. 90)

Michael Woll

Scheibe, Erhard: Die Philosophie der Physiker. Beck, München 2006, 368 S., geb., 29,90 €.–.

Scheibe nennt sein Buch mit Bedacht *Die Philosophie der Physiker* – nicht etwa ›Die Philosophie der Physik‹. Denn was er behandelt, sind »die von Physikern einer bestimmten Epoche geäußerten Gedanken philosophischen Inhalts, die gleichwohl in einem wesentliche Zusammenhang mit der Physik stehen«, wie er gleich zu Beginn der Einleitung festhält (S. 9). Er behandelt also auch nicht Philosophen, die einmal Physiker waren, wie etwa Hilary Putnam, sondern gerade das, was Physiker als Physiker zu den philosophischen Fragen ihrer Zunft zu sagen haben. Unter diesem Gesichtspunkt zweifelt Scheibe sogar daran, ob C. F. v. Weizsäcker in diesen Zusammenhang gehört, der doch längere Zeit einen philosophischen Lehrstuhl (in Hamburg) innehatte, also nicht nur als Physiker philosophiert hat. Scheibe behandelt aber schließlich doch seine Philosophie ausführlich, so weit sie sich mit Physik beschäftigt, denn zweifellos kann Weizsäcker da auch als Physiker mit Autorität mitreden.

Man mag sich fragen, ob ein so eng eingegrenztes Thema überhaupt genug hergibt für ein ganzes Buch von immerhin 367 Seiten. Scheibes Buch beantwortet diese Frage: Der Stoff zu diesem Thema ist so umfangreich, daß Scheibe an verschiedenen Stellen die Darstellung abbrechen muß, weil sie den Rahmen seiner Untersuchung sprengen würde.

Noch bis zur Mitte des 19. Jahrhunderts wäre eine solche Untersuchung zu unergiebig gewesen. Man meinte zu wissen, daß die Physik die Welt so beschreibt, wie sie ist, in vielen Aspekten genauer und umfangreicher, als es die Alltagssprache kann, aber nicht wesentlich verschieden. Und man freute sich an den technischen Möglichkeiten, welche die Physik der wachsenden Industrie erschloß. Von Max Planck wird berichtet, er habe sich im Jahr 1874 von dem Physiker Philipp von Jolly in München für sein Studium beraten lassen; Jolly habe ihm abgeraten, Physik zu studieren, da nach seiner Ansicht in dieser Wissenschaft schon fast alles erforscht sei, und es gelte, nur noch einige unbedeutende Lücken zu schließen. – Gerade Max Planck war es dann gegeben, diese Voraussage Lügen zu strafen!

Erst als die physikalische Theorie weit genug fortgeschritten war, um dieses schlichte Bild ihrer Rolle zu überholen, tauchten plötzlich Probleme auf, die genuin philosophisch erschienen.

Scheibe bemerkt, daß sich das Verhältnis von Physik und Philosophie – das im Gefolge der idealistischen und romantischen Naturphilosophie völlig zerrüttet schien – zu bessern beginnt, etwa in der zweiten Hälfte des 19. Jahrhunderts, aber »nicht etwa in dem Sinn gebessert, daß die maßgeblichen Physiker mit den maßgeblichen Philosophen in einen Dialog eingetreten wären. […] Vielmehr sind die Physiker in einem gänzlich unakademischen Sinne Philosophen geworden. Sie haben selbst angefangen zu philosophieren, und sie sind dazu veranlaßt worden durch die von ihnen selbst gesteuerte Entwicklung ihrer Wissenschaft. Diese Entwicklung war *revolutionär* vor allem durch die Schaffung der *Quantenmechanik* (1927) und vorher schon der beiden *Relativitätstheorien* (1905 und 1916).«

Tatsächlich begann die Verunsicherung der Physiker schon viel früher. Die von Scheibe genannten Daten bezeichnen nur jeweils die Vollendung der revolutionären Theorien. Dieser Vollendung war ein langer Weg des Zweifels, der Enttäuschung und Unsicherheit vorangegangen, auf dem die fortschrittsoptimistische Zuversicht eines Jolly längst verlorengegangen war. In der Physik vollzog sich dieser Prozeß, der dem ganze Gebäude des ›Es ist erreicht!‹ den Boden entzog, schon lange Zeit vor der Katastrophe des Weltkriegs, die diesen Boden auch allen anderen Lebensäußerungen des alten Europa entzog.

Scheibe beginnt dementsprechend die Schilderung des Weges der Physiker zur Philosophie lang vor der Formulierung der revolutionären Theorien, nämlich mit philosophischen Überlegungen am Ende des 19. Jahrhunderts, etwa von Ernst Mach oder Henri Poincaré, zur Rolle der Physik bei der Beschreibung von Wirklichkeit. In diesen Überlegungen kündigt sich schon die Entwicklung an, die schließlich in den von Scheibe angegebenen Jahren in der Formulierung der ›revolutionären‹ Theorien kulminiert. Deren Formulierung, vor allem die der Quantenmechanik im Jahr 1925/26, wurde von allen, die in diesem Prozeß mitdenken konnten, als eine endliche Erlösung aus der langen Unsicherheit und Verzweiflung empfunden.

Scheibe illustriert die Tatsche, daß die philosophische Bedeutung der revolutionären physikalischen Theorien schon früh auch außerhalb der Welt der Physiker wahrgenommen worden ist, durch ein Zitat, das Adolf von Harnack zugeschrieben wird: »Man klagt drüber, daß unsere Generation keine Philosophen habe. Mit Unrecht: Die Philosophen sitzen jetzt nur in der anderen Fakultät, sie heißen Planck und Einstein.«

Scheibes Schilderung folgt nicht der historischen Entwicklung. Vielmehr behandelt er in den zehn Kapiteln des Buchs verschiedene Aspekte unter systematischem Gesichtspunkt. – Der Skopus von Scheibes Buch bedingt, daß die Argumentation stark von physikalischen Überlegungen und Beispielen durchsetzt ist, denn es geht ja um Philosophie, wie sie Physiker im Rahmen ihrer Tätigkeit als Physiker betreiben. Das ändert aber nichts daran, daß die Überlegungen Themen betreffen, die gerade nicht speziell physikalisch sind, auch wenn sie auf den ersten Blick in physikalischem Gewand daherkommen. Ich will das in einem kurzen Durchgang durch die Themen des Buchs beleuchten.

Zunächst (Kap. I) thematisiert Scheibe die im Buchtitel angedeutete Frage: Was hat die ›Philosophie der Physiker‹ mit Philosophie zu tun? Was mit der traditionellen Philosophie (A), was mit der zeitgenössischen Philosophie (B), und dabei insbesondere mit der Wissenschaftstheorie (C)? Seine Antwort auf diese Fragen verdeutlicht zunächst vor allem die Entfremdung zwischen den Disziplinen. Darauf weist schon das Motto des Kapitels hin: »Nichts kommt der Ignoranz moderner Philosophen in Sachen der Naturwissenschaft gleich, außer der Ignoranz moderner Wissenschaftler in Sachen Philosophie.« (E. H. Gilson)

Klassische Philosophie war den Physikern keine Hilfe, denn die Probleme der modernen Physik waren in der philosophischen Tradition unbekannt. Und mit den zeitgenössischen professionellen Philosophen ging es den Physikern nicht viel besser, denn denen war – mit wenigen Ausnahmen – die neue Physik viel zu schwierig, als daß sie sich darauf hätten einlassen können. Löbliche Ausnahme ist Ernst Cassirer, der sich in zwei großen Aufsätzen zur Relativitätstheorie (1921) und zur Quantenmechanik (1936) geäußert hat.

Aber auch mit der Wissenschaftstheorie ging es den Physikern nicht besser: Anders als ihr Name vermuten läßt, befaßte sich dieser Spezialzweig der Philosophie nicht theoretisch mit (den Grundlagen) der Wissenschaft, sondern man kann den Ursprung, den ›Wiener Kreis‹, etwas salopp, eher als einen Klub von unverschämt selbstbewußten jungen Männern bezeichnen, die auszogen, die Philosophie nach dem Muster der Naturwissenschaft neu zu erfinden. Richtiger wird diese Philosophie wohl als ›Logischer Empirismus‹ bezeichnet. Jedenfalls hatten die meisten Physiker den Eindruck, daß die Wissenschaftstheoretiker von der Physik zu wenig verstanden, als daß sie dort hätten mitreden können. Tatsächlich haben die Vertreter des ›Logischen Empirismus‹ sich lange Zeit vor allem mit den ›klassischen‹ physikalischen Theorien beschäftigt, bei denen wenigstens eine Aussicht bestand, daß ihre Analyse den erwünschten Grad von logischer Präzision erreichen werde. – In neuerer Zeit gibt es allerdings auch eindruckvolle Analysen sowohl der Allgemeinen Relativitätstheorie wie auch der Quantenmechanik und Quantenfeldtheorie von Wissenschaftstheoretikern.

Scheibe erörtert die erweiterte Periode der ›Revolution‹ in der Physik durch Relativitätstheorie und Quantenmechanik. Er gibt in der Einleitung eine Tabelle der behandelten philosophierenden Physiker. Deren Geburtsjahr liegt zwischen 1821 (Hermann von Helmholtz) und 1918 (Günther Ludwig); heute lebt keiner mehr von ihnen. Die ältesten dieser Physiker haben die revolutionären Theorien nicht mehr erlebt. Es ist Scheibe aber wichtig, auch die Diskussionen zu erörtern, in denen man die Wurzeln der revolutionären Entwicklung finden kann.

Scheibe nennt zwei Fragen, die für die weitere Entwicklung entscheidend waren: Die Fragen nach den Atomen und nach dem Feldbegriff.

Die Vorstellung von Atomen gab es schon in der Antike. Jede Erörterung von Atomen nennt Leukipp und Demokrit. Naturwissenschaftlich behandelbar wurden sie erst durch die Chemie um 1800. Da aber Atome nicht einzeln sichtbar oder greifbar waren, entwickelte sich ein Disput darüber, für wie ›real‹ man Atome ansehen sollte. Dieser Disput belebte eine sehr allgemeine Diskussion über die ›Realität der Außenwelt‹, die Scheibe in einem eigenen Kapitel (II) behandelt, illustriert vor allem an einem Streit zwischen Ernst Mach und Max

Planck. Scheibe schildert den Streit sehr detailliert; man sieht an dieser Schilderung sehr schön, wie zwei Gelehrte, die sich beide eigentlich ›nur‹ als Physiker verstehen, gerade über fundamentale philosophische Positionen erbittert streiten. Planck vertritt dabei die Position des ›produktiven‹ Physikers (wie Sommerfeld den Streit später charakterisiert), der die Realität der Atome selbstverständlich unterstellt, damit nicht durch merkwürdige Zweifel die Forschung im Hervorbringen von Früchten gehemmt wird. Mach dagegen sei der ›reflektierende‹ Physiker (Sommerfeld), dem an der philosophischen Durchdringung der Ergebnisse liegt. Nach Mach sind alle Gegenstände nur ›denkökonomische‹ Zusammenfassungen von Empfindungen, welche das Elementare der Wirklichkeit seien; und an dem Atombegriff fand er das besonders gut illustrierbar. Mach soll an seiner Auffassung, es gebe keine Atome, schwankend geworden sein, als er im Mikroskop die Brownsche Bewegung gesehen hatte – eine Art Zitterbewegung von extrem kleinen Partikeln in einer Flüssigkeit, welche auf die Wirkung der Stöße einzelner Atome zurückgeführt wird. Aber das ist wohl eine Erfindung; ein solches Schwanken würde zu Machs Philosophie nicht passen.

Scheibe behandelt in seinem Kapitel III den entsprechenden Streit Machs mit Boltzmann über die Realität der Atome. Er gibt sehr ausführlich die Position Boltzmanns wieder, der weder den ›Realisten‹ bzw. ›Atomisten‹ noch den ›Positivisten‹ ernsthaft zuzurechnen sei. Boltzmann argumentierte vielmehr, daß eine (physikalische) Theorie niemals ohne theoretische Annahmen auskomme, die sich nicht unmittelbar empirisch nachprüfen lassen; und er leitet daraus die Berechtigung ab, Atome als physikalische Gegenstände zu führen. Die Frage, ob Atome darüber hinaus ›existieren‹, interessiere ihn nicht.

Die Diskussion wird ähnlich auch heute geführt, wenn auch nicht über die Realität der Atome, sondern über die Realität solcher Gebilde wie ›Quarks‹: Sie sind Gegenstand einer Theorie, die zugleich besagt, daß Quarks nie separat nachweisbar sein können. Nach der Theorie selber sind also Quarks ein ›rein theoretisches‹ Gebilde. – Soll man so etwas ›real‹ nennen? Die wirklich interessante und eigentlich philosophische Diskussion würde da beginnen, wo man nachfragt, was denn mit ›real‹ gemeint sein kann. Aber gerade die heutige Realismus-Diskussion scheint im allgemeinen so weit nicht vorgedrungen zu sein.

Das nächste Kapitel (IV) widmet Scheibe der Frage der ›Bilder‹, um die zum Ende des 19. Jahrhunderts unter Physikern erbittert gerungen wurde: Handelt die physikalische Theorie von der Wirklichkeit oder handelt sie von Bildern der Wirklichkeit, die dann irgendwie mit den Messungen in Beziehung zu setzen sind? Dahinter steckt zum Teil wieder die schon erwähnte Kontroverse zwischen Atomisten und Vertretern einer Kontinuumstheorie. Die Debatte hat aber für die heutige Diskussion unmittelbare Bedeutung wegen ihrer Verwandtschaft mit der allgemeineren Frage nach der Beziehung zwischen Theorie und Experiment, die auch heute ganz aktuell ist. Scheibe schildert hier noch einmal – köstlich zu lesen – einen Streit Boltzmanns, diesmal mit den ›Energetikern‹, vor allem Willhelm Ostwald. Ausführlicher, und das ist der Kern des Kapitels, beschäftigt er sich mit dem Ansatz von Heinrich Hertz zur ›Richtigkeit‹ von Bildern. Hertz nennt dabei als Kriterium, »daß die denknotwendigen Folgen der Bilder stets wieder die Bilder seien von den naturnotwendigen Folgen der abgebildeten Gegenstände«. Scheibe zeigt dabei ausführlich Parallelen zu späteren Diskussionen auf, insbesondere zu den Theorien Günther Ludwigs. Hier setzt Scheibe allerdings gewisse Kenntnisse physikalischer Begrifflichkeiten voraus; ein darin nicht versierter Leser kann diesen Teil problemlos überspringen. – Schließlich behandelt er noch kurz den von Max Planck eingeführten Begriff des ›physikalischen Weltbilds‹.

Im V. Kapitel geht Scheibe dann – endlich! – direkt den Zusammenhang von Theorie und Erfahrung an. Der Leser ist durch die vorangegangenen Kapitel so gut vorbereitet, daß es ihm keine Schwierigkeiten machen sollte, seiner Argumentation zu folgen. Scheibe bespricht zunächst die ›instrumentalistische‹ Auffassung von Pierre Duhem, die heute in vielen Zusammenhängen auftaucht – wenn auch meistens in der Rolle eines negativen Beispiels. Duhem charakterisiert seine Auffassung, wie Scheibe zitiert, so: »Eine physikalische Theorie ist keine Erklärung. Sie ist ein System mathematischer Lehrsätze, die aus einer kleinen Zahl von Prinzipien abgeleitet werden und den Zweck haben, eine zusammengehörige Gruppe experimenteller Gesetze ebenso einfach wie genau darzustellen.« (S. 121) Duhem verzichtet also ausdrücklich darauf, mit einer physikalischen Theorie klarzumachen, was ›hinter‹ den Phänomenen wirklich steckt, er meint, eine physikalische Theorie könne nicht beanspruchen, das oder irgendetwas sonst zu ›erklären‹. Auch hier ist wieder die philosophische Frage fällig: Was meint man mit ›erklären‹? Diese Frage ist nun sehr ausführlich in der modernen Wissenschaftstheorie diskutiert worden, über lange Zeit und mit heftigen Kontroversen. Ein vielzitiertes Ergebnis ist das ›Hempel-Oppenheim-Schema‹, das festlegt, daß eine (naturwissenschaftliche) Erklärung aus der Angabe eines allgemeinen Gesetzes und der Randbedingungen im zu erklärenden Fall besteht: Wenn aus beiden zusammen das zu erklärende Phänomen abgeleitet werden kann, dann ist es erklärt. – Daß damit Erklärungen aus der biologischen Evolution nicht zusammenpassen, hat zu Problemen der Wissenschaftstheorie mit der Evolutionstheorie geführt.

Aber weiter mit Scheibes Text: Ganz konsequent ist Duhem in seiner Auffassung nicht. Er spricht doch auch wieder von der Wahrheit, welche die Physik dem Physiker zeigen kann. Am Beispiel des Gegensatzes zwischen Kontinuumstheorie und Atomismus, der auch bei Duhem die Hauptrolle spielt, zeigt Scheibe eine moderne Lösung des Problems: Die Einheit der Physik – über den von Duhem propagierten Instrumentalismus hinaus – wird man so wiedergewinnen können, daß man für die genauere Beschreibung im kleinen den Atomismus bevorzugt, für gröbere Beschreibungen eine Kontinuumstheorie (bei der man dann aber wohl dazusagen wird, daß eigentlich der Atomismus die zugrundeliegende ›wahre‹ Theorie ist).

Einen langen Abschnitt widmet Scheibe der deduktiven und induktiven Physik. Dies war ein wichtiger Gegenstand der Diskussionen bis in die Mitte des 20. Jahrhunderts. Es handelt sich, kurz gesagt, um folgendes: Woher können wir wissen, daß unsere Theorien stimmen? – Eine Möglichkeit ist der induktive Schluß: Wir sehen zahlreich Einzelfälle und erschließen aus ihnen das allgemeine Gesetz, das dahinter steht; wenn wir z. B. oft genug schwarze Raben gesehen haben, aber nie Raben einer anderen Farbe, dann schließen wir, daß alle Raben schwarz sind. Zwingend ist dieser Schluß freilich nicht, denn selbst wenn noch nie jemand einen Raben gesehen hätte, der nicht schwarz war, könnte doch schon morgen z. B. ein weißer Rabe auftauchen. Trotzdem kann eine solche Induktion sinnvoll sein, etwa zum Auffinden eines allgemeinen Gesetzes, auch wenn man sich seiner allgemeinen Gültigkeit dadurch allein nicht vergewissern kann. Aus heutiger Sicht müßte man ergänzen: So etwas wie ein induktiver Schluß kommt auch dann vor, wenn man zwischen zwei vorgeschlagenen Theorien unterscheiden will: Wenn es ein Experiment gibt, für dessen Ausgang die beiden Theorien verschiedene Voraussagen machen, dann kann eine einzige Beobachtung ausreichen, um festzustellen, welche von beiden Theorien stimmt.

Ein deduktiver Schluß dagegen ist logisch gewiß. Sofern man also ein Naturgesetz aus Prämissen ableiten kann, die akzeptiert sind, muß auch dieses abgeleitete Gesetz akzeptiert werden. Woher aber hat man solche akzeptierten Prämissen? Man kann sie eventuell aus anderen ableiten, die ihrerseits akzeptiert sind, aber dieses Verfahren hat irgendwo ein Ende; es ist unmöglich, alle Prämissen deduktiv zu rechtfertigen.

Im Kontext moderner Wissenschaftstheorie würde man das Verhältnis vielleicht so charakterisieren: Bei der Aufstellung von Theorien (›context of discovery‹, nach Popper) geht man induktiv vor. Man betrachtet die Phänomene, Meßergebnisse etc. und sucht nach einer Theorie, welche zu diesen Ergebnissen paßt. Einstein nennt in diesem Sinn eine vorgeschlagene Theorie eine freie Schöpfung des menschlichen Geistes. Die Deduktion dagegen würde man eher der Rechtfertigung von Theorien zuordnen (›context of justification‹): Man leitet aus der Theorie meßbare Konsequenzen ab (Deduktion) und schaut nach, ob die Meßergebnisse mit ihnen übereinstimmen. Tun sie das nicht, dann ist die Theorie zu verwerfen. – Bei Scheibe sieht man, wie diese Auffassung sich über viele Zwischenstufen aus der Diskussion der philosophierenden Physiker herausschält. Man muß betonen, daß dieser ›deduktive‹ Teil der Argumentation nicht darin bestehen kann, daß man die Wahrheit der Theorie aus den Experimenten deduziert. Die logische Schlußrichtung ist ja umgekehrt: Man unterstellt, daß die Theorie wahr ist und deduziert Aussagen, die aus dieser Unterstellung folgen. Logisch zulässig ist nur der Schluß, daß die Theorie nicht wahr sein kann, wenn sich eine ihrer Konsequenzen als falsch herausstellt. Popper spricht von der Falsifizierbarkeit empirischer Theorien, im Gegensatz zur Verifizierbarkeit, die logisch ausgeschlossen ist, denn es könnte immer sein, daß man noch Fälle fin-

det, die Konsequenzen der Theorie widersprechen. – Wenn man genauer hin-
schaut, stellt man – wie immer – fest, daß die Dinge noch viel komplizierter
sind, daß z. B. die Falsifizierung auch nicht gewiß ist, denn sie unterstellt die
Wahrheit anderer Theorien, etwa zur Beschreibung der Messung, die genauso-
wenig verifiziert sein können.

Scheibe greift dieses Thema in einem Abschnitt ›Theoriegeladenheit des Experiments‹ auf: Es gibt kaum ›direkte‹ Messungen, bei den meisten Messungen
mißt man eine Größe und schließt daraus auf eine andere. Mißt man etwa die
Temperatur im Raum mit einem Quecksilberthermometer, dann mißt man direkt
allenfalls die Länge der Quecksilbersäule im Glasröhrchen. Daraus schließt man
auf die Temperatur, und wie man das macht, ist Gegenstand einer Theorie. –
Ähnliches gilt praktisch für alle Messungen. Einstein behauptet – in einer berühmten Wiedergabe durch Heisenberg: »vom prinzipiellen Standpunkt aus ist
es ganz falsch, eine Theorie nur auf beobachtbare Größen gründen zu wollen.
Denn es ist ja in Wirklichkeit genau umgekehrt. *Erst die Theorie entscheidet
darüber, was man messen kann.*« Scheibe erläutert das sehr einprägsam an Beispielen – auch aus den Diskussionen zu Anfang des 20. Jahrhunderts.

Eine Sonderstellung in dieser Diskussion hat Henri Poincaré, der mit seinem
Konventionalismus auch in der gegenwärtigen Situation oft wieder herangezogen wird. Nach Poincaré sind die geometrischen Axiome »weder synthetische
Urteile a priori noch experimentelle Tatsachen. Es sind auf Übereinkommen
beruhende Festsetzungen... Mit anderen Worten, die geometrischen Axiome
sind nur verkleidete Definitionen.« (S. 150) – Scheibe nutzt die Gelegenheit der
Darstellung von Poincarés Konventionalismus, um das Problem der Beziehung
von mathematischer Darstellung und Messung noch einmal ausführlich anhand
der verschiedenen Geometrien zu erörtern. Das ist besonders verdienstvoll, da
diese Diskussion heute wieder sehr intensiv aus Anlaß der Allgemeinen Relativitätstheorie geführt wird. Hier kommt auch Duhems ›Holismus‹ zur Sprache, der
später von Quine wieder aufgenommen wurde, nämlich die Ansicht, daß naturwissenschaftliche Theorien sich nur als ganze empirisch prüfen lassen, nicht
aber einzelne ›Naturgesetze‹; denn die sind – kurz gesagt – immer so stark in
den Zusammenhang der Theorie eingebettet, daß man den Widerspruch zum
Experiment auch durch Änderungen an anderer Stelle beseitigen kann.

Das nächste Kapitel (VI) behandelt nun die erste der ›revolutionären‹ Theori-
en, die Relativitätstheorie. Dabei steht, verdientermaßen, die Person Albert Einsteins im Vordergrund. Einstein wandelt sich – laut Scheibe – im Lauf des Lebens vom Positivisten zum Rationalisten. Den Grund seiner Freude an der
Naturwissenschaft formuliert er so: »so erlebt man gewissermaßen, daß selbst
Gott jene Zusammenhänge nicht anders hätte festlegen können, als sie tatsächlich sind, ebensowenig, als es in seiner Macht gelegen wäre, die Zahl 4 zu einer
Primzahl zu machen. Dies ist das prometheische Element des wissenschaftlichen
Erlebens, welches in obigem Schulausdruck ›logische Einheitlichkeit‹ eingekap-

selt ist.« (S. 171) Dies ist Einsteins Faszination, und es ist, in philosophischen Termini, ganz sicher Rationalismus.

Scheibe diskutiert zunächst die Spezielle Relativitätstheorie. Dabei betont er, daß Einsteins Leistung vor allem begrifflich-philosophisch war, nämlich seine Erkenntnis, daß die Einführung der Gleichzeitigkeit von Ereignissen an verschiedenen Orten eine Sache der Definition ist – anders jedenfalls als bei Kant. Scheibe schließt daran eine sehr lesenswerte Betrachtung darüber an, was hier Konvention überhaupt heißen kann, was also gefunden und was erfunden ist in der Physik.

In der Diskussion der Allgemeinen Relativitätstheorie (ART) betritt Scheibe nun aber ein sehr viel schwierigeres Terrain. Er betont, daß – im Gegensatz zur Speziellen Relativitätstheorie – die ART seit Einstein eine komplexe Weiterentwicklung erfahren hat, die er zu schildern unternimmt. Dem schickt er voraus, daß Einstein selber seine Theorie als unvollständig schildert; sie zu einer umfassenden Physik zu vervollständigen, war sein Bemühen für den Rest seines Lebens – aber das ist ihm nicht gelungen. Scheibe klassifiziert zunächst die Kritiken an Einstein und die Bearbeitungen seiner Theorie. Ihm ist aber vor allem der begriffliche Zusammenhang wichtig, in dem die ART entstanden ist, nämlich nicht – wie es wissenschaftstheoretisch sozusagen Standard wäre – aus einem nicht-erklärlichen empirischen Befund, sondern »zur Beseitigung einer Reihe rein *theoretischer Mißstände*« (S. 184), wie Scheibe schreibt. Das betrifft vor allem die Tatsache, daß die Newtonsche Gravitationstheorie ebensowenig wie die Newtonsche Mechanik mit der Speziellen Relativitätstheorie zusammenpaßt. Die Suche nach einer ›relativistisch invarianten‹ Gravitationstheorie hatte auch alsbald nach der Veröffentlichung der Speziellen Relativitätstheorie begonnen. Einstein ging aber einen ganz anderen Weg, indem er die gerade von ihm selbst erfundene Spezielle Relativitätstheorie wieder in Frage stellte. Dabei spielte für ihn die Gleichheit von träger und schwerer Masse eine entscheidende Rolle, die schon lang bekannt und mit unglaublicher Präzision empirisch bestätigt war, die aber bis dahin nur als ein erstaunliches Kuriosum angesehen werden konnte. Einstein hat dieses Phänomen als das ›Äquivalenzprinzip‹ an die Spitze seiner Überlegungen gestellt, mit der Illustration, die heute in jedem Schulbuch zu finden ist: In einem frei fallenden Aufzug (oder moderner: in einer frei durch den Raum fliegenden Rakete) ist auch die Schwerkraft aufgehoben. Einstein legt seiner Theorie die Annahme zugrunde, daß Schwerkraft und Beschleunigung (im kleinen) nicht nur empirisch ununterscheidbar sind, sondern daß sie auch theoretisch dasselbe sein sollten (S. 186). Scheibe schildert dann sehr detailliert und gut verständlich, wie Einstein nach einer Theorie gesucht hat, in der beliebig bewegte Bezugssysteme gleichberechtigt zur Beschreibung der Wirklichkeit sind, und verfolgt die weitere philosophische Diskussion der ART. Er schildert dann Einsteins Diskussionen mit philosophischen Zeitgenossen, etwa Reichenbach und Schlick, und deren Auseinandersetzung mit der Philosophie Kants im Lichte der neuen Physik.

Im nächsten Kapitel (VII) nähert sich Scheibe schon etwas mehr den Problemen der Quantenmechanik. Es handelt von Kausalität, Determinismus und Wahrscheinlichkeit. Mehr als der praktizierende Physiker vermuten würde, hängen nämlich die begrifflichen Probleme der Quantenmechanik direkt mit jenen Begriffen zusammen. Die Diskussion der Begriffe setzt aber schon ein, bevor die Verwandtschaft mit den Problemen der Quantenmechanik Thema wird. Scheibe beginnt die Erörterung der Kausalität schon bei Galilei und betont dabei die (spätere) Unterscheidung zwischen der deterministischen ›Ereigniskausalität‹ und der nicht deterministischen ›Unfall-Kausalität‹. Erstere wird in Aussagen der Physik abgeschlossener Systeme beschrieben, z. B. in der klassischen Mechanik. Das sind solche Systeme, die weder Energie noch Materie mit der Umgebung austauschen und daher physikalisch im Prinzip so dargestellt werden können, daß aus einem Zustand zu einer Zeit die Zustände zu späteren Zeiten folgen: Ursache und Wirkung. Laplace hat sie in dem klassischen Bild seines übermenschlichen ›Intelligenz‹-Wesens beschrieben: Wer über vollständige Kenntnis der Welt (die er als abgeschlossenes System ansah) verfügte, könnte alle Zustände in Vergangenheit und Zukunft vollständig berechnen, sie lägen »gegenwärtig vor seinen Augen«. Allerdings wäre es in dieser Situation der Zeitlosigkeit problematisch, noch zwischen Ursachen und Wirkungen zu unterscheiden. – Einleuchtend ist die Unterscheidung von Ursache und Wirkung eher in praktischen Situationen, etwa wenn ein Blitzschlag die Ursache ist, daß ein Haus abbrennt. Physikalisch würde man das beschreiben als die Einwirkung einer ›Störung‹ auf ein sonst abgeschlossenes System, also als etwas, das nicht ursprünglich zur Beschreibung des Systems gehört – daher ›Unfall‹-Kausalität. Diese Art von Kausalität ist also gerade nicht fundamental für die Physik. – Man darf insgesamt also bezweifeln, daß Kausalität zu den unabdingbaren Grundbegriffen der Physik zählt.

In der modernen Physik haben sich Wahrscheinlichkeitsaussagen zunehmend als wichtig erwiesen. Zunächst konnte man die Thermodynamik auf die Mechanik der Moleküle zurückführen, indem man deren Bewegung ›statistisch‹, also mit Wahrscheinlichkeiten beschrieb. Dabei konnte man immer noch annehmen, daß ›an sich‹ oder ›in Wirklichkeit‹ die Bewegung der Moleküle determiniert sei, die statistische Beschreibung nur wegen unserer Unfähigkeit, die genaue Beschreibung zu geben, notwendig sei. Bei der Quantenmechanik geht das – jedenfalls nach Meinung der Mehrheit der Fachleute – nicht mehr, so daß da die Wahrscheinlichkeit eine zentrale Rolle spielt. – Scheibe schildert diese Diskussion anhand der historischen Entwicklung lesbar und souverän und so, daß der Leser historische Details mit Vergnügen wahrnimmt.

Die Diskussion der Quantenmechanik (Kap. VIII) beginnt Scheibe mit der ›Kopenhagener Schule‹. Er sagt, die Quantenmechanik habe das Philosophieren der Physiker in besonderem Maß herausgefordert – was, möchte ich ergänzen, nicht verwundert bei der gänzlich anderen Struktur der Quantenmechanik im

Vergleich zu den übrigen, dann ›klassisch‹ genannten Theorien. Die ›Kopenhagener Deutung‹ der Quantenmechanik hebt Scheibe hervor, da sie anfangs und auch bis heute die herrschende sei (er nennt sie später, wie viele Wissenschaftstheoretiker, ›Orthodoxie‹) – wenn es auch von Anfang an Gegner gegeben habe. Er weist gleich auf die begrifflichen Hauptprobleme der Quantenmechanik hin, nämlich daß sie ›irreduzibel‹ Wahrscheinlichkeit enthalte und sich darin von allen klassischen Theorien unterscheide, und daß sie andererseits, um eine eindeutige Beschreibung zu ermöglichen, auf Elemente der klassischen Physik zurückgreifen müsse – die doch gerade gemäß der Quantenmechanik genaugenommen falsch ist. Inwieweit diese – als richtig anerkannte – physikalische Theorie die Wirklichkeit beschreibt, wie man das doch unmittelbar von Physik erwarten würde, wird dann zu einem schwierigen Problem. Niels Bohr gibt seine grundlegende Einstellung ganz eindeutig in der Formulierung an, die Scheibe zitiert: »Es gibt keine Quantenwelt. Es gibt nur eine quantenphysikalische Beschreibung. Es ist falsch zu denken, es sei die Aufgabe der Physik herauszufinden, wie die Natur *ist*. Die Physik geht allein an, was wir über die Natur sagen können.« (S. 247)

Daß die Quantenmechanik die zentrale Stelle in Scheibes Untersuchung einnehmen muß, kann man schon aus der Tatsache entnehmen, daß es für ihre Interpretation verschiedene Schulen gibt – u. a. eben die ›Kopenhagener Schule‹. Es gibt auch sonst in der Physik Schulbildung. Die betrifft aber normalerweise ungelöste Rätsel im Fortgang der Forschung, und die Schulen lösen sich auf, wenn eine einfache, empirisch bestätigte Theorie für das vormalige Rätsel gefunden ist. In der Quantenmechanik hat man aber, physikalisch gesehen, eine einfache, milliardenfach bewährte Theorie, an deren Wahrheit niemand im Ernst zweifelt. Die Diskussion, die zur Schulenbildung führt, betrifft ausschließlich die ›philosophischen‹ Fragen, welche diese physikalische Theorie aufwirft.

Scheibe diskutiert nun einige Einzelheiten dieser Quantenmechanik. Er stellt u. a. fest, daß ihr Indeterminismus nicht auf der Hand liegt. Denn die Entwicklung des betrachteten Objekts – die ›Dynamik‹ – wird deterministisch und reversibel beschrieben, ganz wie in der klassischen Mechanik oder Elektrodynamik auch. Der Indeterminismus der Quantenmechanik kommt dadurch zustande, daß der Zustand, den die Dynamik beschreibt, nicht die Eigenschaften des betrachteten Objekt angibt, sondern zu jeder Eigenschaft die Wahrscheinlichkeit dafür, sie beim Messen zu finden. Und diese Wahrscheinlichkeit ist im allgemeinen irgendwo zwischen 0 und 1, was bedeutet, daß das vorausgesagte Ergebnis mit der entsprechenden relativen Häufigkeit eintritt, also manchmal ja, manchmal nicht. Obwohl also die Entwicklung des Zustands deterministisch beschrieben wird, lassen sich die künftigen Eigenschaften nur statistisch voraussagen, und zwar irreduzibel nur statistisch. Scheibe erläutert bei dieser Gelegenheit die Besonderheiten, die sich daraus für die Quantenmechanik ergeben – in der in diesem Buch schon bewährten historischen Manier. Dazu gehört die Unterscheidung von zwei Arten von Wahrscheinlichkeit, nämlich eine erste, die schon aus der klassischen Physik bekannt ist und als Grad der Kenntnis über den ›wahren‹ Zustand verstanden werden kann. Dazu kommt aber bei der Quantenmechanik eine zweite, spezifisch quantenmechanische Wahrscheinlichkeit, die man nicht so interpretieren kann, weil sie ›irreduzibel‹ auch bei der genauesten möglichen Kenntnis über das betrachtete Objekt erhalten bleibt. Er zitiert u. a. Heisenberg, der von einer ›Tendenz‹, einer ›δύναμισ‹ oder ›potentia‹ spricht, die gemäß der Quantenmechanik in dem Objekt vorhanden ist, die aber auch bei bestmöglicher Kenntnis keine sichere Voraussage erlaubt. Der Indeterminismus der Quantenmechanik führt also dazu, daß man der Wirklichkeit im letzten nicht ›an sich‹ vorhandene Eigenschaften zuschreiben kann.

Viele der als spezifisch quantenmechanisch empfundenen Probleme sind in Wirklichkeit Probleme des Wahrscheinlichkeitsbegriffs. Davon kann man sich in Scheibes weiteren Ausführungen überzeugen, die er mit vielen Zitaten u. a. von Bohr, Schrödinger, Born, Einstein, Pauli, Heisenberg und Weizsäcker illustriert. Das scheint ebenso durch bei der Diskussion der Messung, der Scheibe einen langen Abschnitt widmet. Hier wird auch klar, warum man mit der Quantenmechanik ein Zeitalter ganz neuer Interpretation der Unterscheidung zwischen ›objektiv‹ und ›subjektiv‹ beginnen läßt.

Schließlich diskutiert Scheibe den überkomplexen Begriff der Komplementarität. Er beginnt mit der Bemerkung, daß alle Versuche, diesen Begriff Bohrs in der Sprache anderer Denker auszudrücken, von Bohr regelmäßig abgelehnt worden sind. In diesem Sinn ist Scheibes Diskussion dieses Begriffs per saldo resignativ. Man darf sich daher nicht wundern, daß der Gebrauch des Begriffs ›Komplementarität‹ außerhalb der Physik, der im Anschluß an Bohrs Gebrauch in Mode kam, eher vernebelt als klärt.

Schließlich widmet Scheibe ein weiteres, etwas kürzeres Kapitel (IX) der Kritik an der Kopenhagener Deutung. Dabei beschränkt er sich auf die »frühen Gegner« Einstein und Schrödinger sowie einen Abschnitt über ›Verborgene Parameter‹.

Interessanterweise waren gerade einige derjenigen Physiker, die an der Entwicklung der Quantenmechanik maßgeblich beteiligt waren, mit ihrer ›Kopenhagener Deutung‹ nicht einverstanden. Scheibe führt außer den Genannten auch Planck, Laue, Landé »und andere« an. Unvergleichlich intensiv und bis heute Gegenstand von Untersuchungen ist die berühmte Debatte zwischen den beiden größten Physikern ihrer Zeit, Bohr und Einstein, die sich von etwa 1935 bis zu Einsteins Tod 1955 über 20 Jahre hinzog. Die Debatte wird vorwiegend mit physikalischen Argumenten und Beispielen geführt, aber es geht offenbar um fundamental verschiedene philosophische Einschätzungen dessen, was wir über die Wirklichkeit wissen können und zu erfahren suchen sollen. Nach Einstein ist es die Aufgabe der Physik, das ›Physikalisch-Reale‹ zu erfassen, unabhängig vom Wahrgenommen-Werden. Bohr dagegen hält das gemäß der Quantenmechanik für unmöglich – und findet diese Tatsache auch ganz in Ordnung. Natürlich wird diese Kurzcharakterisierung der Komplexität der Debatte nicht gerecht. Beide, Einstein wie auch Bohr, haben diese Debatte mit höchster Intensität und großer Hochachtung vor dem Gesprächspartner geführt, und sie haben sich nicht einigen können. Diese Debatte, die sicher ein Kernstück der Diskussion über die Quantenmechanik ist, wird nun bei Scheibe in den Anfängen einfühlsam geschildert. Für die Details, schreibt er, müsse er aber auf die Literatur verweisen – die er in einem ausführlichen Verzeichnis angibt.

Schrödingers Einwände gegen die Quantenmechanik sind im Ergebnis ähnlich denen Einsteins, aber sie fußen, wie Scheibe herausarbeitet, auf anderen Fundamenten: Nach Schrödinger ist es ohnehin ein Wunder, daß sich Menschen untereinander verständigen können, und ein umso größeres Wunder, daß sie sich auch noch auf ein objektives Verstehen der Natur verständigen können. Physik will er aber nur akzeptieren, wenn sie diesem Verständigungsziel dient, wenn sie also objektiv und verständlich ist. Beide Forderungen sieht er in der Quantenmechanik – jedenfalls in ihrer ›Kopenhagener‹ Interpretation – verletzt. Er schreibt dazu in seiner letzten Arbeit 1958: »Wir fühlen das Verlangen nach einer vollständigen Beschreibung der materiellen Welt in Raum und Zeit, und wir betrachten es als keineswegs erwiesen, daß dieses Ziel nicht erreicht werden könnte.« (S. 291)

Konkrete Gegenvorschläge gegen die ›Kopenhagener‹ Deutung haben weder Einstein noch Schrödinger gemacht. Das tat aber, beginnend mit einer Arbeit von 1952, David Bohm. Er führte die schon lang diskutierte, aber als unhaltbar angesehene ›Theorie der verborgenen Parameter‹ ein, die jedenfalls formal die indeterministische Quantenmechanik auf eine zugrundeliegende deterministische Theorie zurückführte. Die Bohmsche Theorie ergibt für jede mögliche Messung dieselbe Voraussage wie die Quantenmechanik; sie ist, formal gesehen, nichts als eine etwas transformierte Quantenmechanik. Diese Transformation ermöglicht Bohm aber eine Sprechweise, in der tatsächlich determinierte Orte und Impulse der betrachteten Teilchen vorkommen. Die irreduzible Unbestimmtheit der Meßergebnisse kommt bei Bohm dadurch zustande, daß er eine Anfangsverteilung des gemessenen Ensembles annimmt, das der quantenmechanischen Beschreibung entspricht; es sei prinzipiell unmöglich, diese Unbestimmtheit durch Messung aufzulösen. Außerdem ist nach Bohm nur der Ort eines Teilchens direkt meßbar. Der ›wahre‹ Impuls oder andere ›wahre‹ Größen werden dagegen niemals gemessen, da die Messung selbst laut Bohm den Impulswert verändert. Auch sonst hat die Theorie merkwürdige Eigenschaften, etwa Fernwirkung von Kräften und Überlichtgeschwindigkeit von Teilchen. Scheibe kritisiert vor allem die Tatsache, daß die Größen, die das Objekt ›wirklich‹ charakterisieren, (außer dem Ort) in Messungen gar nicht auftauchen.

In seinem letzten Kapitel (X) kommt Scheibe auf die Entwicklung der Physik und die Diskussion der Entwicklung unter Physikern (und Wissenschaftstheoretikern). Da ist zunächst eine Frage, über die Scheibe selbst intensiv gearbeitet hat: Wie verhalten sich Theorien, die im Prinzip dasselbe Sachgebiet betreffen, untereinander? – Der naiven Annahme, daß der Fortschritt darin bestehe, daß neue Erkenntnisse die bestehende Theorie laufend erweitern und verfeinern, steht eine andere Erfahrung entgegen. Scheibe zitiert dazu eine Äußerung von Boltzmann von 1895:

> Diese Vorstellung ist aber eine irrige, und die Entwicklung der theoretischen Physik war vielmehr stets eine sprungweise. Oft hat man eine Theorie durch Jahrzehnte, ja durch mehr als ein Jahrhundert immer mehr entwickelt, so daß sie ein ziemlich übersichtliches Bild einer bestimmten Klasse von Erscheinungen bot. Da wurden neue Erscheinungen bekannt, die mit dieser Theorie in Widerspruch standen: vergeblich suchte man sie diesen anzupassen. Es entstand ein Kampf zwischen Anhängern der alten und denen einer ganz neuen Auffassungsweise, bis endlich letztere allgemein durchdrang. (S. 308)

Der interessante Punkt ist dann, wie diese neue Theorie mit der alten zusammenhängt: Es ist zwar zunächst klar, daß die neue Theorie richtig, die alte dagegen falsch ist. Die alte Theorie war aber empirisch gut bestätigt, jedenfalls für ihren Phänomenbereich. So weit die neue Theorie auch da der alten widerspricht, müssen die beiden Theorien jedenfalls genähert dasselbe ergeben.

Diese Gesamtsicht ist schon bei Boltzmann ganz klar formuliert. Das war für mich als Nicht-Fachmann überraschend, denn sie wird im allgemeinen erst Thomas Kuhn 70 Jahr später zugeschrieben, mit seinem Bild von der ›normalen‹ Wissenschaft und den wissenschaftlichen Revolutionen. Zu Kuhns Zeit hatte die Frage allerdings neue Bedeutung gewonnen durch die Entdeckung der Relativitätstheorie und der Quantentheorie, welche die entsprechenden klassischen Theorien ablösten – wie in Scheibes Buch ausführlich besprochen. Für die Quantentheorie hat Niels Bohr die Forderung, daß die Theorien so ›zusammenpassen‹ müssen, schon früh als ›Korrespondenzprinzip‹ formuliert. Ein solches Verhältnis zwischen Theorien präzis zu formulieren, erwies sich dann allerdings als eine außerordentlich umfangreiche Aufgabe, zu der Scheibe selbst eine große Arbeit in zwei Bänden beigetragen hat.[1] Als besonders schwierig erweist sich dabei das Verhältnis der Quantenmechanik zur klassischen Physik. Denn die klassischen Theorien lassen sich zwar – wenigstens grob – als Grenzfall der Relativitätstheorie für unendliche Lichtgeschwindigkeit auffassen. Bei der Quantenmechanik geht das aber nicht – jedenfalls nicht, indem man irgendeinen Parameter zu einem Grenzwert gehen läßt. Es ist aber noch viel schlimmer: Die eigentlich als falsch erwiesene klassische Theorie erweist sich als unentbehrlich für die Quantenmechanik, damit letztere überhaupt an die Erfahrung angeschlos-

---

[1] Erhard Scheibe: *Die Reduktion physikalischer Theorien*. 2 Bde. Berlin 1997–1999.

sen werden kann. Dieses Problem, im allgemeinen unter dem Titel einer Theorie des Meßprozesses diskutiert, kann bis heute nicht als gelöst gelten.

Häufig – oder sogar meistens – konnten in der jeweils neuen Theorie zugleich mehrere ältere Theorien vereinigt werden, so etwa in der Maxwellschen Elektrodynamik mit den Theorien des Magnetismus und der Elektrizität auch noch die Strahlenoptik und die Wellenoptik. Nach diesen Erfahrungen lag es nahe, anzunehmen, daß dieser Vereinheitlichungsprozeß so lange weitergehen werde, bis die gesamte Physik in einer einzigen Theorie vereinigt sei. Das haben die von Scheibe betrachteten Physiker wohl überwiegend für selbstverständlich gehalten. Heute ist darüber aber eine sehr kontroverse Debatte entstanden, nicht nur darüber, wie weit man von einer ›theory of everything‹ entfernt ist, sondern auch, ob eine solche Theorie überhaupt eine Denkmöglichkeit ist.

Wie man erwarten kann, gibt Scheibe hier in aller Kürze ein sehr instruktives und differenziertes Bild der Diskussion über Fortschritt in der Physik seit Boltzmann. Sein Fazit:

> Wissenschaftsphilosophen und Wissenschaftshistoriker haben ja, mit durchgreifenden Neuerungen in einer naturwissenschaftlichen Disziplin vor Augen, deutlich zu machen versucht, welche Schwierigkeiten man hat, in solchen Fällen die Entwicklung noch als Fortschritt zu beschreiben oder von Annäherung an die Wahrheit zu sprechen. (S. 327)

Scheibe erörtert besonders ausführlich die Theorien von Günther Ludwig. Ludwig hat sich sehr intensiv in stark formalisiertem Vorgehen mit den Fragen beschäftigt, in welcher Weise die Theorie die Wirklichkeit ›abbildet‹, und wie man sich den Fortschritt der Theorie bei Erhaltung des einmal Gewonnenen vorzustellen hat. Und quasi als Schlußwort seines ganzen Buchs erwähnt Scheibe Ludwigs Bemühung, den Näherungscharakter, der für die Physik wesentlich ist, in seine Formalisierungen einzubeziehen.

Scheibes Buch ist dazu geeignet, ein Standardwerk der Wissenschaftsphilosophie zu werden. Mit der gewohnten Sorgfalt untersucht er hier am historischen Leitfaden die grundlegenden Probleme der Wissenschaftsphilosophie – und das ist kein schlechter Leitfaden, wenn es um Verständlichkeit geht und die Motivation für das, was heute in der Wissenschaftsphilosophie getan wird. Man kann jedem Interessierten nur empfehlen, Scheibes Buch zu lesen, um die Herkunft der heute diskutierten Probleme zu verstehen – und nicht die alten Diskussionen unbedarft wieder aufzurollen. Die frische Naivität des Zugangs zur Philosophie war ein großer Vorteil der Physiker-Philosophen. Aber sie waren überwiegend umfassend akademisch gebildet, was ihre Naivität stark abmilderte. Scheibes Buch kann dazu verhelfen, daß heutige Forscher auf dem Gebiet nicht mit derselben Naivität noch einmal beginnen müssen. Das würde verhindern, daß längst diskutierte Probleme immer wieder als ganz neu und aufregend aufgetischt werden, und die Diskussion in alle alten Fallen wieder hineintappt.

Dabei ist das Buch so lebendig und lesbar geschrieben, daß es außerdem noch ein Vergnügen ist, sich von Scheibe in die Materie einführen zu lassen.

Michael Drieschner

Walter Müller-Seidel zum Gedenken

Am 27. November 2010 starb Professor Dr. Dr. h. c. Walter Müller-Seidel im Alter von 92 Jahren in München; er gehörte dem wissenschaftlichen Beirat von *Scientia Poetica* seit der Gründung der Zeitschrift im
Jahr 1997 an.

Zunächst als planmäßiger außerordentlicher Professor (1960ff.), dann
als Ordinarius (1965ff.) vertrat Müller-Seidel an der Universität München
bis zu seiner Emeritierung 1986 das Fach Neuere deutsche Literatur. Er-
scheinungsweisen und Entwicklungen der ›schönen Literatur‹ waren für
ihn in Forschung und Lehre stets eingebunden in die geschichtlich bestimmten Kontexte der gesellschaftlichen Praxis, der Geschichte der
Ideen und Denkformen sowie der daraus abgeleiteten ethisch-moralischen
Orientierungen. Einen analytischen Zugang zu diesen Zusammenhängen
zu erschließen, sah er als besonders wichtige Aufgabe der Literaturwissenschaft an: wie nämlich in der ›schönen Literatur‹ das Wissen der Wissenschaften, die sich mit dem Menschen befassen und in ihrer Praxis auf
ihn einwirken – so die Medizin auf Physis und Psyche des Menschen, die
Jurisprudenz (insbesondere im Strafrecht) auf sein moralisches Verhalten
– aufgenommen, bewertet, modifiziert und fortgeschrieben wird. Als interdisziplinär orientierter Philologe hat sich Müller-Seidel seit den 1980er
Jahren akribisch und mit deutlich akzentuierten Erkenntnisabsichten in
philologieferne Objektbereiche eingearbeitet, um exemplarische Konstellationen zur Geschichte des Interesses der Autoren ›schöner Literatur‹ für
die Entwicklungen von Naturwissenschaft und Technik, erweiternd sodann für die Zusammenhänge von Literatur-, Medizin- und Rechtsge-
schichte kritisch darstellen zu können. Sein Vorgehen war nie auf ›Ober-
flächenphänomene‹ in der ›Zirkulation von Wissenselementen‹ ausgerichtet, sondern bestimmt von substantiellen Einsichten in die systemischen
Ordnungen und die gesellschaftlichen Institutionalisierungen des Wissens. Auch hier gilt als charakteristisch für Müller-Seidels Verständnis
von Wissenschaft, daß er sein genau bedachtes methodologisches Vorgehen nicht für ›Methoden-Schaukämpfe‹ hervorkehrt, sondern die wohlge-
ordnete Darstellung und die Relevanz seiner Forschungsergebnisse für
sich selbst sprechen läßt. Dafür stehen gewichtige Publikationen ein.
Kafkas Erzählung *In der Strafkolonie* hat er in seiner viel beachteten Studie *Die Deportation des Menschen* (1986) für bis dahin kaum berücksich-
tigte zeitgeschichtliche und strafrechtspraktische Aspekte erschlossen.
1989 folgte *Justizkritik und moderne Literatur;* 1999 *Alfred Erich Hoche:*

Lebensgeschichte im Spannungsfeld von Psychiatrie, Strafrecht und Literatur; 1997 erschien *Arztbilder im Wandel. Zum literarischen Werk Arthur Schnitzlers*. Die Zusammenfassung seiner medizingeschichtlich orientierten Forschungen war geplant für eine Buchpublikation *Geschichte des humanen Denkens im wissenschaftlichen Zeitalter. Literatur und Medizin in Deutschland – von der Klassik zur Moderne* (1795–1945); Walter Müller-Seidel konnte sie nicht mehr abschließen.

Nur kurz zu erinnern ist daran, daß Müller-Seidels Statur als Wissenschaftler in der akademischern und öffentlichen Wahrnehmung insbesondere bestimmt war durch sein philologisches Engagement (mit editorischen, kommentierenden, textinterpretierenden und literaturgeschichtlichen Arbeiten) für die herausragenden Autoren und Werke in der Geschichte der deutschsprachigen Literatur vom 18. bis zum 20. Jahrhundert. Hier sei lediglich das Beispiel ›Schiller‹ angesprochen. Müller-Seidels akademische Laufbahn wurde 1949 in Heidelberg eröffnet mit der von Paul Böckmann betreuten Dissertation *Das Pathetische und Erhabene in Schillers Jugenddramen*. Das Werk Schillers blieb fortan eines der wichtigen Arbeitsgebiete Müller-Seidels – insbesondere in der Mitwirkung an der Briefabteilung der Schiller-Nationalausgabe und für weiterreichende Perspektiven in seiner Mitherausgeberschaft für das *Jahrbuch der Deutschen Schillergesellschaft* (1958–1998). Schiller war dann auch die letzte abgeschlossene Publikation gewidmet, die in Rezensionen als das wissenschaftliche Ereignis im Schiller-Jahr 2009 gewürdigt wurde: *»Nicht das Große, das Menschliche geschehe«. Friedrich Schiller und die Politik* lautet der Titel dieser erneuten und entschiedenen ›Kontextualisierung‹ von ›schöner Literatur‹. Es ist eine luzide und ergebnisreiche Studie, die in ihrer sprachlich-stilistischen Gestaltung eine geradezu alterslose Souveränität zeigt.

Von Bedeutung für disziplinäre Entwicklungen der Philologien und für das dazu notwendige Engagement der Fachvertreter ist die vorbildhafte Verbindung anzusehen, in der Walter Müller-Seidel seit den 1960er Jahren wichtige Funktionen in akademischen Gremien und literarischen Vereinigungen wahrnahm und sich wissenschafts- sowie fachgeschichtlichen Forschungsarbeiten widmete. Von 1968 bis 1972 war er Vorsitzender der Vereinigung der Hochschulgermanisten und des Deutschen Germanistenverbands; 1972 gehörte er zu den Gründern der Arbeitsstelle für die Erforschung der Geschichte der Germanistik im Deutschen Literaturarchiv Marbach; 1986 wurde er Vorsitzender der Kommission für Neuere deutsche Literatur der Bayerischen Akademie der Wissenschaften in München. Verstärkt im zurückliegenden Jahrzehnt realisierte Müller-Seidel sein Vorhaben, Zeitgeschichte mit den Schwerpunkten Schule, Hochschule und Wissenschaft »nicht in der Absicht des Historikers auf objektive Darstellung, sondern aus subjektivem Anlaß« als »Wissenschaftsgeschichte aus autobiographischer Sicht« zu erschließen und in Vorträgen sowie Publikationen zu vermitteln. Exemplarisch dafür steht der hier zitierte Beitrag »Gegengewichte. Erinnerte Zeitgeschichte 1928–1958« in *Geschichte der Germanistik. Mitteilungen* H. 33/34 aus dem Jahr 2008. Sein Projekt zum Aktivieren der Selbsterinnerung für übergreifende Perspektiven der Wissenschafts- und Zeitgeschichte konnte Walter Müller-Seidel nur mit ersten Publikationen in Gang setzen.

Als ›kleine Form‹ zu diesem Großprojekt sei eine undatierte ›Notiz zur Person‹ von Walter Müller-Seidel zitiert; sie stammt vermutlich aus der Mitte der 1970er Jahre.

> Geboren am Ende des Ersten Weltkrieges – im Jahre 1918 –, zwischen den Kriegen aufgewachsen, am Zweiten Weltkrieg vom ersten bis zum letzten Tage und darüber hinaus mehr oder weniger aktiv teilgenommen – seitdem am Frieden brennend interessiert. Erste Heimat ist die Sächsische Schweiz mit lebendig erhaltenen Beziehungen zu dem Land Lessings und Nietzsches. Zweite Heimat ist München, in einer Wohngegend, die man in Thomas Manns *Herr und Hund* dargestellt findet. Daß eine Straße in allernächster Nähe den Namen Theodor Fontanes trägt, darf als beziehungsvoll angesehen werden. Ihm gilt das wissenschaftliche und (in eins damit) das menschliche Interesse seit mehr als einem Jahrzehnt. »Das Literarische macht frei«, sagt der sympathische Professor Schmidt in *Frau Jenny Treibel*; und so ist es.

Jörg Schönert

ADRESSENVERZEICHNIS

Prof. Dr. Remigius Bunia
FU Berlin
Peter Szondi-Institut für
Allgemeine und vergleichende
Literaturwissenschaft
Habelschwerdter Allee 45
14195 Berlin

Prof. Dr. Dr. Detlef Döring
Sächsische Akademie der
Wissenschaften zu Leipzig
Karl-Tauchnitz-Str.1
04107 Leipzig

Prof. Dr. Michael Drieschner
Ruhr-Universität Bochum
Institut für Philosophie
44870 Bochum

Prof. Dr. Monika Fick
RWTH Aachen
Neuere Deutsche
Literaturgeschichte
Templergraben 55
52056 Aachen

Matthew Handelman
University of Pennsylvania
Germanic Languages
& Literatures
745 Williams Hall,
255 S. 36th St.
Philadelphia, PA 19104
USA

Wiebke Hemmerling, M. A.
Rubenow 25
17392 Boldekow

Dipl.-Kfm. Michael
Horvath, M. A.
Technische Universität München
Lehrstuhl für
Volkswirtschaftslehre
Arcisstraße 21
80333 München

Dr. Galina Hristeva
Universität Stuttgart
Neuere Deutsche Literatur II
Keplerstr. 17
70174 Stuttgart

Dr. Haim Mahlev
Lachmannstr. 12
80634 München

Dr. Francesco Rossi
Teinacherstr. 2
70372 Stuttgart

Prof. Dr. Renate Schlesier
FU Berlin
Institut für Religionswissenschaft
Goßlerstr 2-4
14195 Berlin

Prof. Dr. Wilhelm
Schmidt-Biggemann
FU Berlin
Institut für Philosophie
Habelschwerdter Allee 30
14195 Berlin

Prof. Dr. Jörg Schönert
Universität Hamburg
Institut für Germanistik
Von Melle Park 6
20146 Hamburg

Prof. Dr. André Schnyder
Universität Bern
Institut für Germanistik
Unitobler
Länggass-Strasse 49
3000 Bern 9
Schweiz

Alexandra Skowronski
Christoph-Mang-Str. 12
79100 Freiburg i. Br.

Dr. Wiebke-Marie Stock
FU Berlin
Institut für Philosophie
Habelschwerdter Allee 30
14195 Berlin

Dr. Sebastian Susteck
Ooser Kirchstr. 8
76532 Baden-Baden

Dr. Jörg Volbers
FU Berlin
Institut für Philosophie
Habelschwerdter Allee 30
14195 Berlin

Michael Woll
Zur Ölmühle 8
49324 Melle

DE GRUYTER e-dition
up to date since 1749

ALL DE GRUYTER PUBLICATIONS
More than 50,000 high-quality publications are available from over 260 years of publishing history.

YOUR CHOICE OF FORMAT
Each title is available in electronic format and in print format as hardcover reprint.

FULLY DIGITIZED
All eBooks offer full-text search, are fully indexed and equipped with DOIs. MARC records are available.

PERPETUAL CONCURRENT USE
All eBooks can be accessed simultaneously by an unlimited number of an institution's authorized users whether on campus or remote for an unlimited period of time.

PICK AND CHOOSE
You can order a single eBook title or create your own eBook package. Our sales department will be glad to help you put together a package to match your needs.

RECOMMENDED BY EXPERTS
International scholars recommend their "best of" titles from De Gruyter's backlist of publications in their special subject areas.

DE GRUYTER

www.degruyter.com/e-dition

JULIUS CAESAR SCALIGER

Poetices libri septem
Sieben Bücher über die Dichtkunst

Lateinisch-deutsche Ausgabe

*Hrsg., übersetzt, eingeleitet und erläutert von Luc Deitz und
Gregor Vogt-Spira. Unter Mitwirkung von Manfred Fuhrmann †.
1994 – 2011. 6 Bände. Leinen. Lieferbar
Je Durchschnittsband bei Gesamtabnahme € 195,-;
einzeln € 235,-. ISBN 978 3 7728 1501 0*

Scaligers (1484–1558) ›Poetices libri septem‹, die 1561 zum ersten Mal erschienen, sind das umfangreichste und wahrscheinlich auch das einflussreichste dichtungstheoretische Kompendium der Renaissance. Das wohl berühmteste Werk des italienisch-französischen Humanisten wird nun erstmals in einer kritischen zweisprachigen Ausgabe vorgelegt. Dem lateinischen Text sind ein kritischer und ein Quellenapparat beigegeben; die deutsche Übersetzung ist mit erläuternden Anmerkungen versehen. Jedem einzelnen Buch ist eine knappe Einleitung vorangestellt.

Zum Abschluss der Edition

Schon während ihres Entstehens hat die nunmehr mit dem Indexband abgeschlossene zweisprachige kritische Ausgabe der ›Poetices libri septem‹ von Julius Caesar Scaliger ein einhellig positives Echo in der internationalen Fachwelt gefunden. Als »ein Monument der Renaissance- und der Poetikforschung« begrüßte sie F. J. Worstbrock; ihre »historiographische wie sprachliche Souveränität« lobte W. Kühlmann; »an edition splendid in every way« lautete das Urteil von B. Vickers; »intellectually and physically a real pleasure to work

frommann-holzboog

vertrieb@frommann-holzboog.de · www.frommann-holzboog.de
König-Karl-Straße 27 · D-70372 Stuttgart-Bad Cannstatt

with« befand T. J. Reiss; das Prädikat »exemplary« wurde ihr von D. Marsh verliehen – und damit sind nur einige wenige Stimmen genannt.

Scaligers postum (1561) erschienene Poetik ist nicht nur die umfangreichste lateinische Regelpoetik der gesamten Renaissance, sie ist auch die mit Abstand einflussreichste. Von Italien bis nach England und Skandinavien, von Portugal bis nach Polen und Russland gibt es kein europäisches Land, das an der Scaliger-Rezeption nicht seinen Anteil gehabt hätte. Dies dürfte zum einen an der von Scaliger gegebenen umfassenden, wenngleich nicht immer widerspruchsfreien Darstellung des Gesamtphänomens der Dichtung liegen – er behandelt u.a. ihre Entstehung, ihre Epochen und all ihre zahlreichen großen und kleinen Gattungen –; zum anderen aber auch und besonders an ihrer pädagogischen Ausrichtung im Hinblick auf praktische Anwendbarkeit. Die Ausgabe setzt neue Maßstäbe – auf dem Gebiet der Edition von Renaissance-Poetiken. Und nur durch das Setzen neuer Maßstäbe war es möglich, einem Gelehrten wie Scaliger Gerechtigkeit widerfahren zu lassen, in dem kein Geringerer als Immanuel Kant einen »von den Wundermännern des Gedächtnisses« sah, »die eine Ladung Bücher für hundert Kameele als Materialien für die Wissenschaft in ihrem Kopf herumtragen.«

BAND I: Buch 1 und 2. Herausgegeben, übersetzt, eingeleitet und erläutert von Luc Deitz. *1994. XCIV, 633 S. ISBN 978 3 7728 1502 7.* *Lieferbar*

BAND II: Buch 3, Kapitel 1-94. Herausgegeben, übersetzt, eingeleitet und erläutert von Luc Deitz. *1994. 575 S. ISBN 978 3 7728 1503 4.* *Lieferbar*

BAND III: Buch 3, Kapitel 95-126, und Buch 4. Herausgegeben, übersetzt, eingeleitet und erläutert von Luc Deitz. *1995. 653 S. ISBN -1504 1. Lieferbar*

BAND IV: Buch 5. Herausgegeben, übersetzt, eingeleitet und erläutert von Gregor Vogt-Spira. *1998. 733 S. ISBN 978 3 7728 1505 8.* *Lieferbar*

BAND V: Buch 6 und 7. Herausgegeben, übersetzt, eingeleitet und erläutert von Luc Deitz und Gregor Vogt-Spira. *2003. 647 S. ISBN -1506 5. Lieferbar*

BAND VI: Index der Ausgabe von 1561. Eingeleitet und herausgegeben von Immanuel Musäus. Indices zum Gesamtwerk erstellt von Luc Deitz, Immanuel Musäus und Gregor Vogt-Spira. *2011. 430 S. Bei Gesamtabnahme € 248,-; einzeln € 296,-. ISBN 978 3 7728 2220 9.* *Lieferbar*

frommann-holzboog

vertrieb@frommann-holzboog.de · www.frommann-holzboog.de
König-Karl-Straße 27 · D-70372 Stuttgart-Bad Cannstatt